Fehlerfrei schreiben

WÖRTERBUCH FÜR DIE SCHULE

erarbeitet von
Diethard Lübke

Cornelsen

Mit freundlicher Beratung von Dr. Klaus Heller, Institut für deutsche Sprache/Mannheim

Redaktion: Gerlinde Bauer, Regensburg; Dirk Blechschmidt, Saarbrücken
Umschlaggestaltung: Knut Waisznor
Grafik: Detlev Schüler, Berlin
Technische Umsetzung: Gerlinde Bauer und Bernhard Lutz, Regensburg

www.cornelsen.de

5. Auflage, 1. Druck 2022

Alle Drucke dieser Auflage sind inhaltlich unverändert
und können im Unterricht nebeneinander verwendet werden.

© 2006 Cornelsen Verlag, Berlin
© 2020 Cornelsen Verlag GmbH, Berlin

Das Werk und seine Teile sind urheberrechtlich geschützt.
Jede Nutzung in anderen als den gesetzlich zugelassenen Fällen bedarf
der vorherigen schriftlichen Einwilligung des Verlages.
Hinweis zu §§ 60a, 60b UrhG: Weder das Werk noch seine Teile dürfen
ohne eine solche Einwilligung an Schulen oder in Unterrichts- und Lehrmedien
(§ 60b Abs. 3 UrhG) vervielfältigt, insbesondere kopiert oder eingescannt,
verbreitet oder in ein Netzwerk eingestellt oder sonst öffentlich zugänglich
gemacht oder wiedergegeben werden.
Dies gilt auch für Intranets von Schulen.

Druck: Parzeller print & media GmbH & Co. KG, Fulda

ISBN 978-3-464-60666-7

PEFC zertifiziert
Dieses Produkt stammt aus nachhaltig
bewirtschafteten Wäldern und kontrollierten
Quellen.
www.pefc.de
PEFC/04-31-1308

Wie finde ich schnell das gesuchte Wort?

Welches sind die ersten Buchstaben des Wortes?
   Bildnis ...

1. Suche die Buchstaben auf der Griffleiste!

2. Nutze dann die roten Suchhilfen!

3. Schon hast du das Wort gefunden!

Du findest auch:

Artikel
schwierige Verbformen
Worterklärungen
typische Stolpersteine

schwierige Pluralformen
Worttrennungen
Ableitungen
... und vieles andere mehr.

Du suchst zusammengesetzte Wörter?

Suche – wenn nötig – jedes Wort extra!

Bilderrahmen unter *Bild* und *Rahmen*
Bindehautentzündung unter *Bindehaut* und *Entzündung* ...

A

A
A-Dur
a-Moll
das A und O
von A bis Z
à
drei Briefmarken
à 55 Cent
a. (am)

aa

Aal *der*
aalen
sich aalen
aalglatt
a. a. O.
(am angegebenen Ort)
Aar *der*

Aas *das*
aasen
Aasfresser *der*
Aasgeier *der*

ab

ab
ab dem 1. Mai
ab Hannover
ab morgen
ab und an
ab und zu
ab|än|dern
Abänderung *die*

ab|ar|bei|ten
sich abarbeiten
Ab|art *die*
abartig
Abb. (Abbildung)
Ab|bau *der*
abbauen
ab|bei|ßen
beißt ab, biss ab,
hat abgebissen
ab|be|kom|men
bekommt ab,
bekam ab,
hat abbekommen
ab|be|ru|fen
beruft ab, berief ab,
hat abberufen
Abberufung *die*
ab|be|zah|len
ab|bie|gen
biegt ab, bog ab,
ist abgebogen
Abbieger *der*
ab|bil|den
Abbildung *die*
Ab|bit|te *die*
Abbitte leisten
ab|bla|sen
bläst ab, blies ab,
hat abgeblasen
ab|blät|tern
ab|blen|den
Abblendlicht *das*
ab|blit|zen
ab|blo|cken
ab|bre|chen
bricht ab, brach ab,
hat abgebrochen
Abbruch *der*
abbruchreif
ab|brem|sen
ab|bren|nen
brennt ab, brannte ab,
ist abgebrannt

ab|brin|gen
bringt ab, brachte ab,
hat abgebracht
ab|brö|ckeln
Ab|bruch *der*
die Abbrüche
der Sache keinen
Abbruch tun
abbruchreif
ab|bu|chen
Abbuchung *die*
ab|bürs|ten
ab|bü|ßen
Abc/Abe|ce *das*
Abc-Schütze *der*
ABC-Waffen *die*
ab|damp|fen
ab|dan|ken
Abdankung *die*
ab|de|cken
Abdeckung *die*
ab|dich|ten
Abdichtung *die*
ab|drän|gen
ab|dre|hen
ab|drif|ten
(vom Weg abkommen)
ab|dros|seln
Ab|druck *der*
die Abdrücke
(z. B. von Fingern),
die Abdrucke
(von Texten)
abdrücken
abdrucken
ab|eb|ben
Abend *der*
am Abend
diesen Abend
eines Abends
gegen Abend
gestern Abend
Guten Abend!
heute Abend

morgen Abend
am Sonntagabend
abends
spätabends
um 9 Uhr abends
sonntagabends
Abendbrot *das*
Abendessen *das*
abendfüllend
Abendland *das*
Abendmahl *das*
Abendstern *der*
Abendzeitung *die*
Aben|teu|er *das*
abenteuerlich
Abenteurer/in
aber
a …
aber auch
jetzt aber nicht
A …
kein Aber mehr
viele Wenn und Aber
aberhundert /
Aberhundert
abermalig
nach abermaliger Auf-
forderung
abermals
Aber|glau|be *der*
abergläubisch
ab|er|ken|nen
erkennt ab,
erkannte ab,
hat aberkannt

abf

Abf. (Abfahrt)
ab|fa|ckeln
(Gase abbrennen)
ab|fah|ren
fährt ab, fuhr ab,
ist abgefahren

Abfahrt *die*
Abfahrtslauf *der*
Abfahrtszeit *die*
Ab|fall *der*
die Abfälle
Abfallbeseitigung *die*
abfallen
fällt ab, fiel ab,
ist abgefallen
abfällig
Abfallprodukt *das*
ab|fäl|schen
den Ball abfälschen
ab|fan|gen
fängt ab, fing ab,
hat abgefangen
ab|fär|ben
ab|fas|sen
fasst ab, fasste ab,
hat abgefasst
Abfassung *die*
ab|fau|len
ab|fer|ti|gen
Abfertigung *die*
Abfertigungs-
schalter *der*
ab|feu|ern
ab|fin|den
findet ab, fand ab,
hat abgefunden
sich abfinden
Abfindung *die*
ab|fla|chen
ab|flau|en
der Wind flaut ab
ab|flie|gen
fliegt ab, flog ab,
ist abgeflogen
Abflug *der*
ab|flie|ßen
fließt ab, floss ab,
ist abgeflossen
Abfluss *der*
Abflussrohr *das*

Ab|flug *der*
die Abflüge
Abflugzeit *die*
Ab|fluss *der*
die Abflüsse
Abflussrohr *das*
ab|fra|gen
ab|fres|sen
frisst ab, fraß ab,
hat abgefressen
Ab|fuhr *die*
eine Abfuhr erteilen
sich eine Abfuhr holen
ab|füh|ren
Abführmittel *das*
ab|fül|len
Abfüllung *die*

abg

Ab|ga|be *die*
abgabenfrei
abgabenpflichtig
Abgabetermin *der*
Ab|gang *der*
Abgänger *der*
Abgängerin *die*
Abgangszeugnis *das*
Ab|gas *das*
abgasarm
abgasfrei
Abgassonderunter-
suchung *die* (ASU)
ab|ge|ben
gibt ab, gab ab,
hat abgegeben
ab|ge|brüht
ab|ge|dro|schen
eine abgedroschene
Redensart
ab|ge|grif|fen
ab|ge|hackt
ab|ge|härmt
abgehärmt aussehen

ab|ge|här|tet
ab|ge|hen
geht ab, ging ab,
ist abgegangen
ab|ge|hetzt
ab|ge|kämpft
ab|ge|kar|tet
ein abgekartetes Spiel
ab|ge|klärt (weise)
ab|ge|la|gert
ab|ge|le|gen
ab|ge|macht
ab|ge|ma|gert
ab|ge|mer|gelt
(mager)
ab|ge|neigt
Abgeneigtheit *die*
ab|ge|nutzt
ab|ge|ord|net
Abgeordnete *der/die*
Abgeordnetenhaus *das*
ab|ge|run|det
Ab|ge|sand|te *der/die*
Ab|ge|sang *der*
ab|ge|schie|den
Abgeschiedenheit *die*
ab|ge|schlafft
ab|ge|schla|gen
Abgeschlagenheit *die*
ab|ge|schlos|sen
ab|ge|se|hen
abgesehen davon, dass ...
abgesehen von ...
ab|ge|son|dert
ab|ge|spannt
ab|ge|stan|den
ab|ge|stor|ben
ab|ge|stumpft
ab|ge|tan
ab|ge|tra|gen
ab|ge|wetzt
ab|ge|wöh|nen
sich etwas abgewöhnen
Abgewöhnung *die*

ab|gie|ßen
gießt ab, goss ab,
hat abgegossen
Abguss *der*
Ab|gott *der*
(falscher Gott)
die Abgötter
abgöttisch
jmdn. abgöttisch lieben
ab|gra|sen
ab|gren|zen
Abgrenzung *die*
Ab|grund *der*
die Abgründe
abgründig
abgrundtief
ab|gu|cken/
ab|ku|cken
Ab|guss *der*
die Abgüsse

abh _____

ab|ha|ben
hat ab, hatte ab,
hat abgehabt
ab|ha|ken
ab|hal|ten
hält ab, hielt ab,
hat abgehalten
ab|han|deln
Abhandlung *die*
ab|han|den-
kom|men
kommt abhanden,
kam abhanden,
ist abhandengekommen
Ab|hang *der*
die Abhänge
abhängen
hängt ab,
hing ab/hängte ab,
hat abgehangen/
abgehängt

abhängig
Abhängigkeit *die*
Abhängigkeitsverhältnis *das*
ab|här|ten
sich abhärten
Abhärtung *die*
ab|hau|en
hau ab!
ist abgehauen

abhe _____

ab|he|ben
hebt ab, hob ab,
ist/hat abgehoben
ab|hef|ten
ab|hel|fen
hilft ab, half ab,
hat abgeholfen
Abhilfe *die*
Abhilfe schaffen
ab|het|zen
sich abhetzen
ab|ho|len
Abholer *der*
Abholung *die*
ab|hol|zen
Abholzung *die*
ab|hor|chen
ab|hö|ren
abhörsicher
Ab|i|tur *das*
Abi *das*
Abiturient/in
ab|ja|gen
jagt ab, jagte ab,
hat abgejagt

abk _____

Abk. (Abkürzung)
ab|kap|seln
ab|kas|sie|ren

ab|kau|fen
Ab|kehr *die*
abkehren
ist abgekehrt
sich abkehren
ab|klä|ren
Ab|klatsch *der*
ab|klem|men
ab|klin|gen
ab|klop|fen
ab|kni|cken
ab|knut|schen
ab|ko|chen
ab|kom|man|die|ren
ab|kom|men
kommt ab, kam ab,
ist abgekommen
Abkommen *das*
abkömmlich sein
ab|kop|peln
ab|krat|zen
ab|krie|gen
ab|küh|len
sich abkühlen
Abkühlung *die*
Ab|kunft *die*
französischer Abkunft
sein
ab|kür|zen
Abkürzung *die*
Abkürzungs-
verzeichnis *das*
ab|küs|sen
ab|la|den
lädt ab, lud ab,
hat abgeladen
Ab|la|ge *die*
ab|la|gern
Ablagerung *die*
Ab|lass *der*
einen Ablass erteilen
ablassen
lässt ab, ließ ab,
hat abgelassen

Ab|la|tiv *der* (Kasus
im Lateinischen)
Ab|lauf *der*
die Abläufe
ablaufen
läuft ab, lief ab,
ist abgelaufen
Ab|laut *der* (Vokalwech-
sel bei Verbformen)
Ab|le|ben *das* (Tod)
ab|le|cken
ab|le|gen
Ableger *der*
ab|leh|nen
ablehnend
Ablehnung *die*
ab|leis|ten
ab|lei|ten
Ableitung *die*
ab|len|ken
Ablenkung *die*
Ablenkungs-
manöver *das*
ab|le|sen
liest ab, las ab,
hat abgelesen
ab|lie|fern
Ablieferung *die*
ab|lö|sen
Ablösesumme *die*
Ablösung *die*

abm

ab|ma|chen
Abmachung *die*
ab|ma|gern
Abmagerung *die*
Abmagerungskur *die*
ab|mä|hen
ab|mah|nen
Abmahnung *die*
ab|ma|len
ein Bild abmalen

Ab|marsch *der*
die Abmärsche
abmarschbereit
abmarschieren
ab|mel|den
sich abmelden
Abmeldung *die*
ab|mes|sen
misst ab, maß ab,
hat abgemessen
Abmessung *die*
ab|mil|dern
ab|mi|schen
ab|mon|tie|ren
ab|mü|hen
sich abmühen
ab|na|beln
ab|na|gen
ab|nä|hen
Abnäher *der*
Ab|nah|me *die*
abnehmbar
abnehmen
nimmt ab, nahm ab,
hat abgenommen
Abnehmer/in
Ab|nei|gung *die*
ab|norm (nicht normal,
krankhaft)
Abnormität *die*
ab|nut|zen
Abnutzung *die*
Abon|ne|ment *das*
Abo *das*
Abonnent/in
abonnieren
ab|ord|nen
Abordnung *die*
Ab|ort *der* (Toilette)
ab|pa|cken
abgepackter Käse
ab|pas|sen
passt ab, passte ab,
hat abgepasst

ab|pau|sen
ab|pfei|fen
pfeift ab, pfiff ab,
hat abgepfiffen
Abpfiff *der*
ab|pflü|cken
ab|plat|zen
Ab|prall *der*
abprallen
ab|quä|len
sich abquälen
ab|qua|li|fi|zie|ren

abr

ab|ra|ckern
sich abrackern
ab|ra|ten
rät ab, riet ab,
hat abgeraten
Ab|raum *der*
(Abfall, Erdaushub)
abräumen
Abraumhalde *die*
ab|re|a|gie|ren
sich abreagieren
ab|rech|nen
Abrechnung *die*
Ab|re|de *die*
in Abrede stellen
ab|rei|ben
reibt ab, rieb ab,
hat abgerieben
Abreibung *die*
Abrieb *der*
Ab|rei|se *die*
abreisen
reist ab, reiste ab,
ist abgereist
ab|rei|ßen
reißt ab, riss ab,
hat abgerissen
Abreißkalender *der*
ab|rich|ten

Ab|rieb *der*
abriebfest
ab|rie|geln
Abrieg(e)lung *die*
Ab|riss *der*
Abrissbirne *die*
ab|rü|cken
Ab|ruf *der*
auf Abruf
abrufbereit
abrufen
ruft ab, rief ab,
hat abgerufen
ab|run|den
nach oben abrunden
Abrundung *die*
ab|rupt (plötzlich)
abrupt aufhören
das abrupte Ende
ab|rüs|ten
Abrüstung *die*
ab|rut|schen

abs

ABS
(Antiblockiersystem)
Abs. (Absender)
ab|sa|cken
Ab|sa|ge *die*
absagen
ab|sä|gen
Ab|satz *der*
die Absätze
Absatzgebiet *das*
absatzweise
ab|sau|gen
ab|scha|ben
ab|schaf|fen
Abschaffung *die*
ab|schä|len
ab|schal|ten
Abschaltung *die*
ab|schat|tie|ren

ab|schät|zen
abschätzig
Ab|schaum *der*
Ab|scheu *der/die*
Abscheu erregend/
abscheuerregend;
aber: äußerst abscheu-
erregend, noch abscheu-
erregender
abscheulich
Abscheulichkeit *die*
ab|schi|cken
ab|schie|ben
schiebt ab, schob ab,
hat abgeschoben
Abschiebung *die*
Ab|schied *der*
Abschied nehmen
Abschiedsfeier *die*
ab|schie|ßen
schießt ab, schoss ab,
hat abgeschossen
ab|schir|men
(schützen)
Abschirmung *die*
ab|schlach|ten
Ab|schlag *der*
die Abschläge
abschlagen
schlägt ab, schlug ab,
hat abgeschlagen
abschlägig
Abschlagszahlung *die*
Ab|schlepp|dienst
der
abschleppen
ab|schlie|ßen
schließt ab, schloss ab,
hat abgeschlossen
abschließend
Abschluss *der*
Abschlussprüfung *die*
ab|schme|cken
ab|schmie|ren

ab|schmin|ken
sich abschminken
ab|schnei|den
schneidet ab, schnitt ab,
hat abgeschnitten
Abschnitt der
abschnittsweise
ab|schnü|ren
Abschnürung die
ab|schöp|fen
ab|schot|ten
sich abschotten
ab|schrä|gen
ab|schrau|ben
ab|schre|cken
abschreckend
ein abschreckendes
Beispiel
abschreckend hässlich
Abschreckung die
ab|schrei|ben
schreibt ab, schrieb ab,
hat abgeschrieben
Abschreibung die
Ab|schrift die
eine beglaubigte
Abschrift
ab|schuf|ten
sich abschuften
Ab|schür|fung die
Ab|schuss der
die Abschüsse
ab|schüs|sig
ab|schüt|teln
den Schnee abschütteln
die Verfolger abschütteln
ab|schwä|chen
Abschwächung die
ab|schwei|fen
vom Thema abschweifen
Abschweifung die
ab|schwel|len
schwillt ab, schwoll ab,
ist abgeschwollen

abse _____
ab|seg|nen
den Vorschlag absegnen
ab|seh|bar
ab|se|hen
sieht ab, sah ab,
hat abgesehen
ab sein
ist ab, war ab,
ist ab gewesen
ab|seits
abseits des Weges
Abseits das
im Abseits stehen
Abseitsfalle die
abseitsstehen
steht abseits,
stand abseits, hat/ist
abseitsgestanden
ab|sen|den
sendet ab,
sendete/sandte ab,
hat abgesendet/
abgesandt
Absender/in
ab|sent
(nicht anwesend)
sich absentieren
Absenz die
ab|set|zen
Absetzung die
ab|si|chern
sich absichern gegen
Absicherung die
Ab|sicht die
mit Absicht
absichtlich
ab|sin|ken
sinkt ab, sank ab,
ist abgesunken
ab|sit|zen
sitzt ab, saß ab,
hat abgesessen

abso _____
ab|so|lut
(uneingeschränkt)
Absolutheit die
Absolutismus der
absolutistisch
Ab|so|lu|ti|on die
(Vergebung der
Sünden)
Ab|sol|vent der
Absolventin die
absolvieren
eine Prüfung
absolvieren
ab|son|dern
sich absondern
Absonderung die
ab|sor|bie|ren
(aufsaugen)
Absorption die
ab|spal|ten
Abspaltung die
ab|span|nen
abgespannt sein
Abspannung die
ab|spe|cken
ab|spei|chern
Informationen ab-
speichern
ab|spei|sen
ab|spens|tig
abspenstig machen
ab|sper|ren
Absperrung die
ab|spie|len
ab|split|tern
Absplitterung die
Ab|spra|che die
absprachegemäß
absprechen
spricht ab, sprach ab,
hat abgesprochen
sich absprechen

ab|sprin|gen
springt ab, sprang ab,
ist abgesprungen
Ab|sprung *der*
die Absprünge
ab|spü|len

abst _____

ab|stam|men
Abstammung *die*
Ab|stand *der*
die Abstände
Abstand halten
Abstand nehmen
ab|stat|ten
einen Besuch abstatten
Ab|ste|cher *der*
ab|ste|cken
ab|ste|hen
steht ab, stand ab,
hat abgestanden
Ab|stei|ge *die*
(schäbiges Hotel)
absteigen
steigt ab, stieg ab,
ist abgestiegen
Absteiger/in
Abstieg *der*
ab|stel|len
Abstellgleis *das*
Abstellraum *der*
ab|stem|peln
ab|ster|ben
stirbt ab, starb ab,
ist abgestorben
Ab|stieg *der*
ab|stim|men
sich abstimmen
Termine abstimmen
Abstimmung *die*
ab|sti|nent
auch: abs|ti|nent
(enthaltsam)

abstinent leben
Abstinenz *die*
ab|stop|pen
ab|sto|ßen
stößt ab, stieß ab,
hat abgestoßen
abstoßend
ab|stra|hie|ren
auch: abs|tra|hie|ren
(verallgemeinern)
abstrakt
Abstraktheit *die*
Abstraktion *die*
Abstraktum *das*
ab|strei|fen
ab|strei|ten
streitet ab, stritt ab,
hat abgestritten
Ab|strich *der*
Abstriche machen
ab|strus
auch: abs|trus
(verworren)
ein abstruser Vorschlag
ab|stu|fen
Abstufung *die*
ab|stumpf|fen
Ab|sturz *der*
die Abstürze
abstürzen
ist abgestürzt
ab|stüt|zen
sich abstützen
ab|su|chen
ab|surd (unsinnig)
ein absurder Vorschlag
Absurdität *die*
Abs|zess *der*
auch: Ab|szess
(Eitergeschwür)
Abs|zis|se *die*
auch: Ab|szis|se
(math. Begriff)
Abszissenachse *die*

abt _____

Abt *der*
(Klostervorsteher)
die Äbte
Abtei *die*
ab|tas|ten
ab|tau|en
Ab|teil *das*
abteilen
Abteilung *die*
Abteilungsleiter/in
(Abt.-Leiter/in)
ab|tip|pen
Äb|tis|sin *die*
die Äbtissinnen
ab|tö|nen
ab|tö|ten
ab|tra|gen
trägt ab, trug ab,
hat abgetragen
Abtragung *die*
ab|träg|lich
(nachteilig)
ab|trai|nie|ren
3 Kilo abtrainieren
Ab|trans|port *der*
abtransportieren
ab|trei|ben
treibt ab, trieb ab,
hat/ist abgetrieben
Abtreiben *das*
Abtreibung *die*
Abtrieb *der*
der Viehabtrieb
ab|trenn|bar
abtrennen
Abtrennung *die*
ab|tre|ten
tritt ab, trat ab,
ist/hat abgetreten
Abtretung *die*
ab|trock|nen
sich abtrocknen

ab|trop|fen
ab|trot|zen
ab|trün|nig (treulos)
  abtrünnig werden
  Abtrünnigkeit *die*
ab|tun
  tut ab, tat ab,
  hat abgetan
ab|tup|fen
ab und zu
ab|ver|lan|gen
  das Äußerste
  abverlangen

abw _____

ab|wä|gen
  wägt ab,
  wägte / wog ab,
  hat abgewägt /
  abgewogen
  das Für und Wider
  abwägen
  Abwägung *die*
Ab|wahl *die*
  abwählen
ab|wäl|zen
ab|wan|deln
  Abwand(e)lung *die*
ab|wan|dern
  ist abgewandert
Ab|wär|me *die*
ab|war|ten
ab|wärts
  abwärtsgehen
  geht abwärts,
  ging abwärts,
  ist abwärtsgegangen
  Abwärtstrend *der*
Ab|wasch *der*
  abwaschbar
  abwaschen
  wäscht ab, wusch ab,
  hat abgewaschen

Ab|was|ser *das*
  die Abwässer
  Abwasser-
  aufbereitung *die*
ab|wech|seln
  sich abwechseln
  abwechselnd
  Abwechslung *die*
  abwechslungsreich
ab|we|gig
  ein abwegiger Vorschlag
  Abwegigkeit *die*
Ab|wehr *die*
  abwehren
  Abwehrspieler/in
ab|wei|chen
  weicht ab, wich ab,
  ist abgewichen
  abweichend
  Abweichung *die*
ab|wei|sen
  weist ab, wies ab,
  hat abgewiesen
  abweisend
ab|wend|bar
  abwenden
  wendet ab,
  wendete / wandte ab,
  hat abgewendet
  sich abwenden
  Abwendung *die*
ab|wer|ben
  wirbt ab, warb ab,
  hat abgeworben
  Abwerbung *die*
ab|wer|fen
  wirft ab, warf ab,
  hat abgeworfen
ab|wer|ten
  Abwertung *die*
ab|we|send
  abwesend sein
  Abwesende *der/die*
  Abwesenheit *die*

abwi _____

ab|wi|ckeln
  Abwicklung *die*
ab|wie|geln
ab|wie|gen
  wiegt ab, wog ab,
  hat abgewogen
  das Obst abwiegen
ab|wim|meln
  jemanden abwimmeln
ab|wi|schen
ab|wra|cken
  (verschrotten)
Ab|wurf *der*
  die Abwürfe
ab|wür|gen
ab|zah|len
  Abzahlung *die*
ab|zäh|len
ab|zap|fen
Ab|zei|chen *das*
ab|zeich|nen
  sich abzeichnen
  eine Lösung zeichnet
  sich ab
ab|zie|hen
  zieht ab, zog ab,
  hat/ist abgezogen
Ab|zug *der*
  die Abzüge
  abzüglich
  abzugsfrei
ab|zwei|gen
  Abzweigung *die*

ac _____

A-cap|pel|la-Chor *der*
  (Chor ohne Instrumen-
  talbegleitung)
Ac|ces|soire *das*
  (schmückendes Zube-
  hör)

Ace|tat/Aze|tat *das*
(Chemiefaser)
ach
a...
ach ja!
ach so!
A...
mit Ach und Krach
Achlaut/Ach-Laut *der*
Achat *der*
(ein Edelstein)
Achil|les (griech. Held)
Achillesferse *die*
Achillessehne *die*
Ach|se *die*
Achsenbruch *der*
Achsenkreuz *das*
...achsig
doppelachsig
ein Dreiachser/3-Achser
Ach|sel *die*
Achselzucken *das*
achselzuckend

acht

acht
a...
die ersten acht
wir sind acht
sie ist acht (Jahre)
es ist acht (Uhr)
um acht
Viertel vor acht
A...
die Acht
die Zahl Acht
eine Acht fahren
eine römische Acht
jeder Achte
achtbändig
achteckig
achtfach (8-fach/8fach)
um das Achtfache

achtjährig (8-jährig)
Achtjährige *der/die*
(8-Jährige)
achtmal (8-mal)
achtprozentig
(8-prozentig)
achtstöckig (8-stöckig)
Achttonner *der*
(8-Tonner)
Achtzylinder *der*
(8-Zylinder)
Acht *die*
Acht geben/achtgeben
außer Acht lassen
sich in Acht nehmen
achtbar
Achtbarkeit *die*
achten
achtlos
ach|te
a...
das achte Gebot
A...
der/die Achte
jeder Achte
Heinrich der Achte
ach|tel
a...
ein achtel Liter
ein achtel Zentner
A...
ein Achtel Rotwein
in drei Achtel aller Fälle
Achtelfinale *das*
ein Achtelliter (Maß)
ach|ten
jemanden achten
geachtet sein
äch|ten
Ach|ter *der*
Ach|ter|bahn *die*
ach|tern
(hinten beim Schiff)
nach achtern

acht|ge|ben (→ Acht)
gibt acht/Acht,
gab acht/Acht,
hat achtgegeben/
Acht gegeben
acht|los
Ach|tung *die*
Achtung gebietend/
achtunggebietend
Achtungserfolg der
achtungsvoll
acht|zehn
achtzehn sein
mit achtzehn (Jahren)
achtzehnjährig
(18-jährig)
Achtzehnjährige *der/*
die (18-Jährige)
acht|zig
achtzig fahren
die achtziger Jahre/
Achtzigerjahre
80er Jahre/80er-Jahre
Ende achtzig
er wird achtzig
in die achtzig kommen
Menschen über achtzig
mit achtzig
Mitte achtzig
Tempo achtzig
der 80. Geburtstag
äch|zen
Aci|di|tät *die*
(Säuregrad)
Acker *der*
die Äcker
Ackerbau *der*
Ackerfläche *die*
ackern
Ac|ryl *das*
(eine Chemiefaser)
Ac|tion *die*
(spannende Handlung)
Actionfilm *der*

ad

a. D. (außer Dienst)
A. D.
(anno/Anno Domini
= im Jahre des Herrn)
ad ab|sur|dum
(unsinnig)
*etwas ad absurdum
führen*
ADAC *der*
(Allgemeiner Deutscher
Automobil-Club)
ada|gio
(Musik: langsam)
Adagio *das*
Adam
Adamsapfel *der*
Adamskostüm *das*
Ad|ap|ta|ti|on *die*
(Anpassung)
Adapter *der*
adaptieren
Adaption *die*
ad|ä|quat
(angemessen)
ad|die|ren
(zusammenzählen)
Addition *die*
additiv

ade!
ade/Ade sagen
Adel *der*
ad(e)lig
adeln
Adlige *der/die*
Ader *die*
Äderchen *das*
Aderlass *der*
ad|hä|rent
(anhaftend)
**Ad-hoc-Ent|schei-
dung** *die*
adi|eu
*jemandem Adieu/adieu
sagen
das letzte Adieu*
ad in|fi|ni|tum
(für immer)
Ad|jek|tiv *das*
(Eigenschaftswort)
Adjektivadverb *das*
adjektivisch
Ad|ju|tant *der*
(Militär: Helfer)
Ad|ler *der*
Adlerauge *das*
Adlerhorst *der*
ad li|bi|tum
(nach Belieben)

Adresse

*Herrn¹
Dr.² Stefan Müller³
Bahnhofstr. 20⁴
24937⁵ Flensburg⁶*

*Cornelsen Verlag⁷
Postfach 33 01 09⁸
14171⁵ Berlin⁶*

¹Herrn, Frau, Fräulein
²(gegebenenfalls:) Titel
³Vor- und Zuname
⁴Straße und
  Hausnummer
⁵Postleitzahl
⁶Stadt
⁷Firma
⁸Postfach

Ad|mi|nis|tra|ti|on
die
auch: Ad|mi|nist|ra|ti|on
(Verwaltung)
administrativ
Ad|mi|ral *der*
die Admirale/Admiräle
Ado|les|zenz *die*
(Zeit nach der Pubertät)
Ado|nis *der*
(schöner junger Mann)
ad|op|tie|ren
(als Kind annehmen)
Adoption *die*
Adoptiveltern *die*
Adoptivkind *das*

adr

Ad|re|na|lin *das*
(ein Hormon)
Ad|res|sat *der*
Adressatin *die*
Adressbuch *das*
Adresse *die* (Adr.)
adressieren
ad|rett
(hübsch, ordentlich)
adrett aussehen
A-Dur *das*
ein Stück in A-Dur
A-Dur-Tonleiter *die*
Ad|van|tage *der*
(Vorteil)
Ad|vent *der*
der erste Advent
Adventskalender *der*
Adventskranz *der*
Adventszeit *die*
Ad|verb *das*
(Umstandswort)
adverbial
*eine adverbiale
Bestimmung*

Adverbial *das*
Adverbial-
bestimmung *die*
Adverbialsatz *der*
ad|ver|sa|tiv
(gegensätzlich,
entgegensetzend)
Ad|vo|kat *der*
(Rechtsanwalt)
Advocatus Diaboli *der*
Ae|ro|bic *das*
(ein Fitnesstraining)
Aerobic-Center *das*
Ae|ro|dy|na|mik *die*
(physik. Begriff)
aerodynamisch
ae|ro|sta|tisch
Af|fä|re *die*
(unangenehmer Vorfall,
Liebesbeziehung)
Af|fe *der*
Äffchen *das*
affenartig
affenheiß
Affenkäfig *der*
Affentheater *das*
affig
Af|fekt *der*
(Gemütsbewegung)
Affekthandlung *die*
affektiert
affektiv
Af|fi|ni|tät *die*
(Ähnlichkeit)
af|fir|ma|tiv
(bejahend)
Af|fix *das*
(Vor- oder Nachsilbe)
Af|front *der*
(Beleidigung)
Af|ri|ka
Afrikaner/in
afrikanisch
Af|ro|look *der*

Af|ter *der*
Af|ter|shave *das*
Aftershavelotion *die*

ag

AG *die*
(Aktiengesellschaft,
Arbeitsgemeinschaft)
Aga|ve *die*
(tropische Pflanze)
Agen|da *die*
(Tagesordnung)
Agent *der*
Agentin *die*
Agentur *die*
Ag|gre|gat *das*
(mehrere Maschinen)
Aggregatzustand *der*
Ag|gres|si|on *die*
(Angriff)
aggressiv
Aggressivität *die*
Aggressor *der*
Ägi|de *die*
(Schirmherrschaft)
unter der Ägide von
agie|ren (handeln)
agil (flink, beweglich)
Agi|ta|ti|on *die*
(politische Hetze)
Agitator *der*
Agitatorin *die*
agitatorisch
Ag|nus Dei *das*
(Lamm Gottes)
Ago|nie *die*
(Todeskampf)
Ago|ra *die*
(griech.: Marktplatz)
Ago|ra|pho|bie *die*
(Platzangst)
Ag|raf|fe *die*
(Brosche)

ag|ra|risch
(landwirtschaftlich)
Agrarier/in
Agrarprodukt *das*
Agrarreform *die*
Agrotourismus *der*
Ag|ree|ment *das*
(Übereinkunft)
Ägyp|ten
ägyptisch
ah!
a ...
ah so!
aha
A ...
ein lautes Ah
Ahn *der* (Vorfahr)
Ahnenreihe *die*
ahn|den
ein Verbrechen ahnden
äh|neln
ähnlich
ä ...
ein ähnlicher Vorschlag
täuschend ähnlich
Ä ...
etwas Ähnliches
und Ähnliches (u. Ä.)
Ähnlichkeit *die*
ah|nen
Ahnung *die*
ahnungslos
Ahnungslosigkeit *die*
ahoi!
Ahorn *der*
Äh|re *die*

Aids
aidskrank
Aidstest *der*
Ai|ki|do *das* (japan.
Selbstverteidigung)
Air|bag *der*
Air|brush *das*
Air|bus *der*
Air|con|di|tion *die*
(Klimaanlage)
Aja|tol|lah *der*
(persischer Ehrentitel)

ak _____

Aka|de|mie *die*
Akademiker/in
akademisch
Aka|zie *die*
(ein Laubbaum)
Ake|lei *die*
(eine Pflanze)
Ak|kla|ma|ti|on *die*
(Beifall)
per Akklamation
ak|kli|ma|ti|sie|ren
sich akklimatisieren
(sich anpassen)
Ak|kord *der*
ein a-Moll-Akkord
Akkordarbeit *die*
Ak|kor|de|on *das*
ak|kre|di|tie|ren
(beglaubigen)
Akkreditierung *die*
Ak|ku *der*
(Stromspeicher)
Akkumulation *die*
(Häufung)
Akkumulator *der*
akkumulieren
(anhäufen)
ak|ku|rat (genau)
akkurat arbeiten

Ak|ku|sa|tiv *der*
Akkusativobjekt *das*
Ak|ne *die* (Pickel)
ak|qui|rie|ren
(herbeischaffen)
Akquisition *die*
Ak|ri|bie *die*
(große Sorgfalt)
akribisch
Ak|ro|bat *der*
Akrobatin *die*
Akrobatik *die*
akrobatisch
Akt *der*
einen Akt malen
ein Schauspiel in
fünf Akten
Ak|te *die*
Aktentasche *die*
Aktenvermerk *der*
Aktenzeichen *das*
Ak|teur *der*
Akteurin *die*
Ak|tie *die*
Aktiengesellschaft *die*
(AG)
Aktienindex *der*
Aktionär/in
Ak|ti|on *die*
Aktionsart *die*
ak|tiv
Aktiv *das*
aktivieren
Aktivität *die*
Aktivkohle *die*
ak|tu|a|li|sie|ren
Aktualität *die*
aktuell
Aku|punk|tur *die*
(Heilverfahren
mit Nadeln)
Akus|tik *die*
(Lehre vom Schall)
akustisch

akut
(dringend, plötzlich)
eine akute Krankheit
ein akuter Verdacht
Ak|ze|le|ra|ti|on *die*
(Beschleunigung)
Ak|zent *der*
akzentfrei
akzentuieren
ak|zep|ta|bel
(annehmbar)
Akzeptanz *die*
akzeptieren
akzeptiert werden

al _____

Ala|bas|ter *der*
(feine Gipsart)
Alarm *der*
Alarm schlagen
Alarmanlage *die*
alarmieren
Alb *die*
die Schwäbische Alb
Al|ba|ni|en
Albaner/in
albanisch
Al|ba|tros *der*
auch: Al|bat|ros
die Albatrosse
al|bern
Albernheit *die*
Al|bi|no *der* (Mensch
oder Tier mit fehlender
Farbstoffbildung)
Alb|traum /
  Alp|traum *der*
die Albträume
Al|bum *das*
die Alben
Al|che|mie *die* (Chemie
des Mittelalters)
Alchemist *der*

Al|co|pops /
Al|ko|pops
(Mix aus Alkohol und
Limonade)
Al|de|hyd *das*
(chem. Substanz)
Ale|man|nen /
Ala|man|nen
(germ. Volksstamm)
alemannisch
alert
(flink, munter)
Ale|xan|dri|ner *der*
auch: Ale|xand|ri|ner
(ein Versmaß)
Al|ge *die*
Al|ge|bra *die*
auch: Al|geb|ra
(Teil der Mathematik)
lineare Algebra
algebraisch
Al|go|rith|mus *der*
(Rechenverfahren)
ali|as
(mit anderem Namen)
Schmitt alias Meyer
Ali|bi *das*
(Beweis für die Abwesenheit vom Tatort)
Alibibeweis *der*
Ali|men|te (Beitrag zum Lebensunterhalt)
Alimente bekommen
Alimente bezahlen
al|ka|lisch
Al|ko|hol *der*
alkoholfrei
Alkoholiker/in
alkoholisch
Alkoholismus *der*
Alkoholmissbrauch *der*
Alkopops/Alcopops
Al|ko|ven *der*
(Bettnische)

all
a ...
all das Schöne
mit all seinem Geld
alle
alle beide
alle Beschäftige(n)
wir alle
nach allem
trotz allem
vor allem (v. a.)
allen Ernstes
alles
alles Gute
alles in allem
alles Mögliche
alles oder nichts
alles Übrige
A ...
mein Ein und Alles
es wäre das Allerbeste
der Allerletzte
(Zusammenschreibung:)
trotz alledem
allemal
allenfalls
allenthalben
allerbeste
es ist das Allerbeste
am allerbesten
allerdings
allerhand
allerlei
allerorten
allerorts
allerseits
allesamt
alljährlich
alltags
allzeit
All *das* (Weltall)
Al|lah (Islam: Gott)

Al|lee *die*
Alleebäume
Al|le|go|rie *die*
(Sinnbild)
allegorisch
al|le|gro
auch: al|leg|ro
(Musik: lebhaft)
al|lein
allein bleiben
allein lassen
allein sein
allein stehen (einzeln)
von allein(e)
allein erziehend /
alleinerziehend
allein Erziehende /Alleinerziehende *der/die*
alleinig
der alleinige Erbe
Alleinsein *das*
al|lein|ste|hen
(ohne Partner leben)
alleinstehend
Alleinstehende *der/die*
al|len|falls
al|ler|dings
Al|ler|gie *die*
auch: All|er|gie
allergisch
al|ler|hand
Al|ler|hei|li|gen
Al|ler|see|len
al|ler|seits
al|les (→ all)
all|ge|gen|wär|tig
all|ge|mein
allgemein gültig /
allgemeingültig
allgemein verständlich /
allgemeinverständlich
im Allgemeinen

Allgemeinbildung *die*
Allgemeingültigkeit *die*
Allgemeinheit *die*
Allgemeinwissen *das*
Allgemeinwohl *das*
All|heil|mit|tel *das*
Al|li|anz *die* (Bündnis)
Al|li|ga|tor *der*
  (Krokodilart)
Al|li|ier|te *der*
  (Verbündeter)
  die Alliierten
Al|li|te|ra|ti|on *die*
  (Stabreim)
all|jähr|lich
All|macht *die*
allmächtig
Allmächtige *der*
all|mäh|lich
all|seits
All|tag *der*
alltäglich
alltags
Alltagssorgen *die*
Al|lü|ren (ungewöhnl.
  Benehmen)
all|zu
  allzu bald
  allzu früh
  allzu gern
  allzu lange
  allzu oft
  allzu sehr
  allzu viel
  allzu viele
  allzu weit

alm _____

Alm *die*
Al|ma Ma|ter *die*
  (Universität)
Al|ma|nach *der*
  (Jahrbuch)

Al|mo|sen *das*
  (Geld für Bettler)
  Almosen geben
  Almosenempfänger/in
Aloe *die*
  (eine Heilpflanze)
Alp *die* (Bergweide)
Al|pa|ka *das* (Lama)
Al|pen
  die Schweizer Alpen
  Alpenveilchen *das*
  Alphorn *das*
  alpin
  Alpinist/in
Al|pha *das*
  (griech. Buchstabe)
  Alphabet *das*
  alphabetisch
  Alphastrahlen *die*
Alp|traum /
Alb|traum *der*
  die Alpträume
als
  als dass
  als ob
  größer als mein Vater
  alsbald
al|so
alt
  älter, älteste
  a ...
  ein alter Mann
  die alten Sprachen
  A ...
  Alt und Jung
  der/die/das Alte
  ganz der Alte sein
  der Alte Fritz
  das Alte Land
  (Elbmarschen)
  das Alte Testament
  die Alte Welt
  die Alten
  am Alten hängen

  alles beim Alten lassen
  etwas Altes
  Altbau *der*
  Altbauwohnung *die*
  altbekannt
  Alt-Berlin
  altbewährt
  Altbundeskanzler/in
  altdeutsch
  Altenheim *das*
  Altenpfleger/in
  Alter *das*
  altern
  alters
  seit alters
  von alters her
  altersbedingt
  Altersheim *das*
  altersschwach
  Altersschwäche *die*
  Altertum *das*
  altertümlich
  Alterung *die*
  Altglascontainer *der*
  Altmetall *das*
  altmodisch
  Altpapier *das*
  Altphilologe *der*
Alt *der* (Stimmlage)
  Alt singen
  Altistin *die*
  Altstimme *die*
Al|tan *der*

Al|tar *der*
die Altäre
al|ter|na|tiv
(abwechselnd, anders)
Alternative *die*
alternieren
Al|tru|is|mus *der*
auch: Alt|ru|is|mus
(Gegensatz zu Egoismus)
Alu|mi|ni|um *das*
Alu *das*
Alufolie *die*
Aluminium-
hydroxid *das*

am

am (an dem)
Frankfurt am Main
am nächsten Tag
Amal|gam *das*
(Quecksilberlegierung)
Ama|rel|le *die*
(Sauerkirsche)
Ama|ryl|lis *die*
(eine Blume)
Ama|teur *der*
(Nicht-Profi)
Amateurin *die*
Amateursportler/in
Amateurstatus *der*
Ama|zo|nas
(südamerikan. Fluss)
Ama|zo|ne *die*
(kriegerische Frau)
Am|ber *der*
(ein Duftstoff)
Am|bi|en|te *das*
(Umgebung)
Am|bi|gu|i|tät *die*
(Doppelsinn)
Am|bi|ti|on *die*
(Ehrgeiz)
ambitioniert

am|bi|va|lent
(zwiespältig)
Ambivalenz *die*
Am|boss *der*

am|bu|lant
(nicht ortsgebunden)
Ambulanz *die*
Amei|se *die*
Ameisenhaufen *der*
amen
Amen *das*
das Amen in der Kirche
zu allem Ja/ja und
Amen/amen sagen
Ame|ri|ka
Amerikaner/in
amerikanisch
Ame|thyst *der*
(ein Edelstein)
Ami|no|säu|re *die*
Am|me *die*
Ammenmärchen *das*
Am|mo|ni|ak *das*
Am|mo|nit *der*
(eine Versteinerung)
Ammonshorn *das*
Am|ne|sie *die*
(Gedächtnisschwund)
Am|nes|tie *die*
(Begnadigung)
amnestieren
Amnesty International
Amö|be *die* (Einzeller)
Amok *der*
Amok laufen
Amokläufer/in
a-Moll
a-Moll-Akkord *der*

Amor *der* (Liebesgott)
amo|ra|lisch
(unmoralisch)
amorph
(ohne feste Form)
Amor|ti|sa|ti|on *die*
(Abschreibung)
amortisieren

amp

Am|pel *die*
Am|pere *das* (A)
(elektr. Stromstärke)
Amperemeter *das*
Amp|fer *der*
(eine Pflanze)
Am|phi|bie *die* (Lurch)
Amphibienfahrzeug *das*
amphibisch
Am|phi|the|a|ter *das*
(große Freibühne)
Am|pho|re *die*

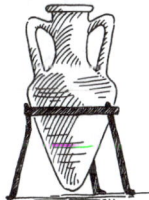

Am|pli|tu|de *die*
auch: Amp|li|tu|de
(Schwingungsweite)
Am|pul|le *die*
Am|pu|ta|ti|on *die*
(Abtrennung eines
Körperteils)
amputieren
Am|sel *die*
Amt *das*
die Ämter
amtieren

amtlich
Amtmann *der*
Amtsarzt *der*
Amtsgericht *das*
Amtshandlung *die*
Amtsschimmel *der*
Amtssitz *der*
Amu|lett *das*
(Gegenstand, der Unheil
abwendet)
amü|sant
Amüsement *das*
amüsieren
sich amüsieren

an _____

an
ab und an
*am (an dem) Fenster
stehen*
an das Fenster gehen
an und für sich
Ana|bo|li|kum *das*
(ein Hormon)
Ana|chro|nis|mus *der*
(nicht zeitgemäß)
anachronistisch
Ana|gramm *das*
(neues Wort durch
Buchstabenumstellung)
An|a|ko|luth *das/der*
(falscher Satzbau)
Ana|kon|da *die*
(eine Schlange)
anal
(zum After gehörig)
ana|log (entsprechend)
analog zu
Analogie *die*
An|al|pha|bet *der*
(jemand, der nicht
lesen kann)
Analphabetentum *das*

Ana|ly|se *die*
analysieren
Analysis *die*
analytisch
An|am|ne|se *die*
(Krankheitsgeschichte)
Ana|nas *die*
die Ananas(se)
Ana|päst *der*
(ein Versfuß)
Ana|pher *die*
(eine Stilfigur)
anaphorisch
An|ar|chie *die*
(Gesetzlosigkeit)
anarchisch
Anarchismus *der*
Anarchist/in
anarchistisch
An|äs|the|sie *die*
(Betäubung)
Anästhesist/in
Ana|to|mie *die* (Lehre
von den Körperteilen)
anatomisch

anb _____

an|bah|nen
An|bau *der*
anbauen
Anbaufläche *die*
an|bei
an|bei|ßen
*beißt an, biss an,
hat angebissen*
an|be|langt
was ... anbelangt
an|be|rau|men
*eine Sitzung anberau-
men*
an|be|ten
An|be|tracht
in Anbetracht dessen

an|bie|dern
sich jmdm. anbiedern
Anbiederung *die*
an|bie|ten
*bietet an, bot an,
hat angeboten*
sich anbieten
Anbieter/in
an|bin|den
*bindet an, band an,
hat angebunden*
Anbindung *die*
an|blei|ben
*bleibt an, blieb an,
ist angeblieben*
An|blick *der*
anblicken
an|boh|ren
an|bra|ten
*brät an, briet an,
hat/ist angebraten*
an|bre|chen
*bricht an, brach an,
hat/ist angebrochen*
Anbruch *der*
an|bren|nen
*brennt an, brannte an,
hat/ist angebrannt*
an|brin|gen
*bringt an, brachte an,
hat angebracht*
An|bruch *der*
*bei Anbruch der
Dunkelheit*
bei Tagesanbruch
an|brül|len
**An|cho|vis/
An|scho|vis** *die*
(Sardelle)

and _____

An|dacht *die*
andächtig

an|dan|te
  (Musik: langsam)
  Andante *das*
an|dau|ern
  andauernd
An|den|ken *das*
  als Andenken
  zum Andenken
an|de|re
  alles andere
  der/die/das andere
  jeder andere
  unter anderem
  alle anderen
  die anderen
  ein anderer
  kein anderer
  etwas anderes
  jemand anderes
  nichts anderes
  niemand anderes
  zum einen ... zum anderen

  *ein andermal/
  ein anderes Mal*
**an|de|ren|falls/
an|dern|falls**
**an|de|ren|orts/
an|dern|orts**
an|de|rer|seits
än|dern
  Änderung *die*
an|ders
  anders als
  anders denken
  anders denkend/
  andersdenkend
  der anders Denkende/
  Andersdenkende
  anders geartet/
  andersgeartet
  andersherum
  anders lautend/
  anderslautend
  anders sein
  irgendwo anders

  *jemand anders
  niemand anders*
  andersartig
  anderswo
an|dert|halb
  (eineinhalb)
  anderthalbfach
Än|de|rung *die*
an|der|wei|tig
an|deu|ten
  Andeutung *die*
  andeutungsweise
an|dis|ku|tie|ren
An|drang *der*
an|dre|hen
an|dro|hen
  das Androhen einer Strafe
  Androhung *die*
an|drü|cken
an|ecken
an|eig|nen
  sich etwas aneignen

---

andere

Wenn *andere* wie ein Nomen (Substantiv) verwendet wird, **kann** es **groß**geschrieben werden:

*der, die, das **a**ndere/der, die, das **A**ndere
die **a**nderen/die **A**nderen
etwas **a**nderes/etwas **A**nderes
jemand **a**nder(e)s/jemand **A**nder(e)s
Frag doch mal die **a**nderen/die **A**nderen.
Das hätte sich kein **a**nderer/kein **A**nderer getraut. ...*

Sonst wird *andere* immer **klein**geschrieben.

*Die **a**nderen Gäste waren alle schon gegangen.
Den einen Handschuh habe ich gefunden, aber der **a**ndere ist weg. ...*

Faustregel: Kleinschreibung ist immer richtig.

an|ei|nan|der
auch: an|ein|an|der
aneinander denken
aneinanderfügen
aneinandergeraten
gerät aneinander,
geriet aneinander,
ist aneinandergeraten
aneinandergrenzen
aneinanderlegen
aneinanderreihen
An|ek|do|te die
(witzige Geschichte)
anekdotenhaft
anekdotisch
an|ekeln
Ane|mo|ne die
(eine Blume)
An|er|bie|ten das
(Angebot)
an|er|kannt
anerkanntermaßen
an|er|ken|nen
erkennt an,
erkannte an,
hat anerkannt
anerkennenswert
Anerkennung die

anf

an|fa|chen
Feuer anfachen
an|fah|ren
fährt an, fuhr an,
hat/ist angefahren
Anfahrt die
An|fall der
die Anfälle
an|fal|len
fällt an, fiel an,
ist/hat angefallen
anfallend
anfallende Kosten

an|fäl|lig
Anfälligkeit die
An|fang der
die Anfänge
am Anfang
Anfang dieses Jahres
Anfang nächsten Jahres
zu Anfang
anfangen
fängt an, fing an,
hat angefangen
Anfänger/in
anfänglich
anfangs
Anfangsstadium das
an|fas|sen
fasst an, fasste an,
hat angefasst
an|fecht|bar
anfechten
ficht an, focht an,
hat angefochten
an|fein|den
Anfeindung die
an|fer|ti|gen
Anfertigung die
an|feuch|ten
an|feu|ern
an|fle|hen
an|flie|gen
fliegt an, flog an,
ist/hat angeflogen
An|flug der
die Anflüge
an|for|dern
Anforderung die
An|fra|ge die
anfragen
an|freun|den
sich mit jemandem
anfreunden
an|fü|gen
an|füh|len
sich anfühlen

an|füh|ren
Anführer/in
Anführungszeichen das

ang

An|ga|be die
angeben
gibt an, gab an,
hat angegeben
Angeber/in
angeberisch
an|geb|lich
angebliche Vorteile
an|ge|bo|ren
An|ge|bot das
an|ge|bracht
angebracht sein
an|ge|grif|fen
an|ge|hei|ra|tet
an|ge|hen
geht an, ging an,
ist angegangen
an|ge|hö|ren
angehörig
meine Angehörigen
An|ge|klag|te der/die
An|gel die
Angelhaken der
angeln
Angler/in
An|ge|le|gen|heit die
an|ge|mes|sen
das wäre angemessen
Angemessenheit die
an|ge|nehm
etwas Angenehmes
an|ge|nom|men
(→ annehmen)
an|ge|passt
(→ anpassen)
An|ger der
(Platz im Dorf)
an|ge|regt (→ anregen)

an|ge|sagt (→ ansagen)
an|ge|schla|gen
an|ge|schmutzt
an|ge|se|hen
An|ge|sicht *das*
  im Angesicht
  angesichts
  angesichts der Tatsachen
an|ge|spannt
An|ge|stell|te *der/die*
an|ge|strengt
an|ge|tan
  von etwas angetan sein
an|ge|trun|ken
an|ge|wandt
  (→ anwenden)
an|ge|wie|sen
  auf jemanden angewiesen sein
an|ge|wöh|nen
  sich etwas angewöhnen
  Angewohnheit *die*
an|gie|ßen
  gießt an, goss an,
  hat angegossen
An|gi|na *die*
  (Halskrankheit)
  Angina Pectoris
an|glei|chen
  gleicht an, glich an,
  hat angeglichen
  Angleichung *die*
an|glie|dern
an|gli|ka|nisch
  auch: ang|li|ka|nisch
  die anglikanische
  Kirche
Ang|list *der*
  auch: An|glist
  (Wissenschaftler für
  engl. Sprache)
  Anglistin *die*
  Anglistik *die*

Ang|lo|ame|ri|ka|ner
  der
  auch: An|glo|ame|ri|kaner
  Angloamerikanerin *die*
An|go|ra
  Angorakaninchen *das*
  Angorakatze *die*
  Angorawolle *die*
an|grei|fen
  greift an, griff an,
  hat angegriffen
  Angreifer/in
  Angriff *der*
  in Angriff nehmen
  angriffslustig
  Angriffspunkt *der*
an|gren|zen
Angst *die*
  die Ängste
  A ...
  Angst haben
  Angst machen
  a ...
  mir ist angst und bange
  mir wird dabei angst
  angsterfüllt
  Angsthase *der*
  ängstigen
  ängstlich
  Ängstlichkeit *die*
  Angstschweiß *der*
  angstvoll
an|gur|ten
  sich angurten

Angst / angst

Nomen / Substantiv:	Nach *ist, war, wurde* ...:
Ich habe **Angst**.	Mir **ist** angst.
große **Angst**	Ihr **wurde** angst und bang.

anh

an|ha|ben
  hat an, hatte an,
  hat angehabt
  eine alte Jeans
  anhaben
  jemandem etwas
  anhaben wollen
an|hal|ten
  hält an, hielt an,
  hat angehalten
  anhaltend
  Anhalter/in
  Anhaltspunkt *der*
an|hand
  anhand des Briefes
An|hang *der*
  die Anhänge
  anhängen
  hängt an,
  hängte an / hing an,
  hat angehängt /
  angehangen
  Anhänger/in
  anhänglich
  Anhängsel *das*
an|häu|fen
  Anhäufung *die*
an|he|ben
  hebt an, hob an,
  hat angehoben
an|hef|ten
an|heim|stel|len
  (überlassen)

an|heu|ern
als Matrose anheuern
An|hieb
auf Anhieb
An|hö|he *die*
an|hö|ren
Anhörung *die*
ani|ma|lisch (tierisch)
Ani|ma|teur *der*
Animateurin *die*
Animation *die*
animieren
jemanden zu etwas animieren
Ani|mo|si|tät *die*
(Abneigung)
Anis *der* (ein Gewürz)

ank _____

An|kauf *der*
die Ankäufe
ankaufen
An|ker *der*
Ankerkette *die*
ankern
an|ket|ten
An|kla|ge *die*
Anklage erheben
anklagen
Ankläger/in
An|klang *der*
Anklang finden
an|kle|ben
an|klei|den
an|kli|cken
an|klin|gen
klingt an, klang an, hat/ist angeklungen
an|klop|fen
an|knip|sen
an|knüp|fen
an etwas anknüpfen
Anknüpfung *die*

an|kom|men
kommt an, kam an, ist angekommen
Ankömmling *der*
an|krei|den
(übel nehmen)
an|kreu|zen
an|kün|di|gen
Ankündigung *die*
An|kunft *die*
Ankunftszeit *die*
an|kur|beln
an|la|chen
An|la|ge *die*
An|lass *der*
die Anlässe
aus diesem Anlass
anlassen
lässt an, ließ an, hat angelassen
Anlasser *der*
anlässlich
an|las|ten
An|lauf *der*
anlaufen
läuft an, lief an, ist angelaufen
An|laut *der*
anlauten
an|läu|ten
(telefonieren)
an|le|gen
Anleger *der*
Anlegestelle *die*
An|leh|nung *die*
anlehnungsbedürftig
An|lei|he *die*
an|lei|ten
Anleitung *die*
an|ler|nen
ein angelernter Arbeiter
an|lie|gen
liegt an, lag an, hat angelegen

Anliegen *das*
mein Anliegen ist
anliegend
Anlieger/in
für Anlieger frei
an|lo|cken
Anm. (Anmerkung)
An|ma|che *die*
anmachen
an|mah|nen
an|ma|len
An|marsch *der*
an|ma|ßen
sich etwas anmaßen
anmaßend
Anmaßung *die*
an|mel|den
sich anmelden
anmeldepflichtig
Anmeldung *die*
an|mer|ken
sich etwas anmerken lassen
Anmerkung *die*
an|mon|tie|ren
An|mut *die*
anmutig
an|mu|ten
komisch anmuten
Anmutung *die*

ann _____

an|nä|hen
an|nä|hern
annähernd
Annäherung *die*
Annäherungsversuch *der*
annäherungsweise
An|nah|me *die*
Annahmestelle *die*
An|na|len (Jahrbücher)
in die Annalen eingehen

an|nehm|bar
annehmen
nimmt an, nahm an,
hat angenommen
Annehmlichkeit *die*
an|nek|tie|ren
(sich aneignen)
Annexion *die*
an|no/An|no
(im Jahre)
anno/Anno dazumal
anno/Anno 1492
An|non|ce *die*
(Zeitungsanzeige)
annoncieren
an|nul|lie|ren
(für ungültig erklären)
Annullierung *die*
An|o|de *die*
(positive Elektrode)
An|o|ma|lie *die*
(Unregelmäßigkeit)
an|o|nym
(ohne Namensnennung)
Anonymität *die*
Ano|rak *der*
an|ord|nen
Anordnung *die*
an|or|ga|nisch
die anorganische
Chemie
anor|mal
an|pa|cken
an|pas|sen
passt an, passte an,
hat angepasst
Anpassung *die*
anpassungsfähig
an|pei|len
An|pfiff *der*
an|pflan|zen
Anpflanzung *die*
an|pir|schen
an|pö|beln

an|pran|gern
(öffentlich tadeln)
jemanden als Betrüger
anprangern
an|prei|sen
preist an, pries an,
hat angepriesen
An|pro|be *die*
anprobieren

anr

An|rai|ner *der*
(Anlieger)
Anrainerstaat *der*
an|ra|ten
Anraten *das*
auf Anraten von
an|rech|nen
Anrechnung *die*
An|recht *das*
ein Anrecht haben auf ...
An|re|de *die*
anreden
an|re|gen
anregend
Anregung *die*
an|rei|chern
Anreicherung *die*
An|rei|se *die*
anreisen
reist an, reiste an,
ist angereist
an|rei|ßen
reißt an, riss an,
hat angerissen
An|reiz *der*
an|rem|peln
an|rich|ten
an|rol|len
an|rü|chig (verrufen)
an|rü|cken
An|ruf *der*
Anrufbeantworter *der*

anrufen
ruft an, rief an,
hat angerufen
an|rüh|ren
anrührend

ans

ans (an das)
An|sa|ge *die*
ansagen
sich ansagen
Ansager/in
an|sam|meln
Ansammlung *die*
an|säs|sig
An|satz *der*
die Ansätze
Ansatzpunkt *der*
ansatzweise
an|sau|gen
an|schaf|fen
schafft an, schaffte an,
hat angeschafft
Anschaffung *die*
an|schal|ten
an|schau|en
anschaulich
Anschaulichkeit *die*
Anschauung *die*
Anschauungs-
material *das*
An|schein *der*
allem Anschein nach
den Anschein haben
anscheinend
an|schie|ben
schiebt an, schob an,
hat angeschoben
An|schlag *der*
die Anschläge
anschlagen
schlägt an, schlug an,
hat angeschlagen

an|schlie|ßen
schließt an, schloss an,
hat angeschlossen
anschließend
Anschluss *der*
Anschlusstreffer *der*
an|schmie|gen
sich anschmiegen
anschmiegsam
an|schnal|len
sich anschnallen
an|schnau|zen
an|schnei|den
schneidet an, schnitt an,
hat angeschnitten
An|schnitt *der*
an|schrau|ben
an|schrei|ben
schreibt an, schrieb an,
hat angeschrieben
Anschrift *die*
an|schub|sen
jemanden anschubsen
an|schrei|en
schreit an, schrie an,
hat angeschrien
An|schul|di|gung *die*
an|schwär|zen
jemanden anschwärzen
an|schwei|ßen
an|schwel|len
schwillt an, schwoll an,
ist angeschwollen

anse

an|se|hen
sieht an, sah an,
hat angesehen
Ansehen *das*
ohne Ansehen der
Person
ansehenswert
ansehnlich

an sein
ist an, war an,
ist an gewesen
an|set|zen
An|sicht *die*
der Ansicht sein, dass ...
meiner Ansicht nach
Ansichtskarte *die*
an|sie|deln
An|sin|nen *das*
ein Ansinnen an
jemanden stellen
an|sons|ten
(im Übrigen)
an|span|nen
Anspannung *die*
an|spa|ren
an|spie|len
Anspielung *die*
an|spit|zen
An|sporn *der*
anspornen
An|spra|che *die*
ansprechbar
ansprechen
spricht an, sprach an,
hat angesprochen
ansprechend
Ansprechpartner *der*
An|spruch *der*
die Ansprüche
anspruchslos
Anspruchslosigkeit *die*
anspruchsvoll

anst

An|stalt *die*
die Anstalten
Anstalten machen
An|stand *der*
anständig
anstandshalber
an|statt

an|ste|cken
ansteckend
Ansteckung *die*
Ansteckungsgefahr *die*
an|ste|hen
steht an, stand an,
hat / ist angestanden
an|stei|gen
steigt an, stieg an,
ist angestiegen
an|stel|le / an Stel|le
an|stel|len
Anstellung *die*
an|steu|ern
An|stieg *der*
an|stif|ten
Anstifter/in
Anstiftung *die*
an|stim|men
An|stoß *der*
die Anstöße
anstoßen
stößt an, stieß an,
hat angestoßen
anstößig
an|strah|len
an|stre|ben
an|strei|chen
streicht an, strich an,
hat angestrichen
Anstrich *der*
an|stren|gen
sich anstrengen
anstrengend
Anstrengung *die*
An|sturm *der*

ant

An|ta|go|nis|mus *der*
auch: Ant|ago|nis|mus
(Gegensatz)
Antagonist/in
antagonistisch

Ant|ark|tis *die*
(Gebiet um den Südpol)
antarktisch
an|tas|ten
An|teil *der*
Anteil haben
Anteil nehmen
anteilig
Anteilnahme *die*
An|ten|ne *die*
An|tho|lo|gie *die*
(Sammlung von Texten)
An|thra|zit *der*
auch: Anth|ra|zit
(eine Steinkohle)
anthrazitfarbig
An|thro|po|lo|ge *der*
auch: Anth|ro|po|lo|ge
(Wissenschaftler, der
Menschen erforscht)
Anthropologin *die*
Anthropologie *die*
anthropomorph
(menschenähnlich)
Anthroposophie *die*
an|ti|au|to|ri|tär
An|ti|ba|by|pil|le *die*
An|ti|bio|ti|kum *das*
(ein Heilmittel)
die Antibiotika
antibiotisch
**An|ti|blo|ckier-
sys|tem** (ABS) *das*
An|ti|fa|schis|mus
der (Bewegung gegen
den Nationalsozialis-
mus)
Antifaschist/in
an|tik (altertümlich)
Antike *die*
An|ti|kör|per *der*
(Eiweißmolekül zur Be-
kämpfung von Krank-
heitserregern)

An|ti|lo|pe *die*
An|ti|mon *das* (Sb)
(chem. Element)
An|ti|no|mie *die*
(Widerspruch)
An|ti|pa|thie *die*
(Abneigung, Wider-
wille; Gegensatz von
„Sympathie")
An|ti|po|de *der*
(auf dem entgegen-
gesetzten Punkt der
Erde lebender Mensch)
an|tip|pen
An|ti|qua|ri|at *das*
(Buchhandlung für
alte Bücher)
antiquarisch
antiquiert
Antiquität *die*
an|ti|se|mi|tisch (ge-
gen die Juden gerichtet)
Antisemitismus *der*
an|ti|sep|tisch
(keimtötend)
An|ti|the|se *die*
(Gegensatz)
antithetisch
An|ti|zi|pa|ti|on *die*
(Vorwegnahme)
antizipieren
an|ti|zyk|lisch
auch: an|ti|zy|klisch
Ant|litz *das*
(Angesicht)
An|to|nym *das* (gegen-
sätzlicher Begriff)
an|tör|nen
(jemanden begeistern)
An|trag *der*
die Anträge
einen Antrag stellen
antragsgemäß
Antragsteller/in

an|tref|fen
trifft an, traf an,
hat angetroffen
an|trei|ben
treibt an, trieb an,
hat angetrieben
Antrieb *der*
Antriebssystem *das*
an|tre|ten
tritt an, trat an,
ist angetreten
Antrittsbesuch *der*
an|trock|nen
an|tun
tut an, tat an,
hat angetan
Ant|wort *die*
um Antwort wird
gebeten (u. A. w. g.)
antworten
antwortet, antwortete,
hat geantwortet
Anus *der* (After)
an|ver|trau|en
jemandem etwas
anvertrauen
sich jemandem
anvertrauen
an|vi|sie|ren (planen)
etwas anvisieren

---

anw

an|wach|sen
wächst an, wuchs an,
ist angewachsen
An|walt *der*
die Anwälte
Anwältin *die*
Anwaltskammer *die*
An|wand|lung *die*
an|wär|men
An|wär|ter *der*
Anwärterin *die*

an|wei|sen
weist an, wies an,
hat angewiesen
Anweisung *die*
die strikte Anweisung
geben
an|wend|bar
Anwendbarkeit *die*
anwenden
wendet an, wandte an/
wendete an,
hat angewandt/
angewendet
Anwendung *die*
an|wer|ben
Anwerbung *die*
an|we|send
anwesend sein
Anwesende *der/die*
Anwesenheit *die*
Anwesenheitsliste *die*
an|wi|dern
es widert mich an
An|woh|ner *der*
Anwohnerin *die*
An|zahl *die*
an|zah|len
Anzahlung *die*
an|zap|fen
An|zei|chen *das*
an|zeich|nen
An|zei|ge *die*
anzeigen
anzeigepflichtig
Anzeiger *der*
an|zet|teln
an|zie|hen
zieht an, zog an,
hat angezogen
anziehend
Anziehung *die*
Anziehungskraft *die*
An|zucht *die*
Anzuchtgarten *der*

An|zug *der*
die Anzüge
an|züg|lich
(zweideutig)
Anzüglichkeit *die*
an|zün|den
Anzünder *der*
an|zwei|feln
AOK *die* (Allgemeine Ortskrankenkasse)
Aor|ta *die*
(Hauptschlagader)

ap

apart (reizvoll)
Apart|heid *die*
(Rassentrennung)
Apart|ment *das*
(kleine Wohnung)
Apa|thie *die*
(Teilnahmslosigkeit)
apathisch
Ape|ri|tif *der*
(ein alkohol. Getränk)
Ap|fel *der*
die Äpfel
Apfelbaum *der*
Apfelsaft *der*
Ap|fel|si|ne *die*
Apfelsinenschale *die*
Apho|ris|mus *der*
(Sinnspruch)
die Aphorismen
aphoristisch
apo|dik|tisch
(ohne Widerspruch)
Apo|ka|lyp|se *die*
(Offenbarung des Johannes)
apokalyptisch
Apoll/Apol|lo *der*
(Gott der Dichtkunst)
apollinisch

Apo|lo|gie *die*
(Verteidigungsrede)
Apos|tel *der*
(Jünger Christi)
apostolisch
Apos|troph *der*
auch: Apo|stroph
(Auslassungszeichen)
Apos|tro|phe *die*
auch: Apo|stro|phe
(Anrede)
Apo|the|ke *die*
Apothekenhelfer/in
apothekenpflichtig
Apotheker/in
Apo|the|o|se *die*
(Vergöttlichung)
Ap|pa|rat *der*
apparativ
Apparatschik *der*
Apparatur *die*
Ap|par|te|ment *das*
(kleine Wohnung)
die Appartements
Ap|pell *der*
appellieren
Ap|pe|tit *der*
appetitanregend
appetitlich
appetitlos
Appetizer *der*
ap|plau|die|ren
Applaus *der*
Ap|pli|ka|ti|on *die*
(Anwendung)
applizieren
ap|por|tie|ren
(herbringen)
Ap|po|si|ti|on *die*
(Beifügung)
Ap|ri|ko|se *die*
Ap|ril *der*
Aprilscherz *der*
Aprilwetter *das*

a pri|o|ri
(von vornherein)
ap|ro|pos (übrigens)
Ap|sis *die*
(Altarnische)

aqu

Aquä|dukt *der/das*

Aqua|ma|rin *der*
(ein Edelstein)
Aqua|pla|ning *das*
(Wasserglätte)
Aqua|rell *das*
(Bild mit Wasserfarben)
Aqua|ri|um *das*
die Aquarien
Äqua|tor *der*
äquatorial
äqui|va|lent
(gleichwertig)
Äquivalent *das*
Äquivalenz *die*

ar

Ar *das/der*
(Flächenmaß, 10 · 10 m)
Ara *der* (ein Papagei)
Ära *die* (Epoche)
Ara|ber *der*
Araberin *die*
Arabien
arabisch
Ara|bes|ke *die*
(Ornament)

Ara|lie *die*
(eine Zimmerpflanze)
Ar|beit *die*
arbeiten
Arbeiter/in
Arbeitgeber/in
Arbeitnehmer/in
Arbeitsagentur *die*
arbeitsam
Arbeitsamt *das*
Arbeitsgemein-
schaft *die* (AG)
Arbeitskampf *der*
Arbeitskraft *die*
Arbeitskreis *der*
arbeitslos
Arbeitslosengeld *das*
Arbeitslosigkeit *die*
Arbeitsmarkt *der*
Arbeitsmittel *das*
Arbeitsplatz *der*
arbeitssuchend
Arbeit suchend/
arbeitsuchend
arbeitsunfähig
Arbeitsvertrag *der*
arbeitswillig
Arbeitszeit *die*
Arbeitszimmer *das*
ar|cha|isch
(aus ältester Zeit)
Archaismus *der*
Ar|chäo|lo|ge *der*
(Altertumsforscher)
Archäologin *die*
Archäologie *die*
archäologisch
Ar|che *die*
die Arche Noah
Ar|chi|me|des
(griech. Mathematiker)
archimedisches Prinzip
Ar|chi|pel *der*
(Inselgruppe)

Ar|chi|tekt *der*
Architektin *die*
architektonisch
Architektur *die*
Ar|chiv *das*
(Urkundensammlung)
Archivar/in
Archivbild *das*
archivieren
Archivierung *die*
Are|al *das* (Gebiet)
Are|na *die*
arg
ärger, ärgste
a ...
arge Schmerzen haben
es zu arg treiben
A ...
im Argen liegen
nichts Arges denken
es kommt zum Ärgsten
vor dem Ärgsten
bewahren
arglistig
arglos
Är|ger *der*
ärgerlich
ärgern
sich über etwas ärgern
Ärgernis *das*
Ar|gon *das* (Ar)
(ein Edelgas)
Ar|gu|ment *das*
Argumentation *die*
argumentativ
argumentieren
Ar|gus|au|gen
(wachsame Augen)
Arg|wohn *der*
argwöhnisch
Arie *die* (Sologesang)
arisch
(im Nationalsozialismus
für „nicht jüdisch")

Aris|to|krat *der*
(Adeliger)
Aristokratin die
Aristokratie *die*
aristokratisch
Arith|me|tik *die*
(Zahlenlehre)
arithmetisch
Ar|ka|de *die*

arkadisch
Ark|tis *die*
(Nordpolargebiet)
arktisch
arm
ärmer, ärmste
a ...
arm sein
arme Leute
ein armer Sünder
A ...
die Armen
Arm und Reich
wir Armen
ärmlich
armselig
Armut *die*
Arm *der*
armamputiert
Ärmchen *das*
Armbanduhr *die*
Armbrust *die*
armlang
Armlehne *die*
Ar|ma|tur *die*
Armaturenbrett *das*

Ar|mee *die*
Armeekorps *das*
Är|mel *der*
ärmellos
ar|mie|ren (ausrüsten)
Armierung *die*
Ar|mut *die*
Armutszeugnis *das*

arn

Ar|ni|ka *die*
(eine Heilpflanze)
Aro|ma *das* (Duft)
aromatisch
Aron|stab *der*
(eine Giftpflanze)
Ar|ran|ge|ment *das*
arrangieren
Ar|rest *der*
der Hausarrest
Arrestant/in
ar|re|tie|ren
(festnehmen)
Arretierung *die*
ar|ri|vie|ren
(Erfolg haben)
arriviert
ar|ro|gant (anmaßend)
Arroganz *die*
Arsch *der*
die Ärsche
Arschloch *das*
Ar|sen *das*
(chem. Element)
Ar|se|nal *das*
(Waffenlager)
Art *die*
Welche Art?
artenreich
Artenvielfalt *die*
artverwandt
allerart
derart

Art. (Artikel)
Ar|te|rie *die* (Blutader)
Arterienverkalkung *die*
Arteriosklerose *die*
ar|te|sisch
artesischer Brunnen
Ar|thri|tis *die*
auch: Arth|ri|tis
(Gelenkentzündung)
Arthrose *die*
ar|ti|fi|zi|ell (künstlich)
ar|tig
artig sein
das artige Kind
Ar|ti|kel *der*
Ar|ti|ku|la|ti|on *die*
(Aussprache)
artikulieren
Ar|til|le|rie *die*
Artillerist *der*
Ar|ti|scho|cke *die*
(eine Gemüsepflanze)
Ar|tist *der*
Artistin *die*
Artistik *die*
artistisch
Arz|nei *die*
Arzt *der*
die Ärzte
Ärztin *die*
Arzthelfer/in
ärztlich

as

A-Saite *die*
(z. B. bei der Gitarre)
As|best *der*
asbestverseucht
Asche *die*
aschblond
Aschenbahn *die*
Aschenbrödel *das*
Aschenputtel *das*

Aschermittwoch *der*
aschgrau
Äsche *die* (ein Fisch)
äsen
äsende Rehe
Asi|at *der*
Asiatin *die*
asiatisch
Asien
As|ke|se *die*
(Enthaltsamkeit)
Asket/in
asketisch
**As|kor|bin|säu|re/
As|cor|bin|säu|re**
die (Vitamin C)
Äs|ku|lap|stab *der*
(Symbol der Ärzte)

aso|zi|al
Asoziale *der/die*
As|pa|ra|gus *der*
(eine Zierpflanze)
As|pekt *der*
(Gesichtspunkt)
As|phalt *der* (Teer)
asphaltieren
As|pik *das* (Gelee)
Fisch in Aspik
As|pi|rant *der*
(Anwärter)
Aspirantin *die*
Aspiration *die*
As|pi|rin® *das*

Ass *das*
die Asse
das Kreuzass

aß (→ essen)
As|sel *die*
As|semb|ler *der*
auch: As|sem|bler
(Programmiersprache)
As|ses|sor *der*
Assessorin *die*
As|si|mi|la|ti|on *die*
(Anpassung)
assimilieren
sich assimilieren
As|sis|tent *der* (Helfer)
Assistentin *die*
Assistenz *die*
assistieren
As|so|nanz *die* (Gleichklang der Vokale)
As|so|zi|a|ti|on *die*
(gedankl. Verbindung)
assoziativ
assoziieren
Ast *der*
die Äste
astfrei
astrein
AStA *der* (Allgemeiner Studentenausschuss)
As|ter *die*
Äs|thet *der*
(Freund des Schönen)
Ästhetin *die*
Ästhetik *die*
ästhetisch
Ästhetizismus *der*

Asth|ma *das* (Atemnot)
Asthmaanfall *der*
Asthmatiker/in
asthmatisch
as|tral
auch: ast|ral
(Gestirne betreffend)
Astralleib *der*
As|tro|lo|gie *die*
auch: Ast|ro|lo|gie
As|tro|naut *der*
auch: Ast|ro|naut
Astronautin *die*
As|tro|nom *der*
auch: Ast|ro|nom
Astronomin *die*
Astronomie *die*
Asyl *das* (sicherer Ort für Verfolgte)
Asylanspruch *der*
Asylantrag *der*
Asylbewerber/in
Asylrecht *das*
asym|me|trisch
auch: asym|met|risch
Asymp|to|te *die*
auch: Asym|pto|te
(geometr. Begriff)
asyn|de|tisch
(nicht mit Bindewörtern verbunden)
As|zen|dent *der*
(aufgehender Stern)

at

Ate|li|er *das*
Atelieraufnahme *die*
Atelierfenster *das*
Atem *der*
Atem holen
außer Atem sein
atemberaubend
atemlos

Atempause *die*
atmen
Atmung *die*
Äthan/Ethan *das*
(Kohlenwasserstoff)
Äthanol/Ethanol *das*
Athe|is|mus *der*
(Gottlosigkeit)
Atheist/in
atheistisch
Äther/Ether *der*
(Betäubungsmittel)
ätherisch
Ath|let *der*
Athletin *die*
athletisch
Äthyl/Ethyl *das*
(chem. Verbindung)
Äthylalkohol *der*
At|lan|tik *der*
atlantisch
der Atlantische Ozean
At|las *der*
die Atlasse/die Atlanten

atm

at|men
Atmung *die*
atmungsaktiv
At|mos|phä|re *die*
auch: At|mo|sphä|re
atmosphärisch
At|mung *die*
atmungsaktiv
Atoll *das*
(ringförmige Insel)
Atom *das*
atomar
Atombombe *die*
Atomenergie *die*
Atomkraftwerk *das*
(AKW)
Atommüll *der*

Atomreaktor *der*
Atomwaffe *die*
Atomwaffensperr-
vertrag *der*
At|ri|um *das*
(ein Innenhof)
At|ta|ché *der*
(ein Diplomat)
At|ta|cke *die* (Angriff)
attackieren
At|ten|tat *das*
Attentäter/in
At|test *das*
attestieren
At|ti|tü|de *die*
(Haltung)
At|trak|ti|on *die*
attraktiv
attraktiv wirken
Attraktivität *die*
At|trap|pe *die*
(Nachbildung)
At|tri|but *das*
(Beifügung)
attributiv
Attributsatz *der*
atü (Atmosphären-
überdruck)
aty|pisch
ät|zen
ätzend

au

au!/aua!
au Backe!
Au/Aue *die*
Auenlandschaft *die*
Au|ber|gi|ne *die*
(eine Gemüsepflanze)
auch
auch wenn
du auch?
wenn auch

Au|di|enz *die*
(feierlicher Empfang)
au|dio|vi|su|ell
(hör- und sichtbar)
au|di|tiv (hörbar)
Au|di|to|ri|um *das*
(Hörsaal, Zuhörer)
Auditorium maximum
Au|er|hahn *der*
die Auerhähne
Au|er|och|se *der*

auf

auf
a ...
auf Deutsch
auf einmal
aufgrund/auf Grund
aufseiten/auf Seiten
auf und ab springen
(hoch und runter)
auf- und abspringen
(auf etwas und wieder
hinunter)
auf und davon
aufs Beste/beste
aufs Neue
A ...
das Auf und Ab
auf|ar|bei|ten
auf|at|men
auf|bah|ren
einen Toten aufbahren
Aufbahrung *die*
Auf|bau *der*
die Schiffsaufbauten
aufbauen

auf|bäu|men
sich aufbäumen
auf|bau|schen
eine Sache aufbauschen
auf|be|geh|ren
auf|be|hal|ten
behält auf, behielt auf,
hat aufbehalten
den Hut aufbehalten
auf|be|kom|men
bekommt auf,
bekam auf,
hat aufbekommen
auf|be|rei|ten
Aufbereitung *die*
auf|be|wah|ren
Aufbewahrung *die*
Aufbewahrungsort *der*
auf|bie|ten
bietet auf, bot auf,
hat aufgeboten
auf|bla|sen
bläst auf, blies auf,
hat aufgeblasen
auf|blät|tern
auf|blei|ben
bleibt auf, blieb auf,
ist aufgeblieben
auf|blen|den
auf|bli|cken
auf|blü|hen
auf|brau|send
auf|bre|chen
bricht auf, brach auf,
ist/hat aufgebrochen
Aufbruch *der*
auf|brin|gen
bringt auf, brachte auf,
hat aufgebracht
viel Zeit aufbringen
Auf|bruch *der*
die Aufbrüche
Aufbruch(s)stimmung
die

auf|bür|den
auf dass
auf|de|cken
auf|drän|gen
auf|dre|hen
auf|dring|lich
Aufdringlichkeit *die*
Auf|druck *der*
aufdrucken
auf|ei|nan|der
auch: auf|ein|an|der
(2 Betonungen:)
aufeinander achten
aufeinander hören
aufeinander warten
(1 Betonung:)
aufeinanderfolgen
aufeinanderlegen
aufeinanderstapeln
aufeinandertreffen
treffen aufeinander,
trafen aufeinander, sind
aufeinandergetroffen
Auf|ent|halt *der*
Aufenthaltsdauer *die*
auf|er|le|gen
Auf|er|ste|hung *die*
auf|es|sen
isst auf, aß auf,
hat aufgegessen

auff

auf|fah|ren
fährt auf, fuhr auf,
ist aufgefahren
Auffahrt *die*
Auffahrunfall *der*
auf|fal|len
fällt auf, fiel auf,
ist aufgefallen
auffallend
auffällig
Auffälligkeit *die*

auf|fan|gen
fängt auf, fing auf,
hat aufgefangen
auf|fas|sen
fasst auf, fasste auf,
hat aufgefasst
Auffassung *die*
Auffassungsgabe *die*
auf|find|bar
auf|fla|ckern
auf|for|dern
Aufforderung *die*
Aufforderungssatz *der*
auf|fors|ten
auf|fres|sen
frisst auf, fraß auf,
hat aufgefressen
auf|fri|schen
Auffrischung *die*
auf|füh|ren
Aufführung *die*
Auf|ga|be *die*
Auf|gang *der*
die Aufgänge
auf|ge|ben
gibt auf, gab auf,
hat aufgegeben
auf|ge|bläht
auf|ge|blasen
Auf|ge|bot *das*
das Aufgebot bestellen
auf|ge|bracht
auf|ge|dun|sen
auf|ge|hen
geht auf, ging auf,
ist aufgegangen
auf|ge|klärt
auf|ge|kratzt
(gut gelaunt)
Auf|geld *das*
auf|ge|legt
auf|ge|räumt
auf|ge|regt
Aufgeregtheit *die*

31

auf|ge|schlos|sen
Aufgeschlossenheit *die*
auf|ge|schmis|sen
auf|ge|weckt
auf|gie|ßen
gießt auf, goss auf,
hat aufgegossen
auf|glie|dern
auf|grei|fen
greift auf, griff auf,
hat aufgegriffen
auf|grund/
auf Grund
aufgrund dessen
aufgrund von
Auf|guss *der*
die Aufgüsse

aufh

auf|ha|ben
hat auf, hatte auf,
hat aufgehabt
auf|hal|ten
hält auf, hielt auf,
hat aufgehalten
auf|hän|gen
hängt auf, hängte auf,
hat aufgehängt
Aufhänger *der*
Aufhängung *die*
auf|he|ben
hebt auf, hob auf,
hat aufgehoben
auf|hei|tern
Aufheiterung *die*
auf|hel|len
Aufheller *der*
auf|het|zen
auf|ho|len
auf|hor|chen
auf|hö|ren
damit aufhören
auf|kau|fen

auf|kei|men
auf|klap|pen
auf|klä|ren
Aufklärung *die*
auf|kle|ben
Aufkleber *der*
auf|kno|ten
auf|kom|men
kommt auf, kam auf,
ist aufgekommen
Aufkommen *das*
auf|kün|di|gen

aufl

auf|la|den
lädt auf, lud auf,
hat aufgeladen
Auf|la|ge *die* (Aufl.)
Auflagenhöhe *die*
auflagenstark
auf|las|sen
lässt auf, ließ auf,
hat aufgelassen
Auflassung *die*
auf|lau|ern
auf|lau|fen
läuft auf, lief auf,
ist aufgelaufen
auf|le|gen
auf|leh|nen
sich gegen jemanden
auflehnen
Auflehnung *die*
auf|leuch|ten
auf|lis|ten
Auflistung *die*
auf|lo|ckern
Auflockerung *die*
auf|lö|sen
Auflösung *die*
auf|ma|chen
Aufmachung *die*
auf|ma|len

Auf|marsch *der*
die Aufmärsche
aufmarschieren
auf|mer|ken
auf|merk|sam
Aufmerksamkeit *die*
Aufmerksamkeit
erregen
auf|mun|tern
Aufmunterung *die*
auf|müp|fig
(aufsässig)
Auf|nah|me *die*
aufnahmefähig
Aufnahmeprüfung *die*
aufnehmen
nimmt auf, nahm auf,
hat aufgenommen
auf|op|fern
Aufopferung *die*
aufopferungsvoll
auf|pas|sen
passt auf, passte auf,
hat aufgepasst
Aufpasser/in
auf|pep|pen
auf|plat|zen
auf|po|lie|ren
Auf|prall *der*
aufprallen
Auf|preis *der*
auf|put|schen
Aufputschmittel *das*

aufr

auf|raf|fen
sich aufraffen
auf|räu|men
Aufräumungsarbeiten
auf|rech|nen
Aufrechnung *die*
auf|recht
aufrecht gehen

Aufrechtgehen *das*
aufrecht sitzen
aufrechterhalten
erhält aufrecht,
erhielt aufrecht,
hat aufrechterhalten
auf|re|gen
sich aufregen
aufregend
Aufregung *die*
auf|rei|ben
sich aufreiben
aufreibend
auf|rei|ßen
reißt auf, riss auf,
hat aufgerissen
auf|rei|zend
auf|rich|ten
sich aufrichten
aufrichtig
aufrichtige Anteilnahme
Aufrichtigkeit *die*
Auf|riss *der* (Skizze)
auf|rol|len
auf|rü|cken
Auf|ruf *der*
aufrufen
ruft auf, rief auf,
hat aufgerufen
Auf|ruhr *der*
(Revolte)
Aufrührer/in
aufrührerisch
auf|run|den
Aufrundung *die*
auf|rüs|ten
Aufrüstung *die*
auf|rüt|teln

aufs

aufs (auf das)
auf|sa|gen
auf|sam|meln

auf|säs|sig
(ungehorsam)
Aufsässigkeit *die*
Auf|satz *der*
die Aufsätze
Aufsatzthema *das*
auf|sau|gen
auf|schau|en
auf|schäu|men
auf|scheu|chen
auf|schich|ten
auf|schie|ben
schiebt auf, schob auf,
hat aufgeschoben
aufschiebende
Wirkung haben
Auf|schlag *der*
die Aufschläge
aufschlagen
schlägt auf, schlug auf,
hat aufgeschlagen
auf|schlie|ßen
schließt auf, schloss auf,
hat aufgeschlossen
Aufschluss *der*
aufschlussreich
auf|schlit|zen
auf|schlüs|seln
auf|schnap|pen
auf|schnei|den
schneidet auf,
schnitt auf,
hat aufgeschnitten
Aufschnitt *der*
auf|schre|cken
Auf|schrei *der*
aufschreien
schreit auf, schrie auf,
hat aufgeschrien
auf|schrei|ben
schreibt auf,
schrieb auf,
hat aufgeschrieben
Aufschrift *die*

Auf|schub *der*
die Aufschübe
Aufschub geben
auf|schüt|ten
Aufschüttung *die*
Auf|schwung *der*
auf|se|hen
sieht auf, sah auf,
hat aufgesehen
Aufsehen *das*
Aufsehen erregen
Aufsehen erregend /
aufsehenerregend
Aufseher/in
auf sein
auf|sei|ten/
auf Sei|ten
aufseiten der
Arbeitgeber
auf|set|zen
Auf|sicht *die*
Aufsicht führen
Aufsicht führend /
aufsichtführend
Aufsichtsrat *der*

aufsp

auf|span|nen
auf|spa|ren
auf|spie|len
sich aufspielen
auf|spie|ßen
auf|split|tern
auf|sprin|gen
springt auf, sprang auf,
ist aufgesprungen
auf|sprü|hen
auf|spü|len
auf|spü|ren
auf|sta|cheln
auf|stamp|fen
Auf|stand *der*
die Aufstände

aufständisch
Aufständische *der/die*
auf|ste|hen
steht auf, stand auf,
ist aufgestanden
auf|stei|gen
steigt auf, stieg auf,
ist aufgestiegen
Aufsteiger *der*
Aufsteigerin *die*
Aufstieg *der*
Aufstiegs-
möglichkeit *die*
auf|stel|len
Aufstellung *die*
auf|stö|bern
auf|sto|cken
die Geldmittel
aufstocken
auf|sto|ßen
stößt auf, stieß auf,
hat aufgestoßen
auf|stre|bend
Auf|strich *der*
auf|stüt|zen
auf|su|chen

auft

Auf|takt *der*
auf|tan|ken
auf|tau|chen
auf|tau|en
auf|tei|len
Aufteilung *die*
Auf|trag *der*
  die Aufträge
Auftraggeber/in
Auftragsbestätigung *die*
auftragsgemäß
auf|trei|ben
treibt auf, trieb auf,
hat aufgetrieben
auf|tren|nen

auf|tre|ten
tritt auf, trat auf,
ist aufgetreten
Auftritt *der*
Auf|trieb *der*
auf und ab
auf und ab gehen
das Auf und Ab
auf und da|von
sich auf und davon
machen
auf|wa|chen
auf|wach|sen
wächst auf, wuchs auf,
ist aufgewachsen
Auf|wand *der*
aufwändig / aufwendig
auf|wär|men
auf|wärts
aufwärtsgehen
geht aufwärts,
ging aufwärts,
ist aufwärtsgegangen
aufwärtsstreben
aufwärtsstrebend
Aufwärtrend *der*
auf|we|cken
auf|wei|chen
auf|wei|sen
weist auf, wies auf,
hat aufgewiesen
auf|wen|den
wendet auf,
wandte / wendete auf,
hat aufgewandt / aufge-
wendet
aufwendig/aufwändig
Aufwendung *die*
auf|wer|ten
Aufwertung *die*
auf|wi|ckeln
auf Wie|der|se|hen
auf Wiedersehen sagen /
Auf Wiedersehen sagen

auf|wie|geln
(aufhetzen)
Auf|wind *der*
sich im Aufwind
befinden
auf|wir|beln
auf|wi|schen
auf|zäh|len
Aufzählung *die*
auf|zeich|nen
Aufzeichnung *die*
auf|zei|gen
Mängel aufzeigen
auf Zeit
auf|zie|hen
zieht auf, zog auf,
hat aufgezogen
Aufzug *der*
auf|zwin|gen
zwingt auf, zwang auf,
hat aufgezwungen

aug

Au|ge *das*
etwas ins Auge fassen
Augenarzt *der*
Augenärztin *die*
Augenblick *der*
augenblicklich
Augenbraue *die*
augenfällig
Augenlid *das*
Augenmerk *das*
augenscheinlich
Augenzeuge *der*
augenzwinkernd
Au|gur *der* (Wahrsager)
Au|gust *der*
Au|gus|ti|ner *der*
(ein Mönch)
Auk|ti|on *die*
(Versteigerung)
Auktionator/in

auk|to|ri|al
 auktorialer Erzähler
Au|la *die* (Festsaal)
au pair
 Aupairmädchen/
 Au-pair-Mädchen *das*
Au|ra *die*
 (Ausstrahlung)
Au|ri|kel *die*
 (eine Zierpflanze)
Au|ro|ra *die*
 (Morgenröte)
Au|rum *das* (Au) (Gold)

aus _____

aus
 a ...
 aus Berlin
 aus Bayern stammen
 aus dem Haus gehen
 aus und ein gehen
 *aus- und eingehende
 Waren*
 A ...
 das Aus
 der Ball ging ins Aus
aus|ar|bei|ten
 Ausarbeitung *die*
aus|ar|ten
 (das Maß verlieren)
aus|at|men
aus|ba|den
aus|bag|gern
Aus|bau *der*
 ausbauen
 ausbaufähig
aus|be|din|gen
 (zur Bedingung machen)
 *bedingt aus,
 bedang aus,
 hat ausbedungen
 sich etwas ausbedingen*
aus|bes|sern

Ausbesserung *die*
aus|beu|ten
 Ausbeutung *die*
aus|be|zah|len
aus|bil|den
 Ausbilder/in
 Ausbildung *die*
aus|blei|ben
 *bleibt aus, blieb aus,
 ist ausgeblieben*
aus|blen|den
Aus|blick *der*
aus|boo|ten
aus|bre|chen
 *bricht aus, brach aus,
 ist ausgebrochen*
 Ausbrecher/in
 Ausbruch *der*
aus|brei|ten
 sich ausbreiten
 Ausbreitung *die*
aus|bren|nen
 *brennt aus, brannte aus,
 ist ausgebrannt*
Aus|bruch *der*
 die Ausbrüche
aus|brü|ten
aus|bu|chen
Aus|bund *der*
 ein Ausbund an
aus|bür|gern
 Ausbürgerung *die*
Aus|dau|er *die*
 ausdauernd
aus|deh|nen
 Ausdehnung *die*
 Ausdehnungs-
 koeffizient *der*
aus|den|ken
 *denkt aus, dachte aus,
 hat ausgedacht
 sich etwas ausdenken*
aus|dif|fe|ren|zie|ren
aus|dis|ku|tie|ren

aus|dre|hen
Aus|druck *der*
 die Ausdrücke
 ausdrücken
 sich klar ausdrücken
 ausdrücklich
 ausdruckslos
 Ausdrucksweise *die*
Aus|druck *der*
 die Ausdrucke
 ausdrucken
 eine Seite ausdrucken
aus|düns|ten
 Ausdünstung *die*
aus|ei|nan|der
 auch: aus|ein|an|der
 (2 Betonungen:)
 auseinander ableiten
 (1 Betonung:)
 auseinanderbrechen
 auseinandergehen
 auseinanderhalten
 auseinandernehmen
 auseinandersetzen
 sich auseinandersetzen
 mit
 Auseinandersetzung *die*
Aus|er|wähl|te *der/die*

ausf _____

aus|fah|ren
 *fährt aus, fuhr aus,
 ist ausgefahren*
 Ausfahrt *die*
Aus|fall *der*
 die Ausfälle
 ausfallen
 *fällt aus, fiel aus,
 ist ausgefallen*
 ausfallend
 ausfällig
aus|fer|ti|gen
 Ausfertigung *die*

35

aus|fin|dig
ausfindig machen
aus|flip|pen
Aus|flucht *die*
Aus|flug *der*
die Ausflüge
Ausflugziel das
aus|for|mu|lie|ren
aus|fra|gen
aus|fran|sen
Aus|fuhr *die*
ausführen
ausführlich
Ausführlichkeit die
Ausführung die
aus|fül|len

ausg

Aus|ga|be *die*
ausgeben
gibt aus, gab aus,
hat ausgegeben
Aus|gang *der*
die Ausgänge
Ausgangsbasis die
aus|ge|bil|det
aus|ge|dehnt
aus|ge|dient
aus|ge|fal|len
aus|ge|feilt
aus|ge|franst
aus|ge|gli|chen
Ausgeglichenheit die
aus|ge|hen
geht aus, ging aus,
ist ausgegangen
aus|ge|hun|gert
aus|ge|klü|gelt
aus|ge|las|sen
Ausgelassenheit die
aus|ge|las|tet
aus|ge|laugt
aus|ge|lernt

aus|ge|macht
aus|ge|mer|gelt
(entkräftet)
aus|ge|nom|men
aus|ge|prägt
aus|ge|rech|net
aus|ge|reift
aus|ge|schla|fen
aus|ge|schlos|sen
aus|ge|spro|chen
aus|ge|stal|ten
Ausgestaltung die
aus|ge|sucht
aus|ge|wach|sen
aus|ge|wo|gen
Ausgewogenheit die
aus|ge|zeich|net
aus|gie|big
aus|gie|ßen
gießt aus, goss aus,
hat ausgegossen
Aus|gleich *der*
ausgleichen
gleicht aus, glich
aus, hat ausgeglichen
Ausgleichssport der
aus|glie|dern
aus|gra|ben
gräbt aus, grub aus,
hat ausgegraben
Ausgrabung die
aus|gren|zen
Aus|guck *der*
Aus|guss *der*
die Ausgüsse

aush

aus|ha|ben
hat aus, hatte aus,
hat ausgehabt
aus|hal|ten
hält aus, hielt aus,
hat ausgehalten

aus|han|deln
Vergünstigungen
aushandeln
aus|hän|di|gen
Aushändigung die
Aus|hang *der*
die Aushänge
aushängen
hängt aus,
hing aus / hängte aus,
hat ausgehangen /
ausgehängt
Aushängeschild das
aus|he|cken
einen Spaß aushecken
aus|hel|fen
hilft aus, half aus,
hat ausgeholfen
Aushilfe die
Aushilfskraft die
aushilfsweise
aus|ho|len
aus|hor|chen
Aus|hub *der*
aus|hun|gern
aus|ixen
(mit X streichen)
aus|ken|nen
kennt aus, kannte aus,
hat ausgekannt
sich auskennen mit
aus|kip|pen
aus|klam|mern
Aus|klang *der*
ausklingen
klingt aus, klang aus,
hat / ist ausgeklungen
aus|klap|pen
aus|knip|sen
aus|kom|men
kommt aus, kam aus,
ist ausgekommen
Auskommen das
aus|kos|ten

aus|krat|zen
aus|kund|schaf|ten
Aus|kunft *die*
  die Auskünfte
  Auskunftei *die*
  Auskunftspflicht *die*
aus|kup|peln
aus|ku|rie|ren

ausl _____

aus|la|chen
aus|la|den
  lädt aus, lud aus,
  hat ausgeladen
Aus|la|ge *die*
aus|la|gern
  Auslagerung *die*
Aus|land *das*
  Ausländer/in
  ausländisch
  Auslandsaufenthalt *der*
  Auslandsreise *die*
aus|las|sen
  lässt aus, ließ aus,
  hat ausgelassen
  Auslassung *die*
  Auslassungszeichen *das*
aus|las|ten
  Auslastung *die*
Aus|lauf *der*
  auslaufen
  läuft aus, lief aus,
  ist ausgelaufen
  Ausläufer *der*
  Auslaufmodell *das*
Aus|laut *der*
  die Auslaute
aus|le|cken
aus|lee|ren
aus|le|gen
  Auslegeware *die*
  (Teppichboden)
  Auslegung *die*

aus|lei|ern
Aus|lei|he *die*
  ausleihen
  leiht aus, lieh aus,
  hat ausgeliehen
Aus|le|se *die*
  auslesen
  liest aus, las aus,
  hat ausgelesen
aus|leuch|ten
aus|lie|fern
  Auslieferung *die*
aus|lie|gen
  liegt aus, lag aus,
  hat ausgelegen
aus|lö|schen
aus|lo|sen
  Auslosung *die*
aus|lö|sen
  Reaktionen auslösen
  Auslöser *der*
aus|lo|ten
aus|ma|chen
aus|ma|len
aus|ma|növ|rie|ren
  auch:
  aus|ma|nö|vrie|ren
Aus|maß *das*
aus|mer|zen (tilgen)
  Ausmerzung *die*
aus|mes|sen
  misst aus, maß aus,
  hat ausgemessen
aus|mis|ten
aus|mus|tern
  Ausmusterung *die*

aush _____

Aus|nah|me *die*
  Ausnahmefall *der*
  Ausnahme-
  genehmigung *die*
  Ausnahmezustand *der*

ausnahmslos
ausnahmsweise
aus|neh|men
  nimmt aus, nahm aus,
  hat ausgenommen
  ausnehmend
aus|nüch|tern
  Ausnüchterung *die*
aus|nut|zen
aus|pa|cken
aus|pfei|fen
  pfeift aus, pfiff aus,
  hat ausgepfiffen
aus|plün|dern
aus|po|wern
  (ausbeuten)
aus|prä|gen
aus|pres|sen
  presst aus, presste aus,
  hat ausgepresst
aus|pro|bie|ren
Aus|puff *der*
  Auspuffanlage *die*
aus|put|zen
aus|ra|die|ren
aus|ran|gie|ren
aus|ras|ten
aus|räu|chern
aus|räu|men
aus|rech|nen
Aus|re|de *die*
  ausreden
aus|rei|chen
  ausreichend
Aus|rei|se *die*
  Ausreise-
  genehmigung *die*
  ausreisen
  reist aus, reiste aus,
  ist ausgereist
  ausreisewillig
aus|rei|ßen
  reißt aus, riss aus,
  hat/ist ausgerissen

Ausreißer/in
aus|rei|zen
aus|ren|ken
 den Arm ausrenken
aus|rich|ten
 Ausrichtung die
aus|rot|ten
 Ausrottung die
aus|rü|cken
Aus|ruf der
 ausrufen
 ruft aus, rief aus,
 hat ausgerufen
 Ausrufesatz der
 Ausrufezeichen das
aus|ru|hen
 sich ausruhen
aus|rüs|ten
 Ausrüstung die
aus|rut|schen
 Ausrutscher der

auss

Aus|saat die
 aussäen
Aus|sa|ge die
 aussagekräftig
 aussagen
 Aussagesatz der
 Aussageweise die
Aus|satz der (Pest)
 aussätzig
 Aussätzige der/die
aus|scha|ben
aus|schach|ten
 Ausschachtung die

aus|schal|ten
 Ausschaltung die
Aus|schank der
aus|schar|ren
Aus|schau die
 Ausschau halten
 ausschauen
aus|schei|den
 scheidet aus, schied aus,
 ist/hat ausgeschieden
 Ausscheidung die
 Ausscheidungs-
 kampf der
aus|schen|ken
aus|sche|ren
aus|schi|cken
aus|schif|fen
aus|schil|dern
 Ausschilderung die
aus|schimp|fen
aus|schlach|ten
aus|schla|fen
 schläft aus, schlief aus,
 hat ausgeschlafen
Aus|schlag der
 die Ausschläge
 ausschlagen
 schlägt aus, schlug aus,
 hat ausgeschlagen
 ausschlaggebend
 das Ausschlaggebende
aus|schlie|ßen
 schließt aus,
 schloss aus,
 hat ausgeschlossen
 ausschließend
 ausschließlich

Ausschließlichkeit die
Aus|schluss der
 die Ausschlüsse
aus|schmü|cken
aus|schnei|den
 schneidet aus,
 schnitt aus,
 hat ausgeschnitten
 Ausschnitt der
aus|schöp|fen
aus|schrei|ben
 schreibt aus,
 schrieb aus,
 hat ausgeschrieben
 Ausschreibung die
Aus|schrei|tung die
Aus|schuss der
 die Ausschüsse
 Ausschusssitzung/
 Ausschuss-Sitzung die
aus|schüt|ten
 Ausschüttung die
aus|schwär|men
aus|schwei|fen
 ausschweifend
 Ausschweifung die
aus|schwit|zen
aus|se|hen
 sieht aus, sah aus,
 hat ausgesehen
 Aussehen das
aus sein
 ist aus, war aus,
 ist aus gewesen

auß

au|ßen
 außen vor lassen
 nach außen
 von außen
 außen liegen
 außen liegend/
 außenliegend

---

*Aus*kunft
*Aus*nahme
*aus*genommen
*aus*wendig

*auß*er
*Auß*enseiter
*auß*erdem
*auß*erhalb

*außen gelegen /
außengelegen*
*außen Stehende /
Außenstehende*
Au|ßen|an|ten|ne *die*
Au|ßen|auf|nah|me
die
Au|ßen|dienst *der*
Au|ßen|han|del *der*
Außenhandels-
politik *die*
Au|ßen|mi|nis|ter *der*
Außenministerin *die*
Außenministerium *das*
Au|ßen|po|li|tik *die*
außenpolitisch
Au|ßen|sei|te *die*
Außenseiter/in
Au|ßen|spie|gel *der*
Au|ßen|stän|de
**Au|ßen|ste|hen|de /
au|ßen Ste|hen|de**
der / die
au|ßer
*außer Acht lassen
außer Atem sein
außer dass
außerdem
außer mir
außer Rand und Band
außer sich sein
außer Zweifel*
au|ßer|dem
au|ßer|dienst|lich
äu|ße|re
*ä ...
der äußere Schein
Ä ...
das Äußere
die Äußere Mongolei*
au|ßer|ge|wöhn|lich
au|ßer|halb
außerhalb der Schule
au|ßer|ir|disch

**Au|ßer|kraft-
set|zung** *die*
äu|ßer|lich
Äußerlichkeit *die*
äu|ßern
sich äußern
Äußerung *die*
au|ßer|or|dent|lich
**au|ßer|par|la|men-
ta|risch**
au|ßer|plan|mä|ßig
äu|ßerst
*aufs Äußerste gefasst
sein
bis zum Äußersten
gehen
das Äußerste befürchten*
**au|ßer|stan|de /
au|ßer Stan|de**
*außerstande /
außer Stande sein*
äu|ßers|ten|falls
Äu|ße|rung *die*
aus|set|zen
Aussetzer *der*

aussi

Aus|sicht *die*
in Aussicht stellen
aussichtslos
Aussichtslosigkeit *die*
Aussichtspunkt *der*
aussichtsreich
aus|sie|deln
Aussiedler/in
aus|söh|nen
sich mit jdm. aussöhnen
Aussöhnung *die*
aus|son|dern
aus|sor|tie|ren
aus|span|nen
Ausspannung *die*
aus|spa|ren

aus|sper|ren
Aussperrung *die*
aus|spie|len
aus|spi|o|nie|ren
Aus|spra|che *die*
aussprechen
*spricht aus, sprach aus,
hat ausgesprochen*
Aus|spruch *der*
die Aussprüche
aus|spu|cken
aus|spü|len

ausst

aus|staf|fie|ren
(ausschmücken)
Aus|stand *der*
in den Ausstand treten
aus|stat|ten
ausgestattet sein
Ausstattung *die*
aus|stei|gen
*steigt aus, stieg aus,
ist ausgestiegen*
Aussteiger/in
aus|stel|len
Aussteller/in
Ausstellung *die*
Ausstellungsstück *das*
aus|ster|ben
*stirbt aus, starb aus,
ist ausgestorben*
Aus|steu|er *die*
aus|steu|ern
Aussteuerung *die*
Aus|stieg *der*
aus|stop|fen
Aus|stoß *der*
ausstoßen
*stößt aus, stieß aus,
hat ausgestoßen*
aus|strah|len
Ausstrahlung *die*

aus|stre|cken
aus|strei|chen
streicht aus, strich aus,
hat ausgestrichen
aus|strö|men
aus|su|chen
sich etwas aussuchen
aus|ta|rie|ren
(Gewicht einstellen)
Aus|tausch *der*
austauschbar
austauschen
Austauschmotor *der*
Austauschschüler/in
aus|tei|len
Aus|ter *die*
Austernfischer/in
aus|til|gen
aus|to|ben
sich austoben
aus|tra|gen
trägt aus, trug aus,
hat ausgetragen
Austragung *die*
Austragungsort *der*
Aus|tra|li|en
auch: Aust|ra|li|en
Australier/in
australisch
aus|trei|ben
treibt aus, trieb aus,
hat ausgetrieben
aus|tre|ten
tritt aus, trat aus,
ist ausgetreten
Austritt *der*
aus|trick|sen
aus|trin|ken
trinkt aus, trank aus,
hat ausgetrunken
aus|trock|nen
aus|tüf|teln
aus|üben
Ausübung *die*

aus|ufern
Aus|ver|kauf *der*
ausverkauft

ausw _____

aus|wach|sen
wächst aus, wuchs aus,
ist ausgewachsen
Auswuchs *der*
Aus|wahl *die*
auswählen
Auswahl-
möglichkeit *die*
aus|wal|zen
Aus|wan|de|rer *der*
Auswanderin *die*
auswandern
Auswanderung *die*
aus|wär|tig
a ...
der auswärtige Dienst
auswärtige Gäste
A ...
das Auswärtige Amt
aus|wärts
auswärts essen
auswärtsrichten
Auswärtsspiel *das*
aus|wa|schen
wäscht aus, wusch aus,
hat ausgewaschen

auswe _____

aus|wech|seln
Auswechs(e)lung *die*
Aus|weg *der*
ausweglos
Ausweglosigkeit *die*
aus|wei|chen
weicht aus, wich aus,
ist ausgewichen
ausweichend

Ausweichmanöver *das*
Ausweichmöglichkeit
die
aus|wei|den
(Innereien entfernen)
aus|wei|nen
sich ausweinen
Aus|weis *der*
ausweisen
weist aus, wies aus,
hat ausgewiesen
sich ausweisen
Ausweiskontrolle *die*
Ausweispapiere
Ausweisung *die*
aus|wei|ten
Ausweitung *die*
aus|wen|dig
auswendig lernen
Auswendiglernen *das*
aus|wer|ten
Auswertung *die*
aus|wi|ckeln
aus|wie|gen
wiegt aus, wog aus,
hat ausgewogen
aus|wir|ken
sich auswirken
Auswirkung *die*
aus|wi|schen
aus|wrin|gen
wringt aus, wrang aus,
hat ausgewrungen
Aus|wuchs *der*
die Auswüchse
aus|wuch|ten
Auswuchtung *die*
Aus|wurf *der*
aus|zah|len
Auszahlung *die*
aus|zäh|len
Auszählung *die*
aus|zeich|nen
Auszeichnung *die*

aus|zieh|bar
ausziehen
*zieht aus, zog aus,
hat ausgezogen*
Ausziehtisch *der*
Aus|zu|bil|den|de
der / die (Azubi)
Aus|zug *der*
die Auszüge
auszugsweise

aut

au|tark
auch: aut|ark
(unabhängig)
Autarkie *die*
au|then|tisch (echt)
Authentizität *die*
au|tis|tisch
(krankhaft ichbezogen)
Autismus *der*
Au|to *das*
Auto fahren
*fährt Auto, fuhr Auto,
ist Auto gefahren
mit dem Auto fahren*
Autofahren *das*
Autoatlas *der*
Autobahn *die*
Autobahnauffahrt *die*
Autobahngebühr *die*
Autobahnkreuz *das*
Autobahnraststätte *die*
Autobus *der*
Autofähre *die*
Autofahrer/in
Automechaniker/in
Automobil *das*

Automobil-
ausstellung *die*
Automobilindustrie *die*
Automobilklub *der*
Autoradio *das*
Autounfall *der*
Autowerkstatt *die*
**Au|to|bio|gra|fie /
Au|to|bio|gra|phie**
die (Beschreibung des
eigenen Lebens)
autobiografisch /
autobiographisch
Au|to|di|dakt *der*
(jemand, der sich selbst
unterrichtet hat)
Autodidaktin *die*
autodidaktisch
au|to|gen (selbsttätig)
autogenes Training
Au|to|gramm *das*
Au|to|krat *der*
(Alleinherrscher)
Au|to|mat *der*
Automatik *die*
automatisch
automatisieren
Automatisierung *die*
Automatismus *der*
Automobil *das*
au|to|nom
(unabhängig)
Autonome *der / die*
Autonomie *die*
Au|top|sie *die*
(Leichenöffnung)
Au|tor *der*
Autorin *die*
autorisieren

au|to|ri|tär
(diktatorisch)
Autorität *die*
autoritätsgläubig

av

Avan|cen
(Entgegenkommen)
Avancen machen
avan|cie|ren
(vorankommen)
Avant|gar|de *die*
(Vorkämpfer)
avantgardistisch
Ave-Ma|ria *das*
Ave|nue *die*
(Prachtstraße)
Aver|si|on *die*
(Widerwille)
avi|sie|ren
(ankündigen)
Avo|ca|do *die*
(eine Frucht)
axi|al (symmetrisch)
Axi|om *das*
(Grundsatz)
Axt *die*
die Äxte
Axthieb *der*
Aza|lee *die*
(eine Zierpflanze)
Aze|tat / Ace|tat *das*
(ein Salz)
Az|te|ke *der*
Azu|bi *der / die*
(Auszubildende)
Azur *der* (Himmelblau)
azurblau

B

Ba|by *das*
  die Babys
  Babynahrung *die*
  Babysitter/in
ba|by|lo|nisch
Bach *der*
  die Bäche
  Bachforelle *die*
  Bachstelze *die*
Ba|che *die* (weibl. Wildschwein)
Back|bord *das*
  (linke Schiffsseite)
  backbord(s)
Ba|cke *die*
  Backenzahn *der*
  Backpfeife *die*
ba|cken
  backt / bäckt,
  backte / buk,
  hat gebacken
  Bäcker/in
  Bäckerei *die*
  Backfisch *der*
  Backhendl *das*
  Backofen *der*
  Backpulver *das*
  Backstein *der*
Back|ground *der*
  (Hintergrund)
Bad *das*
  die Bäder
  Badeanzug *der*
  Badekappe *die*
  Bademeister/in
  baden
  baden gehen
  das Baden im See
  Badesaison *die*
  Badewanne *die*
  Badezimmer *das*

Ba|den
  Baden-Württemberg
  Badener *der /*
  (ugs.:) Badenser *der*
  Badenerin *die /*
  (ugs.:) Badenserin *die*
  badisch
  badischer Wein
Bad|min|ton *das*
BAföG / Ba|fög *das*
  (Bundesausbildungs-
  förderungsgesetz)

bag

Ba|ga|tel|le *die*
  (Kleinigkeit)
  bagatellisieren
  Bagatellschaden *der*
Bag|ger *der*
  baggern
  Baggersee *der*
Ba|guette *das / die*
  (dünne Weißbrotstange)

bah

Bahn *die*
  Bahn fahren
  das Bahnfahren
  bahnbrechend
  bahnen
  Bahnhof *der*
  Bahnschranke *die*
  Bahnsteig *der*
Bah|re *die*
Bai *die* (Bucht)
Bai|ser *das* (ein Gebäck)
Bais|se *die*
  (Fallen der Preise)
Ba|jo|nett *das*
  Bajonettverschluss *der*
Ba|ke *die*
  (Orientierungszeichen)

Bak|te|rie *die*
  bakteriell
  bakteriologisch

bal

Ba|la|lai|ka *die*
  (Zupfinstrument)
Ba|lan|ce *die*
  (Gleichgewicht)
  Balance halten
  balancieren
bald
  b...
  möglichst bald
  baldmöglichst
  so bald wie möglich
  B...
  in Bälde
  baldig
Bal|da|chin *der*
  (Stoffdach)
Bald|ri|an *der*
  auch: Bal|dri|an
Balg *der*
  die Bälge
  balgen
Bal|ken *der*
  Balkendecke *die*
  Balkenkonstruktion *die*
  Balkenwaage *die*
Bal|kon *der*
  die Balkone / Balkons
  Balkonpflanze *die*
Ball *der*
  die Bälle
  Ball spielen
  Ballspiel *das*
Bal|la|de *die*
  (erzählendes Gedicht)
  balladenhaft
Bal|last *der*
  Ballast abwerfen
  Ballaststoff *der*

bal|len
die Faust ballen
Bal|len *der*
Bal|lett *das*
Balletttänzer/in
Ballett-Tänzer/in
Bal|lon *der*
die Ballons / Ballone
Ballonfahrt *die*
Bal|lung *die*
Ballungsgebiet *das*
Bal|sam *der* (Salbe)
balsamieren
Ba|lus|tra|de *die*
auch: Ba|lust|ra|de

Balz *die*
balzen
Bam|bus *der*
die Bambusse
Bambussprossen

ban

ba|nal (geistlos)
Banalität *die*
Ba|na|ne *die*
Ba|nau|se *der*
(geistloser Mensch)
Band *der* (Buch)
die Bände;
die (Musikgruppe)
die Bands;
das (zum Binden)
die Bänder
am laufenden Band
außer Rand und Band
Bändel *der/das*

Bänderriss *der*
bändigen
Bandmaß *das*
Bandscheibe *die*
Bandwurm *der*
Ban|da|ge *die*
(Stützverband)
bandagieren
Ban|de *die*
Ban|de|ro|le *die*
bän|di|gen
kaum zu bändigen
Ban|dit *der*
Band|schei|be *die*
ban|ge
b ...
mir ist angst und bange
bange sein
B ...
jemandem Bange
machen
Bangemachen *das*
Ban|jo *das*
(Zupfinstrument)
Bank *die*
die Banken (Geld)
die Bänke (sitzen)
Bankangestellte
der / die
Bankbeamte *der*
Banker *der*
Bankgeheimnis *das*
Bankguthaben *das*
Bankier *der*
Bankkonto *das*
Bankleitzahl *die* (BLZ)
Banknote *die*
Banküberfall *der*
Bankverbindung *die*
Bän|kel|sän|ger *der*
Ban|kett *das* (Festmahl)
bank|rott
(zahlungsunfähig)
bankrott sein

Bankrott *der*
Bankrott machen
bankrottgehen
geht bankrott,
ging bankrott,
ist bankrottgegangen
Bann *der*
bannen
Bannmeile *die*
Ban|ner *das* (Fahne)
Bap|tist *der*
Baptistin *die*

bar

bar
bar zahlen
in bar
gegen bar
Bargeld *das*
bargeldlos
Barzahlung *die*
Bar *die* (Gaststätte)
Barhocker *der*
Barkeeper/in
Barmixer/in
Bär *der*
Bärenfell *das*
Bärenhunger *der*
Ba|ra|cke *die*
Bar|bar *der*
Barbarin *die*
Barbarei *die*
barbarisch
Bar|be|cue *das* (Grill)
Bar|bier *der* (Friseur)
Bar|de *der* (Sänger)
Ba|rett *das*

A
Ba
C
D
E
F
G
H
I
J
K
L
M
N
O
P
Q
R
S
T
U
V
W
X
Y
Z

43

bar|fuß
 barfuß gehen
Ba|ri|ton *der* (mittlere Männerstimme)
Ba|ri|um *das* (Ba) (chem. Element)
Bar|kas|se *die* (kleines Dampfschiff)
Bar|ke *die* (Boot)
Bär|lapp *der* (Moos)
barm|her|zig
 Barmherzigkeit *die*
ba|rock
 Barock *das/der*
 Barockkirche *die*
 Barockstil *der*
Ba|ro|me|ter *das* (Luftdruckmesser)
Ba|ron *der*
 Baroness/Baronesse *die*
Bar|rel *das* (Hohlmaß)
Bar|ren *der*
 ein Goldbarren
Bar|ri|e|re *die*
Bar|ri|ka|de *die*
barsch
Barsch *der* (ein Fisch)
Bart *der*
 die Bärte
 das Bärtchen
 bärtig
 bartlos
 Bartwuchs *der*
Ba|salt *der* (Vulkangestein)
Ba|sar/Ba|zar *der*
Ba|se *die*
Ba|se|ball *der*
 Baseballkappe *die*
ba|sie|ren
 basieren auf etwas
 Basis *die*
 die Basen
 Basisgröße *die*

Ba|si|li|ka *die* (Kirche)
Ba|si|li|kum *das* (Gewürz)
Bas|ken|müt|ze *die*
Bas|ket|ball *der*
bass
 bass erstaunt sein
Bass *der*
 die Bässe
 Bassarie *die*
 Bassbläser/in
 Bassist *der*
 Bassstimme /
 Bass-Stimme *die*
Bas|set *der* (ein Jagdhund)
Bas|sin *das*
Bast *der*
bas|ta (genug)
Bas|tei *die* (Teil einer Festung)
bas|teln
Bas|ti|on *die*

bat

bat (→ bitten)
Ba|tail|lon *das* (Truppenabteilung)
Ba|tik *der/die*
 batiken
Bat|te|rie *die*
 batteriebetrieben
Bat|zen *der* (Klumpen)
 ein großer Batzen
Bau *der*
 die Bauten (Gebäude);
 die Baue (Unterschlupfe, Höhlen)
 im Bau
 Bauarbeiter *der*
 bauen
 baufällig
 Baugenehmigung *die*

Bauherr *der*
Bauherrin *die*
Bauherrengemeinschaft *die*
Baujahr *das*
Baukasten *der*
Baukosten
Baukunst *die*
Baumeister/in
Bauplatz *der*
bausparen
 das Bausparen
Bausparer/in
Bausparkasse *die*
Baustelle *die*
Bauwerk *das*
Bauch *der*
 die Bäuche
 bauchig
 Bauchnabel *der*
 bauchreden
 Bauchschmerzen
 Bauchspeicheldrüse *die*
 bauchtanzen
Bau|er *der*
 Bäuerin *die*
 Bauernfänger *der*
 Bauernfrühstück *das*
 Bauernhaus *das*
 Bauernhof *der*
 Bauernkrieg *der*
 Bauernschläue *die*
 bäu(e)risch
Baum *der*
 die Bäume
 Baumblüte *die*
 Bäumchen *das*
 Baumschule *die*
 Baumstamm *der*
 Baumwolle *die*
 baumwollen
bau|meln
Bausch *der*
 in Bausch und Bogen

bauschen
bau|spa|ren
das Bausparen
Bau|xit *der*
(ein Mineral)
Bay|ern
Bayer/in
bay(e)risch
Ba|zar/Ba|sar *der*
Ba|zil|lus *der*

be

be|ab|sich|ti|gen
be|ach|ten
beachtlich
Beachtung *die*
Be|am|te *der*
alle Beamten
einige Beamte
Beamtentum *das*
Beamtenverhältnis *das*
beamtet
Beamtin *die*
be|ängs|ti|gend
be|an|spru|chen
Beanspruchung *die*
be|an|stan|den
Beanstandung *die*
be|an|tra|gen
be|ant|wor|ten
Beantwortung *die*
be|ar|bei|ten
Bearbeitung *die*
be|arg|wöh|nen
Beat *der*
Beatles *die*
Beatmusik *die*
be|at|men
Beatmung *die*
be|auf|sich|ti|gen
Beaufsichtigung *die*
be|auf|tra|gen
Beauftragte *der/die*

Beauftragung *die*
be|bau|en
Bebauung *die*
be|ben
Beben *das*
be|bil|dern
Be|cher *der*
Be|cken *das*
beck|mes|sern
(kleinlich tadeln)
beckmesserisch
Bec|que|rel *das*
(Maßeinheit)

bed

Be|dacht *der*
mit Bedacht
bedächtig
be|dan|ken
sich bedanken
Be|darf *der*
bei Bedarf
bedarfsgerecht
be|dau|er|lich
bedauerlicherweise
bedauern
Bedauern *das*
zu meinem Bedauern
bedauernswert
be|de|cken
be|den|ken
bedenkt, bedachte,
hat bedacht
Bedenken *das*
ohne Bedenken
bedenkenlos
bedenkenswert
bedenklich
Bedenkzeit *die*
be|deu|ten
das bedeutet, dass ...
bedeutend
bedeutendste

nichts Bedeutendes
um ein Bedeutendes
bedeutsam
Bedeutung *die*
Bedeutungslehre *die*
bedeutungslos
Bedeutungs-
unterschied *der*
bedeutungsvoll
Bedeutungswandel *der*
be|die|nen
jemanden bedienen
sich bedienen
Bedienstete *der/die*
Bedienung *die*
be|din|gen
sich gegenseitig
bedingen
bedingt
Bedingung *die*
bedingungslos
Bedingungssatz *der*
be|drän|gen
Bedrängnis *die*
be|dro|hen
bedrohlich
Bedrohung *die*
be|dru|cken
be|drü|cken
bedrückend
bedrückt
Be|du|i|ne *der*

be|dür|fen
bedarf, bedurfte,
hat bedurft
der Hilfe bedürfen

Bedarf *der*
Bedürfnis *das*
bedürfnislos
bedürftig
Bedürftigkeit *die*

bee

Beef|steak *das*
be|eh|ren
be|ei|den
 beeidigen
be|ei|len
 sich beeilen
 Beeilung *die*
be|ein|dru|cken
be|ein|fluss|bar
 beeinflussen
 beeinflusst,
 beeinflusste,
 hat beeinflusst
 Beeinflussung *die*
be|ein|träch|ti|gen
 Beeinträchtigung *die*
Beel|ze|bub *der*
 (Teufel)
be|en|den
 beendigen
 Beendigung *die*
Be|engt|heit *die*
be|er|ben
be|er|di|gen
 Beerdigung *die*
Bee|re *die*
 Beerenobst *das*
Beet *das*
Bee|te/Be|te *die*
 Rote Beete/Bete

bef

be|fä|higt
 Befähigung *die*
be|fahl (→ befehlen)

be|fahr|bar
 Befahrbarkeit *die*
 befahren
 befährt, befuhr,
 hat befahren
Be|fall *der*
 befallen
 befällt, befiel,
 hat befallen
be|fan|gen
 befangen sein
 Befangenheit *die*
be|fas|sen
 befasst, befasste,
 hat befasst
 sich befassen mit
Be|fehl *der*
 befehlen
 befiehlt, befahl,
 hat befohlen
 er befiehlt es mir
 befehligen
 Befehlsform *die*
 befehlsgemäß
 Befehlshaber *der*
 Befehlsverweigerung
  die
be|fein|den
be|fes|ti|gen
 Befestigung *die*
be|feuch|ten
 Befeuchtung *die*
Beff|chen *das*
 (Halsbinde)
be|fiehlt (→ befehlen)
be|fin|den
 befindet, befand,
 hat befunden
 sich befinden
 Befinden *das*
 befindlich
 Befindlichkeit *die*
be|flag|gen
be|fle|cken

be|flei|ßi|gen *sich*
be|flis|sen
 (eifrig bemüht)
be|flü|geln
be|fol|gen
be|för|dern
 Beförderung *die*
 Beförderungsmittel *das*
be|frach|ten
be|fra|gen
 Befragung *die*
be|frei|en
 Befreier *der*
 Befreiung *die*
 Befreiungskrieg *der*
be|frem|den
 Befremden *das*
 befremdlich
be|freun|den
 befreundet
be|frie|di|gen
 befriedigend
 Befriedigung *die*
be|fris|ten
 Befristung *die*
be|fruch|ten
 Befruchtung *die*
Be|fug|nis *die*
 die Befugnisse
 befugt
be|füh|len
Be|fund *der*
be|fürch|ten
 es steht zu befürchten
 Befürchtung *die*
be|für|wor|ten
 Befürwortung *die*

beg

be|gabt
 Begabte *der/die*
 Begabung *die*
be|gat|ten

Begattung *die*
be|ge|ben
begibt, begab,
hat begeben
sich begeben
Begebenheit *die*
be|geg|nen
Begegnung *die*
be|geh|bar
be|ge|hen
begeht, beging,
hat begangen
ein Jubiläum begehen
be|geh|ren
Begehren *das*
begehrenswert
begehrlich
be|geis|tern
begeistert sein
Begeisterung *die*
begeisterungsfähig
Be|gier|de/Be|gier *die*
begierig
be|gie|ßen
begießt, begoss,
hat begossen
Be|ginn *der*
beginnen
beginnt, begann,
hat begonnen
be|glau|bi|gen
Beglaubigung *die*
be|glei|chen
begleicht, beglich,
hat beglichen
eine Rechnung
begleichen
be|glei|ten
Begleiter/in
Begleitperson *die*
Begleitung *die*
Begleitwort *das*
be|glü|cken

beglückwünschen
be|gna|det
begnadigen
Begnadigung *die*
be|gnü|gen
sich begnügen mit etwas
Be|go|nie *die*
(eine Blume)

begr

be|gra|ben
begräbt, begrub,
hat begraben
Begräbnis *das*
Begräbnisfeier *die*
be|gra|di|gen
Begradigung *die*
be|grei|fen
begreift, begriff,
hat begriffen
begreiflich
be|gren|zen
begrenzt
Begrenzung *die*
Be|griff *der*
begrifflich
Begriffsbestimmung *die*
begriffsstutzig
be|grün|den
begründet
Begründung *die*
Begründungssatz *der*
be|grü|nen
be|grü|ßen
begrüßenswert
Begrüßung *die*
Begrüßungsansprache *die*
be|güns|ti|gen
Begünstigung *die*
be|gut|ach|ten
Begutachter/in
Begutachtung *die*

be|gü|tert (reich)

beh

be|haart
Behaarung *die*
be|hä|big
(schwerfällig)
Behäbigkeit *die*
be|haf|tet
be|ha|gen
Behagen *das*
behaglich
Behaglichkeit *die*
be|hal|ten
behält, behielt,
hat behalten
Behälter *der*
Behältnis *das*
be|hän|de
ein behänder Sprung
zur Seite
Behändigkeit *die*
be|han|deln
Behandlung *die*
behandlungsbedürftig
be|hän|gen
behängt, behängte,
hat behängt
be|har|ren
beharrlich
Beharrlichkeit *die*
Beharrungsvermögen *das*
be|haup|ten
Behauptung *die*
Be|hau|sung *die*
Be|ha|vi|o|ris|mus *der*
(psycholog. Begriff)
be|he|ben
behebt, behob,
hat behoben
be|hei|ma|tet
be|heiz|bar

beheizen
be|hel|fen
behilft, behalf,
hat beholfen
sich behelfen mit
behelfsmäßig
be|hel|li|gen
(belästigen)
jemanden behelligen mit
(**behende** > behände)
be|her|ber|gen
be|herr|schen
sich beherrschen
beherrscht
Beherrschung *die*
be|her|zi|gen
beherzigenswert
beherzt
be|hilf|lich
jemandem behilflich
sein
be|hin|dern
behindert
Behinderte *der/die*
Behinderung *die*
Be|hör|de *die*
Behördensprache *die*
behördlich
Be|huf *der*
behufs
behufs des Verfahrens
be|hü|ten
behutsam
Behutsamkeit *die*

bei _____

bei
bei alledem
bei der Hand sein
bei Weitem /
bei weitem
beileibe nicht
beinahe

beisammen
beiseite
beizeiten
bei|be|hal|ten
behält bei,
behielt bei,
hat beibehalten
bei|brin|gen
bringt bei,
brachte bei,
hat beigebracht
Beich|te *die*
beichten
Beichtgeheimnis *das*
Beichtvater *der*
bei|de, bei|des
immer b …
alle beide
wir beide
die beiden
(k)einer von beiden
beide Mal
beiderlei
beiderseits
beidseitig
bei|ei|nan|der
auch: bei|ein|an|der
beieinanderbleiben
beieinandersitzen
beieinanderstehen

beif _____

Bei|fah|rer *der*
Beifahrerin *die*
Beifahrersitz *der*
Bei|fall *der*
beifällig
Beifallssturm *der*
bei|fü|gen
Beifügung *die*
Bei|fuß *der* (Gewürz-
und Heilpflanze)
Bei|ga|be *die*

beige (sandfarben)
beige sein
Beige *das*
beigefarben
bei|ge|ben
gibt bei, gab bei,
hat beigegeben
Bei|ge|schmack *der*
Bei|heft *das*
Bei|hil|fe *die*
beihilfefähig
bei|kom|men
kommt bei, kam bei,
ist beigekommen
Beil *das*
Bei|la|ge *die*
bei|läu|fig (nebenbei)
bei|le|gen
bei|lei|be
beileibe nicht
Bei|leid *das*
sein Beileid
aussprechen
Beileidsbezeigung *die*
Beileidsbezeugung *die*
Beileidskarte *die*
bei|lie|gend
beim (bei dem)
beim Spielen
alles beim Alten lassen
bei|mes|sen
misst bei, maß bei,
hat beigemessen
Bedeutung beimessen
bei|mi|schen
Bein *das*
Beinbruch *der*
beinhart
bei|nah/bei|na|he
beinahe täglich
Bei|na|me *der*
be|in|hal|ten
Bei|ord|nung *die*
Beigeordnete *der/die*

Bei|pack|zet|tel *der*
bei|pflich|ten
jemandem beipflichten
Bei|rat *der*
be|ir|ren
sich nicht beirren lassen

beis

bei|sam|men
beisammen sein
beisammenbleiben
beisammensitzen
Beisammensein *das*
Bei|satz *der*
Bei|schlaf *der*
Bei|sein *das*
im Beisein von
bei|sei|te
bei|sei|te|le|gen
bei|sei|te|schaf|fen
bei|sei|te|sto|ßen
stößt beiseite,
stieß beiseite,
hat beiseitegestoßen
bei|set|zen
Beisetzung *die*
Bei|spiel *das*
zum Beispiel (z. B.)
beispielhaft
beispiellos
Beispielsatz *der*
beispielsweise
bei|ßen
beißt, biss,
hat gebissen
beißwütig
Beißzange *die*
Bei|stand *der*
Beistand leisten
beistehen
steht bei, stand bei,
ist / hat beigestanden
Bei|stell|tisch *der*

Bei|strich *der*
Bei|trag *der*
die Beiträge
einen Beitrag leisten
beitragen
trägt bei, trug bei,
hat beigetragen
bei|tre|ten
tritt bei, trat bei,
ist beigetreten
Beitritt *der*
Bei|wort *das*
die Beiwörter
Bei|ze *die*
beizen
Beizung *die*
bei|zei|ten
sich beizeiten
vorbereiten
be|ja|hen
er bejaht die Frage
Bejahung *die*
be|jam|mern
be|ju|beln

bek

be|kämp|fen
Bekämpfung *die*
be|kannt
bekannt sein
bekannt geben/
bekanntgeben
bekannt machen/
bekanntmachen
bekannt werden/
bekanntwerden
Bekannte *der/die*
Bekanntenkreis *der*
bekannterweise
in bekannter Weise
Bekanntheit *die*
Bekanntheitsgrad *der*
bekanntlich

Bekanntmachung *die*
Bekanntschaft *die*
be|keh|ren
Bekehrung *die*
be|ken|nen
bekennt, bekannte,
hat bekannt
Bekenntnis *das*
be|kla|gen
beklagenswert
Beklagte *der/die*
be|klat|schen
be|klei|den
Bekleidung *die*
be|klem|mend
beklommen
Beklommenheit *die*
be|knien
jemanden beknien
be|kom|men
bekommt, bekam,
hat bekommen
etwas geschenkt
bekommen
bekömmlich
be|kös|ti|gen
(zu essen geben)
be|kräf|ti|gen
Bekräftigung *die*
be|kreu|zen
bekreuzigen
sich bekreuzigen
be|krit|zeln
be|küm|mert
be|kun|den
Interesse bekunden
Bekundung *die*

bel

be|lä|cheln
be|la|den
belädt, belud,
hat beladen

Be|lag *der*
  die Beläge
be|la|gern
  Belagerung *die*
  Belagerungszustand *der*
be|läm|mert
Be|lang *der*
  von Belang sein
  belangen
  belanglos
  Belanglosigkeit *die*
be|las|sen
  belässt, beließ,
  hat belassen
be|last|bar
  Belastbarkeit *die*
be|las|ten
  belastend
  Belastung *die*
be|läs|ti|gen
  Belästigung *die*
be|lau|fen
  beläuft, belief,
  hat belaufen
  sich belaufen
be|lebt
  Belebung *die*
Be|leg *der*
  belegen
  Belegschaft *die*
  belegt
be|leh|ren
  Belehrung *die*
be|lei|di|gen
  beleidigt
  Beleidigung *die*
be|lei|hen
  Beleihung *die*
(belemmert
  → belämmert)
be|le|sen
  belesen sein
  Belesenheit *die*
be|leuch|ten

Beleuchtung *die*
Beleuchtungsanlage *die*
be|leum|det
  (einen Ruf habend)
  übel beleumdet sein
Bel|gi|en
  Belgier/in
  belgisch
be|lich|ten
  Belichtung *die*
be|lie|ben
  Belieben *das*
  nach Belieben
  beliebig
  jeder Beliebige
be|liebt
  Beliebtheit *die*
be|lie|fern
  Belieferung *die*
bel|len
Bel|le|tris|tik *die*
  auch: Bel|let|ris|tik
  (Unterhaltungsliteratur)
  belletristisch
Bel|le|vue *die/das*
  („schöne Aussicht")
be|lo|bi|gen
  Belobigung *die*
be|loh|nen
  Belohnung *die*
be|lüf|ten
  Belüftung *die*
be|lü|gen
  belügt, belog,
  hat belogen
be|lus|ti|gend
Bel|ve|de|re *das*
  (Aussichtspunkt)

bem

be|mäch|ti|gen
  sich der Erbschaft
  bemächtigen

be|ma|len
  Bemalung *die*
be|män|geln
be|män|teln
  (beschönigen)
be|merk|bar
  bemerken
  bemerkenswert
  Bemerkung *die*
be|mes|sen
  bemisst, bemaß,
  hat bemessen
  Bemessungsgrundlage
  die
be|mit|lei|den
  bemitleidenswert
be|mü|hen
  sich bemühen
  bemüht sein
  Bemühung *die*
be|mut|tern

ben

be|nach|bart
be|nach|rich|ti|gen
  Benachrichtigung *die*
be|nach|tei|li|gen
  Benachteiligung *die*
be|nannt
  (→ benennen)
(Bendel → Bändel)
Be|ne|dik|ti|ner *der*
  (ein Mönch)
  Benediktinerin *die*
Be|ne|fiz *das*
  (wohltätiger Zweck)
  Benefizkonzert *das*
be|neh|men
  sich benehmen
  benimmt sich,
  benahm sich,
  hat sich benommen
  Benehmen *das*

be|nei|den
beneidenswert
be|nen|nen
benennt, benannte,
hat benannt
Benennung *die*
ben|ga|lisch
bengalisches Feuer
Ben|gel *der*
be|nom|men
Benommenheit *die*
be|no|ten
Benotung *die*
be|nö|ti|gen
benötigt werden
be|nut|zen
Benutzer/in
benutzerfreundlich
Benutzeroberfläche *die*
Benutzung *die*
Benutzungsgebühr *die*
Ben|zin *das*
Benzinkanister *der*
Benzinverbrauch *der*
Ben|zol *das*
Ben|zyl|al|ko|hol *der*
be|o|bach|ten
auch: be|ob|ach|ten
Beobachter/in
Beobachtung *die*
Beobachtungsgabe *die*
be|pa|cken
be|pflan|zen
Bepflanzung *die*
be|quem
mach es dir bequem
Bequemlichkeit *die*

ber

be|ra|ten
berät, beriet,
hat beraten
gut beraten sein
Berater/in
beratschlagen
Beratung *die*
be|rau|ben
be|rau|schend
Ber|ber *der*
(nordafrikan. Volk)
Berberteppich *der*
Ber|be|rit|ze *die*
(ein Zierstrauch)

bere

be|re|chen|bar
Berechenbarkeit *die*
berechnen
berechnend
Berechnung *die*
be|rech|ti|gen
berechtigt
Berechtigte *der/die*
berechtigterweise
Berechtigung *die*
be|re|den
beredsam
Beredsamkeit *die*
beredt
Be|reich *der*
be|rei|chern
sich bereichern
Bereicherung *die*
be|rei|fen
Bereifung *die*
be|rei|ni|gen
bereinigt
Bereinigung *die*
be|rei|sen
Bereisung *die*
be|reit
bereit sein
sich bereit erklären/
sich bereiterklären
bereitfinden
sich bereitfinden
bereithalten
hält bereit, hielt bereit,
hat bereitgehalten
sich bereithalten
bereitlegen
bereit machen/
bereitmachen
sich bereit machen/
sich bereitmachen
Bereitschaft *die*
Bereitschaftsdienst *der*
Bereitschaftspolizei *die*
bereitstehen
steht bereit,
stand bereit,
ist/hat bereitgestanden
bereitstellen
bereitwillig
be|rei|ten
be|reits
bereits fertig
bereits heute
be|reu|en
Berg *der*
bergab
bergab fahren
bergan
bergauf
bergauf fahren
Bergbau *der*
Bergkristall *der*
Bergmann *der*
die Bergleute
bergmännisch
Bergpredigt *die*
Bergspitze *die*
bergsteigen
Bergsteiger/in
Berg-und-Tal-Bahn *die*
Bergwerk *das*
ber|gen
birgt, barg,
hat geborgen
Bergung *die*

Be|richt *der*
 Bericht erstatten
 berichten
 Berichterstatter/in
 Berichterstattung *die*
be|rich|ti|gen
 Berichtigung *die*
 eine Berichtigung anfertigen
be|rie|seln
 Berieselungsanlage *die*
be|rin|gen
be|rit|ten
 berittene Polizei
Ber|li|ner *der*
Ber|mu|da|drei|eck *das*
 Bermudashorts
Bern|har|di|ner *der*

Bern|stein *der*
 bernsteinfarben
 Bernsteinkette *die*
Ber|ser|ker *der*
 (wilder Kämpfer)
bers|ten
 birst, barst,
 ist geborsten
be|rüch|tigt
be|rü|ckend (betörend)
be|rück|sich|ti|gen
 Berücksichtigung *die*
Be|ruf *der*
 beruflich
 Berufsausbildung *die*
 Berufsberater/in
 berufsbildend
 Berufsleben *das*
 Berufsschule *die*

 berufstätig
 Berufstätige *der/die*
be|ru|fen
 beruft, berief,
 hat berufen
 Berufung *die*
be|ru|hen
be|ru|hi|gen
 sich beruhigen
 Beruhigung *die*
 Beruhigungsmittel *das*
be|rühmt
 berühmt-berüchtigt
 Berühmtheit *die*
be|rüh|ren
 Berührung *die*
Be|ryll *der*
 (ein Edelstein)

bes

bes. (besonders)
be|sa|gen
 besagt
be|sai|tet
 zart besaitet /
 zartbesaitet
be|sa|men
 Besamung *die*
be|sänf|ti|gen
Be|sat|zung *die*
be|sau|fen
 sich besaufen

besch

be|schä|di|gen
 Beschädigung *die*
be|schaf|fen
 Beschaffung *die*
be|schäf|ti|gen
 sich mit etwas
 beschäftigen
 Beschäftigte *der/die*

 Beschäftigung *die*
 beschäftigungslos
 Beschäftigungstherapie *die*
be|schä|mend
 beschämt
be|schat|ten
 Beschattung *die*
be|schau|en
 Beschauer *der*
be|schau|lich
 Beschaulichkeit *die*
Be|scheid *der*
 Bescheid geben
 Bescheid sagen
 Bescheid wissen
be|schei|den
 (Adjektiv)
 Bescheidenheit *die*
be|schei|den (Verb)
 bescheidet, beschied,
 hat beschieden
 ein Gesuch abschlägig
 bescheiden
be|schei|nen
 bescheint, beschien,
 hat beschienen
be|schei|ni|gen
 Bescheinigung *die*
be|schen|ken
be|sche|ren
 Bescherung *die*
be|schich|ten
 Beschichtung *die*
be|schil|dern
 Beschilderung *die*
be|schimp|fen
 Beschimpfung *die*
Be|schlag *der*
 in Beschlag nehmen
be|schla|gen
 beschlägt, beschlug,
 hat beschlagen
 beschlagen sein

Be|schlag|nah|me *die*
beschlagnahmen
Beschlagnahmung *die*
be|schlei|chen
be|schleu|ni|gen
beschleunigt
Beschleunigung *die*
be|schlie|ßen
beschließt, beschloss,
hat beschlossen
Be|schluss *der*
die Beschlüsse
beschlussfähig
be|schmut|zen
be|schnei|den
beschneidet, beschnitt,
hat beschnitten
Beschneidung *die*
be|schö|ni|gen
Beschönigung *die*
be|schrän|ken
sich beschränken auf
beschränkt
Beschränktheit *die*
Beschränkung *die*
be|schrei|ben
beschreibt, beschrieb,
hat beschrieben
Beschreibung *die*
be|schrei|ten
beschreitet, beschritt,
hat beschritten
be|schrif|ten
Beschriftung *die*
be|schul|di|gen
Beschuldigte *der/die*
Beschuldigung *die*
be|schum|meln
Be|schuss *der*
die Beschüsse
be|schüt|zen
Beschützer/in
Be|schwer|de *die*
Beschwerde führen

beschweren
sich beschweren
be|schwer|lich
Be|schwer|nis *die*
die Beschwernisse
be|schwich|ti|gen
(beruhigen)
Beschwichtigung *die*
be|schwin|deln
be|schwingt
Beschwingtheit *die*
be|schwipst
be|schwö|ren
beschwört, beschwor,
hat beschworen
Beschwörung *die*
be|see|len
be|se|hen
besieht, besah,
hat besehen
be|sei|ti|gen
Beseitigung *die*
Be|sen *der*
besenrein
Besenstiel *der*
be|ses|sen
von einer Idee besessen
sein
be|set|zen
besetzt
Besetzung *die*

besi

be|sich|ti|gen
Besichtigung *die*
Be|sie|de|lung *die*
Be|sied|lung *die*
be|sie|geln
be|sie|gen
Besiegte *der/die*
be|sin|gen
besingt, besang,
hat besungen

be|sin|nen
besinnen, besann,
hat besonnen
sich besinnen
sich eines Besseren
besinnen
besinnlich
Besinnlichkeit *die*
Besinnung *die*
Besinnungsaufsatz *der*
besinnungslos
Be|sitz *der*
besitzanzeigend
besitzen
besitzt, besaß,
hat besessen
Besitzer/in
besitzlos
be|soh|len
be|sol|den
Besoldung *die*
Besoldungsgruppe *die*
be|son|de|re
b ...
besondere Umstände
insbesondere
B ...
das Besondere suchen
etwas Besonderes
im Besonderen
nichts Besonderes
Besonderheit *die*
besonders
be|son|nen
Besonnenheit *die*
be|sor|gen
sich etwas besorgen
Besorgnis *die*
Besorgnisse haben
Besorgnis erregend/
besorgniserregend
besorgt
Besorgtheit *die*
Besorgung *die*

besp

be|span|nen
be|spie|len
be|spit|zeln
be|spöt|teln
be|spre|chen
  bespricht, besprach,
  hat besprochen
  Besprechung *die*
be|sprit|zen
be|sprü|hen
bes|ser
  b ...
  bessere Möglichkeiten
  dem Kranken wird es
  bald besser gehen /
  bessergehen
  B ...
  das Bess(e)re
  eines Bess(e)ren
  belehren
  sich eines Bess(e)ren
  besinnen
  eine Wendung zum
  Bess(e)ren
  etwas Bess(e)res
  nichts Bess(e)res
  bessern
  Bess(e)rung *die*
  Besserwisser *der*

best

be|stal|len
  (in ein Amt einsetzen)
Be|stand *der*
  die Bestände
  Bestandteil *der*
be|stan|den
  (→ bestehen)
be|stän|dig
  Beständigkeit *die*
be|stär|ken
be|stä|ti|gen
  Bestätigung *die*
be|stat|ten
  Bestattung *die*
be|stäu|ben
be|stau|nen
bes|te
  b ...
  der beste Vorschlag
  am besten finden
  B ...
  aufs Beste hoffen
  das Beste wünschen
  das Beste vom Besten
  der Beste der Klasse
  der erste Beste
  es ist das Beste
  das geschieht zu deinem
  Besten
  zum Besten geben
  zum Besten haben
  zum Besten wenden
  ich habe mein Bestes
  getan
be|ste|chen
  besticht, bestach,
  hat bestochen
  bestechend
  bestechlich
  Bestechlichkeit *die*
  Bestechung *die*
  Bestechungsskandal
  der
Be|steck *das*
be|ste|hen
  besteht, bestand,
  hat bestanden,
  bestünde, bestände
  bestehen bleiben
  bestehen lassen
  Bestehen *das*
be|steh|len
  bestiehlt, bestahl,
  hat bestohlen
be|stei|gen
  besteigt, bestieg,
  hat bestiegen
  Besteigung *die*
be|stel|len
  Bestellkarte *die*
  Bestellliste /
  Bestell-Liste *die*
  Bestellung *die*
bes|ten|falls
bes|tens
be|steu|ern
  Be|steu|e|rung *die*
Best|form *die*
bes|ti|a|lisch (grausam)
  Bestialität *die*
  Bestie *die*
be|sti|cken
be|stim|men
  bestimmt
  Bestimmtheit *die*
  mit Bestimmtheit
  Bestimmung *die*
  bestimmungsgemäß
  Bestimmungsort *der*
  Bestimmungswort *das*
Best|leis|tung *die*
best|mög|lich
Best.-Nr.
  (Bestellnummer)

bestr

be|stra|fen
  Bestrafung *die*
be|strah|len
  Bestrahlung *die*
be|stre|ben
  Bestreben *das*
  bestrebt sein
be|strei|ken
be|strei|ten
  bestreitet, bestritt,
  hat bestritten

Best|sel|ler *der*
  Bestsellerautor/in
  Bestsellerliste *die*
be|stür|men
be|stür|zend
  bestürzt
  Bestürzung *die*
Be|such *der*
  besuchen
  Besucher/in
  Besucherzahl *die*
  Besuchserlaubnis *die*

bet

Be|ta *das* (β)
  Betablocker *der*
  Betastrahlen/
  β-Strahlen
be|tagt
be|tas|ten
be|tä|ti|gen
  Betätigung *die*
be|täu|ben
  Betäubung *die*
  Betäubungsmittel *das*
Be|te/Bee|te *die*
  Rote Bete/Beete
be|tei|li|gen
  sich beteiligen
  Beteiligung *die*
  Beteiligungs-
  gesellschaft *die*
be|ten
  der Buß- und Bettag
be|teu|ern
  Beteuerung *die*
Be|ton *der*
  Betonbau *der*
  betonieren
be|to|nen
  Betonung *die*
be|tö|ren
  betörend

betr

betr. (betreffend)
Be|tracht *der*
  in Betracht kommen
  in Betracht ziehen
  außer Betracht bleiben
be|trach|ten
  Betrachter/in
  Betrachtung *die*
be|trächt|lich
  um ein Beträchtliches
Be|trag *der*
  die Beträge
be|tra|gen
  beträgt, betrug,
  hat betragen
  sich betragen
  Betragen *das*
be|trau|en
  jemanden mit einer
  Aufgabe betrauen
be|trau|ern
Be|treff *der* (Betr.)
  betreffen
  betrifft, betraf,
  hat betroffen
  betreffend
  Ihre Anfrage betreffend
  Betreffende *der/die*
  betreffs (betr.)
be|trei|ben
  betreibt, betrieb,
  hat betrieben
  Betreiber/in
  Betrieb *der*
be|tre|ten
  betritt, betrat,
  hat betreten
  Betreten *das*
be|treu|en
  betreut werden
  Betreuer/in
  Betreuung *die*

Be|trieb *der*
  außer Betrieb
  betrieblich
  betriebsam
  Betriebsanleitung *die*
  Betriebsausflug *der*
  betriebsbereit
  betriebsblind
  betriebseigen
  Betriebserlaubnis *die*
  Betriebsferien
  Betriebsklima *das*
  Betriebsleitung *die*
  Betriebsrat *der*
  Betriebssystem *das*
  Betriebsunfall *der*
be|trifft (→ betreffen)
be|trin|ken
  betrinkt, betrank,
  hat betrunken
  sich betrinken
be|trof|fen
  Betroffene *der/die*
  Betroffenheit *die*
be|trüb|li|cher-
  wei|se
  betrübt
Be|trug *der*
  die Betrügereien
  betrügen
  betrügt, betrog,
  hat betrogen
  Betrüger/in
  betrügerisch
be|trun|ken
  Betrunkene *der/die*
Bett *das*
  Bettdecke *die*
  betten
  Bettgestell *das*
  Betthupferl *das*
  Bettkasten *der*
  bettlägerig
  Bettruhe *die*

Betttuch / Bett-Tuch *das*
Bettwäsche *die*
Bettzeug *das*
bet|teln
Bettler/in
be|tucht (reich)
be|tu|lich (bequem)
be|tup|fen

beu _____

Beu|ge *die*
beugen
sich jemandem beugen
beugsam
Beugung *die*
Beu|le *die*
be|un|ru|hi|gen
sich beunruhigen
beunruhigend
Beunruhigung *die*
be|ur|kun|den
Beurkundung *die*
be|ur|lau|ben
sich beurlauben lassen
Beurlaubung *die*
be|ur|tei|len
Beurteilung *die*
Beurteilungs-
maßstab *der*
Beu|te *die*
Beutestück *das*
Beu|tel *der*
beuteln
gebeutelt werden
be|völ|kern
Bevölkerung *die*
be|voll|mäch|ti|gen
Bevollmächtigte
der / die
Bevollmächtigung *die*
be|vor
be|vor|mun|den
Bevormundung *die*

be|vor|ste|hen
steht bevor,
stand bevor,
hat bevorgestanden
bevorstehend
be|vor|zu|gen
bevorzugt
Bevorzugung *die*

bew _____

be|wa|chen
Bewachung *die*
be|wach|sen
bewächst, bewuchs,
hat bewachsen
be|waff|nen
Bewaffnung *die*
be|wah|ren
Bewahrung *die*
be|wäh|ren
sich bewähren als
bewährt
am Bewährten
festhalten
Bewährung *die*
Bewährungshelfer/in
Bewährungsprobe *die*
Bewährungszeit *die*
be|wahr|hei|ten
sich bewahrheiten
be|wal|det
be|wäl|ti|gen
die Aufgaben bewältigen
Bewältigung *die*
Be|wandt|nis *die*
be|wäs|sern
Bewässerung *die*
be|we|gen
(Lage verändern:)
bewegte, hat bewegt
(veranlassen:)
bewog, hat bewogen
Beweggrund *der*

beweglich
bewegt
Bewegung *die*
Bewegungsenergie *die*
bewegungslos
bewegungsunfähig
be|weih|räu|chern
(übertrieben loben)
be|wei|nen
Be|weis *der*
beweisen
beweist, bewies,
hat bewiesen
Beweisführung *die*
beweiskräftig
be|wen|den
es bewenden lassen
damit hat es sein
Bewenden
be|wer|ben
bewirbt, bewarb,
hat beworben
sich bewerben
Bewerber/in
Bewerbung *die*
Bewerbungs-
schreiben *das*
Bewerbungsunterlagen
be|wer|fen
bewirft, bewarf,
hat beworfen
be|werk|stel|li|gen
be|wer|ten
Bewertung *die*
be|wil|li|gen
Bewilligung *die*
be|wir|ken
be|wir|ten
Bewirtung *die*
be|wirt|schaf|ten
be|woh|nen
Bewohner/in
be|wöl|ken
Bewölkung *die*

Be|wuchs *der*
Be|wun|de|rer *der*
Bewunderin *die*
bewundern
bewundernswert
Bewunderung *die*
bewunderungswürdig
be|wusst
sich etwas *bewusst machen / bewusstmachen*
bewusst werden / bewusstwerden
sich bewusst sein
bewusstlos
Bewusstlosigkeit *die*
Bewusstsein *das*

bez

bez. (bezüglich)
Bez. (Bezirk)
be|zah|len
bezahlt
Bezahlung *die*
be|zau|bernd
be|zeich|nen
bezeichnend
bezeichnenderweise
Bezeichner *der*
Bezeichnung *die*
be|zeu|gen
be|zich|ti|gen
Bezichtigung *die*
be|zie|hen
bezieht, bezog,
hat bezogen
Beziehung *die*
Beziehungsfürwort *das*
beziehungslos
beziehungsweise (bzw.)
be|zif|fern
Be|zirk *der*
Bezirksamt *das*
be|zir|zen / be|cir|cen
(verführen)
Be|zug *der*
die Bezüge
hohe Bezüge bekommen
Bezug nehmen
in Bezug auf
mit Bezug auf
bezüglich
Bezugnahme *die*
bezugsfertig
be|zu|schus|sen
bezuschusst,
bezuschusste,
hat bezuschusst
be|zwe|cken
be|zwei|feln
be|zwin|gen
bezwingt, bezwang,
hat bezwungen
BfA
(Bundesversicherungsanstalt für Angestellte)
BGB (Bürgerliches Gesetzbuch)
BGH
(Bundesgerichtshof)
BH (Büstenhalter)
Bhf. (Bahnhof)

bi

Bi|ath|let *der*
Biathletin *die*
Biathlon *das*
bib|bern
Bi|bel *die*
Bibelwort *das*
biblisch
Bi|ber *der*

Biberpelz *der*
Bi|blio|gra|fie / Bi|blio|gra|phie *die*
auch: Bib|lio|gra|fie
(Bücherkunde)
bibliografisch / bibliographisch
Bibliothek *die*
Bibliothekar/in
Bick|bee|re *die*
(Blaubeere)
Bi|det *das*
(Sitzbadebecken)
bie|der (brav)
Biedermann *der*
Biedermeier *das*
Biedermeierstil *der*
bie|gen
biegt, bog,
hat gebogen
sich biegen
auf Biegen und Brechen
biegsam
Biegsamkeit *die*
Biegung *die*
Bie|ne *die*
bienenfleißig
Bienenhonig *der*
Bienenkorb *der*
Bienenstich *der*
Bienenstock *der*
Bi|en|na|le *die*
(alle zwei Jahre stattfindendes Fest)
Bier *das*
Bierbrauer/in
Bierflasche *die*
Bierglas *das*
Bie|se *die* (Saum)
Biest *das*
bie|ten
bietet, bot,
hat geboten
Bieter/in

Bi|ga|mie *die*
(Doppelehe)
Bigamist *der*
Big|band/Big Band *die*
Bigband-Leader/
Big-Band-Leader *der*
bi|gott (scheinheilig)
Bigotterie *die*
Bi|ki|ni *der*

bil

Bi|lanz *die*
bilanzieren
Bilanzsumme *die*
bi|la|te|ral (zweiseitig)
bilaterale Gespräche
Bild *das*
Bildaufbau *der*
Bildbeschreibung *die*
bilden
bildende Kunst *die*
Bilderbuch *das*
bildhaft
Bildhauer/in
bildhübsch
bildlich
Bildnis *das*
Bildschirm *der*
bildschön
bil|den
sich bilden
Bildung *die*
Bildungschancen
bildungsfähig
Bildungsgang *der*
Bildungslücke *die*
Bildungsroman *der*
Bildungsurlaub *der*
bi|lin|gu|al
(zweisprachig)
Bil|lard *das*
Bil|lett *das* (Fahrkarte)

Bil|li|ar|de *die*
(tausend Billionen)
bil|lig
billigen
Billigung *die*
Bil|li|on *die*
(eine Million Millionen)
bim|meln
Bims|stein *der*

bin

bin (→ sein)
bi|när
(aus zwei Elementen)
Bin|de *die*
Bindegewebe *das*
Bindeglied *das*
Bindehaut *die*
binden
bindet, band,
hat gebunden
Binder *der*
Bindestrich *der*
Bindewort *das*
Bindfaden *der*
Bindung *die*
Bin|go *das*
(ein Glücksspiel)

bis

bis heute
bis hierher
bis alle da sind
bis zum Schluss
bisher
bislang
bisweilen

bin|nen
binnen einer Woche
binnen Kurzem/
binnen kurzem
Binnenhafen *der*
Binnenhandel *der*
Binnenmarkt *der*
Binnensee *der*
bi|no|misch
(zweigliedrig)
binomischer Lehrsatz
Bin|se *die* (eine Pflanze)
Binsenweisheit *die*
Bio (Leben)
Biochemie *die*
Biogas *das*
Biografie/
Biographie *die*
biografisch/
biographisch
Biokost *die*
Biologie *die*
biologisch
Biomasse *die*
Biosphäre *die*
Biotop *der/das*
bi|po|lar
birgt (→ bergen)
Bir|ke *die*

Biss

der Biss des Hundes
der Hund biss
eine Bisswunde, bissig
der Imbiss

bisschen

ein bisschen
mit ein bisschen Glück
ein kleines bisschen

Birkhuhn *das*
Bir|ne *die*
birnenförmig

bis

bis
bis jetzt
bis Sonntag
bis zu 10 %
vier bis fünf
bisher
bislang
bisweilen
Bi|sam|rat|te *die*
Bi|schof *der*
die Bischöfe
bischöflich
Bischofssitz *der*
bi|se|xu|ell
bis|he|rig
die bisherigen
Ergebnisse
das Bisherige
beim Bisherigen bleiben
Bis|kuit *das/der*
bis|lang (bisher)
Bis|marck|he|ring *der*
Bi|son *der* (Büffel)
Biss *der*
biss (→ beißen)
Bissen *der*
bissig
Bisswunde *die*
biss|chen
immer b ...
das bisschen
ein bisschen
dieses kleine bisschen
kein bisschen
bist (→ sein)
Bis|tro *das*
auch: Bist|ro
(kleine Kneipe)

Bis|tum *das*
die Bistümer
bis|wei|len
(manchmal)

bit

Bit *das* (binary digit)
bit|te
bitte schön!
bitte sehr!
wie bitte?
Bitte *die*
bitten
bittet, bat,
hat gebeten
bit|ter
bitterböse
bitterernst
bitterkalt
Bitterkeit *die*
Bittermandelöl *das*
Bitternis *die*
Bittersalz *das*
Bi|wak *das*

biwakieren
bi|zarr (seltsam)
Bi|zeps *der*

bla

Black-out/
Black|out *das/der*
(Aussetzen des
Bewusstseins)
blä|hen
Blähung *die*

bla|ma|bel
(beschämend)
Blamage *die*
blamieren
sich blamieren
blan|chie|ren
(abbrühen)
blank
blank polieren/
blankpolieren
blank poliert/
blankpoliert
blanko
Blankoscheck *der*
Blankovollmacht *die*
Blankvers *der*
Bla|se *die*
Bläschen *das*
bla|sen
bläst, blies,
hat geblasen
Bläser/in
Blasinstrument *das*
Blasmusik *die*
bla|siert (eingebildet)
Blasiertheit *die*
Blas|phe|mie *die*
(Gotteslästerung)
blasphemisch
blass
blasser, blasseste
Blässe *die* (Blassheit)
Blässhuhn/
Blesshuhn *das*
blassrosa
Blatt *das*
die Blätter
1000 Blatt Papier
Blättchen *das*
blättern
Blätterteig *der*
Blattgold *das*
Blattlaus *die*
blätt(e)rig

Blat|tern *die* (Pocken)
  blatternnarbig
blau
  b ...
  blauer Dunst
  ein blauer Fleck
  sein blaues Wunder
  erleben
  blau färben /
  blaufärben
  blau gestreift /
  blaugestreift
  blau in blau
  blau machen /
  blaumachen (färben)
  blaumachen
  (schwänzen)
  blau sein
  b ... / B ...
  der blaue / Blaue Brief
  B ...
  verschiedene Blau
  die Farbe Blau
  in Blau gekleidet
  die Fahrt ins Blaue
  die Blaue Grotte
  blauäugig
  Blaubeere *die*
  bläuen
  blaugrau / blau-grau
  Blauhelm *der*
  bläulich
  bläulich grün
  Blaulicht *das*
  Blaumeise *die*
Bla|zer *der*
  (leichte Jacke)

ble

Blech *das*
  Blechbläser/in
  Blechdose *die*
  Blechschaden *der*

ble|cken
  die Zähne blecken
Blei *das* (Pb)
  bleiern
  bleifrei
  bleihaltig
  Bleikristall *das*
  Bleistift *der*
Blei|be *die*
  bleiben
  bleibt, blieb,
  ist geblieben
  bleiben lassen
  (übertragen:)
  du sollst das bleiben
  lassen / bleibenlassen
  bleibend
bleich
  bleichen
  Bleichgesicht *das*
Blen|de *die*
  blenden
  blendend
  blendend weiß
Bles|se *die*
  (weißer Stirnfleck)
Bless|huhn /
  Bläss|huhn *das*
Bles|sur *die*
  (Verletzung)
bleu (blassblau)

bli

Blick *der*
  blicken
  Blickfang *der*
  Blickwinkel *der*
blieb (→ bleiben)
blies (→ blasen)
blind
  Blinddarm *der*
  Blinddate /
  Blind Date *das*
  Blinde *der/die*
  Blindenhund *der*
  Blindheit *die*
  blindlings
  Blindschleiche *die*
  blindwütig
blin|ken
  Blinklicht *das*
blin|zeln
Blitz *der*
  Blitzableiter *der*
  blitzartig
  blitzen
  Blitzlicht *das*
  Blitzschlag *der*
  blitzschnell
Bliz|zard *der*
  (Schneesturm)

blo

Block *der*
  die Blöcke / Blocks
  Blockflöte *die*
  Blockhaus *das*
  Blocksatz *der*
Blo|cka|de *die*
  blockieren
blöd / blö|de
  blödeln
  Blödian *der*
  Blödsinn *der*
  blödsinnig
blö|ken
blond
  blond färben /
  blondfärben
  blond gefärbt /
  blondgefärbt
  blond gelockt /
  blondgelockt
  Blonde *der/die*
  blondieren
  Blondine *die*

bloß
Was ist bloß los?
nackt und bloß
Blöße *die*
sich (k)eine Blöße geben
bloßstellen
stellt bloß, stellte bloß,
hat bloßgestellt
Blou|son *das/der*
(Jacke)

blu

blub|bern
Blue|jeans
Blues *der*
Bluff *der* (Täuschung)
bluffen
blü|hen
blüht, blühte,
hat geblüht
blühend
Blüte *die*
Blu|me *die*
das Blümchen
blumengeschmückt
Blumenkohl *der*
Blumenstrauß *der*
Blumentopf *der*
blumig
Blu|se *die*
Blut *das*
blutarm

Blutbad *das*
Blutbild *das*
Blutdruck *der*
bluten
Blutgefäß *das*
Blutgruppe *die*
blutig
Blutkörperchen *das*
Blutkreislauf *der*
Blutprobe *die*
blutreinigend
das Blut reinigend
blutrot
blutrünstig
Blut saugend /
blutsaugend
Blutspender/in
blutstillend
Bluttransfusion *die*
Blutvergiftung *die*
Blutwurst *die*
Blutzucker *der*
Blü|te *die*
die Baumblüte
Blütenstand *der*
Blütenstaub *der*
Blütezeit *die*
BLZ (Bankleitzahl)

bo

Bö/Böe *die*
böig

Boa *die* (eine Schlange)
Bob *der*
Bobbahn *die*
Bobfahrer/in
Boc|cia *das/die*
(ein Kugelspiel)
Bock *der*
die Böcke
Bock springen
das Bockspringen
Bockbier *das*
bocken
bockig
Bocksbeutel *der*
Bockshorn *das*
jemanden ins
Bockshorn jagen
Bockwurst *die*
Bod|den *der*
(Meeresbucht)
Bo|den *der*
die Böden
Bodenbelag *der*
bodenlos
Bodenschätze
Bodenturnen *das*
Bo|dy *der*
Bodybuilding *das*
Bodychock *der*
Bodyguard *der*
bog (→ biegen)
Bo|gen *der*
die Bögen/Bogen
Bogenschießen *das*
Boh|le *die* (Brett)
Böh|mer|wald
böhmisch
Boh|ne *die*
Bohnenkaffee *der*
Bohnenkraut *das*
Bohnenstange *die*
Bohnenstroh *das*
boh|nern
Bohnerwachs *das*

boh|ren
Bohrer *der*
Bohrinsel *die*
Bohrmaschine *die*
Bohrturm *der*
Bohrung *die*
Boi|ler *der*
(Warmwasserbereiter)
Bo|je *die*
Bo|le|ro *der* (span. Tanz)
Böl|ler *der*
Böllerschuss *der*
Boll|werk *das*
Bol|sche|wik *der*
(Kommunist)
Bol|zen *der*
bom|bar|die|ren
Bombardement *das*
Bombe *die*
wie eine Bombe
einschlagen
Bombenangriff *der*
bombensicher
Bomber *der*
bombig
bom|bas|tisch
(prunkvoll)
Bon *der*
der Kassenbon
bongen
Bon|bon *der/das*
bonbonfarben
Bonbonniere/
Bonboniere *die*
Bon|go *das/die*
(Trommel)
Bo|ni|tät *die*
(Zahlungsfähigkeit)
Bon|mot *das* (geistreiche Bemerkung)
Bon|sai *der*
(Zwergbaum)
Bo|nus *der*
einen Bonus erhalten

Bon|ze *der*
(Parteifunktionär)

boo

Boo|gie-Woo|gie *der*
(ein Tanz)
Book|let *das*
(kleines Beiheft)
Boom *der*
(Aufschwung)
boomen
Boot *das*
das Bötchen
Boot fahren
fährt Boot, fuhr Boot,
ist Boot gefahren
Bootsbau *der*
Bootshaus *das*
Bootsmann *der*
Bor *das* (B)
(chem. Element)
Bord *das* (Wandbrett);
der (Schiffsrand)
an Bord gehen
Mann über Bord!
Bordbuch *das*
Bordcase *das/der*
Bordkante *die*
Bordstein *der*
Bör|de *die*
(fruchtbare Ebene)
Bor|deaux *der*
(französischer Rotwein)
bordeauxfarben
bordeauxrot
Bor|dell *das*
(Freudenhaus)
Bor|dü|re *die* (Rand)
bor|gen
Bor|ke *die*
Borkenkäfer *der*
Born *der*
(Quelle, Brunnen)

bor|niert (stur)
Borniertheit *die*
Bor|retsch *der*
(ein Küchenkraut)
Bör|se *die*
Börsenbericht *der*
Börsenkurs *der*
Börsenmakler/in
Börsianer/in
Bors|te *die*
borstig
Bor|te *die*

bos

bös/bö|se
b...
böse sein
böse werden
B...
im Bösen
nichts Böses ahnen
bösartig
Bösewicht *der*
boshaft
Bosheit *die*
böswillig
Bö|schung *die*
Bos|koop/Bos|kop
der
(eine Apfelsorte)
Boss *der*
Bos|sa no|va *der*
(ein Tanz)
Bo|ßel *der/die*
boßeln (Kugel schieben)
bot (→ bieten)
Bo|ta|nik *die*
botanisch
Bo|te *der*
Botschaft *die*
Botschafter/in
Bött|cher *der*
Bottich *der*

Bouil|la|baisse *die*
(Fischsuppe)
Bouil|lon *die*
Boule *das / die*
(ein Kugelspiel)
Bou|le|vard *der*
(Prachtstraße)
Boulevardpresse *die*
Bou|quet/Bu|kett *das*
(Sträußchen)
Bour|geoi|sie *die*
(Bürgertum)
Bou|tique/Bu|ti|ke *die*
Bo|vist/Bo|fist *der*
(ein Pilz)
Bow|le *die* (ein Getränk)
Bow|ling *das* (Kegeln)
Box *die*
Boxenstopp *der*
bo|xen
Boxer *der*
Boxhandschuh *der*
Boxkampf *der*
Boy *der*
die Boys
Boygroup *die*
Boyscout *der*
Boy|kott *der*
(Liefersperre)
boykottieren

br

brab|beln
brach (→ brechen)
brach (unbebaut)
Brache *die*
brach liegen
liegt brach, lag brach,
hat brach gelegen
brach liegend /
brachliegend
Bra|chi|al|ge|walt *die*
brach|te (→ bringen)

bra|ckig
(nicht trinkbar)
Brackwasser *das*
Brah|ma|ne *der*
(indischer Priester)
Brain|stor|ming *das*
(Ideenfindung)
Braintrust *der*
Bram|se|gel *das*
Bran|che *die*
branchenüblich
Branchen-
verzeichnis *das*
Brand *der*
die Brände
brandaktuell
brandmarken
gebrandmarkt,
zu brandmarken
brandneu
Brandrodung *die*
Brandstiftung *die*
Brandursache *die*
Brandwunde *die*
bran|den
Brandung *die*
Bran|den|burg
Brandenburger/in
brandenburgisch
brann|te (→ brennen)
Brannt|wein *der*
Branntweinsteuer *die*
Bras|se *die* (ein Tau)
bra|ten
brät, briet,
hat gebraten
Braten *der*
bratfertig
Brathähnchen *das*
Brathendl *das*
Brathering *der*
Bratkartoffeln
Bratpfanne *die*
Bratwurst *die*

Brat|sche *die*
(Saiteninstrument)
Bratschist/in
Brauch *der*
die Bräuche
brauchbar
Brauchbarkeit *die*
brauchen
Braue *die*
brau|en
Brauerei *die*
Braumeister/in
braun
b ...
braun färben /
braunfärben
braun gebrannt /
braungebrannt
B ...
in Braun
Bräune *die*
bräunen
Braunkohle *die*
bräunlich
Bräunung *die*
Braus *der*
in Saus und Braus
Brau|se *die*
brausen
Brausen *das*
Braut *die*
die Bräute
Brauteltern
Bräutigam *der*
Brautkleid *das*
Brautpaar *das*
brav
bravissimo
bravo
Bravo / bravo rufen
Bravoruf *der*
Bra|vour *die*
(Tapferkeit)
bravourös

bre

Break der/das
Break|dance der
bre|chen
 bricht, brach,
 hat gebrochen
 auf Biegen und Brechen
 Brecher der
 Brechstange die
 Brechung die
Bre|douil|le die
 (Bedrängnis)
 in der Bredouille sein
Brei der
 breiig
breit
 b...
 lang und breit
 weit und breit
 breit gefächert/
 breitgefächert
 sich breitmachen
 B...
 des Langen und Breiten
 Breite die
 Breitengrad der
 Breitenkreis der
 Breitensport der
 breitschlagen
 (überreden)
 schlägt breit,
 schlug breit,
 hat breitgeschlagen
 breitschultrig
 Breitseite die
 breittreten
 (viel darüber reden)
 tritt breit, trat breit,
 hat breitgetreten
Brem|se die
 bremsen
 Bremspedal das
 Bremsspur die
 Bremsung die
 Bremsweg der
brenn|bar
 brennen
 brennt, brannte,
 hat gebrannt
 eine CD brennen
 Brennholz das
 Brennpunkt der
 Brennstoff der
 Brennweite die
 brenzlig/brenzlich
Brenn|nes|sel/
Brenn-Nes|sel die
Bre|sche die
 eine Bresche schlagen
 in die Bresche springen
Brett das
 Bretterwand die
 Bretterzaun der
Bre|vier das
 (Gebetbuch)
Bre|zel/Bret|zel/
Bre|ze/Bre|zen die

bri

bricht (→ brechen)
Bridge das
 (ein Kartenspiel)
 Bridgepartie die
Brief der
 Briefe schreiben
 das Briefeschreiben
 Briefblock der
 Brieffreund/in
 Briefkasten der
 brieflich
 Briefmarke die
 eine 45-Cent-Briefmarke
 Briefmarken-
 sammler/in
 Briefpapier das
 Briefroman der
 Brieftasche die
 Brieftaube die
 Briefträger/in
 Briefumschlag der
Brie|fing das
 (Informationsgespräch)
Bri|ga|de die
 (Truppenabteilung)
 Brigadier der
Brigg die

Bri|kett das
 (gepresste Kohle)
bril|lant
 (glänzend)
 Brillant der
 Brillanz die
 brillieren
Bril|le die
 Brillenetui das
Brim|bo|ri|um das
brin|gen
 bringt, brachte,
 hat gebracht
bri|sant (sensationell)
 Brisanz die
Bri|se die
Bri|tan|ni|en
 britisch

bro

Broc|co|li/Brok|ko|li
 der (ein Gemüse)
brö|ckeln
 Brocken der
 brockenweise
bro|deln

Bro|kat *der*
(Seidenstoff)
Bro|ker *der*
(Börsenmakler)
Brok|ko|li / Broc|co|li
der (ein Gemüse)
Brom *das* (Br)
bromhaltig
Bromwasserstoff *der*
Brom|bee|re *die*
bron|chi|al
(Luftröhren...)
Bronchialkatarr /
Bronchialkatarrh *der*
Bronchie *die*
Bronchitis *die*
Bron|ze *die*
bronzefarbig
Bronzemedaille *die*
Bronzezeit *die*
bronzieren
Bro|sa|men (Krümel)
*nur die Brosamen
bekommen*
Bro|sche *die*
Bro|schü|re *die*
Brö|sel *der/das*
bröseln
Brot *das*
Brötchen *das*
brotlos
Brotzeit *die*
Brow|ser *der*

bru

Bruch *der*
die Brüche
brüchig
bruchlanden
ist bruchgelandet
Bruchlandung *die*
bruchrechnen
Bruchrechnen *das*
bruchsicher
Bruchstück *das*
bruchstückhaft
Bruchteil *der*
Bruchzahl *die*
Brü|cke *die*
Brückengeländer *das*
Bru|der *der*
die Brüder
brüderlich
Brüderlichkeit *die*
Brü|he *die*
brühen
Brühwürfel *der*
brül|len
brum|men
Brummer *der*
Brummi *der*
brummig
Brunch *der*
(spätes Frühstück)
brunchen
brü|nett (bräunlich)
Brunft *die*
die Brünfte
Brunftzeit *die*
Brun|nen *der*
Brunnenkresse *die*
Brunst *die*
(Paarungszeit)
die Brünste
brünstig
brüsk (unvermittelt)
brüskieren
Brust *die*
die Brüste
brüsten
sich brüsten
Brustkorb *der*
brustschwimmen
Brustschwimmen *das*
Brustwarze *die*
Brüs|tung *die*
Brut *die*
bru|tal
Brutalität *die*
brü|ten
brütend heiß
Brüter *der*
Brutkasten *der*
Brutstätte *die*
brut|to (ohne Abzüge)
Bruttoeinkommen *das*
Bruttosozialprodukt *das*
Bruttoverdienst *der*
brut|zeln
Btx (Bildschirmtext)

bu

Bub / Bu|be *der*
das Bübchen
Bubikopf *der*
Buch *das*
die Bücher
Buchbinder/in
Buchdruck *der*
Buchdrucker/in
Bücherbord *das*
Bücherei *die*
Bücherregal *das*
Bücherschrank *der*
Buchführung *die*
Buchhändler/in
Buchhandlung *die*
Buchmesse *die*
Bu|che *die*
Buchecker *die*
Buchenholz *das*
bu|chen
einen Flug buchen
Buchung *die*
Buch|fink *der*
Buchs|baum *der*
Buch|se *die*
Büch|se *die*
Büchsenmilch *die*
Büchsenöffner *der*

Buch|sta|be der
buchstabieren
buchstäblich
Bucht die
Bu|chung die
Buchungsnummer die
Buch|wei|zen der
Bu|ckel der
buck(e)lig
buckeln
bü|cken
sich bücken
Bück|ling der
Bud|del die (Flasche)
Buddelschiff das
bud|deln
Bud|dha der

Buddhismus der
Bu|de die
Bud|get das
(Haushaltsplan)
Bü|fett/ Buf|fet das
das kalte Büfett/Buffet
Büf|fel der
büffeln
Bug der
Bugspriet das/der
Bü|gel der
Bü|gel|ei|sen das
Bügelfalte die
bügeln
Bug|gy der (Wagen)
bug|sie|ren
jemanden aus dem
Raum bugsieren
buh|len

Buh|mann der
die Buhmänner
Buhruf der
Buh|ne die (Damm)
Büh|ne die
Bühnenbild das
bühnenwirksam
Bu|kett/Bou|quet
das
Bu|let|te die
(Fleischkloß)
Bul|ga|ri|en
Bulgare der
Bulgarin die
bulgarisch
Bu|li|mie
(Ess-Brech-Sucht)
Bull|au|ge das
Bull|dog|ge die
Bull|do|zer der
Bul|le der
bullig
Bul|le|tin das
(amtlicher Bericht)
Bu|me|rang der
bum|meln
Bummelstreik der

bun ___

Bund der
die Bünde
Bundesagentur für
Arbeit die (BA)
Bundesbank die
bundeseigen
Bundesgenosse der
Bundesjugendspiele die
Bundeskanzler/in
Bundesland das
die deutschen Bundes-
länder
Bundesliga die
die Erste Bundesliga

Bundespräsident/in
Bundesrat der
Bundesrepublik die
Bundestag der
Bundesverband der
Bundeswehr die
bundesweit
Bün|del das
bündeln
bündig
Bünd|nis das
die Bündnisse
Bündnispartner/in
Bun|ga|low der
(flaches Wohnhaus)
Bun|gee|sprin|gen
das
Bun|ker der
Bun|sen|bren|ner der
bunt
bunt bemalen
bunt färben/
buntfärben
bunt gefärbt/
buntgefärbt
bunt gestreift/
buntgestreift
der bunte Abend
Buntmetall das
Buntpapier das
Buntsandstein der
Buntspecht der
Buntstift der

bur ___

Bür|de die (Last)
Burg die
Burgfried der
Burgherr/in
Burgruine die
Bür|ge der
bürgen
Bürgschaft die

Bür|ger der
Bürgerinitiative die
Bürgerkrieg der
bürgerlich
Bürgerliches Gesetz-
buch das (BGB)
Bürgermeister/in
 der Erste Bürgermeister
 der Regierende Bürger-
 meister
Bürgersteig der
Bürgertum das
Bur|gun|der der
(Weinsorte)
bur|lesk (komisch)
Bü|ro das
Büroangestellte der/die
Büroarbeit die
Bürobedarf der
Bürogebäude das
Bürokratie die
bürokratisch
Büromöbel
Bürozeit die
Bur|sche der
Bürschchen das
burschikos
Bürs|te die
bürsten
Bür|zel der (Schwanz)

Bus der
 die Busse
Busfahrer/in
Bushaltestelle die
Busch der
 die Büsche
Buschbohne die
Büschel das
büschelweise
buschig
Bu|sen der
Busenfreund der
Busenfreundin die
Busi|ness das
Bus|sard der
Bu|ße die
büßen
bußfertig
Bußgeld das
Buß- und Bettag der
Bus|serl das (Kuss)
Büs|te die
 eine Marmorbüste
Büstenhalter (BH) der
Bu|tan das
(Kohlenwasserstoff)
Butangas das
Butanol das
But|ler der
(Diener)

Butt der (ein Fisch)
Bütt die
Büttenredner/in
Büt|tel der
(Gerichtsdiener)
Büt|ten|pa|pier das
But|ter die
Butterbrot das
Buttermilch die
Buttersäure die
butterweich
 weich wie Butter
But|ter|fly der
Butterflystil der
But|ton der
But|zen|schei|be die
BW (Bundeswehr)
BW-Shop der
b. w. (bitte wenden!)

by

By|pass der
 die Bypässe
Bypassoperation die
Byte das
(Speichereinheit)
by|zan|ti|nisch
Byzanz
bzw. (beziehungsweise)

C

ca. (circa/zirka)
Ca|brio/Ka|brio das
 auch: Cab|rio
CAD (computer-aided design)
Cad|die der
 (kleiner Wagen)
Cae|si|um/Zä|si|um das (Cs)
Ca|fé das
 ins Café gehen
 Café au Lait der
 (Milchkaffee)
 Cafeteria die
Cal|ci|um das
Call|girl das
Ca|lyp|so der (ein Tanz)
CAM (computer-aided manufacturing)
Cam|cor|der der
Ca|mem|bert der
Camp das
 campen
 Camper/in
 Camping das
 Campingplatz der
Cam|pa|gne/Kam|pa|gne die
 auch: Cam|pag|ne
Ca|nail|le/Ka|nail|le die (Schuft)
Ca|nas|ta das
 (ein Kartenspiel)
 Canasta spielen
can|celn (absagen)
 der Flug ist gecancelt
Can|na|bis der
 (Hanf; Haschisch)
Can|nel|lo|ni (Nudeln)
Ca|ñon der
 Grand Cañon der

Ca|nos|sa|gang/Ka|nos|sa|gang der
 (demütigende Unterwerfung)
Cape das (Umhang)
Cap|puc|ci|no der
 (Espresso mit Milch)
Ca|pric|cio das
 auch: Cap|ric|cio
 (heiteres Musikstück)
Ca|ra|van der
Car|bid/Kar|bid das
 (chem. Verbindung)
Car|bon/Kar|bon das
 (ein Erdzeitalter)
Car|bo|nat/Kar|bo|nat das
 Carbonsäure/Karbonsäure die
Car|go/Kar|go der
 (Schiffsfracht)
Ca|ri|tas die
 karitativ
Car|port der
 (Abstellplatz für Autos)
Car|toon der/das
Ca|sa|no|va der
 (Frauenheld)
cash (bar)
 cash bezahlen
 Cashflow der
Ca|shew|nuss die
 die Cashewnüsse
cas|ten (auswählen)
 Casting das
cat|chen
 Catcher/in
Ca|yenne|pfef|fer der
cbm (Kubikmeter, m³)
ccm (Kubikzentimeter, cm³)
CD-Play|er der
 auch: CD-Pla|yer
 CD-ROM die

ce

Cel|lo das
 die Cellos/Celli
Cel|lo|phan/Zel|lo|phan das
Cel|lu|loid/Zel|lu|loid das
Cel|lu|lo|se/Zel|lu|lo|se die
Cel|si|us (C)
 10 Grad Celsius (10°C)
Cem|ba|lo das
 (ein Musikinstrument)
Cent der
Cen|ter das
 das Einkaufscenter
 Centrecourt/Centre-Court der
Cer|ve|lat|wurst die

ch

CH (Confoederatio Helvetica)
Cha-Cha-Cha der
 (ein Tanz)
Chai|se|longue die

Cha|mä|le|on das
 (eine Echse)
Cham|pag|ner der
 auch: Cham|pa|gner
Cham|pig|non der
 auch: Cham|pi|gnon
Cham|pi|on der
Chan|ce die
 gute Chancen haben
 die Chance nutzen

Chancengleichheit *die*
chan|gie|ren
(wechseln)
Chan|son *das* (ein Lied)
Chansonnette/
Chansonette *die*
Chansonnier/
Chansonier *der*
Cha|os *das*
chaotisch
Cha|rak|ter *der*
die Charaktere
einen guten Charakter haben
Charakterdarsteller/in
Charakter-
eigenschaft *die*
charakterisieren
Charakteristik *die*
charakteristisch
charakterlich
Charakterstück *das*
Char|ge *die* (militär. Rang; Nebenrolle)
Cha|ris|ma *das* (besondere Ausstrahlung)
charismatisch
char|mant/
schar|mant
Charme/Scharm *der*
Chart *der/das*
die Charts
charttechnisch
Char|ta *die*
(Verfassungsurkunde)
Char|ter *der*
Charterflug *der*
chartern
Chas|sis *das*
(Fahrgestell)
Cha|teau/Châ|teau
das (Schloss)
chat|ten (sich per Internet unterhalten)

Chauf|feur *der*
Chaus|see *die*
Chausseegraben *der*
Chau|vi|nis|mus *der*
(übersteigerte Vaterlandsliebe)
Chauvi *der*
(Mann mit übertriebenem Selbstwertgefühl)
chauvinistisch

che

che|cken
(erkennen, überblicken)
Checkliste *die*
Chef *der*
Chefin *die*
Chefarzt *der*
Chefredakteur/in
Chefsekretär/in
Che|mie *die*
Chemikalie *die*
Chemiker/in
chemisch
Che|mo|the|ra|pie
die (med. Behandlung)
Che|wing|gum *der*
Chi|as|mus *der*
(eine Stilfigur)
chic/schick
Chi|co|rée/
Schi|ko|ree *der*
Chif|fon *der*
(leichter Stoff)
Chif|fre *die*
auch: Chiff|re
chiffrieren
Chi|li *der*
Chilipulver *das*
Chi|mä|re/Schi|mä|re
die (Hirngespinst)
Chi|na
Chinakohl *der*

Chin|chil|la *die/das*

Chi|ne|se *der*
Chinesin *die*
chinesisch
die Chinesische Mauer
Chi|nin *das*
(ein Fiebermittel)
Chip *der* (Datenträger)
Chip|pen|dale *das*
(Möbelstil)
Chi|ro|prak|ti|ker *der*
(„Knochendoktor")
Chiropraktikerin *die*
Chi|rurg *der*
auch: Chir|urg
Chirurgin *die*
Chirurgie *die*
chirurgisch
Chi|tin *das*
Chlor *das* (Cl)
chlorhaltig
Chlorid *das*
Chlorit *das* (ein Salz)
Chlo|ro|form *das*
(Narkosemittel)
chloroformieren
Chlo|ro|phyll *das*
Choke *der* (Starthilfe)
Cho|le|ra *die*
(eine Krankheit)
cho|le|risch (jähzornig)
Cho|les|te|rin *das*
Cholesterinspiegel *der*
Chor *der*
Chorleiter/in
Cho|ral *der*
Cho|reo|gra|fie/
Cho|reo|gra|phie *die*
(Entwurf eines Balletts)

Cho|se/Scho|se *die* (Sache)
Chow-Chow *der* (ein Hund)
Christ *der*
  Christbaum *der*
  Christenheit *die*
  Christentum *das*
  christianisieren
  Christkind *das*
  christlich
  Christrose *die*
Chrom *das* (Cr)
  Chromstahl *der*
chro|ma|tisch (musikalischer Begriff)
  chromatische Tonleiter
Chro|mo|som *das* (Träger der Erbanlagen)
Chro|nik *die* (Aufzeichnung von geschichtl. Ereignissen)
  Chronologie *die*
  chronologisch
chro|nisch (lange dauernd)
Chry|san|the|me *die* auch: Chrys|an|the|me (eine Blume)

ci

Cid|re/Zi|der *der* (Apfelwein)
Ci|ne|ast *der* (Filmfachmann)
  Cineastin *die*
cir|ca/zir|ka (ca.)
Cir|cu|lus vi|ti|o|sus *der* (falscher Gedankengang)
Cir|cus/Zir|kus *der*
Ci|ty *die*
Clan/Klan *der*

clean (nicht mehr rauschgiftsüchtig)
Cle|ma|tis/Kle|ma|tis *die* (eine Zierpflanze)
Cle|men|ti|ne/Kle|men|ti|ne *die* (Mandarine)
cle|ver
  Cleverness *die*
Cli|ché/Kli|schee *das* (Druckplatte; eingefahrene Vorstellung)
Clinch *der*
  mit jemandem im Clinch liegen
Clip/Klipp *der*
  der Videoclip
  Clipart *die*
Cli|que *die* (Gruppe)
Cli|via/Kli|vie *die* (eine Zimmerpflanze)
Clo|chard *der* (Vagabund)
Clou *der* (Höhepunkt)
  ein besonderer Clou
Clown *der*
  Clownerie *die*
Club/Klub *der*
  Club of Rome *der*
cm (Zentimeter)
cm² (Quadratzentimeter)
cm³ (Kubikzentimeter)

co

Co/Co. (Compagnie)
Coach *der* (Trainer)
Co|ca/Ko|ka *das*
  Cocain/Kokain *das*
Co|cker|spa|ni|el *der*
Cock|pit *das*
Cock|tail *der*
  Cocktailparty *die*

Co|da/Ko|da *die* (Musik: Schlussteil)
Co|de/Ko|de *der*
  codieren/kodieren (verschlüsseln)
  Codierung/Kodierung *die*
Co|dex/Ko|dex *der* (alte Handschriften)
Cof|fe|in/Kof|fe|in *das*
Coif|feur *der* (Friseur)
Co|i|tus/Ko|i|tus *der* (Geschlechtsverkehr)
Co|la *das/die*
Col|la|ge *die*
  collagieren
Col|lie *der*
Col|li|er/Kol|li|er *das*

Co|lor|film *der*
Colt *der*

com

Com|bo *die* (Tanzkapelle)
Come-back/Come|back *das*
Co|mic *der*
  Comicheft *das*
  Comicstrip *der*
Com|mon|wealth *das*
Com|pact Disc *die* (CD)
Com|pu|ter *der*
  computergesteuert
  computergestützt

Computergrafik/
Computergraphik *die*
Computersimulation *die*
Computerspiel *das*
Computervirus *der/das*
Con|cer|to *das*
(Konzert)
Con|fé|ren|ci|er *der*
(Ansager)
**Con|fi|se|rie/
Kon|fi|se|rie** *die*
(Konditorei)
**Con|foe|de|ra|tio
Hel|ve|ti|ca** *die* (CH)
**Con|se|cu|tio
Tem|po|rum** *die*
(Zeitenfolge)
Con|tai|ner *der*
Containerbahnhof *der*
Containerhafen *der*
Containerschiff *das*
con|tra/kon|tra
auch: contra
Con|trol|ler *der*
Controlling *das*
cool
cool bleiben
cool sein
Co|pi|lot/Ko|pi|lot *der*
Co|py|right *das*
Cord/Kord *der*
Cordhose/Kordhose *die*
Cor|don bleu *das* (gefülltes Kalbsschnitzel)
**Cor|ned|beef/
Cor|ned Beef** *das*
Corn|flakes
Corps/Korps *das*
Corpus Delicti *das*
**Cor|ti|son/
Kor|ti|son** *das*
(ein Hormonpräparat)
Co|si|nus/Ko|si|nus
der (math. Begriff)

Cot|ton *der/das*
(Baumwolle)
Couch *die* (Sofa)
Couchtisch *der*
Cou|leur *die*
(bestimmte Eigenart)
**Count-down/
Count|down**
der/das (Rückwärtszählen bis zum Start)
Coun|try|mu|sic *die*
auch: Count|ry|mu|sic
Coup *der*
(kühnes Unternehmen)
Cou|pé/Ku|pee *das*
(sportlicher Pkw)
Coup|let *das*
auch: Cou|plet
(scherzhaftes Lied)
Cou|pon/Ku|pon *der*
Cou|ra|ge *die* (Mut)
couragiert
Cour|ta|ge/Kur|ta|ge
die (Gebühr)
Cou|sin *der*
Cousine/Kusine *die*
Cou|tu|ri|er *der*
(Modeschöpfer)
Co|ver *das*
Covergirl *das*
Cow|boy *der*
Cowboyhut *der*
**Cox' Oran|ge/
Cox|oran|ge** *der*
(eine Apfelsorte)

cr

Crack
der (Spitzensportler)
das (synthet. Rauschgift)
Cra|cker/Krä|cker
der
Crash *der*

Crashtest *der*
Crawl/Kraul
crawlen/kraulen
Cre|do/Kre|do *das*
(Glaubensbekenntnis)
**Creme/Krem/
Kre|me** *die*
cremefarben
Crème fraîche *die*
Cremetorte *die*
cremig/kremig
Crêpe/Krepp *die*
(Eierkuchen)
Cre|scen|do *das*
(lauter werdend)
Crew *die* (Mannschaft)
Crois|sant *das*
(Hörnchen)
**Cro|quet|te/
Kro|ket|te** *die* (frittierte Kartoffelbeilage)
Crou|pi|er *der* (Angestellter der Spielbank)
Crux/Krux *die*
(Kreuz, Last)

cu

Cup *der*
(Pokal; Wettbewerb)
Cur|ri|cu|lum *das*
(Lehrplan)
die Curricula
Cur|ry *der/das*
Currysoße *die*
Currywurst *die*
Cur|sor *der*
Cut *der* (Schnitt)
cutten
Cutter/in
Cy|an *das* (blaue Farbe)
Cy|ber|space *der*
(virtueller Raum)
Cyberworld *die*

D

da
hier und da
da ich keine Zeit hatte ...
da sein
da|be|hal|ten
behält da, behielt da,
hat dabehalten
da|bei
dabeibleiben (bei einer Tätigkeit)
bleibt dabei, blieb dabei,
ist dabeigeblieben
dabei bleiben (bei einer Meinung)
dabei sein
dabeisitzen (*dabei* ist betont)
sitzt dabei, saß dabei,
hat dabeigesessen
dabei sitzen (*sitzen* ist betont)
da|blei|ben
(nicht weggehen)
bleibt da, blieb da,
ist dageblieben
da (dort) bleiben
Dach *das*
die Dächer
Dachboden *der*
Dachdecker/in
Dachfenster *das*
Dachgeschoss *das*
Dachluke *die*
Dachrinne *die*
Dachziegel *der*
Dachs *der*
Dachsbau *der*
dach|te (→ denken)
Da|ckel *der*
da|durch
dadurch, dass ...

da|für
nichts dafür können /
nichts dafürkönnen
dafür sein
Dafürhalten *das* (Meinen)
nach meinem
Dafürhalten
DAG (Deutsche Angestellten-Gewerkschaft)
da|ge|gen
wenn Sie nichts dagegen haben ...
dagegen sein
dagegensetzen
etwas dagegensetzen

dah

da|heim
daheim sein
Daheim *das*
daheimbleiben
bleibt daheim,
blieb daheim,
ist daheimgeblieben
da|her
das kommt daher,
dass ...
dahergelaufen
daherreden
da|hin
bis dahin
sich dahin gehend /
dahingehend äußern
dahinab
dahinauf
dahingehen (sterben)
geht dahin, ging dahin,
ist dahingegangen
dahin gehen (dorthin)
dahingestellt
dahinsiechen
da|hin|ten

da|hin|ter
dahinterkommen (herausfinden)
kommt dahinter,
kam dahinter,
ist dahintergekommen
dahinterstecken
dahinterstehen (unterstützen)
aber: das Auto,
das dahinter steht
Dah|lie *die*
Dak|ty|lus *der*
(ein Versfuß)
da|las|sen
lässt da, ließ da,
hat dagelassen
da|lie|gen
liegt da, lag da,
hat dagelegen
dal|li! (schnell!)

dam

da|ma|lig
damals
Da|mast *der*
(ein Seidenstoff)
Da|me *die*
Damenbinde *die*
Damenfahrrad *das*
damenhaft
Damentoilette *die*
Dam|hirsch *der*
da|mit
damit einverstanden sein
... damit genug Zeit bleibt
däm|lich
Damm *der*
die Dämme
Dammbruch *der*
dämmen

**däm|me|rig/
dämm|rig**
Dämmerlicht *das*
dämmern
Dämmerung *die*
Da|mok|les|schwert
das
auch: Da|mo|klesschwert
(drohende Gefahr)
Dä|mon *der*
(böser Geist)
die Dämonen
dämonisch
Dampf *der*
die Dämpfe
dampfen
Dampfer *der*
Dampfkessel *der*
Dampfmaschine *die*
dämp|fen
dämpfend
Dämpfer *der*
Dämpfung *die*

dan

da|nach
kurze Zeit danach
sich danach richten
Dan|cing *das*
Dan|dy *der* (modisch gekleideter Mann)
da|ne|ben
daneben gehen
(nebenher)
geht daneben,
ging daneben,
ist daneben gegangen
danebengehen
(fehlschlagen)
geht daneben,
ging daneben,
ist danebengegangen

daneben liegen
(neben etwas)
danebenliegen
(sich irren)
daneben schießen
(nicht treffen)
danebenschießen
(sich irren)
daneben stehen
(nebendran)
daneben stehend/
danebenstehend
Dä|ne|mark
Däne *der*
Dänin *die*
dänisch
da|nie|der
daniederliegen
liegt danieder,
lag danieder, hat
daniedergelegen
dank
dank unserer
Anstrengungen
Dank *der*
Gott sei Dank!
Dank sagen/danksagen
ich sage Ihnen Dank
Dank schulden
zu Dank verpflichtet
sein
dankbar
Dankbarkeit *die*
danke!
danken
dankenswert
danke schön!
Dankeschön *das*
Dankschreiben *das*
dann
dann und wann
Was geschah dann?
dan|nen
von dannen gehen

dar

da|ran/dran
auch: dar|an
daran denken
daran glauben
daran sein
darangehen
geht daran, ging daran,
ist darangegangen
daranmachen
sich daranmachen
daransetzen
alles daransetzen
da|rauf/drauf
auch: dar|auf
darauf ankommen
darauf eingehen
darauf folgend/
darauffolgend
darauflegen
daraufstellen
daraufhin
da|raus/draus
auch: dar|aus
es ist nichts daraus
geworden
dar|ben (Hunger leiden)
dar|bie|ten
bietet dar, bot dar,
hat dargeboten
Darbietung *die*
da|rein/drein
auch: dar|ein
dareinreden
da|rin/drin
auch: dar|in
dar|le|gen
Darlegung *die*
Dar|le|hen *das*
Dar|ling *der* (Liebling)
Darm *der*
die Därme
Darminfektion *die*

dar|rei|chen
dar|stel|len
  Darsteller/in
  Darstellung *die*
  Darstellungsweise *die*
Darts *das*

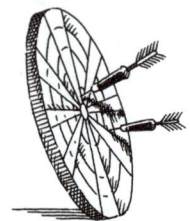

da|rü|ber/drü|ber
  auch: dar|über
  darüber hinaus
  darüber sprechen
  darüberlegen
  darüberspringen
  springt darüber,
  sprang darüber,
  ist darübergesprungen
da|rum/drum
  auch: dar|um

darumlegen
da|run|ter/drun|ter
  auch: dar|un|ter
  drunter und drüber
  darunterfallen
  darunterliegen
Dar|wi|nis|mus *der*
  (Abstammungslehre)

das _____

das
  das Kind
  das weiß ich
  alles das
  das Gleiche
  das heißt (d. h.)
  dasjenige
da sein
  ist da, war da,
  ist da gewesen
  Dasein *das*
da|sit|zen
  sitzt da, saß da,
  hat dagesessen

dass
  auf dass
  bis dass
  sodass/so dass
  Dasssatz/dass-Satz *der*
das|sel|be
  dasselbe Problem
  immer dasselbe
da|ste|hen
  steht da, stand da,
  hat/ist dagestanden
Da|tei *die*
  Datenbank *die*
  Datenschutz *der*
  Datenübertragung *die*
  Datenverarbeitung *die*
  datieren
  Datierung *die*
Da|tiv *der*
  Dativobjekt *das*
da|to (heute)
  bis dato
Dat|scha/Dat|sche *die*
  (kleines Sommerhaus)
  die Datschen

das / dass

	Für *das* kann man einsetzen:
das Buch **das** Auto **das** Haus	**dieses** Buch **dieses** Auto **dieses** Haus
*Ich finde **das** gut.* ***Das** haben alle verstanden.*	*Ich finde **dies** gut.* ***Dies** haben alle verstanden.*
*... ein Buch, **das** ich gelesen habe.* *... mit dem Auto, **das** mein Vater gekauft hat.*	*... **welches** ich gelesen habe.* *... **welches** mein Vater gekauft hat.*
*Ich hoffe, **dass** es nicht regnet.* *Ich wusste, **dass** du es schaffst.*	(Für *dass* kann man nichts einsetzen!)

Dat|tel *die*
Dattelpalme *die*
Da|tum *das*
die Daten
Datumsangabe *die*

dau

Dau|er *die*
Dauerauftrag *der*
Dauerfrost *der*
dauerhaft
Dauerlauf *der*
dauern
dauernd
Dauerwelle *die*
Dauerzustand *der*
Dau|men *der*
Däumchen *das*
daumenbreit
Daumennagel *der*
Daumenschraube *die*
Däumling *der*
Dau|ne *die*
Daunendecke *die*
daunenweich
da|von
auf und davon
etwas davon
nichts davon
davon kommen
(1. Silbe betont)
das kommt davon
davonkommen
(2. Silbe betont)
mit heiler Haut
davonkommen
davontragen
trägt davon,
trug davon,
hat davongetragen
da|vor
sich davor fürchten
davorlegen

davorschieben
davorsetzen
davorstellen
da|zu
dazu bereit sein
dazu führen
dazu gehören
(1. Silbe betont)
dazugehören
(2. Silbe betont)
dazugehörig
dazulernen
dazurechnen
dazutun
Dazutun *das*
ohne mein Dazutun
dazuverdienen
da|zwi|schen
dazwischenkommen
kommt dazwischen,
kam dazwischen,
ist dazwischen-
gekommen
dazwischen reden
(in den Pausen)
dazwischenreden
(stören)
dazwischenrufen
ruft dazwischen,
rief dazwischen,
hat dazwischengerufen
Deal *der* (Geschäft)
Dealer *der*
(Rauschgifthändler)

deb

De|ba|kel *das*
(Zusammenbruch)
De|bat|te *die* (Aussprache im Parlament)
debattieren
de|bil (schwachsinnig)
Debilität *die*

De|büt *das* (erstes öffentliches Auftreten)
Debütant/in
debütieren
de|chif|frie|ren
auch: de|chiff|rie|ren
(entziffern)
Deck *das*
De|cke *die*
decken
Deckname *der*
Deckung *die*
deckungsgleich
Deckweiß *das*
De|ckel *der*
De|co|der *der*
(Datenentschlüssler)
decodieren / dekodieren
Decodierung /
Dekodierung *die*
De|duk|ti|on *die*
(Ableitung)
deduktiv

def

de fac|to (tatsächlich)
De-facto-Anerkennung *die*
de|fekt
Defekt *der*
de|fen|siv
(verteidigend)
Defensive *die*
in die Defensive geraten
De|fi|lee *das*
(Vorbeimarsch)
defilieren
de|fi|nie|ren
(erklären, bestimmen)
Definition *die*
definitiv
De|fi|zit *das* (Verlust)
defizitär

De|fla|ti|on *die* (Gegensatz von Inflation)
De|for|ma|ti|on *die*
deformieren
def|tig (grob)
De|gen *der*
(eine Stichwaffe)
Degenfechten *das*
De|ge|ne|ra|ti|on *die*
(Rückbildung)
degenerieren
de|gra|die|ren
de|gres|siv
(sich vermindernd)
dehn|bar
Dehnbarkeit *die*
dehnen
Dehnung *die*
Dehnungsfuge *die*
Dehnungs-h *das*
Dehnungskoeffizient *der*
Dehnungszeichen *das*
Deich *der*
Deichbruch *der*
Deichgraf *der*
Deichkrone *die*
Deich|sel *die*
deichseln
deik|tisch
auch: de|ik|tisch
(hinweisend)
dein
deine Sachen
das deine/Deine
die deinen/Deinen
deiner gedenken
Mein und Dein
deinerseits
deinesgleichen
deinetwegen
De|is|mus *der* (eine religiöse Anschauung)
de ju|re (rechtlich)

dek

De|ka|de *die* (10 Tage)
de|ka|dent
(im Verfall begriffen)
Dekadenz *die*
De|kan *der*
(Leiter einer Fakultät)
Dekanat *das*
De|kla|ma|ti|on *die*
(Vortrag)
deklamatorisch
deklamieren
De|kla|ra|ti|on *die*
(offizielle Erklärung)
deklarieren
de|klas|sie|ren
(herabsetzen)
De|kli|na|ti|on *die*
deklinierbar
deklinieren
de|ko|die|ren/
de|co|die|ren
De|kol|le|tee/
De|kol|le|té *das*
(Halsausschnitt)
De|kon|ta|mi|na|ti-
on *die* (Entgiftung)
De|kor *der/das*
(Verzierung)
Dekorateur/in
Dekoration *die*
dekorativ
dekorieren
Dekostoff *der*
De|kret *das*
auch: Dek|ret
(Regierungserlass)
De|le|ga|ti|on *die*
(Abordnung)
delegieren
Aufgaben delegieren
Delegierte *der/die*
Del|fin/Del|phin *der*

delfinschwimmen/
delphinschwimmen
Delfin schwimmen/
Delphin schwimmen
ich kann delfinschwimmen/Delfin schwimmen
sie schwimmt Delfin
de|li|kat
Delikatesse *die*
Delikatessgurke *die*
De|likt *das* (Straftat)
De|lin|quent *der*
(Übel-, Straftäter)
Delinquentin *die*
De|li|ri|um *das*
(Wahnvorstellungen)
Del|le *die* (Beule)
Del|phin/Del|fin *der*
Del|ta *das* (mehrarmige Flussmündung)

dem

dem
dem Jungen ist kalt
dem stimme ich zu
De|ma|go|ge *der*
auch: Dem|ago|ge
(politischer Hetzer)
Demagogie *die*
demagogisch
de|mas|kie|ren
De|men|ti *das*
(Widerruf)
dementieren
dem|ent|spre|chend
dementsprechende Hinweise
dem|ge|gen|über
de|mi|li|ta|ri|sie|ren
Demilitarisierung *die*
De|mis|si|on *die*
(Rücktritt)

dem|nach
dem|nächst
De|mo *die*
  (Demonstration)
**de|mo|gra|fisch/
de|mo|gra|phisch**
  (die Bevölkerungs-
  statistik betreffend)
De|mo|krat *der*
  Demokratin *die*
  Demokratie *die*
  demokratisch
  Demokratisierung *die*
de|mo|lie|ren
  (zerstören)
De|mons|trant *der*
  auch: De|monst|rant
  Demonstrantin *die*
  Demonstration *die*
  Demonstrations-
  recht *das*
  Demonstrations-
  verbot *das*
  demonstrativ
  Demonstrativ-
  pronomen *das*
  demonstrieren
De|mon|ta|ge *die*
  (Abbau)
  demontieren
de|mo|ra|li|sie|ren
  (entmutigen)
De|mo|sko|pie *die*
  auch: De|mos|ko|pie
  (Meinungsforschung)
  demoskopisch
de|mo|ti|vie|ren
  (das Interesse an etwas
  schwächen)
De|mut *die*
  demütig
  demütigen
  Demütigung *die*
  demut(s)voll

dem|zu|fol|ge
  (deshalb)
den
  Nimm den Bus!
  Kennst du den?
de|nen
  mit denen
den|ken
  denkt, dachte,
  hat gedacht
  Denkanstoß *der*
  denkbar
  Denken *das*
  das logische Denken
  Denker/in
  denkfaul
  Denkfehler *der*
  Denkmal *das*
  Denkvermögen *das*
  denkwürdig
  Denkzettel *der*
denn
  mehr denn je
  es sei denn, dass ...
  dennschon
  wennschon ... dennschon
  dennoch
de|no|ta|tiv (die Wort-
  bedeutung betreffend)
den|tal
  (die Zähne betreffend)
  Dentallaut *der*
  Dentist/in
De|nun|zi|ant *der*
  (Verleumder)
  Denunziantin *die*
  Denunziation *die*
  denunzieren
Deo *das*
  Deodorant/
  Desodorant *das*
  deodorieren
  Deoroller *der*
  Deospray *der/das*

dep

De|pen|dance *die*
  (Zweigstelle)
De|pen|denz *die*
  (Abhängigkeit)
  Dependenz-
  grammatik *die*
De|pe|sche *die*
  (Telegramm)
**de|pla|ciert/
de|plat|ziert**
  (fehl am Platze)
De|po|nie *die*
  die Mülldeponie
  deponieren
De|por|ta|ti|on *die*
  (Verbannung)
  deportieren
De|pot *das*
  (Aufbewahrungsort)
  Depotgebühr *die*
Depp *der*
De|pres|si|on *die*
  auch: Dep|res|si|on
  (Niedergeschlagenheit;
  wirtschaftl. Rückgang)
  depressiv
de|pri|miert
  auch: dep|ri|miert
  (mutlos)
De|pu|tat *das*
  (Naturalien als Lohn)
  Deputierte *der/die*
der
der|art
der|ar|tig
  derartige Mängel
  Derartiges
  etwas Derartiges
derb
  Derbheit *die*
Der|by *das*
  (Pferderennen)

der|einst
(früher einmal/
später einmal)
de|ren
derentwegen/
deretwegen
derer
der|ge|stalt
der|glei|chen
De|ri|vat *das*
(Ableitung)
Derivation *die*
der|je|ni|ge
der|ma|ßen (so sehr)
Der|ma|to|lo|ge *der*
(Hautarzt)
Dermatologin *die*
Dermatologie *die*
der|sel|be
derselbe Mann
ein und derselbe
der|wei|len
der|zeit
derzeitig

des _____

des
des Weiteren
De|sas|ter *das* (Unheil)
des|avou|ie|ren
auch: de|sa|vou|ie|ren
(bloßstellen)

de|sen|si|bi|li|sie|ren
(unempfindlich machen)
Desensibilisierung *die*
De|ser|teur *der*
(Fahnenflüchtiger)
desertieren
Desertion *die*
des|glei|chen (desgl.)
des|halb
De|si|de|rat *das*
(etw. Wünschenswertes)
De|sign *das*
(künstler. Gestaltung)
Designer/in
de|sig|nie|ren
auch: de|si|gnie|ren
(bestimmen)
des|il|lu|si|o|nie|ren
Desillusionierung *die*
Des|in|fek|ti|on *die*
Desinfektionsmittel *das*
desinfizieren
Des|in|te|gra|ti|on
die (Spaltung)
auch: Des|in|teg|ra|ti|on
desintegrieren
Des|in|te|res|se *das*
auch: Des|in|ter|es|se
desinteressiert
de|skrip|tiv
auch: des|krip|tiv/
desk|rip|tiv
(beschreibend)

Desk|top|pub|li-
shing/Desk|top-
Pub|li|shing *das* (DTP)
auch: Desk|top|pu|bli-
shing
De|so|do|rant/
De|o|do|rant *das*
de|so|lat (trostlos)
Des|pot *der*
(Gewaltherrscher)
Despotie *die*
despotisch
des|sen
dessen ungeachtet
dessentwegen
Des|sert *das*
(Nachtisch)
Dessertteller *der*
Des|sin *das* (Muster)
Des|sous *das*
(Unterwäsche)
Des|til|lat *das*
auch: De|stil|lat
(verflüssigter Dampf)
Destillation *die*
destillieren
des|to
desto besser
nichtsdestoweniger
de|struk|tiv
auch: des|truk|tiv/
dest|ruk|tiv
(zerstörend)

derselbe	**der gleiche**
Diana trägt immer **dieselben** *Turnschuhe.*	*Ihre Freundin trägt* **die gleichen** *Turnschuhe.* (Sie sehen genauso aus wie die von Diana.)
	Später kaufte sich Diana **die gleichen** *Turnschuhe wieder.* (Die neuen sehen genauso aus wie die alten.)

des|we|gen
De|tail das (Einzelheit)
  detailgetreu
  detailliert
  detaillierte Angaben
De|tek|tei die
  Detektiv/in
  Detektivbüro das
  Detektivroman der
De|tek|tor der
De|ter|mi|nan|te die
  (Begriff der Algebra)
  determinieren
De|to|na|ti|on die
  (Explosion)
  detonieren

deu

Deut der
  keinen Deut besser
deu|ten
  deutlich
  deutlich machen
  Deutlichkeit die
  Deutung die
Deu|te|ri|um das (D)
  (Wasserstoffisotop)

deutsch
  d…
  deutsch sprechen
  (in deutscher Sprache)
  die deutsche Sprache
  deutschsprachig
  D…
  auf Deutsch
  das Deutsch
  das heutige Deutsch
  im Deutschen
  eine Eins in Deutsch haben
  Deutsch lernen
  der Deutsch-Französische Krieg (1870/71)
  Deutsche Angestellten-Gewerkschaft (DAG)
  der Deutsche Bundestag
  Deutscher Fußball-Bund (DFB)
  Deutscher Gewerkschaftsbund (DGB)
  Deutsches Jugendherbergswerk (DJH)
  Deutsche Lebens-Rettungs-Gesellschaft (DLRG)
  Deutsche Mark (DM)
  Deutsches Rotes Kreuz (DRK)
  Deutscher Schäferhund
  Deutschland
  Deutschlehrer/in
  Deutschstunde die
  Deutschunterricht der
Deu|tung die
  Deutungsversuch der

dev

De|vi|se die (Motto)
De|vi|sen
  (ausländisches Geld)
  Devisenreserve die
De|von das
  (ein Erdzeitalter)
de|vot (unterwürfig)
  Devotion die
  Devotionalien
De|zem|ber der
de|zent (nicht unangenehm auffallend)
de|zen|tra|li|sie|ren
  auch: de|zent|ra|li|sie|ren

---

deutsch/Deutsch

Adjektiv:	Adjektiv ist Bestandteil des Namens:
*das **d**eutsche Volk* *die **d**eutsche Sprache* *der **d**eutsche Wald*	*die **D**eutsche Lufthansa* *das **D**eutsche Rote Kreuz* *der **D**eutsche Gewerkschaftsbund*
Adverb:	Nomen/Substantiv:
deutsch sprechen *Sie unterhalten sich **d**eutsch.*	*die **D**eutschen* *Er lernt **D**eutsch. (= die deutsche Sprache)* *auf **D**eutsch*

De|zer|nat *das*
  (Sachbereich)
  Dezernent/in
De|zi|bel *das*
  (Maß für Lautstärke)
de|zi|diert
  (entschieden)
De|zi|mal|sys|tem *das*
  Dezimalzahl *die*
  Dezime *die*
  dezimieren
DGB (Deutscher
  Gewerkschaftsbund)
dgl. (dergleichen)
d. h. (das heißt)
Dia *das*
  Diapositiv *das*
  Diaprojektor *der*
Di|a|be|tes *der*
  (Zuckerkrankheit)
  Diabetiker/in
  diabetisch
di|a|bo|lisch (teuflisch)
Di|a|dem *das*

Di|ag|no|se *die*
  auch: Di|a|gno|se
  diagnostizieren
di|a|go|nal
  Diagonale *die*
Di|a|gramm *das*
  (Schaubild)
Di|a|kon *der*
  (Gemeindehelfer)
  Diakonie *die*
  diakonisch
  Diakonisse *die*

Di|a|lekt *der*
  Dialektausdruck *der*
Di|a|lek|tik *die*
  (Methode des Denkens)
Di|a|log *der*
  (Zwiegespräch)
  dialogbereit
  dialogisch
Di|a|ly|se *die*
  (Blutwäsche)
Di|a|mant *der*
di|a|me|tral
  auch: di|a|met|ral
  (entgegengesetzt)
Di|as|po|ra *die*
  (religiöse Minderheit)
Di|a|sto|le *die*
  auch: Di|as|to|le (med.
  Begriff des Blutdrucks)
  diastolisch
Di|ät *die*
  Diät halten
  Diät kochen
  Diät leben
  Diätassistent/in
Di|ä|ten (Tagegelder)
dich
  ich lade dich ein
dicht
  dicht machen /
  dichtmachen
  (abdichten)
  dichtmachen
  (schließen)
  dicht drängen
  dicht gedrängt /
  dichtgedrängt
  Dichte *die*
  dichthalten
  (nichts verraten)
  hält dicht, hielt dicht,
  hat dichtgehalten
  Dichtung *die*
  Dichtungsmittel *das*

dich|ten
  Dichter/in
  dichterisch
  Dichtkunst *die*
  Dichtung *die*
dick
  durch dick und dünn
  Dickdarm *der*
  Dicke *die*
  dickfellig
  dickflüssig
  Dickhäuter *der*
  Dickicht *das*
  Dickkopf *der*
  dickköpfig
  dickleibig
  dicklich
  Dickmilch *die*
Di|dak|tik *die*
  (Unterrichtstheorie)
  didaktisch

die _____

die
Dieb *der*
  Diebin *die*
  Diebesbande *die*
  Diebesgut *das*
  diebisch
  Diebstahl *der*
die|je|ni|ge
Die|le *die*
die|nen
  Diener/in
  dienlich
  Dienst *der*
  Dienst habend /
  diensthabend
  Dienstausweis *der*
  dienstbeflissen
  dienstbereit
  dienstfrei
  Dienstleistung *die*

dienstlich
Dienststelle *die*
dienstunfähig
Dienstweg *der*
Dienstzeit *die*
Diens|tag *der*
  am Dienstag
  eines Dienstags
  am Dienstag früh
  am Dienstagabend
  jeden Dienstagabend
  dienstags
  dienstagabends/
  dienstags abends
dies
  diesbezüglich
Die|sel *der*
  Dieselmotor *der*
  Dieselöl *das*
die|sel|be
  dieselbe Person
**die|ser, die|se,
  die|ses**
  diesjährig
  diesmal
die|sig (trüb)
dies|mal
  dies eine Mal
dies|seits
  Diesseits *das*
  im Diesseits
Diet|rich *der*

dif

dif|fa|mie|ren
  (verleumden)
dif|fe|rent
  (verschieden)
  Differenz *die*
  Differenzbetrag *der*
  differenzial/differential
  Differenzialgetriebe/
  Differentialgetriebe *das*

differenzieren
Differenziertheit *die*
differieren
dif|fi|zil (schwierig)
dif|fus (ungenau)
  Diffusion *die*
di|gi|tal (mit Ziffern)
  digitalisieren
  ein Foto digitalisieren
  Digitalisierung *die*
  Digitalkamera *die*
DIHT (Deutscher Industrie- und Handelstag)
Dik|tat *das*
  diktieren
  Diktiergerät *das*
Dik|ta|tor *der*
  (Alleinherrscher)
  diktatorisch
  Diktatur *die*
Di|lem|ma *das*
  (Zwangslage)
Di|let|tant *der*
  (Nichtfachmann)
  Dilettantin *die*
  dilettantisch
  Dilettantismus *der*
Dill *der*
Di|men|si|on *die*
  dimensional
Di|mi|nu|tiv *das*
  (Verkleinerungsform)
Dim|mer *der*
  (Helligkeitsregler)

din

DIN (Deutsche
  Industrie-Norm)
  DIN-A4-Blatt
  DIN-konform
Di|ner/Din|ner *das*
  dinieren
  Diningroom *der*

Ding *das*
  jmdn. dingfest machen
  (verhaften)
  Dingsda
Din|kel *der* (Weizenart)
Di|no *der*
  Dinosaurier *der*
Di|o|de *die*
  (Elektronenröhre)
Di|op|trie *die*
  auch: Di|opt|rie
  (eine Maßeinheit)
Di|o|xid/Di|o|xyd *das*
  (chem. Verbindung)
Di|o|xin *das*
Di|ö|ze|se *die*
  (Gebiet eines Bischofs)
Dip *der*
  dippen
Diph|the|rie *die*
  (Infektionskrankheit)
Diph|thong *der*
  auch: Di|phthong
  (Doppellaut)
Dipl.-Ing.
  (Diplomingenieur/in)
Dip|lom *das*
  auch: Di|plom
  Diplomand *der*
  Diplomat/in
  Diplomatie *die*
  diplomatisch
  Diplomingenieur *der*
  (Dipl.-Ing.)
dir
di|rekt
  direkte Rede
  Direktübertragung *die*
Di|rek|ti|on *die*
  Direktive *die*
  Direktmandat *das*
  Direktor/in
  Direktorat *das*
  Direktrice *die*

Di|ri|gent *der*
Dirigentin *die*
Dirigentenpult *das*
dirigieren
Dirndl *das*
Dirndlkleid *das*
Dirne *die*

dis

Dis|coun|ter *der*
Discountgeschäft *das*
Discountpreis *der*
Dis|har|mo|nie *die*
Dis|kant *der*
(höchste Stimmlage)
Dis|ket|te *die*
Diskettenlaufwerk *das*
Dis|ko/Dis|co *die*
Diskjockey /
Discjockey *der*
Diskomusik /
Discomusik *die*
Diskothek /
Discothek *die*
Dis|kont *der*
(Zinsvergütung)
Diskontsatz *der*
dis|kre|di|tie|ren
(verleumden)
sich diskreditieren
Dis|kre|panz *die*
(Missverhältnis)
dis|kret (verschwiegen, unauffällig)
diskret wegsehen
Diskretion *die*
Dis|kri|mi|nan|te *die*
(arithmet. Begriff)
dis|kri|mi|nie|ren
(herabsetzen)
Diskriminierung *die*
Dis|kurs *der*
(Erörterung)

Dis|kus *der*
(Wurfscheibe)
die Diskusse
Diskuswerfer/in
Dis|kus|si|on *die*
diskussionsfreudig
Diskussions-
gegenstand *der*
Diskussionsleiter/in
Diskussions-
teilnehmer/in
Diskussionsthema *das*
diskussionswürdig
diskutabel
diskutieren
Dis|pens *der* (Genehmigung einer Ausnahme)
dispensieren
Dis|per|si|on *die*
auch: Di|sper|si|on
(feinste Verteilung)
Dispersionsfarbe *die*
Dis|play *das*
dis|po|nie|ren
(verfügen)
Disponent/in
Disposition *die*
Dis|put *der*
(Streitgespräch)
disputieren
Dis|qua|li|fi|ka|ti|on
die (Ausschließung)
disqualifizieren
Dis|sens *der* (Meinungsverschiedenheit)
Dis|ser|ta|ti|on *die*
(Doktorarbeit)
Dis|si|dent *der*
(Abweichler)
Dis|so|nanz *die*
(Missklang)
Dis|tanz *die*
distanzieren
distanziert

Dis|tel *die*
Distelfalter *der*
Distelfink *der*
Dis|ti|chon *das*
auch: Di|sti|chon
(eine Versform)
dis|tin|guiert
(vornehm)
Dis|tri|bu|ti|on *die*
(Verteilung)
distributiv
Dis|trikt *der*
auch: Di|strikt /
Dist|rikt
Dis|zi|plin *die*
auch: Dis|zip|lin
disziplinarisch
diszipliniert
disziplinlos
di|to (ebenso)

div

Di|va *die* (gefeierte Schauspielerin)
die Divas / Diven
di|ver|gent
(auseinanderstrebend)
Divergenz *die*
divergieren
di|vers
Diversifikation *die*
Di|ver|ti|men|to *das*
(Musikstück)
Di|vi|den|de *die*
(Gewinnanteil des
Aktionärs)
di|vi|die|ren
Division *die*
Divisor *der*
Di|wan *der* (Sofa)
Di|xie / Di|xie|land *der*
DJH (Deutsches Jugendherbergswerk)

DLRG (Deutsche Lebens-Rettungs-Gesellschaft)
dm (Dezimeter)
DM (Deutsche Mark)
DNA/DNS (Desoxyribonukleinsäure)
DNA-Analyse (Bestimmung der Erbanlagen)

do

Do|ber|mann der (eine Hunderasse)
doch
ja doch
doch nicht
Docht der
Dock das
docken
Do|ge der (früher: Oberhaupt von Venedig)
Dogenpalast der
Dog|ge die (eine Hunderasse)
Dog|ma das (Glaubensgrundsatz)
die Dogmen
Dogmatik die
dogmatisch
Doh|le die (ein Vogel)
do it your|self
Do-it-yourself-Bewegung die
Dok|tor der (Dr.)
Doktorin die
Doktorand/in
Doktorarbeit die
Dok|trin die (Lehrsatz)
auch: Doktrin
doktrinär
Do|ku|ment das
Dokumentarfilm der
dokumentarisch

Dokumentation die
dokumentieren
Dol|by-Sys|tem das
Dol|ce Vi|ta das (süßes Nichtstun)
Dolch der
Dolchstoß der
Dolchstoßlegende die
Dol|de die (Blütenstand)
doldig
Do|le die (Abzugsgraben)
Dol|lar der
mit Dollars bezahlen
Dollarkurs der
Dollarnote die
Dol|men der (Steingrab)
dol|met|schen
Dolmetscher/in
Do|lo|mit der (ein Mineral)
Dolomiten
Dom der
Domkapitel das
Dompfaff der

Do|mä|ne die (Landgut, Spezialgebiet)
do|mes|ti|zie|ren (zum Haustier machen)
do|mi|nant (beherrschend)
Dominante die
Dominanz die
dominieren
Do|mi|ni|ka|ner der (ein Mönch)

Do|mi|no der (ein Kostüm); das (ein Spiel)
Dominostein der
Do|mi|zil das (Wohnsitz)
Domp|teur der
Dompteurin / Dompteuse die
Dö|ner(ke|bab) der
Don Ju|an der (Frauenheld)
Don|ner der
donnern
Donnerschlag der
Donnerwetter das
Don|ners|tag der
am Donnerstag
am Donnerstagabend
donnerstags
doof
Do|ping das
Dopingkontrolle die
Dop|pel das
Doppelbindung die
doppeldeutig
Doppelfenster das
Doppelgänger/in
Doppelklick der
Doppelkopf der
Doppelname der
Doppelpunkt der
doppelsinnig
doppelt
doppelt so viel wie
doppelt wirksam
Doppelzimmer das

dor

Dorf das
die Dörfer
Dorfbewohner/in
dörflich

Dorfschule *die*
do|risch (griech. Stil)
dorische Säulen
Dorn *der*
Dornenkrone *die*
dornenreich
dornig
Dornröschen *das*
dör|ren
Dörrobst *das*
Dörrpflaume *die*
Dorsch *der*
Dorschfilet *das*
dort
dort drüben
von dort aus
dort sein
dortbleiben
bleibt dort, blieb dort,
ist dortgeblieben
dorther
dorthin
dorthinaus
dortig
dortzulande/
dort zu Lande
DOS (disc operating system)
Do|se *die*
Dosenmilch *die*
Dosenöffner *der*
dö|sen
do|sie|ren
Dosierung *die*
Dosis *die*
Dos|si|er *das* (Akte)
do|tie|ren (bezahlen)
Dot|ter *der/das*
dottergelb
dou|beln
Double *das*
(Ersatzschauspieler/in
für gefährliche Szenen)
Doublé/Dublee *das*

down
downloaden
aus dem Internet eine
Datei downloaden
down sein
Do|zent *der*
Dozentin *die*
dozieren
dpa (Deutsche Presse-Agentur)
dpa-Meldung *die*

dr

Dr. (Doktor)
Dra|che *der*

Dra|chen *der*
Drachenfliegen *das*
Dra|gee/Dra|gée *das*
(Pille)
Dra|go|ner *der*
Draht *der*
die Drähte
drahtig
drahtlos
Drahtseil *das*
Drahtzieher *der*
Drai|na|ge/Drä|na|ge *die* (Entwässerung)
dra|ko|nisch
drakonische Strafen
drall
Dra|ma *das*
die Dramen
Dramatik *die*
dramatisch
dramatisieren
Dramaturgie *die*

dran/da|ran
auch: dar|an
dranbleiben
bleibt dran, blieb dran,
ist drangeblieben
drankommen
kommt dran, kam dran,
ist drangekommen
Drä|na|ge/
Drai|na|ge *die*
Drang *der*
drängeln
drängen
Drangsal *die*
drangsalieren
drangvoll
dra|pie|ren
(mit Stoff schmücken)
Drapierung *die*
dras|tisch
drastisch erhöhen
drauf/da|rauf
auch: dar|auf
drauf und dran sein
Draufgänger/in
draufgehen
geht drauf, ging drauf,
ist draufgegangen
drauflegen
drauflos
drauflosreden
draufschlagen
schlägt drauf,
schlug drauf,
hat draufgeschlagen
drau|ßen
draußen warten

dre

drech|seln
Drechsler/in
Dreck *der*
Dreckhaufen *der*

dreckig
Dreckspatz *der*
Dreh *der*
Drehbuch *das*
drehen
Dreher *der*
Drehmoment *das*
Drehscheibe *die*
Drehspule *die*
Drehung *die*
Drehzahl *die*
drei
d ...
bis drei zählen
die ersten drei
drei Schüler
um drei (Uhr)
wir drei
D ...
die Drei
die Zahl Drei
eine Drei schreiben
eine Drei würfeln
dreibändig
Dreieck *das*
dreieckig
dreieinhalb
dreierlei
dreifach (3-fach / 3fach)
Dreifache *das*
(3-Fache / 3fache)
Dreifachbindung *die*
Dreifaltigkeit *die*
dreihundert
dreijährig (3-jährig)
Dreijährige *der / die*
(3-Jährige)
Dreiklang *der*
Dreikönigsfest *das*
dreimal (3-mal)
Dreipunkte-
gleichung *die*
Dreirad *das*
die Dreiräder

Dreisatz *der*
Dreisprung *der*
dreistellig
dreistöckig
dreitausend
dreiteilig
drei viertel
eine Dreiviertelstunde
dreiwertig
dreizehn
Dreizeiler *der*
Dreizimmerwohnung /
3-Zimmer-Wohnung *die*
drein / da|rein
auch: dar|ein
dreinblicken
dreinreden
drei|ßig
dreißigjährig (30-jährig)
der Dreißigjährige Krieg
dreist (frech)
Dreistigkeit *die*
dre|schen
drischt, drosch,
hat gedroschen
Dress *der*
Dressman *der*
dres|sie|ren
Dressur *die*
Dressurreiten *das*
Dres|sing *das*
(Salatsoße)

dri

drib|beln
Drift *die*
(Meeresströmung)
Drill *der*
drillen
Dril|lich *der*
(ein Baumwollstoff)
Drillichanzug *der*
Dril|ling *der*

drin / da|rin
auch: dar|in
drinbleiben
bleibt drin, blieb drin,
ist dringeblieben
drinstecken
drinstehen
steht drin, stand drin,
hat dringestanden
drin|gen
dringt, drang,
ist / hat gedrungen
dringend
dringlich
Dringlichkeit *die*
Drink *der*
drin|nen
dritt, drit|te
d ...
der dritte Stand
der dritte Versuch
D ...
der / die Dritte
das Dritte Reich
Ludwig der Dritte
die Dritte Welt
einem Dritten gegenüber
ein unbeteiligter Dritter
drittletzte
das drittletzte Haus
Drittletzte *der / die*
Drit|tel *das*
rund ein Drittel
zwei Drittel
drit|tens
Drive *der* (Schwung)
DRK (Deutsches Rotes
Kreuz)
Dr. jur. (doctor juris)
Dr. med.
(doctor medicinae)
Dr. phil.
(doctor philosophiae)
dro|ben

Dro|ge *die*
  drogenabhängig
  Drogenmissbrauch *der*
Dro|ge|rie *die*
  Drogist/in
dro|hen
  jemandem drohen
  Drohung *die*
Droh|ne *die*
  (Bienenmännchen)
dröh|nen
drol|lig
Dro|me|dar *das*
Drop-out/Drop|out
  der
Drops *der/das*
Drosch|ke *die*
  (Kutsche)
Dros|sel *die*
dros|seln
drü|ben
drü|ber/da|rü|ber
  auch: dar|über
  drüberfahren
  drüberschreiben
  drüberstehen
Druck *der*
  Druckbuchstabe *der*
  drucken
  Drucker/in
  Druckerei *die*
  Druckerschwärze *die*
  Druckfehler *der*
  druckfertig
  druckfrisch
  Drucksache *die*
  Druckschrift *die*
  Druckstock *der*
drü|cken
  drückend
  Drücker *der*
  auf den letzten Drücker
  Druckknopf *der*
druck|sen

Dru|de *die* (Gespenst)
  Drudenfuß *der*

Drug|store *der*
Dru|i|de *der*
  (keltischer Priester)
drum/da|rum
  auch: dar|um
  das Drumherum
  das Drum und Dran
drun|ten (da unten)
drun|ter/da|run|ter
  auch: dar|un|ter
  drunter und drüber
  drunterliegen
  drunterstellen
Dru|se *der* (Angehöriger einer islam. Sekte);
  die (Gestein)
Drü|se *die*
dry (trocken)
  extra dry

ds

DSB
  (Deutscher Sportbund)
Dschun|gel *der*
Dschun|ke *die*

DSL
  (digital subscriber line)
dt. (deutsch)

du

du
  d ...
  Leute wie du und ich
  d .../D ...
  zu jemandem du/Du sagen
  per du/Du mit jemandem sein
  D ...
  auf Du und Du
  das Du anbieten

---

du/ihr in Briefen

In Briefen und E-Mails kann man die vertrauliche Anrede *du/Du* und *ihr/Ihr* in allen Formen **klein-** oder **groß**schreiben.

*Hast **du/Du** in den Ferien schon etwas vor?*
*Wie geht es **dir/Dir** und Hanna?*
*Habt **ihr/Ihr** Lust, uns zu besuchen?*
*Wir könnten **euch/Euch** am Bahnhof abholen.*
*Bringt **eure/Eure** Schwimmsachen mit!*
*Bis bald, **deine/Deine** Emma*

du|al (doppelt)
  Dualismus *der*
  Dualsystem *das*
Dü|bel *der*
  dübeln
du|bi|os/du|bi|ös
  (zweifelhaft)
Dub|lee/Doub|lé *das*
  auch: Du|blee/Dou|blé
  (vergoldetes Metall)
  Dubleegold *das*
Du|blet|te *die*
  auch: Dub|let|te
  (Doppelstück)
du|cken
  sich ducken
  Duckmäuser *der*
du|deln
  Dudelsack *der*
Du|ell *das* (Zweikampf)
  Duellant *der*
  duellieren
Du|ett *das* (Musikstück
  für zwei Stimmen)
Duft *der*
  die Düfte
  duften
  duftend
  duftig
  Duftnote *die*
Du|ka|ten *der*
  Dukatenesel *der*
Dü|ker *der*
  (Rohrleitung)
Duk|tus *der*
  (Art des Schreibens)
dul|den
  duldsam
  Duldsamkeit *die*
  Duldung *die*
Du|ma *die*
  (russ. Parlament)
dumm
  dummdreist
Dummejungen-
streich *der*
dummerweise
Dummheit *die*
Dummkopf *der*
dümmlich
Dum|my *der/das*
  (Attrappe)
düm|peln
  vor sich hin dümpeln
dumpf
  dumpfig
Dum|ping *das*
  (unter Wert verkaufen)
  Dumpingpreis *der*
Dü|ne *die*
Dung *der*
  Düngemittel *das*
  düngen
  Dünger *der*
  Düngung *die*
dun|kel
  d ...
  dunkel färben/
  dunkelfärben
  die dunkle Farbe
  D ...
  das Dunkel
  im Dunkeln nach Hause
  kommen
  im Dunkeln tappen
  dunkelblau
  dunkelblond
  dunkelhäutig
  Dunkelheit *die*
  Dunkelkammer *die*
  Dunkelziffer *die*
Dün|kel *der*
  (Eingebildetheit)
  einen Dünkel haben
  dünkelhaft
dün|ken
  sich als etwas Besseres
  dünken
dünn
  durch dick und dünn
  dünn besiedelt/
  dünnbesiedelt
  Dünndarm *der*
  dünnflüssig
Dunst *der*
  die Dünste
  dünsten
  dunstig
  Dunstschleier *der*
Dü|nung *die*
  (Wellengang)
Du|o *das*
dü|pie|ren (überlisten)
Du|pli|kat *das*
  auch: Dup|li|kat (Kopie)
  duplizieren

dur

Dur
  C-Dur
  G-Dur-Tonleiter
du|ra|bel (dauerhaft)
durch
  durch was
  durch und durch
  durch die Stadt fahren
durch|ar|bei|ten
durch|at|men
durch|aus
durch|bei|ßen
  beißt durch, biss durch,
  hat durchgebissen
  sich durchbeißen
durch|blät|tern
Durch|blick *der*
  durchblicken
Durch|blu|tung *die*
durch|boh|ren
durch|bra|ten
  brät durch, briet durch,
  hat durchgebraten

durch|bre|chen
(1. Silbe betont:)
bricht durch,
brach durch, hat/ist
durchgebrochen
(2. Silbe betont:)
durchbricht,
durchbrach,
hat durchbrochen
Durch|bruch *der*
die Durchbrüche
durch|dacht
(→ durchdenken)
durch|dis|ku|tie|ren
durch|dre|hen
durch|drin|gend
durch|ei|nan|der
auch: durch|ein|an|der
das Durcheinander
durcheinander sein
durcheinanderbringen
durcheinandergehen
durcheinandergeraten
durcheinanderkommen
durcheinanderreden

durchf

durch|fah|ren
(1. Silbe betont:)
fährt durch, fuhr durch,
ist durchgefahren
(2. Silbe betont:)
durchfährt, durchfuhr,
hat durchfahren
Durchfahrt *die*
Durch|fall *der*
durchfallen
fällt durch, fiel durch,
ist durchgefallen
durch|fra|gen
sich durchfragen
durch|führ|bar
Durchführbarkeit *die*

durchführen
Durchführung *die*
Durch|gang *der*
durchgängig
durchgehen
geht durch, ging durch,
ist durchgegangen
durchgehend
durch|ge|ben
gibt durch, gab durch,
hat durchgegeben
durch|ge|dreht
durch|grei|fen
greift durch, griff durch,
hat durchgegriffen
durchgreifend
durch|ha|ben
hat durch, hatte durch,
hat durchgehabt
durch|hal|ten
hält durch, hielt durch,
hat durchgehalten
durch|käm|pfen
durch|kom|men
kommt durch,
kam durch,
ist durchgekommen
Durchkommen *das*
durch|kreu|zen

durchl

Durch|lass *der*
die Durchlässe
durchlassen
lässt durch, ließ durch,
hat durchgelassen
durchlässig
Durchlässigkeit *die*
Durch|laucht *die* (Anrede an einen Fürsten)
Euer Durchlaucht
Durch|lauf|er|hit|zer *der*

durch|le|sen
liest durch, las durch,
hat durchgelesen
durch|leuch|ten
durch|ma|chen
Durch|mes|ser *der*
durch|neh|men
nimmt durch,
nahm durch,
hat durchgenommen
durch|num|me|rie-
ren
durch|pau|sen
durch|que|ren
durch|rech|nen
durch|reg|nen
Durch|rei|se *die*
durch|rei|ßen
reißt durch, riss durch,
hat durchgerissen
durch|ros|ten
durch|rut|schen
Durch|sa|ge *die*
durchsagen
durch|schau|en
durch|schei|nen
durch|schla|fen
schläft durch,
schlief durch,
hat durchgeschlafen
Durch|schlag *der*
die Durchschläge
durchschlagend
ein durchschlagender
Erfolg
Durchschlagpapier *das*
durch|schnei|den
schneidet durch,
schnitt durch,
hat durchgeschnitten
Durchschnitt *der*
durchschnittlich
Durchschnitts-
geschwindigkeit *die*

Durch|schrift *die*
Durch|schuss *der*
durch|se|hen
  sieht durch, sah durch,
  hat durchgesehen
  Durchsicht *die*
  durchsichtig
durch|set|zen
  Durchsetzungs-
  vermögen *das*
durch|si|ckern
durch|spre|chen
  spricht durch,
  sprach durch,
  hat durchgesprochen
durch|star|ten
durch|stel|len
durch|sto|ßen
  (1. Silbe betont:)
  stößt durch,
  stieß durch,
  hat durchgestoßen
  (2. Silbe betont:)
  durchstößt, durchstieß,
  hat durchstoßen
  Durchstoßpunkt *der*
durch|strei|chen
  streicht durch,
  strich durch,
  hat durchgestrichen
durch|su|chen
  durchsucht,
  durchsuchte,
  hat durchsucht
  Durchsuchung *die*

durch|trie|ben
  (gerissen)
durch|wach|sen
Durch|wahl *die*
  durchwählen
durch|weg
durch|wei|chen
durch|wüh|len
Durch|zug *der*
dür|fen
  darf, durfte,
  hat gedurft, dürfte
  mitmachen dürfen
dürf|tig (unzureichend)
  Dürftigkeit *die*
dürr
  Dürre *die*
Durst *der*
  dürsten
  durstig sein
  durstlöschend
  durststillend
  Durststrecke *die*
Dur|ton|art *die*

dus

Du|sche *die*
  duschen
  Duschvorhang *der*
Dü|se *die*
  düsen
  um die Ecke düsen
  Düsenflugzeug *das*
  Düsenjäger *der*

Dus|sel *der*
  dusslig / dusselig
  Dussligkeit /
  Dusseligkeit *die*
düs|ter
Du|ty|free|shop /
  Du|ty-free-Shop *der*
Dut|zend *das*
  ein Dutzend Gläser
  dutzendfach
  dutzendmal (oft)
  ein Dutzend Mal (12 Mal)
du|zen
  Duzfreund/in
DVD *die*
  (digital versatile disc)
  die DVDs
  DVD-Player *der*
  DVD-Rekorder /
  DVD-Recorder *der*

dy

Dy|na|mik *die*
  (Schwung)
  dynamisch
Dy|na|mit *das*
  (ein Sprengstoff)
Dy|na|mo *der*
Dy|nas|tie *die*
  (Herrschergeschlecht)
  dynastisch
Dys|funk|ti|on *die*
  (Organstörung)
D-Zug *der*

E (Europastraße)
€ (Euro)
Ea|sy Ri|der *der*
  (ein Motorradfahrer)
Eau de Co|lo|gne *das*
  auch: Eau de Co|log|ne
  (Kölnischwasser)
  Eau de Toilette *das*
Eb|be *die*
eben
  eine ebene Fläche
  das ist eben so
  eben deshalb
  die Post kam eben erst
Eben|bild *das*
eben|bür|tig
  Ebenbürtigkeit *die*
Ebe|ne *die*
  ebnen
Eben|holz *das*
eben|so
  ebenso gern
  ebenso gut
  ebenso lang
  ebenso oft
  ebenso sehr
  ebenso viel wie
  ebenso wenig
Eber *der*
Eber|esche *die*
  (ein Laubbaum)
eb|nen
echauf|fiert (erhitzt)
Echo *das*
  ein positives Echo
  Echolot *das*
Ech|se *die*
echt
  echt toll
  das macht echt Spaß
  echt golden / echtgolden

Echtheit *die*
Echtzeit *die*
Ecke *die*
  Eckball *der*
  Eckdaten
  Eckhaus *das*
  eckig
  Eckpunkt *der*
  Eckschrank *der*
Ec|lair *das*
  (ein Gebäck)
**Eco|no|my|class /
Eco|no|my|klas|se**
  die

ed

Eda|mer *der*
edel
  edles Holz
  Edelgas *das*
  Edelkastanie *die*
  Edelmann *der*
  die Edelleute
  Edelmetall *das*
  Edelmut *der*
  edelmütig
  Edelweiß *das*
Eden
  der Garten Eden
Edikt *das* (Erlass)
Edi|ti|on *die* (Ausgabe)
EDV (elektronische
  Datenverarbeitung)
  EDV-unterstützt
Efeu *das*
  efeubewachsen
  Efeuranke *die*
Eff|eff *das*
  *etwas aus dem Effeff
  können*
Ef|fekt *der* (Wirkung)
  effektiv
  effektvoll

ef|fi|zi|ent (wirksam)
  effizientes Arbeiten
  Effizienz *die*
egal
  egalisieren
Egel *der*
  der Blutegel
Eg|ge *die*
  (ein Ackergerät)
  eggen
E-Gi|tar|re *die*
Ego *das* (das Ich)
  Egoismus *der*
  Egoist/in
  egoistisch
  Egotrip *der*
  auf dem Egotrip sein
  egozentrisch

eh

eh/ehe
  eher, eheste
  am ehesten
  je eher, desto besser
  seit eh und je
  ehedem
  ehemals
Ehe *die*
  die Ehe brechen
  er bricht die Ehe,
  er hat die Ehe gebrochen
  Eheberatung *die*
  Ehebett *das*
  ehebrechen
  Ehebrecher/in
  Ehebruch *der*
  Ehefrau *die*
  ehelich
  Ehemann *der*
  Ehepaar *das*
  Ehescheidung *die*
  Eheschließung *die*
  Ehestand *der*

ehern (eisern)
ein ehernes Gesetz
Eh|re *die*
ihm zu Ehren
sich die Ehre geben
ehren
ehrenamtlich
Ehrenbürger/in
Ehrengast *der*
alle Ehrengäste
ehrenhaft
ehrenhalber
Ehrenmitglied *das*
ehrenrührig
Ehrenrunde *die*
Ehrensache *die*
Ehrentribüne *die*
ehrenvoll
ehrenwert
Ehrenwort *das*
Ehrerbietung *die*
Ehrgefühl *das*
Ehrung *die*
ehrwürdig
Ehr|furcht *die*
Ehrfurcht gebietend /
ehrfurchtgebietend
ehrfürchtig
Ehr|geiz *der*
ehrgeizig
ehr|lich
ehrlicherweise
Ehrlichkeit *die*

ei

Ei *das*
Eidotter *der/das*
Eierbecher *der*
eiern
das Rad eiert
Eierschale *die*
eierschalenfarben
Eierschwamm *der*
Eierstock *der*
die Eierstöcke
eiförmig
Eigelb *das*
Eisprung *der*
Eiweiß *das*
Ei|be *die*
(ein Nadelbaum)
Ei|bisch *der*
(ein Heilkraut)
Ei|che *die*
Eichel *die*
Eichelhäher *der*
(ein Vogel)
Eichenholz *das*
Eichenlaub *das*
ei|chen
(das Maß einstellen)
die Waage eichen
Eichmaß *das*
Eichstrich *der*
Eich|hörn|chen *das*
Eid *der*
an Eides statt
eidbrüchig
Eidesformel *die*
eidesstattlich
Eidgenosse *der*
Eidgenossenschaft *die*
eidgenössisch
Ei|dech|se *die*
Ei|der|dau|ne *die*
Eiderente *die*
Ei|fer *der*
eifrig
Ei|fer|sucht *die*
eifersüchtig
ei|gen
e ...
mit eigenen Augen
sein eigenes Zimmer
zu eigen geben
sich etwas zu eigen
machen
E ...
das Eigene
etwas Eigenes
sein Eigen nennen
Eigenart *die*
eigenartig
Eigenbrötler *der*
eigenhändig
Eigenheim *das*
Eigenlob *das*
eigenmächtig
Eigenname *der*
Eigennutz *der*
eigens
eigenständig
eigenverantwortlich
eigenwillig
Ei|gen|schaft *die*
Eigenschaftswort *das*
Ei|gen|sinn *der*
eigensinnig
ei|gent|lich
eigentlich nicht
Ei|gen|tor *das*
ein Eigentor schießen
Ei|gen|tum *das*
Eigentümer/in
Eigentumswohnung *die*
ei|gen|tüm|lich
Eigentümlichkeit *die*
ei|gen|wil|lig
Eigenwilligkeit *die*
eig|nen
sich eignen für ...
Eignung *die*
Eignungstest *der*
Ei|land *das* (Insel)
Ei|le *die*
eilen
eilends
eilfertig
eilig
Eilsendung *die*
Eilzug *der*

Ei|mer *der*
   das ist im Eimer (kaputt)
   eimerweise

ein _____

ein
   (s. auch Kasten)
   ein Buch
   ein für alle Mal
   mein Ein und Alles
   ein und aus
   der eine
   die eine
   das eine
   das eine und das andere
   alle für einen
   die einen
   einer fehlte
Ein|ak|ter *der*
ei|nan|der
   auch: ein|an|der
   einander vertrauen
ein|ar|bei|ten
   sich einarbeiten
   Einarbeitung *die*

ein|ar|mig
ein|äschern
   Einäscherung *die*
ein|at|men
ein|äu|gig

einb _____

Ein|bahn|stra|ße *die*
ein|bal|sa|mie|ren
   Einbalsamierung *die*
Ein|band *der*
   die Einbände
ein|bän|dig
ein|bau|en
   Einbauküche *die*
   Einbaumöbel
ein|be|hal|ten
   behält ein, behielt ein,
   hat einbehalten
ein|be|rau|men
   eine Sitzung einberaumen
ein|be|ru|fen
   beruft ein, berief ein,
   hat einberufen

Einberufung *die*
ein|bet|ten
Ein|bett|zim|mer *das*
ein|be|zie|hen
   bezieht ein, bezog ein,
   hat einbezogen
ein|bie|gen
   biegt ein, bog ein,
   ist eingebogen
ein|bil|den
   sich etwas einbilden
   Einbildung *die*
   Einbildungskraft *die*
ein|bin|den
   bindet ein, band ein,
   hat eingebunden
   Einbindung *die*
ein|bläu|en
ein|blen|den
   Einblendung *die*
Ein|blick *der*
   Einblick gewähren
ein|bre|chen
   bricht ein, brach ein,
   hat / ist eingebrochen
   Einbrecher/in

---

eine

Wenn *eine* wie ein Nomen (Substantiv) verwendet wird, **kann** es **groß**geschrieben werden:

Das eine/Eine ist mir aufgefallen.
Die einen/Einen reisten ab, die anderen/Anderen blieben noch. ...

Sonst wird *eine* immer **klein**geschrieben.

Das eine Bild gefällt mir besonders gut.
Nimmst du zwei Kugeln Eis oder nur eine?
Das kann einen ja wirklich ärgern. ...

Faustregel: Kleinschreibung ist immer richtig.

Einbruch *der*
ein|brin|gen
bringt ein, brachte ein,
hat eingebracht
ein|bro|cken
jmdm. etwas einbrocken
Ein|bruch *der*
die Einbrüche
ein|bür|gern
Einbürgerung *die*
Ein|bu|ße *die*
einbüßen
ein|che|cken
(sich abfertigen lassen)
ein|cre|men /
ein|kre|men
sich eincremen

eind

ein|däm|men
Eindämmung *die*
ein|de|cken
sich mit etwas
eindecken
ein|del|chen
ein|deu|tig
Eindeutigkeit *die*
ein|deut|schen
Eindeutschung *die*
ein|drin|gen
dringt ein, drang ein,
ist eingedrungen
eindringlich
Eindringlichkeit *die*
Ein|druck *der*
die Eindrücke
eindrucksvoll
ein|dü|beln
ein|eb|nen
ein|ei|ig
eineiige Zwillinge
ein|ein|halb
eineinhalb Stunden

ei|ner
Einer *der* (ein Boot;
einstellige Zahl)
einerlei
einerseits
einesteils
ein|fach
e...
eine einfache Aufgabe
E...
aufs Einfachste
es ist das Einfachste,
wenn / dass ...
Einfachheit *die*
ein|fä|deln
Ein|fahrt *die*
Ein|fall *der*
die Einfälle
einfallen
fällt ein, fiel ein,
ist eingefallen
einfallslos
einfallsreich
Ein|falt *die*
einfältig
Ein|fa|mi|li|en|haus
das
die Einfamilienhäuser
ein|fan|gen
fängt ein, fing ein,
hat eingefangen
ein|far|big
ein|fas|sen
fasst ein, fasste ein,
hat eingefasst
Einfassung *die*
ein|fet|ten
ein|fin|den
findet ein, fand ein,
hat eingefunden
sich einfinden
ein|flie|ßen
fließt ein, floss ein,
ist eingeflossen

ein|flö|ßen
Ein|flug|schnei|se *die*
Ein|fluss *der*
die Einflüsse
Einfluss nehmen
Einflussnahme *die*
einflussreich
ein|for|dern
ein|för|mig
Einförmigkeit *die*
ein|frie|ren
friert ein, fror ein,
hat eingefroren
ein|fü|gen
Einfügung *die*
ein|füh|len
sich einfühlen
einfühlsam
Einfühlungs-
vermögen *das*
Ein|fuhr *die*
einführen
Einführung *die*
Einfuhrzoll *der*
ein|fül|len

eing

Ein|ga|be *die*
eingeben
gibt ein, gab ein,
hat eingegeben
Ein|gang *der*
die Eingänge
eingangs
wie eingangs erwähnt
Eingangstür *die*
ein|ge|bil|det
Ein|ge|bo|re|ne *der /*
die
Ein|ge|bung *die*
(Einfall)
ein|ge|denk
eingedenk seines Alters

ein|ge|fah|ren
ein|ge|fleischt
ein|ge|hen
 geht ein, ging ein,
 ist eingegangen
 eingehend
ein|ge|mein|den
ein|ge|nom|men
ein|ge|schlos|sen
ein|ge|schnappt
ein|ge|schränkt
ein|ge|spielt
Ein|ge|ständ|nis *das*
 die Eingeständnisse
 eingestehen
 gesteht ein, gestand ein,
 hat eingestanden
ein|ge|tra|gen
 eingetragener Verein
 (e. V. / E. V.)
Ein|ge|wei|de
 (innere Organe)
ein|ge|weiht
 Eingeweihte *der / die*
ein|ge|wöh|nen
 sich eingewöhnen
 Eingewöhnung *die*
ein|gie|ßen
 gießt ein, goss ein,
 hat eingegossen
ein|glei|sig
ein|glie|dern
 Eingliederung *die*
ein|gip|sen
ein|gra|ben
 gräbt ein, grub ein,
 hat eingegraben
ein|gra|vie|ren
ein|grei|fen
 greift ein, griff ein,
 hat eingegriffen
 Eingriff *der*
ein|gren|zen
ein|grup|pie|ren

einh

ein|ha|ken
Ein|halt *der*
 Einhalt gebieten
 einhalten
 hält ein, hielt ein,
 hat eingehalten
 Einhaltung *die*
ein|häm|mern
ein|han|deln
 sich etwas einhandeln
ein|hän|dig
ein|hän|gen
 hängt ein, hing ein,
 hat eingehängt
ein|hau|en
ein|hef|ten
ein|hei|misch
 Einheimische *der / die*
ein|heim|sen (raffen)
ein|hei|ra|ten
Ein|heit *die*
 einheitlich
 Einheitlichkeit *die*
 Einheitspreis *der*
ein|hei|zen
ein|hel|fen (vorsagen)
 hilft ein, half ein,
 hat eingeholfen
ein|hel|lig (einstimmig)
 einhellige Zustimmung
 Einhelligkeit *die*
ein|her|ge|hen
 geht einher, ging einher,
 ist einhergegangen
ein|ho|len
Ein|horn *das*

ein|hun|dert

einig

ei|nig
 einig sein
 einig werden
 einigen
 sich einigen
 Einigkeit *die*
 Einigung *die*
ei|ni|ge
 einige neue Vorschläge
 einiges
 einige Mal(e)
ein|igeln
 sich einigeln
ei|ni|ger|ma|ßen
ein|imp|fen
ein|jäh|rig

eink

ein|kal|ku|lie|ren
 (einplanen)
ein|kap|seln
ein|kas|sie|ren
Ein|kauf *der*
 die Einkäufe
 einkaufen
 Einkäufer/in
 Einkaufsbummel *der*
 Einkaufscenter *das*
Ein|kehr *die*
 einkehren
 kehrt ein, kehrte ein,
 ist eingekehrt
ein|ker|ben
ein|ker|kern
ein|kes|seln
ein|klag|bar
 einklagen
ein|klam|mern
Ein|klang *der*
 im Einklang mit
ein|kle|ben
ein|klem|men
ein|ko|chen

Ein|kom|men *das*
Einkommensteuer *die*
einkommensteuer-
pflichtig
ein|krei|sen
**ein|kre|men/
ein|cre|men**
Ein|künf|te
ein|la|den
*lädt ein, lud ein,
hat eingeladen*
einladend
Einladung *die*
Ein|la|ge *die*
einlagern
Ein|lass *der*
einlassen
*lässt ein, ließ ein,
hat eingelassen*
ein|lau|fen
*läuft ein, lief ein,
ist eingelaufen*
ein|läu|ten
ein|le|ben
sich einleben
ein|le|gen
ein|lei|ten
einleitend
Einleitung *die*
ein|len|ken
ein|le|sen
*liest ein, las ein,
hat eingelesen*
ein|leuch|ten
einleuchtend
ein|lie|fern
Einlieferung *die*
Einlieferungsschein *der*
**Ein|lie|ger|woh-
nung** *die*
ein|log|gen
*ich habe mich
eingeloggt*
ein|lö|sen

einm

ein|ma|chen
Einmachglas *das*
die Einmachgläser
ein|mal
*auf einmal
nicht einmal
noch einmal
ein- bis zweimal*
Einmaleins *das*
einmalig
Einmaligkeit *die*
Ein|marsch *der*
einmarschieren
ein|mau|ern
ein|mei|ßeln
ein|mi|schen
Einmischung *die*
ein|mot|ten
ein|mün|den
Einmündung *die*
ein|mü|tig
(einstimmig)
Einmütigkeit *die*
ein|nä|hen
Ein|nah|me *die*
Einnahmequelle *die*
einnehmen
*nimmt ein, nahm ein,
hat eingenommen*
einnehmend
ein|nis|ten
sich einnisten
Ein|öde *die*
ein|ölen
ein|ord|nen
sich einordnen
Einordnung *die*

einp

ein|pa|cken
ein|par|ken

ein|pen|deln
sich einpendeln
ein|pfer|chen
(in einen Käfig sperren)
ein|pflan|zen
ein|pla|nen
ein|pö|keln
ein|po|lig
ein|prä|gen
sich etwas einprägen
einprägsam
ein|pu|dern
ein|quar|tie|ren
Einquartierung *die*
ein|rah|men
Einrahmung *die*
ein|ras|ten
ein|räu|men
einen Kredit einräumen
ein|re|den
ein|rei|ben
*reibt ein, rieb ein,
hat eingerieben
sich einreiben*
Einreibung *die*
ein|rei|chen
Unterlagen einreichen
ein|rei|hen
sich einreihen
Ein|rei|se *die*
einreisen
*reist ein, reiste ein,
ist eingereist*
Einreise-
genehmigung *die*
Einreisevisum *das*
ein|rei|ßen
*reißt ein, riss ein,
hat eingerissen*
ein|ren|ken
ein|rich|ten
Einrichtung *die*
Einrichtungsgegenstand
der

ein|rol|len
ein|ros|ten
ein|rü|cken

eins

eins
e…
eins sein
es ist eins
halb eins
Nummer eins
um eins
E…
eine Eins schreiben
drei Einsen würfeln
ein|sä|en
ein|sal|zen
ein|sam
Einsamkeit *die*
ein|sam|meln
Ein|satz *der*
die Einsätze
einsatzbereit
Einsatzbereitschaft *die*
einsatzfähig
einsatzfreudig
Einsatzleiter/in
ein|scha|len
ein|schal|ten
Einschalthebel *der*
ein|schär|fen
ein|schät|zen
Einschätzung *die*
ein|schen|ken
ein|sche|ren
ein|schi|cken
ein|schie|ben
schiebt ein, schob ein,
hat eingeschoben
ein|schla|fen
schläft ein, schlief ein,
ist eingeschlafen
einschläfern

Ein|schlag *der*
die Einschläge
einschlagen
schlägt ein, schlug ein,
ist / hat eingeschlagen
einschlägig
ein|schlei|chen
sich einschleichen
ein|schlei|fen
schleift ein, schliff ein,
hat eingeschliffen
ein|schlep|pen
ein|schleu|sen
ein|schlie|ßen
schließt ein, schloss ein,
hat eingeschlossen
einschließlich
Einschluss *der*
ein|schmei|cheln
ein|schmel|zen
schmilzt ein,
schmolz ein,
hat eingeschmolzen
ein|schmie|ren
ein|schmug|geln
ein|schnap|pen
ein|schnei|den
schneidet ein,
schnitt ein,
hat eingeschnitten
einschneidend
eine einschneidende
Veränderung
Einschnitt *der*
ein|schnü|ren
ein|schrän|ken
sich einschränken
Einschränkung *die*
Ein|schrei|be|brief /
Ein|schreib|brief
der
einschreiben
schreibt ein, schrieb ein,
hat eingeschrieben

Einschreiben *das*
Einschreibung *die*
ein|schrei|ten
schreitet ein, schritt ein,
ist eingeschritten
Ein|schub *der*
die Einschübe
ein|schüch|tern
Einschüchterung *die*
Einschüchterungs-
versuch *der*
ein|schu|len
Einschulung *die*
ein|schwei|ßen

einse

ein|seg|nen
Einsegnung *die*
ein|se|hen
sieht ein, sah ein,
hat eingesehen
Einsehen *das*
ein|sei|fen
ein|sei|tig
Einseitigkeit *die*
ein|sen|den
sendet ein,
sandte / sendete ein,
hat eingesandt /
eingesendet
Einsender/in
Einsendeschluss *der*
Einsendung *die*
Ein|ser *der*
ein|set|zen
einsetzbar
Einsetzung *die*
Ein|sicht *die*
einsichtig
einsichtsvoll
ein|si|ckern
Ein|sied|ler *der*
einsiedlerisch

ein|sil|big
Einsilbigkeit *die*
ein|sin|ken
sinkt ein, sank ein,
ist eingesunken
ein|sit|zen
(im Gefängnis sitzen)
sitzt ein, saß ein,
hat eingesessen
ein|sor|tie|ren
ein|span|nen
ein|spa|ren
das Einsparen
Einsparmöglichkeit *die*
Einsparung *die*
ein|sper|ren
ein|spie|len
sich einspielen
Einspielung *die*
ein|spra|chig
Einsprachigkeit *die*
ein|sprin|gen
springt ein, sprang ein,
ist eingesprungen
ein|sprit|zen
Einspritzmotor *der*
Ein|spruch *der*
die Einsprüche
ein|spu|rig

einst

einst
einstig
einstmals
ein|stamp|fen
(vernichten)
Ein|stand *der*
Einstandspreis *der*
ein|stau|ben
ein|ste|chen
sticht ein, stach ein,
hat eingestochen
ein|ste|cken

ein|stei|gen
steigt ein, stieg ein,
ist eingestiegen
ein|stel|len
Einstellplatz *der*
Einstellung *die*
Einstellungsstopp *der*
ein|stel|lig
Ein|stich *der*
Ein|stieg *der*
ein|stim|men
Einstimmung *die*
ein|stim|mig
Einstimmigkeit *die*
einst|mals
ein|streu|en
ein|strö|men
ein|stu|die|ren
ein|stu|fen
Einstufung *die*
ein|stün|dig
Ein|sturz *der*
die Einstürze
einstürzen
Einsturzgefahr *die*
einst|wei|len
(nicht dauerhaft)
einstweilig
eine einstweilige
Verfügung

eint

Ein|tags|flie|ge *die*
ein|tau|chen
ein|tau|schen
ein|tau|send
ein|tei|len
Einteilung *die*
ein|tei|lig
ein|tip|pen
ein|tö|nig
Eintönigkeit *die*
Ein|topf *der*

Eintopfgericht *das*
ein|top|fen
Pflanzen eintopfen
Ein|tracht *die*
einträchtig
ein|tra|gen
trägt ein, trug ein,
hat eingetragen
Eintrag *der*
einträglich
Eintragung *die*
ein|tref|fen
trifft ein, traf ein,
ist eingetroffen
ein|trei|ben
treibt ein, trieb ein,
hat eingetrieben
ein|tre|ten
tritt ein, trat ein,
ist eingetreten
Eintritt *der*
Eintrittskarte *die*
Eintrittspreis *der*
ein|trock|nen
ein|trü|ben
sich eintrüben
Eintrübung *die*
ein|tun|ken
das Brot in die Milch
eintunken
ein|üben
ein|ver|lei|ben
sich etwas einverleiben
Ein|ver|nah|me *die*
(Verhör)
einvernehmen
vernimmt ein,
vernahm ein,
hat einvernommen
Einvernehmen *das*
einvernehmlich
ein|ver|stan|den
damit einverstanden sein
Einverständnis *das*

einw

Ein|waa|ge *die*
(Gewicht)
ein|wach|sen
wächst ein, wuchs ein,
ist eingewachsen
Ein|wand *der*
die Einwände
einwandfrei
einwenden
Ein|wan|de|rer *der*
Einwanderin *die*
einwandern
Einwanderung *die*
ein|wärts
stadteinwärts
einwärtsbiegen
biegt einwärts,
bog einwärts,
hat einwärtsgebogen
ein|wech|seln
ein|we|cken
Einweckglas *das*
Ein|weg|fla|sche *die*
ein|wei|chen
ein|wei|hen
Einweihung *die*
ein|wei|sen
weist ein, wies ein,
hat eingewiesen
Einweisung *die*
ein|wen|den
wendet ein,
wendete / wandte ein,
hat eingewendet /
eingewandt
Einwendungen
ein|wer|fen
wirft ein, warf ein,
hat eingeworfen
Einwurf *der*
ein|wer|tig
ein|wi|ckeln

ein|wil|li|gen
Einwilligung *die*
ein|wir|ken
Einwirkung *die*
Einwirkungsmöglich-
keit *die*
ein|wö|chig
eine einwöchige Reise
Ein|woh|ner *der*
Einwohnerin *die*
Einwohnerzahl *die*
Ein|wurf *der*
die Einwürfe
Ein|zahl *die*
ein|zah|len
Einzahlung *die*
Einzahlungsbeleg *der*
ein|zäu|nen
Einzäunung *die*
ein|zeich|nen
ein|zei|lig (1-zeilig)
Ein|zel *das*
Einzelerscheinung *die*
Einzelfall *der*
Einzelgänger/in
Einzelhaft *die*
Einzelhandel *der*
Einzelheit *die*
Einzelkind *das*
Einzelstück *das*
Einzelteil *das*
Einzelzimmer *das*
ein|zeln
e ...
einzelne Ausnahmen
einzelne Interessenten
E ...
der / die / das Einzelne
bis ins Einzelne
für den Einzelnen
jeder Einzelne
im Einzelnen
als Einzelner
ein Einzelner

ein|zie|hen
zieht ein, zog ein,
ist eingezogen
ein|zig
e ...
die einzige Ausnahme
mein einziger Wunsch
einzig und allein
E ...
der / die / das Einzige
als Einziger
kein Einziger
etwas Einziges
einzigartig
Einzigartigkeit *die*
Ein|zim|mer-
woh|nung *die*
ein|zu|ckern
Ein|zug *der*
die Einzüge
Einzugsbereich *der*
ein|zwän|gen

eis

Eis *das*
Eisbär *der*
Eisbecher *der*
Eisbein *das*
Eisberg *der*
Eiscafé *das*
Eiscreme *die*
Eisfläche *die*
eisfrei
eisgekühlt
Eisheiligen *die*
Eishockey *das*
eisig
Eiskaffee *der*
eiskalt
Eiskunstlauf *der*
eislaufen
läuft eis, lief eis,
ist eisgelaufen

Eiszapfen *der*
Eiszeit *die*
Ei|sen *das*
Eisen verarbeitend /
eisenverarbeitend
Eisenbahn *die*
Eisenbahnschiene *die*
Eisenerz *das*
eisenhaltig
Eisenstange *die*
Eisenwaren
Eisenzeit *die*
eisern
e ...
mit eiserner Faust
die eiserne Ration
ein eiserner Wille
E ...
das Eiserne Kreuz
ei|sig
ei|tel
Eitelkeit *die*
Ei|ter *der*
Eiterbläschen *das*
Eitererreger *der*
Eiterherd *der*
eit(e)rig
eitern
Eiterpickel *der*
Ei|weiß *das*
eiweißreich
Eja|ku|la|ti|on *die*
(Samenerguss)

ek

Ekel *der*
Ekel erregend /
ekelerregend
ekelhaft
ekeln
mir / mich ekelt davor
sich ekeln
ek(e)lig

Ek|lat *der* (Skandal)
eklatant (offenkundig)
Ek|lip|se *die* (Sonnen- /
Mondfinsternis)
Ek|sta|se *die*
auch: Eks|ta|se
(Verzückung)
ekstatisch
Ek|zem *das*
(Hautentzündung)

el

Elan *der* (Schwung)
elas|tisch
Elastizität *die*
Ela|tiv *der* (Superlativ)
Elch *der*

Elchkuh *die*
El|do|ra|do *das*
(Paradies)
Ele|fant *der*
Elefantenbulle *der*
elefantös
ele|gant
Eleganz *die*
Ele|gie *die*
(trauriges Gedicht)
elegisch
elek|tri|fi|zie|ren
auch: elekt|ri|fi|zie|ren
Elektrifizierung *die*
Elektriker/in
elektrisch

elektrisieren
Elektrizität *die*
Elektrode *die*
Elektrogerät *das*
Elektroherd *der*
Elektroindustrie *die*
Elektroingenieur/in
Elektrokardiogramm
das (EKG)
Elektrolyse *die*
Elektrolyt *der*
elektromagnetisch
Elektromotor *der*
Elektrotechnik *die*
Elek|tron *das*
auch: Elekt|ron
Elektronen-
mikroskop *das*
Elektronik *die*
elektronisch
Ele|ment *das*
elementar
Elementarteilchen *das*
elend
ich fühle mich elend
Elend *das*
im Elend leben
Elendsviertel *das*
Ele|ve *der* (Schüler)
Elevin *die*
elf
e ...
elfmal (11-mal)
elftausend
eine elftel Umdrehung
E ...
die Elf
das Elftel
ein Elftel der Strecke
Elfmeter *der*
Elfmeterschießen *das*
El|fe *die*
Elfenbein *das*
elfenbeinfarben

eli|mi|nie|ren
(entfernen)
Elimination *die*
Eliminierung *die*
Eli|si|on *die* (Weglassen eines Vokals)
eli|tär
Elite *die*
Elitetruppe *die*
Eli|xier *das*
(Zaubertrank)
Ell|bo|gen /
El|len|bo|gen *der*
El|le *die*
(ein Längenmaß)
ellenlang
El|lip|se *die*
ellipsenförmig
elliptisch
E-Lok *die*
(elektr. Lokomotive)
elo|quent
(redegewandt)
Eloquenz *die*
Els|ter *die*
Elsternnest *das*
El|tern
Elternabend *der*
Elternhaus *das*

em _____

EM *die*
(Europameisterschaft)
E-Mail *die*
eine E-Mail schicken
E-Mail-Account *der*
E-Mail-Adresse *die*
Email *das /*
Email|le *die*
Emailschmuck *der*
emaillieren
Eman|zi|pa|ti|on *die*
emanzipatorisch

emanzipieren
emanzipiert
Em|bar|go *das*
(Ausfuhrverbot)
Em|blem *das*
auch: Emb|lem
(Kennzeichen)
Em|bo|lie *die* (Verstopfung einer Ader)
Em|bryo *der / das*
auch: Emb|ryo
(ungeborenes Kind)
embryonal
eme|ri|tiert
(pensioniert)
Emeritierung *die*
Emi|grant *der*
auch: Emig|rant
(Auswanderer)
Emigrantin *die*
Emigration *die*
emigrieren
emi|nent
(außerordentlich)
eminent wichtig
Eminenz *die*
eine graue / Graue Eminenz
Emir *der*
(arabischer Fürst)
Emis|si|on *die*
(Ausstoß)
emittieren
Em|men|ta|ler *der*
Emo|ti|on *die*
(Gefühlsausbruch)
emotional
Emotionalität *die*
emotionell
emotionslos
emp|fahl
(→ empfehlen)
emp|fand
(→ empfinden)

Emp|fang *der*
die Empfänge
empfangen
empfängt, empfing,
hat empfangen
Empfänger/in
empfänglich
Empfängnis *die*
Empfängnisverhütung *die*
empfangsberechtigt
Empfangsbestätigung *die*
emp|feh|len
empfiehlt, empfahl,
hat empfohlen
empfehlenswert
Empfehlung *die*
emp|fin|den
empfindet, empfand,
hat empfunden
empfindlich
Empfindlichkeit *die*
empfindsam
Empfindsamkeit *die*
Empfindung *die*
Em|pha|se *die* (leidenschaftl. Ausdruck)
emphatisch
Em|pire *das*
das britische Empire
Empirestil *der*
(eine Kunstrichtung)
em|pi|risch (aufgrund von Erfahrung)
Empirismus *der*
em|por
emporblicken
emporkommen
kommt empor,
kam empor,
ist emporgekommen
Emporkömmling *der*
emporragen

emporsteigen
steigt empor,
stieg empor,
ist emporgestiegen
Em|po|re *die*
em|pö|ren
sich empören
empörend
Empörung *die*
em|sig (eifrig)
Emsigkeit *die*
Emu *der* (ein Vogel)
Emul|si|on *die*
(Mischung)
E-Mu|sik *die*
(„ernste" Musik)

en _____

En|de *das*
Ende des Jahres
Ende dieses Monats
Ende Mai
zu Ende
er ist Ende sechzig
Endeffekt *der*
enden
Endergebnis *das*
Endfassung *die*
endgültig
Endlager *das*
endlich
Endlichkeit *die*
endlos
Endrunde *die*
Endspiel *das*
Endspurt *der*
Endung *die*
endungslos
Endverbraucher/in
Endzustand *der*
en|den
En|di|vie *die*
Endiviensalat *der*

end|lich
end|los
en|do|gen
(von innen kommend)
Ener|gie *die*
Energiebedarf *der*
Energieversorgung *die*
energisch
eng
enger, engste
eng bedruckt /
engbedruckt
eng befreundet /
engbefreundet
eng verwandt /
engverwandt
Enge *die*
engherzig
Engpass *der*
engstirnig
Engstirnigkeit *die*
En|ga|ge|ment *das*
engagieren
sich engagieren
En|gel *der*
mit Engelszungen reden
engelhaft
En|ger|ling *der*
(Maikäferlarve)
eng|lisch
auf Englisch
(→ deutsch)

END...
kommt von „Ende":

Endspurt
Endstation
endlich
endlos
Endung
endgültig

Eng|pass *der*
die Engpässe
en gros
(im Großen)
En|jam|be|ment *das*
(Zeilensprung)
En|kel *der*
Enkelin *die*
Enkelkind *das*
En|kla|ve *die* (Gebiet,
vom Ausland umgeben)
en masse (massenhaft)
enorm
enorme Schwierigkeiten
en pas|sant (beiläufig)
En|quete *die*
(Untersuchung)
Enquetekommission *die*
En|sem|ble *das*
(Gesamtheit)

ent _____

ent|ar|ten
entartet
Entartung *die*
ent|äu|ßern
sich seines Besitzes
entäußern
ent|beh|ren
entbehrlich
Entbehrung *die*

ENT...
ist eine Vorsilbe:

Entschluss
entgegen
Entfernung
entscheiden
entdecken
un**ent**schieden

ent|bin|den
entbindet, entband,
hat entbunden
Entbindung *die*
ent|bren|nen
entbrennt, entbrannte,
ist entbrannt
ent|de|cken
Entdecker/in
Entdeckung *die*
En|te *die*
Enterich *der*
ent|eh|ren
ent|eig|nen
Enteignung *die*
ent|ei|sen
(vom Eis befreien)
ent|ei|sent
(ohne Eisen)
ent|er|ben
en|tern
En|ter|tai|ner *der*
(Unterhalter)
Entertainerin *die*

entf

ent|fa|chen
ent|fal|len
entfällt, entfiel,
ist entfallen
ent|fal|ten
Entfaltung *die*
ent|fer|nen
entfernt
nicht im Entferntesten
Entfernung *die*
ent|fes|seln
ent|flamm|bar
entflammen
ent|flech|ten
entflicht, entflocht,
hat entflochten
Entflechtung *die*

ent|flie|gen
entfliegt, entflog,
ist entflogen
ent|flie|hen
entflieht, entfloh,
ist entflohen
ent|frem|den
sich entfremden
Entfremdung *die*
Ent|fros|ter *der*
ent|füh|ren
Entführer/in
Entführung *die*
ent|ge|gen
entgegenbringen
bringt entgegen,
brachte entgegen,
hat entgegengebracht
entgegengesetzt
entgegenkommen
kommt entgegen,
kam entgegen,
ist entgegengekommen
Entgegenkommen *das*
entgegennehmen
nimmt entgegen,
nahm entgegen,
hat entgegengenommen
entgegnen
ent|ge|hen
entgeht, entging,
ist entgangen
ent|geis|tert
Ent|gelt *das*
entgelten
entgilt, entgalt,
hat entgolten
ent|gif|ten
Entgiftung *die*
ent|glei|sen
Entgleisung *die*
ent|glei|ten
entgleitet, entglitt,
ist entglitten

enth

ent|haa|ren
ent|hal|ten
enthält, enthielt,
hat enthalten
enthaltsam
Enthaltsamkeit *die*
Enthaltung *die*
ent|he|ben
enthebt, enthob,
hat enthoben
ent|hül|len
En|thu|si|as|mus *der*
(Begeisterung)
enthusiastisch
ent|ker|nen
ent|klei|den
ent|kof|fe|i|niert
ent|kom|men
entkommt, entkam,
ist entkommen
ent|kräf|ten
entkräftet
Entkräftung *die*
ent|kramp|fen
Entkrampfung *die*
ent|la|den
entlädt, entlud,
hat entladen
Entladung *die*
ent|lang
entlangfahren
fährt entlang,
fuhr entlang,
ist entlanggefahren
entlanggehen
geht entlang,
ging entlang,
ist entlanggegangen
entlanglaufen
läuft entlang,
lief entlang,
ist entlanggelaufen

ent|lar|ven
Entlarvung *die*
ent|las|sen
entlässt, entließ,
hat entlassen
Entlassung *die*
ent|las|ten
Entlastung *die*
ent|lau|fen
entläuft, entlief,
ist entlaufen
ent|le|di|gen
sich einer Sache
entledigen
ent|le|gen
ent|leh|nen
Entlehnung *die*
ent|lei|hen
entleiht, entlieh,
hat entliehen
Entleiher/in
ent|lo|cken
ent|loh|nen
Entlohnung *die*
Ent|lüf|tung *die*

entm

ent|mach|ten
Entmachtung *die*
ent|man|nen
ent|mi|li|ta|ri|sie|ren
Entmilitarisierung *die*
ent|mün|di|gen
Entmündigung *die*
ent|mu|ti|gen
entmutigend
Entmutigung *die*
Ent|nah|me *die*
entnehmen
entnimmt, entnahm,
hat entnommen
ent|nervt
ent|pflich|ten

ent|pup|pen
sich entpuppen

entr

ent|rah|men
die Milch entrahmen
ent|rät|seln
Ent|rech|tung *die*
En|tree *das*
auch: Ent|ree (Eingang)
Entreetür *die*
ent|rei|ßen
entreißt, entriss,
hat entrissen
ent|rich|ten (bezahlen)
Gebühren entrichten
ent|rie|geln
ent|rin|nen
entrinnt, entrann,
ist entronnen
Entrinnen *das*
es gibt kein Entrinnen
ent|ros|ten
Entroster *der*
ent|rü|cken
ent|rüm|peln
Entrümp(e)lung *die*
ent|rüs|ten
entrüstet
Entrüstung *die*

ents

Ent|saf|ter *der*
ent|sa|gen
Entsagung *die*
entsagungsvoll
ent|sal|zen
Entsalzungsanlage *die*
ent|schä|di|gen
Entschädigung *die*
ent|schär|fen
Entschärfung *die*

ent|schei|den
entscheidet, entschied,
hat entschieden
sich entscheiden für
entscheidend
Entscheidung *die*
Entscheidungsfrage *die*
Entscheidungs-
freiheit *die*
entschieden
Entschiedenheit *die*
ent|schla|cken
Entschlackung *die*
Ent|schla|fe|ne
der/die (Tote)
ent|schlie|ßen
entschließt, entschloss,
hat entschlossen
sich entschließen
Entschließung *die*
entschlossen sein
Entschlossenheit *die*
Entschluss *der*
meine Entschlüsse
entschlusslos
ent|schlüs|seln
ent|schul|di|gen
sich entschuldigen
Entschuldigung *die*
Entschuldigungs-
grund *der*
ent|schwe|feln
ent|schwin|den
entschwindet,
entschwand,
ist entschwunden
ent|seelt (tot)
ent|sen|den
entsendet, entsandte,
hat entsandt
Entsendung *die*
Ent|set|zen *das*
entsetzlich
entsetzt

ent|si|chern
ent|sin|nen
entsinnt, entsann,
hat entsonnen
sich entsinnen
sich einer Sache
entsinnen
ent|sor|gen
Entsorgung *die*
ent|span|nen
entspannt
Entspannung *die*
ent|spre|chen
entspricht, entsprach,
hat entsprochen
entsprechend
das Entsprechende
Entsprechung *die*
ent|sprin|gen
entspringt, entsprang,
ist entsprungen
ent|stam|men
ent|stau|ben
ent|ste|hen
entsteht, entstand,
ist entstanden
Entstehung *die*
Entstehungszeit *die*
ent|stel|len
Entstellung *die*
ent|stö|ren
Entstörung *die*
Ent|süh|nung *die*
ent|tar|nen
ent|täu|schen
Enttäuschung *die*

entw

ent|wach|sen
entwächst, entwuchs,
ist entwachsen
ent|waff|nen
Entwaffnung *die*
ent|war|nen
Entwarnung *die*
ent|wäs|sern
Entwässerung *die*
ent|we|der
entweder ... oder
das Entweder-oder
ent|wei|chen
entweicht, entwich,
ist entwichen
ent|wen|den
entwendet, entwendete,
hat entwendet
ent|wer|fen
entwirft, entwarf,
hat entworfen
Entwurf *der*
ent|wer|ten
Entwertung *die*
ent|wi|ckeln
sich entwickeln
Entwicklung *die*
Entwicklungshilfe *die*
Entwicklungsland *das*
Entwicklungsroman *der*
ent|wir|ren
ent|wi|schen
ent|wöh|nen
Entwöhnung *die*
ent|wür|di|gend
Ent|wurf *der*
die Entwürfe
ent|wur|zeln
ent|zer|ren
ent|zie|hen
entzieht, entzog,
hat entzogen
Entziehungskur *die*
ent|zif|fern
ent|zü|cken
Entzücken *das*
entzückend
Ent|zug *der*
Entzugserscheinung *die*
ent|zün|den
entzündlich
Entzündung *die*
ent|zwei
entzwei sein
entzweibrechen
bricht entzwei,
brach entzwei, hat/ist
entzweigebrochen
entzweien
sich entzweien
entzweigehen
geht entzwei,
ging entzwei,
ist entzweigegangen

enz

En|zi|an *der*
(eine Pflanze)
enzianblau
En|zy|kli|ka *die*
auch: En|zyk|li|ka
(Rundschreiben des
Papstes)
En|zy|klo|pä|die *die*
auch: En|zyk|lo|pä|die
(großes Lexikon)
enzyklopädisch
En|zym *das* (Ferment)
eph|e|mer
(kurzlebig)
Epi|de|mie *die*
(Seuche)
Epi|go|ne *der*
(Nachahmer)
Epi|gramm *das*
(Sinngedicht)
Epik *die* (Erzählkunst)
episch
Epos *das*
die Epen
epi|ku|re|isch
(genusssüchtig)

Epi|lep|sie *die*
(Fallsucht)
epileptisch
Epi|log *der* (Nachspiel)
Epi|pha|ni|as *das*
(Erscheinung Christi)
Epiphaniasfest *das*
Epis|kop *das*
auch: Epi|skop
(Bildwerfer)
Epis|ko|pat *das*
auch: Epi|sko|pat
(alle Bischöfe)
Epi|so|de *die*
(Ereignis)
episodenhaft
Epis|tel *die*
(Apostelbrief)
Epi|taph *das*
(Grabinschrift)
Epi|the|ton *das*
(Attribut)
Epi|zen|trum *das*
auch: E|pi|zent|rum
(Erdbebenzentrum)
epo|chal
Epoche *die*
Epoche machend /
epochemachend
Epos *das*
(Roman in Versen)
die Epen
Ep|si|lon *das*
(griech. Buchstabe)
Equa|li|zer *der*
Equi|pe *die*
(Mannschaft)

er _____

er
er ist da
da kommt er
ein Er

er|ach|ten
Erachten *das*
meines Erachtens
er|ah|nen
er|ar|bei|ten
ein Konzept erarbeiten
Erarbeitung *die*
er|bar|men
sich erbarmen
Erbarmen *das*
erbärmlich
erbarmungslos
er|bau|en
Erbauer/in
er|bau|lich
eine erbauliche Lektüre
Er|be *der* (Person);
das (Erbschaft)
erben
Erbin *die*
Erblasser/in
erblich
Erbpacht *die*
Erbrecht *das*
Erbschaft *die*
Erbschaftssteuer *die*
Erbstück *das*
Erbsünde *die*
er|be|ben
er|beu|ten
er|bit|ten
erbittet, erbat,
hat erbeten
er|bit|tert
erbitterte Kämpfe
er|blas|sen
ist erblasst
er|blei|chen
erb|lich
er|bli|cken
er|blin|den
er|blü|hen
erblüht, erblühte,
ist erblüht

er|bre|chen
erbricht, erbrach,
hat erbrochen
Erbrechen *das*
er|brin|gen
erbringt, erbrachte,
hat erbracht
Erb|se *die*
erbsengroß
Erbs(en)püree *das*
Erbsensuppe *die*
er|dacht
Erd|ap|fel *der*
die Erdäpfel
Erd|bee|re *die*
Erdbeereis *das*
erdbeerfarben
Erdbeermarmelade *die*
Er|de *die*
Erdachse *die*
Erdbeben *das*
Erdboden *der*
erden
Erdgas *das*
Erdgeschoss *das*
Erdhörnchen *das*
Erdkruste *die*
Erdkunde *die*
erdkundlich
Erdnuss *die*
Erdöl *das*
Erdölraffinerie *die*
Erdrutsch *der*
Erdteil *der*
erdumspannend
er|den|ken
erdenkt, erdachte,
hat erdacht
erdenklich
alles erdenklich Gute
er|dich|ten
er|dreis|ten
(frech werden)
sich erdreisten

er|dros|seln
er|drü|cken
  erdrückend
er|dul|den
er|ei|fern
  sich ereifern
er|eig|nen
  sich ereignen
  Ereignis *das*
  die Ereignisse des Tages
  ereignisreich
Erek|ti|on *die*
  (Anschwellung)
  erigieren
Ere|mit *der* (Einsiedler)
  Eremitage *die*
er|erbt

erf

er|fah|ren
  erfährt, erfuhr,
  hat erfahren
  erfahren sein
Er|fah|rung *die*
  Erfahrungs-
  austausch *der*
  Erfahrungsbericht *der*
  erfahrungsgemäß
  Erfahrungssache *die*
er|fass|bar
  erfassen
  erfasst, erfasste,
  hat erfasst
  Erfassung *die*
er|fin|den
  erfindet, erfand,
  hat erfunden
  Erfinder/in
  erfinderisch
  erfindlich
  ohne erfindliche Gründe
  Erfindung *die*
er|fle|hen (erbitten)

Er|folg *der*
  Erfolg haben
  Erfolg versprechend/
  erfolgversprechend
  erfolglos
  Erfolglosigkeit *die*
  erfolgreich
  Erfolgsaussichten
  Erfolgserlebnis *das*
  erfolgsorientiert
er|fol|gen
er|for|der|lich
  falls erforderlich
  alles Erforderliche
  erfordern
  Erfordernis *das*
er|for|schen
  Erforschung *die*
er|fra|gen
er|freu|en
  sich erfreuen
  erfreulich
  erfreulicherweise
er|frie|ren
  erfriert, erfror,
  ist erfroren
  Erfrierung *die*
er|fri|schen
  sich erfrischen
  erfrischend
  Erfrischung *die*
  Erfrischungs-
  getränk *das*
er|füll|bar
  erfüllen
  Erfüllung *die*
  Erfüllungsort *der*

erg

er|gän|zen
  Ergänzung *die*
  Ergänzungsfrage *die*
  Ergänzungsstrich *der*

er|gat|tern
  (bekommen)
er|ge|ben
  ergibt, ergab,
  hat ergeben
  sich ergeben
  ergeben sein
  Ergebenheit *die*
  Ergebnis *das*
  ohne Ergebnisse
  ergebnislos
  Ergebnisprotokoll *das*
er|ge|hen
  ergeht, erging,
  ist ergangen
  Ergehen *das*
er|gie|big
  ergiebiger Regen
  Ergiebigkeit *die*
er|gie|ßen
  ergießt, ergoss,
  hat ergossen
  sich ergießen
er|go (folglich)
Er|go|me|ter *das*
  (med. Gerät)
  Ergonomie *die*
er|göt|zen
  sich ergötzen
er|grei|fen
  ergreift, ergriff,
  hat ergriffen
  ergreifend
  ergriffen
  Ergriffenheit *die*
er|grün|den
Er|guss *der*
  die Ergüsse

erh

er|ha|ben
  sich erhaben fühlen
  Erhabenheit *die*

er|hal|ten
erhält, erhielt,
hat erhalten
erhaltenswert
erhältlich
Erhaltung *die*
er|hän|gen
erhängt, erhängte,
hat erhängt
er|här|ten
er|he|ben
erhebt, erhob,
hat erhoben
erhebend
erheblich
Erhebung *die*
er|hei|tern
Erheiterung *die*
er|hel|len
er|hit|zen
sich erhitzen
Erhitzung *die*
er|hof|fen
er|hö|hen
Erhöhung *die*
er|ho|len
sich erholen
erholsam
Erholung *die*
erholungsbedürftig
Erholungsgebiet *das*
er|hö|ren
ein Gebet erhören
eri|gie|ren
(anschwellen)
Eri|ka *die* (Heidekraut)
er|in|nern
sich erinnern an
Erinnerung *die*
Erinnerungsfoto *das*
Erinnerungslücke *die*
er|käl|ten
sich erkälten
Erkältung *die*

Erkältungs-
krankheit *die*
er|kämp|fen
er|ken|nen
erkennt, erkannte,
hat erkannt
Erkenntnis *die*
Erkennungszeichen *das*
Er|ker *der*
Erkerfenster *das*
er|klär|bar
erklären
erklärend
erklärlich
Erklärung *die*
Erklärungsversuch *der*
er|kleck|lich
(ziemlich groß)
er|klim|men
erklimmt, erklomm,
hat erklommen
den Gipfel erklimmen
er|klin|gen
erklingt, erklang,
ist erklungen
er|kran|ken
Erkrankung *die*
er|kun|di|gen
sich erkundigen
Erkundigung *die*
Erkundung *die*

erl

er|lah|men
die Kräfte erlahmen
er|lan|gen
Er|lass *der*
die Erlasse
erlassen
erlässt, erließ,
hat erlassen
ein Gesetz erlassen
eine Strafe erlassen

er|lau|ben
jemandem etwas
erlauben
Erlaubnis *die*
er|laucht
(wohlgeboren)
er|läu|tern
Erläuterung *die*
Er|le *die* (ein Baum)

Erlenholz *das*
Erlkönig *der*
er|le|ben
Erlebnis *das*
die Erlebnisse erzählen
Erlebniserzählung *die*
erlebnisreich
er|le|di|gen
seine Aufgaben
erledigen
erledigt
Erledigung *die*
er|le|gen
ein Reh erlegen
er|leich|tern
erleichtert
Erleichterung *die*
er|lei|den
erleidet, erlitt,
hat erlitten
er|ler|nen
er|le|sen
der erlesene Geschmack
Er|leuch|tung *die*
er|lie|gen
erliegt, erlag,
ist erlegen
Erliegen *das*
zum Erliegen kommen

Er|lös *der*
er|lö|sen
  Erlöser *der*
  Erlösung *die*

erm _____

er|mäch|ti|gen
  Ermächtigung *die*
  Ermächtigungs-
  gesetz *das*
er|mah|nen
  Ermahnung *die*
er|mä|ßi|gen
  ermäßigt
  Ermäßigung *die*
er|mat|ten
  ermattet sein
er|mes|sen
  ermisst, ermaß,
  hat ermessen
  Ermessen *das*
  Ermessensfrage *die*
er|mit|teln
  Ermittler *der*
  Ermittlung *die*
  Ermittlungs-
  verfahren *das*
er|mög|li|chen
er|mor|den
  Ermordung *die*
er|mü|den
  Ermüdung *die*
er|mun|tern
  Ermunterung *die*
er|mu|ti|gen
  Ermutigung *die*
er|näh|ren
  sich ernähren
  Ernährer/in
  Ernährung *die*
er|nen|nen
  ernennt, ernannte,
  hat ernannt

Ernennung *die*
er|neu|ern
  sich erneuern
  Erneuerung *die*
  erneut
er|nie|dri|gen
  erniedrigend
  Erniedrigung *die*
ernst
  e ...
  die Lage ist ernst
  ernst gemeint /
  ernstgemeint
  ernst nehmen
  es ernst meinen
  es wird ernst
  E ...
  der Ernst
  im Ernst
  das ist mein Ernst
  Ernst machen
  es ist mir Ernst damit
  mein voller Ernst
  allen Ernstes
  Ernstfall *der*
  ernsthaft
  Ernsthaftigkeit *die*
  ernstlich
Ern|te *die*
  Erntedankfest *das*
  ernten
  das Ernten
  Erntezeit *die*
Er|nüch|te|rung *die*

ero _____

Er|obe|rer *der*
  erobern
  Eroberung *die*
er|öff|nen
  Eröffnung *die*
ero|gen
  (sexuell reizbar)

er|ör|tern
  Erörterung *die*
Eros *der* (Gott der Liebe)
Ero|si|on *die*
  (Abtragung)
Ero|tik *die*
  (Liebeskunst)
  erotisch
Er|pel *der* (männl. Ente)
er|picht (begierig)
  auf etwas erpicht sein
er|press|bar
  erpressen
  erpresst, erpresste,
  hat erpresst
  Erpresser/in
  Erpressung *die*
  Erpressungs-
  versuch *der*
er|pro|ben
  erprobt
  Erprobung *die*
er|qui|cken
  (erfrischen)
  sich erquicken
er|ra|ten
  errät, erriet,
  hat erraten
er|rech|nen
er|reg|bar
  Erregbarkeit *die*
  erregen
  sich erregen
  Erreger *der*
  Erregung *die*
er|rei|chen
er|rich|ten
  Errichtung *die*
er|rin|gen
  erringt, errang,
  hat errungen
  Errungenschaft *die*
er|rö|ten
  Erröten *das*

ers

Er|satz *der*
Ersatzdienst *der*
ersatzlos
Ersatzmann *der*
Ersatzrad *das*
Ersatzteil *das*
er|schaf|fen
erschafft, erschuf,
hat erschaffen
Erschaffung *die*
er|schei|nen
erscheint, erschien,
ist erschienen
Erscheinen *das*
Erscheinung *die*
Erscheinungsbild *das*
er|schie|ßen
erschießt, erschoss,
hat erschossen
Erschießung *die*
er|schlaf|fen
ist erschlafft
er|schla|gen
erschlägt, erschlug,
hat erschlagen
er|schlie|ßen
erschließt, erschloss,
hat erschlossen
Erschließung *die*
er|schöpft
Erschöpfung *die*
Erschöpfungs-
zustand *der*
er|schre|cken
(Schrecken einflößen:)
erschreckt, erschreckte,
hat erschreckt
(selbst erschreckt
werden:)
erschrickt, erschrak,
ist erschrocken
erschreckend

er|schüt|tern
erschütternd
Erschütterung *die*
er|schwe|ren
erschwerend
Erschwernis *die*
er|schwing|lich
(bezahlbar)
erschwingliche Preise
er|se|hen
ersieht, ersah,
hat ersehen
er|seh|nen
er|set|zen
er|sicht|lich
ohne ersichtlichen
Grund
er|spä|hen
er|spa|ren
Ersparnisse
er|sprieß|lich
(vorteilhaft)
er|spü|ren

erst

erst
erst einmal
erst jetzt
erst mal
erst recht
er|star|ken
er|star|ren
er|stat|ten
Erstattung *die*
Erst|auf|füh|rung *die*
er|stau|nen
Erstaunen *das*
erstaunlich
erstaunlicherweise
ers|te
e ...
das erste Mal
beim ersten Mal

zum ersten Mal
der erste Beste
die erste Geige
die erste Klasse
der erste Rang
die ersten beiden
die ersten drei
e .../E ...
die erste/Erste Hilfe
E ...
der/die/das Erste
der Erste-Hilfe-Lehrgang
der Erste Vorsitzende
fürs Erste
am Ersten des Monats
die Ersten werden die
Letzten sein
als Erster ankommen
als Erstes
Erstes Deutsches
Fernsehen
erstere
der/die/das Erstere
Ersteres
erstgenannt
erstklassig
Erstkommunion *die*
erstmals
Erststimme *die*
er|ste|chen
ersticht, erstach,
hat erstochen
er|ste|hen
ersteht, erstand,
hat/ist erstanden
er|stei|gen
ersteigt, erstieg,
hat erstiegen
er|stei|gern
er|stel|len
eine Liste erstellen
er|sti|cken
Erstickung *die*
Erstickungstod *der*

erst|mals
er|strah|len
er|stre|ben
  erstrebenswert
er|stre|cken
er|stür|men
  Erstürmung *die*
er|su|chen
  Ersuchen *das*

ert _____

er|tap|pen
  ertappt werden
er|tei|len
  einen Auftrag erteilen
  das Erteilen einer
  Genehmigung
er|tö|nen
Er|trag *der*
  die Erträge
  ertragen
  erträgt, ertrug,
  hat ertragen
  erträglich
  ertragreich
er|trän|ken
er|träu|men
er|trin|ken
  ertrinkt, ertrank,
  ist ertrunken
  Ertrinken *das*
  Ertrinkende *der/die*
  ertrunken
Er|tüch|ti|gung *die*
er|üb|ri|gen
  sich erübrigen
Erup|ti|on *die*
  (Ausbruch)

erw _____

er|wa|chen
  Erwachen *das*

er|wach|sen
  erwächst, erwuchs,
  ist erwachsen
  Erwachsene *der/die*
  Erwachsensein *das*
er|wä|gen
  erwägt, erwog,
  hat erwogen
  erwägenswert
  Erwägung *die*
er|wäh|len
er|wäh|nen
  wie oben erwähnt
  erwähnenswert
  Erwähnung *die*
er|wär|men
  sich erwärmen
  Erwärmung *die*
er|war|ten
  Erwartung *die*
  erwartungsgemäß
  erwartungsvoll
er|we|cken
  einen Eindruck
  erwecken
er|weh|ren
  sich erwehren
er|wei|chen
er|wei|sen
  erweist, erwies,
  hat erwiesen
er|wei|tern
  Erweiterung *die*
Er|werb *der*
  erwerben
  erwirbt, erwarb,
  hat erworben
  Erwerber *der*
  Erwerbsleben *das*
  Erwerbsloser *ein*
  erwerbstätig
  Erwerbstätigkeit *die*
er|wi|dern
  die Liebe erwidern

  Erwiderung *die*
er|wie|se|ner|ma-
ßen
er|wir|ken
er|wirt|schaf|ten
  Gewinne erwirtschaften
er|wi|schen
er|wor|ben
  (→ erwerben)
er|wünscht
er|wür|gen
Erz *das*
  Erzader *die*
  erzhaltig
er|zäh|len
  Erzähler/in
  auktorialer Erzähler
  neutraler Erzähler
  personaler Erzähler
  erzählerisch
  Erzählperspektive *die*
  Erzählung *die*
  Erzählweise *die*
  analytische Erzählweise
Erz|bi|schof *der*
  erzbischöflich
  Erzbistum *das*
Erz|en|gel *der*
er|zeu|gen
  Erzeuger *der*
  Erzeugerpreis *der*
  Erzeugnis *das*
  Erzeugung *die*
Erz|feind *der*
Erz|her|zog *der*
er|zie|hen
  erzieht, erzog,
  hat erzogen
  Erzieher/in
  erzieherisch
  Erziehung *die*
er|zie|len
  Erfolge erzielen
er|zit|tern

er|zür|nen
er|zwin|gen
erzwingt, erzwang,
hat erzwungen
erzwungenermaßen

es

es
es regnet, ich höre es
Esche *die* (ein Baum)
Eschenholz *das*
Esel *der*
Eselei *die*
Eselsbrücke *die*
Eselsohr *das*
Es|ka|la|ti|on *die*
(Verschärfung)
eskalieren
Es|ka|pa|de *die*
(riskante Aktion)
Es|kor|te *die*
(Begleitmannschaft)
eskortieren
Eso|te|rik *die*
(Geheimlehre)
Esoteriker/in
esoterisch
Es|pe *die* (ein Baum)
Espenlaub *das*
Es|pe|ran|to *das*
(künstl. Weltsprache)
Es|pres|so *der*
Espressomaschine *die*
Es|prit *der*
auch: Esp|rit
(Geist, Witz,
Ideenreichtum)
Esprit haben
Es|say *der/das*
(eine Aufsatzform)
die Essays
Essayist/in
essayistisch

es|sen
isst, aß,
hat gegessen, iss!
essbar
Essbarkeit *die*
Essen *das*
Essenszeit *die*
Essgewohnheit *die*
Esszimmer *das*
es|sen|zi|ell/es|sen-
ti|ell (wesentlich)
Essenz *die*
Es|sig *der*
Essigessenz *die*
Essiggurke *die*
essigsauer
Essigsäure *die*
Es|tab|lish|ment *das*
auch: Es|ta|blish|ment
(einflussreiche Leute)
Es|ter *der*
(chem. Verbindung)
Est|land
Este *der*
Estin *die*
Es|tra|gon *der*
auch: Est|ra|gon
(ein Gewürz)
Es|trich *der*
auch: Est|rich
(Fußboden)

et

eta|blie|ren
auch: etab|lie|ren (gründen)
sich etablieren
Etablissement *das*
Eta|ge *die* (Stockwerk)
Etagenbett *das*
Etap|pe *die* (Abschnitt)
etappenweise
Etappenziel *das*

Etat *der* (Geldmittel)
Etatposten *der*
etc. (et cetera)
(und so weiter)
Eter|nit® *das/der*
Eternitplatte *die*
Ether/Äther *der*
Ethik *die* (Sittenlehre)
ethisch
Ethos *das*
eth|nisch
(eine Volksgruppe
betreffend)
Ethnologie *die*
(Völkerkunde)
ethnologisch
Eti|kett *das*
(Warenschild)
etikettieren
Eti|ket|te *die*
(feine Sitte)
et|li|che (einige)
etliche Tage
etliches brauchen
etliche Mal
Etü|de *die*
(Übungsstück)
Etui *das*
das Brillenetui
et|wa
in etwa
etwa 50 Personen
etwaige Schwierigkeiten
et|was
e...
etwas anderes/Anderes
etwas Besseres
etwas Gutes
E...
ein gewisses Etwas
Ety|mo|lo|gie *die*
(Lehre von der
Herkunft der Wörter)
etymologisch

eu

euch
Eu|cha|ris|tie *die*
(Abendmahl)
eu|er
eure Fragen
der eure / der Eure
der eurige / der Eurige
eurerseits
euretwegen
euretwillen
Eu|ka|lyp|tus *der*
(ein Baum)
Eu|le *die*
Eulenspiegelei *die*
Eu|nuch *der*
(kastrierter Mann)
Eu|phe|mis|mus *der*
(beschönigende
Ausdrucksweise)
euphemistisch
Eu|pho|rie *die*
(Glücksgefühl)
euphorisch
Eu|ra|si|en
(Europa und Asien)
Eu|ro *der* (€)
2-Euro-Münze /
2-€-Münze /
Zweieuromünze *die*
50-Euro-Schein /
50-€-Schein /
Fünfzigeuroschein *der*
Eurocent *der*
Eu|ro|cheque *der*
Eu|ro|pa
Europäer/in
europäisch
europaweit
Eurovision *die*
Eu|ter *das*
Eu|tha|na|sie *die*
(Sterbehilfe)

ev

ev. (evangelisch)
e. V. / E. V.
(eingetragener Verein)
eva|ku|ie|ren
(an einen sicheren Ort
bringen)
Evakuierung *die*
Eva|lu|a|ti|on *die*
(Bewertung)
evaluieren
Evan|ge|li|ar *das*
(Evangelienbuch)
evan|ge|lisch
evangelisch-lutherisch
evangelisch-reformiert
Evangelist *der*
Evangelium *das*
Eva|si|on *die*
(Massenflucht)
Event *der/das*
(Veranstaltung)
Even|tu|a|li|tät *die*
(Möglichkeit)
Eventualfall *der*
eventuell
Ever|green *der/das*
(Schlager)
evi|dent
(offensichtlich)
Evidenz *die*
Evo|ka|ti|on *die*
Evo|lu|ti|on *die*
(Entwicklung)
Evolutionstheorie *die*
evtl. (eventuell)
ewig
Ewigkeit *die*

ex

ex|akt
Exaktheit *die*
ex|al|tiert
(hysterisch)
Ex|a|men *das*
Examenskandidat/in
examinieren
Ex|e|ge|se *die*
(Deutung)
exegetisch
ex|e|ku|tie|ren
(vollstrecken)
Exekution *die*
Exekutive *die*
Exekutivgewalt *die*
Ex|em|pel *das*
(Beispiel)
Exemplar *das*
exemplarisch
exemplifizieren
ex|er|zie|ren
Exerzitien
ex|hu|mie|ren
(wieder ausgraben)
Exil *das* (Zufluchtsort
im Ausland)
Exilant/in
Exilliteratur *die*
Exilregierung *die*
Exis|tenz *die*
existent
Existenzialismus /
Existentialismus *der*
existenzialistisch /
existentialistisch
existenziell / existentiell
Existenzminimum *das*
existieren
Ex|i|tus *der* (Tod)
Ex|kanz|ler *der*
Exkanzlerin *die*
Ex|kla|ve *die*
(Gebiet im Ausland)
**ex|klu|siv / ex|klu-
si|ve** (ausschließlich)
Exklusivität *die*

Ex|kom|mu|ni|ka-ti|on *die*
exkommunizieren
Ex|kö|nig *der*
Exkönigin *die*
Ex|kre|ment *das*
(Körperausscheidung)
Ex|kurs *der*
(Abschweifung)
Ex|kur|si|on *die*
(Ausflug)
Ex|o|dus *der*
(Auszug)
ex|or|bi|tant
(übermäßig)
Ex|or|zis|mus *der*
(Geisterbeschwörung)
Exo|tik *die*
(alles Fremdländische)
exotisch
Ex|pan|der *der*
expandieren
(sich ausdehnen)
Expansion *die*
Expansionspolitik *die*
Ex|pe|di|ti|on *die*
Ex|pe|ri|ment *das*
experimentell
experimentieren
Ex|per|te *der*
Expertin *die*
Expertise *die*
ex|pli|zie|ren
(erklären)
explizit
ex|plo|die|ren
Explosion *die*
explosionsartig
Explosionsgefahr *die*
explosiv
Ex|plo|ra|ti|on *die*
(Erforschung)
explorieren

Ex|po|nat *das*
(Ausstellungsstück)
Exponent/in
exponentiell
exponieren
exponiert
Ex|port *der*
exportabhängig
Exportartikel *der*
Exporteur *der*
exportieren
Ex|po|see/Ex|po|sé *das* (Bericht)
Ex|po|si|ti|on *die*
(Einführung)
Ex|press *der*
Expressgut *das*
Ex|pres|si|o|nis|mus *der*
(eine Kunstrichtung)
Expressionist/in
expressionistisch
ex|pres|sis ver|bis
(wortwörtlich)
ex|pres|siv
Expressivität *die*
ex|qui|sit (vorzüglich)

ext

ex|ten|siv (ausgedehnt)
ex|tern (auswärtig)
ex|ter|ri|to|ri|al
(außerhalb des Landes)
Exterritorialität *die*
ex|tra
auch: ext|ra
extra dry
extralang
extrastark
Extra *das*
Extraausgabe *die*
Extrablatt *das*

ex|tra|hie|ren
auch: ext|ra|hie|ren
(herausziehen)
Extrakt *der*
Extraktion *die*
ex|tra|ter|res|trisch
auch: ext|ra|ter|rest-risch (außerirdisch)
Ex|tra|tour *die*
auch: Ext|ra|tour
ex|tra|va|gant
auch: ext|ra|va|gant
(ungewöhnlich)
Extravaganz *die*
ex|trem
auch: ext|rem (äußerst)
Extrem *das*
Extremfall *der*
Extremismus *der*
Extremist/in
Extremitäten
(Arme und Beine)
ex|tro|ver|tiert
auch: ext|ro|ver|tiert
(offen, spontan)
ex|zel|lent (vorzüglich)
Exzellenz *die*
Ex|zen|trik *die*
auch: Ex|zent|rik
(Überspanntheit)
exzentrisch
ex|zep|ti|o|nell
(außergewöhnlich)
ex|zer|pie|ren
(herausschreiben)
Exzerpt *das*
ein Exzerpt anfertigen
Ex|zess *der*
(Ausschweifung)
exzessiv
Eye|cat|cher *der*
(Blickfang)
Eyeliner *der*

F

f. (folgende Seite)
ff. (folgende Seiten)
Fa|bel *die*
fabelhaft
fabulieren
Fa|brik *die*
 auch: Fab|rik
 die Fabriken
 Fabrikant/in
 Fabrikarbeiter/in
 Fabrikat *das*
 Fabrikation *die*
 fabrikneu
 fabrizieren

fac

Fa|cet|te/Fas|set|te
 die (geschliffene Fläche
 eines Edelsteins)
Fach *das*
 die Fächer
 dreifach (3-fach / 3fach)
 Facharbeit *die*
 Facharbeiter/in
 Facharzt *der*
 Fachausdruck *der*
 Fachberater/in
 Fachbereich *der*
 Fachfrau *die*

Fachgebiet *das*
Fachgeschäft *das*
Fachhochschule *die*
Fachkenntnisse
fachkundig
Fachlehrer/in
fachlich
Fachliteratur *die*
Fachmann *der*
 die Fachleute
fachmännisch
Fachsprache *die*
Fachwerkhaus *das*
Fachzeitschrift *die*
fä|cheln
 Luft zufächeln
 Fächer *der*
 fächerförmig
 fächern
fach|kun|dig
 fachlich
 fachmännisch
 fachsimpeln
 Fachsimpeln *das*
Fa|ckel *die*
 fackeln
 nicht lange fackeln
 Fackelzug *der*
fad/fa|de (langweilig)
 Fadheit *die*
Fa|den *der*
 die Fäden
 fadenscheinig

Fa|gott *das*
 (ein Blasinstrument)
 Fagottist/in

fah

fä|hig
 Fähigkeit *die*
fahl (blass)
 fahlgelb
fahn|den
 Fahnder *der*
 Fahndung *die*
 Fahndungsfoto *das*
Fah|ne *die*
 fahnenflüchtig
 Fahnenstange *die*
 Fähnrich *der*
Fä|hre *die*
 Fährschiff *das*
fah|ren
 fährt, fuhr,
 ist gefahren
 Auto fahren
 Bahn fahren
 Rad fahren
 fahren lassen
 (übertragen:)
 Hoffnung fahren
 lassen / fahrenlassen
 fahren lernen
 Fahrbahn *die*
 fahrbereit
 Fahrer/in
 Fahrerflucht *die*
 Fahrgast *der*
 Fahrgeld *das*
 Fahrkarte *die*
 Fahrkartenautomat *der*
 Fahrlehrer/in
 Fahrplan *der*
 fahrplanmäßig
 Fahrrad *das*
 Fahrrad fahren

Rad fahren	das Radfahren
Verb:	Nomen / Substantiv:
Rad // fahren	*das Radfahren*
Auto // fahren	*das Autofahren*
Ich lerne Auto fahren.	*Das Autofahren kann gefährlich sein.*

Fahrradhelm *der*
Fahrrinne *die*
Fahrschule *die*
Fahrstuhl *der*
Fahrt *die*
Fahrtdauer *die*
Fahrtenschreiber *der*
fahrtüchtig
Fahrzeit *die*
Fahrzeug *das*
fah|rig (unkonzentriert)
Fahrigkeit *die*
fahr|läs|sig
Fahrlässigkeit *die*
Fähr|te *die* (Fußabdrücke von Tieren)
Fährtensucher *der*
Fai|ble *das* (Schwäche)
auch: Faib|le
ein Faible haben für etw.
fair (den Regeln entsprechend)
mit fairen Mitteln
Fairness *die*
Fairplay / Fair Play *das*

fak

Fä|ka|li|en (Kot)
Fake *der / das*
(Fälschung, Betrug)
faken
ein gefaktes Foto
Fa|kir *der* (ind. Asket)
Fak|si|mi|le *das*
(Nachbildung)
Fakt *der / das*
(Tatsache)
die Fakten
Faktenwissen *das*
faktisch
Faktum *das*
Fak|tor *der* (Element; Multiplikator)
Fak|to|tum *das*
(„Mädchen für alles")
Fa|kul|tas *die*
(Lehrbefähigung)
Fakultät *die*
(Teil der Universität)
fakultativ (freiwillig)

fal

falb (graugelb)
Falbe *der* (ein Pferd)
Fal|ke *der*
Falkenjagd *die*
Falkner *der*
Fall *der*
die Fälle
auf alle Fälle
von Fall zu Fall
zu Fall bringen
bestenfalls
gegebenenfalls
jedenfalls
keinesfalls
Fal|le *die*
eine Falle stellen
Fallensteller *der*
fal|len
fällt, fiel, ist gefallen
fallen lassen
(übertragen:)
einen Plan fallen lassen / fallenlassen
Fallobst *das*
fäl|len
einen Baum fällen
fäl|lig
Fälligkeit *die*
Fall|reep *das*
(Schiffstreppe)
falls
falls erforderlich
falls nötig
falls es zu spät ist
Fall|schirm *der*
Fallschirmjäger *der*
Fallschirmspringer/in
Fall|stri|cke
falsch
f...
falsch rechnen
falsch schreiben
F...
kein Falsch
ohne Falsch
etwas Falsches
Falschgeld *das*
Falschmeldung *die*
Falschspieler/in
fälschen
Fälscher/in
fälschlich
Fälschung *die*
Fal|te *die*
Faltboot *das*
falten
faltig
Fal|ter *der*
der Zitronenfalter
Falz *der*
falzen

fam

Fa|ma *die* (Gerücht)
fa|mi|li|är
Familie *die*
Familienangelegenheit *die*
Familienbetrieb *der*
Familienfeier *die*
Familienleben *das*
Familienname *der*
fa|mos (großartig)
Fan *der*
Fanklub *der*
Fa|nal *das*
(Feuerzeichen)

Fa|na|ti|ker der
fanatisch
Fanatismus *der*
fand (→ finden)
fän|de (→ finden)
Fan|fa|re *die*
Fang *der*
die Fänge
fangen
fängt, fing,
hat gefangen
Fänger *der*
Fan|go *der* (Schlamm)
Fangopackung *die*
Fan|ta|sie /
Phan|ta|sie *die*
fantasiebegabt /
phantasiebegabt
fantasieren /
phantasieren
fantasievoll /
phantasievoll
Fantast / Phantast *der*
fantastisch /
phantastisch
Fan|ta|sy *die*
Fa|rad *das* (Maßeinheit)
faradayscher /
Faraday'scher Käfig
Far|be *die*
farbecht
farbenblind
farbenfroh
farbenprächtig
Farbfoto *das*
farbig
farblich
Farbstoff *der*
Farbton *der*
farbverschmiert
fär|ben
Färbung *die*
Far|ce *die* (komisches Theaterstück)

Farm *die*
Farmer *der*
Farmersfrau *die*
Farn *der*
Farnkraut *das*
Farnwedel *der*
Fär|se *die* (junge Kuh)

fas

Fa|san *der*
Fasanerie *die*
Fa|sching *der*
Faschingsball *der*
Faschingskostüm *das*
Fa|schis|mus *der*
Faschist/in
faschistisch
fa|seln (Unsinn reden)
Fa|ser *die*
fas(e)rig
Fa|shion *die* (Mode)
fashionable
Fass *das*
die Fässer
Fassbier *das*
Fässchen *das*
Fas|sa|de *die*
fas|sen
fasst, fasste,
hat gefasst
fassbar
Fassbarkeit *die*
fasslich
Fas|son *die*
(Machart, Schnitt, Zuschnitt)
fasst (→ fassen)
Fas|sung *die*
fassungslos
Fassungsvermögen *das*
fast (beinahe)
fast ganz
fast zu viel

fas|ten
Fasten *das*
Fastenzeit *die*
Fast|food / Fast Food *das*
Fast|nacht /
Fas|nacht *die*
Fastnachtsspiel *das*
Fas|zi|na|ti|on *die*
(fesselnde Wirkung)
faszinieren
faszinierend
fa|tal (verhängnisvoll)
Fatalismus *der*
Fatalist *der*
fatalistisch
Fa|ta Mor|ga|na *die*
(Sinnestäuschung)
fau|chen / pfau|chen
faul
faul sein
Fäule *die*
faulen (verderben)
faulenzen
Faulheit *die*
faulig
Fäulnis *die*
Faulpelz *der*
Faultier *das*
Fau|na *die* (Tierwelt)
Faust *die*
die Fäuste
Faustball *der*
faustdick
faustgroß
Fausthieb *der*
Faustrecht *das*
Faustregel *die*
Faustschlag *der*
Faux|pas *der*
(Taktlosigkeit)
fa|vo|ri|sie|ren
(bevorzugen)
Favorit/in

Fax *das* (Telefax)
  per Fax
  Faxnummer *die*
  faxen
Fa|yence *die*
  auch: Fay|ence
  (Steingut)
  Fayenceteller *der*
Fa|zit *das* (Ergebnis)
FCKW (Fluorchlor-
  kohlenwasserstoff)
  FCKW-frei

fe

Fea|ture *das*
  (Dokumentarbericht)
Feb|ru|ar *der*
  auch: Fe|bru|ar
fech|ten
  ficht, focht,
  hat gefochten
  Fechter/in
  Fechtkunst *die*
Fe|der *die*
  Federball *der*
  federführend
  Federhalter *der*
  federleicht
  Federmappe *die*
  federn
  Federstrich *der*
  Federung *die*
  Federvieh *das*
  Federweiße *der*
  Federzeichnung *die*
Fee *die*
  die Feen
  feenhaft
  Feenreigen *der*
Feed-back/
Feed|back *das*
  (Rückmeldung,
  Rückkopplung)

Fee|ling *das* (Gespür)
Fe|ge|feu|er *das*
fe|gen

feh

Feh|de *die* (Streit)
  den Fehdehandschuh
  hinwerfen
fehl
  f…
  fehl am Platz sein
  F…
  ohne Fehl sein
  Fehlanzeige *die*
  fehlbar
  Fehlbetrag *der*
  Fehldiagnose *die*
  Fehlentscheidung *die*
  Fehlgeburt *die*
  fehlgehen
  geht fehl, ging fehl,
  ist fehlgegangen
  in der Annahme fehlge-
  hen, dass …
  Fehlinterpretation *die*
  Fehlkonstruktion *die*
  Fehlschlag *der*
  fehlschlagen
  schlägt fehl,
  schlug fehl,
  ist fehlgeschlagen
  Fehlstart *der*
  Fehltritt *der*
  Fehlverhalten *das*
  Fehlzündung *die*
feh|len
  Fehlen *das*
Feh|ler *der*
  fehlerfrei
  fehlerhaft
  fehlerlos
  Fehlerquelle *die*
  Fehlerzahl *die*

Fei|er *die*
  die 100-Jahr-Feier
  Feierabend *der*
  feierlich
  Feierlichkeiten
  feiern
  Feiertag *der*
  feiertags
feig/fei|ge
  Feigheit *die*
  Feigling *der*
Fei|ge *die*
  Feigenblatt *das*
feil (käuflich)
  feilbieten
  bietet feil, bot feil,
  hat feilgeboten
Fei|le *die*
  feilen
feil|schen („handeln")
fein
  f…
  fein mahlen/
  feinmahlen
  sehr fein
  fein machen
  sich fein machen/
  sich feinmachen
  F…
  das Feinste vom Feinen
  Feinarbeit *die*
  feinfühlig
  Feingefühl *das*
  Feingold *das*
  Feinheit *die*
  feinkörnig
  Feinkost *die*
  Feinschmecker/in
  feinsinnig
Feind *der*
  er ist sein Feind
  sie sind Feinde
  feind
  jemandem feind sein

Feindesland *das*
Feindin *die*
feindlich
Feindschaft *die*
feindselig
feist (fett)
fei|xen
(schadenfroh lachen)

fel

Fel|chen *der* (ein Fisch)
Feld *das*
Feldarbeit *die*
Feldherr *der*
Feldmarschall *der*
Feldmaus *die*
Feldstecher *der*
Feldwebel *der*
Feldweg *der*
Fel|ge *die*
Felgenbremse *die*
Fell *das*
Fellpflege *die*
Fels / Fel|sen *der*
Felsblock *der*
felsenfest
felsig
Felswand *die*
Fe|me *die*
(heimliches Gericht)
Femegericht *das*

fe|mi|nin (weiblich)
Femininum *das*
Feminismus *der*
Feministin *die*
feministisch
Fen|chel *der*
Fencheltee *der*
Fenn *das* (Moor)
Fens|ter *das*
Fensterbrett *das*
fensterln
fensterlos
Fensterputzer *der*
Fensterrahmen *der*
Fensterscheibe *die*

fer

Fe|ri|en
Ferienbeginn *der*
Ferienende *das*
Ferienjob *der*
Ferienreise *die*
Ferientag *der*
Ferienwohnung *die*
Ferienzeit *die*
Fer|kel *das*
Ferkelzucht *die*
Fer|ma|te *die*
(langer Ton)
Fer|ment *das* (Enzym)
fermentieren

FER...
gehört zum Wortstamm:

Ferkel
Ferment (Enzyme)
fern
ferner
Ferse (Teil des Fußes)
fertig

VER...
ist eine Vorsilbe:

Verbesserung
verbieten
vergessen
verloren
Verteidiger
verschwinden

---

fern

fern
f...
fern der Heimat
von nah und fern
von fern her
F...
der Ferne Osten
Fernbedienung *die*
fernbleiben
bleibt fern, blieb fern,
ist ferngeblieben
Fernbleiben *das*
Ferne *die*
aus der Ferne
ferner
Fernfahrer *der*
ferngelenkt
Ferngespräch *das*
Fernglas *das*
Fernlicht *das*
fernliegen
liegt fern, lag fern,
hat ferngelegen
Fernmeldetechnik *die*
Fernost
fernöstlich
Fernschreiber *der*
Fernsprecher *der*
Ferntourismus *der*
Fernverkehr *der*
fern|se|hen
sieht fern, sah fern,
hat ferngesehen
Fernsehen *das*
Fernseher *der*
Fernsehfilm *der*
Fernsehinterview *das*
Fernsehkamera *die*
Fernsehprogramm *das*
Fernsehshow *die*
Fernsehspiel *das*
Fernsehzeitschrift *die*

118

Fer|se *die*
(Teil des Fußes)
fer|tig
fertig sein
fertig machen /
fertigmachen
(zu Ende machen)
fertigbringen
(hinkriegen)
bringt fertig,
brachte fertig,
hat fertiggebracht
fertigen
Fertiggericht *das*
Fertighaus *das*
Fertigkeit *die*
fertigmachen
(quälen, zermürben)
der Stress hat sie
fertiggemacht
fertigstellen
Fertigstellung *die*
Fertigung *die*

fes

Fes/Fez *der*
(Kopfbedeckung)
fesch
fesch aussehen
Fes|sel *die*
fesseln
fesselnd
fest
fest angestellt /
festangestellt
fest gefügt / festgefügt
Festbetrag *der*
festbinden (anbinden)
bindet fest, band fest,
hat festgebunden
festfahren
fährt fest, fuhr fest,
ist festgefahren

festhalten (in die Hand
nehmen; aufschreiben)
hält fest, hielt fest,
hat festgehalten
fest halten
(kräftig halten)
festigen
Festigkeit *die*
festklammern
festkleben
Festkörper *der*
Festland *das*
festlegen
sich festlegen
Festlegung *die*
festmachen
Festnahme *die*
festnehmen (verhaften)
nimmt fest, nahm fest,
hat festgenommen
Festplatte *die*
Festpreis *der*
festschnallen
festschrauben
festsetzen
den Termin festsetzen
feststehen (klar sein)
steht fest, stand fest,
hat festgestanden
Fest *das*
Festakt *der*
Festansprache *die*
Festfreude *die*
Festkomitee *das*
festlich
Festlichkeit *die*
Festsaal *der*
die Festsäle
Festschrift *die*
Festspiel *das*
Festspielhaus *das*
Festtag *der*
Fes|ti|val *das*
fest|lich

Fes|tung *die*
Festungswall *der*
Fe|te *die* (Fest)
Fe|tisch *der*
(Glücksbringer)
Fetischist *der*
fett
fett drucken
fett gedruckter /
fettgedruckter Text
Fett *das*
Fettauge *das*
fetten
Fettfleck *der*
Fettgehalt *der*
fettig
Fettnäpfchen *das*
Fettsäure *die*
Fettschicht *die*
Fe|tus/Fö|tus *der*
(Kind im Mutterleib)
Fet|zen *der*
feucht
Feuchtgebiet *das*
Feuchtigkeit *die*
feuchtwarm
feu|dal (prunkvoll)
Feudalismus *der*
feudalistisch
Feudalsystem *das*
Feu|er *das*
Feuer fangen
Feuer speiend /
feuerspeiend
Feuer und Flamme sein
Feueralarm *der*
Feuerbestattung *die*
feuerfest
feuergefährlich
Feuerlöscher *der*
Feuermelder *der*
feuerrot
Feuerversicherung *die*
Feuerwehr *die*

Feuerwehrmann *der*
die Feuerwehrmänner /
die Feuerwehrleute
Feuerwerk *das*
Feuerzeug *das*
feurig
Feuil|le|ton *das*
(kulturelle Nachrichten)
feuilletonistisch

fi

Fi|a|ker *der*

Fi|as|ko *das* (Misserfolg)
Fi|bel *die*
Fi|ber *die* (Faser)
ficht (→ fechten)
Fich|te *die*
Fichtennadel *die*
Fi|cus *der* (ein Zierbaum)
fi|del (lustig)
Fi|di|bus *der*
(Pfeifenanzünder)
Fie|ber *das*
fieberfrei
Fieberkurve *die*
fiebernd
Fieberthermometer *das*
fiebrig

fiel / viel

Das **fiel** *mir auf.*
*Das ge***fiel** *mir.*
Sie stolperte und
fiel *hin.*

Viel Glück!
viel Spaß haben
viel*mals*
viel*seitig*

fiel (→ fallen)
fie|pen (piepsen)
fies (ekelhaft)
Fi|es|ta *die* (span. Fest)
FIFA / Fi|fa *die* (Fédération Internationale de Football Association)
fif|ty-fif|ty
(halbe-halbe)
Fight *der* (Kampf)
fighten
Fi|gur *die*
Figuration *die*
Figurengedicht *das*
Figurenkonstellation *die*
Figurine *die*
figürlich
Fik|ti|on *die*
(etwas Ausgedachtes)
fiktional
fiktiv
Fi|let *das*
Filetsteak *das*
Fi|li|a|le *die*
Filialleiter/in
fi|li|gran
auch: fi|lig|ran
(aus feinem Golddraht)
Fi|li|us *der* (Sohn)
Film *der*
Filmemacher/in
filmen
Filmfestspiele
filmisch
Filmmusik *die*
Filmschnitt *der*
Filmstar *der*
Filmverleih *der*
Fi|lou *der* (Strolch)
Fil|ter *der / das*
filtern
Filterpapier *das*
Filtertüte *die*
Filterung *die*
Filterzigarette *die*
Filtrat *das*
filtrieren
Filz *der*
filzig
Filzstift *der*

fin

Fi|na|le *das* (Ende)
Finalsatz *der*
Fi|nanz *die*
Finanzamt *das*
Finanzen
finanziell
finanzieren
Finanzierung *die*
Finanzminister/in
Fin|del|kind *das*
fin|den
findet, fand,
hat gefunden
Finder *der*
Finderlohn *der*
findig
Findling *der*
Fi|nes|se *die* (Feinheit)
fing (→ fangen)
Fin|ger *der*
Fingerabdruck *der*
fingerbreit
ein fingerbreiter Riss
(aber:) *der Riss war*
einen Finger breit

*die Tür steht einen
Finger breit / Fingerbreit
offen*
fingerdick
fingerfertig
Fingernagel *der*
die Fingernägel
Fingerspitze *die*
Fingerspitzengefühl *das*
Fingerübung *die*
fin|gie|ren
(vortäuschen)
ein fingierter Brief
Fi|nish *das* (Endspurt)
fi|nit
finite Form des Verbs
Fink *der*
Finn|land
Finne *der*
Finnin *die*
finnisch
Finn|wal *der*
fins|ter
*f…
finster dreinblicken
die finstre Nacht
F…
das Finstere
im Finstern tappen*
Finsternis *die*
Fin|te *die* (List)
fintenreich

fir _____

Fir|le|fanz *der*
firm
in etwas firm sein
Fir|ma *die*
die Firmen
Firmenchef/in
Firmenschild *das*
firmieren
Fir|ma|ment *das*

fir|men
Firmling *der*
Firmung *die*
Firn *der* (ewiger Schnee)
Fir|nis *der*
(Schutzanstrich)
firnissen
First *der*
der Dachfirst
First-Class-Ho|tel *das*
Fisch *der*
fischen
Fischer *der*
Fischerboot *das*
Fischerei *die*
Fischerhafen *der*
Fischernetz *das*
Fischgericht *das*
Fischgeschäft *das*
Fischgräte *die*
Fischkutter *der*
Fischotter *der*
Fischstäbchen *das*
Fischsuppe *die*
Fi|si|ma|ten|ten
(Faxen)
Fis|kus *der*
(die Staatskasse)
fiskalisch
Fis|tel|stim|me *die*
(hohe Stimme)

fit _____

fit
*fitter, fitteste
sich fit fühlen*
Fitness *die*
Fitnesscenter *das*
Fitnesstest *der*
Fit|tich *der* (Flügel)
fix
fix und fertig
Fixelement *das*

fixen
Fixgerade *die*
fixieren
Fixkosten
Fixpunkt *der*
Fixstern *der*
Fixum *das*
(festes Gehalt)
Fjord *der* (Meeresbucht)
FKK (Freikörperkultur)
FKK-Strand *der*

fl _____

flach
Flachbildschirm *der*
Flachdach *das*
Fläche *die*
flächendeckend
Flächeninhalt *der*
flachfallen
(nicht stattfinden)
*fällt flach, fiel flach,
ist flachgefallen*
Flachland *das*
Flachs *der*
(eine Pflanze)
flachsblond
fla|ckern
Fla|den *der*
Flag|ge *die*
flaggen
Flaggschiff *das*
fla|grant
auch: flag|rant
in flagranti erwischen
(auf frischer Tat)
Flair *das* (Atmosphäre)
Fla|kon *der/das*
(Fläschchen)
flam|bie|ren
(abbrennen)
Fla|men|co *der*
(span. Tanz)

Fla|min|go *der*
(ein Vogel)
Flam|me *die*
Flammentod *der*
Flammenwerfer *der*
Fla|nell *der*
(Baumwollstoff)
fla|nie|ren (langsam spazieren gehen)
Flan|ke *die*
flanken
flankieren
Flansch *der*
(Teil des Rohrs)
flap|sig (flegelhaft)
Fla|sche *die*
Fläschchen *das*
Flaschenhals *der*
Flaschenöffner *der*
Flaschenzug *der*
flat|ter|haft
flattern
Flatterrand *der*
flau
Flaum *der*
Flaumfeder *die*
flaumweich
flau|schig
Flau|se *die*
Flausen im Kopf haben
Flau|te *die* (Windstille)
Flech|te *die*
flechten
flicht, flocht,
hat geflochten
Flechtwerk *das*
Fleck/Fle|cken *der*
fleckenlos
Fleckerlteppich *der*
fleckig
fled|dern
(ausplündern)
Fle|der|maus *die*
die Fledermäuse

Fle|gel *der*
flegelhaft
Flegeljahre *die*
fle|hen
flehentlich
Fleisch *das*
Fleisch essen
Fleisch fressend /
fleischfressend
Fleischbrühe *die*
Fleischer *der*
Fleischerei *die*
Fleischermeister/in
fleischfarben
Fleischhauer *der*
fleischig
Fleischkonserve *die*
fleischlos
Fleischsalat *der*
Fleischwolf *der*
Fleischwurst *die*
Fleiß *der*
Fleißarbeit *die*
fleißig
flek|tier|bar (konjugierbar, deklinierbar)
flektieren
Flexion *die*
Flexionsendung *die*
flen|nen (weinen)
flet|schen
die Zähne fletschen
Fleu|rop *die*
fle|xi|bel
Flexibilität *die*
Flexion *die*

fli

flicht (→ flechten)
fli|cken
Flicken *der*
Flick|flack *der*
(Sportübung)

Flie|der *der*
Fliederbusch *der*
fliederfarben
Fliederstrauß *der*
Flie|ge *die*
Fliegenfänger *der*
Fliegenpilz *der*
flie|gen
fliegt, flog,
ist geflogen
das Fliegen
fliegend
Flieger *der*
Fliegerhorst *der*
fliegerisch
flie|hen
flieht, floh,
ist geflohen
Fliehkraft *die*
Flie|se *die*
fliesen
Fliesenleger *der*
Fließ|band *das*
die Fließbänder
Fließbandarbeiter/in
flie|ßen
fließt, floss,
ist geflossen
fließend
flim|mern
flink
Flinkheit *die*
Flin|te *die*
Flintenschuss *der*
Flip *der* (ein Getränk)
Flip|flop® *der*
die Flipflops
Flip|per *der*
Flirt *der* (Liebelei)
flirten
Flit|ter *der*
Flitterwochen
flit|zen
Flitzer *der*

flo

floa|ten (schwanken)
flocht (→ flechten)
Flo|cke die
 Flöckchen das
 flockig
flog (→ fliegen)
floh (→ fliehen)
Floh der
 die Flöhe
 Flohmarkt der
Flop der (Misserfolg)
 das ist ein Flop
Flop|py Disk die
Flor der
 (Blüten; Gewebe)
 Teppichflor
Flo|ra die (Pflanzenwelt)
 florieren
 Florist/in
Flo|rett das
 (eine Stichwaffe)
 Florettfechten das
Flos|kel die
 (eine Redensart)
 floskelhaft
floss (→ fließen)
Floß das
 die Flöße
Flos|se die
Flö|te die
 Flöte spielen
 flöten
 flöten gehen
 geht flöten, ging flöten, ist flöten gegangen
 Flötenspiel das
 Flötist/in
flott
 flott sein
 flott machen (schnell)
 flottmachen
 (fahrtüchtig machen)

Flot|te die
Flöz das
 ein Kohlenflöz
Fluch der
 die Flüche
 fluchen
Flucht die
 fluchtartig
 flüchten
 flüchtig
 Flüchtigkeitsfehler der
 Flüchtling der
 Fluchtpunkt der
 Fluchtversuch der
 Fluchtweg der
Flug der
 die Flüge
 Flugbahn die
 Flugblatt das
 Flugblätter verteilen
 flügge
 Flughafen der
 Flughöhe die
 Fluglinie die
 Fluglotse der
 flugs (schnell)
 Flugschreiber der
 Flugschrift die
 Flugverkehr der
 Flugzeug das
 Flugzeugträger der
Flü|gel der
 flügellahm
flugs (schnell)
Flu|id das (Flüssigkeit)
 Fluidum das
Fluk|tu|a|ti|on die
 (Wechsel)
 fluktuieren
Flun|der die (ein Fisch)
flun|kern
Flu|or das (F)
 Fluorid das (ein Salz)
 Fluorit das (Mineral)

Flur die (Land);
 der (Gang)
 Feld und Flur
 der Hausflur
 Flurbereinigung die
Flu|se die (Fussel)
Fluss der
 die Flüsse
 flussab
 flussaufwärts
 Flussbett das
 Flussmündung die
 Flusspferd das
 Flusssand /
 Fluss-Sand der
 Flussufer das
flüs|sig
 Flüssigkeit die
 flüssigmachen
 200 € flüssigmachen
flüs|tern
Flut die
 fluten
 Flutkatastrophe die
 Flutlicht das

fo

focht (→ fechten)
Fock die
 Focksegel das
fö|de|ral (Bundes...)
 Föderalismus der
 föderalistisch
 Föderation die
 föderativ
Foh|len das
Föhn der
 föhnen
 Haare föhnen
 föhnig
Föh|re die (Kiefer)
Fo|kus der (Brennpunkt)
 fokussieren

123

fol

Fol|ge die
zur Folge haben
Folge leisten
infolge
zufolge
folgen
folgend
f ...
das folgende Zitat
die folgenden Gründe
F ...
das Folgende
durch das Folgende
aus Folgendem
im Folgenden
in Folgendem
Folgendes
ich denke an Folgendes
durch Folgendes
folgendermaßen
folgenschwer
folgerichtig
folgern
Folgerung die
Folgesatz der
folglich
folgsam
Fo|lie die
folienverpackt
Folienschweißer der
Fo|lio das
(Papierformat)
Foliant der
(großformatiges Buch)

Folk|lo|re die
Folklorismus der
folkloristisch
Folksong der
Fol|li|kel der (Bläschen)
Fol|ter die
Folterkammer die
foltern
Folterung die
(**Fön** → Föhn)
Fond der (Rücksitz, Hintergrund, Fleischsaft)
Fonds der (Geldmittel)
der Aktienfonds
Fon|due das / die
(Käsespeise)
Fo|nem / Pho|nem das
(Laut)
Fonetik / Phonetik die
fonetisch / phonetisch
Fonologie /
Phonologie die
Fonzahl / Phonzahl die
Fon|tä|ne die
(Springbrunnen)
Foot|ball der
fop|pen (necken)
Fopperei die

for

for|cie|ren (verstärken)
forciert
För|de die (Meeresarm)
for|dern
Forderung die

för|dern
förderlich
Fördermittel
Förderturm der
Förderung die
förderungswürdig
Fo|rel|le die
Forelle blau
Forellenzucht die
For|ke die
(Heu-, Mistgabel)
Form die
eine geschlossene Form
in Form sein
formal
Formalie die
formalisieren
Formalismus der
formalistisch
Formalität die
Format das
formatieren
Formation die
formbar
formbeständig
Formblatt das
formen
Formenlehre die
Formfehler der
formieren
förmlich
formlos
Formsache die
formschön
formvollendet
Form|al|de|hyd das
(ein Gas)
For|mel die
formelhaft
formell
For|mu|lar das
formulieren
Formulierung die
forsch (selbstbewusst)

Folk...	**Volk...**
*Folk*lore	*Volks*musik
*folk*loristisch	*volks*tümlich
*Folk*song	*Volks*lied

for|schen
Forscher/in
Forschung *die*
Forschungsbericht *der*
Forschungsreise *die*
Forst *der*
Förster *der*
Försterei *die*
Forstfrevel *der*
Forsthaus *das*
Forstrevier *das*
Forstverwaltung *die*
For|sy|thie *die*
(ein Zierstrauch)

fort

fort
fort sein
und so fort (usf.)
in einem fort
fortan
Fort *das* (Festung)
fort|be|ste|hen
besteht fort,
bestand fort,
hat / (ist) fortbestanden
fort|be|we|gen
sich fortbewegen
Fortbewegung *die*
fort|bil|den
sich fortbilden
Fortbildung *die*
fort|blei|ben
bleibt fort, blieb fort,
ist fortgeblieben
fort|brin|gen
bringt fort, brachte fort,
hat fortgebracht
fort|dau|ern
Fortdauer *die*
fortdauernd
for|te (stark, laut)
fortissimo

fort|ent|wi|ckeln
sich fortentwickeln
Fortentwicklung *die*
fort|fah|ren
fährt fort, fuhr fort,
ist fortgefahren
Fort|fall *der*
fortfallen
fällt fort, fiel fort,
ist fortgefallen
fort|füh|ren
Fort|gang *der*
fortgehen
geht fort, ging fort,
ist fortgegangen
fort|ge|schrit|ten
fort|ge|setzt
fort|ja|gen
fort|kom|men
kommt fort, kam fort,
ist fortgekommen
Fortkommen *das*
fort|las|sen
lässt fort, ließ fort,
hat fortgelassen
fort|lau|fend
fortlaufend nummeriert
fort|müs|sen
muss fort, musste fort,
hat fortgemusst
fort|pflan|zen
sich fortpflanzen
Fortpflanzung *die*
fort|schi|cken
fort|schrei|ben
schreibt fort,
schrieb fort,
hat fortgeschrieben
Fortschreibung *die*
fort|schrei|ten
schreitet fort,
schritt fort,
ist fortgeschritten
fortschreitend

Fortschritt *der*
fortschrittlich
fort|set|zen
Fortsetzung *die*
fort|tra|gen
trägt fort, trug fort,
hat fortgetragen
For|tu|na *die*
(Glücksgöttin)
For|tü|ne *die* (Glück)
fort|wäh|rend
(immerzu)
fort|wer|fen
wirft fort, warf fort,
hat fortgeworfen
fort|wir|ken
fort|zie|hen
zieht fort, zog fort,
ist fortgezogen
(umgezogen) /
hat fortgezogen
(wegbewegt)
Fo|rum *das*
die Foren
Forumsdiskussion *die*

fos

Fos|sil *das*
(Versteinerung)
fossil
fossile Brennstoffe
Fo|to *das*
Fotoalbum *das*
die Fotoalben
Fotoapparat *der*
fotogen
Fotograf/in
Fotografie /
Photographie *die*
fotografieren
fotografisch
Fotokopie *die*
Fotomodell *das*

Fotomontage *die*
Fotorealismus *der*
Fotosynthese/
Photosynthese *die*
Fotozelle *die*
Fö|tus/Fe|tus *der*
(Kind im Mutterleib ab 3. Schwangerschaftsmonat)
Foul *das*
Foulelfmeter *der*
foulen (rempeln)
Foulspiel *das*
Fox|ter|ri|er *der*
Fox|trott *der* (ein Tanz)
Fo|yer *das*
auch: Foy|er (Vorhalle)

fra

Fracht *die*
Frachter *der*
Frachtschiff *das*
Frachtverkehr *der*
Frack *der*
die Fräcke/Fracks

Fra|ge *die*
in Frage stellen/infrage stellen
indirekte Frage
Fragebogen *der*
Fragefürwort *das*
fragen
Fragesatz *der*
Fragestunde *die*
Frage-und-Antwort-Spiel *das*
Fragezeichen *das*
fraglich
fraglos
fra|gil (zerbrechlich)
Fragilität *die*
Frag|ment *das*
(Bruchstück)
fragmentarisch
frag|wür|dig
Fragwürdigkeit *die*
Frak|ti|on *die*
(Zusammenschluss von Abgeordneten)
fraktionell
Fraktionsdisziplin *die*
Fraktionsstärke *die*
Frak|tur *die* (Schriftart; Knochenbruch)
Frame *der* (Rahmen)
Franc *der* (frühere franz., belg. Währung)
frank
frank und frei
Fran|ken *der*
der Schweizer Franken
fran|kie|ren
(Briefmarke aufkleben)
frän|kisch
Frank|reich
Franzose *der*
Französin *die*
Fran|se *die*
Fran|zis|ka|ner *der*
Franziskanerin *die*
fran|zö|sisch
auf Französisch
Französischunterricht *der*

frap|pant (auffällig)
frappieren
Frä|se *die*
(eine Maschine)
fräsen
Fraß *der*
fraß (→ fressen)
fra|ter|ni|sie|ren
(sich verbrüdern)
Frat|ze *die*
fratzenhaft
Frau *die*
Frauenarzt *der*
Frauenärztin *die*
Frauenheld *der*
Frauenliteratur *die*
Frauenquote *die*
Frauenzeitschrift *die*
fraulich
Fräu|lein *das*

fre

Freak *der* (Fan, unangepasster Mensch)
frech
Frechheit *die*
**Free|clim|bing/
Free Clim|bing** *das*
(freies Klettern)
Free|sie *die*
(eine Blume)
Fre|gat|te *die*

Fregattvogel *der*

frei
f…
frei Haus
frei lebende Tiere/
freilebende Tiere
frei sein
freie Fahrt
freie Hand lassen
freier Mitarbeiter
frei sprechen
(ohne Manuskript)
F…
im Freien
Freie und Hansestadt
Hamburg
Frei|bad *das*
die Freibäder
frei be|kom|men/
frei|be|kom|men
bekommt frei,
bekam frei,
hat frei bekommen/
hat freibekommen
frei|be|ruf|lich
Frei|beu|ter *der*
(Seeräuber)
frei|blei|bend
Frei|den|ker *der*
Freidenkerin die
frei|en
(um eine Frau werben)
Freier der
Frei|frau *die*
Frei|ga|be *die*
freigeben
gibt frei, gab frei,
hat freigegeben
freigebig
Freigebigkeit die
frei ha|ben/
frei|ha|ben
hat frei, hatte frei,
hat frei gehabt/
hat freigehabt

Frei|ha|fen *der*
die Freihäfen
frei hal|ten/
frei|hal|ten
hält frei, hielt frei,
hat frei gehalten/
hat freigehalten
sich einen Tag frei
halten/freihalten
frei halten
eine Rede frei halten
freihalten
jemanden feihalten
(für ihn bezahlen)
Frei|han|del *der*
Freihandelszone die
frei|hän|dig
Frei|heit *die*
freiheitlich
Freiheitskampf der
freiheitsliebend
Freiheitsstatue die
Freiheitsstrafe die
Frei|herr *der*
die Freiherren

freik

Frei|kar|te *die*
Frei|kir|che *die*
Frei|kör|per|kul|tur
die (FKK)
Frei|land *das*
Freilandgemüse das
frei las|sen/
frei|las|sen
lässt frei, ließ frei,
hat frei gelassen/
hat freigelassen
eine Zeile frei lassen/
freilassen
Gefangene frei lassen/
freilassen
Freilassung die

frei|lich
Frei|licht|büh|ne *die*
Frei|los *das*
frei ma|chen/
frei|ma|chen
ein paar Tage frei
machen/freimachen
sich frei machen/
freimachen
(ausziehen)
den Weg frei machen/
freimachen
freimachen
einen Brief freimachen
(frankieren)
Frei|mau|rer *der*
Freimaurerei die
Freimaurerloge die
frei|mü|tig *(ehrlich)*
Freimütigkeit die
Frei|räu|me
Freiräume lassen
frei|schaf|fend
Freischaffende der/
die
Frei|schär|ler *der*
(Guerilla)
frei|schwim|men
sich freischwimmen
schwimmt sich frei,
schwamm sich frei,
hat sich freigeschwom-
men
Freischwimmer der
frei|spre|chen *(für*
unschuldig erklären)
hat freigesprochen
frei sprechen
(ohne Manuskript)
hat frei gesprochen
Frei|spruch *der*
die Freisprüche
Frei|staat *der*
Freistaat Bayern

frei|ste|hen
steht frei, stand frei,
hat / ist freigestanden
es steht dir frei
freistehend
freistehende Wohnungen
frei stehen
(einzeln stehen)
frei|stel|len
Freistellung *die*
Frei|stil *der*
Frei|stoß *der*
die Freistöße
Frei|stun|de *die*
Frei|tag *der*
am Freitag
am Freitagabend
freitags
Frei|tod *der*
(Selbstmord)
Frei|übung *die*
frei|wil|lig
Freiwillige *der / die*
Freiwilligkeit *die*
Frei|zeit *die*
Freizeit-
beschäftigung *die*
frei|zü|gig
Freizügigkeit *die*

frem

fremd
fremdartig
Fremde *der / die*
Fremdenverkehr *der*
Fremdenzimmer *das*
fremdgehen
geht fremd, ging fremd,
ist fremdgegangen
Fremdheit *die*
Fremdkörper *der*
Fremdling *der*
Fremdsprache *die*
fremdsprachig
fremdsprachlich
Fremdwort *das*
die Fremdwörter
fre|ne|tisch (rasend)
frenetischer Applaus
fre|quen|tie|ren
(oft besuchen)
Frequenz *die*
Fres|ke *die* **/ Fres|ko**
das (Wandbild)
fres|sen
frisst, fraß,
hat gefressen
Fressen *das*
Fraß *der*
Fressnapf *der*
Frett|chen *das* (Iltisart)
Freu|de *die*
freudestrahlend
vor Freude strahlend
freudig
freudlos
freuen
sich freuen
wir freuen uns
Freund *der*
Freunde sein
Freunde werden
freund
jemandem freund sein
Freundin *die*
Freundeskreis *der*
Freundschaft *die*
freundschaftlich
freund|lich
freundlich grüßen
Mit freundlichen
Grüßen
freundlicherweise
Freundlichkeit *die*
Fre|vel *der* (Untat)
frevelhaft
Frevler/in

fri

Frie|de / Frie|den *der*
Friedensbruch *der*
friedenserhaltend
Friedenskonferenz *die*
Friedenstaube *die*
Friedensvertrag *der*
friedfertig
Friedfertigkeit *die*
friedlich
friedliebend
friedlos
Fried|hof *der*
die Friedhöfe
Friedhofskapelle *die*
frie|ren
friert, fror,
hat gefroren
Fries *der*
fri|gid / fri|gi|de
(sexuell nicht erregbar)
Frigidität *die*
Fri|ka|del|le *die*
(Fleischkloß)
Fri|kas|see *das*
(ein Fleischgericht)
Frik|ti|on *die* (Reibung)
frisch
frisch gestrichen
Frische *die*
Frischgemüse *das*
Frischling *der*
(junges Wildschwein)
Frischluft *die*
Frischmilch *die*
frischweg
Fri|seur / Fri|sör *der*
Friseurin / Frisörin *die*
frisieren
Frisur *die*
frisst (→ fressen)
Frist *die*
fristen

fristgemäß
fristlos
Frit|teu|se *die*
frittieren
Frittüre *die*
fri|vol (leichtfertig)
Frivolität *die*

fro

froh
froh gelaunt /
frohgelaunt
frohgemut
fröhlich
Fröhlichkeit *die*
frohlocken
Frohsinn *der*
fromm
Fromme *der/die*
Frömmigkeit *die*
Fron *die* (Pflichtarbeit)
Frondienst *der*
fronen
frönen
einem Laster frönen
Fronleichnam
Front *die*
frontal
Frontal-
zusammenstoß *der*
Frontlinie *die*
Frontsoldat *der*
fror (→ frieren)
Frosch *der*
die Frösche
Froschmann *der*
Froschschenkel *der*
Frost *der*
frostbeständig
Frostbeule *die*
frösteln
frostfrei
Frostschutzmittel *das*

Frot|tee *das/der*
Frotteehandschuh *der*
Frotteehandtuch *das*
frottieren
Frucht *die*
die Früchte
fruchtbar
Fruchtbarkeit *die*
fruchten
Fruchtfleisch *das*
Fruchtfolge *die*
fruchtig
fruchtlos
Fruchtlosigkeit *die*
Fruchtsaft *der*
fru|gal (bescheiden)
ein frugales Mahl
früh
morgen früh / Früh
am Sonntag früh
von früh auf
von früher
von früh bis spät
früh verstorben /
frühverstorben
Frühbeet *das*
Frühchen *das*
Frühe *die*
in der Frühe
früher
frühestens
frühestmöglich
Frühgeburt *die*
Frühjahr *das*
frühmorgens
frühreif
Frühschicht *die*
frühzeitig
Früh|ling *der*
Frühlingsanfang *der*
Frühlingsrolle *die*
Früh|stück *das*
frühstücken
Frühstücksbrot *das*

Frühstücksei *das*
Frühstücks-
fernsehen *das*
Fruk|to|se / Fruc|to|se
die (Fruchtzucker)
Frust *der*
Frustration *die*
frustrieren

fu

Fuchs *der*
die Füchse
Fuchsbau *der*
fuchsen
Füchsin *die*
Fuchsjagd *die*
Fuchsschwanz *der*
fuchsteufelswild
Fuch|sie *die*
(eine Zierpflanze)
Fuch|tel *die* (Degen)
fuchteln
Fu|der *das*
(Wagenladung)
das Heufuder
fuderweise
Fug *der*
mit Fug und Recht
Fu|ge *die*
das Fugen-s
fugenlos
fü|gen
sich fügen
fügsam
Fügung *die*
füh|len
Fühler *der*
fuhr (→ fahren)
Fuh|re *die*
Fuhrmann *der*
Fuhrpark *der*
Fuhrunternehmen *das*
Fuhrwerk *das*

füh|ren
führend
Führer *der*
führerlos
Führerschein *der*
Führung *die*
Führungstor *das*
Fül|le *die*
füllen
Füller *der*
Füllsel *das*
Füllung *die*
Füllwort *das*
Fül|len *das* (Fohlen)
Full|time|job/
 Full|time-Job *der*
ful|mi|nant (großartig)

fun _____

Fund *der*
Fundbüro *das*
fündig
Fundort *der*
Fundsache *die*
Fundstätte *die*
Fun|da|ment *das*
fundamental
Fundamentalist *der*
Fundi *der*
fundieren
fundiert
Fun|dus *der* (Vorrat)
fünf
f ...
fünf Schüler
die fünf Sinne
um fünf (Uhr)
F ...
eine Fünf schreiben
eine Fünf würfeln
Fünfeck *das*
fünfeinhalb
Fünfeuroschein *der*
fünffach (5-fach / 5fach)
Fünffache *das*
(5-Fache / 5fache)
fünfhundert
Fünfkampf *der*
fünfmal (5-mal)
Fünfprozentklausel *die*
fünfstellig
zu fünft
fünftausend
ein Fünftel
fünftens (5.)
fünf|zig
fünfzigjährig (50-jährig)
Fünfzigjährige *der / die*
(50-Jährige)
fun|gie|ren
(eine Funktion haben)
Fun|gi|zid *das*
(Gift gegen Pilze)
Funk *der*
Funkamateur *der*
Funke / Funken *der*
funkeln
funkelnagelneu
funken
SOS funken
Funker *der*
Funkgerät *das*
Funkkolleg *das*
Funkstille *die*
Funkstreife *die*
Funkturm *der*
Funkverbindung *die*
Funk|ti|on *die*
funktional
Funktionalität *die*
Funktionär *der*
funktionell
funktionieren
funktionsfähig
funktionstüchtig
Funktionsverb *das*
Funktionswort *das*
Fun|zel / Fun|sel *die*
(schwache Lampe)

fur _____

für
f ...
ein für alle Mal
für mich
für was
F ...
das Für und Wider
Fürbitte *die*
Fürbitte leisten
füreinander
Fur|che *die*
furchig
Furcht *die*
Furcht einflößend /
furchteinflößend
Furcht erregend /
furchterregend
furchtbar
fürchten
sich fürchten
fürchterlich
furchtlos
Furchtlosigkeit *die*
furchtsam
Furchtsamkeit *die*
für|ei|nan|der
auch: für|ein|an|der
füreinander einstehen
füreinander da sein
Fu|rie *die* (Rachegöttin,
wütendes Weib)
furios
Furioso *das*
Fur|nier *das*
(Holzbeschichtung)
furnieren
Furnierholz *das*
Furnierplatte *die*
Furnierung *die*

Fu|ro|re *die* (Aufsehen)
  Furore machen
fürs (für das)
  fürs Erste
Für|sor|ge *die*
  Fürsorgeempfänger/in
  Fürsorger/in
  fürsorglich
  Fürsorglichkeit *die*
Für|spra|che *die*
  Fürsprecher/in
Fürst *der*
  Fürstin *die*
  Fürstentum *das*
  Fürsterzbischof *der*
  fürstlich
  Fürst-Pückler-Eis *das*
Furt *die*
  (seichte Stelle im Fluss)
Fu|run|kel *der/das*
  (Entzündung)
für|wahr
Für|wort *das*
  die Fürwörter
Furz *der*

fus

fu|schen/pfu|schen
  (oberflächlich arbeiten)

Fu|si|on *die*
  (Vereinigung)
  fusionieren
  Fusionierung *die*
Fuß *der*
  die Füße
  das Füßchen
  Fuß fassen
  zu Fuß
  auf freiem Fuß
  Fußangel *die*
  Fußball *der*
  Fußball spielen
  Fußballklub/
  Fußballclub *der*
  Fußballmannschaft *die*
  Fußballspiel *das*
  Fußballstadion *das*
  Fußball-WM *die*
  Fußbett *das*
  Fußboden *der*
  Fußbodenheizung *die*
  fußen
  Fußende *das*
  Fußgänger/in
  Fußgängerzone *die*
  fußhoch
  Fußmarsch *der*
  Fußnote *die*
  Fußpflege *die*
  Fußpilz *der*
  Fußsohle *die*
  Fuß(s)tapfen
  in die Fußstapfen treten
  Fußtritt *der*
  Fußweg *der*
Fus|sel *die/der*
  fuss(e)lig
  fusseln
  fusselnder Stoff

fut

Fu|ton *der*
  (eine jap. Matratze)
futsch (weg)
Fut|ter *das*
  Futterhäuschen *das*
  Futtermittel *das*
  futtern
  füttern
  Futterneid *der*
  Fütterung *die*
Fut|te|ral *das*
  das Brillenfutteral
Fu|tur *das*
  das Futur I und II
  futurisch
  Futurismus *der*
  futuristisch

G

g (Gramm)
gab (→ geben)
Ga|bar|dine *der/die*
  (eine Stoffart)
Ga|be *die*
  Gabentisch *der*
Ga|bel *die*
  Gabelstapler *der*
ga|ckern
  Gackern *das*
gaf|fen
  Gaffer *der*
Gag *der* (witziger Einfall)
Ga|ge *die*
  (Honorar für Künstler)
gäh|nen

gal

Ga|la *die*
  Galaabend *der*
  Galakonzert *das*
ga|lant (höflich)
  Galanterie *die*
Ga|la|xie *die*
  (Sternensystem)
  galaktisch
  Galaxis *die*
Ga|lee|re *die*
  Galeerensklave *der*
Ga|le|rie *die*
  Galerist/in
Gal|gen *der*
  Galgenfrist *die*
  Galgenhumor *der*
Ga|li|o|ne/Ga|le|o|ne
  die (Vorbau am Bug)
  Galionsfigur *die*
Gal|le *die*
  Gallenblase *die*
  Gallenkolik *die*
  Gallenstein *der*
Gal|lert *das*
  (zähe Masse)
  gallertartig
Gal|lo|ne *die*
  (ein Hohlmaß)
Ga|lopp *der*
  galoppieren
  Galopprennen *das*
galt (→ gelten)
gal|va|ni|sie|ren
  (mit Metall überziehen)
Ga|ma|sche *die*

Gam|be *die*
  (altes Instrument)
Game|boy® *der*
Gam|ma *das*
  Gammastrahlen
  (γ-Strahlen)
gam|meln
  Gammler/in
Gams *die*
  Gämse *die*

gan

Gang *der*
  die Gänge
  g ...
  gang und gäbe
  G ...
  in Gang bringen
  in Gang halten
  im Gange sein
  gangbar
  gängig
  Gangschaltung *die*
Gän|ge|lei *die*
  gängeln
Gang|li|on *das*
  auch: Gan|gli|on
  (Nervenknoten)
Gangs|ter *der*
  Gangsterboss *der*
Gang|way *die*
  (Zugang zum Flugzeug)
Ga|no|ve *der*
  Ganovenehre *die*
Gans *die*
  die Gänse
  Gänseblümchen *das*
  Gänsebraten *der*
  Gänsefüßchen *das*
  Gänsehaut *die*
  Gänseleber *die*
  Gänsemarsch *der*
  Gänserich *der*
  Gänseschmalz *das*
ganz
  g ...
  ganz bestimmt
  ganz und gar
  die ganze Zahl
  G ...
  als Ganzes
  aufs Ganze gehen
  das Ganze
  das große Ganze
  es geht ums Ganze
  im Ganzen
  im großen Ganzen
  im Großen und Ganzen
  Ganzheit *die*
  ganzjährig
  gänzlich
  ganztägig
  ganztags
  Ganztagsschule *die*

gar

gar
gar kein
gar nicht
gar nichts
gar
das Fleisch ist gar
gar kochen / garkochen
garen
Garzeit *die*
Ga|ra|ge *die*
Garagentor *das*
Ga|ran|tie *die*
garantieren
Garantieschein *der*
Gar|aus *der*
jemandem den Garaus machen
Gar|be *die*
Gar|de *die* (Leibwache, Elitetruppe)
die Schweizergarde
Gardeoffizier *der*
Gardist *der*
Gar|de|ro|be *die*
Garderobenständer *der*
Gar|di|ne *die*
Gardinenstange *die*
gä|ren
gärt, gor / gärte, ist / hat gegoren
Gärung *die*
gar kein
Garn *das*
Gar|ne|le *die*
(kleiner Krebs)

gar|ni
Hotel garni
(Hotel, das nur Frühstück anbietet)
gar nicht
gar nichts
gar|nie|ren
Garnierung *die*
Garnitur *die*
Gar|ni|son *die*
(Standort der Truppe)
gars|tig
Gar|ten *der*
die Gärten
Gartenarbeit *die*
Gartenbau *der*
Gartenhaus *das*
Gartenzaun *der*
Gartenzwerg *der*
Gärtner/in
Gärtnerei *die*
Gä|rung *die*
Gar|zeit *die*

gas

Gas *das*
Gasanzünder *der*
Gasexplosion *die*
gasförmig
Gashahn *der*
Gasheizung *die*
Gasherd *der*
Gasmaske *die*
Gaspedal *das*
Gasuhr *die*
Gaswerk *das*

Gas|se *die*
Gässchen *das*
Gassi gehen
Gast *der*
die Gäste
zu Gast sein
Gastarbeiter/in
Gästebett *das*
Gästehaus *das*
Gästetoilette *die*
Gastfreund *der*
Gastgeber/in
Gasthaus *das*
Gasthof *der*
gastieren
gastlich
Gaststätte *die*
Gastwirt *der*
Gastwirtschaft *die*
Gas|tri|tis *die*
auch: Gast|ri|tis
(Magenschleimhautentzündung)
Gas|tro|nom *der*
auch: Gast|ro|nom
Gastronomie *die*
Gat|te *der*
Gattin *die*
Gat|ter *das* (Zaun)
Gat|tung *die*

gau

GAU *der* (größter anzunehmender Unfall)
Gau *der*
Gau|be / Gau|pe *die*

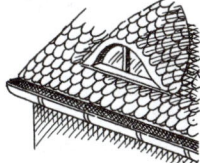

---

gar // nicht
gar // kein

gar nicht wird gar nicht zusammengeschrieben.

Gau|di|um *das* (Spaß)
gau|keln
  Gaukler *der*
Gaul *der*
  die Gäule
Gau|men *der*
Gau|ner *der*
  Gaunersprache *die*
Ga|ze *die* (durchsichtiges Gewebe)
Ga|zel|le *die* (Antilopenart)
Ga|zet|te *die* (Zeitung)

ge

ge|ach|tet
ge|ar|tet
geb. (geboren/e)
Ge|bäck *das*
Ge|bälk *das*
Ge|bär|de *die*
  gebärden
  sich gebärden
ge|bä|ren
  gebärt, gebar,
  hat geboren,
  ist geboren worden
  Gebärmutter *die*
Ge|bäu|de *das*
  Gebäudeteil *der*
Ge|bei|ne
Ge|bell *das*
ge|ben
  gibt, gab,
  hat gegeben
  das Geben und Nehmen
  Geber/in
Ge|bet *das*
  Gebetsmühle *die*
Ge|biet *das*
  Gebietskörperschaft *die*
  gebietsweise

ge|bie|ten
  gebietet, gebot,
  hat geboten
  Gebieter/in
  gebieterisch
Ge|bil|de *das*
ge|bil|det
  Gebildete *der/die*
Ge|bir|ge *das*
  gebirgig
  Gebirgsjäger *der*
  Gebirgskette *die*
  Gebirgsmassiv *das*
  Gebirgszug *der*
Ge|biss *das*
  die Gebisse
Ge|blä|se *das*
ge|blümt
Ge|blüt *das*
  von fürstlichem Geblüt
ge|bo|gen
ge|bo|ren
  geboren werden
ge|bor|gen
  Geborgenheit *die*
Ge|bot *das*
ge|brand|markt
  (gezeichnet)
ge|brannt
Ge|bräu *das*
Ge|brauch *der*
  gebrauchen
  gebräuchlich
  Gebrauchsanweisung *die*
  gebrauchsfertig
  Gebrauchsgegenstand *der*
  Gebrauchtwagen *der*
Ge|bre|chen *das*
  gebrechlich
  Gebrechlichkeit *die*
ge|bro|chen
  (→ brechen)

Ge|brü|der
Ge|brüll *das*
Ge|bühr *die*
  über Gebühr
  Gebühreneinheit *die*
  Gebührenerhöhung *die*
  gebührenpflichtig
ge|büh|ren
  gebührend
ge|bün|delt
  (→ bündeln)
ge|bun|den (→ binden)
  Gebundenheit *die*
Ge|burt *die*
  Geburtenkontrolle *die*
  Geburtenrate *die*
  geburtenschwach
  geburtenstark
  gebürtig
  Geburtsdatum *das*
  Geburtsfehler *der*
  Geburtshaus *das*
  Geburtsjahr *das*
  Geburtsort *der*
  Geburtstag *der*
  Geburtstagsgeschenk *das*
  Geburtstagskind *das*
  Geburtsurkunde *die*
Ge|büsch *das*
Geck *der*
  (verrückter Kerl)
Ge|cko *der*

ged

Ge|dächt|nis *das*
  Gedächtnislücke *die*

Gedächtnis-
schwäche *die*
Gedächtnisstütze *die*
ge|dämpft
(→ dämpfen)
Ge|dan|ke *der*
Gedankenfigur *die*
Gedankenfreiheit *die*
Gedankengang *der*
gedankenlos
Gedankenstrich *der*
gedankenvoll
gedanklich
Ge|deck *das*
Ge|deih *der*
auf Gedeih und Verderb
gedeihen
gedeiht, gedieh,
ist gediehen
gedeihlich
ge|den|ken
gedenkt, gedachte,
hat gedacht
der Toten gedenken
Gedenken *das*
Gedenkminute *die*
Gedenkstätte *die*
Gedenktag *der*
Ge|dicht *das*
Gedicht-
interpretation *die*
Gedichtsammlung *die*
ge|die|gen (echt, rein)
Gediegenheit *die*
Ge|drän|ge *das*
gedrängt
ge|drückt (→ drücken)
Ge|druck|te *das*
Ge|duld *die*
gedulden
sich gedulden
geduldig
Geduldsprobe *die*
ge|dun|sen

ge|eig|net (→ eignen)
Geest *die*
(sandiges Küstenland)

gef

Ge|fahr *die*
Gefahr bringend /
gefahrbringend
Gefahr laufen
gefährden
gefährdet
Gefährdung *die*
Gefahrenquelle *die*
Gefahrenzone *die*
gefährlich
Gefährlichkeit *die*
gefahrlos
gefahrvoll
Ge|fähr|te *der*
Gefährtin *die*
Ge|fäl|le *das*
ge|fal|len
gefällt, gefiel,
hat gefallen
Gefallen *der*
einen Gefallen tun
Gefallen finden
ge|fäl|lig
Gefälligkeit *die*
gefälligst
ge|fan|gen (→ fangen)
gefangen halten
gefangen nehmen
Gefangene *der/die*
Gefangenenlager *das*
Gefangennahme *die*
Gefangenschaft *die*
Gefängnis *das*
Gefängnisstrafe *die*
Gefängniszelle *die*
Ge|fäß *das*
Gefäßchirurgie *die*
Gefäßverengung *die*

ge|fasst
auf alles gefasst sein
Gefasstheit *die*

gefe

Ge|fecht *das*
gefechtsbereit
gefechtsmäßig
ge|feit (geschützt)
gegen etwas gefeit sein
Ge|fie|der *das*
gefiedert
Ge|fil|de *das* (Gegend)
Ge|flecht *das*
ge|fleckt
ge|flis|sent|lich
(absichtlich)
etwas geflissentlich
übersehen
Ge|flü|gel *das*
Geflügelhaltung *die*
Geflügelschere *die*
Ge|fol|ge *das*
Gefolgschaft *die*
ge|fragt (→ fragen)
getragt sein
ge|frä|ßig
Ge|frei|te *der*
ge|frie|ren
gefriert, gefror,
ist gefroren
Gefrierfach *das*
gefriergetrocknet
Gefriertruhe *die*
Ge|fü|ge *das*
ge|fü|gig
Gefügigkeit *die*
Ge|fühl *das*
gefühllos
Gefühlsleben *das*
gefühlsmäßig
gefühlvoll
ge|füllt (→ füllen)

geg

ge|ge|ben
 es ist das Gegebene
 gegebenenfalls
 Gegebenheit *die*
ge|gen
 gegen Abend
 gegen alle Vernunft
 gegen die Wand
Ge|gen|ar|gu|ment *das*
Ge|gen|be|such *der*
Ge|gen|be|weis *der*
Ge|gend *die*
Ge|gen|dar|stel|lung *die*
ge|gen|ei|nan|der
 auch: ge|gen|ein|an|der
 (2 Betonungen:)
 gegeneinander antreten
 gegeneinander kämpfen
 (1 Betonung:)
 gegeneinanderstellen
 gegeneinanderstoßen
 stößt gegeneinander,
 stieß gegeneinander, ist
 gegeneinandergestoßen
Ge|gen|fahr|bahn *die*
Ge|gen|ge|wicht *das*
ge|gen|läu|fig
Ge|gen|leis|tung *die*
Ge|gen|le|sen
 liest gegen, las gegen,
 hat gegengelesen
Ge|gen|licht *das*
Ge|gen|lie|be *die*
 keine Gegenliebe finden
Ge|gen|maß|nah|me *die*
Ge|gen|re|de *die*
Ge|gen|satz *der*
 die Gegensätze
 gegensätzlich

Ge|gen|sei|te *die*
 gegenseitig
 sich gegenseitig helfen
 Gegenseitigkeit *die*
Ge|gen|spie|ler *der*
 Gegenspielerin *die*
**Ge|gen|sprech-
 an|la|ge** *die*
Ge|gen|stand *der*
 die Gegenstände
 gegenständlich
 gegenstandslos
ge|gen|steu|ern
Ge|gen|stim|me *die*
Ge|gen|teil *das*
 im Gegenteil
 gegenteilig
ge|gen|über
 gegenüber dem Bahnhof
 Gegenüber *das*
 mein Gegenüber
 gegenüberliegen
 liegt gegenüber,
 lag gegenüber, hat/ist
 gegenübergelegen
 sich gegenüberliegen
 gegenüberstehen
 steht gegenüber,
 stand gegenüber,
 hat/ist gegenüber-
 gestanden
 sich gegenüberstehen
 gegenüberstellen
 Gegenüberstellung *die*
Ge|gen|ver|kehr *der*
Ge|gen|wart *die*
 gegenwärtig
 Gegenwartsliteratur *die*
 Gegenwartssprache *die*
Ge|gen|wehr *die*
Ge|gen|wind *der*
 bei Gegenwind
ge|gen|zeich|nen
ge|ges|sen (→ essen)

Geg|ner *der*
 Gegnerin *die*
 gegnerisch
 Gegnerschaft *die*

geh

Ge|ha|be *das*
Ge|hack|te *das*
Ge|halt *der* (Inhalt),
 das (Lohn)
 Gehaltskonto *das*
 Gehaltsstufe *die*
 gehaltvoll
ge|han|di|kapt
 (behindert)
ge|häs|sig
 Gehässigkeit *die*
ge|häuft
Ge|häu|se *das*
geh|be|hin|dert
 Gehbehinderte *der/die*
Ge|he|ge *das*
ge|heim
 g…
 geheim bleiben
 geheim halten
 G…
 im Geheimen
 Geheimer Rat
 Geheimes Staatsarchiv
 Geheimdienst *der*
 Geheimhaltung *die*
 Geheimnis *das*
 geheimnisvoll
 Geheimnummer *die*
 Geheimtipp *der*
Ge|heiß *das*
 auf Geheiß
ge|hemmt
ge|hen
 geht, ging, ist gegangen
 baden gehen
 schlafen gehen

Gehen *das*
20-km-Gehen
gehen lassen
lässt gehen, ließ gehen,
hat gehen lassen
sich gehen lassen /
sich gehenlassen
ge|hetzt (→ hetzen)
ge|heu|er
das ist mir nicht geheuer
Ge|heul *das*
Ge|hil|fe *der*
Gehilfin *die*
Ge|hirn *das*
Gehirn-
erschütterung *die*
Gehirnschlag *der*
Gehirnwäsche *die*
ge|ho|ben (→ heben)
Ge|höft *das*
Ge|hölz *das*
Ge|hör *das*
gehörgeschädigt
gehörlos
ge|hor|chen
ge|hö|ren
Wem gehört das Buch?
gehörig
ge|hor|sam
Gehorsam *der*
Gehorsams-
verweigerung *die*
Geh|rung *die*

gei

Gei|er *der*
Gei|fer *der* (Speichel)
Gei|ge *die*
Geigenkasten *der*
Geiger/in
Gei|ger|zäh|ler *der*
(misst radioaktive
Strahlung)

geil
Geilheit *die*
Gei|sel *die* (Gefangener)
jemanden als Geisel
nehmen
Geiselnahme *die*
Geiselnehmer/in
Gei|ser/Gey|sir *der*
Gei|sha *die* (japan.
Gesellschafterin)
Geiß *die*
Geißbock *der*
Geißlein *das*
Gei|ßel *die* (Plage)
Aids ist eine Geißel
der Menschheit
geißeln
Geist *der*
Geisterbahn *die*
Geisterfahrer *der*
Geisterhand *die*
geistern
Geisterstunde *die*
geistesabwesend
Geistesblitz *der*
Geistesgegenwart *die*
geistesgegenwärtig
geisteskrank
Geisteskranke *der/die*
Geisteswissenschaft *die*
Geisteszustand *der*
geistig
geistlos
geistreich
geistvoll
geist|lich
geistliche Musik
Geistliche *der*
Geistlichkeit *die*
Geiz *der*
geizen
Geizhals *der*
geizig
Ge|jam|mer *das*

gek

Ge|kei|fe *das*
(aufgeregtes Schimpfen)
Ge|ki|cher *das*
Ge|kläff *das*
ge|knickt (→ knicken)
ge|konnt (→ können)
ge|kränkt (→ kränken)
Ge|kreu|zig|te *der*
Ge|krit|zel *das*
ge|küns|telt
gekünstelt wirken

gel

Gel *das* (Gelatine)
Ge|läch|ter *das*
ge|la|den (→ laden)
Ge|la|ge *das*
ein Festgelage
ge|lähmt
Gelähmte *der/die*
Ge|län|de *das*
geländegängig
Geländemarsch *der*
Geländewagen *der*
Ge|län|der *das*
ge|lang (→ gelingen)
ge|lan|gen
ge|lang|weilt
(→ langweilen)
Ge|lass *das*
(kleiner Raum)
ge|las|sen
gelassen reagieren
Gelassenheit *die*
Ge|la|ti|ne *die*
ge|läu|fig
Geläufigkeit *die*
ge|launt
gut gelaunt / gutgelaunt
schlecht gelaunt /
schlechtgelaunt

Ge|läu|te *das*
gelb
  g ...
  ein gelbes T-Shirt
  eine gelbe Ampel
  g ... / G ...
  die gelbe / Gelbe
  Karte
  das gelbe / Gelbe
  Trikot
  G ...
  bei Gelb fahren
  die Ampel steht auf Gelb
  der Gelbe Fluss
  Gelbe Rüben
  gelblich
  Gelbsucht *die*
Geld *das*
  Geldbeutel *der*
  Geldbuße *die*
  geldgierig
  Geldquelle *die*
  Geldschein *der*
  Geldsorgen
  Geldstrafe *die*
  Geldwäsche *die*
Ge|lee *das*
  gelieren
Ge|le|ge *das*
ge|le|gen
  es kommt mir gelegen
Ge|le|gen|heit *die*
  Gelegenheitskauf *der*
  gelegentlich
ge|leh|rig
  gelehrsam
  gelehrt
  Gelehrte *der / die*
Ge|leit / Ge|lei|te *das*
  geleiten
  Geleitzug *der*
Ge|lenk *das*
  gelenkig
  Gelenkigkeit *die*

ge|lernt
Ge|lieb|te *der / die*
ge|lie|ren
  Geliermittel *das*
  Gelierzucker *der*
ge|lin|de
  (nicht übertrieben)
  gelinde gesagt
ge|lin|gen
  gelingt, gelang,
  ist gelungen
  Gelingen *das*
gell? (nicht wahr?)
gel|len
  gellendes Gelächter
ge|lo|ben
  Gelöbnis *das*
  die Gelöbnisse
ge|lo|gen (→ lügen)
gelt?
gel|ten
  gilt, galt, hat gegolten
  geltend
  Geltung *die*
  Geltungsbereich *der*
Ge|lüb|de *das*
  (feierl. Versprechen)
ge|lun|gen
  (→ gelingen)
Ge|lüs|te *das*

gem _____

Ge|mach *das*
  die Gemächer
ge|mäch|lich
  (langsam)
Ge|mahl *der* (Ehemann)

Gemahlin *die*
Ge|mäl|de *das*
  Gemäldegalerie *die*
ge|ma|sert
  gemasertes Holz
ge|mäß
  gemäß dem Angebot
ge|mä|ßigt
Ge|mäu|er *das*
ge|mein
  Gemeineigentum *das*
  gemeingefährlich
  Gemeinheit *die*
  Gemeinnutz *der*
  gemeinnützig
  Gemeinplatz *der*
  (leere Redensart)
  das sind nur
  Gemeinplätze
  Gemeinsinn *der*
  gemeinverständlich
  Gemeinwesen *das*
  Gemeinwohl *das*
Ge|mein|de *die*
  Gemeinderat *der*
  Gemeindeschwester *die*
  Gemeinde-
  verwaltung *die*
ge|mein|hin
  (allgemein)
ge|mein|sam
  Gemeinsamkeit *die*
Ge|mein|schaft *die*
  gemeinschaftlich
  Gemeinschafts-
  antenne *die*
  Gemeinschafts-
  kunde *die*

Geld	*gelt*en
*Geld*er	*Entgelt*
*Geld*strafe	unent**gelt**lich

Ge|men|ge *das*
Ge|met|zel *das*
Ge|misch *das*
  Gemischtwaren
  Gemischtwaren-
  handel *der*
Gem|me *die*
  (Halbedelstein)
(**Gemse** → Gämse)
Ge|mü|se *das*
  Gemüsebeet *das*
  Gemüsegarten *der*
ge|mus|tert
Ge|müt *das*
  gemütlich
  Gemütlichkeit *die*
  Gemütsart *die*
  gemütskrank
  Gemütszustand *der*
  gemütvoll

gen

Gen *das*
  Genbank *die*
  Genmutation *die*
  Gentechnologie *die*
ge|nau
  g ...
  genau nehmen
  genau genommen /
  genaugenommen
  genaue Zahlen haben
  G ...
  nichts Genaues
  aufs Genaueste
  Genaueres erfahren
  Genauigkeit *die*
  genauso
  genauso gut
  genauso oft
  genauso viel
Gen|darm *der* (Polizist)
  Gendarmerie *die*

gene

Ge|nea|lo|gie *die*
  (Ahnenforschung)
ge|nehm
ge|neh|mi|gen
  Genehmigung *die*
  genehmigungspflichtig
ge|neigt
  Geneigtheit *die*
Ge|ne|ral *der*
  die Generäle / Generale
  Generalangriff *der*
  Generalbass *der*
  Generalbevoll-
  mächtigte *der / die*
  Generalgouverneur *der*
  Generalinspekteur *der*
  generalisieren
  (verallgemeinern)
  Generalität *die*
  Generalkonsulat *das*
  Generalprobe *die*
  Generalsekretär/in
  General-
  staatsanwalt *der*
  Generalstab *der*
  Generalstreik *der*
  generalüberholen
  Generalüberholung *die*
  Generalvertreter/in
Ge|ne|ra|ti|on *die*
  Generationskonflikt *der*
  Generationswechsel *der*
Ge|ne|ra|tor *der*
ge|ne|rell (allgemein)
ge|ne|rös (freigebig)
Ge|ne|se *die*
  (Entstehung)
  Genesis *die*
ge|ne|sen
  genest, genas,
  ist genesen
  Genesung *die*

Ge|ne|tik *die*
  (Vererbungslehre)
  genetisch
ge|ni|al
  Genialität *die*
  Genie *das*
Ge|nick *das*
  Genickschuss *der*
ge|nie|ren
  sich genieren
  genierlich
ge|nie|ßen
  genießt, genoss,
  hat genossen
  genießbar
  Genießer/in
  genießerisch
ge|ni|tal
  (Geschlechts...)
  Genitalien *die*
Ge|ni|tiv *der* (Gen.)
  Genitivattribut *das*
  Genitivobjekt *das*
Ge|ni|us *der*
ge|nom|men
  (→ nehmen)
ge|noss (→ genießen)
Ge|nos|se *der*
  Genossin *die*
  Genossenschaft *die*
  genossenschaftlich
Ge|no|zid *der / das*
  (Völkermord)
Gen|re *das* (Gattung)
  genrehaft
Gen|tech|nik *die*
Gen|tle|man *der*
  auch: Gent|le|man
  gentlemanlike
ge|nug
  Zeit genug haben
  zur Genüge
  genügen
  genügend

genügsam
Genügsamkeit *die*
Genugtuung *die*
ge|nu|in (angeboren)
Ge|nus *das* (Gattung/
grammat. Geschlecht)
die Genera
Genus Verbi
Ge|nuss *der*
die Genüsse
genüsslich
Genussmittel *das*
Genusssucht/
Genuss-Sucht *die*
genussvoll
ge|nutzt (→ nutzen)

geo

Geo|drei|eck *das*
Geo|gra|fie/
  Geo|gra|phie *die*
geografisch/
geographisch
Geo|lo|gie *die*
(Wissenschaft von der
Entstehung der Erde)
geologisch
Geo|me|trie *die*
auch: Geo|met|rie
geometrisch
Geo|phy|sik *die*
geophysikalisch
ge|ord|net (→ ordnen)
Ge|päck *das*
Gepäckabfertigung *die*
Gepäckannahme *die*
Gepäcknetz *das*
Gepäckstück *das*
Gepäckträger *der*
Ge|pard *der*
(ein Raubtier)
ge|pfef|fert
(→ pfeffern)

ge|pflegt (→ pflegen)
Gepflegtheit *die*
Ge|pflo|gen|heit *die*
ge|plagt (→ plagen)
Ge|plap|per *das*
Ge|plät|scher *das*
Ge|prä|ge *das*
ge|punk|tet
eine gepunktete Linie

ger

ge|ra|de/gra|de
gerade biegen/
geradebiegen
gerade sitzen
gerade stehen (aufrecht)
Gerade *die*
geradeaus
Geradengleichung *die*
geradeso
geradeso gut
geradestehen
geradestehen für
etwas
geradewegs
geradezu
geradlinig
ge|rä|dert
sich wie gerädert fühlen
Ge|ran|gel *das*
Ge|ra|nie *die*
(eine Blume)
Ge|rät *das*
Geräteschuppen *der*
Geräteturnen *das*
Gerätschaften
ge|ra|ten
gerät, geriet,
ist geraten
Ge|ra|te|wohl *das*
aufs Geratewohl
ge|raum
geraume Zeit

ge|räu|mig
Geräumigkeit *die*
Ge|räusch *das*
geräuscharm
geräuschlos
geräuschvoll
ger|ben
Gerberei *die*
Gerbsäure *die*
Ger|be|ra *die*
(eine Blume)
ge|recht
Gerechte *der/die*
Gerechtigkeit *die*
Gerechtigkeitsliebe *die*
gerechtigkeitsliebend
Ge|re|de *das*
ge|re|gelt
ge|reizt
Gereiztheit *die*

geri

Ge|ri|at|rie *die*
auch: Ger|ia|trie
(Altersheilkunde)
Ge|richt *das*
gerichtlich
Gerichtssaal *der*
Gerichts-
verhandlung *die*
Gerichtsvollzieher/in
ge|rich|tet (→ richten)
ge|ring
g...
gering achten/
geringachten
geringe Unkosten
G...
kein Geringerer als ...
nichts Geringeres als
das Geringste
nicht das Geringste
nicht im Geringsten

geringfügig
Geringfügigkeit *die*
geringschätzig
geringstenfalls
ge|rin|nen
gerinnt, gerann,
ist geronnen
Gerinnsel *das*
Gerinnung *die*
Ge|rip|pe *das*
gerippt
ge|ris|sen
Gerissenheit *die*
Ger|ma|ne *der*
germanisch
Germanistik *die*
germanistisch
gern / ger|ne
allzu gern
gar zu gern
ein gern gesehener/
gerngesehener Gast
gerne sehen
gernhaben
jemanden gernhaben
Ge|röll *das*
Geröllhalde *die*
ge|ron|nen
(→ gerinnen)
Gers|te *die*
Gerstenkorn *das*
Ger|te *die* (Peitsche)
gertenschlank
Ge|ruch *der*
die Gerüche
geruchlos
Geruchsbelästigung *die*
Ge|rücht *das*
gerüchteweise
ge|ru|hen
(sich bereitfinden)
ge|rührt (→ rühren)
ge|ruh|sam
Geruhsamkeit *die*

Ge|rüm|pel *das*
Ge|run|di|um *das*
(eine Verbform)
Gerundiv *das*
Ge|rüst *das*
Gerüstbau *der*
ge|rüs|tet (→ rüsten)
gut gerüstet sein

ges

ge|sal|zen (→ salzen)
ge|sam|melt
(→ sammeln)
ge|samt
g ...
das gesamte Vermögen
insgesamt
G ...
im Gesamten
Gesamtausgabe *die*
Gesamteindruck *der*
Gesamtergebnis *das*
Gesamtheit *die*
Gesamthochschule *die*
Gesamtschule *die*
Ge|sand|te *der/die*
Gesandtschaft *die*
Ge|sang *der*
die Gesänge
Gesangbuch *das*
Gesangverein *der*
Ge|säß *das*
ge|sät|tigt
gesch. (geschieden)
Ge|schä|dig|te *der/die*
ge|schafft (→ schaffen)
Ge|schäft *das*
geschäftig
geschäftlich
Geschäftsbericht *der*
Geschäftsfrau *die*
Geschäftsführer/in
Geschäftsinhaber/in

Geschäftsleitung *die*
Geschäftsmann *der*
die Geschäftsleute
geschäftsmäßig
Geschäftspartner/in
Geschäftsreise *die*
geschäftstüchtig
ge|sche|hen
geschieht, geschah,
ist geschehen
Geschehen *das*
Geschehnis *das*
ge|scheit
gescheit sein
Ge|schenk *das*
Geschenkartikel *der*
Geschenkpapier *das*
geschenkt
etwas geschenkt bekom-
men

geschi

Ge|schich|te *die*
geschichtlich
Geschichtsbuch *das*
Geschichts-
unterricht *der*
Ge|schick *das*
Ge|schick|lich|keit *die*
geschickt
ge|schie|den
Geschiedene *der/die*
geschieht
(→ geschehen)
Ge|schirr *das*
Geschirrspüler *der*
Geschirr-
spülmaschine *die*
ge|schla|gen
(→ schlagen)
Ge|schlecht *das*
geschlechtlich
geschlechtskrank

Geschlechts-
krankheit *die*
Geschlechts-
merkmal *das*
Geschlechtsorgan *das*
geschlechtsreif
Geschlechtsverkehr *der*
Geschlechtswort *das*
ge|schlif|fen
(→ schleifen)
ge|schlos|sen
(→ schließen)
Geschlossenheit *die*
Ge|schmack *der*
geschmacklich
geschmacklos
Geschmacks-
richtung *die*
Geschmackssache *die*
geschmackvoll
Ge|schmei|de *das*
(Schmuck)
ge|schmei|dig
Ge|schmeiß *das*
(Ungeziefer)
Ge|schnat|ter *das*
ge|schnie|gelt
(übertrieben gepflegt)
*geschniegelt und ge-
bügelt*
Ge|schöpf *das*
Ge|schoss *das*
die Geschosse
...ge|schos|sig
viergeschossig
Ge|schrei *das*
ge|schrie|ben
(→ schreiben)
Ge|schütz *das*
Ge|schwa|der *das*
ein Flugzeuggeschwader
Ge|schwätz *das*
geschwätzig
Geschwätzigkeit *die*

ge|schweift
geschweifte Klammer
ge|schwei|ge
geschweige denn
ge|schwind
(schnell, flink)
Geschwindigkeit *die*
Geschwindigkeits-
begrenzung *die*
Ge|schwis|ter
geschwisterlich
ge|schwol|len
(→ schwellen)
Ge|schwo|re|ne
der / die
Ge|schwulst *die*
Ge|schwür *das*

gese

ge|seg|net
Ge|sel|le *der*
Gesellenprüfung *die*
Gesellenstück *das*
gesellig
Geselligkeit *die*
Ge|sell|schaft *die*
*Gesellschaft mit
beschränkter Haftung
(GmbH)*
gesellschaftlich
Gesellschaftsroman *der*
Gesellschaftsspiel *das*
Gesellschafts-
wissenschaften
Ge|setz *das*
Gesetzbuch *das*
Gesetzesinitiative *die*
Gesetzestext *der*
gesetzgebend
Gesetzgeber *der*
gesetzlich
gesetzlos
gesetzmäßig

gesetzwidrig
ges. gesch.
(gesetzlich geschützt)
Ge|sicht *das*
Gesichtsausdruck *der*
Gesichtsfeld *das*
Gesichtspunkt *der*
Gesichtswinkel *der*
Gesichtszüge *die*
Ge|sims *das*
Ge|sin|de *das*
(Knechte und Mägde)
Gesindel *das*
ge|sinnt
Ge|sin|nung *die*
gesinnungslos
Gesinnungswandel *der*
ge|sit|tet
ge|son|dert
ge|sot|ten (gekocht)

gesp

ge|spal|ten (→ spalten)
Ge|spann *das*
ge|spannt
Gespanntheit *die*
Ge|spenst *das*
gespensterhaft
gespenstisch
ge|sperrt (→ sperren)
Ge|spinst *das*
ein Hirngespinst
Ge|spött *das*
Ge|spräch *das*
gesprächig
gesprächsbereit
Gesprächsformen *die*
Gesprächspartner/in
Gesprächsstoff *der*
Gesprächsthema *das*
gesprächsweise
ge|spreizt
Ge|spür *das*

gest

gest. (gestorben)
Ge|sta|de *das* (Ufer)
Ges|ta|gen *das*
  (Geschlechtshormon)
Ge|stalt *die*
  gestalten
  gestalterisch
  Gestaltung *die*
Ge|stam|mel *das*
Ge|stamp|fe *das*
ge|stän|dig
  (→ gestehen)
  Geständnis *das*
Ge|stän|ge *das*
Ge|stank *der*
Ge|sta|po
  (im Nationalsozialismus: Geheime Staatspolizei)
ge|stat|ten
  jemandem etwas
  gestatten
Ges|te *die*
  Gestik *die*
  gestikulieren
Ge|steck *das*
ge|ste|hen
  gesteht, gestand,
  hat gestanden
Ge|stein *das*
  Gesteinsschicht *die*
Ge|stell *das*
ges|tern
  g ...
  bis gestern
  gestern Abend
  gestern Morgen
  gestern Nacht
  ich sah sie gestern
  G ...
  das Gestern
  gestrig

Ges|tik *die*
  (Gebärdensprache)
  gestikulieren
Ge|stirn *das*
  gestirnt
  der gestirnte Himmel
Ge|stö|ber *das*
  das Schneegestöber
ge|sto|chen
  (→ stechen)
  gestochen scharf
ge|stoh|len (→ stehlen)
ge|stor|ben
  (→ sterben)
ge|stört (→ stören)
Ge|stot|ter *das*
Ge|sträuch *das*
ge|streckt (→ strecken)
ge|streift
Ge|strüpp *das*
Ge|stühl *das*
Ge|stüt *das*
  (Pferdezucht)
Ge|such *das*
ge|sucht (→ suchen)
  Gesuchte *der/die*
ge|sund
  gesund bleiben
  gesund sein
  gesund werden
  gesund machen/
  gesundmachen
  Gesunde *der/die*
  gesunden
  Gesundheit *die*
  gesundheitlich
  gesundheitsschädigend
  Gesundheitszustand *der*
  gesundschreiben
  schreibt gesund,
  schrieb gesund,
  hat gesundgeschrieben
  Gesundung *die*
ge|sun|ken (→ sinken)

get

ge|tä|felt
ge|tan (→ tun)
ge|tauft
Ge|tier *das*
ge|ti|gert
Ge|tö|se/Ge|to|se *das*
Ge|tränk *das*
  Gekränkeautomat *der*
  Getränkekarte *die*
ge|trau|en
  sich getrauen
Ge|trei|de *das*
  Getreideanbau *der*
  Getreideernte *die*
  Getreidefeld *das*
ge|trennt
  getrennt leben
  getrennt lebend/
  getrenntlebend
  getrennt schreiben
  Getrenntschreibung *die*
ge|treu
  getreu dem Vorsatz
  getreulich
Ge|trie|be *das*
  Getriebeschaden *der*
ge|trof|fen (→ treffen)
ge|trost
Get|to/Ghet|to *das*
  (abgetrenntes Wohnviertel)
Ge|tue *das*
Ge|tu|schel *das*
ge|übt (→ üben)
Ge|vat|ter *der*
  (Pate, Nachbar)
  Gevatterin *die*
Ge|viert *das* (Quadrat)

gew

Ge|wächs *das*

gewachsen
Gewächshaus *das*
ge|wagt
Gewagtheit *die*
ge|wählt
(anspruchsvoll)
sich gewählt ausdrücken
Gewähltheit *die*
ge|wahr
gewahr werden
gewahren
Ge|währ *die*
(Bürgschaft)
es besteht keine Gewähr
ohne Gewähr
Gewähr leisten /
gewährleisten
gewähren
Gnade gewähren
Ge|wahr|sam *der / das*
in Gewahrsam nehmen
Ge|währs|mann *der*
(Zeuge)
Ge|walt *die*
Gewaltakt *der*
Gewaltenteilung *die*
gewaltfrei
gewaltig
gewaltlos
Gewaltmonopol *das*
gewaltsam
gewalttätig
Gewaltverzicht *der*
Ge|wand *das*
die Gewänder
ge|wandt
sich gewandt
ausdrücken
Gewandtheit *die*
ge|wann (→ gewinnen)
ge|wär|ti|gen
(erwarten)
Ge|wäs|ser *das*
Gewässerschutz *der*

gewe
Ge|we|be *das*
Ge|wehr *das* (Waffe)
Gewehrkolben *der*
Gewehrlauf *der*
Ge|weih *das*
ge|weiht (→ weihen)
Ge|wer|be *das*
Gewerbefreiheit *die*
Gewerbegebiet *das*
Gewerbelehrer/in
Gewerbesteuer *die*
gewerbetreibend
gewerblich
gewerbsmäßig
Ge|werk|schaft *die*
Gewerkschaft(l)er/in
gewerkschaftlich
Gewerkschaftsbund *der*
Gewerkschafts-
funktionär/in
Gewerkschafts-
mitglied *das*
ge|we|sen (→ sein)
Ge|wicht *das*
gewichten
Gewichtheben *das*
gewichtig
Gewichtskontrolle *die*
Gewichtung *die*
ge|wieft (schlau)
ge|willt
gewillt sein
Ge|wim|mel *das*
Ge|win|de *das*
Gewindebohrer *der*
Ge|winn *der*
Gewinn bringend /
gewinnbringend
Gewinnanteil *der*
Gewinn-
ausschüttung *die*
Gewinnchance *die*

gewinnen
gewinnt, gewann,
hat gewonnen
gewinnend
Gewinner/in
Gewinnzahl *die*
Ge|win|sel *das*
Ge|wirr *das*
ge|wiss
in gewissem Sinne
bis zu einem gewissen
Grad
ein gewisser Jemand
ein gewisses Etwas
nichts Gewisses
gewissermaßen
Ge|wis|sen *das*
gewissenhaft
Gewissenhaftigkeit *die*
gewissenlos
Gewissenlosigkeit *die*
Gewissensbiss *der*
Gewissens-
entscheidung *die*
Gewissensfrage *die*
Gewissensfreiheit *die*
Gewissenskonflikt *der*
ge|wis|ser|ma|ßen
Ge|wiss|heit *die*
Ge|wit|ter *das*
gewittern
Gewitterregen *der*
Gewitterwolke *die*
gewitt(e)rig
ge|witzt (schlau)
ge|wo|gen (zugetan)
jemandem gewogen sein
Gewogenheit *die*
ge|wöh|nen
sich gewöhnen
Gewohnheit *die*
gewohnheitsgemäß
Gewohnheitsrecht *das*
gewöhnlich

gewohnt
gewöhnt
Gewöhnung *die*
Ge|wöl|be *das*
gewölbt
ge|won|nen
(→ gewinnen)
Ge|wühl *das*
ge|wun|den
(→ winden)
Ge|würz *das*
Gewürzgurke *die*
Gewürzmischung *die*
gewürzt
Gey|sir / Gei|ser *der*
(heiße Springquelle)
gez. (gezeichnet)
Ge|zei|ten
(Ebbe und Flut)
ge|zielt
ge|zie|men
es geziemt sich
geziemend
Ge|zweig *das*
Ge|zwit|scher *das*
ge|zwun|ge|ner-
ma|ßen
GG (Grundgesetz)
ggf. (gegebenenfalls)
Ghet|to / Get|to *das*
(abgetrenntes Wohn-
viertel)
Ghost|wri|ter *der*
(jemand, der für andere
Texte schreibt)

gi

gib, gibt (→ geben)
Gib|bon *der*
(eine Affenart)
Gicht *die* (eine Erkran-
kung der Gelenke)
gichtig / gichtisch
Gichtknoten *der*
Gie|bel *der*
Giebelwand *die*
Gier *die*
gierig
gie|ßen
gießt, goss,
hat gegossen
Gießerei *die*
Gießkanne *die*
Gift *das*
giftfrei
Giftgas *das*
giftig
Giftigkeit *die*
Giftmüll *der*
Giftpilz *der*
Giftschrank *der*
Gi|ga|byte *das* (GB)
Gi|gant *der* (ein Riese)
gigantisch
Gigantomanie *die*
Gil|de *die* (Innung)
gilt (→ gelten)
Gim|pel *der*
(ein Singvogel)
ging (→ gehen)

gib

Gib her!
Er gibt das Geld aus.
Der Klügere gibt nach.
Es ergibt sich so.

ausgiebig
nachgiebig
ergiebig

Gink|go / Gin|ko *der*

Gin|seng *der*
(eine Heilpflanze)
Gins|ter *der*
(ein Strauch)
Gip|fel *der*
Gipfelkonferenz *die*
gipfeln
Gipfelpunkt *der*
Gips *der*
Gipsabdruck *der*
Gipsbein *das*
Gipsfigur *die*
Gipsverband *der*
Gi|raf|fe *die*
Girl *das*
Gir|lan|de *die*
Gi|ro *das* (bargeldlose
Überweisung)
Girokonto *das*
Giroverkehr *der*
Gischt *der / die*
(Wellenschaum)
Gi|tar|re *die*
Gitarrenspieler/in
Gitarrist/in
Git|ter *das*
Gitterfenster *das*

gl

Gla|cee / Gla|cé *der*
(Hochglanzgewebe)
Glaceehandschuhe
Gla|di|a|tor *der*
(Kämpfer)

Gla|di|o|le *die*
(eine Blume)
Gla|mour *der/das*
(Glanz)
Glanz *der*
  glänzen
  glänzend
  Glanzleistung *die*
  glanzlos
Glas *das*
  die Gläser
  Glasbaustein *der*
  Gläschen *das*
  Glaser/in
  Glaserei *die*
  gläsern
  Glasfaserkabel *das*
  Glashütte *die*
  glasieren
  glasig
  glasklar
  Glasmalerei *die*
  Glasscheibe *die*
  Glastür *die*
Gla|sur *die*
  glasieren

glat

glatt
  glatter/glätter
  glatt hobeln/
  glatthobeln
  glatt machen/
  glattmachen
  (glätten)
  glattgehen
  (problemlos
  ablaufen)
  geht glatt, ging glatt,
  ist glattgegangen
  Glätte *die*
  Glatteis *das*
  glätten
  glattmachen
  (bezahlen)
  glattweg
Glat|ze *die*
  glatzköpfig
Glau|be/Glau|ben
  der
  jemandem Glauben
  schenken
  glauben
  glaubhaft
  gläubig
  Gläubige *der/die*
  Gläubiger *der*
  glaubwürdig
  Glaubwürdigkeit *die*

gle

gleich
  g...
  gleich bleibend/
  gleichbleibend
  gleich gesinnt/
  gleichgesinnt
  gleich groß
  gleich gut
  gleich klingend/
  gleichklingend
  gleich lang
  gleich lautend/
  gleichlautend
  ich komme gleich
  G...
  das Gleiche
  aufs Gleiche
  hinauskommen
  Gleiches mit Gleichem
  vergelten
  ein Gleiches tun
  gleichartig
  gleichbedeutend
  gleichberechtigt
  Gleichberechtigung *die*
  gleichen
  gleicht, glich,
  hat geglichen
  gleichermaßen
  gleichfalls
  gleichförmig
  Gleichgewicht *das*
  gleichgültig
  Gleichgültigkeit *die*
  Gleichheit *die*
  Gleichheitszeichen *das*
  Gleichmacherei *die*
  gleichmäßig
  Gleichmäßigkeit *die*
  Gleichmut *der/die*
  gleichnamig
  Gleichnis *das*
  gleichnishaft
  Gleichrichter *der*
  gleichsam
  gleichschenklig
  Gleichschritt *der*
  gleichseitig
  gleichsetzen
  Gleichstand *der*
  gleichstellen
  Gleichstellung *die*
  Gleichstrom *der*
  Gleichung *die*
  einfache Gleichung
  lineare Gleichung
  quadratische Gleichung
  gleichwertig
  gleichwinklig
  gleichzeitig
  Gleichzeitigkeit *die*
Gleis *das*
  Gleisbau *der*
  Gleisdreieck *das*
glei|ten
  gleitet, glitt,
  ist geglitten
  gleitend
  Gleitflug *der*

Glet|scher der
Gletscherspalte die

gli

glib|be|rig/glib|brig
glich (→ gleichen)
Glied das
Gliedmaßen
Gliedsatz der
glie|dern
sich gliedern
Gliederung die
glim|men
glimmt,
glimmte/glomm,
hat geglimmt/
geglommen
Glim|mer der
glimpf|lich
(nicht schlimm)
glit|schig
glitt (→ gleiten)
glit|zern
glo|bal (weltweit)
Globalisierung die
Glo|be|trot|ter der
(Weltenbummler)
Glo|bus der
die Globusse/
die Globen
Glo|cke die
Glöckchen das
Glockengeläute das
Glockenklang der
Glockenläuten das
Glockenspiel das
Glockenturm der
glockig
Glöckner der
glomm (→ glimmen)
Glo|ria das
mit Glanz und Gloria
Glorienschein der

glorifizieren
glorios
glorreich
Glos|sar das
(Wörterverzeichnis)
Glos|se die
(spöttischer Text)
glossieren
glot|zen
Glo|xi|nie die
(eine Blume)
Glück das
Glück auf!
Viel Glück!
Glück bringend/
glückbringend
glücken
glücklich
glücklicherweise
Glück(s)sache die
glückselig
Glückseligkeit die
Glücksgefühl das
Glückspilz der
Glückszahl die
Glückwunsch der
meine Glückwünsche
Glu|cke die (Henne)
glu|ckern
gluck|sen
Glüh|bir|ne die
glühen
glühend
glühend heiß
Glühwein der
Glühwürmchen das
Glu|ko|se/Glu|co|se
die (Traubenzucker)
Glut die
Glu|ta|mat das
auch: Glut|amat
(ein Gewürz)
Gly|kol das
(Frostschutzmittel)

Gly|ze|rin/Gly|ce|rin
das (ein Alkohol)
Gly|zi|nie die
(ein Zierstrauch)
GmbH (Gesellschaft mit
beschränkter Haftung)
Gna|de die
Gnadenbrot das
Gnadenfrist die
Gnadengesuch das
gnadenlos
gnädig
Gneis der
(eine Gesteinsart)
Gnom der (Zwerg)
gnomenhaft
Gnu das (eine Antilope)

go

Go|be|lin der
(Wandteppich)
Go|ckel der
Goi der (Nichtjude)
die Gojim
Go|kart der
Gold das
Goldbarren der
Goldbarsch der
goldblond
golden
g...
die goldene Hochzeit
goldener Mittelweg
ein goldener Ring
g.../G...
der goldene/Goldene
Schnitt
das goldene/Goldene
Zeitalter
G...
das Goldene Buch
das Goldene Kalb
das Goldene Vlies

Goldfasan *der*
Goldfisch *der*
goldgelb
Goldgräber *der*
Goldgrube *die*
goldig
Goldmedaille *die*
Goldmünze *die*
goldrichtig
Goldschmied/in
Goldstück *das*
Goldwaage *die*
Goldzahn *der*
Golf *der* (Meeresbucht); *das* (Rasenspiel)
Golfplatz *der*
Golfschläger *der*
Golfspiel *das*
Golfstrom *der*
Go|li|ath *der* (ein Riese)

gon _____

Gon|del *die*
gondeln
Gondoliere *der*
Gong *der*
Gongschlag *der*
gön|nen
Gönner/in
gönnerhaft
goo|geln
(eine Internet-Suchmaschine benutzen)
gor (→ gären)
Gör *das* / **Gö|re** *die*
Go|ril|la *der*
Gos|pel *das*/*der* (Lieder der Afroamerikaner)
Gospelsong *der*
goss (→ gießen)
Gos|se *die* (Rinnstein)
Go|tik *die* (ein Baustil)
gotisch

Gott *der*
die Götter
Gott sei Dank!
weiß Gott!
um Gottes willen
gottergeben
Götterspeise *die*
Gottesdienst *der*
Gotteslästerung *die*
Gottessohn *der*
gottgefällig
gottgewollt
Göttin *die*
göttlich
gottlob!
gottlos
gottverlassen
Gottvertrauen *das*
Göt|ze *der*
Götzenbild *das*
Götzendienst *der*
Gou|ache *die* (Art der Malerei)
Gour|met *der* (Feinschmecker)
gou|tie|ren (Gefallen finden)
Gou|ver|nan|te *die* (Erzieherin)
Gou|ver|neur *der* (Statthalter)

gr _____

Grab *das*
die Gräber
zu Grabe tragen
graben
gräbt, grub, hat gegraben
Graben *der*
Grabmal *das*
Grabstein *der*
Grabung *die*

Gracht *die* (Kanal in der Stadt)
grad. (graduiert)
Grad *der* (Maßeinheit)
38 Grad Celsius (38°C)
Gradeinteilung *die*
graduell
graduieren
gradweise
grad/ge|ra|de
Graf *der*
Gräfin *die*
gräflich
Grafschaft *die*
Graf|fi|to *der*/*das* (aufgesprühte Bilder oder Schrift an Wänden)
die Graffiti
Gra|fik/Gra|phik *die*
grafisch/graphisch
Gra|fit/Gra|phit *der* (Kohlenstoff)
grafitgrau/graphitgrau
Gra|fo|lo|gie/ Gra|pho|lo|gie *die* (Handschriftendeutung)
grafologisch/ graphologisch
Gram *der*
jemandem gram sein
grämen
sich grämen
gramvoll
Gramm *das*
500 Gramm (g)
Gram|ma|tik *die*
grammatisch
Gram|mo|fon/ Gram|mo|phon *das*
Gra|nat *der* (Halbedelstein)
Granatschmuck *der*

Gra|nat|ap|fel *der*
(eine Frucht)
Gra|na|te *die*
(Sprengkörper)
Granatwerfer *der*
Grand Prix *der*
Grand|ho|tel *das*
gran|di|os
Grand|sei|gneur *der*
Grand Slam *der*
Gra|nit *der*
granitartig
Granitblock *der*
gran|tig
(übellaunig)
Grantigkeit *die*
Gra|nu|lat *das*
(körnige Substanz)
granulieren
Grape|fruit *die*
(eine Frucht)
Gra|phik/Gra|fik *die*
graphisch/grafisch
grap|schen
Gras *das*
die Gräser
grasen
Grasfläche *die*
Grashalm *der*
Grasnarbe *die*
gras|sie|ren
(sich ausbreiten)
gräss|lich
Grat *der* (Bergkamm)
Gratwanderung *die*
Grä|te *die*
die Fischgräten
grätenlos
Gra|ti|fi|ka|ti|on *die*
(Sonderzuwendung)
gratis
Gratisaktie *die*
Gra|tin *der*
Kartoffelgratin

gratinieren
Grät|sche *die*
grätschen
Gra|tu|lant *der*
Gratulantin *die*
Gratulation *die*
gratulieren

grau

grau
g…
alles grau in grau malen
grau meliert/
graumeliert
graue Haare
der graue Star
g…/G…
eine graue/Graue
Eminenz
G…
das Grau
die Grauen Panther
graublau
grauhaarig
gräulich
Grauschimmel *der*
Grauschleier *der*
grau|en
Gräuel *der*
Gräuelmärchen *das*
Gräuelpropaganda *die*
Gräueltat *die*
Grauen *das*
Grauen erregend/
grauenerregend
grauenhaft
grauenvoll
gräulich
Grau|pe *die*
(ein Getreidekorn)
Graupensuppe *die*
Grau|pel *die*
Graupelschauer *der*

Graus *der* (Schrecken)
grau|sam
Grausamkeit *die*
Grausen *das*
grausen
grausig
Gra|veur *der*
(Steinschneider)
Graveurin *die*
gravieren
gravierend
ein gravierender
Unterschied
Gravierung *die*
Gravur *die*
Gra|vi|ta|ti|on *die*
(Schwerkraft)
gravitätisch
gravitätisch einher-
schreiten
Gra|zie *die* (Anmut)
grazil
graziös

gre

Green|horn *das*
(Anfänger)
Green|peace
(Umweltschutzverband)
grei|fen
greift, griff,
hat gegriffen
greifbar
Greifvogel *der*
Greis *der* (alter Mensch)
Greisin *die*
greisenhaft
grell
ein grell beleuchteter/
grellbeleuchteter Hof
Gre|mi|um *das*
(Ausschuss)
die Gremien

Gre|na|dier der
(ein Soldat)
Gre|na|di|ne die
(Sirup aus Granatapfel)
Gren|ze die
grenzen
grenzenlos
ins Grenzenlose
Grenzkontrolle die
Grenzsituation die
grenzüberschreitend
Grenzverkehr der
Grenzwert der
(**Greuel** → Gräuel)

gri

Grie|be die
Griebenschmalz das
Grie|chen|land
Grieche der
Griechin die
griechisch
auf Griechisch
griechisch-orthodox
Gries|gram der
griesgrämig
Grieß der
Grießbrei der
Grießklöße
Griff der
in den Griff bekommen
griffbereit
griffig
Grif|fel der
Grill der
auf dem Grill garen
grillen
Grillplatz der
Gril|le die
(Heuschrecke; Laune)
grillenhaft
Gri|mas|se die
grimassieren

Grimm der
grimmig
Grind der (Wundschorf)
grin|sen
Grip|pe die
Grippeepidemie die
grippekrank
Grippevirus das/der
Gris|li|bär/
Grizz|ly|bär der

gro

grob
gröber, gröbste
aus dem Gröbsten
heraus sein
Grobheit die
Grobian der
gröblich
grobmaschig
Grog der
(heißes Getränk)
grö|len
Grölen das
Groll der
grollen
Gros das (die meisten)
Gro|schen der
Groschenheft das
groß
größer, größte
g ...
das große Latinum
das große Los
die große Pause
die großen Ferien
im großen Ganzen
am größten
g .../G ...
die große/Große
Koalition
die große/Große
Kreisstadt

G ...
Groß und Klein
(jedermann)
die Große Strafkammer
der Große Wagen/Bär
die Großen und die
Kleinen
im Großen und Ganzen
etwas Großes
nichts Großes
großartig
das Großartige
etwas Großartiges
Groß-Berlin
Großbuchstabe der
Größe die
Großeltern
Größenunterschied der
Größenwahn der
Großhandel der
großmütig
Großmutter die
großspurig
Großraumwagen der
Großreinemachen das
großschreiben
(mit großem Anfangs-
buchstaben)
schreibt groß,
schrieb groß,
hat großgeschrieben
Großschreibung die
großspurig
Großstadt die
großstädtisch
größtenteils
Großvater der
großzügig
Groß|bri|tan|ni|en
Brite der
Britin die
britisch
Gros|sist der
(Großhändler)

gro|tesk (lächerlich)
Groteske *die*
groteskerweise
Grot|te *die*
grottenschlecht

gru

grub (→ graben)
Gru|be *die*
Grubenunglück *das*
grü|beln
ins Grübeln kommen
Grübler *der*
grüblerisch
Gruft *die*
grün
g…
jemandem nicht grün
sein
grüner Salat
die grüne Minna
der grüne Punkt
die grüne Welle
g…/G…
die grüne/Grüne
Grenze
am grünen/Grünen
Tisch
G…
die Ampel steht auf
Grün
bei Grün weiterfahren
dasselbe in Grün
das Grüne Gewölbe
(in Dresden)
die Grüne Woche
(in Berlin)
die Grünen (Partei)
Grünanlage *die*
Gründonnerstag *der*
grünen
Grünfläche *die*
Grünfutter *das*

Grünkohl *der*
grünlich
Grünspan *der*
Grünstreifen *der*
Grund *der*
die Gründe
auf Grund/aufgrund
im Grunde genommen
zu Grunde/
zugrunde gehen
Grundbegriff *der*
Grundbesitz *der*
Grundbuch *das*
Grunderwerb *der*
grundfalsch
Grundform *die*
Grundgedanke *der*
Grundgesetz *das*
Grundlage *die*
grundlegend
grundlos
Grundrecht *das*
Grundregel *die*
Grundriss *der*
Grundsatz *der*
grundsätzlich
Grundschule *die*
Grundstein *der*
Grundstück *das*
Grundstufe *die*
Grundton *der*
Grundwasser *das*
Grundzahl *die*
grün|den
Gründer/in
Gründerzeit *die*
Gründung *die*
grun|die|ren
die Wand grundieren
Grundierung *die*
gründ|lich
gründlich putzen
Gründlichkeit *die*
grun|zen

Grup|pe *die*
Grüppchen *das*
Gruppenarbeit *die*
Gruppenbild *das*
gruppenweise
gruppieren
Gru|sel|ge|schich|te
die
gruseln
grus(e)lig
Gruß *der*
viele Grüße
grüßen
Grußwort *das*
Grüt|ze *die*
rote Grütze

gu

Gu|a|no *der*
(ein Düngemittel)
gu|cken/ku|cken
Gue|ril|la *die*
(Widerstandskämpfer)
Guerillakrieg *der*
Guerillero *der*
Gu|gel|hupf *der*
(Napfkuchen)
Guil|lo|ti|ne *die*
(Fallbeil)
guillotinieren
Gu|lasch *das/der*
Gulaschsuppe *die*
Gul|den *der*
(eine Münze)
Gül|le *die* (Jauche)
Gul|ly *der/das* (Abfluss)
gül|tig
Gültigkeit *die*
Gum|mi *der/das*
Gummiband *das*
Gummibaum *der*
gummieren
Gummihandschuh *der*

Gunst *die*
zu ihren Gunsten
zugunsten/
zu Gunsten von
günstig
günstigstenfalls
Günstling *der*
Gup|py *der* (ein Fisch)

gur

Gur|gel *die*
gurgeln
Gur|ke *die*
Gurkensalat *der*
gur|ren
Gurt *der*
der Sicherheitsgurt
Gürtel *der*
gurten
Gu|ru *der*
(religiöser Lehrer)
Guss *der*
die Güsse
Gusseisen *das*
gusseisern
Gussstahl/
Guss-Stahl *der*
Gus|to *der* (Geschmack)
gut
besser, beste
g…
gut aussehend/
gutaussehend
gut gehen/gutgehen
geht gut, ging gut,
ist gut gegangen/
gutgegangen
gut gelaunt/
gutgelaunt
es gut meinen
ein gut gemeinter/
gutgemeinter Rat
guttun
tut gut, tat gut,
hat gutgetan
gut unterrichtet/
gutunterrichtet
gut werden
gut und gern
so weit, so gut
gute Nacht
G…
Gut und Böse unterscheiden können
jenseits von Gut und Böse sein
alles Gute
das Gute
es im Guten sagen
des Guten zu viel tun
vom Guten das Beste
zum Guten wenden
ein Guter
etwas Gutes
nichts Gutes
sein Gutes haben
Kap der Guten Hoffnung
gutartig
Gutartigkeit *die*
gutbürgerlich
gutgläubig
Guthaben *das*
gutheißen
gutherzig
Gutherzigkeit *die*
gütig
gut machen
(z. B. eine Arbeit)
gutmachen
(z. B. einen Gewinn)
wieder gutmachen/
wiedergutmachen
gutmütig
Gutmütigkeit *die*
Gutschein *der*
gut schreiben
(einen Text)
gutschreiben
(anrechnen)
schreibt gut, schrieb gut,
hat gutgeschrieben
Gutschrift *die*
gutwillig
Gutwilligkeit *die*
Gut *das*
die Güter
Gütertransport *der*
Güterverkehr *der*
Güterwagen *der*
Gutsbesitzer/in
Gutshaus *das*
Gutshof *der*
Gut|ach|ten *das*
Gutachter/in
gutachterlich
Gut|dün|ken *das*
nach Gutdünken
Gü|te *die*
gütig
gütlich
Gut|schein *der*
gut|tu|ral (Kehl…)
ein gutturaler Laut

gy

Gym|na|si|al|leh|rer
der
Gymnasiallehrerin *die*
Gymnasiast/in
Gymnasium *das*
Gym|nas|tik *die*
gymnastisch
Gy|nä|ko|lo|ge *der*
(Frauenarzt)
gynäkologisch
Gy|ros *das*
(gegrilltes Fleisch)

H

Haar das
  das Härchen
  um Haaresbreite
  Haarausfall der
  haaren
  Haarfarbe die
  haargenau
  haarig
  haarscharf
  Haarschnitt der
  Haarspalterei die
  Haarspray das
  haarsträubend
  Haarwuchs der
Ha|be die
  das Hab und Gut
ha|ben
  Habenichts der
  Habenzinsen
  Habgier die
  aus Habgier
  habgierig
  habhaft
  des Verbrechers
  habhaft werden
Ha|bicht der
  (ein Greifvogel)
Ha|bi|li|ta|ti|on die (Erwerb der Lehrbefugnis)
  habilitieren
  sich habilitieren
ha|bi|tu|a|li|sie|ren
  (angewöhnen)
  habituell
  Habitus der
Hab|se|lig|kei|ten
Hab|sucht die
  habsüchtig
Hach|se/Ha|xe die
Hack|bra|ten der
  Hackbrett das
  hacken
  Hackepeter der
  Hackfrucht die
  Häcksel das/der
  Hacksteak das
Ha|cke die
  (Gartengerät)
Ha|cken der (Ferse)
Ha|cker der
Ha|der der
  (Zank und Streit)
  hadern
  mit seinem Schicksal hadern

haf

Ha|fen der
  die Häfen
  Hafenrundfahrt die
  Hafenstadt die
Ha|fer der
  Haferflocken
  Hafergrütze die
Haff das (Meeresteil hinter einer Landzunge)
Haft die
  Haftanstalt die
  haftbar
  Haftbefehl der
  Häftling der
  Haftpflicht die
  haftpflichtig
  Haftpflichtversicherung die
  Haftrichter/in
  Haftung die
haf|ten
  haften an etwas
  haften bleiben
  (übertragen:)
  im Gedächtnis
  haften bleiben/
  haftenbleiben

hag

Hag der (Hecke; Waldgrundstück)
Ha|ge|but|te die
Ha|ge|dorn der
  (Weißdorn)
Ha|gel der
  Hagelkorn das
  hageln
  Hagelschaden der
  Hagelschauer der
  Hagelschlag der
  Hagelzucker der
ha|ger (mager)
  Hagerkeit die
Ha|ge|stolz der
  (alter Junggeselle)
Hä|her der
  (ein Rabenvogel)
Hahn der
  die Hähne
  Hähnchen das
  Hahnenschrei der
Hahn|rei der
  (betrogener Ehemann)
Hai der

Hain der (Wäldchen)
Hair|sty|list/
  Hair-Sty|list der
hä|keln
  Häkelnadel die
Ha|ken der
  haken
  Häkchen das
  hakenförmig
  Hakennase die

hal

halb
h ...
um halb eins
halbe Stunde
ein halbes Dutzend
achteinhalb Prozent
halb so viel
halb leer / halbleer
auf halbmast
halb tot / halbtot
halb voll / halbvoll
H ...
ein Halbes trinken
nichts Halbes und nichts Ganzes
Halbbruder *der*
halbdunkel
halbe-halbe
Halbfinale *das*
halbherzig
halbieren
Halbierung *die*
Halbinsel *die*
halbjährig
halbjährlich
Halbkreis *der*
Halbkugel *die*
Halbleiter *der*
Halbmond *der*
Halbpension *die*
halbrund
Halbschuh *der*
halbseitig
halbtags
Halbwaise *die*
halbwegs
Halbwertzeit *die*
Halbzeit *die*
hal|ber (wegen)
der Ehre halber
umständehalber
hal|bie|ren

Hal|de *die*
auf Halde liegen
half (→ helfen)
Half|pipe *die*
Hälf|te *die*
mehr als die Hälfte
hälftig
Half|ter *das/der*
(Pferdegeschirr);
das (Pistolentasche)
Hall *der*
hallen
Hal|le *die*
Hallenbad *das*
Hal|le|lu|ja *das*
Hal|lig *die*
(kleine Nordseeinsel)
Hal|li|masch *der*
(ein Pilz)
hal|lo!
das Hallo
mit großem Hallo
hallo / Hallo rufen
Hal|lu|zi|na|ti|on *die*
(Sinnestäuschung)
halluzinieren
Halm *der*
Hal|ma *das* (ein Spiel)
ha|lo|gen
Halogenlampe *die*
Hals *der*
die Hälse
Hals-Nasen-Ohren-Arzt *der*
Halsschmerzen
halsstarrig
Halstuch *das*
Hals- und Beinbruch!
halt!
Halt / halt rufen
Halt *der*
Halt finden
Halt machen / haltmachen

halten
hält, hielt,
hat gehalten
Halter/in
Halterung *die*
Haltestelle *die*
Halteverbot *das*
haltlos
halt|bar
Haltbarkeit *die*
halt|ma|chen (→ Halt)
Hal|tung *die*
Ha|lun|ke *der*
(Bösewicht)

ham

Hä|ma|tom *das*
Ham|burg
Hamburger/in
hamburgisch
Hä|me *die*
(Schadenfreude)
hämisch
Ham|mel *der*
Hammelbeine
Hammelkeule *die*
Hammelsprung *der*
Ham|mer *der*
die Hämmer
hammerhart
hämmern
Hammerwerfen *das*
Ham|mond|or|gel *die*
Hä|mo|glo|bin *das*
(roter Blutfarbstoff)
Hä|mor|ri|den /
Hä|mor|rho|i|den
(Verdickung am After)
Ham|pel|mann *der*
hampeln
Hams|ter *der*
Hamsterkauf *der*
hamstern

han

Hand die
die Hände
etwas bei der Hand haben
freie Hand haben
eine Hand voll/ eine Handvoll
zu Händen von
das liegt auf der Hand
abhandenkommen
allerhand
anhand
kurzerhand
überhandnehmen
unter der Hand
vorderhand
Handarbeit die
Handball der
Handball spielen
Handbewegung die
Handbremse die
Handbuch das
Händchen halten
ein Händchen haltendes/händchenhaltendes Paar
Händedruck der
händeringend
Händeschütteln das
handfest
handgefertigt
Handgelenk das
Handgemenge das
Handgepäck das
handgeschrieben
Handgranate die
handgreiflich
Handgriff der
Handhabe die
handhaben
leicht zu handhaben
Handkuss der
Handlanger der
handlich
Handreichung die
Handschrift die
handschriftlich
Handschuh der
Handstand der
Handtasche die
Handtuch das
Handumdrehen das
im Handumdrehen
Han|del der
Handel treiben
Handel treibend/ handeltreibend
handeln
das Handeln
Händler/in
Han|di|kap/ Han|di|cap das
(Behinderung)
hand|lich
Hand|lung die
handlungsfähig
Handlungsspielraum der
Hand-out/Hand|out das (Zettel)
Hand|werk das
Handwerker/in
handwerklich
Handwerksbetrieb der
Handwerkskammer die
Handwerkszeug das
Han|dy das
ha|ne|bü|chen
(unglaublich)
Hanf der
Hang der
die Hänge
hangeln
sich hangeln
Han|gar der
(Flugzeughalle)
Hän|ge|mat|te die
hän|gen
(aufhängen:)
hängt, hängte, hat gehängt
ich hängte das Bild über das Bett
(an einer Stelle:)
hängt, hing, hat/ist gehangen
das Bild hing über dem Bett
hängen bleiben
(übertragen:)
in der Schule
hängen bleiben/ hängenbleiben
hängen lassen
(übertragen:)
jemanden hängen lassen/hängenlassen
(im Stich lassen)
Hängepartie die
Han|sa|plast das
Hans|dampf der
hänseln
Hanswurst der
Han|se die
hanseatisch
Hansestadt die
hän|seln
Han|tel die
(ein Turngerät)
han|tie|ren

hap

ha|pern (mangeln)
es hapert am Geld
Häpp|chen das
Happen der
happig
Hap|pe|ning das
(Ereignis)

hap|py
Happyend /
Happy End *das*
hap|tisch (auf dem Tastsinn beruhend)
Ha|ra|ki|ri *das* (Selbstmord durch Bauchaufschlitzen)
Hard|co|ver *das* (fester Bucheinband)
Hard|li|ner *der* (ein unnachgiebiger Mensch)
Hard|rock / Hard Rock *der*
Hard|ware *die* (techn. Einrichtungen)
Ha|rem *der* (die Frauen eines Muslims)
Hä|re|sie *die* (Ketzerei)
Häretiker/in
häretisch
Har|fe *die*
Harfenspiel *das*
Har|ke *die* (ein Gartengerät, Rechen)
harken
Har|le|kin *der* (Hanswurst)
harm|los
Harmlosigkeit *die*
Har|mo|nie *die*
Harmonielehre *die*
harmonieren
Harmonika *die*
harmonisch
Har|mo|ni|um *das*
Harn *der*
Harnblase *die*
Harnleiter *der*
Harnstoff *der*
harntreibend
Har|nisch *der* (Panzer der Ritter)

Har|pu|ne *die* (Wurfspeer mit Widerhaken)
harpunieren
har|ren (warten)
harsch (unfreundlich)
Harsch *der* (vereister Schnee)
hart
härter, härteste
hart auf hart
ein Ei hart kochen /
hartkochen
hartgesotten
Härte *die*
härten
hartherzig
Hartkäse *der*
hartnäckig
Hartnäckigkeit *die*
Härtung *die*
Harz *der* (Gebirge);
das (zähflüssige Absonderung)
harzig

has

Ha|sard *das* (Glücksspiel)
Hasardeur *der*
Ha|schee *das* (fein geschnittenes Fleisch)
haschieren
ha|schen (fangen)
Haschen *das*
Haschen spielen

Ich habe
du **hast** ...

die **Hast** (= die Eile)
hastig

Häscher *der*
Ha|schisch *das / der*
Ha|se *der*
Hasenbraten *der*
Hasenfuß *der*
Hasenscharte *die*
Häsin *die*
Ha|sel|nuss *die*
die Haselnüsse
Haselnussstrauch /
Haselnuss-Strauch *der*
Hass *der*
hassen
hasst, hasste,
hat gehasst
hassenswert
hasserfüllt
Hassgefühle
häss|lich
Hässlichkeit *die*
hast (→ haben)
Hast *die*
hasten
hastig
hät|scheln
hät|te (→ haben)
Hat|trick *der* (dreifacher Erfolg)
Hatz *die* (Eile, Hetzjagd)

hau

Hau|be *die*
Haubenlerche *die*
Hau|bit|ze *die* (ein Geschütz)

hassen
du **hasst**
er **hasst**
ge**hasst**

Hauch *der*
hauchdünn
hauchen
hau|en
haut, haute/hieb,
hat gehauen
Hauer *der*
häu|feln
Haufen *der*
häufen
haufenweise
häu|fig
Häufigkeit *die*
Häufung *die*
Haupt *das*
die Häupter
hauptamtlich
Hauptbahnhof *der*
Hauptdarsteller/in
Haupteingang *der*
Hauptfach *das*
Hauptgewinn *der*
Häuptling *der*
Hauptperson *die*
Hauptsache *die*
hauptsächlich
Hauptsaison *die*
Hauptsatz *der*
Hauptschulabschluss *der*
Hauptschule *die*
Hauptstadt *die*
hauptstädtisch
Hauptstraße *die*
Hauptteil *der*
Hauptwort *das*
Haus *das*
die Häuser
nach Hause/
nachhause
zu Hause/zuhause
das Zuhause
Hausarbeit *die*
Hausarzt *der*

Hausärztin *die*
Hausaufgabe *die*
Hausbesitzer/in
Hausbewohner/in
hausen
Hausfrau *die*
Haushalt *der*
Haus halten/
haushalten
Hausherr *der*
haushoch
ein haushoher Sieg
häuslich
Hausmeister/in
Hausnummer *die*
Hausrat *der*
Hausschlüssel *der*
Haustier *das*
Haustür *die*
Hauswirtschaft *die*
hau|sie|ren
Hausierer/in
Haus|se *die*
(hoher Aktienstand)

haut

Haut *die*
die Häute
Hautausschlag *der*
Häutchen *das*
Hautcreme/
Hautkrem(e) *die*
häuten
sich häuten
hauteng
Hautfarbe *die*
hautfreundlich
hautnah
Häutung *die*
Haute Cou|ture *die*
(Modeschaffen)
Haute|vo|lee *die* (vornehme Gesellschaft)

Ha|va|rie *die*
(Unfall eines Schiffes)
Havarist *der*
Ha|xe/Hach|se *die*
Hbf. (Hauptbahnhof)
h. c. (honoris causa = ehrenhalber)

he

Head|line *die*
(Schlagzeile)
Hea|ring *das*
(Anhörung)
Heb|am|me *die*
He|bel *der*
he|ben
hebt, hob,
hat gehoben
Hebesatz *der*
Hebewerk *das*
Hebung *die*
he|brä|isch
auch: heb|rä|isch
Hebräische *das*
he|cheln
(schnell atmen)
Hecht *der*
Hechtsprung *der*
Heck *das*
Heckscheibe *die*
He|cke *die*
Heckenrose *die*
Heer *das*
Heerstraße *die*
He|fe *die*
Hefeteig *der*
Heft *das*
heften
Hefter *der*
hef|tig
Heftigkeit *die*
He|ge|mo|nie *die*
(Vorherrschaft)

he|gen (pflegen)
Hehl das/der
(Geheimnis)
kein(en) Hehl daraus
machen
hehlen
Hehler/in
hehr (erhaben, heilig)
ein hehres Ziel

hei

Hei|de die (Ödland)
Heidekraut das
Heidschnucke die
Hei|de der (Nichtchrist)
Heidenspaß der
Heidentum das
heidnisch
Hei|del|bee|re die
hei|kel (schwierig)
heil
Heil das
Heiland der
Heilanstalt die
heilbar
heilen
heilfroh
Heilkraft die
heillos
Heilmittel das
Heilpflanze die
Heilpraktiker/in
heilsam
Heilsarmee die
Heilung die
Heil|butt der (ein Fisch)
hei|lig
h...
das heilige Abendmahl
die heilige Kommunion
die heilige Messe
der heilige Paulus
heilig sein

H...
Heilige der/die/das
der Heilige Abend
die Heilige Dreifaltigkeit
der Heilige Geist
die Heilige Jungfrau
das Heilige Land
die Heilige Nacht
die Heilige Schrift
der Heilige Vater
die Heiligen Drei Könige
etwas Heiliges
heiligen
Heiligenschein der
heiligsprechen
spricht heilig,
sprach heilig,
hat heiliggesprochen
Heiligtum das
Heim das
Heimat die
heimatlich
heimatlos
Heimatmuseum das
Heimatstadt die
Heimatvertriebene
der/die
heimbringen
bringt heim, brachte
heim, hat heimgebracht
heimfahren
fährt heim, fuhr heim,
hat/ist heimgefahren
heimführen
heimgehen
geht heim, ging heim,
ist heimgegangen
heimisch
Heimkehr die
heimkehren
Heimleiter/in
Heimreise die
heimsuchen
Heimstätte die

heimwärts
Heimweg der
Heimweh das
Heimwerker/in
heimzahlen
heim|lich
Heimlichkeit die
Heimlichtuerei die
heimlichtun
(geheimnisvoll tun)
tut heimlich,
tat heimlich,
hat heimlichgetan
aber: heimlich etwas
tun
heim|tü|ckisch
(hinterlistig)
Hein|zel|männ|chen
das
Hei|rat die
heiraten
Heiratsantrag der
heiratslustig
Heiratsschwindler/in
hei|schen (verlangen)
hei|ser
Heiserkeit die
heiß
ein heißes Eisen
Essen heiß machen/
heißmachen
meine heiß geliebte/
heißgeliebte Oma
heißblütig
Heißhunger der
Heißmangel die
hei|ßen
heißt, hieß, hat geheißen
hei|ter
Heiterkeit die
hei|zen
heizbar
Heizkörper der
Heizkosten

Heizöl *das*
Heizung *die*

hek

Hek|tar *das/der*
auch: Hekt|ar
(Flächenmaß)
Hek|tik *die*
(starke Unruhe)
hektisch
**hek|to|gra|fie|ren/
hek|to|gra|phie|ren**
(vervielfältigen)
Hek|to|li|ter *der*
(100 Liter)
he|lau!
Held *der*
Heldin *die*
heldenhaft
Heldenlied *das*
Heldentat *die*
hel|fen
hilft, half, hat geholfen
Helfer/in
Helfershelfer/in
He|li|kop|ter *der*
auch: He|li|ko|pter
he|lio|zen|trisch
auch: he|lio|zent|risch
(mit der Sonne als
Mittelpunkt)
He|li|um *das* (He)
(ein Edelgas)
hell
hell leuchten
hell leuchtend/
hellleuchtend
hellblau
hellblond
Helligkeit *die*
helllicht
am helllichten Tag
hellwach

Hel|le|bar|de *die*

Hel|le|nis|mus *der*
(eine Kulturepoche)
Hel|ler *der*
(eine Silbermünze)
auf Heller und Pfennig
Hell|se|her *der*
Hellseherin *die*
hellsehen
hellsehen können
hellsichtig
Helm *der*
Helmbusch *der*
He|lot *der* (Sklave)
hel|ve|tisch
(schweizerisch)
die Helvetische Republik

hem

Hemd *das*
Hemdchen *das*
Hemdsärmel *der*
hemd(s)ärmelig
He|mis|phä|re *die*
auch: He|mi|sphäre
(Erdhälfte)
hemisphärisch
hem|men
Hemmnis *das*
Hemmschuh *der*
Hemmschwelle *die*
Hemmung *die*
hemmungslos

Hen|di|a|dy|oin *das*
(eine Stilfigur)
Hendl *das*
das Brathendl
Hengst *der*
Hen|kel *der*
Henkelkrug *der*
Hen|ker *der*
Henkersmahlzeit *die*
Hen|na *die/das*
(rotgelber Farbstoff)
Hen|ne *die*
He|pa|ti|tis *die*
(Leberentzündung)
Hep|tan *das*
(Kohlenwasserstoff)

her

her
hin und her
das ewige Hin und Her
he|rab
auch: her|ab
herabfallen
fällt herab, fiel herab,
ist herabgefallen
herablassend
herabsetzen
Herabsetzung *die*
He|ral|dik *die*
(Wappenkunde)
heraldisch
he|ran
auch: her|an
heranfahren
fährt heran, fuhr heran,
ist herangefahren
heranführen
heranholen
herankommen
kommt heran,
kam heran,
ist herangekommen

heranlassen
lässt heran, ließ heran,
hat herangelassen
heranreichen
heranwachsen
wächst heran,
wuchs heran,
ist herangewachsen
Heranwachsende
der / die
heranwagen
sich heranwagen
heranziehen
zieht heran, zog heran,
hat herangezogen
he|rauf
auch: her|auf
heraufbeschwören
heraufbringen
bringt herauf,
brachte herauf,
hat heraufgebracht
heraufsetzen
he|raus
auch: her|aus
herausarbeiten
herausbekommen
bekommt heraus,
bekam heraus,
hat herausbekommen
herausbilden
sich herausbilden
herausbringen
bringt heraus,
brachte heraus,
hat herausgebracht
herausfinden
findet heraus,
fand heraus,
hat herausgefunden
herausfordern
herausfordernd
Herausforderung *die*
Herausgabe *die*

herausgeben
gibt heraus, gab heraus,
hat herausgegeben
Herausgeber *der*
(Hrsg., Hg.)
heraushalten
sich heraushalten
hält sich heraus,
hielt sich heraus,
hat sich herausgehalten
herausholen
herauskommen
kommt heraus,
kam heraus,
ist herausgekommen
herauskristallisieren
sich herauskristallisieren
herausnehmen
nimmt heraus,
nahm heraus,
hat herausgenommen
herausragen
herausragend
herausschlagen
schlägt heraus,
schlug heraus,
hat herausgeschlagen
herausstellen

herb

herb
Herbheit *die*
Her|ba|ri|um *das*
(Sammlung von
getrockneten Pflanzen)
her|bei
herbeiführen
herbeirufen
ruft herbei, rief herbei,
hat herbeigerufen
herbeischaffen
herbeisehnen

herbeiwünschen
her|be|kom|men
bekommt her,
bekam her,
hat herbekommen
her|be|mü|hen
sich herbemühen
Her|ber|ge *die*
Herbergseltern
her|be|stel|len
her|bit|ten
bittet her, bat her,
hat hergebeten
Her|bi|zid *das* (Unkrautvernichtungsmittel)
her|brin|gen
bringt her, brachte her,
hat hergebracht
Herbst *der*
Herbstanfang *der*
Herbstferien
herbstlich
Herbstzeitlose *die*
(eine Blume)
Herd *der*
Herdplatte *die*
Her|de *die*
Herdentier *das*
Herdentrieb *der*
he|rein
auch: her|ein
hereinbringen
bringt herein,
brachte herein,
hat hereingebracht
hereinfallen
fällt herein, fiel herein,
ist hereingefallen
hereinführen
hereinholen
hereinkommen
kommt herein,
kam herein,
ist hereingekommen

hereinlassen
lässt herein, ließ herein,
hat hereingelassen
hereinlegen
hereinplatzen
hereinreichen
hereinschaffen
hereinströmen
hereintragen
trägt herein, trug herein,
hat hereingetragen
Her|fahrt *die*
her|füh|ren
Her|gang *der*
her|ge|ben
gibt her, gab her,
hat hergegeben
her|ge|bracht
althergebracht
her|ge|hen
geht her, ging her,
ist hergegangen
her|ge|hö|ren
her|hal|ten
hält her, hielt her,
hat hergehalten
her|ho|len
her|hö|ren

heri

He|ring *der*
Heringsfang *der*
Heringsfilet *das*
Heringssalat *der*
he|rin|nen
auch: her|in|nen

her|kom|men
kommt her, kam her,
ist hergekommen
herkömmlich
Her|kunft *die*
Herkunftsort *der*
her|ma|chen
sich hermachen über
Her|me|lin *das;*

der (sein Pelz)
Her|me|neu|tik *die*
(Interpretation)
hermeneutisch
her|me|tisch
(luftdicht)
her|nach (danach)
her|neh|men
nimmt her, nahm her,
hat hergenommen
her|nie|der
He|ro|in *das*
heroinsüchtig
he|ro|isch (heldenhaft)
Heroe *der*
Heroin/Heroine *die*
He|rold *der* (Bote)
Her|pes *der*
(Bläschenausschlag)

Herr *der*
die Herren
einer Sache Herr
werden
Herrenbegleitung *die*
Herrenbekleidung *die*
Herrenfahrrad *das*
herrenlos
Herrentoilette *die*
Herrgott *der*
herrisch
her|rich|ten
herr|lich
Herrlichkeit *die*
Herr|schaft *die*
herrschaftlich
herrschen
herrschend
Herrscher *der*
Herrschsucht *die*
herrschsüchtig
her|ru|fen
ruft her, rief her,
hat hergerufen
her|rüh|ren

hers

her|schi|cken
her|se|hen
sieht her, sah her,
hat hergesehen
her|stel|len
Hersteller *der*
Herstellung *die*
Herstellungskosten *die*
Hertz *das* (Hz)
(Maßeinheit)
he|rü|ber
auch: her|über
herüberbringen
bringt herüber,
brachte herüber,
hat herübergebracht

der Herr	die Herren
des Herr**n**	der Herren
dem Herr**n**	den Herren
den Herr**n**	die Herren

herüberholen
herüberkommen
kommt herüber,
kam herüber,
ist herübergekommen
herüberreichen
Herübersetzung *die*
he|rum
auch: her|um
im Kreis herum
herumalbern
herumdrehen
herumexperimentieren
herumirren
herumkommandieren
herumkommen
kommt herum,
kam herum,
ist herumgekommen
herumkritisieren
herumlaufen
läuft herum, lief herum,
ist herumgelaufen
herumliegen
liegt herum, lag herum,
hat herumgelegen
herumsitzen
sitzt herum, saß herum,
hat herumgesessen
herumsprechen
spricht herum,
sprach herum,
hat herumgesprochen
sich herumsprechen
herumstöbern
herumtreiben
treibt herum,
trieb herum,
hat herumgetrieben
sich herumtreiben
he|run|ten
auch: her|un|ten
he|run|ter
auch: her|un|ter

herunterdrücken
herunterfallen
fällt herunter,
fiel herunter,
ist heruntergefallen
herunterholen
herunterkommen
kommt herunter,
kam herunter,
ist heruntergekommen
herunterspielen
herunterziehen
zieht herunter,
zog herunter,
hat heruntergezogen

herv

her|vor
hervorbringen
bringt hervor,
brachte hervor,
hat hervorgebracht
hervorgehen
geht hervor, ging hervor,
ist hervorgegangen
daraus geht hervor,
dass …
hervorheben
hebt hervor, hob hervor,
hat hervorgehoben
hervorholen
hervorkommen
kommt hervor,
kam hervor,
ist hervorgekommen
hervorragend
hervorrufen
ruft hervor, rief hervor,
hat hervorgerufen
hervorzaubern
hervorziehen
zieht hervor, zog hervor,
hat hervorgezogen

herz

Herz *das* (Organ)
sich etwas zu Herzen
nehmen
von Herzen
Herzanfall *der*
Herzass *das*
Herzchirurgie *die*
Herzenslust *die*
nach Herzenslust
Herzenswunsch *der*
herzerfrischend
herzergreifend
Herzfehler *der*
herzhaft
Herzinfarkt *der*
Herzkatheter *der*
Herzklappe *die*
herzkrank
Herzkranzgefäß *das*
herzlich
auf das Herzlichste/
herzlichste
Herzlichkeit *die*
herzlos
Herzschlag *der*
Herzschrittmacher *der*
Herztransplantation *die*
Herzversagen *das*
herzzerreißend
her|zie|hen
zieht her, zog her,
hat/ist hergezogen
Her|zog *der*
Herzogin *die*
herzoglich
Herzogtum *das*
her|zu

hes

Hes|sen
Hesse *der*

Hessin *die*
hessisch
He|tä|re *die* (Geliebte
 bedeutender Männer)
he|te|ro|gen (ungleich)
He|te|ro|se|xu|a|li|tät
 die
heterosexuell
Het|ze *die*
hetzen
Hetzer *der*
Hetzerei *die*
Hetzrede *die*
Heu *das*
Heuhaufen *der*
Heuschnupfen *der*
Heu|che|lei *die*
heucheln
Heuchler/in
heu|er (in diesem Jahr)
heurig
Heurige *der*
 (junger Wein)
Heu|er *die*
 (Lohn eines Matrosen)
heu|len
Heuler *der*
Heu|schre|cke *die*
heu|te
 heute Abend
 heute Morgen
 heute früh / Früh
 bis heute
Heute *das*
heutig
 der heutige Wert
heutzutage
He|xa|gon *das*
 (Sechseck)
He|xe *die*
hexen
Hexenschuss *der*
Hexerei *die*
Hg. (Herausgeber)

hi

Hi|at *der*
 (Zusammentreffen von
 zwei Vokalen)
Hi|bis|kus *der*
 (eine Blume)
Hieb *der*
 hieb- und stichfest
hielt (→ halten)
hier
 hier und da
 von hier aus
 hier sein
 hierbleiben
hie|ran
 auch: hier|an
Hie|rar|chie *die*
 auch: Hier|ar|chie
 (Rangordnung)
hierarchisch
hie|rauf
 auch: hier|auf
hie|raus
 auch: hier|aus
hier|bei
hier|blei|ben
 bleibt hier, blieb hier,
 ist hiergeblieben
hier|durch
hier|für
hier|ge|gen
hier|her
 hierhergehören
 hierherkommen
 kommt hierher,
 kam hierher,
 ist hierhergekommen
 hierherschicken
hie|rin
 auch: hier|in
hier|las|sen
 lässt hier, ließ hier,
 hat hiergelassen

hier|mit
Hie|ro|gly|phe *die*
 (ägypt. Schriftzeichen)
hie|rü|ber
 auch: hier|über
 hierüber sprechen
 sich hierüber einigen
hier|von
hier|zu
hier|zu|lan|de/
 hier zu Lan|de
hie|sig (von hier)
hieß (→ heißen)
hie|ven (hochziehen)
Hi-Fi (Highfidelity)
 Hi-Fi-Anlage *die*
High|life/High Life
 das (Leben der
 vornehmen Kreise)
High|light *das*
 (Höhepunkt)
High|school *die*
High So|ci|e|ty *die*
 (gute Gesellschaft)
High|tech *das/die*
 (Technik auf dem
 neuesten Stand)
Hi|ja|cker *der*
 (Flugzeugentführer)
Hil|fe *die*
 erste/Erste Hilfe
 Hilfe suchen
 Hilfe suchende/
 hilfesuchende Eltern
 mit Hilfe/mithilfe von
 zu Hilfe kommen
Hilfeleistung *die*
Hilferuf *der*
Hilfestellung *die*
hilflos
Hilflosigkeit *die*
hilfreich
Hilfsaktion *die*
Hilfsarbeiter/in

hilfsbedürftig
hilfsbereit
Hilfsbereitschaft *die*
Hilfsmittel *das*
Hilfsverb *das*
Hilfswerk *das*
hilfswillig
Hilfszeitwort *das*
Him|bee|re *die*
himbeerfarben
Himbeersaft *der*
Him|mel *der*
mir ist himmelangst
himmelblau
Himmelfahrt *die*
himmelschreiend
Himmelskörper *der*
Himmelsrichtung *die*
himmelwärts
himmlisch

hin

hin
hin sein
hin und her
das ewige Hin und Her
hin und her laufen
(ziellos herumlaufen)
hin- und herlaufen
(hin und zurück)
läuft hin und her,
lief hin und her,
ist hin- und hergelaufen
hi|nab
auch: hin|ab
hinabfallen
fällt hinab, fiel hinab,
ist hinabgefallen
hi|nan
auch: hin|an
hi|nauf
auch: hin|auf
hinaufblicken

hinaufbringen
bringt hinauf,
brachte hinauf,
hat hinaufgebracht
hinaufgehen
geht hinauf, ging hinauf,
ist hinaufgegangen
hinaufklettern
hinaufreichen
hinaufschauen
hinaufsetzen
hinaufziehen
zieht hinauf, zog hinauf,
hat hinaufgezogen
hi|naus
auch: hin|aus
hinausblicken
hinausfahren
fährt hinaus,
fuhr hinaus,
ist hinausgefahren
hinausgehen
geht hinaus,
ging hinaus,
ist hinausgegangen
hinausschieben
schiebt hinaus,
schob hinaus,
hat hinausgeschoben
hinauszögern
hin|be|kom|men
bekommt hin,
bekam hin,
hat hinbekommen
Hin|blick *der*
im Hinblick auf

hind

hin|der|lich
hindern
Hindernis *das*
keine Hindernisse
Hinderungsgrund *der*

hin|deu|ten
Hin|du|is|mus *der*
(indische Religion)
hinduistisch
hin|durch
hindurchmüssen
muss hindurch,
musste hindurch,
hat hindurchgemusst
hindurchzwängen
hi|nein
auch: hin|ein
hineinbringen
bringt hinein,
brachte hinein,
hat hineingebracht
hineinfinden
findet hinein,
fand hinein,
hat hineingefunden
sich hineinfinden
hineingehen
geht hinein,
ging hinein,
ist hineingegangen
hineingeraten
gerät hinein,
geriet hinein,
ist hineingeraten
hineinpassen
hineinreden
hineinregnen
hineinreichen
hineinreißen
reißt hinein, riss hinein,
hat hineingerissen
hineinschauen
hineinschreiben
schreibt hinein,
schrieb hinein,
hat hineingeschrieben
hineinstecken
hineinversetzen
sich hineinversetzen

hinf

hin|fah|ren
 fährt hin, fuhr hin,
 ist hingefahren
 Hinfahrt *die*
hin|fal|len
 fällt hin, fiel hin,
 ist hingefallen
 hinfällig
Hin|flug *der*
 die Hinflüge
hing (→ hängen)
hin|ge|ben
 gibt hin, gab hin,
 hat hingegeben
 hingebungsvoll
hin|ge|gen (jedoch)
hin|ge|ris|sen
 hingerissen sein von
hin|hal|ten
 hält hin, hielt hin,
 hat hingehalten
 Hinhaltetaktik *die*
hin|hö|ren
hin|ken
hin|kom|men
 kommt hin, kam hin,
 ist hingekommen
hin|läng|lich
 (ausreichend)
hin|le|gen
hin|neh|men
 nimmt hin, nahm hin,
 hat hingenommen
hin|nen
 von hinnen gehen
hin|rei|chend
Hin|rei|se *die*
hin|rei|ßen
 reißt hin, riss hin,
 hat hingerissen
 sich hinreißen lassen
 hinreißend

hin|rich|ten
 Hinrichtung *die*
hin|schau|en
hin|schi|cken
hin|schie|ben
 schiebt hin, schob hin,
 hat hingeschoben
hin|schrei|ben
 schreibt hin, schrieb
 hin, hat hingeschrieben
hin|se|hen
 sieht hin, sah hin,
 hat hingesehen
hin|set|zen
 sich hinsetzen
Hin|sicht *die*
 in dieser Hinsicht
 in Hinsicht auf
 hinsichtlich
Hin|spiel *das*
hin|stel|len

hint

hint|an|stel|len
hin|ten
 hintenrum
hin|ter
 hintere, hinterste
Hin|ter|ach|se *die*
Hin|ter|aus|gang *der*
Hin|ter|blie|be|ne
 der/die
hin|ter|ei|nan|der
 auch: hin|ter|ein|an|der
 hintereinanderher
 hintereinanderlegen
Hin|ter|ein|gang *der*
hin|ter|fra|gen
Hin|ter|ge|dan|ke *der*
hin|ter|ge|hen
 hintergeht, hinterging,
 hat hintergangen
 jemanden hintergehen

Hin|ter|grund *der*
 die Hintergründe
 hintergründig
 Hintergrund-
 information *die*
 Hintergrundmusik *die*
Hin|ter|halt *der*
 in einen Hinterhalt
 geraten
 hinterhältig
Hin|ter|hand *die*
 in der Hinterhand haben
Hin|ter|haus *das*
 die Hinterhäuser
hin|ter|her
 hinterher sein
 hinterherhinken
Hin|ter|hof *der*
 die Hinterhöfe
Hin|ter|kopf *der*
Hin|ter|land *das*
hin|ter|las|sen
 hinterlässt, hinterließ,
 hat hinterlassen
 eine Nachricht
 hinterlassen
 Hinterlassenschaft *die*
hin|ter|le|gen
Hin|ter|list *die*
 hinterlistig
Hin|ter|mann *der*
Hin|tern *der*
Hin|ter|rad *das*
 die Hinterräder
hin|ter|rücks
hin|ter|sin|nig
 hintersinniger Humor
Hin|ter|teil *das*
Hin|ter|tref|fen *das*
 ins Hintertreffen
 geraten
Hin|ter|trep|pe *die*
Hin|ter|tür *die*
Hin|ter|wäld|ler *der*

hin|ter|zie|hen
*hinterzieht, hinterzog,
hat hinterzogen*
Hinterziehung *die*

hinu

hi|nü|ber
auch: hin|über
hinüberbringen
*bringt hinüber,
brachte hinüber,
hat hinübergebracht*
hinübergehen
*geht hinüber,
ging hinüber,
ist hinübergegangen*
hinüberlassen
*lässt hinüber,
ließ hinüber,
hat hinübergelassen*
hin und her
*nach längerem Hin
und Her
hin und her gehen*
(ziellos herumgehen)
hin- und hergehen
(hin und zurück)
*geht hin und her,
ging hin und her, ist
hin- und hergegangen
die Hin- und Rückfahrt*
hi|nun|ter
auch: hin|un|ter
hinunterblicken
hinunterwerfen
*wirft hinunter,
warf hinunter,
hat hinuntergeworfen*

hinw

hin|weg
hinwegfegen
hinwegsetzen
*sich darüber
hinwegsetzen*
Hin|weg *der*
Hin|weis *der*
hinweisen
hinweisendes Fürwort
Hinweisschild *das*
hin|wen|den
sich hinwenden
Hinwendung *die*
hin|wer|fen
*wirft hin, warf hin,
hat hingeworfen*
Hinz
Hinz und Kunz
hin|zie|hen
*zieht hin, zog hin,
hat hingezogen
sich hinziehen*
hin|zu
hinzufügen
hinzukaufen
hinzukommen
kommt hinzu, kam hinzu, ist hinzugekommen
hinzulernen
hinzurechnen
hinzuzählen
hinzuziehen
*zieht hinzu, zog hinzu,
hat hinzugezogen*
Hi|obs|bot|schaft *die*
(Unglücksbotschaft)
Hip|pe *die*
(ein Gartenmesser)
Hip|pie *der*
(„Blumenkind")
hip|po|kra|tisch
hippokratischer Eid
(Eid der Ärzte)
Hirn *das*
Hirngespinst *das*
hirnlos
Hirnrinde *die*
Hirnhautentzündung *die*
Hirntod *der*
hirnverbrannt
hirnverletzt
Hirsch *der*
Hirschgeweih *das*
Hirschkäfer *der*
Hir|se *die*
(eine Getreideart)
Hirsebrei *der*
Hirt / Hir|te *der*
Hirtenbrief *der*
Hirtenflöte *die*
his|sen (hochziehen)
die Fahne hissen
His|ta|min *das*
(ein Hormon)
His|to|rie *die*
Historiker/in
historisch
Historismus *der*
Hit *der*
(erfolgreicher Schlager)
Hitliste *die*
Hitparade *die*
Hit|ze *die*
hitzebeständig
gegen Hitze beständig
Hitzeferien
Hitzefrei *das*
hitzefrei /
Hitzefrei haben
Hitzeschild *der*
Hitzewelle *die*
hitzig
Hitzschlag *der*
HIV *das* (Aids-Virus)
Hi|wi *der* (Hilfswilliger)
H-Milch *die*
(haltbare Milch)
HNO-Arzt *der*
(Hals-Nasen-Ohren-Arzt)

ho

hob (→ heben)
Hob|by *das*
 die Hobbys
 Hobbyraum *der*
Ho|bel *der*
 Hobelbank *die*
 hobeln
 Hobelspäne

hoc

hoch, hohe
 höher, höchste
 h...
 *jmdn. hoch achten/
  hochachten*
 *ein hoch bezahlter/
  hochbezahlter Job*
 *ein hoch qualifizierter/
  hochqualifizierter
  Mitarbeiter*
 höchst selten
 das hohe C
 die höhere Schule
 das höchste der Gefühle
 auf hoher See
 H...
 Hoch und Niedrig
 das Hohe Haus
 *das Hohe Lied/
  Hohelied (aus der Bibel)*
 *der Hohe Priester/
  Hohepriester*
 Hoch *das*
Hoch|ach|tung *die*
 hochachtungsvoll
**hoch be|gabt/
 hoch|be|gabt**
 *hoch begabte/hochbe-
  gabte Kinder*
Hoch|be|trieb *der*
Hoch|burg *die*
hoch|deutsch
 hochdeutsch sprechen
 Hochdeutsch *das*
 auf Hochdeutsch
Hoch|druck *der*
 Hochdruckgebiet *das*
Hoch|ebe|ne *die*
hoch|er|freut
Hoch|form *die*
 in Hochform sein
Hoch|for|mat *das*
hoch|fre|quent
 Hochfrequenz *die*
Hoch|ge|bir|ge *das*
hoch|ge|hen
 *geht hoch, ging hoch,
  ist hochgegangen*
hoch|ge|mut
Hoch|ge|nuss *der*
 die Hochgenüsse
hoch|ge|steckt
 hochgesteckte Haare
 hochgesteckte Ziele
hoch|ge|stellt
 hochgestellte Personen
 hochgestellte Zahlen
hoch|ge|wach|sen
hoch|gif|tig
Hoch|glanz *der*
hoch|gra|dig
Hoch|haus *das*
 die Hochhäuser
hoch|he|ben
 *hebt hoch, hob hoch,
  hat hochgehoben*
hoch|in|tel|li|gent
hoch|in|te|res|sant
 auch: hoch|in|ter|es|sant
hoch|kant
 hochkant stellen
hoch|ka|rä|tig
hoch|klap|pen
hoch|krem|peln
Hoch|land *das*
Hoch|leis|tung *die*
 Hochleistungssport *der*
hoch|mo|disch
Hoch|mut *der*
 hochmütig
hoch|nä|sig
Hoch|ne|bel *der*
Hoch|ofen *der*
 die Hochöfen
hoch|pro|zen|tig
hoch|ran|gig
 *eine hochrangige
  Persönlichkeit*
hoch|rech|nen
 Hochrechnung *die*
Hoch|sai|son *die*
hoch|schie|ben
 *schiebt hoch,
  schob hoch,
  hat hochgeschoben*
hoch|schla|gen
 *schlägt hoch,
  schlug hoch,
  hat hochgeschlagen*
Hoch|schu|le *die*
 Hochschullehrer/in
 Hochschulreife *die*
hoch|schwan|ger
Hoch|see *die*
 Hochseeangeln *das*
 Hochseejacht *die*
Hoch|sitz *der*
Hoch|som|mer *der*
Hoch|span|nung *die*
 Hochspannungs-
  leitung *die*
Hoch|spra|che *die*
hoch|sprin|gen
 (hüpfen)
 *springt hoch,
  sprang hoch,
  ist hochgesprungen
  hoch, höher,
  am höchsten springen*

Hochsprung *der*
höchst
h ...
höchst überrascht
es ist höchste Zeit
H ...
aufs Höchste /
aufs höchste
nach dem Höchsten
streben
Höchstbetrag *der*
höchstens
im Höchstfall
Höchstgeschwindigkeit *die*
Höchstleistung *die*
Höchstmaß *das*
höchstmöglich
höchstpersönlich
höchstwahrscheinlich
höchstzulässig
Hoch|sta|pe|lei *die*
Hochstapler/in
hoch|sti|li|sie|ren
(übertreibend hervorheben)
Hoch|tour *die*
auf Hochtouren
hoch|tra|bend
Hoch|ver|rat *der*
Hochverräter *der*
Hoch|was|ser *das*
hoch|wer|fen
wirft hoch, warf hoch,
hat hochgeworfen
hoch|wer|tig
Hoch|wür|den
Euer Hochwürden
Hoch|zeit *die*
Hochzeitsfeier *die*
Hochzeitsgeschenk *das*
Hochzeitskleid *das*
Hochzeitsreise *die*
Hochzeitstag *der*

Ho|cke *die*
hocken
Hocker *der*
Hö|cker *der*
Ho|ckey *das*
Hockeyspieler/in
Ho|de / Ho|den *der*
(männliche Keimdrüse)
Hodensack *der*

hof

Hof *der*
die Höfe
Hof halten
hält Hof, hielt Hof,
hat Hof gehalten
Hofdame *die*
Hofhund *der*
hofieren
höfisch
Hof|fart *die*
(Hochmut)
hoffärtig
hof|fen
hoffentlich
Hoffnung *die*
hoffnungslos
Hoffnungsschimmer *der*
Hoffnungsträger *der*
hoffnungsvoll
ho|fie|ren
(schmeicheln)
hö|fisch
höf|lich
Höflichkeit *die*
Höflichkeitsanrede *die*
Höflichkeitsbesuch *der*

Hol die Zeitung!
*sich er**hol**en*

hoh

ho|he (→ hoch)
Hö|he *die*
Höhenangst *die*
Höhenflug *der*
Höhenlage *die*
Höhensonne *die*
Höhenunterschied *der*
Höhepunkt *der*
höher
höher liegen
höherstufen
Ho|heit *die*
hoheitlich
Hoheitsgebiet *das*
Hoheitszeichen *das*
hohl
Höhle *die*
Höhlenmalerei *die*
Hohlkörper *der*
Hohlmaß *das*
Hohlraum *der*
Hohlsaum *der*
Hohlspiegel *der*
Hohlweg *der*
Hohn *der*
Hohn lachen /
hohnlachen
höhnen
höhnisch
Ho|kus|po|kus *der*
hold (anmutig)
jemandem hold sein
holdselig
Hol|ding|ge|sell-
schaft *die*
(Dachgesellschaft mehrerer Unternehmen)

*Der Baum ist **hohl**.*
*die **Höhl**e erkunden*

ho|len
Hol|län|der *der*
  Holländerin *die*
  holländisch
Höl|le *die*
  Höllenmaschine *die*
  Höllenstein *der*
  höllisch
Hol|ly|wood-
** schau|kel** *die*
Holm *der*
Ho|lo|caust *der*
  (Massenmord)
hol|pern
  holp(e)rig
Ho|lun|der *der*
  (ein Strauch)
  der Schwarze Holunder
  Holunderbeere *die*
Holz *das*
  die Hölzer
  Holz hacken
  Holz verarbeitend /
  holzverarbeitend
  Holzart *die*
  Holzbläser *der*
  Holzblasinstrument *das*
  holzen
  hölzern
  Holzfäller *der*
  holzfrei
  Holzhacker *der*
  holzig
  Holzkohle *die*
  Holzschnitt *der*
  Holzschuh *der*
  Holzschutzmittel *das*
  Holzweg *der*
  auf dem Holzweg sein
  Holzwolle *die*
  Holzwurm *der*
Home|ban|king *das*
Home|land *das*
Home|page *die*

Hom|mage *die*
  (Huldigung)
ho|mo|fon /
ho|mo|phon
  (gleichstimmig)
  Homofonie /
  Homophonie *die*
ho|mo|gen
  (gleichartig)
ho|mo|nym
  auch: hom|onym
  (gleich lautend)
  Homonym *das*
Ho|mö|opa|thie *die*
  (ein Heilverfahren)
  homöopathisch
Ho|mo sa|pi|ens *der*
  (vernunftbegabter
  Mensch)
Ho|mo|se|xu|a|li|tät
die
  homosexuell
  Homosexuelle *der/die*

hon

Ho|nig *der*
  honiggelb
  Honigkuchen *der*
  Honiglecken
  das ist kein Honiglecken
  Honigmelone *die*
Ho|no|rar *das*
  (Bezahlung)
  die Honorare
  Honorarprofessor *der*
  Honoratioren *die*
  (Standespersonen)
  honorieren
  honorig
Hoo|li|gan *der*
  (gewaltbereiter Fan)
Hop|fen *der*
hop|peln

hop|sen
hor|chen
Hor|de *die*
  hordenweise
hö|ren
  vom Hörensagen
  Hörer/in
  Hörfunk *der*
  Hörgerät *das*
  hörgeschädigt
  hörig (abhängig)
  Hörige *der/die*
  Hörigkeit *die*
  Hörsaal *der*
  die Hörsäle
  Hörspiel *das*
  Hörsturz *der*
  Hörweite *die*
Ho|ri|zont *der*
  horizontal
  die Horizontale
Hor|mon *das*
  hormonal
  hormonell
  Hormonpräparat *das*
Horn *das*
  die Hörner
  Hörnchen *das*
  Hornhaut *die*
  Hornist/in
Hor|nis|se *die*
  Hornissennest *das*
Ho|ros|kop *das*
  auch: Ho|ro|skop
hor|rend
  horrende Preise
  Horror *der*
  Horrorfilm *der*
  Horrortrip *der*
Horst *der* (Nest)
  der Adlerhorst
Hort *der*
  (Kindergarten; Schatz)
  horten

Hor|ten|sie *die*
(eine Blume)

hos _____

Ho|se *die*
Höschen *das*
Hosenbein *das*
Hosenbund *der*
Hosenknopf *der*
Hosennaht *die*
Hosentasche *die*
Hosenträger *der*
**Ho|si|an|na/Ho|san-
na** *das* (Freudenschrei)
Hos|pi|tal *das*
die Hospitäler
Hospiz *das*
Hos|pi|tant/in
(zuhörender Gast)
hospitieren
Hos|tess *die*
(Betreuerin)
Hos|tie *die*
(Abendmahlsbrot)
Hot|dog/Hot Dog
das / der
Ho|tel *das*
Hotel garni
Hotelführer *der*
Hotelier *der*
Hotelkette *die*
Hotelzimmer *das*
Hot|line *die*
(Telefonservice)
Hrsg./Hg.
(Herausgeber)
Hub *der*
die Hübe
Hubbrücke *die*
Hubraum *der*
Hubschrauber *der*
hü|ben
hüben und drüben

hübsch
hübsch anzusehen
hu|cke|pack
huckepack nehmen
huckepack tragen

huf _____

Huf *der*
Hufeisen *das*
hufeisenförmig
Hufschmied *der*
Huf|lat|tich *der*
(eine Heilpflanze)
Hüf|te *die*
Hüftgelenk *das*
Hüftknochen *der*
Hü|gel *der*
hüg(e)lig
Hügelkette *die*
Hu|ge|not|te *der*
(franz. Protestant)
hugenottisch
Huhn *das*
die Hühner
Hühnchen *das*
Hühnerauge *das*
Hühnerbrühe *die*
Hühnerbrust *die*
Hühnerei *das*
Hühnerfrikassee *das*
Hühnerhof *der*
Hühnerstall *der*
hui
in einem Hui
**Hu|la-Hoop/
Hu|la-Hopp** *der/das*
Huld *die* (Gnade)
huldigen
Huldigung *die*
huldreich
huldvoll
Hül|le *die*
hüllen

hüllenlos
Hül|se *die*
Hülsenfrucht *die*
die Hülsenfrüchte

hum _____

hu|man (menschlich)
Humanismus *der*
Humanist/in
humanistisch
humanitär
Humanität *die*
Humanmedizin *die*
Hum|bug *der* (Unsinn)
Hum|mel *die*
Hum|mer *der*
Hu|mor *der*
Humoreske *die*
Humorist/in
humoristisch
humorlos
humorvoll
hum|peln
hump(e)lig
Hum|pen *der*
(ein Trinkgefäß)
Hu|mus *der*
(fruchtbare Erde)
Humuserde *die*
humusreich
Hund *der*
Hündchen *das*
hundeelend
Hundefutter *das*
Hundehalter/in
Hundekuchen *der*
hundemüde
Hunderasse *die*
Hundesteuer *die*
Hündin *die*
hündisch
hundsgemein
Hundstage *die*

hun|dert
h …
hundert Euro
Tempo hundert
H …
ein halbes Hundert
Hunderte / hunderte von
Menschen
viele Hunderte /
hunderte
hundertfach
(100-fach / 100fach)
das Hundertfache
(100-Fache / 100fache)
hundertjährig
hundertmal (100-mal)
Hundertmeterlauf /
Hundert-Meter-Lauf /
100-m-Lauf *der*
hundertprozentig /
100-prozentig / 100%ig
hundertste
vom Hundertsten ins
Tausendste kommen
eine hundertstel Sekunde / Hundertstelsekunde / 100stel Sekunde
ein Hundertstel
hunderttausend
Hü|ne *der* (ein Riese)
Hünengrab *das*
hünenhaft
Hun|ger *der*
Hunger haben
hungers sterben
Hungergefühl *das*
hungern
Hungersnot *die*
Hungerstreik *der*
hungrig
Hu|pe *die*
hupen
Hupkonzert *das*
hüp|fen

hur

Hür|de *die*
Hürdenlauf *der*
Hu|re *die* (Prostituierte)
huren
Hurensohn *der*
Hurerei *die*
hur|ra!
Hurra / hurra schreien
Hurraruf *der*
Hur|ri|kan *der*
(Wirbelsturm)
hur|tig
Hu|sar *der*
(Soldat zu Pferde)
die Husaren
Husarenstück *das*
hu|schen
Hus|ky *der*
die Huskys
hüs|teln
hus|ten
Husten *der*
Hustenbonbon *der/das*
Hustensaft *der*
Hut *der*
die Hüte
Hutkrempe *die*
Hutschnur *die*
Hut *die*
auf der Hut sein
hü|ten
Hut|sche *die* (Schaukel)
Hüt|te *die*
Hüttenkäse *der*
Hüttenwerk *das*

hy

Hy|ä|ne *die*
(ein Raubtier)
Hy|a|zin|the *die*
(eine Zierpflanze)

hy|brid
auch: hyb|rid
(zwitterhaft)
Hybride *die*
Hy|bris *die*
auch: Hyb|ris
(Selbstüberschätzung)
Hy|drant *der*
auch: Hyd|rant
(Wasserzapfstelle)
Hydraulik *die*
hydraulisch
hydrieren
Hydrierung *die*
Hydrokultur *die*
Hy|gi|e|ne *die*
(Körperpflege)
hygienisch
Hym|ne *die* (Lobgesang)
hymnisch
Hy|per|bel *die* (Kegelschnitt; Übertreibung)
hy|per|mo|dern
hy|per|sen|si|bel
Hy|per|to|nie *die*
(Bluthochdruck)
Hyp|no|se *die*
hypnotisch
hypnotisieren
Hy|po|phy|se *die*
(Gehirnanhangdrüse)
Hy|po|ta|xe *die*
(Satzgefüge)
Hy|po|te|nu|se *die*
(Seite im Dreieck)
Hy|po|thek *die*
(Anleihe mit Grundstück als Sicherheit)
Hy|po|the|se *die*
(Annahme)
hypothetisch
Hys|te|rie *die*
(Angstzustände)
hysterisch

i. A. (im Auftrag)
i. Allg.
(im Allgemeinen)
Ibis der (eine Vogelart)
die Ibisse

ic

ICE® der
(Intercityexpresszug)
ich
das Ich
das lyrische Ich
Ich-AG die
ichbezogen
Icherzähler/
Ich-Erzähler der
Icherzählung/
Ich-Erzählung die
Ichform/Ich-Form die

id

ide|al
ideale Bedingungen
Ideal das
Idealfall der
idealisieren
Idealismus der
Idealist/in
idealistisch
Idee die
die Ideen
ideell
ideelle Werte
ideenreich
Iden|ti|fi|ka|ti|on die
identifizieren
*einen Verbrecher
identifizieren*
sich identifizieren mit

identisch (völlig gleich)
Identität die
Ide|o|lo|gie die
(Denkvorstellungen)
Ideologe der
ideologisch
Idi|om das (Mundart;
Redewendung)
Idiomatik die
idiomatisch
Idi|ot der
Idiotin die
idiotensicher
Idiotie die
idiotisch
Idol das (Abgott)
Idyll das
(friedliches Landleben)
Idylle die
idyllisch

ig

IG
(Industriegewerkschaft)
Igel der
Ig|lu der/das
(runde Schneehütte)
Ig|no|rant der
(Dummkopf)
Ignoranz die
ignorieren
IHK (Industrie- und
Handelskammer)
ihm
ihn
ih|nen
ich danke Ihnen
ihr
ih|re
ihrer
ihrerseits
ihresgleichen
ihretwegen

ihrig
das ihrige/Ihrige
die ihrigen/Ihrigen
Ike|ba|na das
(japan. Kunst des
Blumensteckens)
Iko|ne die
(Heiligenbild)
eine Ikone der Popmusik
Ilex der/die
(Stechpalme)
il|le|gal (ungesetzlich)
Illegalität die
illegitim
Il|lu|mi|na|ti|on die
(Festbeleuchtung)
illuminieren
Il|lu|si|on die
(Einbildung, Täuschung)
illusionistisch
illusionslos
illusorisch
Il|lus|tra|ti|on die
auch: Il|lust|ra|ti|on
illustrieren
illustriert
Illustrierte die
Il|tis der

die Iltisse

im

im (in dem)
im Allgemeinen
im Besonderen
im Einzelnen
im Falle, dass…
im Folgenden
im Ganzen
im Geringsten

im Großen und Ganzen
im Grunde genommen
im Klaren sein
im Nachhinein
im Reinen sein mit
imstande/
im Stande sein
im Übrigen
im Voraus
im Vorhinein
Image *das* (Bild von etwas/jemandem)
ein gutes Image
Imagepflege *die*
imaginär
Imagination *die*
Im|biss *der*
Imbissstube/
Imbiss-Stube *die*
Imi|ta|ti|on *die* (Nachahmung)
imitieren
Im|ker *der*
Imkerin *die*
Imkerei *die*
im|ma|nent (darin enthalten)
Im|ma|tri|ku|la|ti|on *die*
auch: Im|mat|ri|ku|la|ti|on (Einschreibung an der Hochschule)
immatrikulieren
im|mens (riesig)
immense Kosten

im|mer
immer mehr
immer noch
immer während/
immerwährend (ewig)
immer wieder
immerfort
immerhin
immerzu
Im|mi|grant *der*
auch: Im|mig|rant (Einwanderer)
Immigrantin *die*
Immigration *die*
immigrieren
Im|mo|bi|lie *die* (Gebäude)
Immobilienmakler/in
im|mun (unempfindlich gegen Krankheiten)
immunisieren
Immunisierung *die*
Immunität *die*
Immunschwäche *die*

imp

Im|pe|ra|tiv *der* (Befehlsform)
Im|per|fekt *das* (Präteritum)
im|pe|ri|al (kaiserlich)
Imperialismus *der*
imperialistisch
Imperium *das*

im|per|ti|nent (unverschämt)
Impertinenz *die*
imp|fen
Impfpass *der*
Impfpflicht *die*
Impfstoff *der*
Impfung *die*
Impfzwang *der*
Im|plan|tat *das* (eingesetztes Gewebestück)
Implantation *die*
implantieren
Im|pli|ka|ti|on *die* (Einbeziehung)
implizieren
implizit
im|po|nie|ren (Eindruck machen)
imponierend
Imponiergehabe *das*
Im|port *der*
importabhängig
Importeur *der*
importieren
im|po|sant (eindrucksvoll)
im|po|tent (zeugungsunfähig)
Impotenz *die*
im|präg|nie|ren
auch: im|präg|nie|ren (feuchtigkeitsabweisend machen)
Imprägnierung *die*
im|prak|ti|ka|bel
Im|pres|si|on *die* (Eindruck)
Impressionismus *der* (eine Kunstrichtung)
Impressionist/in
impressionistisch
Im|pres|sum *das* (Erscheinungsvermerk)

---

im Allgemeinen
im Besonderen
im Einzelnen
im Folgenden
im Ganzen
im Großen und Ganzen
im Guten
sich *im Klaren sein*
im Stillen
im Übrigen
im Voraus
im Wesentlichen ...

Im|pro|vi|sa|ti|on *die*
(ungeplantes Handeln)
improvisieren
Im|puls *der* (Anstoß)
impulsiv
impulsiv handeln
im|stan|de
imstande /
im Stande sein

in

in
in Anbetracht
in bar zahlen
in Bezug auf
in eins
in Frage / infrage
kommen
in Kauf nehmen
in spe (voraussichtlich)
der Zug, in dem
ich sitze
indem (Konj.)
du speicherst,
indem du auf OK
klickst
in|ad|äquat
auch: in|adä|quat
(unangemessen)
in|ak|tiv
in|ak|zep|ta|bel
(unannehmbar)
In|an|spruch|nah|me
die
In|be|griff *der*
der Inbegriff sein für
inbegriffen
In|brunst *die*
(volle Hingabe)
mit Inbrunst
In|de|fi|nit|pro|no-
men *das* (unbestimmtes Fürwort)

in|dem (Konjunktion)
in|des|sen
(während dieser Zeit)
In|dex *der* (Verzeichnis)
die Indexe / Indizes /
Indices
indizieren
In|di|en
Inder/in
indisch
in|dif|fe|rent
(gleichgültig)
Indifferenz *die*
in|dig|niert
auch: in|di|gniert
(peinlich berührt)
In|di|go *der / das*
(blauer Farbstoff)
indigoblau
In|di|ka|ti|on *die*
Indikationslösung *die*
Indikator *der*
In|di|ka|tiv *der*
(Wirklichkeitsform)
In|dio *der*
(Ureinwohner Südamerikas)
in|di|rekt
in|dis|kret (nicht verschwiegen, taktlos)
Indiskretion *die*
in|dis|ku|ta|bel
in|dis|po|niert (in
schlechter Verfassung)
Indisposition *die*
In|di|vi|du|a|lis|mus
der
Individualist/in
individualistisch
Individualität *die*
individuell
Individuum *das*
viele Individuen
In|diz *das* (Hinweis)

die Indizien
Indizienbeweis *der*
indizieren
in|do|eu|ro|pä|isch
in|do|ger|ma|nisch
In|do|ne|si|en
Indonesier/in
indonesisch
In|dok|tri|na|ti|on *die*
auch: In|dokt|ri|na|ti|on
(ideolog. Beeinflussung)
indoktrinieren
In|duk|ti|on *die*
(Schlussfolgerung)
induktiv
in|dus|tri|a|li|sie|ren
auch:
in|dust|ri|a|li|sie|ren
Industrialisierung *die*
Industrie *die*
die Industrien
Industriegewerkschaft *die* (IG)
industriell
Industrielle *der / die*
Industrie- und Handelskammer *die* (IHK)

ine

in|ef|fek|tiv
(unwirksam)
in|ef|fi|zi|ent
(unwirtschaftlich)
Ineffizienz *die*
in|ei|nan|der
auch: in|ein|an|der
ineinanderfließen
fließt ineinander,
floss ineinander,
ist ineinandergeflossen
ineinanderfügen
ineinanderlegen
ineinanderstecken

inf

in|fam (gemein)
Infamie *die*
In|fan|te|rie *die*
(Fußtruppe)
Infanterist *der*
in|fan|til (kindisch)
Infantilismus *der*
Infantilität *die*
In|farkt *der*
der Herzinfarkt
In|fekt *der*
grippaler Infekt
Infektion *die*
Infektionskrankheit *die*
infizieren
sich infizieren
In|fer|no *das* (Hölle)
In|fil|tra|ti|on *die*
auch: In|filt|ra|ti|on
(Eindringen)
infiltrieren
in|fi|nit
(nicht bestimmt)
infinite Verbform
Infinitesimal-
rechnung *die*
Infinitiv *der*
Infinitivsatz *der*
in|fi|zie|ren
(anstecken)
in fla|gran|ti
auch: in flag|ran|ti
(auf frischer Tat)
In|fla|ti|on *die*
(Geldentwertung)
Inflationsrate *die*
inflatorisch
In|fo (Information)
Info-Post *die*
in|fol|ge
*infolge der
Schwierigkeiten*
*infolge von
Missverständnissen*
infolgedessen
In|for|mand *der*
(jemand, der Informa-
tionen bekommt)
Informant *der*
(liefert Informationen)
Informatik *die*
Informatiker/in
Information *die*
Informations-
austausch *der*
Informationsbüro *das*
Informations-
material *das*
Informationsquelle *die*
Informations-
technologie *die* (IT)
informativ
informell
informieren
sich informieren
in|fra|ge/in Fra|ge
*infrage kommen/
in Frage kommen
infrage stellen/
in Frage stellen*
in|fra|rot
auch: inf|ra|rot
Infrarotstrahler *der*
Infrastruktur *die*
In|fu|si|on *die*
(Zufuhr von Flüssigkeit)

ing

Ing. (Ingenieur)
In|ge|ni|eur *der*
Ingenieurbüro *das*
In|gre|di|ens *das/*
In|gre|di|enz *die*
(Zutat)
die Ingredienzen
Ing|wer *der*
(eine Gewürzpflanze)
In|ha|ber *der*
Inhaberin *die*
in|haf|tie|ren
Inhaftierte *der/die*
Inhaftierung *die*
In|ha|la|ti|on *die*
(Einatmen)
inhalieren
In|halt *der*
inhaltlich
Inhaltsangabe *die*
inhaltsreich
Inhaltsübersicht *die*
Inhaltsverzeichnis *das*
in|hä|rent
(innewohnend)
Inhärenz *die*
in|ho|mo|gen
(ungleich)
in|hu|man
(unmenschlich)
In|i|ti|a|le *die* (großer
Anfangsbuchstabe)
Initialzündung *die*
In|i|ti|a|ti|ve *die*
*die Initiative ergreifen
die Bürgerinitiative*
Initiator/in
initiieren
In|jek|ti|on *die*
injektiv
injizieren

ink

In|kar|na|ti|on *die*
(Menschwerdung)
In|kas|so *das*
(Einkassieren)
Inkassovollmacht *die*
in|klu|si|ve
(einschließlich)

in|kog|ni|to
auch: in|ko|gni|to
(unter falschem Namen)
Inkognito *das*
in|kom|pa|ti|bel
(nicht zusammen-
passend)
Inkompatibilität *die*
in|kom|pe|tent
(unfähig)
Inkompetenz *die*
in|kon|se|quent
Inkonsequenz *die*
in|kor|rekt
in Kraft
das Gesetz tritt am
1. Januar in Kraft
Inkrafttreten /
In-Kraft-Treten *das*
In|kreis *der*
(Math.)
In|ku|ba|ti|on *die*
(Sichfestsetzen einer
Krankheit)
Inkubationszeit *die*

inl

In|land *das*
Inlandflug *der*
inländisch
In|lay *das* (Zahnfüllung)
In|line|skates
Inlineskater/in
in|mit|ten
inmitten der Freunde
in|ne
innehaben
hat inne, hatte inne,
hat innegehabt
innehalten
hält inne, hielt inne,
hat innegehalten
innewerden

in|nen
i...
von außen nach innen
innere Angelegenheiten
innere Medizin
I...
im Innersten
Innenarchitekt/in
Innendienst *der*
Inneneinrichtung *die*
Innenhof *der*
Innenministerium *das*
innenpolitisch
Innenseite *die*
Innenstadt *die*
Innenwinkel *der*
innerbetrieblich
Innere *das*
Innereien
in|ner|halb
in|ner|lich
Innerlichkeit *die*
in|nig
Innigkeit *die*
innigst
in|ner|orts
In|ners|te *das*
bis ins Innerste
im Innersten
in|ne|wer|den
wird inne, wurde inne,
ist innegeworden
In|no|va|ti|on *die*
(Erneuerung)
innovativ
In|nung *die*
Innungsmeister/in
in|of|fi|zi|ell
in|op|por|tun
(nicht angebracht)
in pet|to
etwas in petto haben
in punc|to
in puncto Bargeld

In|put *der/das*
(Einsatz; EDV-Eingabe)
In|qui|si|ti|on *die*
(Gericht der Kirche
gegen Ketzer)
inquisitorisch

ins

ins (in das)
In|sas|se *der*
Insassin *die*
die Insassen des Autos
ins|be|son|de|re
In|schrift *die*
In|sekt *das*
Insektengift *das*
Insektizid *das*
In|sel *die*
Inselgruppe *die*
Insulaner *der*
In|se|rat *das*
inserieren
ins|ge|heim
ins|ge|samt
insgesamt 100
Zuschauer
In|si|der *der*
Insidergeschäft *das*
In|sig|ni|en
auch: In|si|gni|en
(Kennzeichen)
in|sis|tie|ren
(beharren)
in|so|fern
in|sol|vent
(zahlungsunfähig)
Insolvenz *die*
in|so|weit
In|spek|teur *der*
auch: Ins|pek|teur
Inspekteurin *die*
Inspektion *die*
Inspektor/in

In|spi|ra|ti|on *die*
auch: Ins|pi|ra|ti|on
(Eingebung, Anregung)
inspirieren
in|spi|zie|ren
auch: ins|pi|zie|ren
(prüfen)
Inspizient *der*
In|stal|la|teur *der*
auch: Ins|tal|la|teur
Installateurin *die*
Installation *die*
installieren
in stand / in Stand
instand / in Stand halten
instand / in Stand setzen
Instandhaltung *die*
in|stän|dig
(eindringlich)
inständig bitten
In|stant|kaf|fee *der*
auch: Ins|tant|kaf|fee
(löslicher Kaffee)
In|stanz *die*
auch: Ins|tanz
(zuständige Behörde)
Instanzenweg *der*
In|stinkt *der*
auch: Ins|tinkt
(angeborenes Verhalten)
instinktiv
instinktlos
Instinktlosigkeit *die*
In|sti|tut *das*
auch: Ins|ti|tut
Institution *die*
institutionalisieren
institutionell
in|stru|ie|ren
auch: ins|tru|ie|ren /
inst|ru|ie|ren
(in Kenntnis setzen)
Instruktion *die*
instruktiv

In|stru|ment *das*
auch: Ins|tru|ment /
Inst|ru|ment
instrumental
Instrumentalmusik *die*
instrumentieren
in|suf|fi|zi|ent
(ungenügend)
Insuffizienz *die*
In|su|la|ner *der*
In|su|lin *das*
(ein Hormon)
ins|ze|nie|ren
auch: in|sze|nie|ren
Inszenierung *die*

int

in|takt
intakt bleiben
intakt sein
In|tar|sie *die*
(Einlegearbeit in Holz)
Intarsienmalerei *die*
in|te|ger
(rechtschaffen)
Integrität *die*
in|te|gral
auch: in|teg|ral
(vollständig)
Integralrechnung *die*
In|te|gra|ti|on *die*
auch: In|teg|ra|ti|on
(Eingliederung)
integrativ
integrieren
In|tel|lekt *der*
intellektuell
Intellektuelle *der / die*
intelligent
Intelligenz *die*
Intelligenzquotient *der*
(IQ)
Intelligenztest *der*

In|ten|dant *der*
die Intendanten
Intendantin *die*
Intendanz *die*
in|ten|die|ren
(beabsichtigen)
Intention *die*
intentional
In|ten|si|tät *die*
intensiv
intensivieren
Intensivstation *die*
In|ten|ti|on *die*

inter

In|ter|ak|ti|on *die*
(wechselseitiges
Handeln)
interaktiv
Interaktivität *die*
**In|ter|ci|ty|ex|press®/
In|ter|ci|ty-Ex|press**
der (ICE®)
in|te|res|sant
auch: in|ter|es|sant
interessanterweise
Interesse *das*
interessehalber
Interessengebiet *das*
Interessent / in
Interessen-
vertretung *die*
interessieren
sich für etwas
interessieren
interessiert sein
In|ter|fe|renz *die*
(Überlagerung)
In|te|ri|eur *das*
(Innenausstattung)
In|te|rim *das*
(Zwischenzeit)
Interimslösung *die*

In|ter|jek|ti|on *die*
(Empfindungswort)
interjektional
in|ter|kon|ti|nen|tal
In|ter|mez|zo *das*
(Zwischenspiel)
in|tern (innerhalb)
In|ter|na|li|sie|rung
die
internalisieren
In|ter|nat *das*
Internatsschule *die*
in|ter|na|ti|o|nal
i...
internationales Recht
I...
Internationales Olympisches Komitee (IOK)
Internationales Rotes Kreuz (IRK)
In|ter|net *das*
im Internet surfen
Internetanschluss *der*
Internetcafé *das*
Internetsurfer *der*
Internetuser *der*
Internetzugang *der*
in|ter|nie|ren
(isolieren)
Internierung *die*
Internierungslager *das*
In|ter|nist *der* (Facharzt für innere Krankheiten)
Internistin *die*
In|ter|pol *die* (internat. Kriminalpolizei)
In|ter|po|la|ti|on *die*
(math. Begriff)
In|ter|pret *der*
Interpretin *die*
Interpretation *die*
interpretativ
Interpretationsmethode *die*

interpretieren
In|ter|punk|ti|on *die*
(Zeichensetzung)
In|ter|re|gio® *der*
(ein Zug)
In|ter|reg|num *das*
auch: In|ter|re|gnum
(vorläufige Regierung)
in|ter|ro|ga|tiv
(fragend)
Interrogativpronomen *das*
In|ter|vall *das*
Intervalllänge /
Intervall-Länge *die*
in|ter|ve|nie|ren
(sich einmischen)
Intervention *die*
In|ter|view *das*
interviewen
In|thro|ni|sa|ti|on *die*
(Erhebung auf den Thron)
inthronisieren
in|tim
Intimbereich *der*
Intimität *die*
Intimsphäre *die*
Intimus *der*
in|to|le|rant
Intoleranz *die*
In|to|na|ti|on *die*
in|tran|si|tiv
intransitives Verb
in|tra|ve|nös
auch: int|ra|ve|nös
(in eine Vene)
in|tri|gant
auch: int|ri|gant
(hinterlistig)
Intrigant/in
Intrige *die*
Intrigenspiel *das*
intrigieren

In|tro|duk|ti|on *die*
auch: Int|ro|duk|ti|on
(Einleitung)
in|tro|ver|tiert
auch: int|ro|ver|tiert
(nach innen gerichtet)
In|tu|i|ti|on *die*
(Eingebung)
intuitiv
in|tus
etwas intus haben

inv

In|va|li|de *der*
Invalidenrente *die*
Invalidität *die*
in|va|ri|a|bel
In|va|si|on *die*
(Einfall feindl. Truppen)
In|ven|tar *das*
inventarisieren
Inventarverzeichnis *das*
Inventur *die*
In|ven|ti|on *die*
(Erfindung)
In|ver|si|on *die*
(Umstellung)
in Ver|tre|tung (i.V.)
in|ves|tie|ren
(Geld anlegen)
Investition *die*
Investment *das*
Investmentfonds *der*
Investor/in
in|vol|vie|ren
(enthalten)
in|wen|dig (innen)
in|wie|fern
in|wie|weit
In|zest *der*
(Geschlechtsverkehr zwischen Verwandten)
inzestuös

In|zucht *die*
in|zwi|schen
IOK (Internationales Olympisches Komitee)
Ion *das* (elektrisch geladenes Teilchen)
Ionenaustausch *der*
ionisieren
i-Punkt *der*

ir

IR® (Interregiozug)
i. R. (im Ruhestand)
ir|den
(aus gebrannter Erde)
ein irdenes Gefäß
ir|disch
ir|gend
irgendein
irgend so ein
irgendetwas
irgend so etwas
irgendjemand
irgendwann
irgendwas
irgendwelcher
irgendwer
irgendwie
irgendwo
irgendwohin

Iris *die* (eine Blume)
Irish Stew *das* (Hammelfleisch mit Kohl)
Ir|land
Ire *der*
Irin *die*
irisch
Iro|nie *die*
ironisch
ironisieren
ir|ra|ti|o|nal
ir|re
irre sein
in die Irre gehen
Irre *der/die*
irreführend
Irreführung *die*
irrewerden
ir|re|al
Irrealis *der*
ir|re|le|vant
(unerheblich)
ir|ren
sich irren
Irrenanstalt *die*
Irrfahrt *die*
irrig
Irrläufer *der*
Irrsinn *der*
irrsinnig
ir|re|pa|ra|bel

---

irgend...

irgendein
irgendetwas
irgendjemand
irgendwann
irgendwas
irgendwer
irgendwie
irgendwo ...

Ausnahmen:

*irgend **so** ein*
*irgend **so** etwas*

---

ir|re|ver|si|bel
(unumkehrbar)
Ir|ri|ta|ti|on *die*
(Verunsicherung)
irritieren
irritiert sein
Irr|tum *der*
die Irrtümer
irrtümlich
irrtümlicherweise
Irrweg *der*
ISBN (= Internationale Standardbuchnummer)
Is|chi|as *der/das*
(Hüftschmerzen)
Ischiasnerv *der*
Is|lam *der*
islamisch
Is|land
Isländer/in
isländisch
Iso|la|ti|on *die*
Isolationismus *der*
Isolierband *das*
isolieren
isoliert
Isolierung *die*
Iso|me|trie *die*
auch: Iso|met|rie
(Maßgleichheit)
isometrisch
Iso|top *das*
(Atom mit unterschiedlicher Masse)
isst (→ essen)
ist (→ sein)
Isth|mus *der*
(Landenge)
die Isthmen
Ita|li|en
Italiener/in
italienisch
i-Tüp|fel|chen *das*
i. V. (in Vertretung)

J

ja
j…
aber ja doch
ach ja
na ja
j…/J…
ja sagen/Ja sagen
J…
das Ja
mit Ja antworten
mit Ja stimmen
sein Ja geben
Jasager *der*
Jastimme *die*
jawohl
Jawort *das*
Jacht/Yacht *die*
Jachthafen *der*
Ja|cke *die*
Jackentasche *die*
Jackett *das*
Jack|pot *der*
(hoher Gewinn)
Ja|de *der/die*
(grüner Stein)

jag

Jagd *die*
auf die Jagd gehen
Jagdbeute *die*
Jagdfieber *das*
Jagdhund *der*
Jagdschein *der*
Jagdwurst *die*
jagen
jagt, jagte, hat gejagt
Jäger/in
Jägerschnitzel *das*
Ja|gu|ar *der*
(ein Raubtier)

jäh
Jähheit *die*
jählings
Jahr *das*
seit Jahr und Tag
mehrere Jahre lang
bis zu 10 Jahren
jahrein … jahraus
Jahrbuch *das*
jahrelang
jähren
sich jähren
Jahresanfang *der*
Jahrestag *der*
Jahreswagen *der*
Jahreswechsel *der*
Jahreszeit *die*
jahreszeitlich
Jahrgang *der* (Jg.)
Jahrhundert *das* (Jh.)
das 2. Jahrhundert nach
Christus (2. Jh. n. Chr.)
jahrhundertelang
jährig
vierjährig (4-jährig)
jährlich
Jahrmarkt *der*
Jahrtausend *das*
Jahrzehnt *das*
jahrzehntelang
Jäh|zorn *der*
jähzornig
Jak/Yak *der*
(asiatisches Rind)
Ja|lou|sie *die*
(Rollladen)
Jam|bus *der*
(ein Versfuß)
die Jamben
jambisch
Jam|mer *der*
jämmerlich
jammern
jammervoll

jan

Jan|ker *der*
(Trachtenjacke)
Jän|ner *der* (Januar)
Ja|nu|ar *der*
Ja|nus|kopf *der*

januskopfig
Ja|pan
Japaner/in
japanisch
jap|sen
Jar|gon *der* (Sondersprache einer Gruppe)
Jas|min *der*
(ein Zierstrauch)
Jas|pis *der*
(ein Halbedelstein)
die Jaspisse
jä|ten
Unkraut jäten
Jau|che *die*
Jauchegrube *die*
jauch|zen
Jauchzer *der*
jau|len
Jau|se *die*
(Zwischenmahlzeit)
jausen
Jausenstation *die*
ja|wohl
Jazz *der*
Jazzband *die*
Jazzfan *der*
Jazzfestival *das*
Jazzmusik *die*

je

je
je... desto...
je ein Exemplar
je länger, je lieber
je mehr
je nachdem
je zwei
seit je
Jeans
Jeanshose *die*
Jeansjacke *die*
je|den|falls
je|der
eine jede
auf jeden Fall
ein jeder
jeder Beliebige
jeder Einzelne
jeder Zweite
jedes Mal
jedermann
jederzeit
zu jeder Zeit
je|doch
Jeep® *der*
jeg|lich
ein jeglicher
jegliche Änderung
je|her
seit jeher
von jeher
Je|ho|va
je|mals
je|mand
j ...
jemand anders
sonst jemand
irgendjemand
J ...
ein gewisser Jemand
je|ner
jene, jenes

jen|seits
jenseits des Flusses
jenseits liegen
Jenseits *das*
im Jenseits
Jer|sey *der*
(weicher Stoff)
Je|su|it *der* (Mitglied
des Jesuitenordens)
jesuitisch
Jesus Christus
Jesuskind *das*
Jesus People
Jet *der*
Jetlag *der*
(gestörtes Zeitgefühl)
Jetliner *der*
Jetset *der*
jetten
Je|ton *der* (Spielmarke)
jet|zig
die jetzige Regierung
jetzt
j ...
bis jetzt
von jetzt an
J ...
das Jetzt
Jetztzeit *die*
je|weils
jeweilig
Jg. (Jahrgang)
Jh. (Jahrhundert)
JH (Jugendherberge)
jid|disch
Jiddische *das*
(jüdisch-deutsche
Sprache)
Jiu-Jit|su *das* (eine Art
der Selbstverteidigung)

jo

Job *der*

jobben
Jobcenter *das*
Jobsharing *das*
(Aufteilen eines
Arbeitsplatzes)
Joch *das*
Jochbein *das*
Jo|ckey *der*

Jod *das*
jodhaltig
jodieren
Jodtinktur *die*
jo|deln
Jodeln *das*
Jodler/in
jog|gen
Jogger *der*
Jogging *das*
Jogginganzug *der*
Jo|gurt/Jo|ghurt
der/das
Jo|han|nis|bee|re *die*
Johanniskäfer *der*
Jo|han|ni|ter *der*
joh|len
Joint *der* (Zigarette
mit Rauschgift)
Joint Venture *das*
(Zusammenarbeit)
Jo-Jo/Yo-Yo *das*
Jo|ker *der*
Jol|le *die*
(kleines Segelboot)
Jong|leur *der*
auch: Jon|gleur
jonglieren
Jop|pe *die* (Jacke)
das Jöppchen

Jo|ta/Io|ta das
 (griech. Buchstabe)
 kein Jota
Joule das (J)
 (Maßeinheit)
Jour|nal das
 Journalismus der
 Journalist/in
 journalistisch
jo|vi|al (wohlwollend)
 Jovialität die
Joy|stick der

ju

Ju|bel der
 jubeln
 Jubilar/in
 Jubiläum das
 jubilieren
ju|cken
 Juckreiz der
Ju|de der
 Jüdin die
 Judentum das
 jüdisch
Ju|di|ka|ti|ve die
 (Gerichtsbarkeit)
Ju|do das
 Judogriff der
Ju|gend die
 Jugendamt das
 Jugenderinnerungen
 jugendfrei
 Jugendfreund der
 Jugendherberge die
 jugendlich
 Jugendliche der/die
 Jugendliebe die
 Jugendschutz der
 Jugendsprache die
 Jugendstil der
 Jugendsünde die
 Jugendzeit die

Juice der/das (Saft)
Juke|box die
 (Musikautomat)
Ju|li der
 Julei der
Jul|klapp der
 (Geschenk zu
 Weihnachten)
Jum|bo der
 Jumbojet/Jumbo-Jet der
jum|pen
jung
 jünger, jüngste
 j...
 jung sein
 von jung auf
 J...
 Jung und Alt
 die Junge Gemeinde
 das Jüngste Gericht
 er gehört nicht mehr
 zu den Jüngsten
 mein Jüngster
Jun|ge der (Knabe)
 die Jungen/Jungs;
 das (kleines Tier)
 jungenhaft
 Jungenschule die
Jün|ger der
 Jüngerschaft die
Jung|fer die
 Jungfernfahrt die
 Jungfernrede die
 Jungfrau die
 jungfräulich
Jung|ge|sel|le der
 Junggesellenbude die
Jüng|ling der
jüngst
 jüngst passiert
Ju|ni/Ju|no der
 Junikäfer der
ju|ni|or
 Junior der

Juniorchef/in
Juniorpartner/in
Jun|ker der (Adliger)
Jun|kie der
 (Rauschgiftsüchtiger)
Junk|tim das
 (Verbindung mehrerer
 Anträge)
Jun|ta die
 (Regierungsausschuss;
 Militärregierung)
Ju|pi|ter der

jur

Ju|ra
 Jura studieren
 Jurastudent/in
 Jurisprudenz die
 Jurist/in
 Juristerei die
 juristisch
Ju|ror der
 Jurorin die
 Jury die
Jur|te die (Zelt aus Filz)
just (eben, genau)
jus|tie|ren
 (genau einstellen)
jus|ti|zi|a|bel/
jus|ti|ti|a|bel
 (gerichtsverwertbar)
 Justiziar/Justitiar der
 Justiz die
 Justizbeamter der
 Justizirrtum der
 Justizvollzugsanstalt die
Ju|te die
 (Bastfaserpflanze)
Ju|wel das
 die Juwelen
 Juwelier/in
 Juweliergeschäft das
Jux der (Ulk)

K

Ka|ba|le *die* (Intrige)
Ka|ba|rett *das*
  Kabarettist/in
  kabarettistisch
kab|beln (streiten)
  sich mit jemandem kabbeln
Ka|bel *das*
  Kabelanschluss *der*
  Kabelfernsehen *das*
Ka|bel|jau *der*
  (ein Fisch)
Ka|bi|ne *die*
  Kabinett *das*
Ka|brio/Ca|brio *das*
  auch: Kab|rio/Cab|rio
  Kabriolett/Cabriolet *das*
Ka|chel *die*
  kacheln
  Kachelofen *der*
Ka|da|ver *der*
Ka|denz *die*
  (Akkordfolge)
Ka|der *der*
  (Kerngruppe)
Ka|dett *der*
Ka|di *der* (islam. Richter)
Kad|mi|um/ Cad|mi|um *das* (Cd)

kaf

Kä|fer *der*
Kaf|fee *der*
  Kaffee kochen
  Kaffee trinken
  Kaffeebohne *die*
  Kaffeeersatz/ Kaffee-Ersatz *der*
  Kaffeefilter *der*
  Kaffeekanne *die*
  Kaffeeklatsch *der*
  Kaffeemaschine *die*
  Kaffeetasse *die*
Kä|fig *der*
Kaf|tan *der*
  (langes Obergewand)
kahl
  kahl fressen/ kahlfressen
  frisst kahl, fraß kahl, hat kahl gefressen/ kahlgefressen
  kahl schlagen/ kahlschlagen
  schlägt kahl, schlug kahl, hat kahl geschlagen/ kahlgeschlagen
  kahlköpfig
  Kahlschlag *der*
Kahn *der*
  die Kähne
  Kahnfahrt *die*
Kai/Quai *der*
  (befestigtes Hafenufer)
  Kaimauer *die*
Kai|man *der*
  (ein Krokodil)
Kains|mal *das*
  (Schandmal)
Kai|ser *der*
  Kaiserin *die*
  Kaiserkrone *die*
  kaiserlich
  Kaiserschmarren *der*
  Kaiserschnitt *der*
Ka|jak *der/das*
Ka|jal *das*
  (Kosmetikfarbe)
Ka|jü|te *die*
Ka|ka|du *der*
Ka|kao *der*
  Kakaopulver *das*
Ka|ker|lak *der/* **Ka|ker|la|ke** *die*
  (Küchenschabe)
  die Kakerlaken
Ka|ki/Kha|ki *der*
  (ein gelbbrauner Stoff); *das* (Erdfarbe)
  kakifarben/khakifarben
Ka|ko|fo|nie/ Ka|ko|pho|nie *die*
  (Missklang)
Kak|tee *die/* **Kak|tus** *der*
  die Kakteen
  Kaktusfeige *die*

kal

Ka|la|mi|tät *die*
  (Notlage)
Ka|lau|er *der*
  (Wortspiel)
Kalb *das*
  die Kälber
  kalben
  Kalbfleisch *das*
  Kalbsleberwurst *die*
  Kalbsmedaillon *das*
  Kalbsschnitzel *das*
Ka|lei|do|skop *das*
  auch: Ka|lei|dos|kop
  (bunte Bilderfolge)
Ka|len|der *der*
  Kalenderblatt *das*
  Kalendergeschichte *die*
  Kalenderjahr *das*
  Kalenderwoche *die*
Ka|le|sche *die*
  (eine Kutsche)
Ka|li *das*
  Kalidünger *der*
  Kalilauge *die*
  Kalisalz *das*

Ka|li|ber *das*
Ka|lif *der* (türk. Sultan)
die Kalifen
Ka|li|um *das* (K)
Kaliumpermanganat *das*
Kalk *der*
kalken
kalkhaltig
kalkig
Kalkstein *der*
kalkweiß
Kal|kül *das/der*
(Berechnung)
Kalkulation *die*
kalkulierbar
kalkulieren
Kal|li|gra|fie/
Kal|li|gra|phie *die*
(das Schönschreiben)
Kal|mar *der*
(ein Tintenfisch)
Kal|mus *der*
(eine Heilpflanze)
Ka|lo|rie *die*
kalorienarm
kalorienbewusst
kalt
kälter, kälteste
k...
es wird kalt
eine kalte Dusche
K...
der Kalte Krieg
kaltblütig
Kaltblütigkeit *die*
Kälte *die*
kälteempfindlich
Kältewelle *die*
kaltherzig
kaltgepresst
kaltlassen (innerlich unberührt lassen)
Kaltmiete *die*
Kaltschnäuzigkeit *die*
kalt stellen / kaltstellen
(ins Kalte)
kaltstellen
(jmdn. ausschalten)
Kaltwasser *das*
Kal|zi|um/Cal|ci|um *das* (Ca)

kam

kam (→ kommen)
Kam|bri|um *das*
auch: Kamb|ri|um
(ein Erdzeitalter)
kä|me (→ kommen)
Ka|mee *die*
(Halbedelstein)
die Kameen
Ka|mel *das*
Kamelhaar *das*
Ka|me|lie *die*
(eine Zierpflanze)
Ka|mel|le *die*
Ka|me|ra *die*
Kameramann *der*
Kameraperspektive *die*
kamerascheu
Ka|me|rad *der*
Kameradschaft *die*
kameradschaftlich
Ka|mi|ka|ze *der*
(japan. Selbstmordpilot)
Ka|mil|le *die*
Kamillentee *der*
Ka|min *der*
Kaminfeuer *das*
Kaminkehrer *der*
Kamm *der*
die Kämme
kämmen
sich kämmen
Kammgarn *das*
Kam|mer *die*

Kämmerer *der*
Kammerjäger *der*
Kammermusik *die*
Kammerspiel, *das*
Kammerton *der*
Kammerzofe *die*
Kam|pag|ne *die*
Kam|pa|ni|le *der*
(Glockenturm)
Kampf *der*
die Kämpfe
kampfbereit
kämpfen
Kämpfer *der*
kampflos
kampfunfähig
Kamp|fer *der*
(Desinfektionsmittel)
Kampferöl *das*
kam|pie|ren

kan

Ka|na|di|er *der*
Kanadierin *die*
kanadisch
Ka|nail|le/Ca|nail|le *die* (Schurke)
Ka|nal *der*
die Kanäle
Kanaldeckel *der*
Kanalinseln *die*
Kanalisation *die*
kanalisieren
Kanalisierung *die*
Ka|na|pee *das* (Sofa)
die Kanapees
(belegte Brötchen)
Ka|na|ri|en|vo|gel *der*
die Kanarienvögel
Kan|da|re *die*
(Pferdezaum)
jemanden an die Kandare nehmen

Kan|de|la|ber *der* (Leuchter)
Kan|di|dat *der*
Kandidatin *die*
Kandidatur *die*
kandidieren
kan|die|ren (mit Zucker überziehen)
Kandis *der*
Kandiszucker *der*
Kän|gu|ru *das*
Ka|nin|chen *das*
Ka|nis|ter *der*
Kann-Be|stim|mung/Kann|be|stim|mung *die*
Kan|ne *die*
kannenweise
Kän|nel *der* (Dachrinne)
Kan|ni|ba|le *der* (Menschenfresser)
kannibalisch
Kannibalismus *der*
kann|te (→ kennen)
Ka|non *der* (Regel; Musikstück)
kanonisch
Ka|no|ne *die*
Kanonenkugel *die*
Kanonenschuss *der*
Kan|ta|te *die* (Musikstück mit Gesang)
Kan|te *die*
Kanten *der*
kantig
Kan|ter|sieg *der* (müheloser Sieg)
Kant|holz *das*
kantig
Kan|ti|ne *die* (Speiseraum in Unternehmen, Kasernen)
in der Kantine essen
Kantinenessen *das*

Kan|ton *der* (Kt.) (Bundesland der Schweiz)
kantonal
Kantonsschule *die*
Kantonsspital *das*
Kan|tor *der* (Leiter eines Kirchenchors)
Kantorei *die*
Ka|nu *das*

Kanute *der*
Ka|nü|le *die* (Röhrchen, Hohlnadel)
Kan|zel *die*
Kanzelrede *die*
kan|ze|ro|gen (Krebs erregend)
Kanz|lei *die*
Kanzler/in
Kanzlerkandidat/in
Kan|zo|ne *die* (kleines Lied)
Ka|o|lin *das/der* (weiße Erde für Porzellan)
Kaolinerde *die*

kap

Kap *das* (Vorgebirge)
Kap der Guten Hoffnung
Kap Hoorn
Ka|paun *der* (kastrierter Hahn)
Ka|pa|zi|tät *die*
Ka|pel|le *die*
Kapellmeister/in
Ka|per *die* (in Essig eingelegte Knospe)
Kapernsoße *die*
ka|pern
ein Schiff kapern

ka|pie|ren
ka|pil|lar (haarfein)
Kapillare *die*
Kapillargefäß *das*
Ka|pi|tal *das*
Kapitalanlage *die*
Kapitalismus *der*
Kapitalist/in
kapitalistisch
Kapitalkraft *die*
Kapitalmarkt *der*
Kapitalverbrechen *das*
Ka|pi|täl|chen *das* (in Großbuchstaben)
Ka|pi|tän *der*
Kapitänspatent *das*
Käpten *der*
Ka|pi|tel *das* (Buchabschnitt)
Kapitelüberschrift *die*
Ka|pi|tell/Ka|pi|täl *das* (Säulenabschluss)
Ka|pi|tu|la|ti|on *die*
kapitulieren
Kap|lan *der*
auch: Ka|plan
Kap|pe *die*
Käppi *das*
kap|pen
Ka|pri|o|le *die*
auch: Kap|ri|o|le
(Luftsprung; närrischer Einfall)
Kapriolen machen
ka|pri|zi|ös
auch: kap|ri|zi|ös
(launenhaft)
Kap|sel *die*
ka|putt
kaputtgehen
geht kaputt, ging kaputt, ist kaputtgegangen
kaputt machen/kaputtmachen

kaputt schlagen/
kaputtschlagen
*schlägt kaputt,
schlug kaputt,
hat kaputt geschlagen/
kaputtgeschlagen*
Ka|pu|ze *die*
Kapuziner *der*
Kapuzineraffe *der*

kar

Ka|ra|bi|ner *der*
Karabinerhaken *der*
Ka|ra|cho *das* (Wucht)
mit Karacho
Ka|raf|fe *die*

Ka|ram|bo|la|ge *die*
(Zusammenstoß)
Ka|ra|mell *der/das*
Karamellbonbon
der/das
Karamelle *die*
Karamellpudding *der*
Karamellzucker *der*
Ka|rat *das* (Gewichtsmaß für Edelsteine)
Ka|ra|te *das*
(eine Kampfsportart)
Ka|ra|vel|le *die*
(ein Segelschiff)
Ka|ra|wa|ne *die*
Karawanserei *die*
Kar|bid/Car|bid *das*
(eine chemische
Verbindung)
Karbidlampe *die*

Kar|bon/Car|bon *das*
(ein Erdzeitalter)
**Kar|bo|nat/
Car|bo|nat** *das*
(Salz der Kohlensäure)
karbonisieren

kard

Kar|da|mom *der/das*
mit Kardamom würzen
Kar|dan|tun|nel *der*
Kardanwelle *die*
Kar|dät|sche *die*
(Pferdebürste)
kardätschen
Kar|di|nal *der*
die Kardinäle
Kardinalfrage *die*
Kardinalshut *der*
Kardinaltugend *die*
Kardinalzahl *die*
Kar|dio|gramm *das*
(Darstellung der Herzschläge)
Kardiologie *die*
kardiologisch
Ka|renz *die* (Wartezeit)
Karenztag *der*
Karenzzeit *die*
Kar|fi|ol *der*
(Blumenkohl)
Kar|frei|tag *der*
Kar|fun|kel *der*
(roter Edelstein)
karg
der karge Boden
Kargheit *die*
kärglich
Ka|ri|bu *das*
(nordamerikan. Ren)
ka|riert
(mit Karomuster)
Ka|ri|es *die*

kariös
Ka|ri|ka|tur *die*
(Spottbild)
Karikaturist/in
karikieren
ka|ri|ta|tiv
(wohltätig)
Kar|me|li|ter *der*
(Angehöriger eines Ordens)
Karmeliterin *die*
Kar|min *der*
kar|min|rot
Kar|ne|val *der*
Karnevalist/in
karnevalistisch
Karnevalsverein *der*
Karnevalszug *der*
Kar|ni|ckel *das*
(Kaninchen)
Ka|ro *das*
kariert
Ka|ros|se *die*
Karosserie *die*
Ka|ro|tin *das*
(gelber Farbstoff)
Karotte *die*
Karp|fen *der*
Karpfenteich *der*
Karpfenzucht *die*
Kar|re *die*
karren
Kar|ree *das* (Viereck)
Kar|ri|e|re *die*
Karriere machen
Karrierist *der*
Karst *der* (baumloses
Kalkgebirge)
karstig
Karstlandschaft *die*
Kar|tät|sche *die*
(ein Geschoss)
Kar|täu|ser *der* (Angehöriger eines Ordens)

Kar|te *die*
die rote / Rote Karte
Karten legen
Karten spielen
Kärtchen *das*
Kartenspiel *das*
Kar|tei *die*
Karteikarte *die*
Karteikasten *der*
Karteileiche *die*
Kar|tell *das* (Zusammenschluss von Betrieben)
Kartellamt *das*
Kar|tof|fel *die*
die Kartoffeln
Kartoffelbrei *der*
Kartoffelchip *der*
Kartoffelmehl *das*
Kartoffelpuffer *der*
Kartoffelpüree *das*
Kartoffelsalat *der*
**Kar|to|gra|fie/
Kar|to|gra|phie** *die*
(Landkartenkunde)
Kar|ton *der*
kartoniert
Kar|tu|sche *die*
(Metallhülse des Geschosses; Rahmen)
Ka|rus|sell *das*
die Karussells
Kar|wo|che *die*
Kar|zer *der* (Raum für Arreststrafen)
Kar|zi|nom *das*
(Krebsgeschwulst)

kas

ka|schie|ren
(verstecken)
Kä|se *der*
Käsekuchen *der*
Käsemesser *das*
Käsetorte *die*
käsig
Ka|se|mat|te *die*
(kugelsicherer Raum)
Ka|ser|ne *die*
Kasernenhof *der*
kasernieren
Ka|si|no *das*
Kas|ka|de *die*
(Wasserfall in Stufen)
kas|ko|ver|si|chert
Kaskoversicherung *die*
Kas|per *der*
Kasper(le)theater *das*
Kas|sa|buch *das*
die Kassabücher
Kassakurs *der*
Kas|san|dra|ruf *der*
auch: Kas|sand|ra|ruf
(Warnung vor Unheil)
Kas|se *die*
Kasse machen
Kassenarzt *der*
Kassenbon *der*
Kassenpatient/in
kassieren
Kassierer/in
Kas|se|rol|le *die*

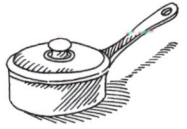

Kas|set|te *die*
Kassettenrekorder/
Kassettenrecorder *der*
Kas|si|ber *der*
(geschmuggelte Mitteilung)
Kass|ler/Kas|se|ler
das (Fleischsorte)
Kas|tag|net|te *die*
auch: Kas|ta|gnet|te
(ein span. Instrument)
Kas|ta|nie *die*
Kastanienbaum *der*
kastanienbraun
Kas|te *die*
(Gesellschaftsschicht)
kas|tei|en (Buße tun)
sich kasteien
Kas|tell *das* (Festung)
Kas|ten *der*
die Kästen
Kas|trat *der*
auch: Kast|rat
(Entmannter)
Kastration *die*
kastrieren
Ka|su|is|tik *die*
(Morallehre)
Ka|sus *der*
die Kasus
Kasusendung *die*

kat

Kat *der* (Katalysator)
Ka|ta|falk *der*
(Gerüst für den Sarg bei einer Trauerfeier)
Ka|ta|kom|be *die* (unterird. Begräbnisstätte)
Ka|ta|log *der*
katalogisieren
Ka|ta|ly|sa|tor *der*
katalytisch
Ka|ta|ma|ran *der*
(Segelboot mit Doppelrumpf)
Ka|ta|pult *das*
(Schleudermaschine)
katapultieren
Ka|ta|rakt *der*
(Stromschnelle)
Ka|tarrh *der* (Entzündung)
der Bronchialkatarrh

Ka|tas|ter *der/das*
(Grundbuch)
Katasteramt *das*
ka|tas|tro|phal
auch: ka|ta|stro|phal/
ka|tast|ro|phal
Katastrophe *die*
Katastrophenalarm *der*
Katastrophenschutz *der*
Ka|te *die* (Hütte)
Ka|te|che|se *die*
(Religionsunterricht)
Katechet/in
Katechismus *der*
Ka|te|go|rie *die*
(Klasse)
kategorisch
Ka|ter *der*
Katerstimmung *die*
kath. (katholisch)
Ka|thar|sis *die*
(Läuterung)
Ka|the|der *das/der*
(Rednerpult)
Ka|the|dra|le *die*
Ka|the|te *die*
(Seite des Dreiecks)
Kathetensatz *der*
Ka|the|ter *der*
(med. Instrument)
der Herzkatheter
Ka|tho|de/Ka|to|de
die (negative Elektrode)
Ka|tho|lik *der*
Katholikin *die*
Katholikentag *der*
katholisch
Kat|tun *der*
(ein Baumwollstoff)
Kattunkleid *das*
Kat|ze *die*
Kätzchen *das*
Katzenauge *das*
Katzenfell *das*

Katzenjammer *der*
Katzenmusik *die*
Katzensprung *der*
Katzenwäsche *die*
Katz-und-Maus-Spiel
das

kau

Kau|der|welsch *das*
kau|en
Kautabak *der*
kau|ern
sich kauern
Kauf *der*
die Käufe
in Kauf nehmen
kaufen
Käufer/in
Kaufhaus *das*
Kaufkraft *die*
käuflich
Kaufmann *der*
die Kaufleute
kaufmännisch
Kaufpreis *der*
Kaufvertrag *der*
Kau|gum|mi *der/das*
Kaul|quap|pe *die*
kaum
kau|sal (begründend)
Kausalität *die*
Kausalsatz *der*
Kau|ti|on *die*
(Sicherheitsleistung)
Kautionssumme *die*
Kaut|schuk *der*
auch: Kau|tschuk
(Rohstoff für Gummi)
Kauz *der*
die Käuze
Käuzchen *das*
kauzig
Ka|va|lier *der*

Ka|val|le|rie *die*
(Reitertruppe)
Kavallerist *der*
Ka|ver|ne *die*
(Hohlraum)
Ka|vi|ar *der* (Rogen)

keb

Ke|bab *der* (Hammel-
fleisch vom Spieß)
keck
Keckheit *die*
Kee|per *der* (Torwart)
Keep|smi|ling *das*
(Lächeln, Galgenhumor)
Kees *das* (Gletscher)
Ke|fir *der* (säuerl. Milch)
Ke|gel *der*
Kegel schieben
Kegelbahn *die*
kegelförmig
Kegelklub/Kegel-
club *der*
kegeln
Kegelschnitt *der*
Keh|le *die*
Kehlkopf *der*
Keh|re *die*
keh|ren
Kehrbesen *der*
Kehrblech *das*
Kehricht *der/das*
Kehrmaschine *die*
Kehrreim *der*
Kehr|sei|te *die*
kehrtmachen
Kehrtwendung *die*
Kehrwert *der*
kei|fen (schreien)
Keil *der*
keilförmig
Keilriemen *der*
Keilschrift *die*

Kei|ler *der*
Kei|le|rei *die*
Keim *der*
Keimblatt *das*
keimen
keimfrei
Keimzelle *die*
kein
keiner / keine / kein(e)s
kein anderer / Anderer
kein einziges Wort
auf keinen Fall
in keiner Weise
keinerlei
keinesfalls
keineswegs
Keks *der*
Keksdose *die*

kel

Kelch *der*
kelchförmig
Kel|le *die*
Kel|ler *der*
Kellerfenster *das*
Kellermeister/in
Kellertreppe *die*
Kell|ner *der*
Kellnerin *die*
Kel|te *der*
Keltin *die*
keltisch
Kel|ter *die* (Weinpresse)
keltern
Kel|vin *das* (K)
0 Kelvin = −273,15 °C
Ke|me|na|te *die*
(Frauengemach)
ken|nen
kennt, kannte,
hat gekannt
kennen lernen /
kennenlernen

Kenner *der*
Kennkarte *die*
Kennnummer / Kenn-
Nummer *die*
kenntlich
kenntlich machen
Kenntnis *die*
meine Kenntnisse
zur Kenntnis nehmen
Kenntnisnahme *die*
Kenntnisstand *der*
Kennwort *das*
Kennzeichen *das*
kennzeichnen
kennzeichnend
Kennzeichnung *die*
Kennziffer *die*
ken|tern
das Schiff ist gekentert
Ke|ra|mik *die*
keramisch
Ker|be *die*
kerben
Kerbholz *das*
Ker|bel *der*
(eine Gewürzpflanze)
Ker|ker *der*
(Gefängnis)
Kerkermeister *der*
Kerl *der*
Kerlchen *das*
Kern *der*
Kernenergie *die*
Kernfrage *die*
Kernfusion *die*
Kerngehäuse *das*
kerngesund
kernig
Kernkraft *die*
kernlos
Kernphysik *die*
Kernwaffen
Ke|ro|sin *das*
(ein Treibstoff)

Ker|ze *die*
kerzeng(e)rade
Kerzenlicht *das*
Kerzenständer *der*

kes

kess
Kessheit *die*
Kes|sel *der*
Kesselflicker *der*
Kesseltreiben *das*
Kesselwagen *der*
Ket|chup *der/das*
ket|schen / kät|schen
(schmatzend kauen)
Kett|car *der/das*
Ket|te *die*
ketteln
ketten
Kettenfahrzeug *das*
Kettenhund *der*
Kettenraucher/in
Kettenreaktion *die*
Ket|zer *der*
(Glaubensabweichler)
Ketzerin *die*
ketzerisch
keu|chen
Keuchhusten *der*
Keu|le *die*
keulenförmig
keusch
Keuschheit *die*
Key|board *das*
(Tasteninstrument)
Kfz / KFZ
(Kraftfahrzeug)
Kfz-Schlosser *der*
Kfz-Werkstatt *die*
kg (Kilogramm)
KG (Kommandit-
gesellschaft)
kHz (Kilohertz)

ki

Kib|buz der
  (Gemeinschaftssiedlung in Israel)
  die Kibbuzim / Kibbuze
Ki|cher|erb|se die
  (eine Pflanze)
ki|chern
Kick der
  Kick-down /
  Kickdown *der / das*
  Kick-off / Kickoff *der*
ki|cken
  Kicker *der*
Kid das
  die Kids
  kidnappen
  Kidnapper *der*
kie|big (frech)
Kie|bitz der (ein Vogel)
  kiebitzen (beobachten)
Kie|fer der
  Kieferbruch *der*
  Kieferknochen *der*
Kie|fer die

  Kiefernholz *das*
  Kiefernwald *der*
Kiel der
  kieloben
  kieloben treiben
  Kielwasser *das*
Kie|me die
  Kiemenatmung *die*
Kien der
  auf dem Kien sein
  Kienapfel *der*
  Kienspan *der*
Kie|pe die (Korb)
Kies der
  Kiesel *der*
  Kieselsäure *die*
  Kiesgrube *die*
Kiez der (Ortsteil)
kif|fen
  (Rauschgift rauchen)
  Kiffer/in
ki|ke|ri|ki
  Kikeriki *das*
kil|len
  Killer *der*
  Killervirus *der / das*
Ki|lo das
  Kilobyte *das* (KB)
  Kilogramm *das* (kg)
  Kilohertz *das* (kHz)
  Kilometer *der* (km)
  eine Strecke von 10 Kilometern
  kilometerlang
  kilometerweit
  viele Kilometer weit
  Kilowatt *das* (kW)
Kilt der (Schottenrock)
Kim|me die
  (sie dient zum Zielen)
Ki|mo|no der

Kind das
  an Kindes statt
  Kindchen *das*
  Kinderbuch *das*
  kinderfreundlich
  Kindergarten *der*
  Kindergeld *das*
  Kinderkrankheit *die*
  Kinderlähmung *die*
  kinderleicht
  kinderlieb
  kinderlos
  kinderreich
  Kinderspiel *das*
  Kinderspielzeug *das*
  Kindersprache *die*
  Kinderwagen *der*
  Kinderzimmer *das*
  Kindheit *die*
  kindisch
  kindlich
  Kindlichkeit *die*
Ki|ne|tik die (Lehre von der Bewegung)
Kinn das
  Kinnhaken *der*
Ki|no das
  Kinokarte *die*
  Kinoprogramm *das*
  Kinoreklame *die*
Ki|osk der
Kip|ferl das
  (ein Gebäck)
Kip|pe die
  kippen
  Kippfenster *das*

kir

Kir|che die
  Kirchenbesucher *der*
  Kirchenchor *der*
  Kirchenglocke *die*
  Kirchenjahr *das*

Kirchenlied *das*
Kirchenrat *der*
Kirchensteuer *die*
Kirchentag *der*
Kirchenvorstand *der*
Kirchhof *der*
kirchlich
Kirchspiel *das*
Kirchturm *der*
Kirchweih *die*
Kir|mes *die*
kir|re
kirre sein
Kir|sche *die*
Kirschbaum *der*
Kirschkern *der*
Kirschsaft *der*
Kirschwasser *das*
Kis|sen *das*
Kissenbezug *der*
Kissenfüllung *die*
Kis|te *die*
kistenweise
Kitsch *der*
kitschig
Kitt *der*
kitten
Kit|tel *der*
Kittelschürze *die*
Kitz *das*
ein Rehkitz
Kitze *die*
kit|zeln
Kitzler *der*
kitz(e)lig
Ki|wi *die* (Frucht);
der (Vogel)
kJ (Kilojoule)
KKW (Kernkraftwerk)

kl _____

Kl. (Klasse)
Klacks *der*

Klad|de *die*
(Schmierheft)
klaf|fen
kläf|fen (bellen)
Klaf|ter *das/der*
(altes Raum- und
Längenmaß)
vier Klafter Holz
Kla|ge *die*
Klagelied *das*
Klagemauer *die*
klagen
Kläger/in
kläglich
klaglos
Kla|mauk *der*
Klamm *die*
(Felsenschlucht)
Klam|mer *die*
klammern
klamm|heim|lich
(ganz heimlich)
Kla|mot|te *die*
Klan/Clan *der*
Klang *der*
die Klänge
Klangfarbe *die*
Klangfigur *die*
klanglos
klangvoll

klap _____

Klap|pe *die*
klap|pen
es hat geklappt
Klappfahrrad *das*
Klappfenster *das*
Klappmesser *das*
klapp(e)rig
Klappsitz *der*
Klap|per *die*
klappern
Klaps *der*

klar
k…
klar denken
klar sehen (deutlich)
klar sein
klar werden/
klarwerden
K…
der Klare (Schnaps)
ins Klare kommen
sich über etwas im
Klaren sein
Kläranlage *die*
klären
Klarheit *die*
klarkommen
(zurechtkommen)
kommt klar, kam klar,
ist klargekommen
klarlegen (erklären)
klarmachen
sich etwas klarmachen
klarsehen (verstehen)
sieht klar, sah klar,
hat klargesehen
Klarsichtfolie *die*
klarstellen (klären)
Klarstellung *die*
Klärung *die*
Kla|ri|net|te *die*
Klarinettist/in
klas|se
das ist klasse
das sieht klasse aus
Klasse *die*
Klassenarbeit *die*
Klassenaufsatz *der*
Klassenbuch *das*
Klassenkamerad/in
Klassenkampf *der*
Klassenlehrer/in
Klassensprecher/in
klassenweise
Klassenzimmer *das*

Klas|si|fi|ka|ti|on *die*
klassifizieren
Klassifizierung *die*
Klassement *das*
Klas|sik *die*
Klassiker *der*
klassisch
Klassizismus *der*
Klatsch *der*
klatschen
Klatschmohn *der*
klatschnass
klau|ben
(mühsam sammeln)
Klaue *die*
klau|en
Klau|se *die*
(Klosterzelle)
Klau|sel *die*
die Vertragsklausel
Klau|sur *die*
eine Klausur schreiben
Klausurarbeit *die*
Klausurtagung *die*
Kla|vi|a|tur *die* (Tasten)
Klavier *das*
Klavier spielen
Klavierkonzert *das*
Klavierlehrer/in
Klavierschüler/in
Klavierunterricht *der*

kle

kle|ben
kleben bleiben
(übertragen:)
*in der Schule kleben
bleiben / klebenbleiben*
Kleber *der*
klebrig
Klebstoff *der*
kle|ckern
Klecks *der*

klecksen
Klee *der*
Kleeblatt *das*
Klei *der* (zäher Boden)
Klei|ber *der* (ein Vogel)
Kleid *das*
kleiden
sich kleiden
Kleiderbügel *der*
Kleiderschrank *der*
kleidsam
Kleidung *die*
Kleidungsstück *das*
Kleie *die*
(Getreideabfälle)
klein
*k...
ein klein wenig
von klein auf
kleine Fische
kleine Leute
klein gedruckter /
kleingedruckter Text
der kleine Mann
kleines Latinum
K...
Groß und Klein
der Kleine Bär / Wagen
die Kleinen (= Kinder)
im Kleinen wie im
Großen
etwas Kleines
bis ins Kleinste*
Kleinanzeige *die*
Kleinbildkamera *die*
Kleingarten *der*
Kleingedruckte /
klein Gedruckte *das*
Kleingeld *das*
Kleinigkeit *die*
Kleinkind *das*
kleinlaut
kleinlich
kleinmütig

klein schneiden /
kleinschneiden
*schneidet klein,
schnitt klein,
hat klein geschnitten /
kleingeschnitten*
klein schreiben
(mit kleiner Schrift)
kleinschreiben
(mit kleinem Anfangs-
buchstaben)
*schreibt klein,
schrieb klein,
hat kleingeschrieben*
Kleinschreibung *die*
Kleinstadt *die*
Klein|od *das*
(Schmuckstück)
Kleis|ter *der*
**Kle|men|ti|ne /
Cle|men|ti|ne** *die*
Klem|me *die*
klemmen
Klemp|ne|rei *die*
Klep|to|ma|nie *die*
(krankhafter Trieb zum
Stehlen)
kle|ri|kal (kirchlich)
Kleriker *der*
Klerus *der*
Klet|te *die*
Klettverschluss *der*
klet|tern
Kletterpflanze *die*

kli

kli|cken
Kli|ent *der* (Kunde)
Klientel *die*
Kliff *das* (felsige Küste)
Kli|ma *das*
Klimaanlage *die*
klimatisch

klimatisieren
Klimawechsel *der*
Kli|mak|te|ri|um *das* (Wechseljahre)
Kli|max *die* (Steigerung, Höhepunkt)
klim|men
klimmt,
klomm / klimmte,
ist geklommen /
geklimmt
Klimmzug *der*
klim|pern
Klin|ge *die*
Klin|gel *die*
Klingelbeutel *der*
klingeln
klin|gen
klingt, klang,
hat geklungen
Kli|nik *die*
die Kliniken
Klinikum *das*
klinisch
Klin|ke *die*
Klinkenputzer *der*
Klin|ker *der*
Klinkerbau *der*
klipp
klipp und klar
Klipp / Klips / Clip *der* (Klemme, Ohrschmuck)
Klip|pe *die*
klir|ren
Kli|schee *das*
klischeehaft
Klischeevorstellung *die*
Klis|tier *das* (Darmspülung)
Kli|to|ris *die* (Teil des weibl. Geschlechtsorgans)
klitsch|nass
klit|ze|klein

klo

Klo (Klosett) *das*
Kloake *die*
Klo|ben *der* (Holzklotz)
klobig
klomm (→ klimmen)
klo|nen
Klon *der* (künstl. Lebewesen)
klö|nen (schwatzen)
klop|fen
ein starkes Klopfen
hören
Klopfzeichen *das*
klöp|peln (Spitzen herstellen)
Klops *der*
Klo|sett *das*
Kloß *der*
die Klöße
Klos|ter *das*
die Klöster
Klosterfrau *die*
klösterlich
Klotz *der*
die Klötze
klotzen
nicht kleckern, sondern
klotzen
klotzig
Klub / Club *der*
Klubhaus *das*
Klubsessel *der*
Kluft *die*
klug
klüger, klügste
klug reden
es ist das Klügste
klugerweise
Klugheit *die*
Klum|pen *der*
Klümpchen *das*
Klumpfuß *der*

klumpig
Klün|gel *der* (Vetternwirtschaft)
Klun|ker *die / der*
Klunt|je *das* (Kandis-Zuckerstück)
Klü|ver *der* (ein Segel)
km (Kilometer)
km/h (Kilometer je Stunde)
km-Stand *der*

kn

knab|bern
Kna|be *der*
das Knäblein
Knabenchor *der*
knabenhaft
Knä|cke|brot *das*
kna|cken
knackig
Knacklaut *der*
Knall *der*
Knalleffekt *der*
knallen
Knallerei *die*
Knallgas *das*
knallhart
Knallkörper *der*
knallrot
knapp
Knappheit *die*
Knap|pe *der* (junger Edelmann; Bergmann)
Knapp|schaft *die* (Zunft der Bergleute)
Knappschaftsrente *die*
knar|ren
Knast *der*
knat|tern
Knäu|el *der / das*
Knauf *der*
die Knäufe

knau|sern
 knaus(e)rig
knaut|schen
 Knautschzone *die*
Kne|bel *der*
 knebeln
Knecht *der*
 Knechtschaft *die*
knei|fen
 kneift, kniff,
 hat gekniffen
 Kneifer *der*
 Kneifzange *die*
Knei|pe *die*
Kneipp|kur *die*
 kneippen
kne|ten
 Knetmaschine *die*
 Knetmasse *die*
Knick *der*
 knicken
Kni|cker|bo|cker *die*
 (knielange Hose)
kni|cke|rig/knick|rig
Knicks *der*
 einen Knicks machen
 knicksen
Knie *das*
 die Knie
 auf den Knien
 Kniebeuge *die*
 Kniefall *der*
 kniefällig
 kniefrei
 Kniegelenk *das*
 Kniekehle *die*
 knielang
 knien
 ich knie
 sie knien alle
 Kniescheibe *die*
Kniff *der*
 kniffen (falten)
 kniff(e)lig

Knig|ge *der* (Buch für
 gute Umgangsformen)
knip|sen
 Knipser *der*
Knirps *der*
knir|schen
knis|tern
Knit|tel|vers *der*
 (eine Versart)
knit|ter|fest
 knitterfrei
 knittern
 knitt(e)rig

kno

kno|beln
 Knobelbecher *der*
Knob|lauch *der*
 Knoblauchgewächs *das*
 Knoblauchzehe *die*
Knö|chel *der*
 knöchellang
Kno|chen *der*
 Knochenbau *der*
 Knochenmark *das*
 knöchern
 knochig
knock-out/
 knock|out (k. o.)
 Knock-out/Knockout
 der (K. o.)
Knö|del *der*
Knol|le *die*
 Knollen *der*
 Knöllchen *das*
 Knollenblätterpilz *der*
Knopf *der*
 die Knöpfe
 Knopfdruck *der*
 knöpfen
 Knopfloch *das*
Knor|pel *der*
 knorp(e)lig

knor|rig
Knos|pe *die*
 in Knospe stehen
 knospen
Kno|ten *der*
 knoten
 Knotenpunkt *der*
Know-how/
 Know|how *das*
knül|len
Knül|ler *der*
 (tolle Sache)
knüp|fen
 Knüpfung *die*
Knüp|pel *der*
 knüppeldick
 Knüppelschaltung *die*
knur|ren
 knurrig
 Knurrhahn *der*
knus|pe|rig/
 knus|prig
Knu|te *die*
 (Lederpeitsche)
knut|schen
 Knutschfleck *der*

ko

k. o.
 k. o. schlagen
 K.-o.-Schlag *der*
Ko|a|la|bär *der*

ko|a|lie|ren/
 ko|a|li|sie|ren
 (sich verbünden)

Koalition *die*
die große/Große
Koalition
Koalitionspartner *der*
Koalitionsregierung *die*
Ko|au|tor *der*
Koautorin *die*
(Mitverfasser/in)
Ko|balt *das* (Co)
kobaltblau
Ko|bel *der*
(Eichhörnchennest)
Ko|ben *der*
(kleiner Stall)
Ko|bold *der*
Ko|bra *die*
auch: Kob|ra
(eine Schlange)
Koch *der*
die Köche
Kochbuch *das*
kochecht
kochen
kochend heiß
kochfertig
Köchin *die*
Kochsalz *das*
Kochtopf *der*
Kochwäsche *die*
kö|cheln
(schwach kochen)
Kö|chel|ver|zeich|nis
das (KV) (Verzeichnis
der Werke Mozarts)
Kö|cher *der*
(Behälter für Pfeile)
Ko|da/Co|da *die*
(Schlussteil)
Ko|de/Code *der*
kodieren/codieren
Kodierung *die*
kodifizieren
Ko|de|in/Co|de|in *das*
(ein Beruhigungsmittel)

Kö|der *der*
ködern
Ko|dex/Co|dex *der*
(Sammlung alter
Handschriften)
die Kodexe/Kodizes

koe

Ko|edu|ka|ti|on *die*
(Erziehung von Jungen
und Mädchen gemein-
sam)
Ko|ef|fi|zi|ent *der*
(Vorzahl)
Ko|exis|tenz *die*
Kof|fe|in/Cof|fe|in *das*
koffeinfrei/coffeinfrei
Kof|fer *der*
Kofferkuli *der*
Kofferradio *das*
Kofferraum *der*
Ko|gel *der* (Bergkuppe)
Kog|ge *die*

Kog|nak *der*
auch: Ko|gnak
Kognakbohne *die*
Kognakkirsche *die*
kog|ni|tiv
auch: ko|gni|tiv (auf
Erkenntnis beruhend)
ko|hä|rent
(zusammenhängend)
Kohärenz *die*
Kohäsion *die*

Kohl *der*
Kohlmeise *die*
Kohlrabi *der*
Kohlroulade *die*
Kohlrübe *die*
Kohlweißling *der*
Koh|le *die*
Kohlebergwerk *das*
Kohlekraftwerk *das*
Kohlenhydrat *das*
Kohlenmonoxyd/
Kohlenmonoxid *das*
Kohlensäure *die*
Kohlenstaub *der*
Kohlenstoff *der*
Kohlenwasserstoff *der*
Köhler *der*
Kohlezeichnung *die*
Kohl|ra|bi *der*
Ko|in|zi|denz *die*
(zufälliges Zusammen-
treffen)
Ko|i|tus/Co|i|tus *der*
(Geschlechtsverkehr)
Ko|je *die*
Ko|jo|te/Co|yo|te *der*
(nordamerikan. Wolf)
Ko|ka *die*
Kokain *das*
Kokastrauch *der*
Ko|kar|de *die*
(Abzeichen)
Ko|ke|rei *die*
koken
Koks *der*
ko|kett (eitel)
kokettieren
Kok|ke *die* (Bakterie)
Ko|kon *der*
(Hülle aus Seide)
Ko|kos|flo|cken
Kokosmilch *die*
Kokosnuss *die*
Kokospalme *die*

Koks der
Koksofen der

kol

Kol|ben der
Kolbendampf-
maschine die
Kolbenring der
Kolbenstange die
Kol|cho|se die
(landwirtschaftl.
Produktionsgenossen-
schaft)
Kolchosbauer der
Ko|li|bak|te|ri|en
Ko|li|bri der
auch: Ko|lib|ri
(ein winziger Vogel)
Ko|lik die (krampf-
artiger Schmerz)
Kolk der (Wasserloch)
Kolkrabe der
kol|la|bie|ren
(zusammenbrechen)
Kol|la|bo|ra|teur/in
(arbeitet mit dem Feind
zusammen)
Kollaboration die
kollaborieren
Kol|la|gen/
Col|la|gen das
(ein Eiweiß)
Kol|laps der
(Schwächeanfall)
Kol|leg das
Kollege/Kollegin
kollegial
Kollegialität die
Kollegium das
Kollegmappe die
Kollegstufe die
Kol|lek|te die
(Geldsammlung)

Kollektion die
kollektiv
kollektiv arbeiten
Kollektiv das
kollektivieren
Kollektivierung die
Kollektivschuld die
Kollektivstrafe die
Kol|ler der
einen Koller bekommen
kol|li|die|ren
(zusammenstoßen)
Kol|li|si|on die
(Zusammenstoß)
Kol|lo|qui|um das
(wissenschaftliches
Gespräch)
ko|lo|ni|al
Kolonialismus der
Kolonie die
Kolonisation die
kolonisieren
Ko|lon|na|de die

Ko|lon|ne die
Ko|lo|ra|tur die
Koloratursängerin die
Kolorit das
kol|lo|rie|ren (farbig
ausmalen)
Ko|loss der
kolossal
Kol|ping|haus das
Kol|por|ta|ge die
(Gerücht)
kolportieren

Ko|lum|ne die
(Textspalte)
Kolumnist/in

kom

Ko|ma das
(tiefe Bewusstlosigkeit)
im Koma liegen
Kom|bat|tant der
(Mitkämpfer)
Kom|bi der
Kombinat das
Kombination die
Kombinatorik die
kombinieren
Kombizange die
Kom|bü|se die
(Schiffsküche)
Ko|met der
kometenhaft
Kometenschweif der
Kom|fort der
komfortabel
Komfortwohnung die
Ko|mik die
Komiker/in
komisch
komischerweise
Ko|mi|tee das
(Ausschuss)

komm

Kom|ma das
die Kommas/Kommata
ein Komma setzen
Kommafehler der
Kommaregel die
Kom|man|dant der
Kommandeur der
kommandieren
Kommando das
Kommandobrücke die

Kom|man|dit-ge|sell|schaft *die* (KG)
Kommanditist/in
kom|men
kommt, kam, ist gekommen
kommend
am kommenden Sonntag
Kommen *das*
ein Kommen und Gehen
im Kommen sein
Kom|men|tar *der*
kommentarlos
Kommentator/in
kommentieren
Kom|merz *der*
(Wirtschaft)
kommerziell
Kom|mi|li|to|ne *der*
(Studienfreund)
Kommilitonin *die*
Kom|miss *der*
(Militärdienst)
Kommissbrot *das*
Kom|mis|sar *der*
Kommissarin *die*
Kommissariat *das*
kommissarisch
Kommission *die*
Kom|mo|de *die*
Kom|mo|do|re *der*
(Geschwaderführer)
kom|mu|nal
(Gemeinde...)
Kommunalbeamter *der*
Kommunalpolitik *die*
Kommunalverwaltung *die*
Kommune *die*
Kom|mu|ni|ka|ti|on *die*
Kommunikationsmittel *das*
Kommunikationssituation *die*
Kommunikationsstörung *die*
kommunikativ
Kommuniqué *das*
(Mitteilung)
kommunizieren
Kom|mu|ni|on *die*
Kom|mu|nis|mus *der*
Kommunist/in
kommunistisch
Ko|mö|di|ant *der*
Komödiantin *die*
Komödie *die*
Kom|pag|non *der*
auch: Kom|pa|gnon
(Geschäftsteilhaber)
kom|pakt
Kompaktanlage *die*
Kompaktheit *die*
Kom|pa|nie *die*
Kompaniechef *der*
Kompanieführer *der*
kom|pa|ra|bel
(vergleichbar)
Komparation *die*
Komparativ *der*
Komparativsatz *der*
Kom|par|se *der*
(Statist)
Komparserie *die*
Kom|pass *der*

Kompassnadel *die*
kom|pa|ti|bel
(kombinierbar)
Kompatibilität *die*
Kom|pen|di|um *das*
(kurzes Lehrbuch)
Kom|pen|sa|ti|on *die*
(Entschädigung)
Kompensationsgeschäft *das*
kompensieren
kom|pe|tent
Kompetenz *die*
Kompetenzstreitigkeiten
kom|ple|men|tär
(ergänzend)
Komplementärfarbe *die*
kom|plett
komplettieren
kom|plex
komplexe Aufgaben
Komplex *der*
der Vitamin-B-Komplex
Komplexität *die*
Kom|pli|ka|ti|on *die*
komplikationslos
Kom|pli|ment *das*
Kom|pli|ze *der*
Komplizin *die*
Komplizenschaft *die*
kom|pli|ziert
Kompliziertheit *die*
Kom|plott *das*
(Verschwörung)
Kom|po|nen|te *die*
(Bestandteil)
kom|po|nie|ren
Komponist/in
Komposition *die*
Kom|po|si|tum *das*
Kom|post *der*
Komposterde *die*
Komposthaufen *der*
kompostieren
Kom|pott *das*
Kompottteller / Kompott-Teller *der*
Kom|pres|se *die*
(feuchter Verband)

Kom|pres|si|on *die*
(Verdichtung)
Kompressor *der*
komprimieren
Komprimierung *die*
Kom|pro|miss *der*
kompromissbereit
kompromisslos
Kompromisslösung *die*
Kompromiss-
vorschlag *der*
kom|pro|mit|tie|ren
(blamieren)
**Kom|tess / Kom-
tes|se** *die* (Gräfin)
Kom|tur *der*
(Ordensritter)

kon

Kon|den|sat *das*
(Niederschlag)
Kondensation *die*
Kondensator *der*
kondensieren
Kondensmilch *die*
Kondensor *der*
Kondensstreifen *der*
Kondenswasser *das*
Kon|di|ti|on *die* (Bedingung; körperl. Zustand)
die Konditionen nennen
konditional
Konditional *der*
Konditionalsatz *der*
konditioniert
Konditionstraining *das*
Kon|di|tor *der*
Konditorin *die*
Konditorei *die*
Kon|do|lenz *die*
(Beileid)
Kondolenzbesuch *der*
kondolieren

Kon|dom *das / der*
Kon|dor *der* (ein Vogel)
Kon|fekt *das*
eine Packung Konfekt
Kon|fek|ti|on *die*
Konfektionsgröße *die*
Kon|fe|renz *die*
Konferenzbeschluss *der*
Konferenz-
teilnehmer/in
Konferenztisch *der*
konferieren
Kon|fes|si|on *die*
konfessionell
konfessionslos
Konfessionsschule *die*
Kon|fet|ti *das*
Konfettiparade *die*
Kon|fi|gu|ra|ti|on *die*
(Gestalt)
Kon|fir|mand *der*
die Konfirmanden
Konfirmandenunter-
richt *der*
Konfirmation *die*
konfirmieren
kon|fis|zie|ren
(beschlagnahmen)
Konfiskation *die*
**Kon|fi|se|rie / Con|fi-
se|rie** *die*
(Pralinengeschäft)
Kon|fi|tü|re *die*
Kon|flikt *der*
Konfliktsituation *die*
Kon|fö|de|ra|ti|on *die*
(Bündnis)
kon|form (angepasst)
Konformismus *der*
Konformist *der*
konformistisch
Konformität *die*
Kon|fron|ta|ti|on *die*
(Auseinandersetzung)

konfrontieren
konfrontiert werden mit
kon|fus (verwirrt)
Konfusion *die*

kong

Kon|glo|me|rat *das*
(Gemisch)
Kon|gre|ga|ti|on *die*
auch: Kong|re|ga|ti|on
(Vereinigung)
Kon|gress *der*
Kongressstadt /
Kongress-Stadt *die*
Kongressteilnehmer/in
Kongresszentrum *das*
kon|gru|ent
auch: kong|ru|ent
(übereinstimmend)
Kongruenz *die*
*grammatische
Kongruenz*
Kongruenzsatz *der*
Ko|ni|fe|re *die*
(Nadelbaum)
Kö|nig *der*
Königin *die*
Königinpastete *die*
königlich
Königliche Hoheit
Königreich *das*
königsblau
Königsweg *der*
Königtum *das*
ko|nisch (kegelförmig)
Kon|ju|ga|ti|on *die*
(Verbbeugung)
konjugierbar
konjugieren
Kon|junk|ti|on *die*
(Bindewort)
Kon|junk|tiv *der*
(Möglichkeitsform)

Kon|junk|tur *die*
(wirtschaftl. Lage)
konjunkturbedingt
konjunkturell
Konjunktur-
programm *das*
Konjunktur-
schwankung *die*
kon|kav
(nach innen gewölbt)
Konkavspiegel *der*
Kon|kla|ve *das*
(Versammlung der
Kardinäle)
Kon|klu|si|on *die*
(Schlussfolgerung)
Kon|kor|danz *die*
(ähnliche Textstellen)
Kon|kor|dat *das*
(Vertrag mit der kath.
Kirche)
kon|kret
ein konkretes Beispiel
konkretisieren
Konkretisierung *die*
Konkretum *das*
Kon|kur|rent *der*
Konkurrentin *die*
Konkurrenz *die*
konkurrenzfähig
Konkurrenzkampf *der*
konkurrenzlos
konkurrieren
Kon|kurs *der*
Konkurseröffnung *die*
Konkursverfahren *das*
kön|nen
kann, konnte,
hat gekonnt
Können *das*
Könner *der*
Kon|no|ta|ti|on *die*
(verwandte Vorstellun-
gen zu einem Wort)

Kon|quis|ta|dor *der*
(span. Eroberer)
Kon|rek|tor *der*
Konrektorin *die*

kons

kon|se|ku|tiv (Folge...)
Konsekutivsatz *der*
Kon|sens *der*
(Übereinstimmung)
konsensfähig
kon|se|quent
konsequenterweise
Konsequenz *die*
kon|ser|va|tiv (an den
Traditionen festhaltend)
Konservative *der/die*
Konservativismus *der*
Kon|ser|va|tor *der*
(er repariert und
schützt Kunstwerke)
Konservatorin *die*
konservatorisch
Kon|ser|va|to|ri|um
das (Musikhochschule)
Kon|ser|ve *die*
Konservendose *die*
konservieren
Konservierung *die*
Konservierungs-
mittel *das*
Konservierungsstoffe
Kon|si|li|um *das*
(Beratung)
kon|sis|tent
(fest, dickflüssig)
Konsistenz *die*
Kon|sis|to|ri|um *das*
Kon|so|le *die*
(Untersatz)
kon|so|li|die|ren
(festigen)
Konsolidierung *die*

Kon|so|nant *der*
Konsonanten-
häufung *die*
konsonantisch
Kon|so|nanz *die*
(Gleichklang)
Kon|sor|ti|um *das*
(Genossenschaft)
Kons|pi|ra|ti|on *die*
auch: Kon|spi|ra|ti|on
(Verschwörung)
konspirativ
konspirieren
kon|stant
auch: kons|tant
(gleich bleibend)
Konstante *die*
Konstanz *die*
kon|sta|tie|ren
auch: kons|ta|tie|ren
(feststellen)
Kon|stel|la|ti|on *die*
auch: Kons|tel|la|ti|on
(Zusammentreffen von
Umständen)
kon|ster|niert
auch: kons|ter|niert
(bestürzt)
Kon|sti|tu|en|te *die*
auch: Kons|ti|tu|en|te
(Bestandteil)
konstituieren
sich konstituieren
Konstituierung *die*
Konstitution *die*
konstitutionell
konstitutiv
kon|stru|ie|ren
auch: kons|tru|ie|ren
(herstellen, gestalten)
Konstrukt *das*
Konstrukteur *der*
Konstruktion *die*
konstruktiv

Kon|sul *der*
konsularisch
Konsulat *das*
Kon|sul|ta|ti|on *die*
(Befragung)
konsultieren
Kon|sum *der*
Konsument/in
Konsumgesellschaft *die*
konsumieren

kont

Kon|takt *der*
kontaktarm
Kontaktaufnahme *die*
kontaktfreudig
kontaktieren
Kontaktlinse *die*
kontaktlos
Kontaktperson *die*
Kon|ta|mi|na|ti|on *die*
(Verunreinigung)
Kon|temp|la|ti|on *die*
auch: Kon|tem|pla|ti|on
(Betrachtung)
kontemplativ
kontemplativer Orden
Kon|ter|fei *das*
(Bildnis)
kon|tern (entgegnen)
Kon|ter|re|vo|lu|ti|on *die*
Kon|text *der*
(Textzusammenhang)
kontextuell
Kon|ti|nent *der*
kontinental
Kontinentalklima *das*
Kontinentalverschiebung *die*
Kon|tin|gent *das*
kontingentieren
Kontingentierung *die*

kon|ti|nu|ier|lich
(unaufhörlich)
kontinuierliche Fortschritte
Kontinuität *die*
Kontinuum *das*
Kon|to *das*
die Konten
Kontoauszug *der*
meine Kontoauszüge
Kontoinhaber/in
Kontonummer *die*
Kontostand *der*
Kon|tor *das*
(Handelsniederlassung)
Kontorist/in
kon|tra / con|tra
auch: kont|ra (gegen)
das Pro und das Kontra
jemandem Kontra geben
Kontrabass *der*
kontradiktorisch
(widersprechend)
Kontrahent *der*
Kontrapunkt *der*
konträr
Kon|trakt *der*
auch: Kont|rakt
(Vertrag)
Kon|trak|ti|on *die*
auch: Kont|rak|ti|on
(Zusammenziehung)
Kon|trast *der*
auch: Kont|rast
(Gegensatz)
Kontrastfarbe *die*
kontrastieren
kontrastreich
Kon|tra|zep|ti|on *die*
auch: Kont|ra|zep|ti|on
(Empfängnisverhütung)
Kon|tri|bu|ti|on *die*
auch: Kont|ri|bu|ti|on
(Kriegssteuer)

Kon|trol|le *die*
auch: Kont|rol|le
Kontrolleur/in
kontrollieren
Kontrollturm *der*
Kontrollstempel *der*
kon|tro|vers
auch: kont|ro|vers
(strittig)
Kontroverse *die*
Kon|tur *die* (Umriss)
konturieren
Ko|nus *der* (Kegel)
die Konusse / Konen
Kon|vent *der*
(Versammlung)
Kon|ven|ti|on *die*
(Abkommen, Brauch)
konventional
Konventionalstrafe *die*
konventionell
kon|ver|gent
(übereinstimmend)
Konvergenz *die*
konvergieren
Konversion *die*
Kon|ver|sa|ti|on *die*
(Unterhaltung)
Konversationslexikon *das*
Kon|ver|ter *der*
(Umformer)
konvertibel
konvertierbar
Konvertierbarkeit *die*
konvertieren
Konvertit/in
kon|vex
(nach außen gewölbt)
Kon|vikt *das* (Internat)
Kon|voi *der*
(Fahrzeugkolonne)
Kon|vo|lut *das*
(Bündel)

konz

kon|ze|die|ren
(einräumen)
Kon|zen|trat *das*
auch: Kon|zent|rat
Konzentration *die*
Konzentrationslager *das* (KZ)
Konzentrationsschwäche *die*
konzentrieren
sich konzentrieren
konzentriert
Konzentriertheit *die*
kon|zen|trisch
auch: kon|zent|risch
(mit gemeinsamem Mittelpunkt)
Kon|zept *das*
Konzeption *die*
konzeptionell
konzeptionslos
Konzeptionslosigkeit *die*
Konzeptpapier *das*
Kon|zern *der*
Kon|zert *das*
Konzertabend *der*
konzertant
konzertieren
Konzertprogramm *das*
Konzertsaal *der*
Kon|zes|si|on *die*
(Genehmigung)
Konzessionen machen
(Zugeständnisse)
konzessionsbereit
konzessiv
Konzessivsatz *der*
Kon|zil *das*
(Versammlung)
kon|zi|pie|ren
(entwerfen)

koo

Koog/Kog *der*
(eingedeichtes Land)
die Köge
Ko|ope|ra|ti|on *die*
(Zusammenarbeit)
kooperationsbereit
kooperativ
kooperieren
Ko|or|di|na|te *die*
(Abszisse und Ordinate)
Koordinatensystem *das*
Ko|or|di|na|ti|on *die*
(Abstimmung)
die fehlende Koordination
Koordinator/in
koordinieren
ko|per|ni|ka|nisch
Kopf *der*
die Köpfe
Kopf-an-Kopf-Rennen
Kopfball *der*
köpfen
Kopfhörer *der*
Kopfkissen *das*
kopflos
kopfrechnen
Kopfrechnen *das*
Kopfschmerzen
kopfschüttelnd
Kopfsprung *der*
kopfstehen
steht kopf,
stand kopf,
hat / ist kopfgestanden
kopfüber
Kopfzerbrechen *das*
Ko|pie *die*
kopieren
Kopierer *der*
kopiergeschützt
Kopierschutz *der*

Ko|pi|lot/Co|pi|lot *der*
Kopilotin/Copilotin *die*
Kop|pe *die* (Bergkuppe)
Kop|pel *die* (Weide);
das (Gürtel)
koppeln
Ko|pro|duk|ti|on *die*
Ko|pu|la *die*
(Bindewort)
Kopulation *die*
kopulieren

kor

Ko|ral|le *die*
Koralleninsel *die*
Korallenriff *das*
korallenrot
Ko|ran *der*
(hl. Buch des Islam)
Koransure *die*
Korb *der*
die Körbe
Korbball *der*
Körbchen *das*
Kor|del *die* (Schnur)
Kord|ho|se/
Cord|ho|se *die*
Kor|don *der*
(Absperrung)
die Kordons / Kordone
Ko|re|fe|rat (österr.)/
Kor|re|fe|rat *das*
Koreferent/in (österr.)/
Korreferent/in
Ko|ri|an|der *der*
(eine Gewürzpflanze)
Ko|rin|the *die*
Kork *der*
Korkeiche *die*
Korken *der*
Korkenzieher *der*
korkig

Kor|mo|ran *der*
(ein Vogel)
Korn *das*
die Körner
Kornblume *die*
Kornfeld *das*
körnig
Kor|nett *das*
(ein Instrument)
Ko|ro|na *die*

Kör|per *der*
Körperbau *der*
körperbehindert
Körperbehinderte
der/die
körperlich
Körperpflege *die*
Körperschaft *die*
Körpersprache *die*
Körperteil *der*
Kor|po|ral *der*
(Unteroffizier)
Korps/Corps *das*
(Heeresteil, Studentenverbindung)
Korpsgeist *der*
kor|pu|lent (dick)
Korpulenz *die*
Kor|pus *der* (Klangkörper von Musikinstrumenten; Christusfigur am Kreuz)
Kor|re|fe|rat/
Ko|re|fe|rat
(österr.) *das*
Korreferent/in/
Koreferent/in (österr.)

kor|rekt (richtig)
korrekterweise
Korrektheit *die*
Korrektiv *das*
Korrektur *die*
Korrektur lesen
korrigieren
Kor|re|lat *das*
Korrelation *die*
korrelativ (sich wechselseitig bedingend)
Kor|res|pon|dent *der*
auch: Kor|re|spon|dent
Korrespondentin *die*
Korrespondenz *die*
die Korrespondenz erledigen
korrespondieren
Kor|ri|dor *der*
kor|ri|gie|ren
Kor|ro|si|on *die*
(Zersetzung durch Rost)
korrosionsfest
Korrosionsschutz *der*
kor|rum|pie|ren
(bestechen)
Korrumpierung *die*
korrupt
Korruption *die*
Korruptionsskandal *der*

kors

Kor|sar *der* (Seeräuber)
Kor|sett *das* (Mieder)
Kor|so *der* (Umzug)
Kor|ti|son/
Cor|ti|son *das*
(ein Hormonpräparat)
Kor|vet|te *die*
(leichtes Kriegsschiff)
Korvettenkapitän *der*
Ko|ry|phäe *die*
(Fachmann)

kos

ko|scher (einwandfrei)
K.-o.-Schlag *der*
die K.-o.-Schläge
K.-o.-Sieger *der*
ko|sen (zärtlich sein)
Kosename *der*
Ko|si|nus/
Co|si|nus *der*
Kos|me|tik *die*
Kosmetiker/in
Kosmetiksalon *der*
Kosmetiktasche *die*
kosmetisch
kos|misch
Kosmologie *die*
Kosmonaut/in
kosmopolitisch
Kosmos *der*
Kost *die*
Kostprobe *die*
kost|bar
Kostbarkeit *die*
kos|ten
sich etwas kosten lassen
Kosten
Kostenerstattung *die*
Kostenfrage *die*
kostengünstig
kostenlos
kostenpflichtig
Kostenvoranschlag *der*
kostspielig
köst|lich
Köstlichkeit *die*
Kost|pro|be *die*
Kostverächter/in
Kos|tüm *das*
Kostümfest *das*
kostümieren
sich kostümieren
Kot *der*
Kotflügel *der*

Ko|tan|gens *der*
(math. Begriff)
Ko|te|lett *das*
Ko|te|let|ten
(Backenbart)
kot|zen
zum Kotzen
Kou|pon/Cou|pon
der

kr

Krab|be *die*
Krabbenfischer *der*
Krabbenkutter *der*
krab|beln
krabb(e)lig
Krach *der*
mit Ach und Krach
Krach machen
Krach schlagen
krachen
Krachen *das*
kräch|zen
Krä|cker/Cra|cker *der*
(salziger Keks)
Krad *das* (Kraftrad)
kraft
kraft seines Amtes
Kraft *die*
die Kräfte
außer Kraft setzen
in Kraft setzen
in Kraft treten
das Inkrafttreten/
In-Kraft-Treten
Kraftanstrengung *die*
Kräftegleichgewicht *das*
Kraftfahrer/in
Kraftfahrzeug *das*
Kraftfahrzeugbrief *der*
Kraftfahrzeughalter/in
Kraftfahrzeugsteuer *die*
kräftig

kräftigen
sich kräftigen
kraftlos
Kraftstoff *der*
kraftvoll
Kraftwerk *das*
Kra|gen *der*
Kragenweite *die*
Krä|he *die*
krähen
Kra|ke *der* (Tintenfisch)
kra|kee|len
(herumschreien)
kra|ke|lig/krak|lig
die krakelige Schrift
Kral *der*
(afrikan. Runddorf)
Kral|le *die*
krallen
Kram *der*
kramen
Krämer *der*
Krämergeist *der*
Krammarkt *der*
Kram|pe *die*
(Metallhaken)
Krampf *der*
die Krämpfe
Krampfader *die*
krampfartig
krampfhaft
krampfstillend
Kran *der*
die Kräne/Krane
Kranführer *der*
Kranwagen *der*
Kra|nich *der*
krank
krank sein
sich krank fühlen
Kranke *der/die*
kränkeln
Krankenbett *das*
Krankengeld *das*

Krankenhaus *das*
Krankenkasse *die*
Krankenpflege *die*
Krankenpfleger *der*
Krankenschwester *die*
Krankenversicherung *die*
Krankenwagen *der*
krankfeiern
krankhaft
Krankheit *die*
krankheitshalber
kränklich
krankmachen
(krankfeiern)
krank machen/
krankmachen (Krankheit hervorrufen)
krankmelden (sich arbeitsunfähig melden)
krankschreiben
jemanden krankschreiben
krän|ken
kränkend
Kränkung *die*
Kranz *der*
die Kränze
Kranzschleife *die*
Krap|fen *der*
(ein Gebäck)
krass
Krassheit *die*

krat

Kra|ter *der*
Krät|ze *die*
krat|zen
Kratzer *der*
kratzig
krau|chen (kriechen)
Kraul/Crawl *das*
kraulen

Kraulschwimmen *das*
kraus
Krause *die*
kräuseln
kraushaarig
Kraut *das*
die Kräuter
Kräuterlikör *der*
Krautwickel *der*
Kra|wall *der*
Krawallmacher *der*
Kra|wat|te *die*
kra|xeln

kre

Kre|a|ti|on *die*
(Schöpfung)
kreativ
Kreativität *die*
Kreatur *die*
Krebs *der*
Krebs erregend/
krebserregend
krebsartig
Krebsfrüherkennung
die
Krebsgeschwür *das*
krebskrank
kre|den|zen
(servieren)
Kre|dit *der*
Kredite aufnehmen
Kreditanstalt *die*
kreditfähig
Kreditkarte *die*
Kreditwesen *das*
kreditwürdig
Kre|do / Cre|do *das*
(Glaubensbekenntnis)
Krei|de *die*
kreidebleich
kreideweiß
kre|ie|ren (schaffen)

Kreis *der*
Kreisausschnitt *der*
Kreisbogen *der*
Kreisdiagramm *das*
Kreisdurchmesser *der*
kreisen
kreisförmig
kreisfrei
eine kreisfreie Stadt
Kreislauf *der*
Kreislaufkollaps *der*
Kreislaufschwäche *die*
Kreisstadt *die*
Kreisverkehr *der*
krei|schen
Krei|sel *der*
Kreiselkompass *der*
krei|sen
krei|ßen (in
Geburtswehen liegen)
Kreißsaal *der*

krem

Kre|ma|to|ri|um *das*
(dort werden Leichen
verbrannt)
Kreml *der*
Krem|pe *die* (Hutrand)
Krem|pel *der*
krempeln
Krem|ser *der*
(eine Kutsche)
Kren *der* (Meerrettich)
Krenfleisch *das*
kre|pie|ren
Krepp / Crêpe *der*
(weicher, krauser Stoff);
Kreppband *das*
Kreppkleid *das*
Krepppapier/
Krepp-Papier *das*
Kreppsohle *die*
Kres|se *die*

die Brunnenkresse
kreu|chen (kriechen)
Kreuz *das*
kreuz und quer
Kreuzass *das*
Kreuzband *das*
Kreuzbandriss *der*
kreuzen
sich kreuzen
Kreuzfahrt *die*
Kreuzfeuer *das*
Kreuzgang *der*
kreuzigen
Kreuzigung *die*
Kreuzotter *die*
Kreuzreim *der*
Kreuzspinne *die*
Kreuzung *die*
Kreuzverhör *das*
Kreuzweg *der*
kreuzweise
Kreuzworträtsel *das*
Kreuzzug *der*
Kreu|zer *der*
Kre|vet|te / Cre|vet|te
die (eine Krebsart)

kri

krib|beln
kribb(e)lig
Kri|cket *das*
Kricketball *der*
Kricketspieler/in

krie|chen
kriecht, kroch,
ist gekrochen
Kriecher *der*
kriecherisch
Kriechspur *die*
Kriechtier *das*
Krieg *der*
Krieger/in
kriegerisch
Krieg(s)führung *die*
kriegsbeschädigt
Kriegsbeschädigte *der*
Kriegsdienst *der*
Kriegsdienstverweigerung *die*
Kriegsgefangene *der / die*
Kriegsgefangenschaft *die*
Kriegsschiff *das*
Kriegsverbrecher *der*
Kriegszustand *der*
krie|gen
Krill *der* (Plankton)
Kri|mi *der*
Kriminalbeamte *der*
Kriminalfilm *der*
Kriminalität *die*
Kriminalkommissar *der*
Kriminalpolizei *die*
Kriminalroman *der*
kriminell
Krin|gel *der*
Kri|po *die*
(Kriminalpolizei)
Kripochef *der*
Krip|pe *die*
Krippenspiel *das*
Kri|se / Kri|sis *die*
krisenfest
Krisengebiet *das*
krisenhaft
Krisensituation *die*

Kris|tall *der*
kristallin
Kristallisation *die*
kristallisieren
kristallklar
Kristallvase *die*
Kri|te|ri|um *das*
(unterscheidendes
Merkmal)
ein wichtiges Kriterium
Kri|tik *die*
Kritiker/in
kritikfähig
kritiklos
kritisch
kritisch denken
kritisch urteilen
kritisieren
kritteln
krit|zeln
kritz(e)lig

kro _____

Kro|a|ti|en
Kroate *der*
Kroatin *die*
kroatisch
kroch (→ kriechen)
Kro|kant *der*
(knusprige süße Masse)
Kro|ket|te /
Cro|quet|te *die*
(länglicher Kloß)
Kro|ko|dil *das*
Krokodilleder *das*
Krokodilstränen
(unechte Tränen)
Kro|kus *der*
die Krokusse
Kro|ne *die*
krönen
Kronjuwelen *die*
Kronleuchter *der*

Kronprinz *der*
Kronprinzessin *die*
Krönung *die*
Kronzeuge *der*
Kropf *der*
die Kröpfe
kropfig
kross (knusprig)
Krö|sus *der*
(reicher Mann)
Krö|te *die*
Krs. (Kreis)
Krü|cke *die*
Krückstock *der*
Krug *der*
die Krüge
Krü|mel *der*
krümeln
krüm(e)lig
krumm
krumm sitzen
krümmen
sich krümmen
krummnehmen
nimmt krumm,
nahm krumm,
hat krummgenommen
Krümmung *die*
Krupp *der* (Krankheit)
Krup|pe *die*
(Kreuz des Pferdes)
Krüp|pel *der*
krüpp(e)lig
Krus|te *die*
Krustentier *das*
Krux / Crux *die* (Kreuz)
Kruzifix *das*
Kryp|ta *die*
(unterird. Kirchenraum)
die Krypten
Kryp|ton *das* (Kr)
(ein Gas)
Kt. (Kanton)
Kto. (Konto)

ku

Kü|bel der
Ku|bik|me|ter der (m³)
  Kubikzentimeter der
  (cm³)
ku|bisch (würfelförmig)
  Kubismus der
  Kubus der
Kü|che die
  Küchenschrank der
  Küchentisch der
Ku|chen der
  Kuchenform die
  Kuchengabel die
  Kuchenteig der
ku|cken / gu|cken
  aus dem Fenster
  kucken / gucken
Ku|ckuck der
  Kuckucksei das
  Kuckucksuhr die
Ku|fe die
Kü|fer der
  (Böttcher, Fassmacher)
Ku|gel die
  Kugelabschnitt der
  Kugeldurchmesser der
  kugelförmig
  Kugellager das
  kugelrund
  Kugelschreiber der
  Kugelstoßen das
  kug(e)lig
Kuh die
  die Kühe
  Kuhfladen der
  Kuhhandel der
  Kuhhaut die
  Kuhstall der
kühl
  Kühle die
  kühlen
  Kühlschrank der
  Kühltruhe die
  Kühlung die
  Kühlwasser das
Kuh|le die (Vertiefung)
kühn
  Kühnheit die
Kü|ken das
ku|lant
  (entgegenkommend)
  Kulanz die
Ku|li der
  der Kofferkuli
ku|li|na|risch
Ku|lis|se die
kul|lern (rollen)
Kul|mi|na|ti|on die
  (Höhepunkt)
  kulminieren
Kult der (Verehrung)
  Kultfigur die
kul|ti|vie|ren
  kultiviert
  Kultivierung die
Kul|tur die
  kulturell
  Kulturgut das
  Kultus der
  Kultusminister/in
Küm|mel der
Kum|mer der
  kummervoll
küm|mer|lich
küm|mern
  sich kümmern um
Kum|pan der (Freund)
  Kumpanei die
  Kumpel der
Ku|mu|la|ti|on die
  (Anhäufung)
  kumulieren
  Kumuluswolken die
Kun|de der (Käufer);
  die (Nachricht)
  Kundin die
  künden
  Kundenberatung die
  Kundendienst der
  kundenorientiert
  kundig
  Kundschaft die
kund|ge|ben
  gibt kund, gab kund,
  hat kundgegeben
  Kundgebung die
  kundtun
kun|dig
kün|di|gen
  er (ihm) ist gekündigt
  worden
  Kündigung die
  Kündigungsgrund der
  Kündigungsschutz der
Kund|schaft die
  Kundschafter der
künf|tig
Kunst die
  die Künste
  Kunstausstellung die
  Kunstdünger der
  Kunsterzieher/in
  Kunstfaser die
  Kunstfehler der
  kunstfertig
  Kunstfertigkeit die
  kunstgerecht
  Kunstgewerbe das
  Kunstgriff der
  Kunstkritiker der
  Künstler/in
  künstlerisch
  künstlich
  Kunstmaler/in
  Kunststoff der
  Kunststück das
  kunstverständig
  kunstvoll
  Kunstwerk das
kun|ter|bunt

kup

Kup|fer das
Kupferblech das
Kupferdraht der
kupfern
Kupferstich der
Kupfersulfat das
ku|pie|ren
den Schwanz kupieren
Ku|pon/Cou|pon der
(Zinsschein)
Kup|pe die
Kup|pel die
Kuppelbau der
Kup|pe|lei die
kuppeln
Kupplung die
Kupplungspedal das

kur

Kur die
Kuraufenthalt der
kuren
Kurgast der
alle Kurgäste
kurieren
Kurkarte die
Kurkonzert das
Kurpark der
Kurpfuscher der
Kurpromenade die
Kurtaxe die
Kür die
die Kür laufen
Ku|ra|tor der
(Verwalter)
Kuratorium das
Kur|bel die
kurbeln
Kurbelwelle die
Kür|bis der
die Kürbisse
Kürbiskern der
Kur|fürst der
Kurfürstin die
Kurfürstenkolleg das
Kurfürstentum das
kurfürstlich
Ku|rie die
(päpstl. Verwaltung)
Kurienkardinal der
Ku|rier der (Bote)
ku|rie|ren (heilen)
ku|ri|os (sonderbar)
Kuriosität die
Kurs der
Kursbuch das
Kurssystem das
Kursverlust der
Kurswagen der
Kürsch|ner der
(Pelzverarbeiter)
Kürschnerin die
kur|sie|ren
(im Umlauf sein)
kur|siv (schräg)
Kursivschrift die
kur|so|risch (flüchtig)
Kur|sus der
Kur|ti|sa|ne die
(→ Mätresse)
Kur|ve die
Kurvendiagramm das
Kurvenlineal das
kurvenreich
kurvig
kurz
kürzer, kürzeste
k...
kurz entschlossen
kurz angebunden sein
*Haare kurz schneiden/
kurzschneiden*
*kurz geschnittene/
kurzgeschnittene Haare*
kurz und bündig
kurz und gut
kurz und klein schlagen
über kurz oder lang
kurzerhand
*es kurz machen/
kurzmachen*
K...
etwas Kurzes
den Kürzeren ziehen
K.../k...
*binnen Kurzem/
binnen kurzem*
*seit Kurzem/
seit kurzem*
*vor Kurzem/
vor kurzem*
Kurz|ar|beit die
kurzarbeiten
aber: kurz arbeiten
(nicht lange)
Kür|ze die
in Kürze
kürzen
Kürzung die
Kür|zel das
kür|zer|tre|ten
(sich Ruhe gönnen,
sparen)
*tritt kürzer, trat kürzer,
hat/ist kürzergetreten*
kurz|fas|sen
sich kurzfassen
(wenig Worte machen)
*aber: einen Text
kurz fassen/kurzfassen*
Kurz|film der
kurz|fris|tig
Kurz|ge|schich|te die
kürz|lich
Kurz|schluss der
die Kurzschlüsse
Kurzschlussreaktion die
Kurz|schrift die
kurz|sich|tig

Kurzsichtigkeit *die*
kurz|tre|ten
→ kürzertreten
kurz|wei|lig
(unterhaltsam)
Kurz|wel|le *die*
Kurz|zeit|ge|dächt-nis *das*

kus

ku|scheln
kusch(e)lig
Ku|si|ne / Cou|si|ne *die*
Kuss *der*
die Küsse
Küsschen *das*
küssen
küsst, küsste,
hat geküsst

Küs|te *die*
Küstenfischerei *die*
Küstenschifffahrt /
Küstenschiff-Fahrt *die*
Küs|ter *der*
Kut|sche *die*
Kutscher *der*
kutschieren
Kut|te *die*
die Mönchskutte
Kut|teln (Eingeweide)
Kuttelfleck *der*
Kut|ter *der*

Ku|vert *das*
(Briefumschlag)
kuvertieren
Kuvertüre *die*
KV (Köchelverzeichnis)
kW (Kilowatt)
kWh (Kilowattstunde)

ky

Ky|ber|ne|tik *die*
(eine Wissenschaft)
Ky|rie *das* (Bittformel
beim Gottesdienst)
Kyrie eleison!
Kyrieeleison *das*
**ky|ril|lisch /
zy|ril|lisch**
kyrillische Schrift
KZ (Konzentrationslager)

l (Liter)
L (röm. Zahl 50)
Lab *das* (ein Enzym)
Labmagen *der*
La|bel *das* (Etikett)
la|ben
sich laben
la|bern
viel zu labern haben
la|bi|al
(die Lippen betreffend)
la|bil (schwankend)
Labilität *die*
La|bor *das*
Laborant/in
Laboratorium *das*
laborieren
Laborversuch *der*
Lab|sal *das/die*
La|by|rinth *das*

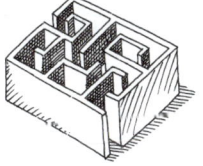

La|che *die*
die Blutlache
lä|cheln
Lächeln *das*
la|chen
Lachen *das*
das ist zum Lachen
lä|cher|lich
ins Lächerliche ziehen
Lächerlichkeit *die*
Lachs *der*
Lachsfang *der*
lachsfarben
Lachsschinken *der*

Lack *der*
lackieren
Lackierung *die*
Lack|mus *der/das*
Lackmuspapier *das*
(Test für Säure/Lauge)

lad

la|den
lädt (selten: ladet), lud,
hat geladen
Ladung *die*
La|den *der*
die Läden
Ladendieb/in
Ladenhüter *der*
Ladenlokal *das*
Ladenschluss *der*
Ladentisch *der*
lä|die|ren
(beschädigen)
lädt (→ laden)
La|dy *die*
die Ladys
ladylike
Laf|fe *der* (Geck);
die (Löffelteil)
lag (→ liegen)
La|ge *die*
Lageplan *der*
Lagenschwimmen *das*
La|ger *das*
etwas auf Lager haben
Lagerfeuer *das*
Lagerhaus *das*
Lagerist/in
lagern
Lagerung *die*
La|gu|ne *die* (abge-
trennter Meeresteil)
lahm
lahmlegen
Lähmung *die*

Laib *der*
ein Brotlaib
ein Laib Käse
Laibchen *das* (Gebäck)
Laich *der*
laichen
Laichplatz *der*
Laie *der*
Laienbühne *die*
laienhaft
Laienspiel *das*
Laizismus *der*
Lais|ser-faire *das*
(Gewährenlassen)

lak

La|kai *der* (Diener)
lakaienhaft
La|ke *die* (Salzlösung)
La|ken *das*
das Bettlaken
la|ko|nisch
(kurz und treffend)
La|krit|ze *die*
auch: Lak|rit|ze
lal|len
(undeutlich sprechen)
Lallen *das*
La|ma *das*
Lamb|da (λ)
(griech. Buchstabe)
Lambdasonde *die*
La|mel|le *die*
(dünnes Blättchen)
la|men|tie|ren
(klagen)
Lamento *das*
La|met|ta *das*
Lamm *das*
die Lämmer
Lammfleisch *das*
lammfromm
Lammkeule *die*

209

Lam|pe *die*
  Lampenfieber *das*
  Lampenlicht *das*
Lam|pi|on *der*

lan

lan|cie|ren (etwas bekannt machen)
Land *das*
  die Länder
  Landarbeiter/in
  landauf, landab
  landaus, landein
  Landbevölkerung *die*
  Landesherr *der*
  Landeskunde *die*
  landeskundlich
  Landessprache *die*
  Landesverrat *der*
  landesweit
  Landeszentralbank *die*
  Landflucht *die*
  Landfrieden *der*
  Landgericht *das*
  Landhaus *das*
  Landkarte *die*
  Landkreis *der*
  landläufig
  ländlich
  Landrat *der*
  Landratte *die*
  Landschaft *die*
  landschaftlich
  Landschafts-
  schutzgebiet *das*
  Landsmann *der*
  die Landsleute
  Landstraße *die*
  Landstreicher *der*
  Landtag *der*
  Landwirt *der*
  Landwirtschaft *die*
  landwirtschaftlich

lan|den
  Landebahn *die*
  Landung *die*
  Landungssteg *der*
Länd|ler *der* (ein Tanz)
Land|ro|ver *der*
lang
  länger, längste
  ein lang gehegter/
  langgehegter Wunsch
  lang und breit
  einen Meter lang
  über kurz oder lang
  seit Langem/seit langem
  vor Langem/vor langem
  seit Längerem/
  seit längerem
  lang ziehen/langziehen
  jmdn. die Ohren
  lang ziehen/
  langziehen
  ein lang gezogenes/
  langgezogenes Jaulen
  des Langen und Breiten
  (ausführlich)
lang|at|mig
lan|ge
  länger, am längsten
  Länge *die*
  Längenkreis *der*
lang|ge|hen
  geht lang, ging lang,
  ist langgegangen
  Weißt du, wo es
  langgeht?
Lan|ge|wei|le *die*
  langweilen
  sich langweilen
  langweilig
lang|fris|tig
lang|jäh|rig
Lang|lauf *der*
lang|le|big
läng|lich

lang|mü|tig (geduldig)
längs
  längs der Straße
  ein längs gestreiftes/
  längsgestreiftes Hemd
  längsseits
Längs|ach|se *die*
lang|sam
  langsam fahren
  Langsamkeit *die*
längst
  ich bin längst da
längs|tens
Lan|gus|te *die*
  (ein Krebs)
lang|wei|len
  sich langweilen
  langweilig
Lang|wel|le *die*
lang|wie|rig
  langwierige
  Vorbereitungen
Lang|zeit|ar|beits-
lo|se *der/die*
Lang|zeit|wir|kung
  die
Lan|ze *die*
  Lanzette *die*

lap

la|pi|dar
  (kurz und bündig)
La|pis|la|zu|li *der*
  (blauer Halbedelstein)
Lap|pa|lie *die*
  (Kleinigkeit)
Lap|pen *der*
läp|pern
  sich läppern
läp|pisch
Lap|sus *der* (Versehen)
Lap|top *der* (tragbarer, aufklappbarer PC)

Lär|che *die* (ein Baum)
Lar|go *das*
  (langsames Musikstück)
la|ri|fa|ri! (Unsinn!)
Lärm *der*
  Lärmbelästigung *die*
  lärmempfindlich
  lärmen
  Lärmpegel *der*
  Lärmschutz *der*
Lar|ve *die*

las

las (→ lesen)
lasch
  Laschheit *die*
La|sche *die*
La|ser *der*
  Laserdrucker *der*
  Laserstrahl *der*
la|sie|ren
  (mit Lasur versehen)
  Lasur *die*
las|sen
  lässt, ließ, hat gelassen
läs|sig
  Lässigkeit *die*
Las|so *das*
Last *die*
  zur Last legen
  zu Lasten / zulasten von
  lasten
  Laster / Lastwagen /
  Lastkraftwagen *der*
  (Lkw / LKW)
  lästig
Las|ter *das* (Untugend)
  lasterhaft
  lästern
last, not least
  (das Letzte, aber nicht
  das Unwichtigste)
  Last-Minute-Ticket *das*

La|sur *die* (durch-
  sichtige Farbschicht)
las|ziv (anstößig)
La|tein *das*
  lateinisch
  auf Lateinisch
  die lateinische Schrift
  Lateinische *das*
  Latinum *das*
la|tent
  (noch nicht sichtbar)
  Latenzzeit *die*
La|ter|ne *die*
  Laternenpfahl *der*
La|tex *der* (Milchsaft
  aus Kautschuk)
La|ti|num *das*
  das große Latinum
La|tri|ne *die*
  (Plumpsklo)
Lat|sche *die*
  Latschenkiefer *die*
Lat|te *die*
  Lattenrost *der*
  Lattenzaun *der*
Lat|tich *der*
  (ein Korbblütler)
Latz *der*
  Lätzchen *das*

lau

lau
  Lauheit *die*
  lauwarm
Laub *das*
  Laub tragende /
  laubtragende Bäume
  Laubbaum *der*
  Laubfrosch *der*
  Laubhüttenfest *das*
  Laubsäge *die*
  Laubwald *der*
Lau|be *die*

Lauch *der*
Lau|da|tio *die*
  (Lobrede)
Lau|er *die*
  auf der Lauer sein
  lauern
Lauf *der*
  die Läufe
  der 100-m-Lauf
  im Laufe der Zeit
  Laufbahn *die*
  laufen
  läuft, lief,
  ist gelaufen
  Ski / Schi laufen
  Gefahr laufen
  laufen lassen
  (übertragen:)
  jemanden laufen
  lassen / laufenlassen
  laufend
  auf dem Laufenden sein
  Läufer/in
  Laufschritt *der*
  Laufzeit *die*
  Laufzettel *der*
läu|fig (brünstig)
Lau|ge *die*
Lau|ne *die*
  launenhaft
  launig
  launisch
Laus *die*
  die Läuse
  Lausbub *der*
  lausig
lau|schen
  Lauscher *der*
lau|schig (gemütlich)
laut
  laut ihrem Bericht
  laut Gesetz
laut
  laut reden

laut werden/
lautwerden
*weil Zweifel laut
werden/lautwerden*
Laut *der*
lauten
*unsere Antwort lautet:
Nein!*
lauthals
lautlos
Lautmalerei *die*
Lautschrift *die*
Lautsprecher *der*
lautstark
Lautstärke *die*
Lau|te *die*

Laute spielen
Lautenspiel *das*
läu|ten
die Glocken läuten
lau|ter (rein; nur)
*lauter dummes Zeug
die lautere Gesinnung*
Lauterkeit *die*
läutern
lau|warm

lav _____

La|va *die*
Lavastrom *der*
La|ven|del *der*
la|vie|ren (Schwierig-
keiten umgehen)
La|wi|ne *die*
Lawinengefahr *die*
lawinensicher

lax
Laxheit *die*
Lay-out/Lay|out *das*
(Textgestaltung)
La|za|rett *das*
LCD-Anzeige *die*
(Flüssigkristallanzeige)

le _____

Lea|der *der* (Leiter)
der Bandleader
lea|sen (mieten)
*least, leaste, hat geleast
ein Auto leasen*
Leasing *das*
le|ben
Leben *das*
*am Leben sein
das In-den-Tag-hinein-
Leben*
lebend
lebendig
Lebendigkeit *die*
Lebensaufgabe *die*
lebensbedrohend
leben(s)bejahend
Lebensdauer *die*
Lebensende *das*
Lebenserfahrung *die*
Lebenserwartung *die*
lebensfremd
Lebensgefahr *die*
lebensgefährlich
Lebenshaltungs-
kosten *die*
lebenslänglich
Lebenslauf *der*
Lebensmittel *das*
lebensnotwendig
Lebensretter/in
Lebensstandard *der*
Lebensunterhalt *der*
Lebensversicherung *die*

Lebenszeichen *das*
Lebewesen *das*
leblos
Lebzeiten
zu Lebzeiten von …
Le|ber *die*
Leberfleck *der*
Leberkäse *der*
Lebertran *der*
Leberwurst *die*
leb|haft
Lebhaftigkeit *die*
Leb|ku|chen *der*
Le|ci|thin/Le|zi|thin
das (ein Nährstoff)
lech|zen (begehren)
Leck *das*
leck schlagen/
leckschlagen
le|cken
le|cker
Leckerbissen *der*
Le|der *das*
Ledergürtel *der*
ledern
le|dig (unverheiratet)
*ledig bleiben
ledig sein*
Ledige *der/die*
le|dig|lich (nur)
Lee *die/das* (die vom
Wind abgekehrte Seite)
Leeseite *die*
leer (nicht voll)
*l…
leer stehen
ein leer stehendes/
leerstehendes Haus
das leere Glas
L…
ins Leere starren
ein Schlag ins Leere*
Leere *die*
leeren (leer machen)

Leerlauf *der*
Leertaste *die*
leer trinken /
leertrinken
trinkt leer, trank leer,
hat leer getrunken /
leergetrunken
Leerung *die*
Leerzeile *die*
Lef|ze *die*
(Lippe von Tieren)

leg

le|gal (gesetzmäßig)
legalisieren
Legalität *die*
Le|gas|the|nie *die*
(Rechtschreibschwäche)
Legastheniker/in
legasthenisch
Le|ga|to *das*
le|gen
sich legen
Legebatterie *die*
le|gen|där
Legende *die*
le|ger (ungezwungen)
sich leger kleiden
Leg|gings / Leg|gins
die
le|gie|ren
(verschmelzen)
Legierung *die*
Le|gi|on *die*
(röm. Heereseinheit;
Freiwilligentruppe)
Legionär *der*

Le|gis|la|ti|ve *die*
(gesetzgebende Gewalt)
Legislaturperiode *die*
le|gi|tim (rechtmäßig)
Legitimation *die*
legitimieren
Le|gu|an *der*
(eine Eidechse)
Le|hen *das* (Grund-
besitz eines Untertanen
im Mittelalter)
Lehnswesen *das*
Lehnübersetzung *die*
Lehnwort *das*
Lehm *der*
Lehmboden *der*
lehmig
Leh|ne *die*
lehnen
sich lehnen
Lehnstuhl *der*
Leh|re *die*
Lehrbuch *das*
lehren (unterrichten)
Lehrer/in
Lehrerkollegium *das*
Lehrerzimmer *das*
Lehrgeld *das*
Lehrjahr *das*
Lehrling *der*
Lehrplan *der*
Lehrprobe *die*
lehrreich
Lehrsatz *der*
Lehrstelle *die*
Lehrstuhl *der*
Lehrwerkstatt *die*
Lehrzeit *die*

lei

Leib *der* (Körper)
mit Leib und Seele
zu Leibe rücken
beileibe nicht
Leibchen *das*
leibeigen
Leibeserziehung *die*
Leibeskräfte *die*
Leibesübungen *die*
Leibgericht *das*
leibhaftig
leiblich
Leibschmerzen *die*
Leibwache *die*
leibt
wie er leibt und lebt
Lei|che *die*
leichenblass
Leichenhalle *die*
Leichnam *der*
leicht
l …
das ist leicht zu
verstehen
leicht machen /
leichtmachen
du hast es dir
leicht gemacht /
leichtgemacht
leicht verderblich /
leichtverderblich
zwei leicht verletzte /
leichtverletzte
Fußgänger
leicht verständlich /
leichtverständlich
eine leichte Erkältung
leichter Regen
L …
es ist ein Leichtes
etwas Leichtes
nichts Leichtes

---

leeren	*lehren*
leer	*Lehrer*
Leerlauf	*Lehrling*

Leichtathletik *die*
leichtfallen
fällt leicht, fiel leicht,
ist leichtgefallen
leichtfertig
Leichtfertigkeit *die*
leichtgläubig
Leichtigkeit *die*
leichtlebig
Leichtmetall *das*
Leichtsinn *der*
leichtsinnig
Leid *das*
leid sein
ich war es leid
in Freud und Leid
zu Leide / zuleide tun
Leideform *die*
leiden
leidet, litt, hat gelitten
Leiden *das*
leidend
Leidtragende /
Leid Tragende *der/die*
leidtun
tut leid, tat leid,
hat leidgetan
zum Leidwesen
Lei|den|schaft *die*
leidenschaftlich
leidenschaftslos
lei|der
leider Gottes

lei|dig (unangenehm)
leid|lich (einigermaßen)
Lei|er *die*
(ein Saiteninstrument)
Leierkasten *der*

Leierkastenmann *der*
leiern

leih

lei|hen
leiht, lieh, hat geliehen
Leihbücherei *die*
Leihgebühr *die*
Leihwagen *der*
leihweise
Leim *der*
leimen
Lei|ne *die*
Lei|nen *das*
Leinwand *die*
Leinsamen *der*
leis / lei|se
leise sprechen
Leisetreter *der*
Leis|te *die*

leidtun / leid

leidtun:

Es tut mir leid.
Es hat mir leidgetan.
Er kann einem
leidtun.

Nach *bin, ist, war ...*:

Ich bin es leid.
Wir waren es leid.

Leis|ten *der*
leis|ten
sich etwas leisten
Leistung *die*
leistungsbezogen
Leistungsbilanz *die*
Leistungsdruck *der*
leistungsfähig
leistungsgerecht
Leistungsgrenze *die*
Leistungssport *der*
Leistungsstand *der*
leistungsstark
Leistungssteigerung *die*
Leit|an|trag *der*
die Leitanträge
Leitartikel *der*
leiten
Leitende *der / die*
Leiter/in
Leitfaden *der*
Leitgedanke *der*
Leitmotiv *das*
Leitplanke *die*
Leitung *die*
Leitwährung *die*
Leitwerk *das*
Leitzins *der*
Lei|ter *der* (Chef);
die (zum Klettern)
Leiterwagen *der*
Lei|tung *die*
Leitungswasser *das*
Leitungsrohr *das*

lek

Lek|ti|on *die*
Lek|tor *der* (ein Mitarbeiter einer Hochschule bzw. eines Verlags)
Lektorin *die*
Lektorat *das*
Lek|tü|re *die*

Lem|ming *der*
(eine Wühlmaus)
Len|de *die*
Lendenschurz *der*
Lendenwirbel *der*
len|ken
Lenker *der*
Lenkrad *das*
Lenkung *die*
Lenz *der* (Frühling)
Le|o|pard *der*
Le|pra *die*
auch: Lep|ra
(eine Krankheit)
Leprastation *die*
leprös
Ler|che *die*

ler|nen
Deutsch lernen
kennen lernen/
kennenlernen
lesen lernen/
(das) Lesen lernen
lieben lernen
reiten lernen/
(das) Reiten lernen
schätzen lernen
schwimmen lernen/
(das) Schwimmen lernen
Lernbereitschaft *die*
lernfähig
Lernprogramm *das*
Lernprozess *der*
Lernsoftware *die*
Lernziel *das*
Les|be *die*
(homosexuelle Frau)
Lesbierin *die*
lesbisch

Le|se *die* (Weinernte)
le|sen
liest, las, hat gelesen
lesbar
Lesbarkeit *die*
Lesebuch *das*
lesenswert
Leser/in
Leseratte *die*
Leserbrief *der*
Lese-Rechtschreib-
Schwäche *die*
leserlich
Lesesaal *der*
Lesezirkel *der*
Lesung *die*
Le|thar|gie *die*
(Trägheit)
lethargisch
Let|ter *die*
(Druckbuchstabe)
Lett|land
Lette *der*
Lettin *die*
lettisch
letz|te
l...
das letzte Mal
letzten Endes
die letzten zwei Tage
l... /L...
der letzte/Letzte Wille
(Testament)
L...
zu guter Letzt
der/die/das Letzte
der Letzte des Monats
bis ins Letzte
die Letzte Ölung
die Letzten werden die
Ersten sein
bis zum Letzten
sein Letztes geben
letztendlich

letztens
letztere
das Letztere
letztgenannt
Letztgenannte *der/die*
letzthin
letztlich
letztmalig
letztmals
letztmöglich

leu

Leu *der* (Löwe)
Leuch|te *die*
leuchten
leuchtend
leuchtend rot
Leuchter *der*
Leuchtfeuer *das*
Leuchtturm *der*
leug|nen
es hilft kein Leugnen
Leu|kä|mie *die*
auch: Leuk|ä|mie
(Blutkrebs)
Leukozyten
Leu|mund *der* (Ruf)
einen guten Leumund
haben
Leu|te
Leut|nant *der*
leut|se|lig (gesprächig)
Leutseligkeit *die*
Le|vel *das/der* (Niveau)
Le|vi|ten
jemandem die Leviten
lesen
(Vorwürfe machen)
Lev|ko|je *die*
(eine Zierpflanze)
Le|xem *das*
(Wortschatzeinheit)
Lexik *die*

lexikalisch
Lexikon *das*
die Lexika
Le|zi|thin/Le|ci|thin
das (ein Nährstoff)

li

Li|ai|son *die*
(Liebesverhältnis)
Li|a|ne *die*
(eine Schlingpflanze)
Li|bel|le *die*
li|be|ral (freiheitlich)
Liberale *der/die*
liberalisieren
Liberalismus *der*
Liberalität *die*
Li|be|ro *der*
als Libero spielen
Li|bi|do *die*
(Geschlechtstrieb)
Li|bret|to *das*
auch: Lib|ret|to
(Text von Opern etc.)
Licht *das*
l...
es wird licht (hell)
ein lichter Wald
L...
Licht machen
bei Licht besehen
hinters Licht führen
lichtbeständig
Lichtbild *das*
lichtempfindlich
lichten
den Anker lichten
lichterloh
lichterloh brennen
Lichthupe *die*
Lichtquelle *die*
Lichtschalter *der*
lichtscheu

Lichtschranke *die*
Lichtschutzfaktor *der*
Lichtung *die*
Lichtverhältnisse
Lid *das*

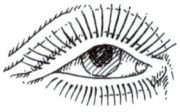

Lidschatten *der*
Lidstrich *der*

lie

lieb
1...
lieb gewinnen/
liebgewinnen
lieb geworden/
liebgeworden
eine lieb gewordene/
liebgewordene
Gewohnheit
jemanden lieb
haben/liebhaben
der liebe Gott
mir zuliebe
L...
mein Lieber
viel Liebes
liebäugeln
liebäugelt,
liebäugelte,
hat geliebäugelt
Liebe *die*
Liebelei *die*
lieben
Liebende *der/die*
liebenswert
liebenswürdig
liebenswürdigerweise
Liebenswürdigkeit *die*
Liebesbrief *der*

Liebeserklärung *die*
Liebeskummer *der*
Liebeslyrik *die*
Liebespaar *das*
liebevoll
Liebhaber/in
liebkosen
liebkost, liebkoste,
hat liebkost
lieblich
Liebling *der*
Lieblingsfarbe *die*
lieblos
Lieb|stö|ckel *das/der*
(ein Gewürz)
Lied *das* (Gesang)
ein Lied singen
Liederbuch *das*
Liedermacher/in
lie|der|lich
(unordentlich)
lief (→ laufen)
Lie|fe|rant/in
lieferbar
Lieferfrist *die*
liefern
Lieferstopp *der*
Lieferung *die*
Lie|ge *die*
Liegehalle *die*
liegen
liegt, lag, hat gelegen
liegend
liegen bleiben
(übertragen:)
weil viel Arbeit liegen
bleibt/liegenbleibt
liegen lassen
(übertragen:)
das Sportzeug zu Hause
liegen lassen/
liegenlassen
(vergessen)
Liegestuhl *der*

Liegestütz *der*
Liegewagen *der*
Liegewiese *die*
lieh (→ leihen)
liest (→ lesen)
ließ (→ lassen)
Life|style *der*
(Lebensstil)
Lift *der*
liften

lig

Li|ga *die*
Li|ga|tur *die*
(Verbindung)
Light|show/
Light-Show *die*
Li|gus|ter *der*
(ein Ölbaum)
li|ie|ren (eng verbinden)
sich mit jemandem liieren
Li|kör *der*
Likörglas *das*
die Likörgläser
li|la
ein lila Kleid
das Lila
lilafarben
Li|lle *die*
Liliengewächs *das*
Li|li|pu|ta|ner *der*
Liliputanerin *die*
Liliputformat *das*
Li|me|rick *der*
(ein komisches Gedicht)
Li|mes *der*
(röm. Grenzwall)
Li|mit *das* (Grenze)
ein Limit setzen
das Limit überschreiten
limitieren
Li|mo|na|de *die*

Limo *die*
Limone *die*
Li|mou|si|ne *die*

lin

lind
linde Lüfte
lindgrün
Lin|de *die*
Lindenbaum *der*
Lindenblüte *die*
Lindenholz *das*
lin|dern
Linderung *die*
Lind|wurm *der*
(Drache)
Li|ne|al *das*
linear
lineare Gleichungen
Lineatur *die*
Lin|gu|is|tik *die*
(Sprachwissenschaft)
linguistisch
Li|nie *die*
Linienbus *der*
Linienflug *der*
Linienrichter *der*
Linienspektrum *das*
liniieren/linijieren
links
l…
die linke Hand
linker Hand
links abbiegen
links von dir
etwas mit links tun
nach links
rechts vor links
von links
links außen
L…
die Linke
auf der Linken

Linksabbieger *der*
Linksaußen *der*
linksextrem
Linkshänder/in
linksherum
Linkskurve *die*
linksrum
linksseitig
Linksverkehr *der*
Lin|nen *das* (Leinen)
Li|no|le|um *das*
Linolschnitt *der*
Li|nol|säu|re *die*
Lin|se *die*
Lip|gloss *das*
(ein Lippenstift)
Li|piz|za|ner *der*
(eine Pferderasse)
Lip|pe *die*
Lippenbekenntnis *das*
Lippenstift *der*
li|quid/li|qui|de
(flüssig)
Liquidation *die*
Liquidierung *die*
Liquidität *die*
lis|peln
List *die*
listig
Lis|te *die*
listen (auflisten)
Listenplatz *der*

lit

Li|ta|nei *die*
(eintöniges Gebet)
Li|tau|en
Litauer/in
litauisch
Li|ter *der/das* (l)
ein Liter Milch
Literflasche *die*
literweise

li|te|ra|risch
  Literat/in
  Literatur *die*
  Literaturangaben
  Literaturgeschichte *die*
  Literaturhinweis *der*
  Literaturpreis *der*
  Literaturtheorie *die*
  Literaturwissen-
    schaft *die*
Lit|faß|säu|le *die*
  (Reklamesäule)
Li|thi|um *das* (Li)
  (chem. Element)
Li|tho|gra|fie/
  Li|tho|gra|phie *die*
  (Druckverfahren)
  lithografisch/
  lithographisch
litt (→ leiden)
Li|tur|gie *die* (Form des
  Gottesdienstes)
  liturgisch
Lit|ze *die* (ein Zierband)
live
  Livesendung *die*
  Liveshow *die*
Li|vree *die*
  auch: Liv|ree

Li|zenz *die*
  (Genehmigung)
  Lizenzgebühr *die*
  Lizenzspieler/in
  Lizenzvertrag *der*
Lkw/LKW *der*
  (Lastkraftwagen)
  die Lkws/LKWs
  Lkw-Maut/LKW-Maut
  die (Straßengebühr für
  Lkws)

lo _____

Lob *das*
  Lob spenden
  loben
  lobend erwähnen
  lobenswert
  lobpreisen
  Lobpreisung *die*
  Lobrede *die*
  Lobsprüche
Lob|by *die*
  (Interessenvertretung)
  Lobbyist *der*
lo|ben
Loch *das*
  die Löcher
  Locher *der*
  Lochkarte *die*
  löchrig
  Lochzange *die*
Lo|cke *die*
  Lockenwickler *der*
lo|cken
  Lockmittel *das*
  Lockvogel *der*
lo|cker
  lockerlassen
  (nachgeben)
  lässt locker, ließ locker,
  hat lockergelassen
  lockermachen (Geld)
  lockern
  Lockerung *die*
Lo|den *der*
  Lodenmantel *der*
lo|dern
  die Flammen lodern
Löf|fel *der*
  Löffelstiel *der*
  löffelweise
log (→ lügen)
Lo|ga|rith|men|ta|fel
  die
  auch: Log|a|rith|men-
    ta|fel
  Logarithmus *der*
Log|buch *das*
  (Schiffstagebuch)
  die Logbücher
Lo|ge *die*
  Logenbruder *der*
  Logenplatz *der*
Log|gia *die*
  (überdachter Balkon)
Lo|gie *die* (Unterkunft)
  Logierbesuch *der*
  logieren
  Logis *das*
Lo|gik *die*
  logisch
  logischerweise
Lo|gis|tik *die*
  (Wirtschaft:
  Beschaffungswesen)
  logistisch
Lo|go *das*
  (Firmenzeichen)
  das Firmenlogo
Lo|go|pä|die *die*
  (Sprachheilkunde)
  logopädisch
Lohn *der*
  die Löhne
  lohnabhängig
  Lohnempfänger/in
  lohnen
  sich lohnen
  lohnend

Lohnerhöhung *die*
Lohngruppe *die*
lohnintensiv
Lohnniveau *das*
Lohnsteuer *die*
Lohnsteuerkarte *die*
Loi|pe *die*
(Langlaufspur)
Lo|ko|mo|ti|ve *die*
Lok *die*
Lokführer/in
lo|kal (örtlich)
Lokal *das*
Lokaladverb *das*
lokalisieren
Lokalität *die*
Lokalreporter/in
Lokalzeitung *die*
Lokativ *der*
Lom|bard|satz *der*
(Zinssatz der Bundesbank für Pfandkredite)
**Long|drink/
Long Drink** *der*
Lon|ge *die*
(Laufleine für Pferde)
*an der Longe laufen
lassen*
Look *der* (Aussehen)
Loo|ping *der/das*
(Überschlagrolle)
Lor|beer *der*
Lorbeerblatt *das*
Lor|chel *die* (ein Pilz)
Lord *der*
Lo|re *die*

Lo|ri *der* (ein Papagei)

los

los
los sein
Was ist los?
lösbar
losbinden
*bindet los, band los,
hat losgebunden*
loseisen
lösen
losfahren
*fährt los, fuhr los,
ist losgefahren*
losgehen
*geht los, ging los,
ist losgegangen*
loslassen
*lässt los, ließ los,
hat losgelassen*
losmachen
losmarschieren
losreißen
*reißt los, riss los,
hat losgerissen*
loswerden
*wird los, wurde los,
ist losgeworden*
losziehen
*zieht los, zog los,
ist losgezogen*
Los *das*
das große Los
losen
Losentscheid *der*
Losnummer *die*
lö|schen
Löschblatt *das*
Löschkalk *der*
Löschtaste *die*
Löschwasser *das*
lo|se
das lose Blatt
Loseblattsammlung *die*

lö|sen
Lösegeld *das*
löslich
Lösung *die*
Lösungsmenge *die*
Lösungsversuch *der*
Löss/Löß *der*
(kalkhaltige Erde)
Lo|sung *die*
Lot *das*
ein Lot fällen
ins Lot bringen
loten
lotrecht
lö|ten
Lötkolben *der*
Lötstelle *die*
Lo|ti|on *die*
(flüssiges Pflegemittel)
Lo|tos|blu|me *die*

Lot|se *der*
lotsen
Lotsendienst *der*
Lot|te|rie *die*
Lotterielos *das*
Lotteriespiel *das*
Lotto *das*
Lottozahlen
Lounge *die*
(Hotelhalle)
in der Lounge warten
**Love|sto|ry/
Love-Sto|ry** *die*
(Liebesgeschichte)
Lö|we *der*
Löwenbändiger *der*

Löwenkäfig *der*
Löwenmähne *die*
Löwenmäulchen *das*
Löwenzahn *der*
Löwin *die*
lo|yal (treu)
loyal sein
Loyalität *die*
lt. (laut)

lu

Luchs *der*

Luchsauge *das*
luchsen
Lü|cke *die*
Lückenbüßer *der*
lückenhaft
lückenlos
Lückentest *der*
lud (→ laden)
Lu|der *das* (Aas, Gauner)
Luft *die*
die Lüfte
Luftballon *der*
Luftbrücke *die*
Lüftchen *das*
luftdicht
Luftdruck *der*
lüften
Luftfeuchtigkeit *die*
luftgekühlt
Luftgewehr *das*
luftig
luftleer
Luftloch *das*
Luftpost *die*

Luftpumpe *die*
Luftröhre *die*
Lüftung *die*
Luftverschmutzung *die*
Luftwiderstand *der*
Luftzug *der*
Lug *der*
mit Lug und Trug
Lü|ge *die*
lügen
lügt, log,
hat gelogen
Lügner/in
lu|gen (hinsehen)
Lu|ke *die*
lu|kra|tiv
auch: luk|ra|tiv
(Gewinn bringend)
ein lukrativer Auftrag
lu|kul|lisch
(Schlemmer...)
ein lukullisches Mahl

lum

Lum|ba|go *die*
(Hexenschuss)
Lum|me *die*
(ein Seevogel)
Lüm|mel *der*
lümmeln
sich lümmeln
Lump *der*
Lumpen *der*
lumpig
Lu|na (Mond)
Lunch *der* (leichte
 Mittagsmahlzeit)
Lunchpaket *das*
Lun|ge *die*
lungenkrank
Lungenkrebs *der*
Lungenödem *das*
Lungentuberkulose *die*

lun|gern
herumlungern
Lun|te *die*
Lu|pe *die*
unter die Lupe nehmen
lupenrein
lup|fen / lüp|fen
(hochheben)
Lu|pi|ne *die*
(eine Pflanze)
Lurch *der*
Lu|rex *das* (ein Garn)
Lu|sche *die*
(etwas Wertloses)
Lust *die*
die Lüste
Lust haben
lüstern
Lüsternheit *die*
Lustgefühl *das*
Lustgewinn *der*
lustig
Lustigkeit *die*
lustlos
Lustspiel *das*
Lüs|ter *der*
(Kronleuchter)
lu|the|risch
lutherische Kirche
lut|schen
Lutscher *der*
Luv *die/das* (dem Wind
 zugekehrte Seite)
Luvseite *die*
Lux *das* (lx)
(Lichteinheit)
Lu|xem|burg
Luxemburger/in
luxemburgisch
lu|xu|ri|ös
Luxus *der*
Luxushotel *das*
Lu|zer|ne *die*
(eine Futterpflanze)

lu|zid (klar)
Lu|zi|fer *der* (Satan)

ly ───────

Lymph|drü|se *die*
 Lymphe *die*
 Lymphknoten *der*
Lym|pho|zyt *der*
 (weißes Blutkörperchen)

lyn|chen (töten)
 Lynchjustiz *die*
Ly|ra *die*

Ly|rik *die* (Dichtung)
 Lyriker/in
 lyrisch
 ein lyrisches Gedicht
 das lyrische Ich
 (Sprecher im Gedicht)
Ly|ze|um *das*
 (Gymnasium)
 die Lyzeen

m (Meter)
m² (Quadratmeter)
m³ (Kubikmeter)
Mä|an|der *der*
  (sich schlängelnder
  Flusslauf)
Maar *das* (Kratersee)
Maat *der* (Seemann)

mac

mach|bar
  Machbarkeit *die*
  machen
  Machenschaft *die*
  Macher *der*
  Machwerk *das*
Ma|che|te *die*
  (Buschmesser)
Ma|cho *der* (betont
  männlicher Mann)
Macht *die*
  die Mächte
  alles in seiner Macht
  Stehende
  Machthaber *der*
  mächtig
  Mächtigkeit *die*
  Machtkampf *der*
  machtlos
  Machtprobe *die*
  machtvoll
  Machtwechsel *der*
  Machtwort *das*
Mach|werk *das*
Ma|cke *die*
Mäd|chen *das*
  mädchenhaft
  Mädchenname *der*
  Mädchenzimmer *das*
  Mädel *das*

Ma|de *die*
  madig
  madigmachen
  (schlechtreden)
made in Ger|ma|ny
Ma|don|na *die*
  Madonnenbild *das*
Ma|dri|gal *das*
  auch: Mad|ri|gal
  (ein Gesangsstück)
Ma|es|tro *der*
  auch: Ma|est|ro
Ma|fia *die*
  Mafioso *der*

mag

mag (→ mögen)
Ma|ga|zin *das*
Magd *die*
  die Mägde
  Mägdelein *das*
Ma|gen *der*
  Magen-Darm-Katarr/
  -Katarrh *der*
  magenfreundlich
  Magengeschwür *das*
  Magensäure *die*
  Magenschleimhaut-
  entzündung *die*
  Magenschmerzen
ma|ger
  Magerkeit *die*
  Magermilch *die*
  Magersucht *die*
Mag|gi® *das*
Ma|gie *die* (Zauber)
  Magier *der*
  magisch
Ma|gis|ter *der*
  Magistra *die*
Ma|gis|trat *der*
  auch: Ma|gist|rat
  Magistratsbeschluss *der*

Mag|ma *das* (flüssiges
  Gestein des Erdinnern)
Mag|nat *der*
  auch: Ma|gnat
  (Großindustrieller)
Mag|ne|si|um *das* (Mg)
  auch: Ma|gne|si|um
Mag|net *der*
  auch: Ma|gnet
  Magnetfeld *das*
  magnetisch
Mag|ni|fi|kat *das*
  auch: Ma|gni|fi|kat
  (Lobgesang für Maria)
Mag|ni|fi|zenz *die*
  auch: Ma|gni|fi|zenz
  (ein Titel)
  Euer Magnifizenz
Mag|no|lie *die*
  auch: Ma|gno|lie
  (ein Zierbaum)

mah

Ma|ha|go|ni *das*
  Mahagoniholz *das*
Ma|ha|rad|scha *der*
  auch: Ma|ha|ra|dscha
  Maharani *die*
Mäh|dre|scher *der*
  mähen
  Mähmaschine *die*
Mahl *das* (Essen)
  Mahlzeit *die*
mah|len
  Korn mahlen
  Kaffeebohnen mahlen
  Mahlstein *der*
Mäh|ne *die*
mah|nen
  Mahner/in
  Mahngebühr *die*
  Mahnmal *das*
  Mahnung *die*

Ma|ho|nie *die*
(ein Strauch)
Mäh|re *die*
(schlechtes Pferd)
Mai *der*
  der Erste Mai
  Maibaum *der*
  Maibowle *die*
  Maiennacht *die*
  Maiglöckchen *das*
  Maikäfer *der*
  Mailuft *die*
Maid *die*
(Mädchen)
Mail|box die
(EDV-Briefkasten)
Mais *der*
  maisgelb
  Maiskolben *der*
  Maisstärke *die*
Mai|sche *die* (dient zur
Bierherstellung)
Mai|so|nette *die*
auch: Mai|son|nette
Ma|jes|tät *die*
  majestätisch
Ma|jo|li|ka *die*
(Steingut)
Ma|jo|nä|se/
Ma|yon|nai|se *die*

Ma|jor *der*
Ma|jo|ran/Mei|ran
der (ein Gewürz)
Ma|jo|ri|tät *die*
(Mehrheit)
ma|ka|ber
(Schauder erregend)
Ma|kel *der*
(Fehler)
  makellos
  Makellosigkeit *die*
mä|keln
Ma|ke-up *das*
  Make-up-frei
Mak|ka|ro|ni
Mak|ler *der*
  Maklerin *die*
  Maklerprovision *die*
  makeln
Ma|kra|mee *das*
auch: Mak|ra|mee
(Knüpfarbeit)
Ma|kre|le *die*
auch: Mak|re|le
Ma|kro|ne *die*
auch: Mak|ro|ne
(ein Gebäck)
  Makrönchen *das*
Ma|ku|la|tur *die*
(bedrucktes Altpapier)

mal

mal
m ...
  allemal (in jedem Fall)
  das ist allemal besser
  ein andermal
  diesmal
  einmal
  auf einmal
  dreimal (3-mal)
  erst mal
  erstmals
  hundertmal (100-mal)
  keinmal
  komm mal her
  manchmal
  mehrmals
  sag das noch mal /
  nochmal
  ein paarmal
  vielmals
  zweimal (2-mal)
  zwei mal zwei
M ...
  ein für alle Mal
  beim ersten Mal
  das einzige Mal
  das erste Mal
  das letzte Mal
  dies eine Mal
  dieses Mal
  ein einziges Mal
  einige Male
  jedes Mal
  ein letztes Mal
  manches Mal
  mehrere Male
  ein paar Mal(e)
  viele Male
  von Mal zu Mal
  voriges Mal
  zum ersten Mal
  zu wiederholten Malen

---

mal/Mal

einmal, auf einmal	das eine **M**al
zweimal, 2-mal	das zweite **M**al
diesmal	dieses **M**al
manchmal	manches **M**al
noch mal/nochmal	jedes **M**al
	(k)ein einziges **M**al
mehrmals	mehrere **M**ale
vielmals	viele **M**ale
niemals	das letzte **M**al

Ma|la|chit *der*
(ein grünes Mineral)
Ma|lai|se *die*
(Unbehagen, Misere)
Ma|la|ria *die*
malariakrank
Malariamücke *die*
ma|len
Bilder malen
Maler/in
Malerei *die*
malerisch
Malermeister *der*
Mal|heur *das* (Unglück)
ma|li|zi|ös (boshaft)
mal|neh|men
*nimmt mal, nahm mal,
hat malgenommen*
ma|lo|chen (schuften)
**Mal|te|ser-
Hilfs|dienst** *der*
Malteserkreuz *das*
Mal|to|se *die*
(Malzzucker)
mal|trä|tie|ren
auch: malt|rä|tie|ren
(quälen)
Ma|lus *der*
(Prämienzuschlag nach
Schadensfällen)

Mal|ve *die*
(eine Zierpflanze)
Malz *das*
Malzbier *das*
Malzbonbon *der/das*
mälzen

mam

Ma|ma *die*
Mam|bo *der/die*
(ein Tanz)
**Mam|mo|gra|fie/
Mam|mo|gra|phie**
die (Röntgenunter-
suchung der weiblichen
Brust)
Mam|mon *der*
(Reichtum)
Mam|mut *das*
Mammutprogramm *das*
Mammut-
veranstaltung *die*
mamp|fen
man
man kennt sich
Ma|nage|ment *das*
managen
Manager/in
Managerkrankheit *die*

manch
*manch einer
manche Leute
in manchem
mancher
so mancher
manch guter Einfall
manches Mal
mancherlei
mancherorts
manchmal*
Man|dant *der*
Mandantin *die*
Mandat *das*
Mandatsträger/in
Man|da|ri|ne *die*
Man|del *die*
Mandelbaum *der*
Mandelblüte *die*
Mandelentzündung *die*
mandelförmig
Mandeloperation *die*
Man|do|li|ne *die*
Ma|ne|ge *die*
Man|gan *das* (Mn)
Manganeisen *das*
Man|gel *der*
Mangel leiden
mangelhaft
mangeln

---

malen

*Bilder malen
mit Ölfarbe malen
abmalen
der Maler*

mahlen

*Korn mahlen
Kaffeebohnen mahlen
der Mahlstein
(die Mühle)*

Mängelrüge *die*
mangels
mangels Beweisen
Mangelware *die*
Man|go *die*
(eine Frucht)
Mangobaum *der*
Man|gold *der*
(ein Gemüse)
Man|gro|ve *die*
auch: Mang|ro|ve
(tropischer Laubwald)

mani _____

Ma|nie *die* (Sucht)
Ma|nier *die* (Art)
die Manieren
manierlich
Ma|nie|ris|mus *der*
(übertriebener Stil)
Ma|ni|fest *das*
(öffentliche Erklärung)
Manifestation *die*
manifestieren
sich manifestieren
Ma|ni|kü|re *die*
(Handpflege)
Ma|ni|ok *der*
Maniokwurzel *die*
Ma|ni|pu|la|ti|on *die*
(Verfahren zur Beeinflussung)

manipulierbar
manipulieren
manipuliert werden
ma|nisch
(abnorm heiter)
manisch-depressiv
Man|ko *das* (Mangel)
das ist ein großes Manko
Mann *der*
die Männer
seinen Mann stehen
Männersache *die*
mannhaft
männlich
mannshoch
Männlichkeit *die*
Mannschaft *die*
Man|na *das/die* (vom Himmel gefallenes Brot)
Man|ne|quin *das*
man|nig|fach
mannigfaltig
Ma|no|me|ter *das*
Ma|nö|ver *das*
manövrieren
manövrierfähig
Man|sar|de *die*
(Dachzimmer)
man|schen
Man|schet|te *die*
Man|tel *der*
die Mäntel
Man|til|le *die* (Schleier)

man

man kennt das
man weiß nie …
Hat man schon gehört?
_____
der Talisman
der Muselman

Mann

*alle Ma**nn** an Bord*
*der Kaufma**nn***
*mä**nn**lich*
_____
*jederma**nn***
*das Ma**nn**equin*

Ma|nu|al *das*
(Klaviatur der Orgel)
ma|nu|ell (von Hand)
Ma|nu|fak|tur *die*
(Großbetrieb)
Ma|nu|skript *das* (Ms.)
auch: Ma|nus|kript
Manuskriptseite *die*
Map|pe *die*
Mäppchen *das*

mar _____

Mär/Mä|re *die*
(Nachricht)
Ma|ra|bu *der*
(eine Storchenart)
Ma|ra|cu|ja *die*
Ma|rä|ne *die* (ein Fisch)
Ma|ra|thon
Marathon laufen/
marathonlaufen
wir wollen
Marathon laufen/
marathonlaufen
er läuft Marathon
Marathonlauf *der*
Marathonläufer/in
Marathonsitzung *die*
Mär|chen *das*
Märchenbuch *das*
Märchenerzähler/in
märchenhaft
Märchenprinz *der*
Märchenstunde *die*
Mar|der *der*
Mar|ga|ri|ne *die*
Mar|ge *die* (Spanne)
die Gewinnmarge
Mar|ge|ri|te *die*
Margeritenstrauß *der*
mar|gi|nal
(am Rand liegend)
Marginalie *die*

Ma|ri|en|kä|fer der
Ma|ri|hu|a|na das
(ein Rauschgift)
Ma|ril|le/Ma|rel|le
die (Aprikose)
Marillenknödel der
Ma|rim|ba die
(Xylofon-ähnliches
Musikinstrument)
Ma|ri|na|de die
(Salatsoße)
marinieren
einen Fisch marinieren
Ma|ri|ne die
marineblau
Marineoffizier der
Marinestützpunkt der
Ma|ri|o|net|te die
Marionettentheater das
ma|ri|tim (Meer...)

mark

Mark die (Geld);
das (Knochenmark)
Deutsche Mark (DM)
Markstück das
5-Mark-Stück
100-Mark-Schein
durch Mark und Bein
markig
Markknochen der
Markklößchensuppe
die
mar|kant
auch: mark|ant
Mar|ke die
Markenartikel der
Markenzeichen das
Mar|ker der
*mit Textmarker
hervorheben*
Mar|ke|ting das
(Absatzförderung)

Mark|graf der
Markgräfin die
markgräflich
mar|kie|ren
Markierung die
Markierungslinie die
mär|kisch
Mar|ki|se die

Markisenstoff der
Markt der
die Märkte
Marktanalyse die
marktbeherrschend
Marktchance die
Marktführer der
marktführend
Marktlücke die
Marktplatz der
marktüblich
Marktwirtschaft die
Mar|me|la|de die
Marmeladenglas das
Mar|mor der
Marmorblock der
Marmorbüste die
marmoriert
marmoriertes Papier
Marmorplatte die
Marmorsäule die
ma|rod/ma|ro|de
(erschöpft, schadhaft)
**Ma|ro|ne/Ma|ro|ni/
Mar|ro|ni** die
(essbare Kastanie)
Ma|rot|te die (Schrulle)
Mar|quis der (Titel)
Marquise die
Mars der

Marsmensch der
Marssonde die
Marsch der (Gangart)
die Märsche;
die (Feuchtgebiet)
die Marschen
marschbereit
marschieren
Marschmusik die
Marschverpflegung die
Mar|schall der
Mar|stall der
(Pferdestall)
die Marställe
Mar|ter die
Marterl das
martern
Marterpfahl der
Marterwerkzeug das
Märtyrer/in
Martyrium das
mar|ti|a|lisch
(kriegerisch)
Mar|xis|mus der
Marxist/in
marxistisch
März der
März(en)becher der
Mar|zi|pan das
Marzipankartoffel die
Marzipanmasse die

mas

Mas|ca|ra die
(Wimperntusche)
Ma|sche die
Maschendraht der
Maschenwerk das
maschig
Ma|schi|ne die
Maschine schreiben
Maschine zu schreiben
sie schreibt Maschine

Maschine geschrieben
ein maschine(n)geschriebener Brief
maschinell
Maschinenbau *der*
Maschinengewehr *das*
Maschinenöl *das*
Maschinenschaden *der*
Maschinenschlosser *der*
Maschinenschreiben *das*
Maschinensprache *die*
Maschinist *der*
Ma|ser *die*
masern
gemasertes Holz
Maserung *die*
Ma|sern *die*
Mas|ke *die*
Maskenball *der*
Maskerade *die*
maskieren
sich maskieren
Maskierung *die*
Mas|kott|chen *das*
mas|ku|lin
Maskulinum *das*
Ma|so|chis|mus *der*
(lustvolles Leiden)
Masochist/in
masochistisch

Maß *das*
die Maße
Maß halten /
maßhalten
Maß nehmen
ein hohes Maß an
Maßarbeit *die*
Maßeinheit *die*
maßgebend
maßgeblich
mäßig
mäßigen
sich mäßigen
Mäßigkeit *die*
Mäßigung *die*
Maßkrug *der*
maßlos
Maßnahme *die*
maßregeln
maßregelt, maßregelte,
hat gemaßregelt
Maßstab *der*
maßstab(s)getreu
maßvoll
Mas|sa|ge *die*
Massagesalon *der*
Masseur/in
Masseuse *die*
massieren
Mas|sa|ker *das*
(Blutbad)

Mas|se *die*
Massenandrang *der*
massenhaft
Massenmedien
Massentierhaltung *die*
Massentourismus *der*
Massenveranstaltung *die*
massenweise
massig
mas|sie|ren
mä|ßig
Mäßigung *die*
mas|siv
Massivbau *der*
Maß|nah|me *die*
Mast *der* (Mastbaum);
die (Mästen)
Mastdarm *der*
mästen
Mästerei *die*
Mastfutter *das*
Mastgans *die*
Mastvieh *das*
Mas|tur|ba|ti|on *die*
masturbieren
(sich selbst befriedigen)

mat

Ma|ta|dor *der*
(Hauptstierkämpfer)
Match *das / der*
Matchball *der*
Matchwinner *der*
Ma|te *der*
(eine Teepflanze)
Matetee *der*
Ma|te|ri|al *das*
die Materialien
Materialbedarf *der*
Materialfehler *der*
Materialismus *der*
materialistisch
Materialkosten

Schiene

Schienenfahrzeug
Eisenbahnschienen

Maschine

Waschmaschine
Bohrmaschine

Ma|te|rie *die*
 materiell
Ma|the|ma|tik *die*
 Mathe *die*
 Mathearbeit *die*
 Mathematiker/in
 mathematisch
Ma|ti|nee *die* (Vormittagsveranstaltung)
Mat|jes|he|ring *der*
 Matjessalat *der*
Ma|trat|ze *die*
 auch: Mat|rat|ze
Mä|tres|se *die*
 auch: Mät|res|se
 (Geliebte)
Ma|tri|ar|chat *das*
 auch: Mat|ri|ar|chat
 (Herrschaft der Mütter)
Ma|trix *die*
 auch: Mat|rix (Schema)
 die Matrizen / Matrizes / Matrices
Ma|tri|ze *die*
 auch: Mat|ri|ze
 (Hohlform beim Druck)
Ma|tro|ne *die*
 auch: Mat|ro|ne
 (ältere Frau)
Ma|tro|se *der*
 auch: Mat|ro|se
 Matrosenmütze *die*
Matsch *der*
 matschig
 Matschwetter *das*
matt
 Schach und matt
 matt setzen / mattsetzen
 (beim Schach)
 mattblau
 Mattgold *das*
 Mattheit *die*
 mattieren
 Mattscheibe *die*
 mattsetzen
 (handlungsunfähig machen)
Mat|te *die*
Ma|tu|ra *die*
 (Reifeprüfung)
 Maturant/in
 Maturität *die*
Mätz|chen *das*
 Mätzchen machen

mau _____

Mau|er *die*
 Mauerblümchen *das*
 mauern
 Mauerwerk *das*
 Maurer/in
Maul *das*
 die Mäuler
 maulen
 Maulkorb *der*
 Maultasche *die*
 Maultier *das*
 Maul- und Klauenseuche *die*
Maul|beer|baum *der*
 die Maulbeerbäume
Maul|wurf *der*
 die Maulwürfe
 Maulwurfshaufen *der*
Mau|rer *der*
 Maurergeselle *der*
 Maurergesellin *die*
 Maurermeister/in
Maus *die*
 die Mäuse
 mäuschenstill
 mausen
 Mausefalle *die*
 Mauseloch *das*
 mausetot
 mausgrau
 sich mausigmachen
 Mausklick *der*
 Mauspad / Mousepad *das*
Mau|sche|lei *die*
 (heimliche Absprache)
 mauscheln
Mau|ser *die*
 mausern
 sich mausern
Mau|so|le|um *das*
 (großes Grabmal)
 die Mausoleen
Maut *die* (Straßenbenutzungsgebühr)
mauve (malvenfarbig)
ma|xi|mal
 Maximalforderung *die*
 Maximalwert *der*
 Maximum *das*
Ma|xi|me *die*
 (Grundsatz)
Ma|yon|nai|se *die*
MAZ (magnetische Bildaufzeichnung)
Mä|zen *der* (Gönner)
 Mäzenatentum *das*
mb (Millibar)
MB (Megabyte)
MdB / M. d. B. (Mitglied des Bundestages)
MdL / M. d. L. (Mitglied des Landtages)

me _____

Me|cha|nik *die*
 Mechaniker/in
 mechanisch
 mechanisieren
 mechanistisch
 Mechanismus *der*
me|ckern
Meck|len|burg
 Mecklenburger/in

mecklenburgisch
Mecklenburg-Vorpommern
med. (medizinisch)
Me|dail|le *die*
die Goldmedaille
Medaillengewinner/in
Medaillon *das*
Me|di|en *die*
mediengerecht
Medienspektakel *das*
Medientheorie *die*
Medienverbund *der*
medienwirksam
Me|di|ka|ment *das*
medikamentös
Me|di|ta|ti|on *die*
(Nachdenken)
meditativ
meditieren
me|di|ter|ran
(Mittelmeer...)
mediterranes Klima
Me|di|um *das*
die Medien
Me|di|zin *die*
Mediziner/in
medizinisch
medizinisch-technische
Assistentin *die* (MTA)
Medizinmann *der*
Medizinstudium *das*
Med|ley *das* (Folge bekannter Melodien)
Me|du|se *die*
Medusenblick *der*

mee _____

Meer *das*
Meerblick *der*
Meerbusen *der*
Meeresarm *der*
Meeresboden *der*
Meeresfrüchte
Meeresgrund *der*
Meeresoberfläche *die*
Meeresspiegel *der*
Meerkatze *die*
Meerschweinchen *das*
Meerwasser *das*
Meer|ret|tich *der*
Meerrettichsoße *die*
Mee|ting *das*
Me|ga|byte *das* (MB)
Megahertz *das* (MHz)
Megatonne *die* (Mt)
Megawatt *das* (MW)
Me|ga|fon/
Me|ga|phon *das*
Me|ga|lith *der*
(großer Steinblock)
Megalithgrab *das*
Mehl *das*
mehlig
Mehlspeise *die*
Mehltau *der*
(Pflanzenkrankheit)
(vgl. → Meltau)
mehr
m...
mehr als
mehr oder weniger
ich kenne mehrere von ihnen
umso mehr
mehrere gute Einfälle
M...
ein Mehr an Kosten
Mehrarbeit *die*
Mehrbedarf *der*
Mehrdeutigkeit *die*
Mehreinnahmen
mehren
sich mehren
mehrfach
das Mehrfache
um ein Mehrfaches
Mehrfachbindung *die*
Mehrfamilienhaus *das*
mehrfarbig
Mehrheit *die*
die absolute Mehrheit
mehrheitlich
Mehrheitsbeschluss *der*
mehrjährig
Mehrkosten
mehrmalig
mehrmals
mehrere
mehrere Male
mehrsprachig
mehrstimmig
mehrstöckig
mehrstündig
mehrtägig
Mehrwert *der*
Mehrwertsteuer *die* (MwSt./Mw.-St.)
Mehrzahl *die*

mei _____

mei|den
meidet, mied, hat gemieden
Mei|e|rei *die* (Molkerei)
Mei|le *die*
Meilenstein *der*
meilenweit
Mei|ler *der*
mein
m...
meine Eltern
meiner Ansicht nach
meines Erachtens
meines Wissens
M...
Mein und Dein unterscheiden
das Meine/meine
die Meinigen/meinigen

meinerseits
meinetwegen
meinetwillen
um meinetwillen
Mein|eid *der*
(falscher Eid)
meineidig
mei|nen
Was meinst du?
das meine ich auch
Meinung *die*
Meinungsaustausch *der*
Meinungsforscher/in
Meinungsfreiheit *die*
Meinungsumfrage *die*
Meinungs-
verschiedenheit *die*
Meinungsvielfalt *die*
Mei|se *die*
Meisennest *das*
Mei|ßel *der*
meißeln
meist
(s. auch Kasten)
am meisten
das meiste
die meisten
meist ist der Zug
pünktlich
meistbietend
meistens
meistenteils
meistgekauft
Meis|ter *der*
Meisterin *die*
Meisterbetrieb *der*
meisterhaft
Meisterleistung *die*
meistern
Meisterprüfung *die*
Meisterschaft *die*
Meisterwerk *das*
Mek|ka *das*
ein Mekka der Touristen

mel

Me|lan|cho|lie *die*
(Schwermut)
melancholisch
Me|lan|ge *die*
(Mischung)
Me|la|nom *das*
(Geschwulst)
Me|las|se *die* (entsteht
bei Zuckergewinnung)
mel|den
Meldepflicht *die*
meldepflichtig
Meldung *die*
me|liert
grau melierte/
graumelierte Haare
Me|lis|se *die*
(eine Heilpflanze)
mel|ken
melkt,
melkte (selten: *molk),*
hat gemolken/gemelkt
Melker/in
Melkmaschine *die*
Me|lo|die *die*
die Melodien
Melodik *die*

melodiös
melodisch
Melodram(a) *das*
Me|lo|ne *die*
Mel|tau *der*
(Blattlaushonig)
(vgl. → Mehltau)
Mem|bran/
Mem|bra|ne *die*
auch: Memb|ran
Mem|me *die*
Me|mo|ran|dum *das*
(Denkschrift)
Memo *das*
Memoiren *die*
memorieren

men

Me|na|ge|rie *die*
(Tierpark)
Me|nar|che *die*
auch: Men|ar|che
(erste Regelblutung)
Men|del
mendelsche/
Mendel'sche Regeln
Me|ne|te|kel *das*
(bedrohliches Zeichen)

---

meiste

Wenn *meiste* wie ein Nomen (Substantiv) verwendet wird, **kann** es **groß**geschrieben werden:

*Das **m**eiste/**M**eiste haben wir schon geschafft.*
*Die **m**eisten/**M**eisten hatten sich erkältet. ...*

Sonst wird *meiste* immer **klein**geschrieben:

*am **m**eisten*   *die **m**eiste Zeit*
meistens   *die **m**eisten Menschen*

Men|ge *die*
eine Menge Fehler
eine Menge Geld
mengen
Mengenangabe *die*
Mengenlehre *die*
Mengenrabatt *der*
Men|hir *der*
(eine Steinsäule)
Me|nin|gi|tis *die*
(Hirnhautentzündung)
Me|nis|kus *der*
Meniskusoperation *die*
Meniskusverletzung *die*
Men|ni|ge *die*
(Bleiverbindung)
Me|no|pau|se *die*
(Aufhören der
Regelblutungen)
Men|sa *die*
die Mensas / Mensen
Mensch *der*
Menschenaffe *der*
menschenähnlich
Menschenbild *das*
Menschenfreund *der*
Menschenkenntnis *die*
Menschenleben *das*
menschenleer
Menschenmenge *die*
Menschenmögliche *das*
alles Menschenmögliche
tun
Menschenrechte
menschenscheu
Menschenwürde *die*
menschenwürdig
Menschheit *die*
menschlich
Menschlichkeit *die*
Mens|tru|a|ti|on *die*
auch: Menst|ru|a|ti|on
(Regelblutung)
menstruieren

men|tal (geistig)
Mentalität *die*
Men|thol *das*
Men|tor *der* (Ratgeber)
Me|nü *das*
das Bildschirmmenü
das Speisemenü
Me|nu|ett *das*
(alter Tanz)
mer|ci (danke)
Mer|gel *der*
Mergelboden *der*
Me|ri|di|an *der*
Me|ri|no *der*
Merinoschaf *das*
Merinowolle *die*
Me|ri|ten (Verdienste)
Mer|kan|ti|lis|mus
der (Wirtschaftspolitik
im 18. Jahrhundert)
mer|ken
Merkhilfe *die*
merklich
Merkmal *das*
merkwürdig
merkwürdigerweise
Merkwürdigkeit *die*
Merkzettel *der*
Mer|kur *der*
Mer|le *die* (Amsel)
Mer|lin (ein Zauberer)

mes

Me|so|li|thi|kum *das*
(Mittelsteinzeit)
Mes|sage *die*
(Botschaft, Nachricht)
Mes|se *die*
Messdiener/in
Messegelände *das*
Messehalle *die*
Messestand *der*
Messgewand *das*

Messner / Mesner /
Messmer / Mesmer *der*
Messopfer *das*
mes|sen
misst, maß,
hat gemessen
sich messen
messbar
Messinstrument *das*
Messlatte *die*
Messung *die*
Mes|ser *das*
messerscharf
Messerspitze *die*
Messerstich *der*
Mes|si|as *der*
(Erlöser)
Mes|sing *das*
Messingdraht *der*
Messingleuchter *der*
Mes|sung *die*
Mes|ti|ze *der*
(Mischling)
Mestizin *die*

met

Met *der*
(gegorener Honigsaft)
Me|tall *das*
Metall verarbeiten
Metall verarbeitende /
metallverarbeitende
Industrie
Metallarbeiter/in
Metallbindung *die*
metallen
metallic
Metalliclackierung *die*
Metallindustrie *die*
metallisch
Metallurgie *die*
Me|ta|mor|pho|se *die*
(Verwandlung)

Me|ta|pher *die*
(bildlicher Ausdruck)
Metaphorik *die*
metaphorisch
Me|ta|phy|sik *die*
(Teil der Philosophie)
metaphysisch
Me|ta|spra|che *die*
(sie beschreibt eine
Sprache)
metasprachlich
Me|tas|ta|se *die*
auch: Me|ta|sta|se
(Tochtergeschwulst)
Me|te|or *der*
Meteorit *der*
Me|te|o|ro|lo|gie *die*
meteorologisch
Me|ter *der*/*das* (m)
drei Meter lang
meterhoch
viele Meter hoch
meterlang
Metermaß *das*
Me|tha|don *das*
(Ersatzdroge)
Me|than *das*
Methangas *das*
Methanol *das*
Me|tho|de *die*
Methodik *die*
methodisch
Me|thu|sa|lem *der*
(uralter Mensch)
Me|thyl *das*
Methylalkohol *der*
Me|ti|er *das* (Beruf)
Me|to|ny|mie *die*
auch: Met|o|ny|mie
(verwandter Begriff)
Me|trik *die*
auch: Met|rik
(Verslehre)
metrisch

Metrum *das*
die Metren
Me|tro *die*
auch: Met|ro
Me|tro|nom *das*
auch: Met|ro|nom
(Taktmesser)
Me|tro|po|le *die*
auch: Met|ro|po|le
Metropolit *der*
Mett *das*
Mettwurst *die*
Met|te *die* (nächtlicher
Gottesdienst)
met|zeln
Metz|ger *der*
Metzgerei *die*
Meu|chel|mord *der*
Meu|te *die*
Meu|te|rei *die*
meutern
MEZ (mitteleurop. Zeit)
Mez|zo|so|pran *der*
auch: Mez|zo|sop|ran
mg (Milligramm)

mi

mi|au|en
mich (→ sich)
Mi|cha|e|lis
Michaelstag
Michel *der*
der deutsche Michel
mi|cke|rig/mick|rig
Mi|cky|maus *die*
Mid|life|cri|sis/
Mid|life-Cri|sis *die*
(Krise in der Mitte
des Lebens)
mied (→ meiden)
Mie|der *das*
Mief *der* (Gestank)
miefig

Mie|ne *die*
(Gesichtsausdruck)
Mienenspiel *das*
Mie|re *die*
(eine Pflanze)
die Vogelmiere
mies
miese Laune
miesmachen
(schlechtreden)
Miesmacher *der*
Mies|mu|schel *die*
Mie|te *die*
mieten
Mieter/in
Mieterhöhung *die*
Mieterschutz *der*
Mietshaus *das*
Mietvertrag *der*
Mietwohnung *die*
Mie|ze *die*
Miezekatze *die*
Mi|grä|ne *die*
auch: Mig|rä|ne
Mi|gra|ti|on *die*
auch: Mig|ra|ti|on
(Wanderung)
Mi|ka|do *das* (ein Spiel)
Mi|kro|be *die*
auch: Mik|ro|be
(Kleinstlebewesen)
Mi|kro|chip *der*
auch: Mik|ro|chip
Mi|kro|elek|tro|nik
die
auch: Mik|ro|elekt|ro-
nik
Mi|kro|film *der*
auch: Mik|ro|film
Mi|kro|fon/
Mi|kro|phon *das*
auch: Mik|ro|fon
Mi|kro|kos|mos *der*
auch: Mik|ro|kos|mos

Mi|kro|me|ter *der/das*
(μm)
auch: Mik|ro|me|ter
Mi|kro|or|ga|nis|mus
der
auch: Mik|ro|or|ga|nis|mus
Mi|kro|pro|zes|sor
der
auch: Mik|ro|pro|zes|sor
Mi|kros|kop *das*
auch: Mik|ro|skop
mikroskopisch
mikroskopisch klein
Mi|kro|wel|le *die*
auch: Mik|ro|wel|le
Mikrowellengerät *das*

mil

Mi|lan *der* (ein Vogel)
der Rote Milan
Mil|be *die*
Milch *die*
Milchdrüse *die*
Milcheiweiß *das*
milchig
Milchkanne *die*
Milchmädchenrechnung *die*
Milchmixgetränk *das*
Milchpulver *das*
Milchsäure *die*
Milchschokolade *die*
Milchstraße *die*
mild/mil|de
mildern
mildernde Umstände
Milde *die*
Milderung *die*
mildtätig
Mildtätigkeit *die*
Mi|li|eu *das*
milieubedingt

mi|li|tant
Militär *das*
Militärdienst *der*
militärisch
Militarismus *der*
Military *die*
Mi|liz *die* (Bürgerwehr)
Mil|le *die*
zehn Mille (10 000)
Mil|len|ni|um *das*
(Jahrtausend)
Mil|li|ar|de *die*
(1000 Millionen)
Mil|li|bar *das*
(eine Maßeinheit)
Mil|li|gramm *das* (mg)
Mil|li|li|ter *der* (ml)
Mil|li|me|ter *der* (mm)
Millimeterpapier *das*
Mil|li|on *die*
Millionen Mal
Millionär/in
millionenfach
Millionenschaden *der*
Millionenstadt *die*
Milz *die*
Milzbrand *der*
Mi|me|sis *die*
(Nachahmung)
Mi|mik *die*
mimisch
Mi|mi|kry *die*
auch: Mi|mik|ry
(Nachahmung von
gefährlichen Tieren)
Mi|mo|se *die*
(eine Akazie)
mimosenhaft
(sehr empfindlich)

min

Mi|na|rett *das*
(Moscheeturm)

min|der
mehr oder minder
nicht minder
minderbemittelt
Minderbemittelte
der/die
Minderheit *die*
minderjährig
Minderjährige *der/die*
mindern
minderwertig
Minderwertigkeitskomplex *der*
Minderzahl *die*
Mindestalter *das*
Mindestanforderungen
das Mindeste/mindeste
als Mindestes/
mindestes
nicht im Mindesten/
mindesten
zumindest
mindestens
Mindestlohn *der*
Mindeststrafe *die*
Mi|ne *die*
(Bergwerk; Sprengkörper; Bleistifteinlage)
Minensuchgerät *das*
Minenwerfer *der*
Mi|ne|ral *das*
die Mineralien
Mineraldünger *der*
mineralisch
Mineralogie *die*
Mineralöl *das*
Mineralwasser *das*
Mi|ni *das/der*
mini sein
Mini tragen
Mi|ni|a|tur *die*
(kleines Bild)
Mi|ni|golf *das*
Minigolf spielen

mi|ni|mal
Minimalkonsens *der*
Minimalprogramm *das*
Minimum *das*
minimieren
die Risiken minimieren
Mi|nis|ter *der*
Ministeramt *das*
Ministerin *die*
Ministerialbeamte *der*
Ministerialdirektor/in
Ministerialdirigent/in
ministeriell
Ministerium *das*
die Ministerien
Ministerpräsident/in
Mi|nis|trant *der*
auch: Mi|nist|rant
(Messdiener)
Ministrantin *die*
Min|ne|sang *der*
Mi|no|ri|tät *die*
(Minderheit)
Mi|no|tau|rus *der*
(halb Stier,
halb Mensch)
mi|nus
m ...
10 minus 5
minus 5 Grad (-5°)
M ...
das Minus
im Minus sein
Minuspol *der*
Minuszeichen *das*
Minuend *der*
Mi|nu|te *die*
minutenlang
Minutenzeiger *der*
minütig
dreiminütig (3-minütig)
minutiös / minuziös
minütlich *(5-minütlich)*
Min|ze *die*

mir

mir
von mir aus
Mi|ra|bel|le *die*
Mirabellenbaum *der*
Mi|ra|kel *das* (Wunder)
mirakulös
mi|san|thro|pisch
auch: mis|anth|ro|pisch
(die Menschen hassend)
mi|schen
Mischer *der*
Mischkalkulation *die*
Mischling *der*
Mischmasch *der*
Mischpult *das*
Mischung *die*
Mischwald *der*
mi|se|ra|bel
Misere *die*
Misereor *das*
(Fastenopfer)
Mis|pel *die*
(eine Frucht)

miss

Miss *die*
Miss Germany
Misswahl *die*
miss|ach|ten
Missachtung *die*
Miss|be|ha|gen *das*
Miss|bil|dung *die*
miss|bil|li|gen
Missbilligung *die*
Miss|brauch *der*
die Missbräuche
missbrauchen
missbräuchlich
mis|sen (entbehren)
einen Freund missen
Miss|er|folg *der*

Miss|ern|te *die*
Mis|se|tat *die*
Missetäter/in
miss|fal|len
missfällt, missfiel,
hat missfallen
Missfallen *das*
Missfallens-
äußerung *die*
Missfallens-
kundgebung *die*
missfällig
miss|ge|bil|det
Miss|ge|burt *die*
Miss|ge|schick *das*
miss|ge|stimmt
miss|glü|cken
Miss|griff *der*
Miss|gunst *die*
missgünstig
miss|han|deln
Misshandlung *die*
Miss|hel|lig|kei|ten
Mis|si|on *die*
Missionar/in
missionieren
Missionsstation *die*
Miss|klang *der*
Miss|kredit *der*
jemanden in Misskredit
bringen
miss|lich
(unangenehm)
miss|lie|big (unbeliebt)
miss|lin|gen
misslingt, misslang,
ist misslungen
Misslingen *das*
Miss|ma|nage|ment
das
Miss|mut *der*
missmutig
miss|ra|ten
eine missratene Feier

Miss|stand/
Miss-Stand *der*
die Missstände
Miss|stim|mung/
Miss-Stim|mung *die*
misst (→ messen)
Miss|ton *der*
miss|trau|en
jemandem misstrauen
Misstrauen *das*
Misstrauen gegen
jemanden hegen
Misstrauensantrag *der*
misstrauisch
Miss|ver|gnü|gen *das*
missvergnügt
Miss|ver|hält|nis *das*
die Missverhältnisse
miss|ver|ständ|lich
Missverständnis *das*
das sind nur Miss-
verständnisse
missverstehen
missversteht,
missverstand,
hat missverstanden
Miss|wirt|schaft *die*
Mist *der*
Mistgabel *die*
Misthaufen *der*
Mistkäfer *der*
Mis|tel *die*
Mistelzweig *der*

Mis|tral *der*
auch: Mist|ral
(Nordwind)

mit

mit
mit mir
mit Recht
mit der Zeit
mit einem Mal
Mit|ar|beit *die*
mitarbeiten
Mitarbeiter/in
Mitarbeiterstab *der*
mit|be|kom|men
bekommt mit, bekam
mit, hat mitbekommen
mit|be|nut|zen
mit|be|stim|men
Mitbestimmung *die*
Mit|be|wer|ber *der*
Mitbewerberin *die*
Mit|be|woh|ner *der*
Mitbewohnerin *die*
mit|brin|gen
bringt mit, brachte mit,
hat mitgebracht
Mitbringsel *das*
Mit|bür|ger *der*
Mitbürgerin *die*
mit|den|ken
denkt mit, dachte mit,
hat mitgedacht
Mit|ei|gen|tü|mer *der*
Miteigentümerin *die*
mit|ei|nan|der
auch: mit|ein|an|der
m ...
miteinander gehen
miteinander vergleichen
M ...
das Miteinander
mit|er|le|ben
Mit|es|ser *der*
mit|fah|ren
fährt mit, fuhr mit,
ist mitgefahren

Mitfahrer/in
Mitfahrzentrale *die*
mit|füh|len
mitfühlend
mit|ge|ben
gibt mit, gab mit,
hat mitgegeben
Mit|ge|fühl *das*
mit|ge|hen
geht mit, ging mit,
ist mitgegangen
Mit|gift *die* (Aussteuer)
Mit|glied *das*
Mitgliederkartei *die*
Mitgliederzahl *die*
Mitgliedsausweis *der*
Mitgliedschaft *die*
mit|hel|fen
hilft mit, half mit,
hat mitgeholfen
Mithilfe *die*
mithilfe / mit Hilfe von
mit|hin (somit)
mit|hö|ren
Mit|in|ha|ber *der*
Mitinhaberin *die*
mit|kom|men
kommt mit, kam mit,
ist mitgekommen
mit|krie|gen
mit|lau|fen
läuft mit, lief mit,
ist mitgelaufen
Mitläufer/in
Mit|laut *der*
(Konsonant)
Mit|leid *das*
aus Mitleid
Mitleid erregend /
mitleiderregend
mitleidig
mitleid(s)los
mit|lie|fern
mit|ma|chen

Mit|mensch der
mitmenschlich
Mit|nah|me die
mitnehmen
nimmt mit, nahm mit,
hat mitgenommen
mit|nich|ten
(keineswegs)
Mi|tra die
auch: Mit|ra
(Bischofsmütze)
mit|re|den
mit|rei|sen
ist mitgereist
mit|rei|ßen
reißt mit, riss mit,
hat mitgerissen
mitreißend
eine mitreißende Show

mits _____

mit|samt
(gemeinsam mit)
mit|schi|cken
mit|schnei|den
schneidet mit, schnitt
mit, hat mitgeschnitten
Mitschnitt der
mit|schrei|ben
schreibt mit, schrieb
mit, hat mitgeschrieben
Mitschrift die
Mit|schuld die
mitschuldig
Mit|schü|ler der
Mitschülerin die
mit|schwin|gen
schwingt mit,
schwang mit,
hat mitgeschwungen
mit|spie|len
Mitspieler/in
Mit|spra|che die

mitt _____

Mit|tag der
am Sonntagmittag
heute Mittag
gestern Mittag
morgen Mittag
über Mittag
Mittag machen
Mittagessen das
mittags
Mittagspause die
Mittagsschlaf der
Mittagstisch der
Mittagszeit die
Mit|te die
Mitte Mai
Mitte nächsten Jahres
inmitten
mitten
mitten in Deutschland
mit|tei|len
mitteilenswert
mitteilsam
Mitteilung die
Mitteilungsbedürfnis
das

mittel _____

mit|tel
Mittel das
mittelfristig
mittelbar
mittellos
mittels
Mit|tel|al|ter das
mittelalterlich
Mit|tel|ding das
Mit|tel|eu|ro|pa
mitteleuropäisch
Mit|tel|feld das
Mittelfeldspieler/in
Mit|tel|fin|ger der

mit|tel|fris|tig
Mit|tel|ge|bir|ge das
mit|tel|groß
mit|tel|hoch-
deutsch (→ deutsch)
Mittelhochdeutsche das
Mit|tel|klas|se die
Mittelklassewagen der
Mit|tel|li|nie die
Mit|tel|maß das
mittelmäßig
Mittelmäßigkeit die
Mit|tel|meer das
Mit|tel|ohr das
Mittelohr-
entzündung die
Mit|tel|punkt der
mit|tels
mittels des Computers
Mit|tel|schicht die
Mit|tel|schu|le die
Mit|tel|stand der
mittelständisch
Mit|tel|strei|fen der
Mit|tel|stu|fe die
Mit|tel|stür|mer der
Mittelstürmerin die
Mit|tel|teil der
Mit|tel|weg der
Mit|tel|wel|le die
Mit|tel|wort das
(Partizip)
Mittelwort der Gegen-
wart/der Vergangenheit
mit|ten
mitten darin
mittendrin
mitten im Raum
mitten hindurch
Mit|ter|nacht die
um Mitternacht
mitternächtlich
mitternachts
Mitternachtssonne die

Mitt|ler *der*
Mittlerin *die*
Mittlerrolle *die*
mitt|le|re
die mittlere Linie
die mittlere Reife
der Mittlere Osten
mitt|ler|wei|le
(inzwischen)
Mitt|som|mer *der*
Mittsommernacht *die*
Mitt|woch *der*
am Mittwoch
am Mittwochabend
jeden Mittwochabend
mittwochs
mit|un|ter (manchmal)
mit|ver|ant|wort-lich
Mitverantwortung *die*
mit|ver|die|nen
Mit|ver|schul|den *das*
mit|wir|ken
Mitwirkende *der/die*
Mitwirkung *die*
Mit|wis|ser *der*
Mitwisserin *die*
mit|zäh|len
Mix *der*
mixen
Mixer *der*
Mixtur *die*
mm (Millimeter)
Mne|mo|nik *die*
(Finden von
Eselsbrücken)
Mnemotechnik *die*

mo _____

Mob *der* (Pöbel)
mobben
(Kollegen schikanieren)
Mobbing *das*

Mö|bel *das*
Möbelfabrik *die*
Möbellager *das*
Möbelstück *das*
Möbelwagen *der*
Mobiliar *das*
möblieren
Möblierung *die*
mo|bil
mobilisieren
Mobilität *die*
Mobilmachung *die*
Mobiltelefon *das*
mo|dal (die Art und
Weise bezeichnend)
Modaladverbial *das*
Modalitäten
Modalsatz *der*
Modalverb *das*
Modus *der*
Mod|der *der* (Schlamm)
Mo|de *die*
modebewusst
Modedesigner/in
Modefarbe *die*
Modejournal *das*
Modemacher/in
Modenschau *die*
Modeschmuck *der*
Modeschöpfer/in
Mo|del *der* (Form);
das (Fotomodell)
Mo|dell *das*
Modellbau *der*
Modellflugzeug *das*
modellhaft
modellieren
Mo|dem *der/das*
(Gerät zur
Datenübertragung)
Mo|der *der*
Modergeruch *der*
modern (vermodern)
modrig

mo|de|rat (gemäßigt)
Mo|de|ra|ti|on *die*
Moderator/in
moderieren
mo|dern
(modisch, zeitgemäß)
moderne Möbel
moderner Fünfkampf
Moderne *die*
modernisieren
modisch
Mo|dern Jazz *der*
Mo|di|fi|ka|ti|on *die*
(Veränderung)
modifizieren

modu _____

Mo|dul *das* (Baueinheit)
Mo|du|la|ti|on *die*
(Übergang in eine
andere Tonart)
modulieren
Mo|dus *der*
(Aussageweise)
die Modi
Modus Vivendi *der*
Mo|fa (Motorfahrrad)
mo|geln
Mogelpackung *die*
mö|gen
mag, mochte,
hat gemocht
mög|lich
m ...
alles, was möglich ist
eine mögliche Ursache
so viel wie möglich
wenn möglich
M ...
alles Mögliche
im Rahmen des
Möglichen
sein Möglichstes tun

möglicherweise
Möglichkeit *die*
Möglichkeitsform *die*
(Konjunktiv)
möglichst
Mo|ham|med *der*
(Stifter und Gründer
des Islams)
Mo|hair *der*
(Angorawolle)
Mohairpullover *der*
Mohairwolle *die*
Mohn *der*
Mohnblume *die*
Mohnbrötchen *das*
Mohnkuchen *der*
Möh|re *die*
Möhrensaft *der*
Möhrenkuchen *der*
Mohrrübe *die*
mo|kant (spöttisch)
mokieren
sich mokieren über
Mo|kas|sin *der*

die Mokassins
Mok|ka/Moc|ca *der*
sehr starker Kaffee
Mokkatasse *die*

mol

Molch *der*
Mo|le *die* (Hafendamm)
Mo|le|kül *das*
molekular
Mol|ke *die*
Molkerei *die*
Molkereiprodukt *das*
Moll

c-Moll
c-Moll-Tonleiter
mol|lig
Mol|lus|ke *die*
(ein Weichtier)
Mo|loch *der*
(gefährliche Macht)
Mo|lo|tow|cock|tail
der (Sprengsatz)
Mo|lyb|dän *das* (Mo)
(chem. Element)
Mo|ment *der*
momentan
Mo|narch *der*
auch: Mon|arch
Monarchin *die*
Monarchie *die*
Monarchist/in
monarchistisch
Mo|nat *der*
mehrere Monate lang
monatelang
dreimonatig
(3-monatig)
monatlich
Monatsanfang *der*
Monatsende *das*
Monatskarte *die*
Mönch *der*
mönchisch
Mönchsorden *der*
Mond *der*
Mondaufgang *der*
Mondfinsternis *die*
Mondlandschaft *die*
Mondnacht *die*
Mondschein *der*
mondsüchtig
mon|dän
(übertrieben elegant)
mo|ne|tär (geldlich)
mon|go|lo|id
(mongolisch aussehend)
Mo|nier|ei|sen *das*

(Eisen im Beton)
Monierzange *die*
mo|nie|ren (rügen)
Monitum *das*
Mo|nis|mus *der* (eine
philosophische Lehre)
monistisch
Mo|ni|tor *der*
(Bildschirm)
mo|no
mo|no|chrom
(einfarbig)
mo|no|gam (Einehe...)
Monogamie *die*
Mo|no|gra|fie/
Mo|no|gra|phie *die*
(Untersuchung über
ein Thema)
Mo|no|gramm *das*

Mo|no|kel *das*
auch: Mon|okel
(Augenglas)
Mo|no|kul|tur *die*
(einseitige Anbauweise)
Mo|no|lith *der*
(Säule aus einem Stein)
monolithisch
Mo|no|log *der*
(Selbstgespräch)
innerer Monolog
monologisch
Mo|no|pol *das* (Recht
auf Alleinvertrieb)
monopolisieren
Monopolist *der*
Mo|no|po|ly *das*
Mo|no|the|is|mus *der*
(Glaube an einen Gott)

mo|no|ton
(eintönig)
Monotonie *die*
Mo|no|zyt *der*
(ein Blutkörperchen)
Mons|ter *das*
Monsterprozess *der*
Monsterschau *die*
monströs
Monstrosität *die*
Monstrum *das*
Mons|te|ra *die*
(eine Zimmerpflanze)
Mons|tranz *die*
auch: Monst|ranz
(Gefäß für die Hostie)
Mon|sun *der*
Monsunregen *der*
Mon|tag *der*
am Montag
Montag früh
am Montagabend
jeden Montagabend
montags
Mon|ta|ge *die*
Montagehalle *die*
mon|tan (Bergbau...)
Montanindustrie *die*
Mont|bre|tie *die*
(eine Blume)
Mon|teur *der*
Monteuranzug *der*
montieren
Mont|gol|fi|e|re *die*

Mon|tur *die*
(Arbeitskleidung)
Mo|nu|ment *das*
monumental

moo

Moor *das* (Sumpf)
moorig
Moorpackung *die*
Moos *das*
moosbedeckt
Moosflechte *die*
moosgrün
Moosröschen *das*
Mo|ped *das*
Mopedfahrer/in
Mopp *der* (Staubbesen)
Mops *der*
die Möpse
mopsen

mor

Mo|ral *die*
moralisch
moralisieren
Moralist *der*
Mo|rä|ne *die*
(Gletschergeröll)
Moränenlandschaft *die*
Mo|rast *der*
morastig
Mo|ra|to|ri|um *das*
(Aufschub)
mor|bid (kränklich)
Morbidität *die*
Mor|chel *die* (ein Pilz)
Mord *der*
einen Mord begehen
Mordanschlag *der*
morden
Mörder/in
mörderisch

Mordkommission *die*
mordsgefährlich
mordsmäßig
Mordverdacht *der*
Mordversuch *der*
Mordwaffe *die*
Mo|rel|le/Ma|rel|le
die (Kirsche)
die Schattenmorelle
Mor|gen *der*
m ...
morgen Abend
morgen früh / Früh
morgen Nachmittag
bis morgen
für morgen
von morgen
zu morgen
M ...
guten Morgen!
heute Morgen
jeden Morgen
Morgendämmerung *die*
morgendlich
Morgengrauen *das*
Morgenland *das*
Morgenmuffel *der*
morgens
Morgenstern *der*
Morgenstunde *die*
Morgenzeitung *die*
morgig
Mo|ri|tat *die*
(Lied über Schreckliches oder Rührendes)
Mor|phem *das* (kleinste bedeutungstragende Einheit der Sprache)
Morphologie *die*
morphologisch
Mor|phi|um *das*
morphiumsüchtig
morsch
Morschheit *die*

mor|sen
Morsezeichen *das*
Mör|ser *der*

Mor|ta|del|la *die*
(eine Wurstsorte)
Mör|tel *der*
Mo|sa|ik *das*
Mosaiksteinchen *das*
Mo|schee *die*
Mo|schus *der* (ein Duft)
Moschusochse *der*
mo|sern (nörgeln)
Mos|ki|to *der*
Moskitonetz *das*
Mos|lem/Mus|lim *der*
die Moslems/Muslime
Moslemin/Muslimin *die*
moslemisch/
muslimisch
Most *der*
Mos|trich *der* (Senf)
auch: Most|rich

mot

Mo|tel *das*
Mo|tet|te *die*
(ein Chorwerk)
Mo|tiv *das*
Motivation *die*
motivieren
Motivierung *die*
Mo|to|cross/
Mo|to-Cross *das*
Mo|to|drom *das*
Mo|tor *der*
die Motore(n)
Motorboot *das*

Motorik *die*
motorisch
motorisieren
Motorrad *das*
Motorroller *der*
Motorschaden *der*
Motorschiff *das*
Mot|te *die*
mottenfest
Mottenkiste *die*
Mottenpulver *das*
Mot|to *das*
mot|zen
Moun|tain|bike *das*
Mousepad/
Mauspad *das*
Mousse *die*
(eine Süßspeise)
Mousse au Chocolat
Mö|we *die*
Möwenschrei *der*
MP3 (Verkleinerung
von Musikdateien)
MP3-Format *das*
MP3-Player *der*
Ms./Mskr. (Manuskript)
MTA (medizinisch-tech-
nische/r Assistent/in)

mu

Mü|cke *die*
Mückenstich *der*
muck|sen
mucksmäuschenstill
mü|de
Müdigkeit *die*
Mu|ez|zin *der*
(Gebetsrufer)
Muff *der* (modriger
Geruch; Handwärmer)
muffig
Muf|fe *die*
Muf|fel *der*

Mü|he *die*
mühelos
mühen
sich mühen
mühevoll
Mühsal *die*
mühsam
mühselig
mu|hen
Müh|le *die*
Mühlbach *der*
Mühlenrad *das*
Mühlenstein *der*
Mulch *der* (zerkleiner-
tes Holz und Laub)
mulchen
Mul|de *die*
Mu|li *das* (Maulesel)
Mull *der*
Mullbinde *die*
Mullwindel *die*
Müll *der*
Müllabfuhr *die*
Müllcontainer *der*
Mülldeponie *die*
Mülleimer *der*
Müllschlucker *der*
Mülltonne *die*
Mül|ler *der*
Müllerin *die*
mul|mig
*mir wird ganz mulmig
zumute*
mul|ti|funk|ti|o|nal
mul|ti|kul|tu|rell
Mul|ti|me|dia-
sys|tem *das*
Mul|ti|mil|li|o|när *der*
Multimillionärin *die*
mul|ti|na|ti|o|nal
Mul|ti|ple-Choice-
Ver|fah|ren *das*
auch: Mul|tip|le-Choice-
Ver|fah|ren

mul|ti|pel (vielfach)
multiple Sklerose *die*
(eine Rückenmarks-
krankheit)
Mul|ti|pli|ka|ti|on *die*
Multiplikand *der*
Multiplikator *der*
multiplizieren
Mu|mie *die*
mumienhaft
mumifizieren
Mumm *der*
müm|meln (kauen)
Mum|men|schanz *der* (Maskenfest)
Mumps *der/die*
(Krankheit)

mun

Mund *der*
 die Münder
Mundart *die*
mundartlich
munden
mundgerecht
Mundgeruch *der*
Mundharmonika *die*
mündlich
Mundstück *das*
mundtot
Mundwerk *das*
Mundwinkel *der*
Mund-zu-Mund-Beatmung *die*
Mün|del *das*
(Kind mit Vormund)
mündelsicher
mun|den
mün|den
Mündung *die*
mün|dig
 mündig sein
 mündig werden
Mündigkeit *die*
M-und-S-Reifen *der*
(Reifen für Matsch und Schnee)
Mu|ni|ti|on *die*
Munitionsdepot *das*
mun|keln
Müns|ter *das*
mun|ter
Munterkeit *die*
Mün|ze *die*
münzen
Münzstätte *die*
Mu|rä|ne *die* (ein Fisch)
mürb/mür|be
Mürbeteig *der*
Mu|re *die* (Schutt-
abgang im Gebirge)
Murks *der*
 Murks machen
Mur|mel *die*
mur|meln
Mur|mel|tier *das*
mur|ren
mürrisch

mus

Mus *das*
 das Apfelmus
Mu|schel *die*
Muschelbank *die*
Muschelschale *die*
Mu|se *die*
(Göttin der Kunst)
musisch
mu|se|al
Museum *das*
 die Museen
museumsreif
Museumsstück *das*
Mu|sel|man *der*
Muselmanin *die*
Mu|si|cal *das*
Mu|sik *die*
 Musik liebend/
 musikliebend
 Musik machen
musikalisch
Musikalität *die*
Musikant/in
Musiker/in
Musikhochschule *die*
Musikinstrument *das*
Musikkapelle *die*
Musikkassette *die*
Musiklehrer/in
Musikstück *das*
Musikunterricht *der*
musizieren
Mus|kat *der*
Muskatnuss *die*
Mus|kel *der*
Muskelkater *der*
Muskelriss *der*
Muskelzerrung *die*
muskulär
Muskulatur *die*
muskulös
Mus|ke|te *die*

Müs|li/Mü|es|li *das*
Mus|lim/Mos|lem *der*
 die Muslime
Muslimin *die*
muslimisch
muss (→ müssen)
Mu|ße *die*
(freie Zeit)
Mußestunde *die*

müßig
Müßiggang *der*
müßiggehen (freie Zeit
genießen)
er ist müßiggegangen
Mus|se|lin *der*
(ein Gewebe)
müs|sen
muss, musste,
hat gemusst / müssen
wir haben früh
aufstehen müssen
das ist ein Muss
Mus|tang *der*
Mus|ter *das*
Musterbeispiel *das*
Musterbetrieb *der*
mustergültig
musterhaft
Musterknabe *der*
mustern
Musterprozess *der*
Musterschüler/in
Mus|te|rung *die*

mut

Mut *der*
Mut haben
zu Mute / zumute sein
mutig
mutlos
Mutlosigkeit *die*
Mutprobe *die*
mutwillig
Mu|ta|ti|on *die*
(Erbgutveränderung)
mutieren
mut|ma|ßen
mutmaßt, mutmaßte,
hat gemutmaßt
mutmaßlich
Mutmaßung *die*
Mut|ter *die*
die Mütter
Mutterboden *der*
Muttergottesbild *das*
mütterlich
Mütterlichkeit *die*
Mutterliebe *die*
Muttermal *das*
Muttermilch *die*
Mutterschaft *die*
Mutterschutz *der*
mutterseelenallein
Muttersprache *die*
Muttertag *der*
Mutti *die*
Mut|wil|le *der*
mutwillig
Mutwilligkeit *die*
Müt|ze *die*
MwSt. / Mw.-St.
(Mehrwertsteuer)

my

My|ko|lo|gie *die*
(Pilzkunde)
mykologisch
My|om *das*
(gutartige Geschwulst)
My|ri|a|de *die*
(unzählig viele)
Myriaden von Sternen
Myr|rhe *die*
Weihrauch und Myrrhe
Myrrhentinktur *die*
Myr|te *die*
Myrtenkranz *der*
Myrtenzweig *der*
mys|te|ri|ös
(geheimnisvoll)
Mysterium *das*
Mystifikation *die*
Mystifizierung *die*
Mystik *die*
Mystiker/in
mystisch
My|tho|lo|gie *die*
(Götter / Heldenlehre)
My|thos / My|thus *der*
(Sage)
die Mythen
My|xo|ma|to|se *die*
(Kaninchenkrankheit)

N

N (Norden)
n-Eck *das*
n-te Po|tenz *die*
na!
na ja!
na und?
Na|be *die*
die Radnabe
Na|bel *der*
Nabelbruch *der*
Nabelschau *die*
Nabelschnur *die*

nac

nach
nach außen
nach Hause /
nachhause
nach Köln
nach langem, schwerem Leiden
nach und nach
nach wie vor
nacheinander
nachher
nach|äf|fen
nach|ah|men
nachahmenswert
Nachahmer/in
Nachahmung *die*
Nach|bar *der*
Nachbarin *die*
Nachbarland *das*
Nachbarschaft *die*
nachbarschaftlich
Nach|be|hand|lung *die*
Nach|be|rei|tung *die*
nach|bes|sern
Nachbesserung *die*

nach|be|stel|len
Nachbestellung *die*
nach|be|zah|len
Nach|bil|dung *die*
nach Chris|tus
(n. Chr.)
nach|dem
je nachdem
nachdem alle angekommen waren ...
nach|den|ken
denkt nach,
dachte nach,
hat nachgedacht
das lange Nachdenken
nachdenklich
Nachdenklichkeit *die*
Nach|druck *der*
nachdrücklich
nach|dru|cken
nach|dun|keln
nach|ei|fern
nach|ei|nan|der
auch: nach|ein|an|der
nacheinander weggehen
nach|emp|fin|den
empfindet nach,
empfand nach,
hat nachempfunden
nach|er|zäh|len
Nacherzählung *die*
Nach|fol|ge *die*
nachfolgen
nachfolgend
das Nachfolgende
im Nachfolgenden
Nachfolger/in
nach|for|dern
Nachforderung *die*
nach|for|schen
Nachforschungen
Nach|fra|ge *die*
auf Nachfrage
nach|füh|len

nach|fül|len
den leeren Behälter nachfüllen
nach|ge|ben
gibt nach, gab nach,
hat nachgegeben
Nach|ge|bühr *die*
Nach|ge|burt *die*
nach|ge|hen
geht nach, ging nach,
ist nachgegangen
nach|ge|ra|de
Nach|ge|schmack *der*
einen Nachgeschmack haben
nach|ge|wie|se|ner|ma|ßen
nach|gie|big
Nachgiebigkeit *die*
nach|gu|cken / nach|ku|cken
nach|hal|tig
nachhaltig verändern
nach Haus / Hau|se /
nach|hau|se
nach Hause gehen /
nachhause gehen
der Nachhauseweg
nach|hel|fen
hilft nach, half nach,
hat nachgeholfen
Nachhilfe *die*
Nachhilfeschüler/in
Nachhilfestunde *die*
Nachhilfeunterricht *der*
nach|her
Nach|hi|nein
auch: Nach|hin|ein
im Nachhinein
nach|ho|len
Nachholbedarf *der*
Nach|hut *die*
nach|kau|fen
Nach|kom|me *der*

243

Nachkommenschaft *die*
Nach|kriegs|zeit *die*

nachl

Nach|lass *der*
*die Nachlasse/
Nachlässe*
nachlassen
*lässt nach, ließ nach,
hat nachgelassen*
nach|läs|sig
Nachlässigkeit *die*
nach|lau|fen
*läuft nach, lief nach,
ist nachgelaufen*
nach|le|gen
nach|le|sen
*liest nach, las nach,
hat nachgelesen
es ist nachzulesen*
Nach|lie|fe|rung *die*
nach|lö|sen
*eine Fahrkarte
nachlösen*

nachm

nach|ma|chen
nach|mes|sen
*misst nach, maß nach,
hat nachgemessen*
Nach|mit|tag *der*
*am Nachmittag
am Sonntagnachmittag
gestern Nachmittag
heute Nachmittag
morgen Nachmittag*
nachmittags
Nachmittagskaffee *der*
Nachmittags-
unterricht *der*
Nachmittags-
vorstellung *die*

Nach|nah|me *die* (Post)
Nachnahmesendung *die*
Nach|na|me *der*
(Familienname)
Nach|por|to *das*
Nachporto zahlen
nach|prü|fen
nach|rech|nen
nach|re|den
Nachrede *die*
die üble Nachrede
nach|rei|chen
Nach|richt *die*
Nachrichtenagentur *die*
Nachrichten-
sendung *die*
Nachrichtensprecher/in
nachrichtlich
nach|rü|cken
Nachrücker/in
Nach|ruf *der*
Nach|ruhm *der*

nachs

nach|sa|gen
Nach|sai|son *die*
Nachsatz *der*
die Nachsätze
nach|schau|en
nach|schi|cken
Nach|schlag *der*
die Nachschläge
nachschlagen
*schlägt nach,
schlug nach,
hat nachgeschlagen
das Nachschlagen im
Wörterbuch*
Nachschlagewerk *das*
Nach|schlüs|sel *der*
(zweiter Schlüssel)
Nach|schrift *die*
Nach|schub *der*

Nachschubweg *der*
nach|se|hen
*sieht nach, sah nach,
hat nachgesehen*
Nachsehen *das*
das Nachsehen haben
nach|sen|den
*sendet nach, sandte/
sendete nach, hat nach-
gesandt/nachgesendet*
Nach|sicht *die*
Nachsicht üben
nachsichtig
nachsichtsvoll
Nach|sil|be *die*
nach|sit|zen
*sitzt nach, saß nach,
hat nachgesessen*
Nach|sor|ge *die*
Nach|spann *der*
Nach|spei|se *die*
Nach|spiel *das*
nach|spre|chen
*spricht nach,
sprach nach,
hat nachgesprochen*
nach|spü|len
nächst
*n ...
das nächste Jahr
der nächste Beste
am nächsten
nächstes Mal
N ...
der Nächste
das Nächste wäre
Der Nächste bitte!
mein Nächster
als Nächstes
das Nächstliegende*
nächstbeste
Nächstenliebe *die*
nächstens
nach|ste|hend

nacht

Nacht *die*
die Nächte
bei Nacht
die Nacht über
eines Nachts
es wird Nacht
gestern Nacht
heute Nacht
morgen Nacht
Sonntagnacht
Tag und Nacht
viele Nächte lang
nachtblind
Nachtdienst *der*
nächtens
Nachtfrost *der*
Nachthemd *das*
nächtlich
Nachtruhe *die*
nachts
des Nachts, eines Nachts
Nachttisch *der*
(Schränkchen)
nachtwandeln
Nachtwandler/in
Nach|teil *der*
nachteilig
Nach|ti|gall *die*
Nach|tisch *der*
(Dessert)
Nach|trag *der*
die Nachträge
nachträglich
Nachtragshaushalt *der*
nach|trau|ern
jemandem nachtrauern
nach|voll|zie|hen
vollzieht nach, vollzog nach, hat nachvollzogen
etwas nachvollziehen können
nachvollziehbar

Nach|weis *der*
die Nachweise
nachweisbar
nachweisen
weist nach, wies nach, hat nachgewiesen
nachweislich
Nach|welt *die*
nach|wir|ken
Nachwirkung *die*
Nach|wort *das*
Nach|wuchs *der*
nach|zah|len
Nachzahlung *die*
nach|zäh|len
Nach|zei|tig|keit *die*
Nach|züg|ler
Nachzüglerin *die*
Na|cken *der*
Nackenstütze *die*
Nackenwirbel *der*
nackt
Nacktbadestrand *der*
Nacktheit *die*
Nackedei *der*

nad

Na|del *die*
Nadelarbeit *die*
Nadelbaum *der*
Nadelöhr *das*
Nadelspitze *die*
Nadelstich *der*
Nadelstreifen *der*
Nadelwald *der*
Na|gel *der*
die Nägel
Nagelfeile *die*
Nagellack *der*
nagelneu
Nagelschere *die*
na|gen
Nagetier *das*

nah/na|he
näher, nächste
n…
nahe dem Zentrum
von nah und fern
näher kommen
(näher heran)
näher rücken
nahe stehende/
nahestehende Häuser
nahestehende Freunde
N…
der Nahe Osten
alles Nähere
des Näheren
Näheres folgt
N…/n…
von Nahem/von nahem
Nähe *die*
nahebringen
bringt nahe, brachte nahe, hat nahegebracht
jmdn. etwas nahebringen
nahegehen
geht nahe, ging nahe, ist nahe gegangen
der Film ist mir nahegegangen
nahelegen (empfehlen)
naheliegen
liegt nahe, lag nahe, hat nahegelegen
eine naheliegende Vermutung
Naherholungsgebiet *das*
näherkommen
kommt näher, kam näher, ist nähergekommen
sich näherkommen
(besser kennen lernen)
nähern
sich nähern
nahezu
Nahverkehr *der*

nä|hen
 Näher/in
 Nähgarn *das*
 Nähkästchen *das*
 aus dem Nähkästchen
 plaudern
 Nähmaschine *die*
 Nähnadel *die*
 Nähzeug *das*
nahm (→ nehmen)
näh|ren
 sich nähren
 nahrhaft
 Nahrung *die*
 Nahrungsmittel *das*
 Nährwert *der*
Naht *die*
 die Nähte
 nahtlos
 Nahtstelle *die*
na|iv
 Naivität *die*

nam

Na|me *der*
 namenlos
 namens
 Namenstag *der*
 Namenwort *das*
na|ment|lich
nam|haft
näm|lich
 der/das Nämliche

 Name
 namentlich
 *n**äm**lich*

 Aber:
 ähnlich
 w**äh**rend

---

nann|te (→ nennen)
Na|no|gramm *das*
 (milliardstel Gramm)
na|nu!
Na|palm *das*
 Napalmbombe *die*
Napf *der*
 die Näpfe
 Napfkuchen *der*
Nap|pa|le|der *das*
Nar|be *die*
 narbig
Nar|ko|se *die*
 Narkosearzt *der*
 Narkoseärztin *die*
 Narkosemittel *das*
Narr *der*
 Närrin *die*
 narren
 Narrenfreiheit *die*
 narrensicher
 närrisch
nar|ra|tiv (erzählend)
 ein narrativer Text
Nar|ziss *der*
 (in sich selbst
 verliebter Mensch)
 narzisstisch
Nar|zis|se *die*

nas

na|sal (Nasen...)
 Nasal *der*
 Nasallaut *der*
 Nasalvokal *der*
na|schen
 Nascherei *die*
 naschhaft
Na|se *die*
 alle nase(n)lang
 näseln
 Nasenbluten *das*
 Nasenflügel *der*
 Nasenhöhle *die*
 Nasenloch *das*
 Nasenscheidewand *die*
 Nasenschleimhaut *die*
 Nasenspitze *die*
 Nasenspray *der/das*
 Nasenstüber *der*
 Naserümpfen *das*
 naseweis
Nas|horn *das*
 die Nashörner
nass
 nasser/nässer,
 nasseste/nässeste
 ein nass geschwitztes/
 nassgeschwitztes T-Shirt
 die Haare nass machen/
 nassmachen
 Nässe *die*
 nässen
 nasskalt
 Nassschnee *der*
 Nasszelle *die*
Nas|sau|er *der*
 (jemand, der von
 anderen profitiert)
 nassauern

nat

Na|ti|on *die*
 national
 nationalbewusst
 Nationalfarben
 Nationalhymne *die*
 Nationalismus *der*
 nationalistisch
 Nationalität *die*
 Nationalmannschaft *die*
 Nationalpark *der*
 Nationalsozialismus *der*
 Nationalsozialist/in
 nationalsozialistisch
 Nationalspieler/in

Nationalsprache *die*
Nationalstaat *der*
Nationalstolz *der*
Nationalversammlung *die*
NATO/Na|to *die* (North Atlantic Treaty Organization)
natogrün
Na|tri|um *das* (Na) *auch:* Nat|ri|um
Natriumchlorid *das* (Kochsalz)
Natron *das*
Natronlauge *die*
Nat|ter *die*
Na|tur *die*
Naturalien *die* (Landwirtschaftserzeugnisse)
Naturalismus *der*
naturalistisch
naturbelassen
Naturbeobachtung *die*
Naturdenkmal *das*
Naturell *das* (Wesensart)
Naturfaser *die*
Naturforscher/in
Naturfreund/in
naturgemäß
Naturgesetz *das*
naturgetreu
Naturkatastrophe *die*
Naturkunde *die*
Naturpark *der*
natürlich
natürliche Zahlen
natürlicherweise
Natürlichkeit *die*
Naturprodukt *das*
Naturrecht *das*
naturrein
Naturschutz *der*
Naturschutzgebiet *das*
Naturtalent *das*
naturtrüb
Naturwissenschaft *die*
naturwissenschaftlich
naturwissenschaftliche Fächer
Naturzustand *der*
Nau|tik *die* (Schifffahrtskunde)
nautisch
Na|vi|ga|ti|on *die*
navigieren
Na|zi *der* (Nationalsozialist)
Naziregime *das*
nazistisch
n. Chr. (nach Christus)

ne

Ne|an|der|ta|ler *der* (ein Urmensch)
Ne|bel *der*
Nebelbank *die*
Nebelhorn *das*
Nebelkrähe *die*
Nebelschlussleuchte *die*
Nebelschwaden
neblig
nebulös
ne|ben
nebenan
nebenbei
nebenberuflich
Nebenbeschäftigung *die*
Nebenbuhler/in
nebeneinander
nebeneinanderlegen
nebeneinandersitzen
sitzen nebeneinander,
saßen nebeneinander,
haben nebeneinandergesessen
nebeneinanderstellen
Nebeneinander *das*
Nebenerwerb *der*
Nebenfach *das*
Nebenfigur *die*
Nebenfluss *der*
Nebenhandlung *die*
Nebenhaus *das*
nebenher
Nebenklage *die*
Nebenkosten *die*
Nebenmann *der*
Nebenrolle *die*
Nebensache *die*
nebensächlich
Nebensächlichkeiten
Nebensatz *der*
nebenstehend
das Nebenstehende
im Nebenstehenden
Nebenstraße *die*
Nebenwirkung *die*
nebst
Ne|ces|saire *das*
n-Eck *das*
ne|cken
sich necken
Neckerei *die*
neckisch
Nef|fe *der*

neg

Ne|ga|ti|on *die* (Verneinung)
negativ
negativer Befund
negative Zahlen
Negativ *das*
negieren
ne|gie|ren (verneinen)
Negierung *die*
Neg|li|gé *das* (leichter Morgenmantel)

neh|men
nimmt, nahm,
hat genommen
Rücksicht nehmen
sich die Freiheit nehmen
Nehmer *der*
Neh|rung *die*
(Landzunge)
Neid *der*
neiderfüllt
neidisch
neidlos
neidvoll
Nei|ge *die*
neigen
sich neigen
Neigung *die*
nein
Nein / nein sagen
das Nein
sein Nein respektieren
mit Nein antworten
mit Nein stimmen
Neinstimme *die*
Ne|kro|log *der*
auch: Nek|ro|log
(Nachruf)
Nek|tar *der* (Blütenabsonderung; Göttertrank)
Nektarine *die*
Nel|ke *die*
Nelkenstrauß *der*
NE-Me|tall
(Nichteisenmetall)
nen|nen
nennt, nannte,
hat genannt
sich nennen
nennenswert
Nenner *der*
auf einen Nenner bringen
Nennform *die* (Infinitiv)
Nennung *die*

Nennwort *das* (Nomen)
Neo|fa|schist *der*
Neofaschistin *die*
Neo|klas|si|zis|mus *der*
Ne|on *das* (Ne)
Neonlampe *die*
Neonreklame *die*
Neo|na|zi *der*
Nepp *der*
(wertloses Zeug)
neppen
Nepper *der*
Nep|tun *der*
Nerv *der*
die Nerven
nerven
jemanden nerven
das nervt
Nervenarzt *der*
nervenaufreibend
Nervenbündel *das*
Nervengift *das*
Nervenheilanstalt *die*
nervenkrank
Nervenkrieg *der*
Nervensache *die*
nervenstark
Nervensystem *das*
Nervenzusammenbruch *der*
nervlich
nervös
Nervosität *die*
Nerz *der*
Nerzmantel *der*

nes

Nes|ca|fé® *der*
Nes|sel *die*
(eine Pflanze)
Nes|ses|sär /
Ne|ces|saire *das*

Nest *das*
Nestbau *der*
Nestflüchter *der*
Nesthäkchen *das*
Nesthocker *der*
Nestwärme *die*
nes|teln
nett
netterweise
Nettigkeit *die*
net|to (nach Abzug)
Nettoeinkommen *das*
Nettogewicht *das*
Nettolohn *der*
Nettoverdienst *der*
Netz *das*
Netzball *der*
netzförmig
Netzhaut *die*
Netzwerk *das*

neu

neu
n...
neu bauen
das neu eröffnete /
neueröffnete Café
das neue Jahr
die neuen Bundesländer
die neuen Medien
N...
aufs Neue
das Neue
etwas Neues
nichts Neues
Neue Innerlichkeit
Neue Sachlichkeit
das Neue Testament
die Neue Welt
N... / n...
von Neuem / von neuem
seit Neuestem /
seit neuestem

Neu|an|schaf|fung *die*
neu|ar|tig
Neuartigkeit *die*
Neu|auf|la|ge *die*
Neu|bau *der*
die Neubauten
Neubauwohnung *die*
Neu|be|ar|bei|tung *die*
Neu|be|ginn *der*
Neu|ein|stel|lung *die*
Neu|ein|stu|die|rung *die*
Neu|ent|de|ckung *die*
Neu|ent|wick|lung *die*
neu|er|dings
Neu|er|öff|nung *die*
neu eröffnet /
neueröffnet
Neu|er|schei|nung *die*
Neu|e|rung *die*
neu|es|tens /
 neus|tens
Neu|fas|sung *die*
neu|ge|bo|ren
Neugeborene *das*
Neu|gier *die*
Neugierde *die*
neugierig
Neu|heit *die*
neu|hoch|deutsch
Neuhochdeutsche *das*
(→ deutsch)
Neu|ig|keit *die*
Neu|jahr *das*
Neujahrsgruß *der*
Neujahrstag *der*
Neu|land *das*
neu|lich (kürzlich)
Neu|ling *der*
neu|mo|disch
Neu|mond *der*

neun
n ...
es ist neun (Uhr)
um neun
Viertel nach neun
wir waren neun
sie wurde neun (Jahre)
N ...
die Neun
die Zahl Neun
neunfach
Neunfache *das*
neunmal (9-mal)
neuneinhalb
neunhundert
neunstellig (9-stellig)
neunstündig
neuntausend
neunte
neuntel
ein neuntel Lichtjahr
Neuntel *das*
ein Neuntel des
Umfangs
sieben Neuntel
neuntens
neunundzwanzig
neunzehn
neunzig
Neu|phi|lo|lo|gie *die*
neu|ral|gisch
(den Nerv treffend)
den neuralgischen
Punkt treffen
Neu|ro|lo|gie *die*
(Nervenkunde)
neurologisch
neuronal
Neurose *die*
neurotisch
Neu|ro|man|tik *die*
Neu|sprach|ler *der*
Neusprachlerin *die*
neusprachlich

neu|tral
auch: neut|ral
neutralisieren
Neutralismus *der*
neutralistisch
Neutralität *die*
Neutralitätspolitik *die*
Neu|tron *das*
auch: Neut|ron
(Teil des Atomkerns)
die Neutronen
Neu|trum *das*
auch: Neut|rum
(sächl. Nomen)
Neu|wert *der*
neuwertig
Neu|zeit *die*
neuzeitlich
New|co|mer *der*
New Look *der / das*
(neuer Modestil)
News
(Neuigkeiten)
New|ton *das* (N)
(eine Maßeinheit)

ni

Ni|be|lun|gen
Nibelungenlied *das*
nicht
gar nicht
nicht öffentliche /
nichtöffentliche
Sitzungen
überhaupt nicht
nicht nur ..., sondern
auch
Nicht|an|griffs|pakt *der*
Nicht|be|ach|tung *die*
Nich|te *die*
nicht|ehe|lich /
 nicht ehe|lich

Nicht|fach|mann *der*
Nicht|ge|fal|len *das*
  bei Nichtgefallen
nich|tig
  Nichtigkeiten
Nicht|me|tall *das*
Nicht|rau|cher *der*
  Nichtraucherin *die*
nichts
  n ...
  nichts anderes /
  nichts Anderes
  nichts Besonderes
  nichts Neues
  für nichts
  gar nichts
  viel Lärm um nichts
  zu nichts
  nichts ahnend /
  nichtsahnend
  nichts sagend /
  nichtssagend
  N ...
  das Nichts
  vor dem Nichts stehen
  nichtsdestoweniger
  Nichtskönner *der*
  Nichtsnutz *der*
  nichtswürdig
Nicht|schwim|mer *der*
  Nichtschwimmerin *die*
**nicht Zu|tref|fen|de /
Nicht|zu|tref|fen|de** *das*
  nicht Zutreffendes /
  Nichtzutreffendes
  streichen
Ni|ckel *das* (Ni)
  Nickelbrille *die*
ni|cken
Ni|cki *der*
Ni|co|tin / Ni|ko|tin *das*

nie

nie
  nie mehr
  nie und nimmer
nie|der
Nie|der|fre|quenz *die*
Nie|der|gang *der*
nie|der|ge|drückt
nie|der|ge|schla|gen
  Niedergeschlagenheit *die*
nie|der|kni|en
Nie|der|la|ge *die*
Nie|der|lan|de
  Niederländer/in
  niederländisch
nie|der|las|sen
  lässt nieder, ließ nieder,
  hat niedergelassen
  sich niederlassen
  Niederlassung *die*
nie|der|le|gen
  sich niederlegen
nie|der|rei|ßen
  reißt nieder, riss nieder,
  hat niedergerissen
Nie|der|sach|sen
  Niedersachse *der*
  Niedersächsin *die*
  niedersächsisch
Nie|der|schlag *der*
  die Niederschläge
  niederschlagsarm
nie|der|schla|gen
  schlägt nieder, schlug
  nieder, hat nieder-
  geschlagen
**nie|der|schmet-
ternd**
nie|der|schrei|ben
  schreibt nieder,
  schrieb nieder,
  hat niedergeschrieben

  Niederschrift *die*
Nie|der|tracht *die*
  (Schäbigkeit)
  niederträchtig
  Niederträchtigkeit *die*
nie|der|tram|peln
Nie|de|rung *die*
nie|der|wer|fen
  wirft nieder, warf nieder,
  hat niedergeworfen
  Niederwerfung *die*
Nie|der|wild *das*
nied|lich
  Niedlichkeit *die*
nied|rig
  Niedriglohnland *das*
  Niedrigwasser *das*
nie|mals
nie|mand
  niemand Fremdes
  niemand anders
  ich sehe niemanden
  niemandem wider-
  sprechen
  Niemandsland *das*
Nie|re *die*
  Nierenbecken *das*
  nierenförmig
  Nierenkolik *die*
  nierenkrank
  Nierentransplantation *die*
nie|seln
  Nieselregen *der*
nie|sen
  geniest
  Niespulver *das*
Nie|te *die*
  niet- und nagelfest
  nieten
Night|club *der*
Ni|hi|lis|mus *der* (eine
  philosophische Lehre)
  nihilistisch

nik

Ni|ko|laus|tag der
Ni|ko|tin/Ni|co|tin
  das
  nikotinarm
  Nikotingehalt der
Nil|pferd das
Nim|bus der
  (besonderes Ansehen)
nim|mer
  nie und nimmer
  auf Nimmerwiedersehen
  nimmermehr
nimmt (→ nehmen)

nip

Nip|pel der
nip|pen
Nip|pes (kleine
  Ziergegenstände)
  Nippsachen
nir|gends
  nirgendwo
  nirgendwohin
Ni|sche die
Nis|se die (Ei der Laus)
nis|ten
  Nistkasten der
  Nistplatz der
Ni|trat das
  auch: Nit|rat
  (Salz der Salpetersäure)
  Nitroglyzerin das
  Nitrophosphat das
  (Düngemittel)
  Nitrosamine
Ni|veau das
  (Höhenstufe;
  Bildungsstand)
  auf hohem Niveau
  niveaulos
  Niveauunterschied der
  niveauvoll
  nivellieren
  (gleichmachen)
  Nivellierung die
Ni|xe die

no|bel (edel)
  Nobelherberge die
  Nobelpreis der
  Nobelpreisträger/in
  Noblesse die
  noblesse oblige
  (Adel verpflichtet)
No|bo|dy der
  (ein unbedeutender
  Mensch, ein Niemand)
noch
  noch einmal
  noch immer
  noch mehr
  noch nicht
  noch mal/nochmal
  nochmals
No|cken|wel|le die
No|ckerl das (Klößchen)
Noc|tur|ne das/die
  (Nachtmusik)
NOK (Nationales
  Olympisches Komitee)
No|ma|de der
  (umherziehender Hirte)
  Nomadin die
  Nomadenvolk das
No|men das
  nomen est omen
  Nomenklatur die
  (Fachausdrücke)
  nominal
  Nominalbetrag der
  Nominalisierung die
  Nominalstil der
  Nominativ der
  nominell
  nominieren
  Nominierung die
No-Name-Pro|dukt
  das
non|cha|lant
  (ungezwungen)
No|ne die (9. Ton;
  Intervall von 9 Tönen)
**Non-Food-
  Ab|tei|lung** die
non|kon|for|mistisch
  (nicht angepasst)
Non|ne die
  Nonnenkloster das
Non|plus|ul|tra das
  auch: Non|plus|ult|ra
  (das Unübertreffbare)
Non|sens der (Unsinn)
non|stop
  nonstop fliegen
  Nonstopflug/Nonstop-
  Flug der
non|ver|bal
  (ohne Worte)
  *sich nonverbal
  verständigen*
Nop|pe die
  (Knoten im Gewebe)

nor

Nord (N)
  Nord und Süd
  *Frankfurt Nord/
  Frankfurt-Nord*
  Nordafrika
  Nordamerika

Norddeutschland
Norden *der*
Nordeuropa
nordisch
Nordkap *das*
nördlich
nördlich von Hamburg
Nordlicht *das*
Nordost (NO)
Nordpol *der*
Nordsee *die*
Nordwest (NW)
nordwestlich
Nordwind *der*
Nord|rhein-West|fa|len
nordrhein-westfälisch
Westfale *der*
Westfälin *die*
nör|geln
nörg(e)lig
Nörgler/in
Norm *die*
normal
Normalbenzin *das*
Normale *die*
Normalengleichung *die*
normalerweise
Normalfall *der*
normalisieren
Normalität *die*
Normalverteilung *die*
Normalzustand *der*
normativ
normen
Normenkontrolle *die*
normiert
Normierung *die*
Nor|we|gen
Norweger/in
norwegisch
Nos|tal|gie *die* (Liebe zur Vergangenheit)
nostalgisch

not _____
Not *die*
die Nöte
n...
das ist vonnöten
nottun
N...
Not am Mann
Not leiden
Not lindern
in Not sein
in Nöten
seine liebe Not haben
zur Not
N.../n...
Not leidend / notleidend
Notarzt *der*
Notaufnahme *die*
Notausgang *der*
Notbremse *die*
notdürftig
Notfall *der*
im Notfall
notfalls
notgedrungen
Notlage *die*
notlanden
Notlösung *die*
Notlüge *die*
Notruf *der*
Notstand *der*
Notstromaggregat *das*
nottun
tut not, tat not, hat notgetan
Notunterkunft *die*
Notwehr *die*
no|ta|be|ne (übrigens)
No|tar *der*
Notarin *die*
Notariat *das*
notariell
ein notarieller Vertrag

No|ta|ti|on *die* (Notenschrift)
Not|durft *die*
seine Notdurft verrichten
No|te *die*
Notenblatt *das*
Notenständer *der*
Note|book *das*
no|tie|ren
Notierung *die*
Notiz *die*
nö|tig
n...
die nötige Unterschrift
das ist nicht nötig
das ist am nötigsten
N...
das Nötigste
es fehlt am Nötigsten
(das Wichtigste fehlt)
nötigen
nötigenfalls
Nötigung *die*
No|tiz *die*
Notizbuch *das*
not|lan|den
das Flugzeug ist notgelandet
Notlandung *die*
no|to|risch
(offenkundig)
Not|tur|no *das*
(Nachtmusik)
die Notturnos / Notturni
not|wen|dig
alles Notwendige
etwas Notwendiges
auf das Notwendige reduzieren
notwendigerweise
Notwendigkeit *die*
Not|zucht *die*
(Vergewaltigung)

Nou|gat/Nu|gat *das*
Nougatschokolade *die*

nov

No|va *die* (neuer Stern)
No|vel|le *die*
Novellensammlung *die*
Novellenschreiber/in
Novellierung *die*
Novellist *der*
novellistisch
No|vem|ber *der*
Novemberrevolution *die*
No|vi|ze *der*
(Mönch auf Probe)
Novizin *die*
Noviziat *das*
No|vum *das*
(absolute Neuheit)
ein Novum
Nr. (Nummer)
Nrn. (Nummern)
NSG (Naturschutzgebiet)
n-te Po|tenz

nu

Nu
im Nu (schnell)
Nu|an|ce *die*
nuancieren
nüch|tern
Nüchternheit *die*
Nu|ckel *der*
nuckeln
Nu|del *die*

Nudelsuppe *die*
Nu|dis|mus *der*
(Freikörperkultur)
Nudist/in
Nu|gat/Nou|gat *das*
Nugatschokolade *die*
Nug|get *das*
(Goldklumpen)
nu|kle|ar
auch: nuk|le|ar (Atom...)
Nuklearmacht *die*
Nuklearmedizin *die*
Nuklearwaffen
Nukleinsäure *die*
Nuklearstrategie *die*
Nukleon *das*
(Atomkernbaustein)
null
n...
null Bock
null Fehler
null Grad
null Komma zwei
null und nichtig
auf null stehen
bei null anfangen
das Ergebnis war gleich null
durch null teilen
drei zu null
gleich null sein
in null Komma nichts
die Stunde null
unter null sinken
N...
die Null
er ist eine Null
drei Nullen

*Nu*mmer	das *Nu*merale (Zahlwort)
*Nu*mmernschild	*nu*merisch (zahlenmäßig)
*nu*mmerieren	der *Nu*merus, die *Nu*meri

nullachtfünfzehn
(08/15)
Nulldiät *die*
Nulllage/Null-Lage *die*
Nullleiter/Null-Leiter *der*
Nulllinie/Null-Linie *die*
Nullmenge *die*
Nullpunkt *der*
Nullsummenspiel *das*
Nulltarif *der*

num

(**numerieren**
→ nummerieren)
Nu|me|rus *der*
(Ein- bzw. Mehrzahl)
Numerus clausus *der*
(Zulassungsbeschränkung)
Nu|mis|ma|tik *die*
(Münzkunde)
Num|mer *die* (Nr.)
auf Nummer Sicher/sicher gehen
nummerieren
die Fehler nummerieren
Nummerierung *die*
Nummernschild *das*
nun
von nun an
nunmehr
Nun|ti|us *der* (Botschafter des Papstes)
nur
nur nicht
nur noch
nu|scheln
Nuss *die*
die Nüsse
das Nüsschen
Nussbaum *der*
Nussfüllung *die*

Nussknacker *der*
Nusskuchen *der*
Nussschale / Nuss-
Schale *die*
Nussschokolade /
Nuss-Schokolade *die*
Nüs|tern *die*
Nut / Nu|te *die*
  (Kerbe)
Nut|te *die*
Nutz *der*
  zu Nutze / zunutze
  sich etwas zu Nutze /
  zunutze machen

zu nichts nütze
von Nutzen sein
nutzbar
nutzbringend
Nutzeffekt *der*
nutzen
nützen
Nutzen *der*
Nutzfahrzeug *das*
Nutzlast *die*
nützlich
Nützlichkeit *die*
nutzlos
Nutzlosigkeit *die*

Nutznießer *der*
Nutzpflanze *die*
Nutzung *die*
Nutzungsrecht *das*
Nutzwert *der*

ny

Ny|lon *das*
  Nylonstrumpf *der*
Nym|phe *die*
  (Naturgottheit)
  Nymphomanin *die*

O

o/oh
o ja!/oh ja!
o weh!/oh weh!
oje
O (Osten)
der Nordosten
Oa|se *die*

ob

ob
als ob
OB (Oberbürgermeister)
Ob|acht
Obacht geben
gibt Obacht, gab Obacht, hat Obacht gegeben
Ob|dach *das*
obdachlos
Obdachlose *der/die*
Obdachlosenasyl *das*
Obdachlosigkeit *die*
Ob|duk|ti|on *die*
(Leichenöffnung)
obduzieren
O-Bei|ne
o-beinig/O-beinig
Obe|lisk *der*
(ägyptische Säule)
oben
wie oben erwähnt
das oben genannte/ obengenannte Konto
oben liegen
oben ohne
oben sein
oben stehen
das oben Stehende/ Obenstehende
bis oben
nach oben
nach oben hin
alles Gute kommt von oben
obenauf
obendrein
obendrüber
obenherum

ober

Ober *der* (Kellner)
Ober|arm *der*
Ober|arzt *der*
die Oberärzte
Oberärztin *die*
Ober|be|fehls-ha|ber *der*
Ober|be|griff *der*
Ober|bett *das*
Ober|bür|ger-meis|ter *der* (OB)
Oberbürgermeisterin *die*
Ober|deck *das*
Ober|flä|che *die*
Oberflächen-spannung *die*
Oberflächen-struktur *die*
Oberflächenwasser *das*
oberflächlich
Oberflächlichkeit *die*
ober|gä|rig (mit oben schwimmender Hefe)
Ober|ge|frei|te *der*
Ober|gren|ze *die*
ober|halb
oberhalb des Kellers
Ober|hand *die*
Ober|haupt *das*
Ober|hemd *das*
Obe|rin *die*
(Ordensschwester)
die Oberinnen

Ober|in|spek|tor *der*
auch: O|ber|ins|pek|tor
Oberinspektorin *die*
ober|ir|disch
Ober|kan|te *die*
Ober|kell|ner *der*
Oberkellnerin *die*
Ober|kör|per *der*
Ober|land *das*
Ober|lan|des-ge|richt *das* (OLG)
Ober|lei|tung *die*
Ober|leut|nant *der*
Ober|licht *das*
Ober|li|ga *die*
Ober|lip|pe *die*
Ober|re|gie|rungs-rat *der*
die Oberregierungsräte
Oberregierungsrätin *die*
Obers *das* (Sahne)
Ober|schen|kel *der*
Oberschenkelhals *der*
Oberschenkelhals-bruch *der*
Ober|schu|le *die*
Ober|schwes|ter *die*
Ober|sei|te *die*
oberst
zuoberst liegen
Oberst *der*
Ober|staats|an|walt *der*
die Oberstaatsanwälte
Oberstaatsanwältin *die*
Ober|stadt|di|rek-tor *der*
Oberstadtdirektorin *die*
obers|te
Oberst|leut|nant *der*
Ober|stu|di|en-di|rek|tor *der*
Oberstudiendirektorin *die*

Ober|stu|di|en|rat
der
die Oberstudienräte
Oberstudienrätin *die*
Ober|stu|fe *die*
Ober|teil *das*
Ober|ton *der*
Ober|ver|wal-tungs|ge|richt *das*
Ober|was|ser *das*
Oberwasser bekommen
Ober|wei|te *die*
ob|gleich
Ob|hut *die* (Schutz)
obig
der obige Paragraph
im Obigen
Ob|jekt *das*
objektiv
Objektiv *das*
objektivieren
Objektivität *die*
Objektsatz *der*
Objektträger *der*
Ob|la|te *die*
(geweihte Hostie)
ob|lie|gen
obliegt / liegt ob,
oblag / lag ob,
hat oblegen / obgelegen
ob|li|gat
(unentbehrlich)
Obligation *die*
obligatorisch
Obligo *das*
Ob|mann *der*
die Obmänner/Obleute
Oboe *die* (ein Holzblasinstrument)
Oboist/in
Obo|lus *der*
(kleine Spende)
Ob|rig|keit *die*
Obrigkeitsdenken *das*

ob|schon (obwohl)
Ob|ser|va|to|ri|um
das (Beobachtungsstation)
Observation *die*
observieren
obs|kur (dunkel)
auch: ob|skur
Obskurität *die*
ob|so|let (veraltet)
Obst *das*
Obstbaum *der*
Obstgarten *der*
Obstler *der*
Obstsaft *der*
Obstsalat *der*
Ob|struk|ti|on *die*
auch: Obs|truk|ti|on /
Obst|ruk|ti|on
(Verhinderung)
obs|zön
auch: ob|szön
(schamlos)
Obszönität *die*
ob|wohl

oc

Och|se *der*
Ochsenschwanzsuppe *die*
Ochsentour *die*
Öchs|le *das*
(eine Maßeinheit)
Öchslegrad *der*
ocker
ockerbraun
Ockerfarbe *die*
ockergelb
öd / öde
Öde *die*
Ödland *das*
Ode *die* (feierl. Gedicht)
Odem *der* (Atem)

Ödem *das*
(Wassersucht)
oder
entweder ... oder
Odys|see *die*
(Irrfahrt)

of

Ofen *der*
die Öfen
ofenfrisch
Ofenheizung *die*
of|fen
(getr. in der Bedeutung „geöffnet":)
offen bleiben
offen halten
offen lassen
offen stehen
offen gesagt / offengesagt bin ich völlig pleite
offenbleiben
bleibt offen, blieb offen,
ist offen geblieben
die Frage musste offenbleiben
offenhalten
hält offen, hielt offen,
hat offengehalten
sich die Entscheidung offenhalten
offenlassen
lässt offen, ließ offen,
hat offengelassen
den Termin noch offenlassen
of|fen|bar
of|fen|ba|ren
sich offenbaren
Offenbarung *die*
Offenbarungseid *der*
Of|fen|heit *die*
of|fen|her|zig

of|fen|kun|dig
of|fen|sicht|lich
   das ist offensichtlich
of|fen|siv (angreifend)
   Offensive *die*
öf|fent|lich
   die öffentliche Sitzung
   nicht öffentlich /
   nichtöffentlich
   öffentliche Verkehrs-
   mittel
   Öffentlichkeit *die*
of|fe|rie|ren (anbieten)
   Offerte *die*
of|fi|zi|ell
   der offizielle Bericht
   offiziös
Of|fi|zier *der*
   Offizierskorps *das*
off|line (vom
   Datennetz getrennt)
öff|nen
   sich öffnen
   Öffner *der*
   Öffnung *die*
   Öffnungszeit *die*
Off|set|druck *der*
oft
   öfter, öftest
   Wie oft?
   des Öfteren
   öfters
   oftmals

oh

oh! (→ o/oh)
OHG (offene
   Handelsgesellschaft)
Ohm *der* (Onkel)
Ohm (Eigenname);
   das (Ω) (physik. Begriff)
   das ohmsche Gesetz /
   das Ohm'sche Gesetz

oh|ne
   ohne dass
   ohne Befund
   ohne Weiteres /
   ohne weiteres
   ohneeinander
   ohnegleichen
   ohnehin
Ohn|macht *die*
   ohnmächtig
   Ohnmachtsanfall *der*
Ohr *das*
   zu Ohren kommen
   Ohrenarzt *der*
   Ohrensausen *das*
   Ohrenschmerzen
   Ohrfeige *die*
   ohrfeigen
   Ohrläppchen *das*
   Ohrmuschel *die*
   Ohrring *der*
   Ohrwurm *der*
oje!
o.k. / okay
   es ist okay / o.k.
   sein Okay geben
Oka|pi *das*
   (eine Giraffenart)
Ok|klu|si|on *die*
   (meteorol. Begriff)
ok|kult (geheim)
   Okkultismus *der*
Ok|ku|pa|ti|on *die*
   (Besetzung)
   okkupieren
Öko|lo|gie *die*
   (Umwelt)
   ökologisch
   Ökosystem *das*
Öko|no|mie *die*
   (Wirtschaft)
   ökonomisch
Ok|ta|eder *das* (Gegen-
   stand mit acht Flächen)

Ok|tan|zahl *die*
Ok|ta|ve *die*
Ok|tett *das* (Musik für
   acht Instrumente)
Ok|to|ber *der*
   Oktoberfest *das*
   Oktoberrevolution *die*
ok|to|go|nal
   (achteckig)
ok|troy|ie|ren
   auch: okt|ro|yie|ren
   (aufzwingen)
Oku|lar *das* (eine Linse)
Öku|me|ne *die* (Ge-
   samtheit der Christen)
   ökumenisch
Ok|zi|dent *der*
   (der „Westen")

ol

Öl *das*
   das Olivenöl
   Ölbaum *der*
   Ölbohrung *die*
   Öldruck *der*
   ölen
   Ölfarbe *die*
   Ölfleck *der*
   Ölgemälde *das*
   Ölheizung *die*
   ölig
   Ölkatastrophe *die*
   Ölleitung *die*
   Ölpest *die*
   Ölraffinerie *die*
   Ölsardine *die*
   Ölschicht *die*
   Öltanker *der*
   Ölung *die*
   die Letzte Ölung
   Ölwechsel *der*
Ol|die *der*
   Oldtimer *der*

Ole|an|der *der*
OLG *das*
(Oberlandesgericht)
Oli|gar|chie *die*
auch: Olig|ar|chie
(Herrschaft weniger)
oligarchisch
Oli|ve *die*
Olivenbaum *der*
Olivenöl *das*
olivgrün
Olymp *der* (Berg;
Göttersitz)
Olympiade *die*
Olympiamedaille *die*
olympiareif
Olympiasieg *der*
Olympiastadion *das*
Olympionike *der*
olympisch
das olympische Feuer
die Olympischen Spiele
Oma *die*
Om|buds|mann *der*
(Vertrauensmann)
Ome|ga *das*
(griech. Buchstabe) (Ω)
Ome|lett *das*
Omen *das* (Zeichen)
ominös
Om|ni|bus *der*
die Omnibusse
Omnibusbahnhof *der*
om|ni|po|tent
(allmächtig)
OmU (Original
mit Untertiteln)
ona|nie|ren
(sich selbst befriedigen)
On|du|la|ti|on *die*
ondulieren
(in Wellen legen)
On|kel *der*
onkelhaft

on|line (mit dem
Datennetz verbunden)
Onlineangebot *das*
Onlinebanking *das*
Onlinedienst *der*
Onlinezeitung *die*
on the rocks
(mit Eiswürfeln)
On|to|lo|gie *die*
(Teil der Philosophie)
ontologisch
Onyx *der*
(ein Halbedelstein)

op

OP *der* (Operationssaal)
Opa *der*
Opal *der*
(ein Schmuckstein)
Open-Air-Fes|ti|val
das
Open-Air-Konzert *das*
Open-End-Diskussion
die
Oper *die*
Opernarie *die*
Opernball *der*
Opernführer *der*
Opernglas *das*
opernhaft
Opernhaus *das*
Opernsänger/in
Ope|ra|ti|on *die*
Operationssaal *der* (OP)
Operations-
schwester *die*
Operationstisch *der*
operativ
operieren
ope|ra|ti|o|na|li-
sie|ren (präzisieren)
Ope|ret|te *die*
Operettenmusik *die*

Op|fer *das*
opferbereit
opfern
sich opfern
Opi|um *das*
opiumhaltig
Opiumraucher/in
ÖPNV *der* (öffentlicher
Personennahverkehr)
Opos|sum *das*
(Beutelratte)
Op|po|nent *der*
(Gegner)
Opponentin *die*
opponieren
op|por|tun
(angebracht)
Opportunismus *der*
Opportunist/in
opportunistisch
Opportunität *die*
Op|po|si|ti|on *die*
oppositionell
Oppositionsführer/in
Oppositionspartei *die*
OP-Schwes|ter *die*
op|tie|ren (sich für
etwas entscheiden)
Option *die*
Op|tik *die*
Optiker/in
optisch
op|ti|mal (bestens)
das optimale Ergebnis
optimieren
Optimum *das*
Op|ti|mis|mus *der*
Optimist/in
optimistisch
Op|ti|on *die*
(Wahl für etwas)
opu|lent (reichhaltig)
Opun|tie *die*
(ein Kaktus)

Opus *das* (das Werk)
die Opera

or

Ora|kel *das*
(Zukunftsdeutung)
orakeln
Orakelspruch *der*
oral (mit dem Mund)
oran|ge
ein oranger Stoff
Orange *die* (Apfelsine)
Orangeade *die*
Orangeat *das*
orangefarben
Orangenbaum *der*
Orangenblüte *die*
Orangenmarmelade *die*
Orangensaft *der*
Orangerie *die*
Orang-Utan *der*
Ora|to|ri|um *das*
(Musikstück)
die Oratorien
Or|bit *der* (Umlaufbahn)
orbital
Or|ches|ter *das*
Orchestergraben *der*
orchestral
orchestrieren
Or|chi|dee *die*

Or|den *der*
Ordensband *das*
Ordensschwester *die*
Ordensverleihung *die*
or|dent|lich
Or|der *die* (Befehl, Bestellung)
ordern
Or|di|nal|zahl *die* (Ordnungszahl)
or|di|när (gewöhnlich)
Or|di|na|ri|at *das* (kirchliche Behörde)
Ordinarius *der*
Or|di|na|te *die* (math. Begriff)
Or|di|na|ti|on *die* (Einsetzung in ein geistliches Amt)
ord|nen
Ordner *der*
Ordnung *die*
ordnungsgemäß
ordnungshalber
Ordnungsliebe *die*
Ordnungswidrigkeit *die*
Ordnungszahl *die*
Or|don|nanz/Or|do-nanz *die* (dem Offizier zugeordneter Soldat)
Ordonnanzoffizier *der*
Ore|ga|no/Ori|ga|no *der* (ein Gewürz)
Or|gan *das*
Organbank *die*
Organentnahme *die*
organisch
Organismus *der*
Organspender *der*
Organtransplantation *die*
Or|ga|ni|sa|ti|on *die*
organisatorisch
organisieren
Or|ga|nist *der*
Organistin *die*
Or|gas|mus *der*
die Orgasmen
Or|gel *die*
Orgelkonzert *das*
Orgelmusik *die*
Orgelpfeife *die*
or|gi|as|tisch (zügellos)
Orgie *die*

ori

Ori|ent *der*
Orientale *der*
orientalisch
Orientalistik *die*
ori|en|tie|ren
sich orientieren an
Orientierung *die*
Orientierungshilfe *die*
orientierungslos
Orientierungsstufe *die*
ori|gi|nal
Original *das*
originalgetreu
Originalität *die*
originell
Or|kan *der*
orkanartig
Orkanstärke *die*
Or|na|ment *das* (Verzierung)
ornamental
Or|nat *das* (kirchl. Amtstracht)
Or|ni|tho|lo|ge *der* (Vogelkundler)
Ornithologie *die*
Ort *der*
von Ort zu Ort
Örtchen *das*
orten
örtlich
Ortsangabe *die*
Ortschaft *die*

ortsfremd
Ortsgespräch *das*
ortskundig
Ortsname *der*
Ortszeit *die*
Ortszuschlag *der*
or|tho|dox
(strenggläubig)
Orthodoxie *die*
**Or|tho|gra|fie /
Or|tho|gra|phie** *die*
(Rechtschreibung)
orthografisch /
orthographisch
Or|tho|pä|de *der*
(Arzt für Knochen,
Gelenke, Muskeln)
Orthopädie *die*
Orthopädin *die*
orthopädisch

os

öS (österreich. Schilling)
Os|car *der*
  einen Oscar bekommen
Öse *die*
Ost (O)
  Ostasien
  ostdeutsch
  Osten *der*
  Osteuropa
  östlich
  Ostsee *die*
  Ostwind *der*
os|ten|ta|tiv (betont)
Os|tern
  zu Ostern
  Osterei *das*
Osterfest *das*
Osterferien
Osterhase *der*
österlich
Ostersonntag *der*
Ös|ter|reich
Österreicher/in
österreichisch
öst|lich
  östlich von Berlin
  östlich des Ruhr-
  gebiets
Ös|tro|gen *das*
  auch: Öst|ro|gen
  (Geschlechtshormon)
Os|zil|la|ti|on *die*
  (Schwingung)
  oszillieren

ot

Ot|ter *der* (Marder);
  die (Schlange)
  Otternbrut *die*
Ot|to|mo|tor *der*
out (unmodern)
  Out *das* (Sport: Aus)
  outdoor (außer Haus)
  die Outdoor-Kleidung
  outen
  sich outen als
  Outfit *das*
  Output *der / das*
  Outsider *der*
Ou|ver|tü|re *die*
oval
  Oval *das*
Ova|ti|o|nen
  (begeisterter Beifall)
Over|all *der*
  auch: Ove|rall
  (Arbeitsanzug)
**Over|head-
pro|jek|tor** *der*
Ovu|la|ti|on *die*
  (Ausstoßung eines
  reifen Eis)
Oxer *der* (Hindernis
  beim Pferdesport)
Oxyd / Oxid *das*
  (Sauerstoffverbindung)
  Oxydation /
  Oxidation *die*
  oxydieren / oxidieren
Oxy|mo|ron *das*
  (eine Stilfigur)
  die Oxymora

oz

Oze|an *der*
  der Atlantische Ozean
  der Pazifische Ozean
  Ozeandampfer *der*
  Ozeanien
  ozeanisch
Oze|lot *der*

Ozon *der / das*
  (Form des Sauerstoffs)
  Ozonalarm
  Ozongehalt *der*
  Ozonloch *das*
  Ozonschicht *die*

P

paar (einige)
ein paar Mal / paarmal
ein paar Worte
Paar *das* (zwei Zusammengehörige)
das Pärchen
ein Paar Schuhe
paaren
sich paaren
paarig
Paarlauf *der*
Paarreim *der*
Paarung *die*
paarweise

pac

Pacht *die*
pachten
Pächter/in
Pachtvertrag *der*
Pachtzins *der*
Pack *das*
Päck|chen *das*
packen
packend
Packpapier *das*
Packung *die*
eine 2-kg-Packung
Pä|da|go|ge *der*
auch: Päd|ago|ge
Pädagogin *die*
Pädagogik *die*
pädagogisch
Pad|del *das*
Paddelboot *das*
paddeln
Pa|ge *der* (Hoteldiener; Edelknabe)
Pagenfrisur *die*
Pagenkopf *der*
Pagenschnitt *der*
Pa|go|de *die*

Pail|let|te *die* (Metallblättchen auf dem Stoff)
paillettenbesetzt
Pa|ket *das*
Paketkarte *die*
Paketzustellung *die*
Pakt *der*
paktieren
Pa|lais *das*
Pa|lä|on|to|lo|gie *die* (Lehre von den Fossilien)
Pa|lä|o|zo|i|kum *das* (ein Zeitalter der Erdgeschichte)
Pa|last *der*
die Paläste
pa|la|tal (Gaumen...)
Pa|lat|schin|ke *die*
auch: Pa|la|tschin|ke (gefüllter Eierkuchen)
Pa|la|ver *das* (Gerede)
palavern
Pa|let|te *die*
pa|let|ti (in Ordnung)
alles paletti
Pa|li|sa|de *die*
Pa|li|san|der *der*
Palisanderholz *das*
Pal|me *die*
Palmsonntag *der*
Palmwedel *der*
Pam|pa *die* (Grassteppe)
Pampagras *das*
Pam|pe *die*
Pam|pel|mu|se *die*

---

paar = einige

*mit ein **paar** Freunden ausgehen*
*ein **paar** nette Worte sprechen*

Paar = zwei Zusammengehörige

*dem glücklichen **Paar** gratulieren*
*ein neues **Paar** Schuhe*

Pam|phlet *das*
auch: Pamph|let
(Schmähschrift)

pan

Pa|na|de *die*
(Mischung aus Ei und Semmelmehl)
panieren
pan|af|ri|ka|nisch
auch: pan|a|fri|ka|nisch
pa|na|schie|ren
(verschiedene Parteien wählen)
Panaschiersystem *das*
Pan|da *der*
der Pandabär
Pa|neel *das* (Täfelung)
Pan|flö|te *die*

pa|nie|ren
Paniermehl *das*
Pa|nik *die*
panikartig
Panikreaktion *die*
panisch
Pan|kre|as *das*
auch: Pank|re|as
(Bauchspeicheldrüse)
Pan|ne *die*
Pannendienst *der*
Pannenhilfe *die*
Pa|nop|ti|kum *das*
auch: Pan|op|ti|kum
(Wachsfigurenausstellung)
Pa|no|ra|ma *das*
auch: Pan|ora|ma

pan(t)|schen
Pan(t)scher *der*
Pan|sen *der*
(Teil des Magens)
Pan|ter/Pan|ther *der*

Pant(h)erfell *das*
Pan|the|is|mus *der*
(eine Weltanschauung)
Pantheon *das*
Pan|ti|ne *die*
(Holzschuh)
Pan|tof|fel *der*
Pantoffelblume *die*
Pantoffeltierchen *das*
Pantolette *die*
Pan|to|mi|me *die*
(Darstellung durch Gebärden)
Pantomimik *die*
pantomimisch
Pan|zer *der*
Panzerfaust *die*
Panzerglas *das*
panzern
Panzerung *die*

pap

Pa|pa *der*
Pa|pa|gei *der*
Papageienkrankheit *die*
Papageientaucher *der*
Pa|pa|ya *die*
(eine Frucht)
Pa|per *das*
Paperback *das*
Pa|pier *das*
papieren

Papierkorb *der*
Papierserviette *die*
Papiertaschentuch *das*
Papiertiger *der*
Pap|pe *die*
Pappbecher *der*
Pappenstiel *der*
Pappkarton *der*
Pappmaschee/
Pappmaché *das*
Pappschachtel *die*
Pappteller *der*
Pap|pel *die* (ein Baum)
Pappelallee *die*
päp|peln
Pa|pri|ka *der*
auch: Pap|ri|ka
Paprikaschote *die*
Papst *der*
die Päpste
päpstlich
Papsttum *das*
Pa|py|rus *der*
die Papyri

par

Pa|ra|bel *die* (Gleichnis)
Parabelstruktur *die*
Pa|ra|bol|an|ten|ne *die*
Parabolspiegel *der*
Pa|ra|de *die*
Parademarsch *der*
paradieren
Pa|ra|dei|ser *der*
(österr.: Tomate)
**Pa|ra|den|to|se/
Pa|ro|don|to|se** *die*
(Zahnfleischerkrankung)
Pa|ra|dies *das*
paradiesisch
Paradiesvogel *der*

Pa|ra|dig|ma *das*
(Muster)
die Paradigmen
paradigmatisch
pa|ra|dox (widersinnig)
Paradox *das*
paradoxerweise
Paradoxon *das*
Pa|raf|fin *das*
auch: Par|af|fin
(wachsähnlicher Stoff)
Pa|ra|gli|ding *das*
**Pa|ra|graf/
Pa|ra|graph** *der* (§)
*die Paragrafen/
Paragraphen*
paragrafieren/
paragraphieren
Pa|ral|la|xe *die*
(physik. Begriff)
pa|ral|lel
auch: par|al|lel
parallel laufen
*parallel laufende/
parallellaufende Linien*
Parallele *die*
Parallelfall *der*
Parallelismus *der*
Parallelität *die*
Parallelogramm *das*
Parallelprojektion *die*
Parallelschaltung *die*
Pa|ra|ly|se *die*
(Lähmung)
paralysieren
paralytisch
Pa|ra|me|ter *der*
(mathemat. Begriff)
pa|ra|mi|li|tä|risch
(militärähnlich)
Pa|ra|noia *die*
(Geisteskrankheit)
paranoid
Paranoiker/in

Pa|ra|nuss *die*
die Paranüsse
pa|ra|phie|ren
(Vertrag abzeichnen)
Pa|ra|phra|se *die*
(Umschreibung)
paraphrasieren
Pa|ra|psy|cho|lo|gie *die* (Teilgebiet der Psychologie)
Pa|ra|sit *der*
parasitär
pa|rat (bereit)
parat haben
parat liegen
Pa|ra|ta|xe *die*
(Nebenordnung)
Pa|ra|vent *der*
(Sichtschutz)
par|boiled
(vitaminschonend vorbehandelt)
Pär|chen *das*
Par|cours *der*
(Hindernisbahn)
Par|don *der/das*

pare

Pa|ren|the|se *die*
auch: Par|en|the|se
(Einschaltung)
Par|fait *das*
(Gefrorenes)
Par|force|jagd *die*
(Hetzjagd)
Par|fum/Par|füm *das*
Parfümeur *der*
Parfümflasche *die*
parfümieren
pa|ri (unentschieden)
Parität *die*
paritätisch
pa|rie|ren (gehorchen)

Park *der*
Parkanlage *die*
Parkbank *die*
Par|ka *der/die*
(Kleidungsstück)
Park-and-ride-Sys|tem *das*
par|ken
Parkhaus *das*
Parkleuchte *die*
Parklücke *die*
Parkplatz *der*
Parkscheibe *die*
Parksünder *der*
Parkuhr *die*
Parkverbot *das*
Par|kett *das*
Parkettboden *der*
Parkettleger/in
Par|kin|son|krank|heit/Par|kin|son-Krank|heit *die*
auch: parkinsonsche/
Parkinson'sche
Krankheit *die*
Par|la|ment *das*
Parlamentarier/in
parlamentarisch
Parlamentarismus *der*
Parlamentsdebatte *die*
Parlamentssitzung *die*
par|lie|ren (sprechen)
Par|me|san|kä|se *der*
Pa|ro|die *die*
auch: Par|odie (komische Nachahmung)
parodieren
parodistisch
**Pa|ro|don|to|se/
Pa|ra|den|to|se** *die*
(Zahnerkrankung)
Pa|ro|le *die* (Kennwort)
Pa|ro|li *das*
Paroli bieten

Pars pro to|to *das*
(ein Stilmittel)

part

Par|tei *die*
Parteibuch *das*
Parteichef/in
Parteidisziplin *die*
Parteifreund/in
Parteifunktionär/in
Parteigenosse *der*
parteiisch
parteilich
parteilos
Parteimitglied *das*
Parteipolitik *die*
Parteipräsidium *das*
Parteiprogramm *das*
Parteisekretär/in
Parteitag *der*
Par|ter|re *das*
Parterrewohnung *die*
Par|tie *die*
partiell
Par|ti|kel *das/die*
(Teilchen)
partikular/partikulär
Partikularismus *der*
Par|ti|san *der*
Partisanin *die*
Partisanenkrieg *der*
par|ti|tiv
(Teilung bezeichnend)
Par|ti|tur *die* (alle Noten eines Musikstücks)
Par|ti|zip *das*
Partizip Perfekt (II)
Partizip Präsens (I)
Par|ti|zi|pa|ti|on *die*
(Teilnahme)
partizipieren
Part|ner *der*
Partnerin *die*
Partnerschaft *die*
partnerschaftlich
par|tout (unbedingt)
Par|ty *die*
Partyservice *der*
Par|zel|le *die*
(kleines Grundstück)

pas

Pa|scha *der*
(orientalischer Titel)
Paschaallüren
Pas|pel *die/der*
(schmale Naht)
Pass *der*
die Pässe
der Brennerpass
der Reisepass
Passbild *das*
Passfoto *das*
Passkontrolle *die*
pas|sa|bel
Pas|sa|ge *die*
Passagier/in
Passagierflugzeug *das*
Passagierliste *die*
Passant/in
Pas|sah|fest *das*
(jüdisches Fest)
Pas|sat *der*
Passatwind *der*
pas|sé
(vorbei, unmodern)
pas|sen
passt, passte,
hat gepasst
passend
Passe|par|tout *das/der* (Rahmen; Hauptschlüssel)
pas|sie|ren
Was ist passiert?
eine Grenze passieren
Passierschein *der*
Pas|si|on *die* (Leidensgeschichte Christi)
passioniert
Passionsfrucht *die*
Passionsspiel *das*
pas|siv
das passive Wahlrecht
Passiv *das*
Passivität *die*
Pas|te/Pas|ta *die*
pastös
Pastete *die*
Pas|tell *das*
(ein Malverfahren)
Pastellfarbe *die*
Pastellmalerei *die*
pas|teu|ri|sie|ren
(keimfrei machen)
Pas|til|le *die*
Pas|tor *der*
des Pastors
die Pastoren
Pastorin *die*
pastoral
Pastorat *das*

pat

Patch|work *das*
Patchworkdecke *die*
Patchworkfamilie *die*
Pa|te *der*
Patin *die*
Patengeschenk *das*
Patenkind *das*
Patenonkel *der*
Patenschaft *die*
Patentante *die*
pa|tent
Patent *das*
Patentamt *das*
Patentanwalt *der*
patentieren

Patentlösung *die*
Patentrecht *das*
Patentrezept *das*
Patentschutz *der*
Pa|ter *der*
   die Patres
Pa|ter|nos|ter *der*
   (Aufzug);
   das (Gebet)
Pa|the|tik *die* (übertriebene Feierlichkeit)
   pathetisch
   Pathos *das*
Pa|tho|lo|gie *die*
   (Lehre von den Krankheiten)
   pathologisch
Pa|ti|en|ce *die*
Pa|ti|ent *der*
   Patientin *die*
Pa|ti|na *die* (grünlicher Überzug aus Kupfer)
   patinieren
Pat|ri|arch *der*
   auch: Pa|tri|arch (Stammvater)
   patriarchalisch
   Patriarchat *das*
Pat|ri|ot *der*
   auch: Pa|tri|ot (jemand, der sein Vaterland liebt)
   Patriotin *die*
   patriotisch
   Patriotismus *der*
Pat|ri|zier *der*
   auch: Pa|tri|zier (Bürger, der zum Rat gehört)
   Patrizierin *die*
Pat|ron *der*
   auch: Pa|tron
   Patronin *die*
   Patronat *das*
Pa|tro|ne *die*
   auch: Pat|rone

Patronenhülse *die*
Pa|trouil|le *die*
   auch: Pat|rouil|le (Spähtrupp)
   Patrouillenboot *das*
   Patrouillengang *der*
   patrouillieren
Pat|sche *die*
pat|schen
   patsch(e)nass
Patt *das*
   (das Unentschieden)
   Pattsituation *die*
Pat|tern *das* (Muster)
pat|zen
   Patzer *der*
   patzig
Pau|ke *die*
   pauken
   Paukenschlag *der*
   Paukenwirbel *der*
paus|ba|ckig/ paus|bä|ckig
pau|schal
   (alles zusammen)
   Pauschale *die*
   Pauschalpreis *der*
   Pauschalreise *die*
   Pauschalurteil *das*
   Pauschbetrag *der*
Pau|se *die*
   pausenlos
   Pausenzeichen *das*
   pausieren
pau|sen
   durchpausen
   Pauspapier *das*
Pa|vi|an *der* (ein Affe)
Pa|vil|lon *der*
Pa|zi|fik *der*
   pazifisch
   Pazifischer Ozean
Pa|zi|fis|mus *der*
   (Friedfertigkeit)

   Pazifist/in
   pazifistisch
PC
   der (Personalcomputer)
   die (Political Correctness)

pe

Pea|nuts (Erdnüsse; übertragen: Kleinigkeiten)
Pech *das*
   Pech haben
   Pechkohle *die*
   Pechnelke *die*
   pechschwarz
   Pechsträhne *die*
   Pechvogel *der*
Pe|dal *das*
Pe|dant *der* (übertrieben genauer Mensch)
   pedantisch
   Pedanterie *die*
Pe|di|kü|re *die*
   (Fußpflege)
Pee|ling *das*
   (Schälung der Haut)
Peep|show *die*
Pe|gel *der*
   Pegelstand *der*
pei|len
   Peilung *die*
Pein *die*
   peinigen
   Peiniger/in
   Peinigung *die*
   peinlich
   Peinlichkeit *die*
Peit|sche *die*
   peitschen
   Peitschenhieb *der*
   Peitschenstiel *der*
pe|jo|ra|tiv
   (abwertend)

Pe|ki|ne|se der

Pe|lar|go|nie die
(eine Zierpflanze)
Pe|le|ri|ne die
(Umhang)
Pe|li|kan der
Pel|le die
pellen
Pellkartoffel die
Pelz der
pelzgefüttert
pelzig
Pelzjacke die
Pelzmantel der
Pelzmütze die

pen

Pe|nal|ty der (Strafstoß)
PEN-Club der (poets, essayists, novelists)
Pen|dant das
(Gegenstück)
Pen|del das
pendeln
Pendeltür die
Pendeluhr die
Pendler/in
Pendule/Pendüle die
pe|ne|trant
auch: pe|net|rant
(durchdringend)
pe|ni|bel (genau)
**Pe|ni|cil|lin/
Pe|ni|zil|lin** das
Pe|nis der
Pen|nä|ler der
(Schüler)

Penne die
pen|nen
Penner der
Pen|si|on die
Pensionär/in
Pensionat das
pensionieren
Pensionierung die
Pensionsalter das
pensionsberechtigt
Pen|sum das
Pen|ta|gon das
(Fünfeck)
**Pent|haus/
Pent|house** das
(Dachterassenwohnung)
Pep der (Schwung)
Pe|pe|ro|ne der/
Pe|pe|ro|ni die/
Pfef|fe|ro|ni der
peppig
Pep|sin das
(ein Enzym des Magens)
Pepsinwein der

per

per
per Computer
per du/Du sein
per Eilboten
per ersten Januar
per Hand
per Luftpost
per Sie sein
**Per|cus|sion/
Per|kus|si|on** die
(Schlaginstrumente)
per|du (verloren)
per|fekt
Perfekt das
das Partizip Perfekt
Perfektion die
perfektionieren

per|fid/per|fide
(gemein)
Perfidie die
Per|fo|ra|ti|on die
(Lochung)
perforieren
Per|for|mance die
(Vorführung)
Per|for|manz die
(Sprachverwendung)
Per|ga|ment das
Pergamentpapier das
Per|go|la die
(Laubengang)
Pe|ri|o|de die
periodisch
Pe|ri|pe|tie die
(Wendepunkt)
pe|ri|pher (Rand...)
Peripherie die
Peripheriewinkel der
Pe|ri|phra|se die
(Umschreibung)
Pe|ris|kop das
auch: Pe|ri|skop
(Fernrohr für U-Boote)
**Per|kus|si|on/
Per|cus|sion** die
(Schlaginstrumente)
Perkussions-
instrument das
per|ku|tan
(durch die Haut)
Per|le die
perlen
perlenbesetzt
Perlenfischer/in
Perlenkette die
Perlenkollier das
Perlhuhn das
Perlmutt das
Per|lon das
Perlonstrumpf der
per|ma|nent (ständig)

Permanenz *die*
per|pe|des (zu Fuß)
Per|pe|tu|um mo|bi|le *das*
(Maschine, die dauernd läuft)
per|plex (verblüfft)
Perplexität *die*
Per|sen|ning *die*
(Gewebe für Segel)
Per|si|a|ner *der*
Persianermantel *der*
Per|si|fla|ge *die*
auch: Per|sif|la|ge
(Verspottung)
persiflieren
Per|si|pan *das*
(Marzipanersatz)
Per|son *die*
die Personen
pro Person
Personal *das*
Personalausweis *der*
Personalcomputer *der* (PC)
Personalform *die*
Personalien
Personalityshow *die*
Personalpronomen *das*
Personalrat *der*
Personalunion *die*
personell
Personenkraftwagen *der* (Pkw/PKW)
Personenschaden *der*
Personifikation *die*
personifizieren
persönlich
die persönliche Anrede
persönliches Fürwort
Persönlichkeit *die*
Per|spek|ti|ve *die*
auch: Pers|pek|ti|ve
(Blickwinkel)

Perspektivenwechsel *der*
perspektivisch
Pe|rü|cke *die*
per|vers (abartig)
Perversion *die*
Perversität *die*
pervertieren
Per|zep|ti|on *die*
(Wahrnehmung)

pes _____

Pes|sar *das* (dient der Empfängnisverhütung)
Pes|si|mis|mus *der*
Pessimist/in
pessimistisch
Pest *die*
Pestbeule *die*
Pestizid *das*
pestkrank
Pestkranke *der/die*
Pe|ter|si|lie *die*
Petersilienkartoffeln
Pe|ti|ti|on *die*
(Bittschrift)
Petitionsausschuss *der*
Petitionsrecht *das*
Pe|tro|che|mie *die*
auch: Pet|ro|che|mie
petrochemisch
Petroleum *das*
Petroleumlampe *die*
Pet|schaft *das* (Siegel)
Pet|ti|coat *der*
Pet|ting *das*
(Liebesspiel)
pet|to
in petto (im Sinne)
noch etwas in petto haben
Pe|tu|nie *die*
(eine Zierpfanze)

pet|zen
peu à peu
(nach und nach)

pf _____

Pfad *der*
Pfadfinder/in
Pfaf|fe *der*
Pfaf|fen|hüt|chen *das*
(ein Strauch)
Pfahl *der*
die Pfähle
Pfahlbau *der*
Pfahlmuschel *die*
Pfalz *die*
Pfand *das*
die Pfänder
Pfandbrief *der*
pfänden
Pfandflasche *die*
Pfandleiher/in
Pfändung *die*
Pfan|ne *die*
Pfannenstiel *der*
Pfannkuchen *der*
Pfar|rer *der*
Pfarrerin *die*
Pfarramt *das*
Pfarrhaus *das*
Pfau *der*
Pfauenauge *das*
Pfauenfeder *die*
Pfauenrad *das*
Pfd. (Pfund)
Pfef|fer *der*
Pfefferkuchen *der*
pfeffern
Pfefferoni *der*/Peperone *der*/Peperoni *die*
Pfeffersteak *das*
pfeffrig
Pfef|fer|min|ze *die*
Pfefferminztee *der*

Pfei|fe die
pfeifen
pfeift, pfiff,
hat gepfiffen
Pfeifenraucher der
Pfeifentabak der
Pfeifkonzert das
Pfeifton der
Pfeil der
pfeilgerade
Pfeilschuss der
Pfei|ler der
Pfen|nig der (Pf)
Pfennigbetrag der
pfenniggroß
Pfennigstück das
Pferch der (Einzäunung)
pferchen
einpferchen
Pferd das
Pferdeäpfel
Pferdefleisch das
Pferderennen das
Pferdeschwanz der
Pferdestall der
Pferdestärke die (PS)
Pferdezucht die

pfi

Pfiff der
pfiffig
Pfif|fer|ling der

keinen Pfifferling
wert sein
Pfings|ten das
Pfingstfest das

Pfingstochse der
Pfingstrose die
Pfingstsonntag der
Pfir|sich der
Pfirsichbowle die
Pflan|ze die
pflanzen
Pflanzenöl das
Pflanzenschutz der
Pflanzenschutz-
mittel das
pflanzlich
Pflanzung die
Pflas|ter das
pflastern
Pflasterstein der
Pflau|me die
Pflaumenbaum der
Pflaumenkuchen der
Pflaumenmus das
pflaumenweich
Pfle|ge die
pflegebedürftig
Pflegeeltern
Pflegeheim das
pflegeleicht
pflegen
Pfleger/in
Pflegeversicherung die
pfleglich
Pflicht die
pflichtbewusst
Pflichtbewusstsein das
pflichteifrig
Pflichterfüllung die
Pflichtfach das
Pflichtgefühl das
pflichtgemäß
pflichtschuldig
Pflichtteil der
pflichtvergessen
Pflichtverletzung die
Pflichtversicherung die
pflichtwidrig

Pflock der
die Pflöcke
pflocken
pflöcken
pflü|cken
Pflücken das
Pflücksalat der
Pflug der
die Pflüge
pflügen
Pflugschar die/das
Pfor|te die
Pförtner/in
Pförtnerloge die
Pfos|ten der
Pfo|te die
Pfötchen das
Pfriem der
(ein Werkzeug)
Pfrop|fen der
Pfrün|de die
(Einnahmen durch ein
Kirchenamt)

pfu

Pfuhl der
pfui!
Pfui das
Pfuiruf der
Pfund das
ein Pfund Butter
ein Pfund Sterling
Pfundnote die
pfundweise
pfu|schen
Pfuscher/in
Pfuscherei die
Pfüt|ze die
PH (pädagogische
Hochschule)
Pha|lanx die
(Schlachtreihe)
die Phalangen

Phal|lus der
(männliches Glied)
Phallussymbol das
Phä|no|men das
(Erscheinung)
phänomenal
**Phan|ta|sie/
Fan|ta|sie** die
Phan|tom das
Phantombild das
Pha|rao der
die Pharaonen
Pharaonengrab das
pharaonisch
Pha|ri|sä|er der
(Heuchler)
Phar|ma|in|dus|trie
die
auch: Phar|ma|in|dust-
rie
Pharmakologie die
Pharmareferent/in
Pharmazeut/in
pharmazeutisch
Pha|se die (Abschnitt)
Phasen-
verschiebung die
phasig
einphasig
Phe|nol das (eine Säure)
Phenylgruppe die

phi

Phi|lan|thro|pie die
auch: Phil|anth|ro|pie
(Menschenliebe)
Phi|la|te|lie die
auch: Phil|ate|lie
(Briefmarkenkunde)
Philatelist/in
philatelistisch
Phil|har|mo|nie die
Philharmoniker

philharmonisch
Phi|lis|ter der
(Spießbürger)
philisterhaft
Phi|lo|den|dron
der/das
auch: Phi|lo|dend|ron
(eine Zierpflanze)
Phi|lo|lo|gie die
(Sprachwissenschaft)
philologisch
Phi|lo|soph der
Philosophin die
Philosophie die
philosophieren
philosophisch
Phi|o|le die
(ein Glasgefäß)
Phleg|ma das
(Trägheit)
phlegmatisch
Phlox der/die
(eine Blume)
Pho|bie die
(krankhafte Angst)
Pho|nem/Fo|nem das
(Laut)
Phonetik/Fonetik die
phonetisch/fonetisch
Phonzahl/Fonzahl die
Phö|nix der
Phos|phat das
phosphathaltig
Phosphor der

phosphoreszieren
**Pho|to|gra|phie/
Fo|to|gra|fie** die
Photoalbum/
Fotoalbum das
photogen/fotogen
Photokopie/
Fotokopie die
Photosynthese/
Fotosynthese die
Pho|ton das (kleinstes
Energieteilchen)
Phra|se die
(Redensart)
Phrasen dreschen
phrasenhaft
phraseologisch
phrasieren
phre|ne|tisch
(wahnsinnig)
pH-Wert der
Phy|sik die
physikalisch
Physiker/in
Physikum das
Phy|sio|gno|mie die
auch: Phy|si|og|no|mie
(Gesichtsausdruck)
physiognomisch
Phy|sio|lo|gie die
(Lehre vom Leben)
physiologisch
Phy|sis die (der Körper)
physisch

ph/f

Al**ph**abet	Gra**f**ik
Katastro**ph**e	**f**otogra**f**ieren
Pro**ph**et	Mikro**f**on
Stro**ph**e	Paragra**f**
Trium**ph**	Tele**f**on

pi

Pi *das* (π)
  (griech. Buchstabe)
Pi|a|nist *der*
  Pianistin *die*
Pi|a|no *das*
  piano (Musik: leise)
  Pianoforte *das*
Pic|co|lo/Pik|ko|lo
  der (kleine Sektflasche)
  das (kleine Flöte)
Pi|cke *die*
  (Spitzhacke)
Pi|ckel *der*
  Pickelhaube *die*
  pick(e)lig
pi|cken
Pick|nick *das*
  picknicken
  Picknickkorb *der*
pi|co|bel|lo
  (tadellos)
Pief|ke *der*
piek|fein
Piep/Pieps *der*
  keinen Piep mehr sagen
  piepen
  Piepen *das*
  piepsen
  piepsig
Pier *der/die*
  (Landungsbrücke)
pier|cen
  Piercing *das*
Pi|e|ta/Pi|e|tà *die*
  (Maria mit dem toten Jesus)
Pi|e|tät *die* (Respekt)
  pietätlos
  Pietätlosigkeit *die*
  pietätvoll
  Pietismus *der*
  pietistisch

Pig|ment *das*
  (Farbstoff)
  Pigmentfleck *der*
  pigmentieren
  Pigmentierung *die*
Pik *das*
  (Spielkartenfarbe);
  der (Bergspitze)
  Pikass *das*
pi|kant (scharf gewürzt)
  Pikanterie *die*
  pikanterweise
Pi|ke *die* (Spieß)
  von der Pike auf
  piken
pi|kie|ren (zu dicht stehende Pflanzen auseinanderpflanzen)
  pikiert
Pik|ko|lo/Pic|co|lo *der*
  Pikkoloflasche *die*
  Pikkoloflöte *die*
Pik|to|gramm *das*

pil

Pi|las|ter *der*
  (Wandpfeiler)
Pil|ger *der*
  Pilgerfahrt *die*
  pilgern
  Pilgerstab *der*
Pil|le *die*
  Pillenschachtel *die*
Pi|lot *der*
  Pilotin *die*
  Pilotanlage *die*
  Pilotenschein *der*
Pils *das* (Biersorte)
  Pilsener *das*
Pilz *der* (Gewächs)
  Pilzgericht *das*
  Pilzsammler/in
  Pilzvergiftung *die*

Pi|ment *der/das*
  (ein Pfeffer)
Pimpf *der*
Pi|na|ko|thek *die*
  (Gemäldesammlung)
pin|ge|lig
Ping|pong *das*
Pin|gu|in *der*
Pi|nie *die*
  (eine Kiefernart)
  Pinienkern *der*
  Pinienzapfen *der*
pink
  Pink *das*
  in Pink
pin|keln
Pin|ne *die*
  Pinnwand *die*
  die Pinnwände
Pi|noc|chio *der*
Pin|scher *der*
Pin|sel *der*
  pinseln
  Pinselstiel *der*
Pin-up-Girl *das*
Pin|zet|te *die*
Pi|o|nier *der*
  Pioniergeist *der*
  Pionierzeit *die*
Pipe|line *die*
Pi|pet|te *die*
  (Saugröhrchen)
Pi|ran|ha/Pi|ra|ya *der*
  (ein Raubfisch)
Pi|rat *der*
  Piraterie *die*
  die Markenpiraterie
  Piratenschiff *das*
Pi|ro|ge *die* (ein Schiff)
Pi|rol *der* (ein Singvogel)
Pi|rou|et|te *die*
  (schnelle Drehung)
Pirsch *die*
  pirschen

PISA-Stu|die *die*
(internationaler Schülervergleich)
pis|sen
Pissoir *das*
Pis|ta|zie *die*
Pis|te *die*
Pis|to|le *die*
Pistolenschuss *der*
pit|sche|nass
pit|to|resk (malerisch)
Pi|xel *das*
(Bildpunkt)
Piz *der* (Bergspitze)
Piz Palü
Piz|za *die*
die Pizzas / Pizzen
Pizzeria *die*
Piz|zi|ka|to *das* (Musik: gezupfte Tonfolge)
Pkw / PKW *der*
(Personenkraftwagen)
die Pkws / PKWs

pl

Pla|ce|bo *das*
(Scheinmedikament)
Placeboeffekt *der*
pla|cken
sich placken
plä|die|ren
Plädoyer *das*
(Rede des Anwalts)
Pla|ge *die*
plagen
sich plagen
Plagerei *die*
Pla|gi|at *das*
(geistiger Diebstahl)
Pla|kat *das*
plakativ
Plakatwerbung *die*
Pla|ket|te *die*

Plan *der*
die Pläne
planen
planlos
planmäßig
Planspiel *das*
Planstelle *die*
Planung *die*
Planwirtschaft *die*
Planziel *das*
Pla|ne *die*
Planwagen *der*
pla|nen
Pla|net *der*
Planetarium *das*
Planetensystem *das*
Planetoid *der*
pla|nie|ren
Planierung *die*
Plan|ke *die*
Plank|ton *das* (kleine Lebewesen im Wasser)
plan|los
planmäßig
Plansch|be|cken *das*
auch: Plantsch|be|cken
plan(t)schen
Plan|ta|ge *die*
(große Anpflanzung)
plap|pern
Plaque *die* (Zahnbelag)
plär|ren
Plas|ma *das* (Teil des Bluts; Gasgemisch)
die Plasmen
Plasmaphysik *die*
Plas|tik *die* (Bildwerk); *das* (Material)
Plastikfolie *die*
Plastikhülle *die*
Plastiktragetasche *die*
Plastilin® *das*
plastisch
Plastizität *die*

plat

Pla|ta|ne *die*

Platanenblatt *das*
die Platanenblätter
Pla|teau *das*
(Hochebene)
Plateauschuhe
Pla|tin *das* (Edelmetall)
Pla|ti|ne *die*
(elektr. Bauteil)
pla|to|nisch (geistig)
plät|schern
platt
platt drücken / plattdrücken
Plättbrett *das*
Plattdeutsch *das*
plätten
Plattfuß *der*
Plattfüße haben
plattfüßig
Plat|te *die*
Plattenspieler *der*
Plat|ti|tü|de / Pla|ti|tu|de *die*
(seichtes Gerede)
Platz *der*
die Plätze
Platz finden
Platz machen
Platz nehmen
Platz sparen
Platz sparend / platzsparend

Platzanweiser *der*
platzieren
sich platzieren
Platzierung *die*
Platzmangel *der*
Platzverweis *der*
plat|zen
Platzregen *der*
Platzwunde *die*
plau|dern
Plauderstündchen *das*
Plauderton *der*
plau|schen
plau|si|bel
(einleuchtend)
Plausibilität *die*
Play-back /
Play|back *das*
Play|boy *der*
Play-off *das*
(Ausscheidungsspiel)
die Play-off-Runde
Play|sta|tion® *die*
Pla|zen|ta *die*
(Nachgeburt)
Pla|zet *das*
(Zustimmung)
das Plazet geben
(**plazieren**
→ platzieren)

ple

Ple|be|jer *der*
(ungebildeter Mensch)
plebejisch
Ple|bis|zit *das*
(Volksentscheid)
plebiszitär
Plei|te *die*
p ...
pleite sein
P ...
Pleite machen

pleitegehen
geht pleite,
ging pleite,
ist pleitegegangen
Pleitegeier *der*
Ple|nar|saal *der*
Plenarsitzung *die*
Plenum *das*
Ple|o|nas|mus *der*
(Häufung sinnähnlicher Wörter)
die Pleonasmen
pleonastisch
Pleu|el|stan|ge *die*
(Teil des Motors)
Ple|xi|glas *das*
Plis|see *das*
(Faltengewebe)
Plock|wurst *die*
die Plockwürste
Plom|be *die*
plombieren
Plot *der / das* (Handlung; grafische Darstellung)
Plotter *der*
Plöt|ze *die* (ein Fisch)
plötz|lich

plu

Plu|der|ho|se *die*
pludern
plump
eine plumpe Fälschung
plump|sen
Plun|der *der*
Plunderteig *der*
plün|dern
Plünderung *die*
Plu|ral *der*
Pluralendung *die*
Pluralismus *der*
pluralistisch
Pluralität *die*

plus
p ...
plus 2 Grad
2 plus 2
plus MwSt.
P ...
das Plus
ein großes Plus
Plus-Minus-Regel *die*
Pluspol *der*
Pluspunkt *der*
Pluspunkte sammeln
Pluszeichen *das* (+)
Plüsch *der*
Plüschsessel *der*
Plüschtier *das*
Plus|quam|per|fekt *das*
plus|tern
sich aufplustern
Plu|to *der*
Plu|to|ni|um *das*
PLZ (Postleitzahl)
pneu|ma|tisch (durch Luftdruck bewegt)
Po / Po|po *der*
Pö|bel *der*
(gemeines Volk)
pöbelhaft
po|chen
po|chie|ren (in kochendem Wasser garen)
pochierte Eier
Po|cken
Pockenimpfung *die*
Pockennarben
Pockenvirus *das / der*
pockig
Po|cket|ka|me|ra *die*
Pod|cast *der*
(Video- oder Audiobeitrag im Internet)
Po|dest *das*
(Treppenabsatz)

Po|di|um *das*
Podiumsdiskussion *die*
Po|e|sie *die*
Poesiealbum *das*
Poet *der*
Poetik *die*
poetisch
Po|grom *der/das*
auch: Pog|rom
(Rassenverfolgung)
Poin|te *die*
(überraschendes Ende)
pointieren
pointiert
Po|kal *der*
Pokalspiel *das*
Pokalwettbewerb *der*
Pö|kel *der*
Pökelfleisch *das*
Pökelhering *der*
pökeln
Po|ker *das*
pokern
Pokern *das*
Pokerspiel *das*

pol

Pol *der*
der Minuspol
der Pluspol
der Nordpol
der Südpol
polar
Polarexpedition *die*
Polarforscher *der*
Polargebiet *das*
polarisieren
Polarisierung *die*
Polarität *die*
Polarkreis *der*
Polarstern *der*
Po|la|ro|id|ka|me|ra® *die*

Pol|der *der*
(eingedeichtes Land)
Po|le|mik *die*
(unsachlicher Angriff)
polemisch
polemisieren
Po|len
Pole *der*
Polin *die*
polnisch
Pole|po|si|tion/Pole-Po|si|tion *die*
(beste Startposition
beim Autorennen)
Po|li|ce/Po|liz|ze (österr.) *die*
die Versicherungspolice
Po|lier *der* (Vorarbeiter)
po|lie|ren
Poliermittel *das*
Politur *die*
Po|li|kli|nik *die*
(Ambulanz)
Po|lio *die*
(Kinderlähmung)
Poliomyelitis *die*
Po|lis *die* (Stadtstaat)
Po|li|tes|se *die*
Po|li|tik *die*
Politiker/in
Politikum *das*
politisch
politisieren
Politologie *die*
Po|li|tur *die*
Po|li|zei *die*
Polizeiauto *das*
Polizeibeamter *der*
Polizeibeamtin *die*
Polizeifunk *der*
Polizeihund *der*
polizeilich
Polizeischutz *der*
Polizist/in

Pol|ka *die* (ein Tanz)
Pol|len *der*
(Blütenstaub)
Pol|ler *der*
(Pfosten für Schiffstaue)
Po|lo *das*
Polohemd *das*
Polospiel *das*
Po|lo|nä|se/Po|lo|nai|se *die*
(ein Tanz)
Pols|ter *das/der*
Polstergarnitur *die*
Polstermöbel
polstern
Polsterung *die*
pol|tern
Polterabend *der*
Poltergeist *der*
Po|ly|ac|ryl *das*
Po|ly|amid *das*
(ein Kunststoff)
Po|ly|äthy|len/Po|ly|ethy|len *das*
(ein Kunststoff)
po|ly|chrom
(mehrfarbig)
Po|ly|e|der *das*
(Gegenstand mit
vielen Seiten)
Po|ly|es|ter *der*
(ein Kunststoff)
Po|ly|fo|nie/Po|ly|pho|nie *die*
(Mehrstimmigkeit)
po|ly|gam (vielehig)
Polygamie *die*
po|ly|glott
(mehrsprachig)
po|ly|mer
(aus Molekülen
bestehend)
Polymer *das*
Polymerisation *die*

Po|ly|nom *das*
(vielgliedrige Größe)
Po|lyp *der* (Tintenfisch; Geschwulst)
polypenartig

pom

Po|ma|de *die* (Haarfett)
pomadig
Po|me|ran|ze *die*
(eine Art Apfelsine)
Pom|mes fri|tes
Pomp *der* (Pracht)
pompös
Pon|cho *der* (Cape)
Pon|ti|fex ma|xi|mus *der*
(Ehrentitel des Papstes)
Pontifikat *das*
Pon|ton|brü|cke *die*
(Schiffsbrücke)
Po|ny *das* (Pferd);
der (Frisur)
Ponyfransen *die*
Ponyreiten *das*
Pool *der*
der Swimmingpool
Poolbillard *das*
Pop *der*
Pop-Art *die*
Popfarbe *die*
Popfestival *das*
poppig
Popsänger/in
Po|panz *der*
(Schreckgestalt)
Pop|corn *das*
Po|pel *der*
Po|pe|lin *der* /
Po|pe|li|ne *der* / *die*
Popelinmantel *der*
Po|po/Po *der*
pop|pig

po|pu|lär
Popularität *die*
populärwissenschaftlich
Populist/in
Po|re *die*
porentief
porig
Por|no *der*
Pornografie /
Pornographie *die*
pornografisch /
pornographisch
po|rös (mit Poren)
Por|phyr *der* (ein Stein)
Por|ree *der* (Gemüse)
Por|sche *der*
Por|ta|ble *der* / *das*
(tragbares Gerät)
Por|tal *das*
Por|ta West|fa|li|ca *die*
Por|te|feuille *das*
(Brieftasche)
Port|mo|nee /
Porte|mon|naie *das*
Por|ti|er *der*
Por|ti|on *die*
portionsweise
Por|to *das*
Portokasse *die*
Portokosten
portopflichtig
Por|trät *das*
auch: Port|rät
Porträtaufnahme *die*
porträtieren
Porträtmaler/in
Porträtzeichnung *die*
Por|tu|gal
Portugiese *der*
Portugiesin *die*
portugiesisch
Por|tu|gie|ser *der*
(Weinsorte)

Port|wein *der*
Por|zel|lan *das*
Porzellanladen *der*
Porzellanmanufaktur *die*
Porzellanteller *der*

pos

Po|sau|ne *die*

Posaunenbläser *der*
Posaunenengel *der*
Posaunist/in
Po|se *die*
posieren
Positur *die*
Po|si|ti|on *die*
positionieren
po|si|tiv
der positive Eindruck
Positiv *der*
(Grammatik);
das (Foto)
Positivismus *der*
positivistisch
Po|si|tron *das*
auch: Po|sit|ron
(ein Elementarteilchen)
die Positronen
Po|si|tur *die* (Haltung)
Pos|se *die*
possenhaft
Possenreißer *der*
pos|ses|siv (Besitz...)
Possessivpronomen *das*
pos|sier|lich (drollig)

Post *die*
postalisch
Postamt *das*
Postanweisung *die*
Postbeamte *der*
Postbeamtin *die*
Postbote *der*
Postbotin *die*
Postfach *das*
Postgiroamt *das*
Posthorn *das*
Postkarte *die*
postlagernd
Postleitzahl *die* (PLZ)
Postscheck *der*
Postsparbuch *das*
Poststempel *der*
Postvollmacht *die*
postwendend
Postwertzeichen *das*
Postwurfsendung *die*
Pos|ta|ment *das*
(Unterbau)
Pos|ten *der*
Posten stehen
postieren
Pos|ter *das/der*
post|hum/pos|tum
(nach dem Tode)
Pos|til|li|on *der*
(Postkutscher)
post|mo|dern
Postmoderne *die*
Post|skrip|tum *das*
(PS) (Nachschrift)
Pos|tu|lat *das*
(Forderung)
pos|tum/post|hum
(nach dem Tode)

pot _____

po|tent (mächtig)
Potentat *der*

Potenz *die*
Potenzial/Potential *das*
potenziell/potentiell
potenzieren
Pot|pour|ri *das*
(„Allerlei")
Pott *der*
Pott|asche *die*
(Kaliumkarbonat)
Pott|wal *der*
Pou|lar|de *die*
(Masthuhn)
Poulet *das*
Pow|er *die*
auch: Po|wer
Powerplay *das*

pr _____

PR (Public Relations)
PR-Abteilung *die*
PR-Maßnahme *die*
prä.../Prä...
(vor.../Vor...)
Prä *das* (Vorrang)
das Prä haben
Prä|am|bel *die*
(Vorrede)
Pracht *die*
Prachtexemplar *das*
prächtig
Prachtstück *das*
prachtvoll
Prä|des|ti|na|ti|on *die*
(Vorherbestimmung)
prädestiniert
Prä|di|kat *das*
prädikativ
Prädikativsatz *der*
Prädikatsnomen *das*
Prädikatswein *der*
Prä|fekt *der*
(hoher Beamter)
die Präfekten

Präfektur *die*
Prä|fe|renz *die* (Vorzug)
präferenziell/
präferentiell
Präferenzliste *die*
Prä|fix *das* (Vorsilbe)
Präfixbildung *die*
prä|gen
Prägestock *der*
Prägung *die*
Prag|ma|tik *die*
(Sachbezogenheit)
pragmatisch
Pragmatismus *der*
präg|nant
auch: prä|gnant
(treffend)
Prägnanz *die*
prä|his|to|risch
prah|len
Prahler/in
Prahlerei *die*
prahlerisch
Prahlsucht *die*
prä|ju|di|zie|ren
(der Entscheidung
vorgreifen)
prak|ti|ka|bel
(machbar)
Praktikant/in
Praktiker/in
Praktikum *das*
die Praktika
praktisch
praktizieren
Prä|lat *der*
(geistl. Würdenträger)
Pra|li|ne *die*
Pralinee/Praliné *das*
prall
pral|len
zusammenprallen
Prä|lu|di|um *das*
(Vorspiel)

Prä|mie *die*
prämienbegünstigt
Prämienzahlung *die*
prämieren
Prämierung *die*
Prä|mis|se *die*
(Voraussetzung)
prä|na|tal
(vor der Geburt)
pran|gen (glänzen)
Pran|ger *der*
(Schandpfahl)
Pran|ke *die*
Prankenhieb *der*
Prä|pa|rat *das*
präparieren
sich präparieren
Prä|po|si|ti|on *die*
präpositional
Präpositionalobjekt *das*
Prä|rie *die*
Präriegras *das*

pras _____

Prä|sens *das*
(Gegenwart)
Präsenspartizip *das*
prä|sent
etwas präsent haben
präsent sein
Präsentation *die*
präsentieren
Präsenz *die*
Prä|sent *das* (Geschenk)
Präsentkorb *der*

Prä|sen|ta|ti|on *die*
präsentieren
Prä|senz *die*
(Anwesenheit)
Präsenzliste *die*
Präsenzpflicht *die*
Prä|ser|va|tiv *das*
(Verhütungsmittel)
Prä|ses *der*
(Vorsitzender)
Prä|si|dent *der*
Präsidentin *die*
Präsidentschaft *die*
präsidial
Präsidialsystem *das*
Präsidium *das*
prä|skrip|tiv (regelnd)
pras|seln
pras|sen (schlemmen)
Prä|ten|dent *der*
(Anwärter)
Prätendentin *die*
prätentiös
Prä|te|ri|tum *das*
auch: Prä|ter|itum
Prä|ven|ti|on *die*
(Vorbeugung)
präventiv
Präventivkrieg *der*
Präventivmedizin *die*
Pra|xis *die*
praxisbezogen
praxisfern
Praxisgebühr *die*
praxisgerecht
praxisnah

Prä|ze|denz|fall *der*
(früheres Beispiel)
die Präzedenzfälle
prä|zis/prä|zi|se
präzise formulieren
präzisieren
Präzision *die*
Präzisionswaage *die*

pre _____

Pré|cis *der*
(kurze Inhaltsangabe)
pre|di|gen
Prediger/in
Predigt *die*
Preis *der*
Preisanstieg *der*
Preisausschreiben *das*
preisbewusst
Preisermäßigung *die*
Preis-Leistungs-
Verhältnis *das*
Preissenkung *die*
Preisstabilität *die*
Preissteigerungsrate *die*
Preisstopp *der*
Preistreiber *der*
Preisunterschiede
Preisvergleich *der*
Prei|sel|bee|re *die*
Preiselbeer-
marmelade *die*
prei|sen
preist, pries,
hat gepriesen

Gegenwart: **Präsens**	Anwesenheit: **Präsenz**
Partizip Präsens *im Präsens schreiben* *der Text steht im Präsens*	*die Präsenz des Direktors* *die Präsenzpflicht* *die Präsenzbibliothek*

preis|ge|ben
gibt preis, gab preis,
hat preisgegeben
pre|kär (schwierig)
die Lage ist prekär
prel|len
Prellung *die*
Pré|lude *das* (Vorspiel)
Pre|mi|er *der*
Premiere *die*
Premierminister/in

pres

Pres|by|ter *der*
(Priester)
pre|schen (rennen)
Pres|se *die*
Presseagentur *die*
Pressebericht *der*
Presseerklärung *die*
Pressefreiheit *die*
Pressekonferenz *die*
Pressemitteilung *die*
Pressereferent/in
Presseschau *die*
Pressezentrum *das*
pres|sen
Pressluft *die*
pres|sie|ren
(eilig sein)
die Sache pressiert
Pres|si|on *die* (Zwang)
Pres|ti|ge *das*
(Ansehen)
Prestigegewinn *der*
Prestigesache *die*
Prestigeverlust *der*
pre|zi|ös/pre|ti|ös
(gekünstelt)
Preziosen/Pretiosen
Preu|ßen
preußisch
Preußischblau *das*

pri

pri|ckeln
prickelnd
Priel *der*
(Wasserlauf im Watt)
Priem *der* (Kautabak)
pries (→ preisen)
Pries|ter *der*
Priesterseminar *das*
Priesterweihe *die*
pri|ma
Primadonna *die*
Primaner/in
pri|mär
Primärenergie *die*
Primärfarbe *die*
Primarstufe *die*
Pri|mas *der*
(kirchl. Oberhaupt)
Pri|mat *der/das*
(Vorherrschaft)
Pri|mel *die*
pri|mi|tiv
Primitivität *die*
Pri|miz *die* (erste Messe)
Primiziant *der*
Pri|mus *der*
(der Erste)
Prim|zahl *die*
Prin|te *die* (Lebkuchen)
Aachener Printen
Prin|ter *der*
Printmedien
Prinz *der*
Prinzengarde *die*
Prinzenpaar *das*
Prinzessin *die*
Prinzgemahl *der*
Prin|zip *das*
die Prinzipien
prinzipiell
Pri|or *der*
(Klostervorsteher)

Priorin *die*
Priorität *die*
Prioritäten setzen
Prioritätenliste *die*
Pri|se *die*
Pris|ma *das* (lichtbrechender Körper)
die Prismen
Prit|sche *die*
pritschen
pri|vat
von privat
privat versichert/
privatversichert
Privatadresse *die*
Privatangelegenheit *die*
Privataudienz *die*
Privatbesitz *der*
Privatdozent/in
Privatgespräch *das*
privatisieren
Privatisierung *die*
Privatklinik *die*
Privatmann *der*
die Privatleute
Privatpatient/in
Privatperson *die*
Privatsache *die*
Privatsender *der*
Privatvergnügen *das*
Privatwohnung *die*
Pri|vi|leg *das* (Vorrecht)
privilegieren
privilegiert

pro

pro
pro Person
das Pro und Kontra
Pro|band *der*
(Testperson)
Probandin *die*
pro|bat (erprobt)

Pro|be *die*
Probe fahren
ist Probe gefahren
Probealarm *der*
Probeaufnahme *die*
Probefahrt *die*
proben
Probeseite *die*
probeweise
Probezeit *die*
probieren
das Probieren
Pro|blem *das*
auch: Prob|lem
Problematik *die*
problematisch
problematisieren
Problem-
bewusstsein *das*
Problemerörterung *die*
problemlos
Pro|ce|de|re /
Pro|ze|de|re *das*
(Verfahren)
Pro|du|cer *der*
(Produzent)
Pro|dukt *das*
Produktion *die*
Produktionskosten *die*
Produktionsmittel *das*
Produktionsstätte *die*
produktiv
Produktivität *die*
Produzent/in
produzieren
Prof. (Professor/in)
pro|fan (nicht kirchl.)
Profanbau *der*
Pro|fes|si|o|na|li|tät
die (Erfahrung im
Beruf)
professionell
Pro|fes|sor *der*
Professorin *die*

Professur *die*
Pro|fi *der*
Profiboxer *der*
Profifußball *der*
profihaft
Pro|fil *das*
profilieren
sich profilieren
Profilierung *die*
profillos
Pro|fit *der* (Vorteil)
profitabel
profitieren
Profitstreben *das*
pro for|ma
(der Form wegen)
pro|fund (tiefsinnig)
Pro|ges|te|ron *das*
(ein Hormon)
Prog|no|se *die*
auch: Pro|gno|se
(Vorhersage)
prognostisch
prognostizieren
Pro|gramm *das*
Programmänderung *die*
programmatisch
Programmhinweis *der*
programmieren
Programmmusik /
Programm-Musik *die*
Pro|gres|si|on *die*
(Steigerung)
progressiv
Pro|hi|bi|ti|on *die*
(Verbot des Alkohol-
verkaufs)
Pro|jekt *das*
Projektgruppe *die*
projektieren
Pro|jek|til *das*
(Geschoss)
Pro|jek|ti|on *die*
(Darstellung)

Projektor *der*
projizieren
Pro|kla|ma|ti|on *die*
auch: Prok|la|ma|ti|on
(Bekanntmachung)
proklamieren
pro Kopf
Pro-Kopf-Verbrauch *der*
Pro|ku|ra *die*
(Handlungsvollmacht)
in Prokura
Prokurator *der*
Prokurist/in

prol

Pro|let *der*
(ungebildeter Mensch)
Proletariat *das*
Proletarier/in
proletarisch
Pro|log *der* (Vorwort)
Pro|me|na|de *die*
promenieren
Pro|mil|le *das* (‰)
Promillegrenze *die*
pro|mi|nent
(bedeutend)
Prominente *der / die*
Prominenz *die*
Pro|mo|ter *der*
(Förderer)
Pro|mo|ti|on *die*
(Doktor-Prüfung)
promovieren
ein promovierter Jurist
prompt (sofort)
Pro|no|men *das*
die Pronomen /
Pronomina
das Personalpronomen
das Relativpronomen
pronominal
Pronominaladverb *das*

pro|non|ciert
(deutlich)
Pro|pä|deu|tik *die*
(Vorstudien)
propädeutisch
Pro|pa|gan|da *die*
Propaganda-
material *das*
propagandistisch
propagieren
Pro|pan *das*
Propangas *das*
Pro|pel|ler *der*
Propellerflugzeug *das*
pro|per (sauber)
Pro|phet *der*
prophetisch
prophezeien
Prophezeiung *die*
pro|phy|lak|tisch
(vorbeugend)
Prophylaxe *die*
Pro|por|ti|on *die*
proportional
umgekehrt proportional
Proporz *der*
prop|pen|voll
Propst *der*
(Klostervorsteher)
die Pröpste
Propstei *die*

pros

Pro|sa *die*
prosaisch
Prosatext *der*
Pro|se|mi|nar *das*
pro|sit!/prost!
Pro|so|die *die*
(Silbenmessung)
Pros|pekt *der/das*
auch: Pro|spekt
prospektiv

Pros|pe|ri|tät *die*
auch: Pro|spe|ri|tät
(Wohlstand)
Pros|ta|ta *die*
auch: Pro|sta|ta
(Vorsteherdrüse)
Pros|ti|tu|ier|te *die*
auch: Pro|sti|tu|ierte
(Dirne)
Prostitution *die*

prot

Pro|ta|go|nist *der*
auch: Prot|ago|nist
(Hauptperson)
Protagonistin *die*
pro|te|gie|ren
(begünstigen)
Protektion *die*
Pro|te|in *das*
(ein Eiweißkörper)
Pro|tek|ti|on *die*
(Förderung)
Protektionalismus *der*
Protektor *der*
Pro|test *der*
Protestaktion *die*
Protest-
demonstration *die*
protestieren
Protestkundgebung *die*
Proteststreik *der*
Protestwähler *der*
Pro|tes|tant *der*
Protestantin *die*
protestantisch
Protestantismus *der*
pro|tes|tie|ren
Pro|the|se *die*
Prothesenträger *der*
Pro|to|koll *das*
Protokollant/in
protokollieren

Pro|ton *das*
(ein Elementarteilchen)
Protonenübertragung
die
Pro|to|plas|ma *das*
(„Lebenssubstanz")
Pro|to|typ *der* (Muster)
prot|zen (angeben)
Protzerei *die*
protzig
Pro|ve|ni|enz *die*
(Herkunft)
Pro|vi|ant *der*
Pro|vi|der *der* (Anbieter für Internetzugang)
Pro|vinz *die*
provinziell
Pro|vi|si|on *die*
(Vergütung)
Provisionsbasis *die*
provisionsfrei
pro|vi|so|risch
(vorläufig)
Provisorium *das*
Pro|vi|ta|min *das*
auch: Pro|vit|amin (Vorstufe eines Vitamins)
Pro|vo|ka|teur *der*
Provokation *die*
provokativ
provozieren
(herausfordern, reizen)
Pro|ze|de|re/
Pro|ce|de|re *das*
(Vorgehensweise)
Pro|ze|dur *die*
(Verfahren)
Pro|zent *das* (%)
die Fünfprozentklausel
10 Prozent
Prozentrechnung *die*
Prozentsatz *der*
prozentual
Prozentzahl *die*

Pro|zess *der*
  prozessbevollmächtigt
  Prozessgegner/in
  prozessieren
  Prozesskosten *die*
Pro|zes|si|on *die*
  (Umzug der Gläubigen)
Pro|zes|sor *der*
  (Teil der EDV)
prü|de (gehemmt)
  Prüderie *die*
prü|fen
  sich prüfen
  Prüfer/in
  Prüfling *der*
  Prüfung *die*
  Prüfungsangst *die*
  Prüfungsfach *das*
  Prüfungs-
  kommission *die*
Prü|gel
  Prügelknabe *der*
  prügeln
  sich prügeln
  Prügelstrafe *die*
Prü|nel|le *die*
  (getrocknete Pflaume)
Prunk *der*
  prunken
  Prunkgemach *das*
  prunklos
  Prunksitzung *die*
  Prunkstück *das*
  prunkvoll
prus|ten

ps

PS (Pferdestärke)
  PS-stark
Psalm *der*
  Psalmist *der*
  Psalter *der*
PSchA (Postscheckamt)

pseu|do (unecht)
  Pseudokrupp *der*
  Pseudonym *das* (Deck-
  name, Künstlername)
  pseudowissenschaftlich
Psy|che *die* (Seele)
  Psychiater/in
  Psychiatrie *die*
  psychiatrisch
  psychisch
  Psychoanalyse *die*
  Psychodrama *das*
  Psychogramm *das*
  Psychologe *der*
  Psychologin *die*
  Psychologie *die*
  psychologisch
  Psychopath/in
  psychopathisch
  Psychopharmakon *das*
  die Psychopharmaka
  Psychose *die*
  psychosomatisch
  Psychoterror *der*
  Psychotherapeut/in
  psychotherapeutisch
  Psychothriller *der*

pu

Pub *das/der* (Gaststätte)
pu|ber|tär
  Pubertät *die*
  Pubertätszeit *die*
  pubertieren
Pu|bli|ci|ty *die*
  auch: Pub|li|ci|ty
  publicityscheu
  Public Relations (PR)
pu|blik
  auch: pub|lik
  (öffentlich)
  publik machen/
  publikmachen

Publikation *die*
publizieren
Publizist/in
Publizistik *die*
Publizität *die*
Pu|bli|kum *das*
  auch: Pub|li|kum
  Publikums-
  geschmack *der*
  Publikumsverkehr *der*
  publikumswirksam
Puck *der* (Scheibe beim
  Eishockey)
Pud|ding *der*
  Puddingpulver *das*
Pu|del *der*
  Pudelmütze *die*
  pudelwohl
Pu|der *der/das*
  Puderdose *die*
  pudern
  sich pudern
  Puderzucker *der*
Puff *der/das*
  puffen
Puf|fer *der*
  Pufferzone *die*
Pulk *der*
Pul|li *der*
  Pullover *der*
  Pullunder *der*
Pul|pa *die*
  (Gewebemasse)
  pulpös
Puls *der*
  Pulsader *die*
  Pulsar *der*
  pulsieren
Pult *das*
Pul|ver *das*
  Pulverfass *das*
  Pulverkaffee *der*
  Pulverschnee *der*
  pulvertrocken

Pu|ma der (ein Raubtier)
**pum|me|lig/
 pumm|lig**
Pump der
 auf Pump leben
Pum|pe die
 pumpen
 Pumpwerk das
Pum|per|ni|ckel der
Pump|ho|se die
Pumps der
 (ein Damenschuh)
 die Pumps anziehen
Pu|muckl der
Pun|ching|ball der
 (Übungsgerät für Boxer)
 die Punchingbälle
Punkt der
 um Punkt 8 Uhr
 Pünktchen das
 punktgleich
 punktieren
 Punktmenge die
 Punktrichter der
 punktschweißen
 punktuell
 Punktzahl die
pünkt|lich
 Pünktlichkeit die
Punsch der
 (ein alkohol. Getränk)
 Punschglas das
pun|zen (Muster in
 Metall schlagen)
 Punzhammer der
 punzieren
Pup/Pup|ser der
 pupen/pupsen
Pu|pil|le die
 Pupillenerweiterung die
Pup|pe die
 Püppchen das
 Puppenspiel das
 Puppenstube die

pur (rein)
 Purismus der
 puristisch
Pü|ree das
 pürieren
pu|ri|ta|nisch
 (sittenstreng)
Pur|pur der
 purpurfarben
 purpurn
 purpurrot
 Purpurschnecke die
Pur|zel|baum der
 die Purzelbäume
 purzeln
pu|schen/pu|shen
 (in Schwung bringen)
Pus|sel|ar|beit die
 pusseln
 puss(e)lig
Pus|te die
 außer Puste sein
 Pusteblume die
 Pustekuchen!
 (Daraus wird nichts!)
 pusten
Pus|tel die (Pickcl)
Pusz|ta die (Grassteppe)

put

Pu|te die
 Puter der
 puterrot
Putsch der
 (Staatsstreich)
 putschen
 Putschist/in
 Putschversuch der
Put|te die
 (nackte Engelsfigur)
Putz der
 putzen
 Putzfrau die

 Putzlappen der
 Putzmittel das
put|zig (niedlich)
Puzz|le das
 auch: Puz|zle
 Puzzlespiel das
PVC das
 (Polyvinylchlorid)

py

Pyg|mäe der
 (kleiner Mensch)
 pygmäenhaft
Py|ja|ma der
 (Schlafanzug)
 Pyjamahose die
 Pyjamajacke die
Py|lon der (Pfeiler)
 Pylone die
Py|ra|mi|de die

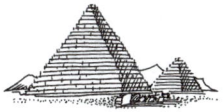

 pyramidenförmig
 Pyramidenstumpf der
Py|ro|ma|ne der
 (Brandstifter)
 Pyromanin die
 Pyrotechnik die
Pyr|rhus|sieg der
 (Schein-Sieg)
Py|tha|go|ras
 (griech. Philosoph)
 der Lehrsatz des
 Pythagoras
 pythagoreisch
 *pythagoreischer
 Lehrsatz*
Py|thon der
 (eine Schlange)

Q

Quack|sal|ber der
  (schlechter Arzt)
Qua|der der/die
Qua|drant der
  auch: Quad|rant
  (Viertelkreis)
Qua|drat das
  auch: Quad|rat
  quadratisch
  Quadratkilometer der
  (km²)
  Quadratmeter der (m²)
  Quadratur die
  Quadratwurzel die
  Quadratzentimeter der
  (cm²)
Qua|dr|iga die
  auch: Quad|ri|ga
  (Viergespann)
Qua|dril|le die (Tanz)
  auch: Quad|ril|le
**Qua|dro|fo|nie/
  Qua|dro|pho|nie** die
  auch: Quad|ro...
Quai/Kai der/das
qua|ken/quä|ken
Quä|ker der
  (Mitglied einer Sekte)
  Quäkerin die
Qual die
  quälen
  sich quälen
  Quälerei die
  qualvoll
Qua|li|fi|ka|ti|on die
  qualifizieren
  sich qualifizieren
  qualifiziert
  qualifiziertes Personal
Qua|li|tät die
  qualitativ

  qualitätsbewusst
  Qualitätskontrolle die
  Qualitäts-
  unterschied der
  Qualitätswein der
Qual|le die

Qualm der
  qualmen
qual|voll
Quan|ten|the|o|rie
  die (eine physikalische
  Theorie)
Quan|ti|tät die (Menge)
  quantitativ
  Quantum das
  Quäntchen das
  ein Quäntchen Glück
  quäntchenweise
Qua|ran|tä|ne die
  (Isolation von Kranken)
  Quarantänestation die
Quark der
  Quarkkuchen der
  Quarkspeise die
Quark das
  (physikalischer Begriff)
Quar|tal das
  (Vierteljahr)
  Quartalsende das
  quartal(s)weise
Quar|tett das
Quar|tier das
  (Unterkunft)
Quarz der (ein Mineral)
  quarzhaltig
  Quarzit der
  Quarzuhr die

Qua|sar der
  (ein astronom. Objekt)
qua|si (sozusagen)
quas|seln
Quas|te die
  Quastenflosser der
Quatsch der
  quatschen

que

Que|cke die
  (eine Pflanze)
Queck|sil|ber das (Hg)
  Quecksilberdampf der
  quecksilberhaltig
  Quecksilbersäule die
  Quecksilbervergiftung
  die
Queen die
Quel|le die
  quellen (einweichen:)
  quellt, quellte,
  ist gequellt
  (schwellen:)
  quillt, quoll,
  ist gequollen
  Quellenangabe die
  Quellgebiet das
  Quellwasser das
quen|geln
  queng(e)lig
(**Quentchen**
  → Quäntchen)
quer
  quer über die Straße
  gehen
  ein quer gestreifter/
  quergestreifter Pulli
  quer hinstellen
  quer über die Wiese
  laufen
  den Teppich quer legen
  kreuz und quer

Querbalken *der*
querbeet
Querdenker *der*
Quere *die*
in die Quere kommen
Quereinsteiger/in
querfeldein
Querflöte *die*
Querformat *das*
quergehen (misslingen)
geht quer, ging quer,
ist quergegangen
Querschnitt *der*
querschnitt(s)gelähmt
querlesen
(überfliegend lesen)
liest quer, las quer,
hat quergelesen
querstellen
(widersetzen)
sich querstellen
Querstraße *die*
Quertreiber *der*
Querverbindung *die*

Que|re|len
(Streitigkeiten)
Querulant/in
quer|feld|ein
querfeldein laufen
quet|schen
Quetschung *die*
Queue *das/der*
(Billardstock)

qui

Quiche *die*
(Speckkuchen)
die Quiche Lorraine
quick
quicklebendig
Quickstepp *der*
quie|ken
quiet|schen
quietschvergnügt
quillt (→ quellen)
Quint/Quin|te *die*
(fünfter Ton)

Quint|es|senz *die*
(das Wesentliche)
Quin|tett *das* (Musik
für fünf Instrumente)
Quirl *der*
quirlen
quirlig
quitt
mit jemandem quitt sein
Quit|te *die*
quitte(n)gelb
Quittengelee *das*
quit|tie|ren
Quittung *die*
Quiz *das*
Quizfrage *die*
Quizmaster *der*
quoll (→ quellen)
Quo|te *die* (Anteil)
die Einschaltquote
Quotenfrau *die*
Quotenmann *der*
Quotenregelung *die*
Quotient *der*

Ra|batt *der*
 Rabattmarke *die*
Ra|bat|te *die*
 eine Blumenrabatte
Ra|batz *der* (Krach)
 Rabatz machen
 Rabauke *der*
Rab|bi *der* (jüd. Titel)
 Rabbiner *der*
Ra|be *der*
 rabenschwarz
ra|bi|at (gewalttätig)

rac

Ra|che *die*
 Racheakt *der*
 Rachegedanke *der*
 rächen
 sich rächen
 Rächer/in
 rachsüchtig
Ra|chen *der*
 Rachenentzündung *die*
 Rachenkatarr(h) *der*
Ra|chi|tis *die*
 (eine Krankheit)
 rachitisch

Deutlich sprechen – richtig schreiben!

(Fahrad)	Fahrrad
(mein Patner)	mein Partner
(maschieren)	marschieren
(alamieren)	alarmieren
(vorangig)	vorrangig
(sich infomieren)	sich informieren
(wiederrum)	wiederum
(überascht)	überrascht

Ra|cke/Ra|ke *die*
 (ein Vogel)
ra|ckern
 sich abrackern
Ra|cket/Ra|kett *das*

Ra|clette *die/das*
 auch: Rac|lette
 (Käsegericht)

rad

Rad *das*
 die Räder
 Rad fahren
 Rad schlagen
 Rädchen *das*
 radeln
 Radfahren *das*
 Radfahrer/in
 Radkappe *die*
 Radstand *der*
 Radtour *die*
 Radwechsel *der*
 Radweg *der*

Ra|dar *der/das*
 Radarfalle *die*
 Radargerät *das*
 Radarkontrolle *die*
 Radarschirm *der*
Ra|dau *der*
 Radaumacher *der*
Rä|dels|füh|rer *der*
 (Anführer)
Ra|di *der* (Rettich)
ra|di|al (strahlenförmig)
 Radialreifen *der*
ra|die|ren
 Radiergummi *der*
 Radierung *die*
Ra|dies|chen *das*
ra|di|kal
 (extrem; gründlich)
 Radikale *der/die*
 radikalisieren
 Radikalisierung *die*
 Radikalismus *der*
 Radikalität *die*
 Radikalkur *die*
Ra|dio *das*
 Radioapparat *der*
 Radiogerät *das*
 Radioprogramm *das*
 Radiosender *der*
 Radiowecker *der*
ra|dio|ak|tiv
 Radioaktivität *die*
Ra|dio|lo|gie *die*
 (Strahlenkunde)
Ra|di|um *das* (Ra)
 (chemisches Element)
 radiumhaltig
Ra|di|us *der*
Ra|dix *die* (Wurzel)
Ra|don *das* (Rn)
 (chemisches Element)
raf|fen
 Raffgier *die*
 raffgierig

Raf|fi|na|de *die*
(gereinigter Zucker)
Raffinerie *die*
raffinieren
Raf|fi|nes|se *die*
(Schlauheit)
raffiniert
Raf|ting *das*
(Wildwasserfahren)
Ra|ge *die* (Wut)
in Rage bringen
ra|gen
Ra|gout *das* (klein geschnittenes Fleisch)
Rag|time *der*
(Vorläufer des Jazz)

rah

Rah/Ra|he *die*
(Querstange am Mast)
Rahsegel *das*
Rahm *der*
rahmig
Rahmsoße *die*
rah|men
Rahmen *der*
aus dem Rahmen fallen
im Rahmen bleiben
Rahmenbedingungen
Rahmenerzählung *die*
Rahmenprogramm *das*
Rahmen-
vereinbarung *die*
Rahmung *die*
Raiff|ei|sen|bank *die*
Rain *der* (Ackergrenze)
rä|keln/re|keln
sich räkeln/rekeln
Ra|ke|te *die*
Raketenangriff *der*
Raketenantrieb *der*
Raketenbasis *die*
Raketentriebwerk *das*

Ral|lye *die*
Rallyefahrer *der*
Ra|ma|dan *der*
(Fastenmonat)
Ram|bo *der* (rücksichtsloser Gewaltmensch)
ram|men
Rammbock *der*
Ram|pe *die*
Rampenlicht *das*
ram|po|nie|ren
(beschädigen)
Ramsch *der*
(billiges Zeug)
Ramschware *die*

ran

ran (→ heran)
Ranch *die* (landwirtschaftlicher Betrieb)
Rancher *der*
Rand *der*
die Ränder
zu Rande/zurande kommen
Randbemerkung *die*
Randerscheinung *die*
Randgebiet *das*
Randgruppe *die*
Randnotiz *die*
randvoll
Ran|da|le *die*
Randale machen
randalieren
Randalierer/in
rän|deln
Rändelschraube *die*

das **Rad**
das Vorder**rad**
der **Rad**fahrer

rang (→ ringen)
Rang *der*
die Ränge
Rangfolge *die*
ranggleich
Ranghöchste *der/die*
Rangordnung *die*
Rangunterschied *der*
zweitrangig
Ran|ge|lei *die*
rangeln
Ran|ger *der*
(Soldat; Aufseher)
ran|gie|ren
Rangierbahnhof *der*
Rangierlokomotive *die*
ran|hal|ten
(sich beeilen)
hält sich ran,
hielt sich ran,
hat sich rangehalten
rank
rank und schlank
Rank *der* (Kniff)
die Ränke
Ränke schmieden
Ran|ke *die*
ranken
sich ranken
ran|kom|men
(→ herankommen)
kommt ran, kam ran,
ist rangekommen
ran|las|sen
(→ heranlassen)
lässt ran, ließ ran,
hat rangelassen
rann (→ rinnen)

der **Rat**
einen **Rat** *geben*
raten

rann|te (→ rennen)
Ra|nun|kel *die*
  (eine Blume)
Ran|zen *der*
ran|zig

rap

Rap *der* / **Rap|ping** *das*
  (Sprechgesang)
ra|pid / **ra|pi|de**
  (sehr schnell)
Rap|pe *der*
  (schwarzes Pferd)
rap|peln
  rapp(e)lig
Rap|pen *der* (Rp.)
  100 Rappen
Rap|port *der* (Bericht)
Raps *der*
  Rapsfeld *das*
  Rapsöl *das*
Ra|pünz|chen *das*
  (Feldsalat)
  Rapunzel *die*
rar (selten)
  Rarität *die*
  sich rarmachen
ra|sant (sehr schnell)
  der rasante Aufschwung
  Rasanz *die*
rasch
ra|scheln
ra|sen
  das Rasen auf der
  Autobahn
  Raser/in
Ra|sen *der* (Gras)
  Rasenmäher *der*
ra|sie|ren
  sich rasieren
  Rasierapparat *der*
  Rasiercreme *die*
  Rasierer *der*
  Rasierklinge *die*
  Rasierpinsel *der*
  Rasierschaum *der*
  Rasierseife *die*
  Rasierzeug *das*
  Rasur *die*
Rä|son *die* (Vernunft)
  jemanden zur Räson
  bringen
  räsonieren
Ras|pel *die*
  raspeln
  Schokolade raspeln
Ras|se *die*
  Rassehund *der*
  Rassen-
  diskriminierung *die*
  Rassenhass *der*
  Rassepferd *das*
  rassig
  Rassismus *der*
  Rassist/in
  rassistisch
Ras|sel *die*
  Rasselbande *die*
Rast *die*
  rasten
  Rasthaus *das*
  Rasthof *der*
  rastlos
  Rastlosigkeit *die*
  Rastplatz *der*
  Raststätte *die*
Ras|ter *der* / *das*
  Rasterfahndung *die*
  Rastermikroskop *das*
Ra|sur *die*

rat

Rat *der*
  die Räte (Personen)
  Rat suchen
  Rat suchend / ratsuchend
  Rat Suchende /
  Ratsuchende der/die
  zu Rate / zurate ziehen
  raten
  rät, riet, hat geraten
  Ratgeber *der*
  Rathaus *das*
  ratlos
  ratsam
  Ratschlag *der*
  Ratsherr *der*
  Ratssitzung *die*
Ra|te *die*
  Ratenkauf *der*
  ratenweise
  Ratenzahlung *die*
Ra|ti|fi|ka|ti|on *die*
  (Bestätigung eines
  Vertrages)
  ratifizieren
  Ratifizierung *die*
Ra|tio *die* (Vernunft)
  rational
  rationale Zahlen
  rationalisieren
  Rationalisierung *die*
  Rationalisierungs-
  maßnahme *die*
  Rationalismus *der*
  Rationalität *die*
  rationell
Ra|ti|on *die*
  rationieren
  Rationierung *die*
rat|los
rä|to|ro|ma|nisch
rat|sam
Rat|schlag *der*
  die Ratschläge
Rät|sel *das*
  rätselhaft
  rätseln
  Rätselraten *das*
Rat|tan|mö|bel *die*

Rat|te *die*
Rattengift *das*
Rattenschwanz *der*
rat|tern

rau _____

rau
Rauheit *die*
Raufaser *die*
Raufasertapete *die*
Rauhaardackel *der*
Rauputz *der*
Raureif *der*
Raub *der*
Raubbau *der*
rauben
Räuber *der*
räuberisch
Raubkatze *die*
Raubmord *der*
Raubritter *der*
Raubvogel *der*
Rauch *der*
rauchen
Rauchfahne *die*
rauchig
Rauchverbot *das*
Rauchvergiftung *die*
Rauchwaren
Rauchwolke *die*
räu|chern
Räucheraal *der*
Räucherkammer *die*
Räucherlachs *der*
Räucherschinken *der*
Räu|de *die* (Krätze)
räudig
rauf (→ herauf)
Rauf|bold *der*
raufen
Rauferei *die*
rauflustig
(**rauh** → rau)

Raum *der*
die Räume
eine Raum sparende /
raumsparende Lösung
aber: eine noch raum-
sparendere Lösung
Raumaufteilung *die*
Raumausstatter *der*
Raumfahrt *die*
raumgreifend
Rauminhalt *der*
Raumkapsel *die*
räumlich
Raummangel *der*
Raumpflegerin *die*
Raumschiff *das*
räu|men
Räumung *die*
Räumungsklage *die*
rau|nen (flüstern)
Raunen *das*
Rau|pe *die*
Raupenbagger *der*
Raupenfahrzeug *das*
Raupenfraß *der*
raus (→ heraus)
Rausch *der*
die Räusche
Rauschgift *das*
rauschgiftsüchtig
rauschhaft
rau|schen
rauscharm
rauschend
räus|pern
sich räuspern
Räuspern *das*
raus|wer|fen
(→ herauswerfen)
wirft raus, warf raus,
hat rausgeworfen
Rau|te *die*
(schiefes Viereck)
rautenförmig

Rave *der/das*
(Tanzveranstaltung zu
Technomusik)
Ra|vi|o|li
(ein Nudelgericht)
Raz|zia *die* (Fahndung)
die Razzien

re _____

Re|a|genz|glas *das*
die Reagenzgläser
re|a|gie|ren
Reaktion *die*
Reaktionsgleichung *die*
Reaktionszeit *die*
re|ak|ti|o|när
(nicht fortschrittlich)
re|ak|ti|vie|ren
(wieder anstellen)
Re|ak|tor *der*
Reaktorblock *der*
Reaktorunfall *der*
re|al (wirklich, sachlich)
Realien
Realisation *die*
realisierbar
realisieren
Realisierung *die*
Realismus *der*
magischer / poetischer /
sozialistischer Realis-
mus
Realist/in
realistisch
Realität *die*
Realitätssinn *der*
Realitätsverlust *der*
Reality-TV *das*
Reallohn *der*
Realpolitiker/in
Realschule *die*
Re|be *die*
Rebensaft *der*

Reblaus *die*
Rebstock *der*
Re|bell *der*
Rebellin *die*
rebellieren
Rebellion *die*
rebellisch
Reb|huhn *das*
  die Rebhühner
Re|bus *der/das*
  (Bilderrätsel)

rec _____

Re|cei|ver *der*
  (Empfänger)
Re|chaud *der/das*
  (Kocher)
re|chen (harken)
Rechen *der*
Re|chen|schaft *die*
Re|cher|che *die*
  (Nachforschung)
recherchieren
rech|nen
Rechenaufgabe *die*
Rechenfehler *der*
Rechnen *das*
Rechner *der*
rechnerisch

Rech|nung *die*
Rechnungshof *der*
Rechnungsnummer *die*
Rechnungswesen *das*
recht
r ...
das geschieht ihm recht
das ist mir recht
es recht machen
recht schwierig
recht wenig
r .../R ...
recht/Recht behalten
recht/Recht bekommen
recht/Recht geben
recht/Recht haben
recht/Recht tun
R ...
das Recht
mit Recht
ohne Recht
zu Recht
Recht finden
Recht sprechen
ein Recht haben
im Recht sein
das Rechte tun
du bist mir der Rechte

an den Rechten kommen
nichts Rechtes können
von Rechts wegen
Rech|te *die*
  auf der Rechten
  zur Rechten
Recht|eck *das*
  rechteckig
rech|tens
  es ist rechtens
  für rechtens halten
recht|fer|ti|gen
  gerechtfertigt sein
  Rechtfertigung *die*
  Rechtfertigungs-
  versuch *der*
Recht|ha|ber *der*
  Rechthaberei *die*
  rechthaberisch
recht|lich
recht|los
  Rechtlosigkeit *die*
recht|mä|ßig
  Rechtmäßigkeit *die*

rechts _____

rechts
von rechts
nach rechts

Recht / recht

Groß oder klein mit *behalten, bekommen, geben, haben, tun*:

Ich habe recht/Recht.
jemandem recht/Recht geben
recht/Recht bekommen
darin recht/Recht behalten

Klein nach *ist, war, ...*:

*Das **ist** mir recht.*
*Es **ist** schon recht.*

Klein als Adverb:
es jemandem recht machen
Gehe ich recht in der Annahme?

rechts außen spielen
Rechtsabbieger *der*
Rechtsaußen *der*
Rechts|an|walt *der*
  die Rechtsanwälte
Rechtsanwältin *die*
Rechtsanwalts-
kanzlei *die*
Rechts|bei|stand *der*
  die Rechtsbeistände
Rechts|be|ra|ter *der*
  Rechtsberaterin *die*
Rechts|bre|cher *der*
  Rechtsbruch *der*
rechts|bün|dig
  rechtsbündig schreiben
recht|schaf|fen
  Rechtschaffenheit *die*
Recht|schreib|feh|ler *der*
  Rechtschreibung *die*
Rechts|emp|fin|den *das*
rechts|ex|trem
  auch: rechts|ext|rem
  Rechtsextremismus *der*
  Rechtsextremist/in
  rechtsextremistisch
Rechts|hän|der *der*
  Rechtshänderin *die*
  rechtshändig
rechts|he|rum
  auch: rechts|her|um
rechts|kräf|tig
Rechts|kur|ve *die*
Rechts|nach|fol|ge *die*
  Rechtsnachfolger/in
Rechts|ord|nung *die*
Rechts|par|tei *die*
Recht|spre|chung *die*
rechts|ra|di|kal
rechts|rum
  (→ rechtsherum)

Rechts|schutz *der*
  Rechtsschutz-
  versicherung *die*
Rechts|si|cher|heit *die*
Rechts|staat *der*
  rechtsstaatlich
  Rechtsstaatlichkeit *die*
Rechts|streit *der*
rechts|ver|bind|lich
Rechts|ver|kehr *der*
Rechts|ver|let|zung *die*
rechts|wid|rig
rechts|wirk|sam
Rechts|wis|sen|schaft *die*
recht|wink|lig
  das rechtwinklige Dreieck
recht|zei|tig
Reck *das* (Turngerät)
  recken
  sich recken
  Reckstange *die*
Re|cor|der/
  Re|kor|der *der*
re|cy|celn/re|cyc|len
  auch: re|cy|clen
  (Rohstoffe wieder-
  verwenden)
  Recycling *das*
  Recyclingpapier *das*
  Recyclingverfahren *das*

red

Re|dak|teur *der*
  Redakteurin *die*
  Redaktion *die*
  redaktionell
Re|de *die*
  eine Rede halten
  Rede und Antwort stehen
  erlebte / direkte / indirekte Rede
  Redeeinleitung *die*
  Redefluss *der*
  Redefreiheit *die*
  redegewandt
  reden
  Redensart *die*
  Redewendung *die*
  Redner/in
  Rednerpult *das*
  redselig
re|di|gie|ren
  (druckfertig machen)
red|lich (aufrichtig)
  Redlichkeit *die*
Re|dou|te *die* (Festsaal)
Re|duk|ti|on *die*
  (Verminderung)
  Reduktionsmittel *das*
re|dun|dant
  auch: red|un|dant
  (weitschweifig)
  Redundanz *die*
re|du|zie|ren
  (vermindern)
  Reduzierung *die*
Ree|de *die* (Ankerplatz)
  Reeder *der*
  Reederei *die*
re|ell
  ein reelles Angebot
  eine reelle Chance
Reet *das* (Schilf)
  Reetdach *das*

Re|fe|rat *das*
  (Vortrag; Sachgebiet)

Referent/in
referieren
Re|fe|ren|dar *der*
Referendarin *die*
Referendariat *das*
Re|fe|ren|dum *das*
(Volksabstimmung)
Re|fe|renz *die*
(Empfehlung)
re|flek|tie|ren
auch: ref|lek|tie|ren
Reflexion *die*
Re|flex *der*
auch: Ref|lex
Reflexbewegung *die*
reflexiv
Reflexivpronomen *das*
Re|form *die*
(Umgestaltung)
reformbedürftig
Reformbestrebungen
Reformer/in
reformfreudig
Reformhaus *das*
Reformpolitik *die*
Re|for|ma|ti|on *die*
Reformationsfest *das*
reformatorisch
reformiert
Re|frain *der*
auch: Ref|rain
Re|fu|gi|um *das*
(Zufluchtsort)

reg

Re|gal *das*
Regalbrett *das*
Re|gat|ta *die*
Regattastrecke *die*
re|ge
regen
sich regen bringt Segen
reglos

regsam
Regung *die*
regungslos
Re|gel *die*
Regelfall *der*
Regelkreis *der*
regellos
regelmäßig
Regelmäßigkeit *die*
regeln
regelrecht
Regelung *die*
regelwidrig
Regelwidrigkeit *die*
Re|gen *der*
regenarm
Regenbogen *der*
Regenmantel *der*
regennass
regenreich
Regenschauer *der*
Regenschirm *der*
Regentropfen *der*
Regenwald *der*
Regenwasser *das*
Regenwetter *das*
Regenwolke *die*
Regenwurm *der*
Regenzeit *die*
regnen
regnerisch
Re|ge|ne|ra|ti|on *die*
(Erholung)
regenerieren
sich regenerieren
Re|gent *der* (Herrscher)
Regentin *die*
Regentschaft *die*
Re|gie *die*
Regieanweisung *die*
Regisseur/in
re|gie|ren
der Regierende
Bürgermeister

Regierung *die*
Regierungsbezirk *der*
Regierungschef *der*
Regierungs-
erklärung *die*
regierungsfreundlich
Regierungskoalition *die*
Regierungskrise *die*
Regierungsrat *der*
Regierungssprecher/in
Regierungswechsel *der*
Regierungszeit *die*
Re|gime *das*
(diktator. Herrschaft)
Regimekritiker/in
Re|gi|ment *das*
(Herrschaft; Heeresteil)
Regimentsstab *der*
Re|gi|on *die*
regional
Re|gis|ter *das*
Registratur *die*
registrieren
Registrierung *die*
Re|gle|ment *das*
auch: Reg|le|ment
(Vorschrift)
reglementieren
Reglementierung *die*
Reg|ler *der*
reg|los
reg|nen
Re|gress *der*
(Ersatzanspruch)
Regressanspruch *der*
Re|gres|si|on *die*
(Rückbildung)
regressiv
reg|sam
Regsamkeit *die*
re|gu|lär
Regulation *die*
regulieren
Regulierung *die*

Re|gung *die*
regungslos

reh

Reh *das* (ein Tier)
die Rehe
Rehbock *der*
Rehbraten *der*
rehbraun
Rehkeule *die*
Rehkitz *das*
Rehrücken *der*
Re|ha|bi|li|ta|ti|on *die*
Rehabilitationsklinik
die (Reha-Klinik)
rehabilitieren
Rehabilitierung *die*

rei

rei|ben
reibt, rieb,
hat gerieben
Reibung *die*
reibungslos
der reibungslose Ablauf
Reibungsverlust *der*
reich
r ...
reich sein
reich verzieren
eine reich verzierte /
reichverzierte Kette
R ...
Arm und Reich
der / die Reiche
Reichtum *der*
Reich *das*
das Deutsche Reich
das Römische Reich
Reichsadler *der*
Reichsgründung *die*
Reichskanzler *der*
Reichstag *der*
Reichstagsgebäude *das*
rei|chen
Reichweite *die*
reich|hal|tig
Reichhaltigkeit *die*
reich|lich
Reich|tum *der*
die Reichtümer
reif
Reife *die*
die mittlere Reife
reifen
Reifeprüfung *die*
reiflich
Reifung *die*
Reif *der* (gefrorener Tau)
Reifglätte *die*
Rei|fen *der*
Reifenpanne *die*
Reifenwechsel *der*
Rei|gen *der*
Rei|he *die*
der Reihe nach
an der Reihe sein
eine Reihe von
Problemen
reihen
Reihenfolge *die*
Reihenhaus *das*
reihenweise
reihum
Reihung *die*
Reihungsstil *der*
Rei|her *der*
Reiherhorst *der*
reih|um (abwechselnd)
Reim *der*
reimen
reimlos
Reimschema *das*
Reimwort *das*
Re|im|port *der*
reimportieren

rein

rein
r ...
rein halten
rein machen /
reinmachen (sauber)
rein seiden / reinseiden
R ...
im Reinen sein
ins Reine bringen
ins Reine schreiben
Reinerlös *der*
Reingewinn *der*
Reinhaltung *die*
Reinheit *die*
Reinheitsgebot *das*
reinigen
sich reinigen
Reinigung *die*
Reinigungsmittel *das*
reinlich
Reinlichkeit *die*
Reinschrift *die*
Rein|fall *der*
(Fehlschlag)
die Reinfälle
reinfallen
fällt rein, fiel rein,
ist reingefallen
Re|in|kar|na|ti|on *die*
(Wiedergeburt)
rein|kom|men
(→ hereinkommen)
kommt rein, kam rein,
ist reingekommen
rein|le|gen
(→ hereinlegen)

reis

Reis *der*
Reisfeld *das*
Reiskorn *das*

Rei|se *die*
Reiseandenken *das*
Reiseapotheke *die*
Reisebegleiter/in
Reisebekanntschaft *die*
Reisebericht *der*
Reisebüro *das*
reisefertig
Reisefieber *das*
Reiseführer *der*
Reisekosten
Reiseleiter/in
reiselustig
reisen
reist, reiste,
ist gereist
Reisende *der/die*
Reisepass *der*
Reiseproviant *der*
Reiseroute *die*
Reiseverkehr *der*
Reisezeit *die*
Rei|sig *das* (dürre Äste)
Reisigbündel *das*
Reiß|aus
Reißaus nehmen
rei|ßen
reißt, riss, hat gerissen
Reißbrett *das*
reißend
reißfest
Reißverschluss *der*
Reißzwecke *die*
rei|ten
reitet, ritt,
ist geritten
Reiter/in
Reithose *die*
Reitlehrer/in
Reitpeitsche *die*
Reitpferd *das*
Reitschule *die*
Reitstiefel *der*
Reitweg *der*

Reiz *der*
reizbar
reizen
reizend
Reizklima *das*
reizlos
Reizung *die*
reizvoll
Reiz|ker *der* (ein Pilz)

rek

re|ka|pi|tu|lie|ren
(wiederholen)
re|keln/rä|keln
sich rekeln/räkeln
Re|kla|ma|ti|on *die*
(Beanstandung)
reklamieren
Re|kla|me *die*
Reklameplakat *das*
Re|kom|pen|sa|ti|on
die (Entschädigung)
rekompensieren
re|kon|stru|ie|ren
auch: re|kons|tru|ie|ren/
re|konst|ru|ie|ren
Rekonstruktion *die*
Re|kon|va|les|zent
der (Genesender)
Rekonvaleszentin *die*
Rekonvaleszenz *die*
Re|kord *der*
Rekordergebnis *das*
Rekordhalter/in
Rekordmarke *die*
Rekordzeit *die*
Re|kor|der/
Re|cor|der *der*
Re|krut *der*
auch: Rek|rut
(Soldat in Ausbildung)
Rekrutin *die*
rekrutieren

Rek|ti|on *die*
(gramm. Begriff)
Rek|tor *der*
Rektorin *die*
Rektorat *das*
re|kul|ti|vie|ren
Rekultivierung *die*
Re|lais *das* (Schaltung)
Relaisstation *die*
Re|la|ti|on *die*
(Verhältnis)
in Relation stehen
relativ
relativ einfach
relativ teuer
relativieren
Relativismus *der*
Relativität *die*
Relativitätsprinzip *das*
Re|la|tiv|pro|no|men
das (bezügl. Fürwort)
Relativsatz *der*
re|la|xen (sich erholen)
Re|le|ga|ti|ons|spiel
das
(Qualifikationsspiel)
relegieren
re|le|vant
(von Bedeutung)
Relevanz *die*
Re|li|ef *das*
(plastisches Bild)
reliefartig
Re|li|gi|on *die*
Religions-
bekenntnis *das*
religionslos
Religionsunterricht *der*
religiös
Religiosität *die*
Re|likt *das*
(Überbleibsel)
Re|ling *die*
(Schiffsgeländer)

Re|li|quie *die* (Überrest eines / einer Heiligen)
Reliquienschrein *der*
Re|make *das* (Neufassung)
Re|mi|nis|zenz *die* (Erinnerung; Anklang)
Re|mis *das* (unentschiedenes Spiel)
Re|mou|la|de *die*
Remouladensoße *die*
rem|peln (stoßen)

ren

Ren *das*
Rentier *das*

Rentierflechte *die*
Re|nais|sance *die* (Kultur und Kunst im 15./16. Jahrhundert)
Renaissancestil *der*
re|na|tu|rie|ren
Renaturierung *die*
Ren|dez|vous *das* (Verabredung)
Ren|di|te *die* (Ertrag)
Re|ne|gat *der* (Abtrünniger)
re|ni|tent (widerspenstig)
Renitenz *die*
ren|nen
rennt, rannte, ist gerannt
Rennen *das*
Renner *der*
Rennfahrer *der*
Rennpferd *das*
Rennrad *das*
Rennstrecke *die*
Rennwagen *der*
Re|nom|mee *das* (guter Ruf)
renommiert
re|no|vie|ren (erneuern)
Renovierung *die*
ren|ta|bel (einträglich)
Rentabilität *die*
rentieren
sich rentieren
Ren|te *die*
Rentenalter *das*
Rentenempfänger/in
Rentenzahlung *die*
Rentner/in
Re|or|ga|ni|sa|ti|on *die*
reorganisieren

rep

Re|pa|ra|ti|on *die* (Wiedergutmachung)
Reparationszahlung *die*
Re|pa|ra|tur *die*
Reparaturkosten
Reparaturwerkstatt *die*
reparieren
Re|pa|tri|ie|rung *die*
auch: Re|pat|ri|ie|rung
(Rückführung in die Heimat)
Re|per|toire *das* (Spielplan)
Re|pe|tent *der* (Wiederholer)
Repetentin *die*
repetieren
Repetitor/in
Repetitorium *das*
Re|plik *die*
auch: Rep|lik
(Erwiderung)
Re|port *der*
Reportage *die*
Reporter/in
Re|prä|sen|tant *der*
Repräsentantin *die*
Repräsentanz *die*
Repräsentation *die*
repräsentativ
ein repräsentativer Querschnitt
repräsentieren
Re|pres|sa|lie *die* (Druckmittel)
Re|pres|si|on *die* (Unterdrückung)
repressiv
Re|print *der* (Nachdruck)
Re|pri|se *die* (Wiederaufnahme)
Re|pro *das / die*
Reproduktion *die*
reproduktiv
reproduzieren
Rep|til *das*
die Reptilien
Re|pu|blik *die*
auch: Re|pub|lik
die Bundesrepublik
Republikaner/in
republikanisch
Re|pu|ta|ti|on *die* (der gute Ruf)
Re|qui|em *das* (Totenmesse)
Re|qui|sit *das* (Zubehör)
Requisite *die*
Requisiteur/in

res

Re|se|da *die*
(eine Pflanze)
resedafarben
Re|ser|vat *das*
Reservation *die*
Reserve *die*
Reserverad *das*
Reservespieler/in
reservieren
reserviert
Reservierung *die*
Reservist *der*
Reservoir *das*
Re|set *der/das*
(Neustart)
Re|si|denz *die*
(Hauptstadt)
residieren
Re|sig|na|ti|on *die*
auch: Re|si|gna|ti|on
(Mutlosigkeit)
resignieren
resigniert
re|sis|tent
(widerstandsfähig)
Resistenz *die*
re|so|lut (entschlossen)
Resolution *die*
Re|so|nanz *die*
(mit Tönen mitschwingen; Zustimmung)
Resonanzboden *der*
Re|so|pal *das*
(ein Kunststoff)
Resopalplatte *die*
re|sor|bie|ren
(aufsaugen)
Resorption *die*
re|so|zi|a|li|sie|ren
Resozialisierung *die*
Re|spekt *der*
auch: Res|pekt

respektabel
respektieren
respektlos
Respektlosigkeit *die*
Respektsperson *die*
re|spek|ti|ve
auch: res|pek|ti|ve
(beziehungsweise)
Re|spi|ra|ti|on *die*
auch: Res|pi|ra|ti|on
(Atmung)
Res|sen|ti|ment *das*
(Abneigung)
Res|sort *das*
(Geschäftsbereich)
Res|sour|cen (Rohstoffvorräte; Geldmittel)
Rest *der*
Restbestand *der*
restlich
restlos
Restposten *der*
Restrisiko *das*
Res|tau|rant *das*
auch: Re|stau|rant
Res|tau|ra|ti|on *die*
auch: Re|stau|ra|ti|on
(Wiederherstellung)
restaurativ
Restaurator/in
restaurieren
Restaurierung *die*
rest|lich
restlos
re|strik|tiv
auch: res|trik|tiv /
rest|rik|tiv
(beschränkend)
Re|sul|tat *das*
(Ergebnis)
resultieren
Re|sü|mee *das*
(Zusammenfassung)
resümieren

ret

re|tar|die|ren
(verzögern)
retardierendes Moment
Re|tor|te *die*
(Laborgefäß)
re|tour (zurück)
Retoure *die*
Re|tro|spek|ti|ve *die*
auch: Re|tros|pek|ti|ve
(Rückschau)
retrospektiv
ret|ten
Retter/in
Rettung *die*
Rettungsboot *das*
rettungslos
Rettungsring *der*
Rettungsschwimmer/in
Ret|tich *der*
Re|turn *der* (zurückgeschlagener Ball)
Re|tu|sche *die*
(Nachbesserung)
retuschieren
Reue *die*
reuen
reuevoll
reuig
reumütig
Reu|se *die*
(Korb zum Fischfang)
re|üs|sie|ren
(Erfolg haben)
Re|van|che *die*
revanchieren
sich revanchieren
Re|ve|rend *der*
(Geistlicher)
Re|ve|renz *die*
(Ehrerbietung)
Re|vers *das*
(Jackenaufschlag)

re|ver|si|bel
(umkehrbar)
re|vi|die|ren
(überprüfen)
Re|vier *das*
Revierförster *der*
Re|vi|si|on *die*
(Überprüfung)
Revisionismus *der*
Revisionsverfahren *das*
Re|vol|te *die* (Aufruhr)
revoltieren
Re|vo|lu|ti|on *die*
revolutionär
Revolutionär/in
revolutionieren
Revoluzzer *der*
Re|vol|ver *der*
Re|vue *die*
Revue passieren lassen
Revuetheater *das*
Re|zen|sent *der*
(Buch-, Theaterkritiker)
Rezensentin *die*
rezensieren
Rezension *die*
Re|zept *das*
Rezeptblock *der*
rezeptfrei
rezeptpflichtig
Re|zep|ti|on *die*
(Annahme, Empfang)
rezeptiv
Re|zes|si|on *die* (Rückgang der Wirtschaft)
rezessiv
re|zi|prok
auch: re|zip|rok
(wechselseitig)
Reziprozität *die*
Re|zi|ta|ti|on *die*
Rezitativ *das*
(Sprechgesang)
rezitieren

rh

Rha|bar|ber *der*
Rhabarberkompott *das*
Rhabarberkuchen *der*
Rhap|so|die *die*
(ein Musikstück)
Rhein *der*
rheinaufwärts
Rheinfall *der*
Rheinland *das*
Rheinländer/in
rheinländisch
Rheinwein *der*
Rhein|land-Pfalz
Rheinland-Pfälzer/in
rheinland-pfälzisch
Rhe|sus *der*
Rhesusaffe *der*
Rhesusfaktor *der*
(Rh-Faktor)
Rhe|to|rik *die*
(Redekunst)
rhetorisch
rhetorische Figur
rhetorische Frage
Rheu|ma *das*
Rheumadecke *die*
rheumatisch
Rheumatismus *der*
Rheumawäsche *die*
Rhi|no|ze|ros *das*
die Rhinozerosse
Rho|do|den|dron
der/das
auch: Rho|do|dend|ron
(eine Zierpflanze)
Rhom|bus *der*
die Rhomben
Rhön|rad *das*
Rhyth|mik *die*
rhythmisch
Rhythmus *der*
die Rhythmen

ri

rib|beln
Ri|bi|sel *die*
(österr.: Johannisbeere)
rich|ten
Richter/in
richterlich
eine höchstrichterliche Entscheidung
Richterskala *die*
Richterspruch *der*
Richtfest *das*
Richtkranz *der*
rich|tig
r...
richtige Entscheidung
richtig gehen
die Uhr geht richtig
eine richtig gehende/ richtiggehende Uhr
aber nur: eine richtiggehende Verschwörung
richtig machen
die Uhr richtig stellen/ richtigstellen
(übertragen:)
einen Vorwurf richtigstellen
R...
das Richtige tun
es ist das Richtige
Richtigkeit *die*
Richtigstellung *die*
Richt|li|nie *die*
Richtlinienkompetenz *die*
Richt|preis *der*
Richtwert *der*
Rich|tung *die*
Richtung Osten
Richtungsänderung *die*
richtungsweisend
Ricke *die* (weibl. Reh)

rie

rieb (→ reiben)
rie|chen
riecht, roch,
hat gerochen
Riecher *der*
Ried *das* (Schilf)
Riedgras *das*
rief (→ rufen)
Rie|ge *die*
Rie|gel *der*
riegeln
Rie|men *der*
Riemchen *das*
Rie|se *der*
riesengroß
riesenhaft
Riesenrad *das*
Riesenslalom *der*
riesig
ich habe mich riesig
gefreut
riesig groß
rie|seln
Ries|ling *der*
(eine Weinsorte)
riet (→ raten)
Riff *das*
rif|feln
Ri|fi|fi *das* (raffiniertes Verbrechen)
ri|gid/ri|gi|de (streng)
Rigidität *die*
ri|go|ros
Rigorosität *die*
Rigorosum *das*
Rik|scha *die*

Ril|le *die*
Rind *das*
Rinderbraten *der*
Rinderherde *die*
Rindfleisch *das*
Rindsleder *das*
Rindvieh *das*
Rin|de *die*
Ring *der*
Ringfinger *der*
ringförmig
Ringstraße *die*
rin|gen
ringt, rang,
hat gerungen
Ringen *das*
Ringkampf *der*
rings
ringsherum
ringsum
ringsumher
Rin|ne *die*
rinnen
rinnt, rann,
ist geronnen
Rinnsal *das*
Rinnstein *der*
Rip|pe *die*
Rippenfell *das*
Rippenfell-
entzündung *die*
Ri|si|ko *das*
die Risiken/Risikos
risikobereit
Risikofaktor *der*
risikolos
riskant
riskieren
Ri|sot|to *der/das*
(ein Reisgericht)
Ris|pe *die* (Blütenstand)
rispenförmig
Riss *der*
rissig

Rist *der* (Fußrücken)
Ritt *der*
rittlings
Rittmeister *der*
Rit|ter *der*
Ritterburg *die*
ritterlich
Ritterlichkeit *die*
Ritterorden *der*
Ritterrüstung *die*
Rittersporn *der*
Ri|tu|al *das*
(feierliche Handlung)
rituell
Ritus *der*
die Riten
Rit|ze *die*
ritzen
Ri|va|le *der*
Rivalin *die*
rivalisieren
Rivalität *die*
Ri|vi|e|ra *die*
Ri|zi|nus *der*
(eine Pflanze)
Rizinusöl *das*
RNS
(Ribonukleinsäure)

ro

Roa|die *der* (Helfer bei Konzerttourneen)
Roast|beef *das*
Rob|be *die*
robben
Robbenfang *der*
Robbenjagd *die*
Ro|be *die* (Amtstracht)
Ro|bin|so|na|de *die*
Ro|bo|ter *der*
roboterhaft
ro|bust
Robustheit *die*

Ro|caille *das/die*

roch (→ riechen)
Ro|cha|de *die*
  (ein Schachspielzug)
  rochieren
rö|cheln
  Röcheln *das*
Ro|chen *der*
  (ein Raubfisch)
Rock *der*
  die Röcke
  Röckchen *das*
  Rocksaum *der*
  Rocktasche *die*
**Rock and Roll/
  Rock 'n' Roll** *der*
  Rockgruppe *die*
  Rockkonzert *das*
  Rockmusik *die*
  Rocksänger/in
Ro|cker *der*
  Rockerbande *die*
ro|deln
  Rodelbahn *die*
  Rodelschlitten *der*
ro|den
  den Wald roden
  Rodung *die*
Ro|deo *der/das*
  (Reiterschau)
Ro|gen *der* (Fischeier)
Rog|gen *der*
  Roggenbrot *das*
  Roggenbrötchen *das*
  Roggenfeld *das*
  Roggenmehl *das*

roh

roh
  im Rohen fertig sein
  Rohbau *der*
  Rohheit *die*
  Rohkost *die*
  Rohmaterial *das*
  Rohstoff *der*
  Rohzustand *der*
Rohr *das*
  Rohrbruch *der*
  Röhre *die*
  Rohrleitung *die*
  Rohrzucker *der*
röh|ren
Röh|richt *das*
Röhr|ling *der* (ein Pilz)
Ro|ko|ko *das*
  Rokokostil *der*

rol

Roll|la|den *der*
  die Rollläden
  Rollladenkasten *der*
rol|len
  Rollbahn *die*
  Rollbraten *der*
  Rolle *die*
  rollenförmig
  Rollenkonflikt *der*
  Rollenspiel *das*
  Roller *der*
  Rollfeld *das*
  Rollkragen *der*
  Rollkragenpullover *der*
  Rollmops *der*
  Rollschuh *der*
  Rollsplitt *der*
  Rollstuhl *der*
  Rolltreppe *die*
Rol|lo *das*
Ro|man *der*

  Romanautor/in
  Romancier *der*
  Romanfigur *die*
  romanhaft
Ro|ma|nik *die*
  romanisch
Ro|ma|nist *der*
  Romanistin *die*
  Romanistik *die*
Ro|man|tik *die*
  Romantiker/in
  romantisch
Ro|mantsch *das*
  (Rätoromanisch)
Ro|man|ze *die*
Rö|mer *der*
  römisch
  römisch-katholisch
  (r.-k., röm.-kath.)
  das Römische Reich
  römische Zahlen
**Rom|mee/
  Rom|mé** *das*
Ron|deau *das*
  (Gedichtform)
Ron|dell *das* (Rundbau)
Ron|do *das* (Tanzlied)
rönt|gen
  Röntgenapparat *der*
  Röntgenaufnahme *die*
  Röntgenbild *das*
  Röntgenröhre *die*
  Röntgenstrahlen
  Röntgenuntersuchung
  die

ros

ro|sa
  der rosa Stoff
  rosafarben
  rosarot
Ro|se *die*
  Rosenkohl *der*

Rosenkranz *der*
Rosenmontag *der*
Rosenstock *der*
Rosenstrauch *der*
Rosenstrauß *der*
rosig
Ro|sé *der* (ein Wein);
das (eine Farbe)
Ro|set|te *die*
Ro|si|ne *die*
Rosinenbrötchen *das*
Ros|ma|rin *der*
(ein Gewürz)
Ross *das*
die Rosse / Rösser
Rosshaar *das*
Rosskastanie *die*
Rosskur *die*
Rost *der*
Rostbratwurst *die*
rosten
rösten
Rösterei *die*
Rostfleck *der*
rostfrei
röstfrisch
rostig
rostrot
Rostschutz *der*
rot
r ...
rot gestreift / rotgestreift
rot glühend / rotglühend
rot werden
rote Blutkörperchen
der rote Faden
rote Grütze
das rote Tuch
r ... / R ...
die rote / Rote Karte
R ...
das Rot
Rote Be(e)te
das Rote Kreuz

das Rote Meer
die Ampel steht auf Rot
bei Rot überqueren
Rotbarsch *der*
rotblond
rotbraun
Rotbuche *die*
röten
rothaarig
Rothaut *die*
Rotkäppchen *das*
Rotkehlchen *das*
Rotkohl *der*
Rotkraut *das*
Rotkreuzschwester *die*
rötlich
Rotstift *der*
Rötung *die*
Rotwein *der*
Rotwild *das*
Ro|ta|ti|on *die*
(Drehung)
Rotationsprinzip *das*
rotieren
Rö|teln
rö|ten
sich röten
Rot|te *die* (Schar)
eine Rotte von Räubern
Ro|tun|de *die*
(Rundbau)
Rot|welsch *das*
(Gaunersprache)
Rotz *der*
Rotznase *die*

rou

Rouge *das*
Rou|la|de *die*
(ein Fleischgericht)
Rou|lette *das*
Glücksspiel
Rou|te *die*

Rou|ti|ne *die*
Routinekontrolle *die*
routinemäßig
routiniert
Row|dy *der*
Rowdytum *das*
ro|ya|lis|tisch
(königstreu)

ru

rub|beln
Rü|be *die*
Rübenzucker *der*
Ru|bel *der* (russ. Geld)
rü|ber (→ herüber)
rüberkommen
kommt rüber,
kam rüber,
ist rübergekommen
Ru|bin *der*
(ein Edelstein)
rubinrot
Ru|brik *die* (Abschnitt)
auch: Rub|rik
rubrizieren
ruch|bar (bekannt)
ruch|los (rücksichtslos)
Ruck *der*
ruckartig
rucken
rück|be|züg|lich
rückbezügliches
Fürwort
Rück|blen|de *die*
Rück|blick *der*
rü|cken
jemandem zu Leibe
rücken
Rü|cken *der*
Rückenlehne *die*
Rückenmark *das*
Rückenschwimmen *das*
Rückenwind *der*

Rück|fahr|kar|te *die*
Rück|fahrt *die*
Rück|fall *der*
  die Rückfälle
  rückfällig
Rück|flug *der*
  die Rückflüge
Rück|fra|ge *die*
  rückfragen
Rück|ga|be *die*
  Rückgaberecht *das*
Rück|gang *der*
  die Rückgänge
  rückgängig machen
Rück|grat *das*
Rück|griff *der*
Rück|halt *der*
  rückhaltlos
Rück|hand *die*
Rück|kehr *die*
rück|kop|peln
  Rückkopp(e)lung *die*
Rück|la|ge *die*
rück|läu|fig
  eine rückläufige
  Entwicklung
Rück|licht *das*
rück|lings
Rück|mel|dung *die*
Rück|rei|se *die*
Rück|ruf *der*
Ruck|sack *der*
  die Rucksäcke
Rück|schau *die*
Rück|schlag *der*
  die Rückschläge
Rück|schluss *der*
  Rückschlüsse ziehen
Rück|schritt *der*
  rückschrittlich
Rück|sei|te *die*
  rückseitig
Rück|sicht *die*
  Rücksichtnahme *die*

rücksichtslos
Rücksichtslosigkeit *die*
rücksichtsvoll
Rück|sitz *der*
Rück|spie|gel *der*
Rück|spra|che *die*
  Rücksprache nehmen
Rück|stand *der*
  die Rückstände
  den Rückstand aufholen
  rückständig
Rück|stoß *der*
  die Rückstöße
Rück|strah|ler *der*
Rück|trans|port *der*
Rück|tritt *der*
rück|über|set|zen
Rück|wand *die*
  die Rückwände
rück|wärts
  Rückwärtsgang *der*
  rückwärtsgehen
  geht rückwärts,
  ging rückwärts,
  ist rückwärtsgegangen
Rück|weg *der*
rück|wir|kend
  Rückwirkung *die*
rück|zahl|bar
  Rückzahlung *die*
Rück|zie|her *der*
  einen Rückzieher
  machen
Rück|zug *der*
  die Rückzüge
  Rückzugsgefecht *das*

rud

rü|de
  ein rüdes Verhalten
Rü|de *der* (männl. Hund)
Ru|del *das*
  rudelweise

Ru|der *das*
  Ruderboot *das*
  Ruderer *der*
  Ruderin *die*
  Ruderklub *der*
  rudern
  wir haben/sind gerudert
Ru|di|ment *das*
  (Überbleibsel)
  rudimentär
Ruf *der*
  rufen
  ruft, rief, hat gerufen
  lautes Rufen
  Rufmord *der*
  Rufname *der*
  Rufnummer *die*
Rüf|fel *der* (Verweis)
  rüffeln
Rug|by *das*
  (ein Ballspiel)
Rü|ge *die*
  rügen

ruh

Ru|he *die*
  Ruhe geben
  Ruhebedürfnis *das*
  ruhebedürftig
  Ruhegehalt *das*
  ruhelos
  ruhen
  ruhen lassen
  (übertragen:)
  einen Streit
  ruhen lassen/
  ruhenlassen
  Ruhestand *der*
  ruhestörend
  Ruhestörung *die*
  Ruhetag *der*
  ruhig
  ruhig bleiben

*das gebrochene Bein
ruhig stellen /
ruhigstellen*
(übertragen:)
*den Patienten
mit Medikamenten
ruhigstellen*
Ruhm *der*
rühmen
sich rühmen
rühmenswert
rühmlich
ruhmreich
Ruhr *die*
(Fluss; eine Krankheit)
rüh|ren
Rührei *das*
rührend
rührig
rührselig
Rührung *die*
Ru|in *der*
(Zusammenbruch)
Ruine *die*
ruinieren
ruinös
rülp|sen
rum (→ herum)
Rum *der*
Rumtopf *der*
Ru|mä|ni|en
Rumäne *der*
Rumänin *die*
rumänisch
Rum|ba *die* (ein Tanz)
Rum|mel *der*
ru|mo|ren
Rum|pel|kam|mer *die*
rum|peln
Rumpf *der*
 die Rümpfe
rümp|fen
 die Nase rümpfen
Rump|steak *das*

rum|trei|ben
 (→ herumtreiben)
 *sich rumtreiben
 treibt sich rum,
 trieb sich rum,
 hat sich rumgetrieben*
 Rumtreiber/in

run

Run *der* (Ansturm)
rund
 *rund sein
 rund ein Drittel
 eine runde Sache
 runderneuerte Reifen*
 Rundbogen *der*
 Rundbrief *der*
 Runde *die*
 Runderneuerung *die*
 Rundfahrt *die*
 Rundgang *der*
 rundlich
 Rundschreiben *das*
 Rundung *die*
Rund|funk *der*
 Rundfunkanstalt *die*
 Rundfunk-
 kommentator/in
rund|he|raus
 auch: rund|her|aus
rund|um
rund|weg
Ru|ne *die*
 (germ. Buchstabe)
 Runenschrift *die*
Run|kel|rü|be *die*
Run|ning Gag *der*
run|ter (→ herunter)
 runterfallen
 *fällt runter, fiel runter,
 ist runtergefallen*
 runterputzen
 runterschlucken

Run|zel *die*
 runzeln
 die Stirn runzeln
 runz(e)lig
Rü|pel *der*
 rüpelhaft
 Rüpelhaftigkeit *die*
rup|fen
rup|pig

rus

Rü|sche *die*
 Rüschenbluse *die*
Rush|hour *die*
 (Hauptverkehrszeit)
Ruß *der*
 rußen
 Rußfilter *der*
 rußgeschwärzt
 rußig
Rüs|sel *der*
 rüsselförmig
 Rüsselkäfer *der*
Russ|land
 Russe *der*
 Russin *die*
 russisch
 russisch-orthodox
rüs|ten
 sich rüsten
 Rüstung *die*
 Rüstungsindustrie *die*
rüs|tig
rus|ti|kal (bäuerlich)
Rüst|zeug *das*
Ru|te *die*
 Rutengänger *der*
Rut|sche *die*
 rutschen
 Rutschbahn *die*
 Rutschgefahr *die*
 Rutschpartie *die*
rüt|teln

S

s (Sekunde)
s. (siehe)
  s. o. (siehe oben)
S. (Seite)
s-för|mig / S-för|mig
S-Kur|ve die
s-Laut der
Saal der
  die Säle
  Saalbau der
Saar|land das
  Saarländer/in
  saarländisch
Saat die
  Saatgetreide das
  Saatgut das
  Saatkartoffeln
  Saatkorn das
Sab|bat der (jüdischer Feiertag; Samstag)
sab|beln
Sä|bel der
  Säbelrasseln das
Sa|bo|ta|ge die (Beschädigung wichtiger Einrichtungen)
  Sabotageakt der
  Saboteur/in
  sabotieren

sac

Sa|cha|rin / Sac|cha|rin das (ein Süßstoff)
Sa|che die
  Sachbearbeiter/in
  Sachbereich der
  Sachbeschädigung die
  sachdienlich
  Sachfrage die
  sachfremd
  Sachgebiet das
  sachgemäß
  Sachkenntnis die
  sachkundig
  Sachlage die
  sachlich
  Sachlichkeit die
  Sachverhalt der
  Sachverständige der/die
  Sachwert der
säch|lich
  das sächliche Geschlecht
Sach|sen
  Sachse der
  Sächsin die
  sächseln
  sächsisch
Sach|sen-An|halt
  Sachsen-Anhalter/in
  sachsen-anhaltinisch
sach|te (vorsichtig)
Sack der
  die Säcke
  Sackbahnhof der
  Säckchen das
  Sackgasse die
  Sackhüpfen das
  Sackleinen das
  sackweise
sa|cken
Sa|dis|mus der (Lust am Quälen)
  Sadist/in
  sadistisch
sä|en
Sa|fa|ri die
Safe der/das
  Safeschlüssel der
Saf|ran der
  auch: Sa|fran
  (ein Gewürz)
  safrangelb

Saft der
  die Säfte
  saftig
  saftlos

sag

Sa|ge die
  sagenhaft
  Sagenkreis der
  sagenumwoben
Sä|ge die
  Sägeblatt das
  Sägemehl das
  sägen
  Sägespäne
sa|gen
  sage und schreibe
  Bescheid sagen
  die Wahrheit sagen
Sa|go der/das
  (ein Stärkemehl)
sah (→ sehen)
Sa|ha|ra die
sä|he (→ sehen)
Sa|hel|zo|ne die (Gebiet südl. der Sahara)
Sah|ne die
  Sahneeis das
  Sahnesoße die
  sahnig
Sai|son die
  saisonabhängig
  saisonal
  Saisonarbeiter/in
  saisonbedingt
  Saisonbeginn der
Sai|te die
  Saiteninstrument das
Sak|ko der/das
  Sakkoanzug der
sa|kral
  auch: sak|ral
  (gottesdienstlich)

Sakralbau *der*
Sakrament *das*
Sa|kri|leg *das*
 auch: Sak|ri|leg
 (Gotteslästerung)
 ein Sakrileg begehen
Sa|kris|tei *die*
 auch: Sak|ris|tei
 (Kirchenraum)
sa|kro|sankt
 auch: sak|ro|sankt
 (unverletzlich)
Sä|ku|la|ri|sa|ti|on *die*
 (Verstaatlichung von
 Kirchenbesitz)
 Säkularisierung *die*

sal _____

Sa|la|man|der *der*
Sa|la|mi *die*
 Salamitaktik *die*
 (scheibchenweise An-
 näherung an ein Ziel)
Sa|lat *der*
 Salatblatt *das*
 Salatkopf *der*
 Salatplatte *die*
 Salatschüssel *die*
Sal|be *die*
 salben
 Salbung *die*
 salbungsvoll
Sal|bei /
Sal|bai *der/die*
 Salbeitee *der*
Sal|do *der*
 (Kontoabschluss)
 die Salden / Saldi / Saldos
 per Saldo
Sa|li|ne *die* (Anlage zur
 Salzgewinnung)
 Salinensalz *das*
Salm *der* (ein Fisch)

Sal|mi|ak *der/das*
 Salmiakgeist *der*
 Salmiaklösung *die*
Sal|mo|nel|len
 (Bakterien)
sa|lo|mo|nisch
 (weise wie König
 Salomon)
 eine salomonische
 Entscheidung
Sa|lon *der*
 (Empfangszimmer)
 salonfähig
 Salonmusik *die*
Sa|loon *der*
 (Lokal im Westernstil)
sa|lopp (ungezwungen;
 nachlässig; bequem)
Sal|pe|ter *der*
 Salpetersäure *die*
 salpetrige Säure
Sal|to mor|ta|le *der*
Sa|lut *der* (Ehrengruß)
 salutieren
 Salutschuss *der*
Sal|ve *die* (gleich-
 zeitiges Abschießen
 von Feuerwaffen)
Salz *das*
 salzarm
 Salzbergwerk *das*
 salzen
 Salzgehalt *der*
 salzhaltig
 salzig
 Salzkartoffeln
 Salzsäure *die*
 Salzstange *die*
 Salzteig *der*
 Salzwasser *das*

sam _____

Sa|ma|ri|ter *der*
 (barmherziger Mensch)
Sam|ba *die/der*
 (ein Tanz)
Sa|men *der*
 Samenerguss *der*
 Samenflüssigkeit *die*
 Samenkorn *das*
 Samenzelle *die*
 Sämerei *die*
 Sämling *der*
sä|mig (dickflüssig)
 eine sämige Soße
sam|meln
 Sammelbestellung *die*
 Sammelmappe *die*
 Sammelsurium *das*
 Sammler/in
 Sammlung *die*

---

sammeln

Sammlung
Sammelmappe
Sammler
gesammelte Werke

gesamt

insgesamt
die Gesamtheit
die Samtgemeinde

sämtlich

sämtliche Werke
sämtliche Angebote

Sa|mo|war der

Sams|tag der
am Samstag
am Samstagabend
an diesem Samstag
samstags
*samstagsabends /
samstags abends*
samt (mit)
*ein PC samt Zubehör
samt und sonders*
Samtgemeinde die
Samt/Sam|met der
in Samt und Seide
samtartig
Samthandschuh der
Samthose die
Samtjacke die
samtweich
sämt|lich
sämtliche Werke
Sa|mu|rai der
(japanischer Krieger)

san _____

Sa|na|to|ri|um das
die Sanatorien
Sanc|tus das (Lobpreis)
Sand der
Sandbank die
sandig
Sandkasten der
Sandstein der
Sandstrand der
Sandwüste die
San|da|le die
Sandalette die
San|del|holz das
sand|te (→ senden)
Sand|wich das/der
die Sandwichs /
Sandwiches / Sandwiche
sanft
Sanftheit die
Sanftmut die
sanftmütig
Sänf|te die

sang (→ singen)
Sän|ger der
Sängerin die
San|gria die
auch: Sang|ria
(ein span. Getränk)
sa|nie|ren (wieder
leistungsfähig machen)
Sanierung die
sanierungsbedürftig
*ein sanierungs-
bedürftiger Betrieb*
sa|ni|tär
sanitäre Einrichtungen
Sanitäreinrichtungen
Sanitäter der
Sanitätsdienst der
sank (→ sinken)
Sankt (St.)
*Sankt Florian
Sankt Gallen*
Sank|ti|on die
(Zwangsmaßnahme)
sanktionieren
sann (→ sinnen)
San|se|vi|e|rie die
(eine Zimmerpflanze)
Sans|krit das
auch: Sansk|rit
(altind. Sprache)
Sa|phir der
(ein Edelstein)
Saphirnadel die
Sar|del|le die
Sardellenpaste die
Sar|di|ne die
Sardinenbüchse die
Sarg der
die Särge
Sargträger der
Sa|ri der (Gewand der
Inderinnen)
Sar|kas|mus der (Spott)
sarkastisch
Sar|ko|phag der
(Prunksarg)
saß (→ sitzen)

sat _____

Sa|tan der
satanisch
Sa|tel|lit der
Satellitenfernsehen das
Satellitenfoto das
Satellitenstadt die
Sa|tin der
(ein glänzender Stoff)
Satinbluse die
Sa|ti|re die
(spöttische Dichtung)
Satiriker der
satirisch
Sa|tis|fak|ti|on die
(Genugtuung)

satt

satt
satt sein
sich satt essen /
sattessen
ein sattes Grün
satthaben
den Ärger satthaben
sättigen
Sättigung *die*
sattsam (hinlänglich)
sattsam bekannt
sattsehen
sieht sich satt,
sah sich satt,
hat sich sattgesehen
Sat|tel *der*
Satteldecke *die*
sattelfest
satteln
Sattelschlepper *der*
Sattler *der*
Sa|turn *der*
Sa|tyr *der*

Satyrspiel *das*
Satz *der*
die Sätze
Satzaussage *die*
Satzbau *der*
Satzergänzung *die*
Satzgefüge *das*
Satzgegenstand *der*
Satzglied *das*
Satzkern *der*
Satzklammer *die*
Satzmuster *das*
Satzreihe *die*
Satzteil *der*
satzwertig
Satzzeichen *das*
Sat|zung *die*
satzungsgemäß

sau

Sau *die*
saublöd
Saubohne *die*
Sauerei *die*
Sauwetter *das*
sauwohl
sau|ber
sauber halten
sauber machen /
saubermachen
sauber schreiben
Sauberkeit *die*
säuberlich
säubern
Säuberung *die*
Sau|ce / So|ße *die*
Sauce béarnaise
Sauce hollandaise
Sauciere *die*
Sau|di-Ara|bi|en
sau|er
saurer Regen
Gib ihm Saures!
Sauerampfer *der*
Sauerkirsche *die*
Sauerkraut *das*
säuerlich
säuern
Sauerteig *der*
sauertöpfisch
Sau|er|stoff *der* (O)
Sauerstoffflasche *die*
sauerstoffhaltig
sau|fen
säuft, soff, hat gesoffen
Säufer/in
Sauferei *die*
sau|gen
saugt, sog / saugte,
hat gesogen / gesaugt
säugen
Säugetier *das*
Saugkraft *die*
Säugling *der*
Säuglingspflege *die*
Säu|le *die*
Säulengang *der*
Säulenhalle *die*
Saum *der*
die Säume
säumen
säu|mig (zögerlich)
saumselig
Sau|na *die*
die Saunas / Saunen
saunen, saunieren
Säu|re *die*
säurebeständig
säurefrei
säurehaltig
Säuremantel *der*
Sau|ri|er *der*
säu|seln
sau|sen
im Sauseschritt
in Saus und Braus leben
Sa|van|ne *die*
Sa|voir-viv|re *das*
auch: Sa|voir-vi|vre
(feine Lebensart)
Sa|xo|fon /
Sa|xo|phon *das*
(ein Musikinstrument)
Saxofonist / Saxophonist
Saxofonistin /
Saxophonistin
Saxofonspieler/in

sb

SB (Selbstbedienung)
SB-Tankstelle
S-Bahn *die*
(Schnellbahn)
S-Bahnhof *der*
S-Bahn-Wagen *der*
SBB (Schweizerische
Bundesbahnen)

sc

Scam|pi (eine Art
kleiner Krebse)
scan|nen (abtasten
und speichern)
Scanner *der*
Scha|be *die*
scha|ben
Schaber *der*
Scha|ber|nack *der*
schä|big
Schäbigkeit *die*
Scha|blo|ne *die*
auch: Schab|lone
(ausgeschnittene Vorlage, Muster)
schablonenhaft
Scha|bra|cke *die*
auch: Schab|ra|cke
(Satteldecke)
Schach *das*
Schach spielen
jemanden in Schach
halten
Schachbrett *das*
Schachfigur *die*
schachmatt setzen
Schachspiel *das*
Schachzug *der*
scha|chern
Schacht *der*
die Schächte

Schach|tel *die*
Schachtelsatz *der*
Schach|tel|halm *der*
schäch|ten (nach
religiösen Vorschriften
schlachten)
scha|de
das ist schade
dafür zu schade sein
Schä|del *der*
Schädelbruch *der*
Schädeldecke *die*
scha|den
Schaden *der*
Schaden nehmen
zu Schaden kommen
Schadenersatz *der*
Schadenfreude *die*
schadenfroh
Schaden(s)ersatz *der*
Schadensfall *der*
schadhaft
schädigen
Schädigung *die*
schädlich
Schädling *der*
Schädlingsbekämpfungsmittel *das*
schadlos
sich schadlos halten
Schadstoff *der*
schadstoffarm
Schadstoffbelastung *die*
Schadstoffemission *die*
Schaf *das*
Schäfchen *das*
Schäfer/in
Schäferhund *der*
Schäferstündchen *das*
Schafskäse *der*
Schafstall *der*
Schafwolle *die*
Schafzucht *die*
Schaff *das* (Gefäß)

schaf|fen
(vollbringen:)
schafft, schaffte,
hat geschafft
(hervorbringen:)
schafft, schuf,
hat geschaffen
sich zu schaffen machen
Schaffen *das*
Schaffenskraft *die*
Schaff|ner *der*
Schaffnerin *die*
Schaf|gar|be *die*
Scha|fott *das* (Gerüst
für Hinrichtungen)
Schaft *der*
die Schäfte
Schah *der* (pers. König)
Scha|kal *der*
schä|kern
schal
schales Bier
Schal *der*
die Schals/Schale
einen Schal um den
Hals binden
Scha|le *die*
Schälchen *das*
schä|len
Schalk *der*
die Schalke/Schälke
schalkhaft
Schall *der*
schalldämmend
schalldicht
schallen
schallt, schallte/scholl,
hat geschallt
schallendes Gelächter
Schallmauer *die*
Schallplatte *die*
Schallwelle *die*
Schal|mei *die*
(ein Blasinstrument)

Scha|lot|te *die*
(eine kleine Zwiebel)
schalt (→ schelten)
schal|ten
Schalter *der*
Schalthebel *der*
Schaltjahr *das*
Schaltkreis *der*
Schalttafel *die*
Schaltung *die*
Schaltzentrale *die*
Schal|tier *das*
(Muschel; Schnecke)
Scha|lup|pe *die*
(ein Boot)

scham

Scham *die*
schämen
sich schämen
Schamgefühl *das*
schamhaft
Schamhaftigkeit *die*
schamlos
Schamlosigkeit *die*
Scha|ma|ne *der*
(Zauberpriester)
Scha|mot|te *die*
(feuerfester Ton)
Schamottestein *der*
Schan|de *die*
Schande machen
zu Schanden /
zuschanden werden
schänden
Schandfleck *der*
schändlich
Schändung *die*
Schank|be|trieb *der*
Schänke / Schenke *die*
Schankkonzession *die*
Schan|ze *die*
Schanzenrekord *der*

Schar *die*
scharen
sich scharen um
scharenweise
Scha|ra|de *die*
(Worträtsel)
Schä|re *die* (kleine Felsinsel vor der Küste)
Schärenküste *die*
scharf
schärfer, schärfste
scharf sehen
Schärfe *die*
Scharfeinstellung *die*
schärfen
scharfkantig
scharf machen
Messer scharf machen /
scharfmachen
scharfmachen
Hunde scharfmachen
Scharfrichter *der*
Scharfschütze *der*
Scharfsinn *der*
scharfsinnig
Schar|lach *der*
(eine Krankheit)
scharlachrot
Schar|la|tan *der*
(Schwindler)
Scharlatanerie *die*
Schar|müt|zel *das*
(kleines Gefecht)
Schar|nier *das*
Scharniergelenk *das*
Schär|pe *die*
(breites Band)
schar|ren
Schar|te *die*
schar|wen|zeln
(dienstbeflissen sein)
Schasch|lik *der / das*
Schaschlikspieß *der*
schas|sen (fortjagen)

schat

Schat|ten *der*
schattenhaft
Schattenmorelle *die*
schattieren
schattig
Scha|tul|le *die*
(Kästchen)
Schatz *der*
die Schätze
Schatzkammer *die*
Schatzmeister *der*
schät|zen
etwas schätzen lernen
schätzenswert
Schätzpreis *der*
Schätzung *die*
schätzungsweise
Schau *die*
Schaubild *das*
schauen
Schaufenster *das*
Schaufensterdekoration *die*
schaulustig
Schauplatz *der*
Schauspiel *das*
Schauspieler/in
Schau|der *der*
Schauder erregend /
schaudererregend
schauderhaft
schaudern
schaudervoll
Schau|er *der*
schauerartig
Schauergeschichte *die*
schauerlich
schaurig
Schau|fel *die*
Schaufelbagger *der*
schaufeln
Schau|kel *die*

schaukeln
Schaukelpferd *das*
Schaukelstuhl *der*
Schaum *der*
Schaumbad *das*
schäumen
Schaumgummi *der*
schaumig
Schaumkrone *die*
Schaumschläger *der*
Schaumstoff *der*

sche

Scheck / Cheque / Check *der*
Scheckheft *das*
Scheckkarte *die*
sche|ckig
braunscheckig
scheel (geringschätzig)
scheel blicken
Schef|fel *der*
(ein altes Hohlmaß)
scheffeln
scheffelweise
Schei|be *die*
Scheibenbremse *die*
Scheibenwischer *der*
Scheich *der*
Scheichtum *das*
Schei|de *die*
Scheidenentzündung *die*
schei|den
scheidet, schied,
hat/ist geschieden
sie sind geschieden
sich scheiden lassen
Scheidung *die*
Scheidungsgrund *der*
Schein *der*
Scheinargument *das*
scheinbar
scheinen
scheint, schien,
hat geschienen
scheinheilig
scheintot
Scheinwerfer *der*
schei|ße
das fand ich scheiße
Scheiße *die*
scheißen
scheißt, schiss,
hat geschissen
Scheit *das*
das Holzscheit
Schei|tel *der*
scheiteln
Scheitelpunkt *der*
Schei|ter|hau|fen *der*
schei|tern
Schelf *der/das*
(Festlandssockel)
Schel|le *die*
(eine Art Glocke)
schellen
Schell|fisch *der*
Schelm *der*
schelmisch
Schel|te *die*
schelten
schilt, schalt,
hat gescholten
Sche|ma *das*
die Schemen / Schemas /
Schemata
schematisch
schemenhaft
Sche|mel *der*

schen

Schen|ke / Schän|ke *die*
Schen|kel *der*
Schenkelhalsbruch *der*
schen|ken
Schenkung *die*
schep|pern
Scher|be *die*
Scherbenhaufen *der*
Sche|re *die*
scheren
schert, schor / scherte,
hat geschoren / geschert
sich scheren um
Scherenschnitt *der*
Scherkopf *der*
Scherung *die*
Sche|re|rei|en (Ärger)
Scherf|lein *das*
sein Scherflein dazu
beitragen
Scher|ge *der* (willfähriger Handlanger)
Scherz *der*
Scherzartikel *der*
Scherzfrage *die*
scherzen
scherzhaft
scheu
scheu sein
Scheu *die*
scheuen
sich scheuen
Scheuklappe *die*
scheu|chen
scheu|ern
Scheuertuch *das*
Scheu|ne *die*
Scheunentor *das*
Scheu|sal *das*
die Scheusale
scheußlich
Scheußlichkeit *die*

schi

Schi / Ski *der*
(→ Ski)

Schicht *die*
Schicht arbeiten
Schichtarbeit *die*
Schichtarbeiter/in
Schichtdienst *der*
schichten
Schichtkäse *der*
Schichtwechsel *der*
schichtweise
schick / chic
schi|cken
einen Brief schicken
das schickt sich nicht
Schi|cke|ria *die*
Schickimicki *der*
schick|lich
Schicklichkeit *die*
Schick|sal *das*
schicksalhaft
Schicksalsfrage *die*
Schicksalsschlag *der*
schie|ben
schiebt, schob,
hat geschoben
Schiebedach *das*
Schiebefenster *das*
Schieber *der*
Schiebetür *die*
Schiebung *die*
schied (→ scheiden)
Schieds|ge|richt *das*
Schiedsrichter/in
Schiedsrichter-
entscheidung *die*
Schiedsspruch *der*
schief
schief sein
schief halten
schief liegen
(nicht gerade)
schiefgehen
(misslingen)
geht schief, ging schief,
ist schiefgegangen

sich schieflachen
schiefliegen
(sich irren)
liegt schief, lag schief,
hat schiefgelegen
schiefwinklig
Schie|fer *der*
schiefergrau
Schiefertafel *die*
schie|len
schien (→ scheinen)
Schien|bein *das*
Schie|ne *die*
schienen
Schienennetz *das*
schier (beinahe)
schier unerschöpflich
schie|ßen
schießt, schoss,
hat geschossen
Schießerei *die*
Schießpulver *das*
Schießstand *der*

schif

Schiff *das*
schiffbar
Schiffbau *der*
Schiffbrüchige *der / die*
Schiffer/in
Schifffahrt / Schiff-
Fahrt *die*
Schiffsjunge *der*
Schiffskatastrophe *die*
Schiffsmakler *der*
Schiffsregister *das*
Schiffsreise *die*
Schi|ka|ne *die*
(böswillig bereitete
Schwierigkeit)
mit allen Schikanen
ausgestattet sein
schikanieren

Schild *das* (Zeichen)
die Schilder;
der (Schutzwaffe)
die Schilde der Ritter
Schildbürger *der*
Schilddrüse *die*
Schildkröte *die*
Schildlaus *die*
schil|dern
Schilderung *die*
Schilf *das*
Schilfgras *das*
Schilfrohr *das*
schil|lern
schillernde Farben
Schil|ling *der* (S, öS)
schilt (→ schelten)
Schi|mä|re /
Chi|mä|re *die*
(Hirngespinst)
Schim|mel *der*
schimmeln
Schimmelfleck *der*
Schimmelkäse *der*
Schimmelpilz *der*
Schimmelreiter *der*
schimm(e)lig
Schim|mer *der*
keinen Schimmer davon
haben
schimmern
Schim|pan|se *der*
Schimpf *der*
mit Schimpf und
Schande
schimpfen
schimpflich
Schimpfwort *das*

schin

Schin|del *die*
(flaches Holz)
Schindeldach *das*

schin|den
schindet, schindete /
schund, hat geschunden
Schinderei *die*
Schindluder
mit jemandem Schindluder treiben
Schin|ken *der*
Schinkenspeck *der*
Schip|pe *die*
jemanden auf die Schippe nehmen
schippen
Schirm *der*
Schirmbild *das*
Schirmherr/in
Schirmmütze *die*
Schirmständer *der*
Schi|rok|ko *der*
(warmer Wind)
Schis|ma *das*
(Kirchenspaltung)
die Schismen /
Schismata
Schiss *der*
Schiss haben
schi|zo|phren
(verwirrt)
Schizophrenie *die*

schl

schlab|bern
Schlacht *die*
Schlachtenbummler *der*
Schlachtfeld *das*
Schlachtschiff *das*
schlach|ten
Schlachter *der*
Schlächter *der*
Schlachthof *der*
Schlachtschüssel *die*
Schlachtung *die*
Schlachtvieh *das*

Schla|cke *die*
Schlackenhalde *die*
schla|ckern
mit den Ohren
schlackern
Schlaf *der*
Schlafanzug *der*
schlafen
schläft, schlief,
hat geschlafen
wir können noch nicht
schlafen gehen
Schlafengehen *das*
vor dem Schlafengehen
schlaflos
Schlafmütze *die*
schläfrig
Schlaftablette *die*
schlaftrunken
Schlafwagen *der*
schlafwandeln
schlafwandelt,
schlafwandelte,
hat/ist geschlafwandelt
Schlafzimmer *das*
Schlä|fe *die*
schlaff
schlaff herunterhängen
Schlaffheit *die*
Schla|fitt|chen
jemanden am/beim
Schlafittchen nehmen
Schlag *der*
die Schläge
Schlag acht Uhr
Schlagader *die*
schlagartig
Schlagbaum *der*
Schlagbohrer *der*
Schlägel *der*
der Trommelschlägel
schlagen
schlägt, schlug,
hat geschlagen

Alarm schlagen
Schläger *der*
Schlägerei *die*
Schlaginstrument *das*
Schlagloch *das*
Schlagrahm *der*
Schlagring *der*
Schlagsahne *die*
Schlagzeug *das*
Schla|ger *der*
Schlagersänger/in
Schlagertext *der*
schlag|fer|tig
Schlagfertigkeit *die*
Schlag|kraft *die*
schlagkräftig
Schlag|licht *das*
Schlag|sei|te *die*
Schlagseite haben
Schlag|wet|ter *das*
schlagende Wetter
Schlag|wort *das*
die Schlagworte /
Schlagwörter
Schlag|zei|le *die*
schlak|sig
Schla|mas|sel *der/das*
Schlamm *der*
Schlammbad *das*
schlammig
schläm|men (vom
Schlamm reinigen)
Schlam|pe *die*
Schlamperei *die*
schlampig

schlan

schlang (→ schlingen)
Schlan|ge *die*
Schlange stehen
schlängeln
sich schlängeln
Schlangenbiss *der*

Schlangengift *das*
Schlangengrube *die*
Schlangenlinie *die*
schlank
schlank sein
Schlankheit *die*
Schlankheitskur *die*
schlankweg
schlapp
sich schlapp fühlen
ein schlappes Argument
Schlappe *die*
Schlapphut *der*
schlappmachen
Schlappschwanz *der*
Schla|raf|fen|land
das
schlau
Schlauberger *der*
Schläue *die*
schlauerweise
Schlauheit *die*
Schlaumeier *der*
Schlauch *der*
die Schläuche
Schlauchboot *das*
Schlau|fe *die*
Schla|wi|ner *der*
(pfiffiger Mensch)

schle

schlecht
s...
schlecht bezahlen
ein schlecht bezahlter/
schlechtbezahlter Job
schlecht gehen/
schlechtgehen
ich glaube, dass es ihm
schlecht geht/
schlechtgeht
aber: barfuß kann ich
hier schlecht gehen

schlecht gelaunt/
schlechtgelaunt
schlecht und recht
der schlechte Ruf
S...
etwas Schlechtes
nichts Schlechtes
schlechterdings
schlechthin
schlechtmachen
er hat ihn dauernd
schlechtgemacht
Schle|cke|rei *die*
Schle|he *die*
(ein Strauch)
Schlehenblüte *die*
Schlehenlikör *der*
Schlei *der* / **Schleie** *die*
(ein Fisch)
schlei|chen
schleicht, schlich,
ist geschlichen
Schleichweg *der*
Schleichwerbung *die*
Schlei|er *der*
Schleiereule *die*
schleierhaft
Schleierkraut *das*
Schleierschwanz *der*
Schlei|fe *die*
schlei|fen
(schärfen:)
schleift, schliff,
hat geschliffen
(ziehen:)
schleift, schleifte,
hat geschleift
Schleiflack *der*
Schleifmaschine *die*
Schleifstein *der*
Schleim *der*
Schleimhaut *die*
schleimig
schleimlösend

schlem|men
(viel und gut essen)
Schlemmer/in
Schlemmerlokal *das*
schlen|dern
Schlendrian *der*
Schlen|ker *der*
schlenkern
schlen|zen
(den Ball schieben)
schlep|pen
Schleppdampfer *der*
Schleppe *die*
Schlepper *der*
Schlepplift *der*
Schlepptau *das*
Schles|wig-Hol|stein
Schleswig-Holsteiner/in
schleswig-holsteinisch
Schleu|der *die*
Schleudergefahr *die*
schleudern
Schleudersitz *der*
schleu|nigst
Schleu|se *die*
schleusen
Schleusenkammer *die*
Schleusentor *das*

schli

Schli|che
auf die Schliche
kommen
schlicht (einfach)
schlich|ten
Schlichter *der*
Schlichtung *die*
Schlichtungs-
versuch *der*
schlichtweg (einfach)
schlichtweg unmöglich
Schlick *der*
schlickig

schlief (→ schlafen)
Schlier *der* (Mergel)
Schlie|re *die*
 (Streifen im Glas)
schlie|ßen
 schließt, schloss,
 hat geschlossen
 Schließfach *das*
 schließlich
Schliff *der*
schlimm
 s ...
 schlimm sein
 schlimme Lage
 im schlimmsten Fall
 S ...
 etwas Schlimmes
 aufs Schlimmste gefasst
 sein
 das ist das Schlimmste
 schlimmstenfalls
Schlin|ge *die*
 Schlingel *der*
 schlingen
 schlingt, schlang,
 hat geschlungen
 Schlingpflanze *die*
schlin|gern
 das Schiff schlingert
Schlips *der*
Schlit|ten *der*
 Schlitten fahren
 das Schlittenfahren
 Schlittenfahrt *die*
 schlittern
 Schlittschuh *der*
 Schlittschuh laufen
 das Schlittschuhlaufen
 Schlittschuhläufer/in
Schlitz *der*
 schlitzen
 Schlitzmesser *das*
 Schlitzohr *das*
 schlitzohrig

schlo

schloh|weiß
Schloss *das*
 die Schlösser
 Schlösschen *das*
 Schlossgarten *der*
 Schlosspark *der*
Schlo|ße *die*
 (Hagelkorn)
Schlos|ser *der*
 Schlosserin *die*
 Schlosserei *die*
 Schlosserwerkstatt *die*
Schlot *der* (Schornstein)
schlot|tern
 schlott(e)rig

schlu

Schlucht *die*
schluch|zen
 Schluchzer *der*
Schluck *der*
 Schluckauf *der*
 schlucken
 Schluckimpfung *die*
 schluckweise
schlu|dern
 (schlecht arbeiten)
 schlud(e)rig
schlug (→ schlagen)
Schlum|mer *der*
 Schlummerkissen *das*
 Schlummerlied *das*
 schlummern
Schlumpf *der*
 die Schlümpfe
Schlund *der*
 die Schlünde
schlüp|fen
 Schlüpfer *der*
 Schlupfloch *das*
 schlüpfrig
 Schlupfwespe *die*
 Schlupfwinkel *der*
schlur|fen
 (schleppend gehen)
schlür|fen
Schluss *der*
 die Schlüsse
 Schlussakkord *der*
 Schlussbemerkung *die*
 schlussfolgern
 hat geschlussfolgert
 Schlussfolgerung *die*
 schlüssig
 ein schlüssiger Beweis
 Schlusslicht *das*
 Schlussstrich /
 Schluss-Strich *der*
 Schlussverfahren *das*
 Schlusswort *das*
Schlüs|sel *der*
 Schlüsselbegriff *der*
 Schlüsselbund *das/der*
 Schlüsseldienst *der*
 schlüsselfertig
 Schlüsselloch *das*
 Schlüsselroman *der*
 Schlüsselstellung *die*
 Schlüsselwort *das*

schm

Schmach *die*
 schmachvoll
schmach|ten
schmäch|tig
schmack|haft
schmä|hen
 schmählich
 Schmähschrift *die*
 Schmähung *die*
schmal
 schmaler / schmäler
 die schmalste Stelle
 schmälern

Schmalfilm der
Schmalspur die
schmalspurig
Schmalz das
schmalzig
Schman|kerl das
(Leckerbissen)
Schmand/Schmant
der (dicke Sahne)
schma|rot|zen
Schmarotzer der
Schmarotzerpflanze die
**Schmar|ren/
Schmarrn** der
(Mehlspeise; Unsinn)
schmat|zen
schmau|chen
(rauchen)
Schmaus der
schmausen
schme|cken
Schmei|che|lei die
schmeichelhaft
schmeicheln
jemandem schmeicheln
Schmeichelwort das
Schmeichler/in
schmei|ßen
*schmeißt, schmiss,
hat geschmissen*
Schmelz der
schmelzen
*schmilzt, schmolz,
ist geschmolzen*
Schmelzkäse der
Schmelzpunkt der
Schmelztemperatur die
Schmelztiegel der
Schmelzwasser das
Schmer|bauch der
die Schmerbäuche
Schmerz der
schmerzempfindlich
schmerzen

Schmerzensgeld das
schmerzerfüllt
Schmerzgefühl das
Schmerzgrenze die
schmerzhaft
schmerzlich
schmerzlindernd
schmerzlos
schmerzstillend
den Schmerz stillend
Schmerztablette die
schmerzverzerrt
Schmet|ter|ling der
schmet|tern
Schmetterball der

schmi

Schmied der
Schmiede die
Schmiedeeisen das
Schmiedefeuer das
schmieden
schmieg|sam
schmie|ren
Schmierfink der
Schmiergeld das
schmierig
Schmieröl das
Schmierzettel der
Schmin|ke die
schminken
sich schminken
Schminktisch der
Schmir|gel der
Schmirgelpapier das
schmiss (→ schmeißen)
Schmiss der (Schwung)
schmissig
Schmö|ker der
schmökern
schmol|len
Schmollmund der
schmolz (→ schmelzen)

schmo|ren
Schmorbraten der
Schmortopf der
Schmu der (Betrug)
Schmu machen
Schmuck der
schmücken
Schmuckkasten der
schmucklos
Schmuckstück das
**schmud|de|lig/
schmudd|lig**
Schmuddelwetter das
Schmug|gel der
schmuggeln
Schmuggler/in
Schmugglerbande die
schmun|zeln
schmu|sen
Schmutz der
*ein Schmutz ab-
weisender/schmutzab-
weisender Stoff*
schmutzen
Schmutzfänger der
Schmutzfleck der
schmutzig
schmutzig grau
Schmutzschicht die
Schmutzwäsche die
Schmutzwasser das

schna

Schna|bel der
die Schnäbel
schnabelförmig
schnäbeln
Schna|ke die
Schnakenstich der
Schnal|le die
schnallen
schnal|zen
mit der Zunge schnalzen

Schnäpp|chen *das*
schnap|pen
Schnappschuss *der*
Schnaps *der*
die Schnäpse
Schnapsflasche *die*
Schnapsglas *das*
Schnapsidee *die*
Schnapszahl *die*
schnar|chen
Schnarcher *der*
schnar|ren
schnat|tern
schnau|ben
schnau|fen
Schnauferl *das*
Schnau|ze *die*
Schnauzbart *der*
Schnau|zer *der*
(ein Hund)
schnäu|zen
sich schnäuzen
Schne|cke *die*
schneckenförmig
Schneckenhaus *das*
Schneckentempo *das*
Schnee *der*
Schneeball *der*
Schneeballschlacht *die*
Schneeballsystem *das*
schneebedeckt
Schneebrett *das*
Schneebrille *die*
Schneedecke *die*
Schneefall *der*
Schneegestöber *das*
Schneeglätte *die*
Schneeglöckchen *das*
schneeig
Schneeketten
Schneemann *der*
Schneepflug *der*

Schneeregen *der*
schneesicher
Schneesturm *der*
Schneetreiben *das*
Schneeverwehung *die*
schneeweiß
Schneewittchen *das*
Schneid *der/die* (Mut)
Schneid haben
schneidig
schnei|den
schneidet, schnitt,
hat geschnitten
Schneidbrenner *der*
Schneide *die*
Schneidezahn *der*
Schnei|der *der*
Schneiderin *die*
Schneiderei *die*
Schneidermeister/in
schneidern
schnei|en
es schneit
Schnei|se *die*
schnell
s ...
schnell laufen
der schnelle Brüter
am schnellsten
S ...
auf die Schnelle
schnellen
nach oben schnellen
Schnellhefter *der*
Schnelligkeit *die*
Schnellimbiss *der*
Schnellläufer/in /
Schnell-Läufer/in
schnelllebig
Schnellreinigung *die*
schnellstens
schnellstmöglich
Schnellstraße *die*
Schnellzug *der*

Schnep|fe *die*

schnet|zeln
(zerschneiden)
(**schneuzen**
→ schnäuzen)

schni _____

schnie|fen
schnie|geln
geschniegelt und
gebügelt
Schnipp|chen *das*
jemandem ein Schnipp-
chen schlagen
schnippen
mit den Fingern
schnippen
schnip|pisch
Schnip|sel *der/das*
Schnitt *der*
im Schnitt
Schnittblume *die*
Schnittbrot *das*
Schnittchen *das*
Schnitte *die*
schnittfest
Schnittkäse *der*
Schnittlauch *der*
Schnittmenge *die*
Schnittmuster *das*
Schnittpunkt *der*
Schnittstelle *die*
Schnittwunde *die*
schnit|tig
ein schnittiger Wagen

Schnit|zel *das*
  Wiener Schnitzel
schnit|zen
  Schnitzbank *die*
  Schnitzmesser *das*
**schnod|de|rig /
  schnodd|rig**
  (respektlos)
schnöd / schnö|de
  (verächtlich)
schnor|cheln
Schnör|kel *der*
  schnörkelhaft
schnor|ren (betteln)
Schnö|sel *der*

schnu

Schnu|cke *die*
  eine Heidschnucke
  schnuck(e)lig
schnüf|feln
  Schnüffler/in
Schnul|ze *die*
  schnulzig
Schnup|fen *der*
  schnupfen
  Schnupfenmittel *das*
  Schnupfenspray
    der / das
  Schnupftabak *der*
  Schnupftuch *das*
schnup|pe
  mir ist das schnuppe
schnup|pern
Schnur *die*
  die Schnüre
  schnüren
  schnurgerade
  Schnürsenkel *der*
  Schnürstiefel *der*
  schnurstracks
Schnurr|bart *der*
  die Schnurrbärte

  schnurrbärtig
schnur|ren

scho

schob (→ schieben)
Scho|ber *der* (Scheune)
  der Heuschober
Schock *der* (Schreck);
  das (60 Stück)
  schocken
  schockgefrostet
  schockieren
  Schocktherapie *die*
  Schockwirkung *die*
Schöf|fe *der*
  Schöffin *die*
  Schöffengericht *das*
Scho|ko|la|de *die*
  schokolade(n)braun
  Schokoladeneis *das*
  Schokoladenguss *der*
  Schokoladen-
    pudding *der*
  Schokoladenseite *die*
  Schokoriegel *der*
Scho|las|tik *die* (mittelalterliche Philosophie)
Schol|le *die*
  (ein Fisch; Eisscholle)
schon
  schon gut
  schon heute
  schon wieder
schön
  s ...
  schöner, schönste
  die schönen Künste
  schön aussehen
  *sich schön machen /
  schönmachen*
  schön schreiben
  (leserlich)
  am schönsten

  S ...
  Gefühl für das Schöne
  etwas Schönes
  die Schönste sein
  S ... / s ...
  aufs Schönste / schönste
  Schönfärberei *die*
  Schönheit *die*
  schönreden
  (schmeicheln; viel zu
  positiv darstellen)
  Schönschreibheft *das*
  Schönschrift *die*
  schöntun
  (sich anbiedern)
  *tut schön, tat schön,
  hat schöngetan*
  Schönwetterlage *die*
scho|nen
  sich schonen
  schonend
  Schonfrist *die*
  Schongang *der*
  Schonkost *die*
  Schonung *die*
  schonungsbedürftig
  schonungslos
  Schonzeit *die*
Scho|ner *der*
  (ein Schiff)
Schopf *der*
  die Schöpfe
schöp|fen
  Schöpfer/in
  schöpferisch
  Schöpflöffel *der*
  Schöpfung *die*
Schop|pen *der*
  Schoppenwein *der*
  schoppenweise
Schorf *der*
  schorfig
Schor|le *die / das*
  (ein Getränk)

Schorn|stein der
　Schornsteinfeger/in
schoss (→ schießen)
Schoss der
　(junger Trieb)
Schoß der
　die Schöße
　auf den Schoß nehmen
　Schoßhund der
Scho|te die
　eine Paprikaschote
　schotenförmig
Schot|te der
　Schottin die
　Schottenrock der
　schottisch
　Schottland
Schot|ter der
　Schotterstraße die

schr

schraf|fie|ren
　(feine Striche ziehen)
　Schraffierung die
　Schraffur die
schräg
　schräg laufen
　schräg laufende/
　schräglaufende Linien
　schräg liegen
　schräg stehen
　Schräge die
　Schrägschrift die
　Schrägstrich der
Schram|me die
　schrammen
　schrammig
Schrank der
　die Schränke
　Schrankwand die
Schran|ke die
　schrankenlos
　Schrankenwärter der

Schrap|nell das
　(Geschoss mit Kugeln)
Schrau|be die
　schrauben
　Schraubengewinde das
　Schraubenmutter die
　Schraubenschlüssel der
　Schraubenzieher der
　Schraubstock der
　Schraubverschluss der

schre

Schre|ber|gar|ten der
　die Schrebergärten
Schreck der
　schrecken
　Schrecken der
　Schrecken erregend/
　schreckenerregend
　schreckensblass
　Schreckens-
　botschaft die
　Schreckens-
　nachricht die
　Schreckgespenst das
　schreckhaft
　schrecklich
　auf das Schrecklichste/
　schrecklichste
　Schreckschuss der
　Schrecksekunde die
Schred|der der
　(Verschrottungsanlage)
Schrei der
　schreien
　schreit, schrie,
　hat geschrien
　Schreier der
　Schreihals der
schrei|ben
　schreibt, schrieb,
　hat geschrieben
　Schreiben das

　Schreiber/in
　schreibfaul
　Schreibfehler der
　schreibgewandt
　Schreibmaschine die
　Schreibmaschinen-
　papier das
　Schreibtisch der
　Schreibung die
　Schreibwaren-
　geschäft das
　Schreibweise die
　Schrieb der
Schrein der
　Schreiner der
　Schreinerei die
schrei|ten
　schreitet, schritt,
　ist geschritten

schri

schrie (→ schreien)
schrieb (→ schreiben)
Schrift die
　Schriftart die
　Schriftdeutsch das
　schriftlich
　Schriftprobe die
　Schriftsprache die
　Schriftsteller/in
　schriftstellerisch
　Schriftstück das
　Schriftwechsel der
　Schriftzug der
schrill
Schrimp/Shrimp der
　(Krabbe)
Schrip|pe die
　(Brötchen)
Schritt der
　Schritt für Schritt
　Schritt-
　geschwindigkeit die

Schrittmacher *der*
Schritttempo /
Schritt-Tempo *das*
schrittweise
schroff
schröp|fen
Schrot *das / der*
schroten
Schrotflinte *die*
Schrotkugel *die*
Schrotschuss *der*
Schrott *der*
Schrotthandel *der*
Schrotthaufen *der*
Schrottplatz *der*
schrottreif
Schrottwert *der*
schrub|ben
Schrubber *der*
Schrul|le *die*
schrullig
schrum|peln
schrump(e)lig
schrump|fen
Schrumpfung *die*

schu

Schub *der*
 die Schübe
Schuber *der*
Schubfach *das*
Schubkarre *die*
Schublade *die*
Schubs / Schups *der*
schubsen / schupsen
schubweise
schüch|tern
Schüchternheit *die*
schuf (→ schaffen)
Schuft *der*
schuf|ten
Schuh *der*
 ein Paar Schuhe
Schuhbürste *die*
Schuhcreme /
Schuhkrem(e) *die*
Schuhgeschäft *das*
Schuhgröße *die*
Schuhkarton *der*
Schuhlöffel *der*
Schuhmacher/in
Schuhplattler *der*
Schuhputzer/in
Schuhsohle *die*
Schuhwerk *das*
Schuster *der*
Schusterwerkstatt *die*
Schu|ko®
 (Schutzkontakt)
Schukostecker *der*

schul

Schuld *die*
 s …
 schuld sein
 du bist schuld
 S …
 Schuld haben
 du hast Schuld
 es ist meine Schuld
 jemandem die Schuld
 geben
 sich etwas zu Schulden /
 zuschulden kommen
 lassen
Schuldbekenntnis *das*
schuldbeladen
schuldbewusst
Schuldgefühl *das*
schuldhaft
Schuldige *der / die*
schuldlos
schul|den
 jmdm. etwas schulden
 Schulden
 Schulden haben
 Schulden machen
Schuldenerlass *der*
schuldenfrei
Schuldner/in
Schuldschein *der*
Schu|le *die*
Schulabgänger/in
Schulabschluss *der*
Schulamt *das*
Schularbeit *die*
Schulaufgabe *die*
Schulbank *die*
Schulbesuch *der*
Schulbildung *die*

Schuld / schuld

Nomen / Substantiv:

*Du hast **Sch**uld!*
*Es ist deine **Sch**uld.*
*Ich gebe dir die **Sch**uld.*

In der Bedeutung „schuldig":

*Du bist **sch**uld. (= schuldig)*
*Sie ist **sch**uld gewesen.*

Schulbuch *das*
Schulbus *der*
Schuldienst *der*
schulen
Schulfach *das*
Schulferien
schulfrei
Schulfreund/in
Schulfunk *der*
Schulgesetz *das*
Schulheft *das*
Schulhof *der*
schulisch
Schuljahr *das*
Schulkamerad/in
Schulleiter/in
Schulleitung *die*
Schulmeister *der*
Schulordnung *die*
Schulpflicht *die*
schulpflichtig
Schulrat *der*
Schulrätin *die*
Schulreform *die*
Schulschiff *das*
Schulsprecher/in
Schulstunde *die*
Schulsystem *das*
Schultasche *die*
Schultüte *die*
Schulung *die*
Schulweg *der*
Schulwesen *das*
Schü|ler *der*
Schülerin *die*
Schüleraustausch *der*
Schülerausweis *der*
Schülerlotse *der*
Schülermitverwaltung *die* (SMV)
Schülerschaft *die*
Schülerzeitung *die*
Schul|ter *die*
schulterfrei

schum

schum|meln
schum|me|rig/ schumm|rig
Schund *der*
Schundliteratur *die*
Schundroman *der*
schun|keln
Schunkelwalzer *der*
Schu|po *der* (Schutzpolizist)
Schup|pe *die*
schuppen
Schup|pen *der*
 der Geräteschuppen
Schur *die*
Schurwolle *die*
schü|ren (anfachen)
schür|fen
Schürfrecht *das*
Schur|ke *der*
schurkisch
Schurz *der*
Schürze *die*
Schürzenjäger *der*
Schürzenzipfel *der*
Schuss *der*
 die Schüsse
schussbereit
Schussfeld *das*
Schusswaffe *die*
Schussweite *die*
Schüs|sel *die*
schus|se|lig/ schuss|lig
Schus|ter *der*
Schusterwerkstatt *die*
Schutt *der*
Schuttabladeplatz *der*
Schutthalde *die*
Schutthaufen *der*
schüt|teln
Schüttelfrost *der*

schüt|ten
Schüttung *die*
schüt|ter (spärlich)
 schütteres Haar
Schutz *der*
Schutzanzug *der*
schutzbedürftig
Schutzblech *das*
schützen
Schutzengel *der*
Schutzfarbe *die*
Schutzhelm *der*
schutzimpfen
 sich schutzimpfen lassen
Schutzimpfung *die*
Schützling *der*
schutzlos
Schutzpolizei *die*
Schutzumschlag *der*
Schutzzoll *der*
 die Schutzzölle
Schüt|ze *der*
Schützin *die*
Schützenfest *das*
Schützengraben *der*
Schützenkönig/in

schwa

schwab|beln
Schwa|be *der*
schwäbeln
Schwäbin *die*
schwäbisch
schwach
 schwächer, schwächste
 schwach betonen
 eine schwach betonte/ schwachbetonte Silbe
 eine schwach bevölkerte/schwachbevölkerte Gegend
Schwäche *die*

317

Schwächegefühl *das*
schwächen
Schwächezustand *der*
Schwachheit *die*
schwächlich
Schwachpunkt *der*
Schwachsinn *der*
schwachsinnig
Schwachstrom *der*
Schwächung *die*
Schwa|den *der*
   Rauchschwaden
Schwa|dron *die*
   auch: Schwad|ron
   (militärische Einheit)
   schwadronieren
schwa|feln
Schwa|ger *der*
   die Schwäger
   Schwägerin *die*
Schwai|ge *die*
   (Sennhütte)
   Schwaighof *der*
Schwal|be *die*
   Schwalbennest *das*
   Schwalbenschwanz *der*
Schwall *der*
schwamm
   (→ schwimmen)
Schwamm *der*
   die Schwämme
   schwammig
Schwam|merl *das*
   (Pilz)
Schwan *der*
   die Schwäne
   Schwanengesang *der*
   Schwanenhals *der*
   Schwanenteich *der*
   schwanenweiß
schwand
   (→ schwinden)
schwa|nen
   mir schwant etwas

schwang
   (→ schwingen)
Schwang *der*
   im Schwange sein
schwan|ger
   Schwangere *die*
   schwängern
   Schwangerschaft *die*
   Schwangerschafts-
   beratung *die*
   Schwangerschafts-
   verhütung *die*
Schwank *der*
   die Schwänke
   einen Schwank erzählen
schwan|ken
   schwankend
   Schwankung *die*
Schwanz *der*
   die Schwänze
   Schwanzflosse *die*
   Schwanzspitze *die*
schwän|zen
   die Schule schwänzen
schwap|pen

schwar

Schwarm *der*
   die Schwärme
   schwärmen
   Schwärmerei *die*
   schwärmerisch
Schwar|te *die*
   Schwartenbraten *der*
schwarz
   s ...
   schwarz auf weiß
   schwarz gestreift /
   schwarzgestreift
   die schwarze Magie
   der schwarze Markt
   das schwarze Schaf
   schwarzer Tee

   s ... / S ...
   das schwarze /
   Schwarze Brett
   der schwarze /
   Schwarze Peter
   S ...
   die Farbe Schwarz
   das Schwarze Meer
   die Schwarze Johannis-
   beere
   der Schwarze Freitag
   ins Schwarze treffen
   ein Schwarzer
   Schwarzafrika
   Schwarzarbeit *die*
   schwarzarbeiten
   arbeitet schwarz,
   arbeitete schwarz, hat
   schwarzgearbeitet
   Schwarzarbeiter/in
   schwarzbraun /
   schwarz-braun
   Schwarzbrot *das*
   Schwärze *die*
   Schwarzerde *die*
   schwarzfahren
   fährt schwarz,
   fuhr schwarz,
   ist schwarzgefahren
   Schwarzfahrer/in
   schwarzhaarig
   Schwarzhandel *der*
   Schwarzhändler/in
   schwärzlich
   Schwarzmalerei *die*
   Schwarzmarkt *der*
   schwarzsehen
   (pessimistisch sein;
   keine Rundfunk-
   gebühren zahlen)
   sieht schwarz,
   sah schwarz,
   hat schwarzgesehen
   Schwärzung *die*

schwarzweiß/
schwarz-weiß
Schwarzweißfilm/
Schwarz-Weiß-Film *der*
**schwat|zen/
schwät|zen**
Schwätzchen *das*
Schwätzer/in
schwatzhaft

schwe

Schwe|be *die*
Schwebebahn *die*
schweben
Schwe|den
Schwede *der*
Schwedin *die*
schwedisch
schwedische Gardinen
Schwe|fel *der*
schwefelgelb
Schwefelsäure *die*
Schwefelwasserstoff *der*
schwef(e)lig

schwei

Schweif *der* (Schwanz)
schweifen
Schweifreim *der*
schwei|gen
*schweigt, schwieg,
hat geschwiegen*
Schweigen *das*
das Schweigen brechen
zum Schweigen bringen
Schweigegeld *das*
Schweigemarsch *der*
Schweigeminute *die*
Schweigepflicht *die*
schweigsam
Schweigsamkeit *die*

Schwein *das*
Schweinebauch *der*
Schweinebraten *der*
Schweinefleisch *das*
Schweinekotelett *das*
Schweinemast *die*
Schweinepest *die*
Schweinerei *die*
Schweineschnitzel *das*
Schweinestall *der*
Schweinezucht *die*
Schweinsleder *das*
Schweiß *der*
Schweißausbruch *der*
schweißbedeckt
Schweißfuß *der*
schweißgebadet
schweißtreibend
schweißtriefend
Schweißtropfen *der*
schwei|ßen
Schweißbrenner *der*
Schweißer *der*
Schweiz *die*
Schweizer/in
Schweizerdeutsch *das*
Schweizergarde *die*
schweizerisch
*die Schweizerischen
Bundesbahnen* (SBB)
schwe|len
die Glut schwelt
Schwelbrand *der*
schwel|gen
Schwelgerei *die*
schwelgerisch
Schwel|le *die*
Schwellenangst *die*
Schwellenland *das*
schwel|len
*schwillt, schwoll,
ist geschwollen*
Schwellkörper *der*
Schwellung *die*

Schwem|me *die*
schwemmen
Schwenk *der*
schwenkbar
schwenken
Schwenkung *die*

schwer

schwer
ein schwerer Koffer
*schwer behindert/
schwerbehindert*
*schwer beladen/
schwerbeladen*
*schwer erziehbar/
schwererziehbar*
*schwer krank/
schwerkrank*
*schwer machen/
schwermachen*
*schwer verdaulich/
schwerverdaulich*
*schwer verletzt/
schwerverletzt*
*schwer verständlich/
schwerverständlich*
*schwer wiegende/
schwerwiegende
Vorwürfe*
Schwerarbeiter *der*
Schwerbehinderte/
schwer Behinderte
der/die
schwerelos
Schwerelosigkeit *die*
schwerfällig
Schwerfälligkeit *die*
schwerhörig
Schwerhörigkeit *die*
Schwerindustrie *die*
Schwerkraft *die*
Schwerkranke/
schwer Kranke *der/die*

Schwerlastverkehr *der*
schwerlich
Schwermetall *das*
Schwermut *die*
schwermütig
Schwerpunkt *der*
schwerreich
Schwerstarbeit *die*
sich schwertun
tut sich schwer,
tat sich schwer,
hat sich schwergetan
Schwerverbrecher/in
Schwert *das*
Schwertfisch *der*
schwertförmig
Schwertlilie *die*
Schwes|ter *die*
schwesterlich
Schwesternpaar *das*
Schwesterntracht *die*
Schwesterschiff *das*

schwi

schwieg (→ schweigen)
Schwie|ger|el|tern
Schwiegermutter *die*
Schwiegersohn *der*
Schwiegertochter *die*
Schwiegervater *der*
Schwie|le *die*
schwielig
schwie|rig
Schwierigkeit *die*
Schwierigkeitsgrad *der*
schwim|men
schwimmt, schwamm,
ist geschwommen
Schwimmbad *das*
Schwimmbecken *das*
Schwimmer/in
Schwimmflosse *die*
Schwimmweste *die*

Schwin|del *der*
Schwindel erregend /
schwindelerregend
schwindelfrei
schwind(e)lig
schwindeln
Schwindler/in
schwin|den
schwindet, schwand,
ist geschwunden
Schwind|sucht *die*
schwindsüchtig
Schwin|ge *die*
schwingen
schwingt, schwang,
hat geschwungen
Schwingung *die*
Schwips *der*
schwir|ren
schwit|zen
schwitzig
schwoll (→ schwellen)
schwö|ren
schwört, schwor,
hat geschworen
Schwur *der*

schwu

schwul (homosexuell)
Schwule *der*
Schwu|li|tät *die*
(peinliche Lage)
jemanden in
Schwulitäten bringen
schwül
Schwüle *die*
Schwulst *der*
(überladener Stil)
schwulstig / schwülstig
Schwülstigkeit *die*
Schwund *der*
Schwung *der*
die Schwünge

Schwungfeder *die*
schwunghaft
Schwungrad *das*
schwungvoll
Schwur *der*
seine Schwüre
Schwurgericht *das*
Sci|ence|fic|tion /
Sci|ence-Fic|tion *die*
Sciencefictionroman /
Sciencefiction-Roman /
Science-Fiction-Roman
der
Score / Skore *der*
(Spielstand)
Scrab|ble® *das*
sechs
s ...
es ist sechs (Uhr)
wir sind sechs
S ...
eine Sechs schreiben
eine Sechs würfeln
Sechseck *das*
sechseckig
sechsfach
sechshundert
sechsjährig (6-jährig)
Sechsjährige *der / die*
(6-Jährige)
sechsmal (6-mal)
sechsstellig
Sechstagerennen *das*
sechstausend
sechste
sechsteilig
sechstel
eine sechstel
Umdrehung
Sechstel *das*
fünf Sechstel
sechsundsechzig
Sechsundsechzig *das*
(ein Spiel)

sechzehn
sechzig
sechzigjährig (60-jährig)
Se|cond|hand|shop *der*
Secondhandware *die*
Se|di|ment *das* (Ablagerung)
Sedimentgestein *das*

see _____

See *der* (Binnensee)
die Seen;
die (Meer)
Seeaal *der*
Seeadler *der*
Seeblick *der*
Seeelefant /
See-Elefant *der*
Seefahrer *der*
Seefahrt *die*
Seegang *der*
Seehafen *der*
Seehund *der*
Seeigel *der*
seekrank
Seekrankheit *die*
Seelachs *der*
Seelöwe *der*
Seeluft *die*
Seemacht *die*
Seemann *der*
seemännisch
Seemeile *die*
Seenot *die*
Seepferdchen *das*
Seeräuber *der*
Seereise *die*
Seerose *die*
Seestern *der*
seetüchtig
Seeweg *der*
Seezunge *die*

See|le *die*
Seelengröße *die*
Seelenheil *das*
seelenlos
Seelenmassage *die*
seelenruhig
seelenverwandt
seelisch
Seelsorge *die*
Seelsorger *der*
Se|gel *das*
Segelboot *das*
segelfliegen
Segelfliegen *das*
Segelflugzeug *das*
segeln
Segelregatta *die*
Segelschiff *das*
Segeltuch *das*
Segler/in
Se|gen *der*
segensreich
Segenswunsch *der*
segnen
Seg|ment *das* (Abschnitt)
segmentieren
se|hen
sieht, sah, hat gesehen
du könntest dich mal
wieder sehen lassen
(übertragen:)
das kann sich sehen
lassen / sehenlassen

etwas kommen sehen
sehbehindert
sehenswert
Sehenswürdigkeit *die*
Sehkraft *die*
Sehnerv *der*
Sehschärfe *die*
Sehtest *der*
Seh|ne *die*
Sehnenscheiden-
entzündung *die*
Sehnenzerrung *die*
sehnig
seh|nen
sich sehnen nach
sehnlichst
Sehnsucht *die*
sehnsüchtig
sehnsuchtsvoll
sehr
so sehr
zu sehr
sehr gut
sehr viel
sehr vieles / Vieles

sei _____

sei (→ sein)
Seien Sie bitte so gut
und ...
seicht
im seichten Wasser
seid (→ sein)

Seele	**Seligkeit**
*see*lisch	*selig*
*See*lsorger	*selig sein*
*See*lenheil	*red*selig
*see*lenruhig	*saum*selig
be*see*lt	*un*selig

Sei|de *die*
seiden
Seidenbluse *die*
Seidenfaden *der*
Seidenmalerei *die*
Seidenpapier *das*
Seidenraupe *die*
seidenweich
seidig
Sei|del *das* (ein Gefäß)
Sei|del|bast *der*
(ein Strauch)
Sei|fe *die*
Seifenblase *die*
Seifenpulver *das*
Seifenschaum *der*
Seifenwasser *das*
seifig
sei|hen (filtern)
Seihtuch *das*
die Seihtücher
Seil *das*
Seilbahn *die*
Seilspringen *das*
seiltanzen
das Seiltanzen
Seiltänzer/in

sein

sein (Pronomen)
s ...
sein Auto
sein Geld
seine Kinder
S ... / s ...
jedem das Seine / seine
er sorgt für die
Seinen / seinen
seinerseits
seinerzeit
seinesgleichen
seinetwegen
um seinetwillen

sein (Verb)
s ...
da sein
fertig sein
sein lassen / seinlassen
(nicht tun)
vorhanden sein
zurück sein
zusammen sein
S ...
das Sein
das wahre Sein
seis|misch
(Erdbeben betreffend)
Seismograf / Seismograph *der*
Seismologe *der*
Seismologin *die*
seismologisch
seismologische
Messungen
seit
seit damals
seit gestern
seit Kurzem / seit kurzem
seit Langem / seit langem
seit dem Mittelalter
seit ich dich kenne ...
seitdem
seitdem ich hier
wohne ...
seither
Sei|te *die* (S.)
S ...
die rechte Seite
von allen Seiten
zur Seite treten
s ... / S ...
auf Seiten / aufseiten von
von Seiten / vonseiten
s ...
allerseits
meinerseits
seitens

Seitenausgang *der*
Seiteneingang *der*
Seitenhieb *der*
seitenlang
Seitensprung *der*
Seitenstraße *die*
seitenverkehrt
Seitenwind *der*
Seitenzahl *die*
seitlich
seitwärts
seit|her

sek

Se|kan|te *die*
(Gerade, die eine
Kurve schneidet)
Sekantenwinkel *der*
Se|kret *das*
auch: Sek|ret
(Absonderung)
Sekretion *die*
Sek|re|tär *der*
auch: Se|kre|tär
Sekretärin *die*
Sekretariat *das*
Sekt *der*
Sektflasche *die*
Sektglas *das*
Sektkelch *der*
Sektkorken *der*
Sektkübel *der*
Sek|te *die*
Sektenwesen *das*
Sektierer/in
Sek|ti|on *die* (Abteilung; Leichenöffnung)
Sek|tor *der*
Se|kun|dant *der*
(Beistand)
se|kun|där
(zweitrangig)
Sekundärenergie *die*

Sekundärliteratur *die*
Sekundarschule *die*
Sekundarstufe *die*
Se|kun|de *die*
sekundenlang
zwei Sekunden lang
in Sekundenschnelle
Sekundenzeiger *der*

sel

selb...
zur selben Zeit
selbst / sel|ber
von selbst
selbst gebackener /
selbstgebackener Kuchen
selbst verdientes /
selbstverdientes Geld
Selbstachtung *die*
Selbstauslöser *der*
Selbstbedienung *die* (SB)
Selbstbeherrschung *die*
Selbstbeschränkung *die*
Selbstbestätigung *die*
Selbstbestimmungsrecht *das*
Selbstbeteiligung *die*
selbstbewusst
Selbstbewusstsein *das*
Selbsterhaltungstrieb *der*
Selbsterkenntnis *die*
selbstgefällig
selbstgerecht
Selbstgespräch *das*
selbstherrlich
Selbstherrlichkeit *die*
Selbsthilfe *die*
selbstklebend
Selbstkritik *die*
selbstkritisch
Selbstlaut *der*

selbstlos
Selbstlosigkeit *die*
Selbstmord *der*
Selbstmörder/in
Selbstmordversuch *der*
Selbstporträt *das*
selbstsicher
Selbstsicherheit *die*
Selbstständige /
Selbständige *der/die*
Selbstständigkeit /
Selbständigkeit *die*
Selbstsucht *die*
Selbsttäuschung *die*
Selbstüberschätzung *die*
Selbstüberwindung *die*
Selbstversorger/in
selbstverständlich
Selbstverständlichkeit *die*
Selbstverständnis *das*
Selbstvertrauen *das*
Selbstverwirklichung *die*
Selbstwertgefühl *das*
Selbstzahler/in
Selbstzufriedenheit *die*
selbst|stän|dig /
selb|stän|dig
se|lek|tie|ren
(aussondern)
Selektion *die*
selektiv
Se|len *das* (Se)
se|lig
selig machen /
seligmachen
selig sein
Selige *der/die*
Seligkeit *die*
seligpreisen
preist selig, pries selig,
hat seliggepriesen

seligsprechen
spricht selig,
sprach selig,
hat seliggesprochen
Sel|le|rie *der / die*
Sellerieknolle *die*
Selleriesalat *der*
sel|ten
Seltenheit *die*
Sel|ter(s)|was|ser *das*
selt|sam
seltsamerweise
Seltsamkeit *die*

sem

Se|man|tik *die*
(Lehre von der Wortbedeutung)
semantisch
Se|mes|ter *das*
(Studienhalbjahr)
Semesteranfang *der*
Semesterferien
Se|mi|fi|na|le *das*
Se|mi|ko|lon *das*
Se|mi|nar *das*
Seminararbeit *die*
Se|mit *der* (Angehöriger einer Volksgruppe)
Semitin *die*
semitisch
Sem|mel *die*
Semmelbrösel

sen

Se|nat *der*
Senator/in
Senatsbeschluss *der*
Senatssprecher/in
sen|den
sendet, sandte / sendete,
hat gesandt / gesendet

Sendepause *die*
Sender *der*
Sendezeit *die*
Sendezentrale *die*
Sendung *die*
Sendungs-
bewusstsein *das*
Senf *der*
Senfgurke *die*
Senfsoße *die*
sen|gen
die sengende Sonne
se|nil (greisenhaft)
Senilität *die*
Senior/in
Sen|kel *der*
der Schnürsenkel
sen|ken
Senkung *die*
senk|recht
senkrecht stehen
Senkrechte *die*
die Mittelsenkrechte
Senkrechtstarter *der*
Senn *der* (Almhirt)
Sennerin *die*
Sennhütte *die*
Sen|sa|ti|on *die*
sensationell
Sensationsmeldung *die*
Sensationspresse *die*
Sen|se *die*

sen|si|bel (empfindlich,
empfindsam)
sensibilisieren
Sensibilität *die*
sensitiv

Sen|so|mo|to|rik *die*
Sen|sor *der*
Sen|tenz *die*
(Sinnspruch)
sen|ti|men|tal (über-
trieben gefühlvoll)
Sentimentalität *die*

sep

se|pa|rat (getrennt)
Separatismus *der*
Separee / Séparée *das*
Se|pia *die* (Tintenfisch;
ein Farbstoff)
die Sepien
Sep|pel|ho|se *die*
Sept|ak|kord *der*
Sep|tem|ber *der*
Sep|tett *das*
(Musikstück für sieben
Instrumente)
Sep|ti|me *die*
(siebenter Ton)
Se|quenz *die*
(Folge, Abschnitt)
sequenziell / sequentiell
**Se|ra|fim /
Se|ra|phim** *der*
(ein Engel)
Se|rail *das*
(Palast des Sultans)
Se|re|na|de *die*
(Abendmusik)
Ser|geant *der*
*die Sergeanten /
Sergeants*
Se|rie *die*
seriell
Serienanfertigung *die*
serienmäßig
Serienproduktion *die*
serienreif
serienweise

se|ri|ös
(vertrauenswürdig)
Seriosität *die*
Ser|pen|ti|ne *die*
(Straße in Windungen)
Se|rum *das* (Impfstoff)
**Ser|ve|lat|wurst /
Cer|ve|lat|wurst /
Zer|ve|lat|wurst** *die*
Ser|vice
der (Bedienung);
das (Geschirr)
servieren
Serviette *die*
ser|vil (unterwürfig)
Ser|vo|brem|se *die*
Servolenkung *die*
ser|vus! (Gruß)
Se|sam *der*
Sesambrötchen *das*
Ses|sel *der*
Sessellehne *die*
Sessellift *der*
sess|haft
Sesshaftigkeit *die*
Set *das*
Set|ter *der*
(eine Hunderasse)
set|zen
sich setzen
Setzei *das*
Setzer/in
Setzerei *die*
Setzfehler *der*
Setzling *der*
Seu|che *die*
Seuchengefahr *die*
Seuchenherd *der*
seuf|zen
Seufzer *der*
Sex *der*
Sexappeal *der*
Sexfilm *der*
Sexismus *der*

Sexist/in
sexistisch
Sexshop *der*
sexual
Sexualität *die*
Sexualkunde *die*
sexuell
sexy
Sex|tant *der*
(Messinstrument)
Sex|te *die*
(sechster Ton)
Sex|tett *das*
(Musikstück für sechs
Instrumente)
Se|zes|si|on *die*
(Absonderung)
Sezessionskrieg *der*
se|zie|ren
(anatomisch zerlegen)
s-för|mig / S-för|mig

sh

Shake *der*
(Mischgetränk; Tanz)
Shaker *der*
**Sham|poo/
Scham|pon** *das*
shampoonieren/
schamponieren
Shan|ty *das*
(Seemannslied)
She|riff *der*
Sher|ry *der*
Shet|land|po|ny *das*
Shetlandwolle *die*
Shift (Umschalttaste)
Shirt *das*
sho|cking
Shop *der*
Shoppingcenter/
Shopping-Center *das*
Shorts

**Short|sto|ry/
Short Sto|ry** *die*
Show *die*
Showgeschäft *das*
Showmaster *der*
Shrimp/Schrimp *der*
(Krabbe)

si

si|a|me|sisch
siamesische Zwillinge
Siamkatze *die*
Si|byl|le *die*
(Wahrsagerin)
sibyllinisch
sic! (so!)
sich
sich waschen
jeder für sich
sich gegenseitig helfen
Si|chel *die*
sichelförmig
si|cher
s...
sicher sein
am sichersten
S...
etwas Sicheres
das Sicherste ist ...
S... / s...
*auf Nummer Sicher/
sicher gehen*
sichergehen
(Gewissheit haben)
*geht sicher,
ging sicher,
ist sichergegangen*
Sicherheit *die*
Sicherheitsabstand *der*
Sicherheitsgurt *der*
sicherheitshalber
Sicherheits-
maßnahme *die*

Sicherheitsnadel *die*
Sicherheitsrat *der*
(UNO-Behörde)
Sicherheitsschloss *das*
Sicherheitsventil *das*
sicherlich
sichern
das Sichern
sicherstellen (sichern)
Sicherung *die*
Sicht *die*
auf lange Sicht
in Sicht kommen
sichtbar
sichten
sichtlich
Sichtverhältnisse
Sichtvermerk *der*
Sichtweise *die*
si|ckern
Sickerwasser *das*
Side|board *das* (Büfett)
sie
sie kommt
Kommen Sie bitte!
*jemanden mit Sie
anreden*
Sieb *das*
siebartig
Siebdruck *der*
sieben
das Mehl sieben
sie|ben
s...
sieben Kilo
es sind sieben
*ein Buch mit sieben
Siegeln*
*sieben auf einen Streich
Schneewittchen und
die sieben Zwerge
die sieben Weltwunder
S...
die Sieben Schwaben*

siebenarmig
siebenarmiger Leuchter

siebeneinhalb
siebenhundert
siebenjährig (7-jährig)
Siebenjährige *der/die*
(7-Jährige)
Siebenjähriger Krieg
siebenmal (7-mal)
Siebenmeter *der*
Siebenschläfer *der*
siebentausend
siebtel/siebentel
Siebtel/Siebentel *das*
siebte/siebente
jede siebte Stimme
Siebte/Siebente *der/die*
er wurde Siebter
siebtens
siebzehn
siebzig
sie|chen
(krank sein)
Siechenhaus *das*
Siechtum *das*
sie|deln
Siedler/in
Siedlung *die*
Siedlungsgebiet *das*
sie|den
siedend heiß
Siedepunkt *der*
Siedfleisch *das*
Sieg *der*
der 2:1-Sieg
siegen

Sieger/in
Siegerehrung *die*
siegesbewusst
siegesgewiss
siegessicher
sieglos
siegreich
Sie|gel *das*
Siegellack *der*
siegeln
Siegelring *der*
sie|he! (s.)
siehe oben! (s. o.)
siehe unten! (s. u.)
Siel *der/das*
Si|es|ta *die*
(Mittagsruhe)
sie|zen
jemanden siezen

sig

Sight|see|ing *das*
(das Besichtigen)
Sightseeingtour/
Sightseeing-Tour *die*
Sig|nal *das*
auch: Si|gnal
Signalfarbe *die*
signalisieren
Signalsprache *die*
Sig|na|tur *die*
auch: Si|gna|tur
(Unterschrift)
signieren
signifikant
Signifikanz *die*
Signum *das*

sil

Sil|be *die*
Silbenrätsel *das*
Silbentrennung *die*

...silbig
dreisilbig/3-silbig
Sil|ber *das*
Silberbesteck *das*
Silberblick *der*
Silberdistel *die*
Silberfischchen *das*
silbergrau
Silberhochzeit *die*
Silbermedaille *die*
Silbernitrat *das*
silbern
Silberstreif(en) *der*
Silbertanne *die*
Sild *der*
(eingelegter Hering)
Si|len|ti|um! (Ruhe!)
Sil|hou|et|te *die*

**Si|li|ci|um/
Si|li|zi|um** *das* (Si)
Si|li|kat/Si|li|cat *das*
(ein Salz)
Si|li|kon/Si|li|con *das*
Si|lo *der/das*
Silofutter *das*
Si|lur *das*
(ein Erdzeitalter)
Sil|va|ner *der*
(eine Weinsorte)
Sil|ves|ter *der/das*
Silvesterabend *der*
Silvesterscherz *der*
Sim|mer|ring *der* (Antriebswellendichtung)
Si|mo|nie *die* (Kauf eines geistl. Amtes)

sim|pel (einfach)
  eine simple Lösung
  Simplifikation *die*
  simplifizieren
  Simplizität *die*
Sims *das / der*
  (Wandvorsprung)
Si|mu|lant *der*
  (jemand, der eine
  Krankheit vortäuscht)
  Simulantin *die*
  Simulation *die*
  simulieren
si|mul|tan (gleichzeitig)
  Simultan-
  dolmetscher/in

sin

sind (→ sein)
  Wo sind sie?
  Wir sind hier.
Sin|fo|nie /
Sym|pho|nie *die*
  Sinfoniekonzert *das*
  Sinfonieorchester *das*
  Sinfoniker/in
  sinfonisch
sin|gen
  singt, sang,
  hat gesungen
  ein Lied singen
  Singspiel *das*
  Singvogel *der*
Sin|gle *das* (Spiel);
  die (kleine Schallplatte);
  der (alleinstehender
  Mensch)
Sin|gu|lar *der*
sin|ken
  sinkt, sank,
  ist gesunken
Sinn *der*
  das hat keinen Sinn

  einen Sinn geben
  von Sinnen sein
  das macht Sinn
  wie von Sinnen
  Sinnabschnitt *der*
  Sinnbild *das*
  sinnen
  sinnt, sann, hat gesonnen
  sinnentstellend
  Sinnesorgan *das*
  Sinnestäuschung *die*
  Sinneswandel *der*
  sinnfällig
  Sinngebung *die*
  sinngemäß
  sinnieren
  sinnig
  sinnigerweise
  sinnlich
  sinnlos
  Sinnlosigkeit *die*
  Sinnspruch *der*
  sinnverwandt
  sinnvoll
  sinnvollerweise
  Sinnzusammenhang *der*
sinn|lich
  Sinnlichkeit *die*
Sint|flut /
Sünd|flut *die*
  sintflutartig
Sin|ti (Zigeuner)
  Sinti und Roma
Si|nus *der*
  (Winkelfunktion)
  Sinuskurve *die*
Si|phon *der*
  (Geruchsverschluss)
  Siphonverschluss *der*
Sip|pe *die*
  Sippenverband *der*
  Sippschaft *die*
Si|re|ne *die*
  Sirenengeheul *das*

Sir|ta|ki *der*
  (griech. Volkstanz)
Si|rup *der*
Si|sal *der* (eine Faser)
  Sisalhanf *der*
Si|sy|phus|ar|beit *die*
  (vergebliche Mühe)

sit

Sit-in *das* (Sitzstreik)
Sit|te *die*
  sittenlos
  Sittenlosigkeit *die*
  Sittenpolizei *die*
  Sittenstrenge *die*
  sittenwidrig
Sit|tich *der*
  der Wellensittich
sitt|lich
  Sittlichkeit *die*
sitt|sam
  Sittsamkeit *die*
Si|tu|a|ti|on *die*
  situationsbedingt
  Situationskomik *die*
  situativ
Sitz *der*
  Sitzecke *die*
  sitzen
  sitzt, saß,
  hat / ist gesessen
  sitzen bleiben
  bleib hier sitzen
  (übertragen:)
  in der Schule
  sitzen bleiben /
  sitzenbleiben
  Sitzenbleiber/in
  sitzen lassen
  (übertragen:)
  jemanden sitzen
  lassen / sitzenlassen
  (sich abwenden)

Sitzfläche *die*
Sitzgelegenheit *die*
Sitzgruppe *die*
Sitzordnung *die*
Sitzplatz *der*
Sitzstreik *der*
Sitzung *die*
Sitzungssaal *der*

sk

Ska|la *die*
Ska|lar *der*
 (math. Begriff)
Skal|de *der*
 (nordischer Sänger)
Skalp *der*
 skalpieren
Skal|pell *das*
 (chirurg. Messer)
Skan|dal *der*
 skandalös
skan|die|ren
 (rhythmisch sprechen)
Ska|ra|bä|us *der*
 (ein Käfer)
Skat *der*
 Skat spielen
 Skatabend *der*
 Skatspieler/in
Skate|board *das*
 skaten
 Skaten *das*
 Skater *der*
Ske|lett *das*
Skep|sis *die*
 (kritischer Zweifel)
 Skeptiker *der*
 skeptisch
 Skeptizismus *der*
Sketch *der*
Ski *der*
 Ski laufen
 Skifahrer/in

Skigymnastik *die*
Skiläufer/in
Skilehrer/in
Skilift *der*
Skipass *der*
Skipiste *die*
Skispringer/in
Skin|head *der*
Skiz|ze *die*
 skizzenhaft
 skizzieren
Skla|ve *der*
 Sklavin *die*
 Sklavenhandel *der*
 Sklavenmarkt *der*
 Sklaverei *die*
 sklavisch
Skle|ro|se *die*
 (Verhärtung)
Skon|to *der*/*das* (Nachlass bei Barbezahlung)
Skor|but *der*
 (eine Krankheit)
Skor|pi|on *der*
Skript *das*
 (schriftl. Ausarbeitung)
Skru|pel *der*
 (Gewissensbiss)
 skrupellos
 Skrupellosigkeit *die*
Skulp|tur *die*
 (Werk eines Bildhauers)
Skunk *der* (Stinktier)
skur|ril
 (merkwürdig, komisch)
 Skurrilität *die*
S-Kur|ve *die*
 S-Kurven-reich
Sky|line *die*

sl

Sla|lom *der*
 Slalom fahren

Slalomkurs *der*
Slalomläufer/in
Slang *der*
 (Umgangssprache)
Slap|stick *der* (Gag)
s-Laut *der*
Sla|we *der*
 Slawin *die*
 slawisch
 Slawismus *der*
 Slawistik *die*
Slip *der*
Slip|per *der*
 (Schlupfschuh)
 ein Paar Slipper
Slo|gan *der*
 (Schlagwort)
 der Werbeslogan
Slo|wa|kei *die*
 Slowake *der*
 Slowakin *die*
 slowakisch
Slum *der* (Armenviertel)
 die Slums
Small|talk/
 Small Talk *der*/*das*
 (leichte Unterhaltung)
Sma|ragd *der*
 (grüner Edelstein)
 smaragdgrün
smart (clever)
Smog *der*
 (giftiger Dunst)
 Smogalarm *der*
Smo|king *der*
 (Gesellschaftsanzug)
SMS *die*
 (kurze Textnachricht per Handy o. Ä.)
Smut|je *der*
 (Schiffskoch)
SMV
 (Schülermitverwaltung)
Snack *der*

Snackbar *die*
Snob *der*
  (eingebildeter Mensch)
Snobismus *der*
snobistisch
Snow|board *das*
  (Wintersportgerät)

---

so _____

s. o. (siehe oben)
so
  so dass/sodass
  so einer
  so etwas
  so fern von hier
  so schnell wie möglich
  so genannt/sogenannt
  so sehr tut es weh
  so sein
  so viel Geld
  so viel für heute
  so viel wie möglich
  so weit sein
  ich bin so weit
  so weit, so gut

so wenig wie
so(,) wie sie aussieht
so|bald (Konjunktion)
  sobald er kann, ...
  aber: so bald wie
  möglich
So|cke *die*
  Söckchen *das*
  Sockenhalter *der*
So|ckel *der*
So|da *die/das*
  Sodawasser *das*
so|dass/so dass
Sod|bren|nen *das*
So|do|mie *die*
  (Geschlechtsverkehr mit Tieren)
so|eben
So|fa *das*
  Sofakissen *das*
so|fern (Konjunktion)
  sofern es euch passt, ...
  aber: das liegt so fern
soff (→ saufen)
so|fort
  Sofortbildkamera *die*

Soforthilfe *die*
Sofortmaßnahme *die*
Soft|drink/
  Soft Drink *der*
  (alkoholfreies Getränk)
Softeis *das*
Softie *der*
Softrock/Soft Rock *der*
Software *die*
Softwarehersteller *der*
sog (→ saugen)
Sog *der*
so|gar
so ge|nannt/
  so|ge|nannt
  ein so genannter/
  sogenannter Softdrink
so|gleich
Soh|le *die* (des Fußes)
Sohn *der*
  die Söhne
  Sohnesliebe *die*
  Sohnespflicht *die*
Soi|ree *die*
  (Abendgesellschaft)
So|ja *die*

---

so

so bald wie möglich
so fern von hier
so lange warten müssen
so oft wie jetzt
so sehr erfreut sein
so viel für heute
so weit von hier
so wie immer

Konjunktion (am Anfang eines Nebensatzes):

sobald ich mehr weiß ...
sofern alle zustimmen ...
solange du willst ...
sooft er mir hilft ...
sosehr ich es dir auch wünsche ...
soviel ich weiß ...
soweit ich informiert bin ...
sowie wir hier fertig sind ...

Aber:
so dass/sodass wir genug Zeit haben ...

Sojabohne *die*
Sojasoße *die*

sol

so|lan|ge (Konjunktion)
solange es dauert, ...
aber: so lange warten
so|lar (Sonnen...)
Solarbatterie *die*
Solarenergie *die*
Solarium *das*
Solarzelle *die*
solch
als solcher
ein solcher
ein solches
solcherart
solcherlei
solchermaßen
Sold *der*
Soldat *der*
soldatisch
Söldner *der*
So|le *die*
(salziges Wasser)
Solquelle *die*
Solsalz *das*
so|lid/so|li|de (fest)
Solidität *die*
so|li|da|risch
(gemeinsam)
solidarisieren
sich solidarisieren mit
Solidarisierung *die*
Solidarität *die*
So|list *der*
Solistin *die*
solistisch
Soll *das*
Soll und Haben
das Soll erfüllen
Sollbruchstelle/
Soll-Bruchstelle *die*

Sollstärke/
Soll-Stärke *die*
Sollwert/Soll-Wert *der*
sol|len
Söl|ler *der* (Galerie)
so|lo (allein)
solo tanzen
Solo *das*
die Solos/Soli
ein Solo spielen
Soloinstrument *das*
Solostimme *die*
Solotänzer/in
sol|vent
(zahlungskräftig)
Solvenz *die*

som

Som|bre|ro *der*
auch: Somb|re|ro
(Strohhut)
so|mit (also)
Som|mer *der*
Sommeranfang *der*
Sommerferien
Sommerfrische *die*
Sommerkleidung *die*
sommerlich
sommers
Sommerschluss-
verkauf *der* (SSV)
Sommersemester *das*
Sommerzeit *die*
So|na|te *die*
(Musikstück)
Sonatine *die*
Son|de *die* (Unter-
suchungsinstrument)
Son|der|an|ge|bot
das
Son|der|aus|ga|be *die*
son|der|bar
sonderbarerweise

**Son|der|be|auf-
trag|te** *der/die*
Son|der|brief|mar|ke
die
Son|der|de|po|nie *die*
Son|der|druck *der*
**Son|der|ge|neh-
mi|gung** *die*
*eine Sondergeneh-
migung beantragen*
son|der|glei|chen
Son|der|heit *die*
in Sonderheit
**Son|der|kom|mis-
si|on** *die*
Son|der|ling *der*
Son|der|mar|ke *die*
Son|der|müll *der*
son|dern
nicht nur, sondern auch
nicht ich, sondern du
Son|der|schu|le *die*
Son|der|stel|lung *die*
Son|der|stem|pel *der*
son|die|ren
(ausforschen)
Sondierung *die*
So|nett *das*
(eine Gedichtform)
Song *der* (Lied)
Sonn|abend *der*
(Samstag)
am Sonnabend
sonnabends
Son|ne *die*
sonnen
sich sonnen
Sonnenaufgang *der*
Sonnenbad *das*
Sonnenbaden *das*
Sonnenbank *die*
Sonnenblume *die*
Sonnenbrand *der*
Sonnenbrille *die*

Sonnencreme/
Sonnenkrem(e) *die*
Sonnenenergie *die*
Sonnenfinsternis *die*
sonnenhungrig
sonnenklar
Sonnenöl *das*
Sonnenschirm *der*
Sonnenschutz *der*
Sonnenstich *der*
Sonnenstrahl *der*
Sonnenuntergang *der*
Sonnenwende *die*
sonnig
Sonn|tag *der*
  am Sonntag
  jeden Sonntag
  am Sonntagabend
  sonntags
  sonn- und feiertags
  Sonntagsdienst *der*
  Sonntagskind *das*
so|nor (klangvoll)
sonst
  sonst noch etwas
  sonst etwas
  sonst jemand
  sonst wer
  sonst wie
  sonst wo
  sonstig
  sonstige Forderungen
  das Sonstige
so|oft (Konjunktion)
  sooft du kommst, ...
  aber: es so oft wiederholen, bis es sitzt

sop

So|phis|mus *der*
  (Spitzfindigkeit)
  Sophistik *die*
  sophistisch

So|pran *der*
  auch: Sop|ran
  (höchste Singstimme)
  Sopranistin *die*
Sor|be *der*
  (Angehöriger einer
  slaw. Volksgruppe)
  Sorbin *die*
  sorbisch
Sor|bet/
  Sor|bett *der/das*
  (Halbgefrorenes)
Sor|bin|säu|re *die*
Sor|ge *die*
  sich Sorgen machen
  Sorge tragen für
  sorgen
  sich sorgen
  Sorgenfalten
  sorgenfrei
  Sorgenkind *das*
  sorgenvoll
Sorg|falt *die*
  sorgfältig
  sorgfältig arbeiten
sorg|los
  Sorglosigkeit *die*
sorg|sam
Sor|te *die*
  sortieren
  Sortiment *das*
  Sortimentsbuchhandel *der*
SOS
  SOS-Ruf *der*
so|sehr (Konjunktion)
  sosehr ich auch
  möchte, ...
  aber: so sehr wünschen
so|so
  soso, wie merkwürdig ...
So|ße/Sau|ce *die*
  Soßenlöffel *der*
  Soßenschüssel *die*

sou

Sou|bret|te *die*
  auch: Soub|ret|te
  (Sängerin)
Souff|lee/
  Souff|lé *das*
  auch: Souff|lee
  (Eierauflauf)
Souff|leur *der*
  auch: Souf|fleur
  (Vorsager)
  Souffleuse *die*
  soufflieren
Soul *der*
Sound *der*
  Soundkarte *die*
  Soundtrack *der*
so|und|so
  s...
  soundso viel
  S...
  der Soundsovielte
  der Herr Soundso
Sou|per *das* (Mahlzeit)
  soupieren
Sou|ta|ne/
  Su|ta|ne *die*
  (geistl. Gewand)

Sou|ter|rain *das*
  (Kellergeschoss)
  Souterrainwohnung *die*
Sou|ve|nir *das*
sou|ve|rän
  (unabhängig)

Souverän *der*
Souveränität *die*
so|viel (Konjunktion)
soviel ich weiß
aber: so viel Zeit
so|weit (Konjunktion)
soweit ich gehört habe
aber: so weit springen
so|we|nig
(Konjunktion)
sowenig ich verstehe
aber: so wenig Geld
so|wie (Konjunktion)
sowie das erledigt ist, ...
aber: so wie ich
sowieso
Sow|jet *der*
auch: So|wjet
(russ. Volksvertretung)
so|wohl ... als auch
das Sowohl-als-auch

soz

so|zi|al
Sozialamt *das*
Sozialarbeiter *der*
Sozialdemokratie *die*
Sozialfall *der*
Sozialgericht *das*
Sozialhilfe *die*
Sozialhilfeempfänger/in
Sozialisation *die*
Sozialismus *der*
Sozialist/in
sozialistisch
Sozialkritik *die*
Sozialprodukt *das*
Sozialstaat *der*
Sozialversicherung *die*
Soziologie *die*
soziologisch
So|zi|us|sitz *der*
(Rücksitz auf Motorrad)

so|zu|sa|gen
Spach|tel *der*
Spachtelmasse *die*
spachteln
Spa|gat *der/das*
Spa|get|ti/
Spa|ghet|ti
spä|hen
Späher *der*
Spa|lier *das* (Doppel-
reihe von Personen)
Spalier stehen
Spalierobst *das*
Spalt *der*
spaltbar
Spaltbarkeit *die*
Spalte *die*
spalten
sich spalten
Spaltung *die*
Span *der*
die Späne
Spanplatte *die*
Span|fer|kel *das*
Span|ge *die*
Spa|ni|el *der*
(ein Jagdhund)
Spa|ni|en
Spanier/in
spanisch
das kommt mir
spanisch vor
der spanische Reiter
die Spanische Hofreit-
schule (in Wien)
span|nen
sich spannen
Spannbeton *der*
Spanne *die*
spannend
Spannung *die*
Spannweite *die*
spa|ren
Sparbuch *das*

Sparbüchse *die*
Sparer/in
Sparkasse *die*
Sparkonto *das*
Sparprämie *die*
sparsam
Sparsamkeit *die*
Spar|gel *der*
Spargelspitze *die*
Spargelsuppe *die*
spär|lich
spar|ren (boxen)
Sparring *das*
Sparringspartner *der*
spar|sam
Sparsamkeit *die*
spar|ta|nisch (streng)
Spar|te *die* (Abteilung)
spas|misch
(krampfhaft)
Spasmus *der*
die Spasmen
Spaß *der*
die Späße
das macht Spaß
viel Spaß haben
spaßen
spaßeshalber
spaßhaft
Spaßvogel *der*
Spas|ti|ker *der*
(Muskelkranker)
spastisch
spät
von früh bis spät
zu spät
spätabends
Spätdienst *der*
später
bis später
spätestens
spätestens morgen
Spätherbst *der*
Spätlese *die*

Spätschicht *die*
Spa|ten *der*
Spatenstich *der*
Spatz *der*
Spatzennest *das*
Spätz|le / Spätz|li
Spätzle essen
spa|zie|ren
spazieren fahren
spazieren gehen
spazieren reiten
Spazierfahrt *die*
Spaziergang *der*
Spaziergänger/in
Spazierstock *der*

spe

Specht *der*
Speck *der*
speckig
Speckschwarte *die*
Speckstein *der*
Spe|di|teur *der*
Spedition *die*
Speer *der*
Speerwerfer/in
Speerwurf *der*
Spei|che *die*
Spei|chel *der*
Speicheldrüse *die*
Spei|cher *der*
Speicherkapazität *die*
speichern
spei|en (spucken)
speit, spie, hat gespien
speiübel
Spei|se *die*
Speiseeis *das*
Speisekarte *die*
speisen
speist, speiste,
hat gespeist
Speiseröhre *die*
Speisesaal *der*
Speisewagen *der*

spek

Spek|ta|kel *das*
(Schauspiel)
spektakulär
spek|tral
auch: spekt|ral
Spektralanalyse *die*
Spektralfarbe *die*
Spektrum *das*
das Lichtspektrum
Spe|ku|lant *der*
(jemand, der auf
Gewinn hofft)
Spekulantin *die*
Spekulation *die*
Spekulations-
gewinn *der*
spekulativ
spekulieren
Spe|ku|la|ti|us *der*
(ein Gebäck)
Spe|lun|ke *die*
(schlechte Kneipe)
Spel|ze *die*
(Getreidehülse)
spelzen
spen|den
spendabel
Spende *die*
Spendenaufruf *der*
Spendenkonto *das*
Spender/in
spendieren
Sper|ber *der*
Spe|renz|chen /
Spe|ren|zi|en
(kleine Schwierigkeiten)
keine Sperenzchen
machen
Sper|ling *der*

Sper|ma *das* (männ-
liche Samenflüssigkeit)
die Spermen
Sper|mi|um *das* (reife
männliche Keimzelle)
die Spermien
Sper|re *die*
sperren
sich sperren
Sperrgebiet *das*
Sperrholz *das*
Sperrkonto *das*
Sperrminorität *die*
Sperrmüll *der*
Sperrung *die*
Spe|sen (Unkosten)
spesenfrei
spe|zi|al
Spezialarzt *der*
Spezialgebiet *das*
Spezialgeschäft *das*
spezialisieren
sich spezialisieren
Spezialisierung *die*
Spezialist/in
Spezialität *die*
Spezialitäten-
restaurant *das*
speziell
im Speziellen
Spe|zi|es *die* (Gattung)
Spe|zi|fi|kum *das*
(Besonderheit)
spezifisch
spezifizieren
Sphä|re *die* (Bereich)
sphärisch
Sphinx *die*

spi

spi|cken
  Spickzettel *der*
Spie|gel *der*
  Spiegelbild *das*
  spiegelbildlich
  spiegeln
  sich spiegeln
  Spiegelreflexkamera *die*
  Spieg(e)lung *die*
  spiegelverkehrt
Spiel *das*
  auf dem Spiel stehen
  Spielbank *die*
  spielen
  Fußball spielen
  Karten spielen
  Klavier spielen
  spielend
  Spieler/in
  spielerisch
  Spielfeld *das*
  Spielgeld *das*
  Spielkamerad/in
  Spielkarte *die*
  Spielkasino *das*
  Spielraum *der*
  Spielregel *die*
  Spielsachen
  Spielverderber/in
  Spielwaren
  Spielwarengeschäft *das*
  Spielzeug *das*
Spieß *der*
  Spießbürger *der*
  spießbürgerlich
  Spießbürgertum *das*
  Spießer *der*
  spießerhaft
  spießig
  Spießrutenlaufen *das*
Spike *der* (Dorn)
  Spike(s)reifen *der*

spin

spi|nal (die Wirbelsäule betreffend)
Spi|nat *der*
Spind *der/das* (Schrank)
Spin|del *die* (dient zum Spinnen)
Spi|nett *das* (ein Musikinstrument)
Spin|ne *die*
  spinnen
  spinnt, spann,
  hat gesponnen
  Spinnennetz *das*
  Spinner/in
  Spinngewebe *das*
  Spinnrad *das*
Spi|on *der*
  Spionin *die*
  Spionage *die*
  spionieren
Spi|ra|le *die*
  spiralförmig
Spi|ri|tis|mus *der* (Geisterglaube)
  spiritistisch
Spi|ri|tu|al *das/der* (Seelsorger; Song)
  Spiritualismus *der*
  spirituell
Spi|ri|tu|o|sen (alkoholische Getränke)
Spi|ri|tus *der* (Alkohol)
Spi|tal *das* (Krankenhaus)
  die Spitäler
spitz
  Spitzbart *der*
  spitzbekommen
  bekommt spitz,
  bekam spitz,
  hat spitzbekommen
  Spitzbogen *der*
  Spitzbube *der*
  spitzbübisch
  spitze
  das ist spitze
  Spitze *die*
  Spitzenleistung *die*
  Spitzenlohn *der*
  Spitzenqualität *die*
  Spitzensportler/in
  Spitzenstellung *die*
  spitzkriegen
  Spitzname *der*
  spitzwinklig
Spitz *der* (ein Hund)
Spit|zel *der*
  spitzeln
spitz|fin|dig
  Spitzfindigkeit *die*

spl

Spleen *der* (seltsamer Einfall)
splei|ßen (Tauenden verflechten)
  spleißt, spliss/spleißte,
  hat gesplissen/gespleißt
Splint *der* (Stift)
Spliss *der*
split|ten (aufteilen)
  Splitting *das*
Split|ter *der*
  splitterfasernackt
  Splitterpartei *die*
Spoi|ler *der* (Luftleitblech)
spon|sern (finanziell unterstützen)
  Sponsor/in
  Sponsoring *das*
spon|tan (unvermittelt)
  spontan reagieren
  Spontaneität *die*

spo|ra|disch
(vereinzelt)
Spo|re *die* (geschlechtl. Zelle der Pflanzen)
Sporn *der*
die Sporne/Sporen
einem Pferd die Sporen geben
spornstreichs
Sport *der*
Sportabzeichen *das*
Sportart *die*
sportbegeistert
Sportfest *das*
Sportgeschäft *das*
Sportkleidung *die*
Sportklub/
Sportclub *der*
Sportlehrer/in
Sportler/in
sportlich
Sportlichkeit *die*
Sportswear *der/das*
Sportunterricht *der*
Sportverein *der*
Sportwagen *der*
Spot *der* (kurze Werbesendung)
ein Fernsehspot
Spotgeschäft *das*
Spotlight *das*
Spotmarkt *der*
Spott *der* (Hohn)
spottbillig
spotten
Spötter/in
spöttisch
Spottlust *die*

spr

Spra|che *die*
Sprachebene *die*
Sprachfehler *der*
Sprachführer *der*
Sprachgebrauch *der*
Sprachgefühl *das*
sprachgewandt
Sprachkenntnisse
...sprachig
ein englischsprachiger Film
zweisprachig aufwachsen
sprachlich
sprachlos
Sprachlosigkeit *die*
Sprachnorm *die*
Sprachunterricht *der*
Sprachwandel *der*
sprang (→ springen)
Spray *der/das*
die Sprays
Spraydose *die*
sprayen
spre|chen
spricht, sprach, hat gesprochen
sprechen lernen
Sprechblase *die*
Sprecher/in
Sprechfunk *der*
Sprechstunde *die*
sprei|zen
sich spreizen
spreizbeinig
Spren|gel *der* (Amtsbezirk)
spren|gen
Sprengkörper *der*
Sprengstoff *der*
Sprengung *die*
spren|keln (tupfen)
sprenk(e)lig
Spreu *die*
die Spreu vom Weizen trennen (Schlechtes aussortieren)

spri

spricht (→ sprechen)
Sprich|wort *das*
sprichwörtlich
sprie|ßen (keimen)
sprießt, spross, ist gesprossen
sprin|gen
springt, sprang, ist gesprungen
Springbrunnen *der*
Springer/in
Springreiter/in
Sprung *der*
Sprink|ler|an|la|ge *die* (Feuerlöschanlage)
Sprint *der* (Kurzstreckenlauf)
sprinten
Sprinter/in
Sprit *der* (Treibstoff)
Sprit|ze *die*
spritzen
Spritzer *der*
spritzig
Spritzpistole *die*
spröd/sprö|de
Sprödigkeit *die*
spross (→ sprießen)
Spross *der*
Spros|se *die*
Sprossenwand *die*
Spröss|ling *der*
Sprot|te *die* (ein Fisch)
Spruch *der*
die Sprüche
Spruchband *das*
Spruchdichtung *die*
spruchreif
Spru|del *der*
sprudeln
sprü|hen
Sprühregen *der*

Sprung *der*
die Sprünge
sprungbereit
Sprungbrett *das*
Sprungfeder *die*
sprunghaft
Sprungschanze *die*
Spu|cke *die*
spucken
Spuk *der*
spuken
Spukgeschichte *die*
Spukschloss *das*
Spu|le *die*
Spü|le *die*
spülen
Spülkasten *der*
Spülmaschine *die*
Spülung *die*
Spülwasser *das*
Spul|wurm *der*
die Spulwürmer
Spund *der* (Verschluss)
die Spünde
Spur *die*
auf die Spur kommen
Spurenelement *das*
spurlos
Spurwechsel *der*
Spurweite *die*
spü|ren
spürbar
Spürhund *der*
Spürsinn *der*

Spurt *der*
die Spurts / Spurte
spurten
spu|ten (beeilen)
sich sputen
Squash *das*
(ein Ballspiel)
SSV (Sommerschlussverkauf)

sta

Staat *der*
von Staats wegen
staatenlos
staatlich
Staatsaktion *die*
Staatsangehörige
der / die
Staatsangehörigkeit *die*
Staatsanwalt *der*
Staatsanwältin *die*
Staatsbegräbnis *das*
Staatsbesuch *der*
Staatsbürger/in
staatsbürgerlich
Staatseigentum *das*
Staatsexamen *das*
Staatsgeheimnis *das*
Staatsgewalt *die*
Staatshymne *die*
Staatskosten
auf Staatskosten
Staatsmann *der*

staatsmännisch
Staatsminister/in
Staatsoberhaupt *das*
Staatsräson *die*
Staatssekretär/in
Staatsstreich *der*
Staatsvertrag *der*
Stab *der*
die Stäbe
Stabhochsprung *der*
Stablampe *die*
Stabreim *der*
Stabsarzt *der*
Stabwechsel *der*
sta|bil
Stabilisator *der*
stabilisieren
Stabilisierung *die*
Stabilität *die*
stach (→ stechen)
Sta|chel *der*
Stachelbeere *die*
Stacheldraht *der*
Stachelschwein *das*
stach(e)lig

stad

Sta|del *der* (Scheune)
Sta|di|on *das*
die Stadien
Sta|di|um *das*
(Abschnitt)
die Stadien
Stadt *die*
die Städte
Stadtautobahn *die*
stadtbekannt
Stadtbezirk *der*
Stadtbummel *der*
Städtchen *das*
Stadtdirektor/in
Städtebau *der*
Städtepartnerschaft *die*

---

die **Stadt**
die **Groß**stadt
der **Städte**bau
städtisch

die **Werkstatt**
die **Gast**stätte
die **Rast**stätte

stattdessen
stattfinden
an**statt**

Stadtgespräch das
Stadtinnere das
städtisch
Stadtmauer die
Stadtplan der
Stadtrand der
Stadtrat der
Stadträtin die
Stadtreinigung die
Stadtrundfahrt die
Stadtteil der
Stadttor das
Stadtverordnete der/die
Stadtverwaltung die
Stadtwerke
Stadtzentrum das
Sta|fet|te die (Eilboten)
Staf|fa|ge die (Ausstattung)
Staf|fel die (Sportlergruppe; Fliegereinheit)
Staffellauf der
Staffelmiete die
staffeln
Staf|fe|lei die (Gestell für Bilder)
Sta|gna|ti|on die auch: Stag|na|ti|on (Stillstand)
stagnieren

stah

stahl (→ stehlen)
Stahl der
die Stähle
Stahlbeton der
stählen
stählern
stahlhart
Stahlhelm der
Stahlindustrie die
Stahlwerk das

sta|ken (mit Stangen ein Boot antreiben)
Stak|ka|to das (kurze Töne)
Sta|lag|mit der (Tropfstein am Boden)
Sta|lak|tit der (Tropfstein an der Decke)
Stall der
die Ställe
Stallgeruch der
Stallung die
Stamm der
die Stämme
Stammbaum der
Stammbuch das
Stammformen
Stammhalter der
stämmig
Stammkapital das
Stammkunde der
Stammplatz der
Stammtisch der
Stammwähler der
stam|meln (stotternd reden)
stam|men aus Bayern stammen
stamp|fen
Stampfer der
Stampfkartoffeln

stan

stand (→ stehen)
Stand der
die Stände
einen schweren Stand haben
in Stand/instand setzen
außer Stande/außerstande sein
im Stande/imstande sein

zu Stande/zustande bringen
auf dem neuesten Stand
Standbein das
Ständer der
standfest
Standfestigkeit die
standhaft
Standhaftigkeit die
standhalten
hält stand, hielt stand, hat standgehalten
Standlicht das
Standort der
Standpunkt der
Standspur die
Standuhr die
Stan|dard der (Norm)
standardisieren
Standardisierung die
Standardmodell das
Standardsprache die
Standardtänze
Stan|dar|te die (Fahne)
Stand-by das (Bereitschaftsschaltung)
Ständ|chen das
Stan|der der (Dienstflagge)
Stan|des|amt das
die Standesämter
standesamtlich
Standesbeamte der
Standesbeamtin die
stan|des|be|wusst
Standesbewusstsein das
stan|des|ge|mäß
Stan|des|un|ter|schied der
stän|dig
ständig zu spät kommen
Stan|ding Ova|tions (Beifall im Stehen)

Stan|ge *die*
Stangenweißbrot *das*
Stän|gel *der*
die Stängel der Blumen
stank (→ stinken)
stän|kern
Stan|ni|ol *das*
Stanniolpapier *das*
Stan|ze *die* (8-zeilige Strophe; Werkzeug)
stanzen
Stanzmaschine *die*
Sta|pel *der*
Stapellauf *der*
stapeln
stapelweise
stap|fen
Stapfen *der*
Star *der*
der graue Star
der grüne Star
Staranwalt *der*
Starbesetzung *die*
Starenkasten *der*
Starlet / Starlett *das*
starb (→ sterben)
stark
stärker, stärkste
s ...
stark besiedelte / starkbesiedelte Gebiete
das starke Geschlecht
ein starkes Verb
stark sein
S ...
das Recht des Stärkeren
Stärke *die*
stärken
sich starkmachen für
Starkstrom *der*
Stärkung *die*
starr
starren
Starrheit *die*

starrköpfig
Starrsinn *der*
starrsinnig
Start *der*
startbereit
starten
Starter *der*
Starthilfe *die*
Startkapital *das*
startklar
Startschuss *der*
Sta|si *die*
Stasiakte *die*

stat

State|ment *das* (Verlautbarung)
ein Statement abgeben
Sta|tik *die* (Festigkeit von Gebäuden)
Statiker *der*
statisch
Sta|ti|on *die*
stationär
stationieren
Stationierung *die*
Stationsarzt *der*
Stationsschwester *die*
Sta|tist *der* (Nebenperson)
Statistin *die*
Sta|tis|tik *die* (zahlenmäßige Erfassung)
statistisch
Sta|tiv *das*
statt
an Eides statt
an Kindes statt
anstatt
stattdessen
stattfinden
findet statt, fand statt, hat stattgefunden

stattgeben
gibt statt, gab statt, hat stattgegeben
dem Antrag wird stattgegeben
Stät|te *die*
statt|haft (erlaubt)
Statt|hal|ter *der*
Statthalterin *die*
statt|lich
Sta|tue *die*
Statuette *die*
Statur *die*
sta|tu|ie|ren (festsetzen)
ein Exempel statuieren
Sta|tus *der* (Zustand)
der Status quo
Statussymbol *das*
Sta|tut *das* (Satzung)
statutengemäß
Stau *der*
im Stau stehen
Staudamm *der*
stauen
Stauung *die*
Staub *der*
die Stäube
Stäubchen
Staub saugen / staubsaugen
staubbedeckt
Staubbeutel *der*
stauben
staubfrei
Staubgefäß *das*
staubig
Staubsauger *der*
Staubschicht *die*
staubtrocken
Staubwolke *die*
Stau|chung *die*
Stau|de *die*
Staudengewächs *das*

stau|en
Stauung *die*
stau|nen
staunenswert
Stau|pe *die*
(eine Hundekrankheit)

ste

Steak *das*
Ste|a|rin *das*
(Rohstoff für Kerzen)
ste|chen
sticht, stach,
hat gestochen
in See stechen
Stechen *das*
Stechmücke *die*
ste|cken
stecken bleiben
im Schlamm stecken
bleiben
(übertragen:)
die Schauspieler sind
oft stecken geblieben/
steckengeblieben
Steckbrief *der*
Steckdose *die*
Steckenpferd *das*
Stecker *der*
Steckling *der*
Stecknadel *die*
Steckrübe *die*
Steel|band *die*
(Musikband)
Steg *der*
Steg|reif *der*
aus dem Stegreif
(ohne Vorbereitung)
Stegreifspiel *das*
ste|hen
steht, stand,
hat/ist gestanden
stehend

stehen bleiben
(übertragen:)
eine Uhr, die ständig
stehen bleibt/
stehenbleibt
stehen lassen
Kann ich das Rad hier
stehen lassen?
(übertragen:)
sich einen Bart stehen
lassen/stehenlassen
Stehlampe *die*
Stehplatz *der*
steh|len
stiehlt, stahl,
hat gestohlen

stei

steif
den Arm steif halten
(übertragen:)
die Ohren steifhalten
steifbeinig
Steifheit *die*
stei|gen
steigt, stieg,
ist gestiegen
Steigbügel *der*
Steiger *der*
Steigung *die*
stei|gern
Steigerung *die*
Steigerungsrate *die*
steil
am steilsten
Steilhang *der*
Steilkurve *die*
Steilküste *die*
Stein *der*
steinalt
Steinbruch *der*
Steinbutt *der*
steinern

Steingut *das*
steinhart
steinig
steinigen
Steinkohle *die*
Steinmetz *der*
Steinobst *das*
Steinpilz *der*
steinreich
Steinschlag *der*
Steinzeit *die*
Steiß *der* (Gesäß)
Steißbein *das*
Ste|le *die* (Säule)
Stell|dich|ein *das*
(Verabredung)
Stel|le *die*
stellen
sich stellen
Stellenangebot *das*
Stellenmarkt *der*
Stellenvermittlung *die*
stellenweise
Stellung *die*
Stellung nehmen
Stellungnahme *die*
stellungslos
stellvertretend
Stellvertreter/in
Stellwerk *das*
Stel|ze *die*
auf Stelzen laufen
stelzen

stem

stem|men
sich stemmen
Stemmeisen *das*
Stem|pel *der*
Stempelfarbe *die*
Stempelkissen *das*
stempeln
(**Stengel** → Stängel)

Ste|no *die/das*
Stenogrammblock *der*
Stenografie/
Stenographie *die*
stenografieren/
stenographieren
Stepp *der*
Stepp tanzen
steppen
Stepptänzer/in
step|pen
(zusammennähen)
Steppdecke *die*
Step|pe *die*
Steppenwolf *der*
Stepp|ke *der*
(kleiner Kerl)

ster

ster|ben
stirbt, starb,
ist gestorben
Sterbebett *das*
Sterben *das*
sterbenskrank
Sterbeort *der*
Sterbesakramente
Sterbestunde *die*
Sterbeurkunde *die*
sterblich
Sterblichkeit *die*
Ste|reo|an|la|ge *die*
Stereolautsprecher *der*
Ste|reo|me|trie *die*
auch: Ste|reo|met|rie
(Raumlehre)
stereometrisch
ste|reo|typ
(immer wiederkehrend)
ste|ril (unfruchtbar)
Sterilisation *die*
sterilisieren
Sterilität *die*

Stern *der*
Sternbild *das*
Sterndeutung *die*
sternförmig
Sternenhimmel *der*
sternklar/sternenklar
Sternschnuppe *die*
Sternstunde *die*
Sternwarte *die*
Sternzeichen *das*
Sterz *der* (Schwanz)
Ste|thos|kop *das*
auch: Ste|tho|skop
(Hörrohr)
ste|tig
Stetigkeit *die*
stets (immer)
Steu|er *das* (Lenker)
steuerbar
Steuerbord *das*
Steuerfrau *die*
steuerlos
Steuermann *der*
steuern
Steuerrad *das*
Steuerung *die*
Steu|er *die* (Abgabe)
direkte Steuern
indirekte Steuern
steuerbegünstigt
Steuerberater/in
Steuerbescheid *der*
Steuererhöhung *die*
Steuererklärung *die*
Steuerermäßigung *die*
Steuererstattung *die*
Steuerfahnder/in
steuerfrei
Steuerfreibetrag *der*
Steuerhinterziehung *die*
Steueroase *die*
steuerpflichtig
Steuerzahler/in
Steu|e|rung *die*

Ste|ven *der* (Schiffsbalken vorn und hinten)
Ste|ward *der*
(Flug-, Schiffsbegleiter)
Stewardess *die*

sti

sti|bit|zen
Stich *der*
hieb- und stichfest
Stichel *der*
sticheln
Stichflamme *die*
stichhaltig
Stichprobe *die*
stichprobenweise
Stichpunkt *der*
stichpunktartig
Stichsäge *die*
Stichstraße *die*
Stichtag *der*
Stichwort *das*
stichwortartig
Stichwortregister *das*
Stichwortverzeichnis *das*
Stichwortzettel *der*
Stich|ling *der*
(ein Fisch)
sti|cken
Stickerei *die*
Sti|cker *der*
sti|ckig
Stickoxid *das*
Stickstoff *der*

stie

stie|ben
stiebt, stob,
ist gestoben
Stief|bru|der *der*
die Stiefbrüder

Stiefeltern
Stiefkind *das*
Stiefmutter *die*
Stiefmütterchen *das*
stiefmütterlich
Stiefschwester *die*
Stiefsohn *der*
Stieftochter *die*
Stiefvater *der*
Stie|fel *der*
Stiefelette *die*
stieg (→ steigen)
Stie|ge *die*
Stiegenhaus *das*
Stieg|litz *der*
stiehlt (→ stehlen)
Stiel *der* (Stängel; Griff)
  der Besenstiel
  Stielaugen machen
Stielglas *das*
Stielkamm *der*
Stier *der*
Stierkampf *der*
stiernackig
stie|ren
  vor sich hin stieren
stieß (→ stoßen)
Stift
  der (Nagel; Lehrling);
  das (Kloster)
stiften
  stiften gehen
Stifter/in
Stiftskirche *die*

Stiftung *die*
Stiftzahn *der*
Stig|ma *das* (Mal)
  die Stigmata / Stigmen
stigmatisieren
  (brandmarken)

stil

Stil *der* (Kunstrichtung)
  der gotische Stil
  im großen Stil
Stilart *die*
Stilblüte *die*
Stilbruch *der*
Stilfigur *die*
Stilgefühl *das*
Stilistik *die*
stilistisch
stillos
Stilmittel *das*
Stilübung *die*
stilvoll
Sti|lett *das*
  (kleiner Dolch)
still
  s ...
  still sein
  stille Reserven
  S ...
  die Stille
  in aller Stille
  der Stille Ozean
  im Stillen

  still halten
  (ruhig festhalten)
  stillhalten (erdulden)
  hält still, hielt still,
  hat stillgehalten
  Stillleben *das*
  stilllegen
  Stilllegung *die*
  stillschweigend
  still sitzen
  (ohne zu sprechen)
  stillsitzen / still sitzen
  (konzentriert sein)
  sitzt still, saß still,
  hat stillgesessen /
  still gesessen
  Stillstand *der*
  still stehen
  (ruhig dastehen)
  stillstehen (zum Still-
  stand kommen)
  steht still, stand still,
  hat / ist stillgestanden
  stillvergnügt
still|len
  stillende Mütter

stim

Stim|me *die*
Stimmabgabe *die*
stimmberechtigt
Stimmbruch *der*
Stimmenauszählung *die*

Stiel	**Stil**	**stylen**
Besenstiel	*Baustil*	*gestylt*
Eis am Stiel	*der gotische Stil*	*Stylist*
Blattstiel	*Stilmöbel*	*Hairstylist*
der Stiel der Blüte	*die Stilblüte*	*Styling*
Stielaugen machen	*der Stilbruch*	

Stimmenthaltung *die*
stimmhaft
stimmig
Stimmlage *die*
stimmlos
Stimmzettel *der*
stim|men
Stimmgabel *die*
Stim|mung *die*
Stimmungs-
　umschwung *der*
stimmungsvoll
Sti|mu|lanz *die*
　(Antrieb)
　stimulieren
stin|ken
　stinkt, stank,
　hat gestunken
　Stinkbombe *die*
　stinkfaul
　stinkfein
　stinklangweilig
　Stinktier *das*
Sti|pen|di|um *das*
　die Stipendien
Stipp|vi|si|te *die*
stirbt (→ sterben)
Stirn *die*
　Stirnglatze *die*
　Stirnhöhle *die*
　Stirnhöhlen-
　　vereiterung *die*
　Stirnrunzeln *das*
　stirnrunzelnd

sto

stö|bern
Sto|chas|tik *die* (Wahr-
　scheinlichkeitstheorie)
　stochastisch
sto|chern
Stock *der*
　die Stöcke

stockdunkel
stockfinster
stocksauer
Stockwerk *das*
stö|ckeln
　Stöckelschuh *der*
sto|cken
　ins Stocken *geraten*
　ins Stocken *kommen*
　Stockung *die*
Stock|fleck *der*
sto|ckig (geronnen)
Stoff *der*
　Stofffarbe /
　Stoff-Farbe *die*
　stofflich
　Stofflichkeit *die*
　Stoffsammlung *die*
　Stofftier *das*
　Stoffwechsel *der*
stöh|nen
　Stöhnen *das*
sto|isch
　(ohne Gefühlsregungen)
　Stoizismus *der*
Sto|la *die* (Umhang)
　die Stolen
Stol|len *der*
　(Gebäck; Tunnel)
　Stollengang *der*
stol|pern
　Stolperstein *der*
stolz
　Stolz *der*
　stolzgeschwellt
　stolzieren
STOP
　(auf Verkehrszeichen)
　Stop-and-go-Verkehr *der*
　Stopp *der*
　stoppen
　stopp!
　Stopper *der*
　Stopplicht *das*

Stoppschild *das*
Stoppstraße *die*
Stoppuhr *die*
stop|fen
　Stopfnadel *die*
Stop|pel *die*
　Stoppelbart *der*
　Stoppelfeld *das*
stop|pen
Stöp|sel *der*
　stöpseln

stor

Stör *der* (ein Fisch)
Storch *der*
　die Störche
　Storchennest *das*
Store *der*
　(Fenstervorhang)
stö|ren
　störanfällig
　störend
　Störenfried *der*
　Störer/in
　Störfaktor *der*
　Störfall *der*
　Störung *die*
stor|nie|ren
　(rückgängig machen)
　Stornierung *die*
　Storno *der/das*
stör|risch
Sto|ry *die*
　Storyboard *das*
Stoß *der*
　die Stöße
　Stoßdämpfer *der*
　Stößel *der*
　stoßen
　stößt, stieß,
　hat / ist gestoßen
　Stoßstange *die*
　stoßweise

stot|tern
Stotterer *der*
Stotterin *die*
Stöv|chen *das*
(Wärmevorrichtung)

str

Str. (Straße)
stracks (ohne Umwege)
Stra|fe *die*
Strafarbeit *die*
strafbar
Strafbefehl *der*
strafen
Straferlass *der*
straffällig
Strafgefangene *der/die*
Strafgesetzbuch *das*
(StGB)
sträflich
Sträfling *der*
Strafmandat *das*
Strafmaß *das*
strafmildernd
strafmündig
Strafporto *das*
Strafprozess *der*
Strafraum *der*
Strafrecht *das*
strafrechtlich
Strafstoß *der*
strafversetzen
strafversetzt werden
Strafverteidiger/in
Strafvollzug *der*
Strafzettel *der*
straff
straffen
sich straffen
Strahl *der*
strahlen
strahlend
strahlend hell
Strahlensatz *der*
Strahlenschäden
Strahlenschutz *der*
Strahler *der*
Strahlung *die*
Strahlungsintensität *die*
Sträh|ne *die*
strähnig
Stra|min *der*
(Gittergewebe)
stramm
an einem Seil stramm ziehen
das Betttuch stramm ziehen/strammziehen
strammstehen
steht stramm,
stand stramm, hat/ist
strammgestanden
stram|peln
Strampelhöschen *das*
Strand *der*
die Strände
Strandbad *das*
stranden
Strandgut *das*
Strandkorb *der*
Strang *der*
die Stränge
über die Stränge schlagen
stran|gu|lie|ren
(erdrosseln)
Stra|pa|ze *die*
(große Anstrengung)
strapazierbar
strapazieren
strapazierfähig
Strapazierfähigkeit *die*
strapaziös
Straps *der*
Stra|ße *die*
Straßenbahn *die*
Straßenbau *der*
Straßenecke *die*
Straßengraben *der*
Straßenkarte *die*
Straßenlärm *der*
Straßenname *der*
Straßenrand *der*
Straßenreinigung *die*
Straßenseite *die*

strat

Stra|te|gie *die*
(geplantes Vorgehen)
eine Strategie verfolgen
strategisch
Stra|tos|phä|re *die*
auch: Stra|to|sphä|re
(Schicht der Atmosphäre)
Stratuswolke *die*
sträu|ben
sich sträuben
Strauch *der*
die Sträucher
Strauchwerk *das*
strau|cheln (stolpern)
Strauß *der*
die Sträuße (Blumen);
die Strauße (Vögel)
Straußenfeder *die*

stre

stre|ben
Strebepfeiler *der*
Streber/in
streberhaft
Strebertum *das*
strebsam
Strebsamkeit *die*
Stre|cke *die*
strecken
Streckenverhältnis *das*

343

streckenweise
Streckung *die*
die zentrische Streckung
Streckverband *der*
Streich *der*
strei|cheln
strei|chen
streicht, strich,
hat/ist gestrichen
streichfähig
Streichholz *das*
Streichholz-
schachtel *die*
Streichinstrument *das*
Streichkäse *der*
Streichquartett *das*
Streichung *die*
Strei|fen *der*
Streifbandzeitung *die*
Streife *die*
streifen
Streifenwagen *der*
streifig
Streifschuss *der*
Streifzug *der*
Streik *der*
streiken
Streikposten *der*
Streikrecht *das*
Streikwelle *die*
Streit *der*
streitbar
streiten
streitet, stritt,
hat gestritten
sich streiten
Streiterei *die*
Streitgespräch *das*
streitig
streitig machen
Streitigkeiten
Streitkräfte
streitlustig
streitsüchtig

streng
streng bestrafen
streng genommen/
strenggenommen
streng sein
Strenge *die*
strenggläubig
strengstens
Strep|to|kok|ken
(Bakterien)
Stress *der*
stressfrei
stressig
Stresssituation/
Stress-Situation *die*
Stretch *der*
(elastisches Gewebe)
Stretching *das*
Streu *die*
streuen
Streusalz *das*
Streusel *der/das*
Streuung *die*
streu|nen
(herumtreiben)
strich (→ streichen)
Strich *der*
stricheln
Strichpunkt *der*
Strick *der*
stricken
Strickjacke *die*
Strickleiter *die*
Strickmuster *das*
Stricknadel *die*
Strickzeug *das*
strie|geln
Strie|men *der*
Strie|zel *der* (Gebäck)
strikt (streng, genau)
strikt dagegen sein
strin|gent
(überzeugend)
Stringenz *die*

Strip *der*
strippen
Striptease *der/das*
Strip|pe *die* (Schnur)
strit|tig

stro

Stroh *das*
Strohblume *die*
strohgedeckt
Strohhalm *der*
Strohhut *der*
Strohmann *der*
Strohwitwer *der*
Strolch *der*
Strom *der*
stromauf fahren
Stromausfall *der*
strömen
Stromkabel *das*
Stromlinie *die*
stromlinienförmig
Stromstärke *die*
Strömung *die*
Stromzähler *der*
Stron|ti|um *das* (Sr)
Stro|phe *die*
Strophenbau *der*
Strophenform *die*
strot|zen
vor Kraft strotzen
strub|be|lig/
strubb|lig
Strubbelkopf *der*
Stru|del *der*
Struk|tur *die*
Strukturalismus *der*
Strukturanalyse *die*
strukturell
strukturieren
Strukturierung *die*
Strukturmerkmal *das*
Strukturwandel *der*

Strumpf *der*
  die Strümpfe
  Strumpfhose *die*
Strunk *der*
  (Pflanzenteil)
  die Strünke
strup|pig
Struw|wel|pe|ter *der*

stu

Stu|be *die*
  Stubenarrest *der*
  Stubenfliege *die*
  stubenrein
Stuck *der*
  (Ornamente aus Gips)
  Stuckateur/in
  Stuckdecke *die*
Stück *das*
  Stückchen *das*
  stückeln
  Stück(e)lung *die*
  Stückgut *das*
  Stückkosten
  stückweise
  Stückwerk *das*
  Stückzahl *die*
Stu|dent *der*
  Studentin *die*
  Studentenausweis *der*
  Studentenbude *die*
  Studentenschaft *die*
  Studenten-
  verbindung *die*
  Studentenwerk *das*
  studentisch
Stu|die *die*
  Studienassessor/in
  Studiendirektor/in
  Studienfahrt *die*
  Studiengang *der*
  studienhalber
  Studienrat *der*
  Studienrätin *die*
  Studienreferendar/in
  studieren
  Studierende *der/die*
  Studium *das*
Stu|dio *das*
  Studiobühne *die*
Stu|di|um *das*
  die Studien
Stu|fe *die*
  stufenförmig
  Stufenheck *das*
  stufenlos
  stufenweise
Stuhl *der*
  die Stühle
  Stuhlbein *das*
  Stuhlgang *der*
  Stuhllehne *die*
(**Stukkateur**
  → Stuckateur)
Stul|le *die* (Brotschnitte)
Stul|pe *die*
  stülpen
  Stulpenstiefel *der*

stumm
  Stummfilm *der*
Stum|mel *der*
  Stummelschwanz *der*
Stum|pen *der*
Stüm|per *der*
  Stümperei *die*
  stümperhaft
stumpf
  Stumpfsinn *der*
  stumpfsinnig
  stumpfwinklig

Stumpf *der*
  die Stümpfe
  ein Armstumpf

stun

Stun|de *die*
  eine halbe Stunde
  eine Viertelstunde/
  eine viertel Stunde
  stunden
  Stundenkilometer *der*
  (km/h)
  stundenlang
  eine Stunde lang
  Stundenlohn *der*
  Stundenplan *der*
  stundenweise
  stündlich
stun|den (Zahlungs-
  aufschub gewähren)
  Stundung *die*
Stunt|man *der*
  (Double)
stu|pid/stu|pi|de
  (dumm)
  Stupidität *die*
Stups|na|se *die*
stur
  Sturheit *die*
Sturm *der*
  die Stürme
  Sturm laufen
  Sturmbö/Sturmböe *die*
  stürmen
  Stürmer/in
  Sturmflut *die*
  stürmisch
  Sturm und Drang *der*
  Sturmwarnung *die*
Sturz *der*
  die Stürze
  stürzen
  Sturzhelm *der*

Stuss *der* (Unsinn)
Stuss reden
Stu|te *die*
Stutenmilch *die*
Stüt|ze *die*
stützen
sich stützen
Stützpfeiler *der*
stut|zen
Stutzen *das*
stutzig
sty|len
Styling *das*
Stylist/in
Sty|ro|por *das*
(ein Kunststoff)

su

sub|al|tern
(unselbstständig)
Sub|jekt *das*
subjektiv
Subjektivität *die*
Subjektsatz *der*
Sub|kon|ti|nent *der*
sub|ku|tan
(unter der Haut)
sub|lim (fein)
sublimieren
Sub|or|di|na|ti|on *die*
(Unterordnung)
subordinieren
subordinierende
Konjunktion
sub|skri|bie|ren
auch: subs|kri|bieren
(Buch vorbestellen)
Subskription *die*
Subskriptionspreis *der*
Sub|stan|tiv *das*
auch: Subs|tan|tiv
substantivieren
substantivisch

Sub|stanz *die*
auch: Subs|tanz
substanziell/
substantiell
sub|sti|tu|ie|ren
auch: subs|ti|tu|ie|ren
(ersetzen)
Substitut *der*
(Verkaufsleiter);
das (Surrogat)
Substitution *die*
Sub|strat *das*
auch: Subs|trat
(Grundlage)
sub|su|mie|ren
(einordnen)
sub|til (spitzfindig)
Subtilität *die*
Sub|tra|hend *der*
(abzuziehende Zahl)
subtrahieren
Subtraktion *die*
Sub|tro|pen
subtropisch
Sub|ven|ti|on *die*
(Unterstützung)
subventionieren
sub|ver|siv
(umstürzlerisch)

suc

su|chen
Suchaktion *die*
Suchanzeige *die*
Suchbild *das*
Sucher *der*
Suchmeldung *die*
Sucht *die*
Suchtgefahr *die*
Suchtgift *das*
süchtig
Süchtige *der/die*
suchtkrank

sud

Sud *der*
(eine Flüssigkeit)
Süd
Frankfurt Süd/
Frankfurt-Süd
Südafrika
Südamerika
süddeutsch
Süddeutschland
Süden *der* (S)
Südfrüchte
Südküste *die*
südlich
Südost (SO)
Wind aus Südost
südöstlich
Südpol *der*
Südsee *die*
südwärts
Südwest (SW)
südwestlich
Südwind *der*
su|deln (schmieren)
Suff *der*
süffig
süf|fi|sant (spöttisch)
Süffisanz/
Süffisance *die*
Suf|fix *das* (Endung)
sug|ge|rie|ren
(beeinflussen)
Suggestion *die*
suggestiv
Suggestivfrage *die*
Suh|le *die*
(feuchter Boden)
suhlen
sich suhlen
Süh|ne *die*
sühnen
Suit|case *das/der*
(Handkoffer)

Sui|te *die*
(mehrere Musikstücke;
Luxuszimmer)
Su|i|zid *der/das*
(Selbstmord)
suizidgefährdet
Su|jet *das* (Thema)
ein interessantes Sujet
suk|zes|siv
ein sukzessiver Verfall
sukzessive
(nach und nach)
Sul|fat *das* (ein Salz)
Sulfid *das*
Sul|ky *das*
(zweirädriger Wagen)
Sul|tan *der*
Sultanat *das*
Sul|ta|ni|ne *die*
(Rosine)
Sül|ze *die*
Sülzkotelett *das*

sum

sum|ma cum lau|de
(mit höchstem Lob)
Sum|mand *der*
(hinzuzuzählende Zahl)
Sum|me *die*
summarisch
summieren
sich summieren
sum|men
Sumpf *der*
die Sümpfe
Sumpfdotterblume *die*
Sumpfgebiet *das*
Sumpfhuhn *das*
sumpfig
Sumpfland *das*
Sund *der* (Meerenge)
Sün|de *die*
Sündenbekenntnis *das*

Sündenbock *der*
Sünder/in
Sündflut/Sintflut *die*
sündhaft
sündig
sündigen
su|per
das war super
eine super Idee
ein superschöner Rock
*du hast mir super
geholfen*
superb/süperb
Superbenzin *das*
Supercup *der*
Super-G *der*
Super-GAU *der*
Superintendent *der*
Superiorität *die*
Superlativ *der*
superlativisch
Supermacht *die*
Supermarkt *der*
superschlau
Sup|pe *die*
Suppenfleisch *das*
Suppengrün *das*
Suppenhuhn *das*
Suppenlöffel *der*
Suppentasse *die*
Suppenteller *der*
Sup|ple|ment *das*
(Ergänzung)
sup|pri|mie|ren
(zurückdrängen)
Surf|brett *das*
surfen
Surfer/in
Surfing *das*
Sur|re|a|lis|mus *der*
(eine Kunstrichtung)
surrealistisch
sur|ren
Sur|ro|gat *das* (Ersatz)

sus|pekt
auch: su|spekt
(verdächtig)
sus|pen|die|ren
(zeitweilig aus dem
Dienst entlassen)
Suspendierung *die*
süß
Süße *die*
süßen
Süßholz *das*
Süßholz raspeln
Süßigkeit *die*
Süßkartoffel *die*
Süßkirsche *die*
süßlich
süßsauer/süß-sauer
Süßspeise *die*
Süßstoff *der*
Süßwaren *die*
Süßwarengeschäft *das*
Süßwasser *das*
Süßwasserfisch *der*
SV (Sportverein;
Schülervertretung)
Swea|ter *der*
Sweatshirt *das*
Sweatshop *der*
(Niedrigstlohnfabrik)
**Swim|ming|pool/
Swim|ming-Pool** *der*
Swing *der*

sy

Syl|lo|gis|mus *der*
(logischer Schluss)
die Syllogismen
Sym|bi|o|se *die*
(Zusammenleben)
symbiotisch
Sym|bol *das*
symbolhaft
Symbolik *die*

symbolisch
symbolisieren
Symbolismus *der*
symbolträchtig
Sym|me|trie *die*
auch: Sym|met|rie
die Axialsymmetrie
die Drehsymmetrie
Symmetrieachse *die*
Symmetriezentrum *das*
symmetrisch
Sym|pa|thie *die*
Sympathie-
bekundung *die*
Sympathieerklärung *die*
Sympathieträger/in
Sympathisant/in
sympathisch
sympathisieren
Sym|pa|thi|kus *der*
(Teil des Nerven-
systems)
Sym|pho|nie/
Sin|fo|nie *die*
Sym|po|si|on/
Sym|po|si|um *das*
(Tagung)
die Symposien
Symp|tom *das*
auch: Sym|ptom
(Anzeichen)
Symptomatik *die*
symptomatisch

syn

Sy|na|go|ge *die*
auch: Syn|ago|ge
(jüdische Kirche)

Sy|nap|se *die*
auch: Syn|ap|se
(Zellverbindung)
syn|chron (gleichzeitig)
Synchrongetriebe *das*
Synchronisation *die*
synchronisieren
Synchronsprecher/in
Syn|di|kat *das*
(Organisation)
Syn|di|kus *der*
(Rechtsbeistand)
Syn|drom *das*
auch: Synd|rom
(Krankheitsbild)
Syn|er|gie *die*
auch: Sy|ner|gie
(Zusammenwirken)
Synergieeffekt *der*
Syn|ko|pe *die*
(musik. Begriff)
Sy|no|de *die*
auch: Syn|ode
(Kirchenversammlung)
synodal
Synodale *der/die*
Synodal-
versammlung *die*
sy|no|nym
auch: syn|onym
(bedeutungsverwandt)
Synonym *das*
Synonym-
wörterbuch *das*
Syn|op|se/
Syn|op|sis *die*
auch: Sy|nop|se (ver-
gleichende Übersicht)
synoptisch

Syn|tag|ma *das*
(Wortgruppe)
die Syntagmen
syntagmatisch
Syn|tax *die*
(Satzlehre)
syntaktisch
Syn|the|se *die*
(Zusammenfügung von
Gegensätzen)
Syn|the|si|zer *der*
(elektron. Musikgerät)
Syn|the|tics
synthetisch
Sy|phi|lis *die* (eine
Geschlechtskrankheit)
syphiliskrank
Sys|tem *das*
Systemanalyse *die*
Systemanalytiker/in
Systematik *die*
systematisch
systematisieren
Systemfehler *der*
systemimmanent
systemkonform
Systemkritiker/in
systemlos
Systemstart *der*

sz

Sze|ne *die*
Szenario *das*
Szenenfolge *die*
Szenenwechsel *der*
Szenerie *die*
szenisch

T

t (Tonne)
Ta|bak der
  Tabakindustrie die
  Tabakpflanze die
  Tabakspfeife die
  Tabaksteuer die
  Tabakwaren
Ta|bas|co der
  (scharfe Gewürzsoße)
  Tabascosoße die
Ta|bel|le die
  tabellarisch
  Tabellenführer der
  Tabellenkalkulation die
  Tabellenplatz der
  Tabellenstand der
Ta|ber|na|kel das/der
  (Teil des Altars)
Ta|bleau das
  auch: Tab|leau (Bild)
Ta|blett das
  auch: Tab|lett
Ta|blet|te die
  auch: Tab|let|te
  Tabletten-
  abhängige der/die
  Tabletten-
  missbrauch der
  tablettensüchtig
ta|bu
  das Thema ist tabu
  Tabu das
  (etwas, worüber man
  nicht spricht)
  tabuisieren
  Tabuthema das
  Tabuwort das
  Tabuzone die
Ta|bu|la ra|sa die
  (reiner Tisch)
  Tabula rasa machen

Ta|bu|la|tor der
  Tabulatur die

tac

Ta|che|les (Klartext)
  Tacheles reden
Ta|cho der
  Tachometer der/das
  Tachostand der
Tack|ling das
  (Hineingrätschen)
ta|ckern
Ta|del der
  tadellos
  tadeln
  tadelnswert
Ta|fel die
  Tafelbild das
  tafelfertig
  Tafelgeschirr das
  tafeln
  Tafelrunde die
  Tafelspitz der
  Tafelwein der
tä|feln
  vertäfeln
  Täf(e)lung die
Taft der (ein Gewebe)
  Taftkleid das

tag

Tag der
  T ...
  bei Tag und Nacht
  Guten/guten Tag sagen
  von Tag zu Tag
  am Tage
  im Laufe des Tages
  in acht Tagen
  mehrere Tage lang
  unter Tage
  zu Tage/zutage treten

  t ...
  tagaus ... tagein
  tagelang
  tags darauf
  tagsüber
  tags zuvor
  tagtäglich
  heutzutage
  Tagebau der
  Tagebuch das
  Tagebuchnummer die
  (Tgb.-Nr.)
  Tagelöhner/in
  tagen
  Tagesablauf der
  Tagesanbruch der
  Tageskarte die
  Tageslicht das
  Tagesordnung die
  Tagesordnungspunkt
  der (TOP)
  Tageszeit die
  Tageszeitung die
  Tagewerk das
  taghell
  täglich
  das tägliche Brot
Ta|ge|tes die
  (eine Blume)
Ta|gung die
  Tagungsbüro das
  Tagungsgebäude das
  Tagungsteilnehmer/in
Tai|fun der
  (tropischer Wirbelsturm)
Tai|ga die
  (Sibirien: größtes
  Waldgebiet der Erde)
Tail|le die
  Taillenweite die
  tailliert
Take der/das (einzelne
  Szenenaufnahme)
  Take-off der/das

Ta|ke|lage *die*
(Segelausrüstung)
takeln
Takelwerk *das*
Takt *der*
Taktfrequenz *die*
Taktgefühl *das*
taktlos
Taktlosigkeit *die*
Taktstock *der*
taktvoll
tak|tie|ren
(geschickt vorgehen)
Taktik *die*
taktisch
taktische Vorteile
Tal *das*
die Täler
Talfahrt *die*
Talsohle *die*
Talsperre *die*
Ta|lar *der* (Amtsrobe)
Ta|lent *das*
talentiert
talentvoll
Ta|ler *der*
talergroß
Talg *der* (Fett)
Talgdrüse *die*
Ta|lis|man *der*
Talk *der* (Mineral)
Talkpuder *der / das*
Talkum *das*
Talk|mas|ter *der*
Talkshow *die*
Tal|mi *das* (Unechtes)
Ta|lon *der*
(Kontrollabschnitt)
Ta|ma|rin|de *die*
(tropische Pflanze)
Ta|ma|ris|ke *die*
(ein Strauch)
Tam|bu|rin *das*
(kleine Handtrommel)

Tam|pon *der*
tamponieren
Tam|tam *das*
großes Tamtam machen

tan

Tand *der*
(wertloses Zeug)
tän|deln
(spielerisch behandeln)
Tan|dem *das* (Fahrrad
für zwei Personen)
Tang *der* (Algen)
Tan|ga *der*
Tangaslip *der*
Tan|gens *der*
(Winkelfunktion)
Tan|gen|te *die*
(Gerade am Kreis)
tangential
tangieren
Tan|go *der* (ein Tanz)
Tank *der* (Behälter)
tanken
Tanker *der*
Tankfüllung *die*
Tankwart *der*
Tan|ne *die*
Tannenbaum *der*
Tannennadel *die*
Tannenzapfen *der*
Tan|te *die*
Tante-Emma-Laden *der*
tantenhaft
Tan|tie|me *die*
(Gewinnanteil)
Tanz *der*
die Tänze
Tänzchen *das*
tänzeln
tanzen
Tango tanzen
Tänzer/in

Tanzfläche *die*
Tanzkapelle *die*
Tanzlehrer/in
Tanzmusik *die*
Tanzorchester *das*
Tanzschule *die*
Tanzstunde *die*
Tanzturnier *das*
Tanzveranstaltung *die*

tap

Ta|pe|te *die*
Tapetenmuster *das*
Tapetenrolle *die*
Tapetenwechsel *der*
tapezieren
Tapeziertisch *der*
tap|fer
Tapferkeit *die*
Ta|pir *der* (ein Tier)
tap|pen
tap|sen
tapsig
Ta|ra *die* (Gewicht der
Verpackung)
tarieren
Ta|ran|tel *die*

Ta|ran|tel|la *die* (Tanz)
Ta|rif *der*
Tarifautonomie *die*
Tarifkonflikt *der*
tariflich
Tariflohn *der*
Tarifpolitik *die*
Tarifverhandlungen
Tarifvertrag *der*

tar|nen
sich tarnen
Tarnfarbe *die*
Tarnung *die*
Ta|rock *das/der*
(ein Kartenspiel)
Ta|rot *das/der*
(Wahrsage-Kartenspiel)
Ta|sche *die*
Täschchen *das*
Taschenbuch *das*
Taschendieb *der*
Taschenlampe *die*
Taschenmesser *das*
Taschenrechner *der*
Taschentuch *das*
Tas|se *die*
Tasse und Untertasse
die Kaffeetasse
Tassenrand *der*
Tas|ta|tur *die*
Taste *die*
tasten
tastend
Tasteninstrument *das*
Tastsinn *der*

tat

Tat *die*
Tatbestand *der*
Tatendrang *der*
tatenlos
Täter/in
Tatform *die*
tätig
tatkräftig
tätlich
Tatort *der*
Tatsache *die*
tatsächlich
Tatverdacht *der*
tatverdächtig
Tatzeit *die*
Ta|tar *das* (eine Speise)
tä|tig
Tätigkeit *die*
Tätigkeitsbereich *der*
Tätigkeitswort *das*
tä|to|wie|ren
Tätowierung *die*
tät|scheln
Tat|too *das*
Tat|ze *die*
Tau *der* (Niederschlag);
das (Seil)
Tauwerk *das*
Tauziehen *das*
taub
Taube *der/die*
Taubheit *die*
taubstumm
Tau|be *die* (Vogel)
Täubchen *das*
taubenblau
Taubenschlag *der*
Taubenzüchter/in
tau|chen
Taucher/in
Taucherausrüstung *die*
Taucherbrille *die*
Taucherglocke *die*
Tauchsieder *der*
Tauchstation *die*
tau|en
Tau *der*
taufrisch
Tautropfen *der*
Tauwetter *das*
Tauf|be|cken *das*
Taufe *die*
taufen
Täufer *der*
Täufling *der*
Taufname *der*
Taufpate *der*
Taufpatin *die*
Taufschein *der*
tau|gen
Taugenichts *der*
tauglich
Tau|mel *der*
taumeln
Tausch *der*
tauschen
Tauschgeschäft *das*
Tauschhandel *der*
täu|schen
sich täuschen
täuschend
Täuschung *die*
Täuschungs-
manöver *das*
tau|send
tausend Euro
(genau 1000)
tausend(e) und aber-
tausend(e)/Tausend(e)
und Abertausend(e)
Mücken
(unbestimmte Zahl)
tausendeins
tausendfach
(1000-fach/1000fach)
Tausendgulden-
kraut *das*
tausendmal (1000-mal)
Tausendsassa *der*
Tausendschönchen *das*
tausendstel
Tausendstel *das*
Tau|to|lo|gie *die*
(doppelter Ausdruck)
Ta|ver|ne *die*
(Wirtshaus)
Ta|xe *die*
(amtliche Gebühr;
Transportmittel)
Ta|xi *das*
Taxichauffeur *der*
Taxifahrer/in
Taxistand *der*

ta|xie|ren (schätzen)
  Taxwert *der*
Ta|xus *der* (Eibe)
Tb-krank / Tbc-krank
  (tuberkulosekrank)
  Tb-Kranke / Tbc-Kranke
  der / die
T-Bone-Steak *das*

te

Teach-in *das* (Protest)
Teak|holz *das*
Team *das*
  Teamarbeit *die*
  Teamwork *das*
Tech|nik *die*
  Techniker/in
  Technikum *das*
  technisch
  der Technische Direktor
  Technischer Überwachungs-Verein (TÜV)
  Technokrat *der*
  technokratisch
  Technologie *die*
  technologisch
Tech|tel|mech|tel *das*
  (Flirt)
TED *der* (Teledialog)
Ted|dy *der*
  Teddybär *der*
Te|de|um *das*
  (Lob Gottes)

tee

Tee *der*
  Teebeutel *der*
  Teeei / Tee-Ei *das*
  Teeernte / Tee-Ernte *die*
  Teekanne *die*
  Teelöffel *der*
  teelöffelweise
  Teesieb *das*
  Teestube *die*
  Teetasse *die*
  Teewasser *das*
  Teewurst *die*
Teen|ager *der*
  Teenie / Teeny *der*
Teer *der*
  teeren
  Teerfarbe *die*
  Teerpappe *die*
Tef|lon *das*
  (ein Kunststoff)
  Teflonpfanne *die*
Teich *der* (kleiner See)
  Teichmuschel *die*
Teig *der* (zum Backen)
  den Teig kneten
  den Teig gehen lassen
  Teigmasse *die*
  Teigschüssel *die*
  Teigwaren
Teil *der / das*
  T...
  zum Teil (z. T.)
  ein großer Teil
  aber: großenteils
  ich für mein(en) Teil
  jedes Teil
  sein(en) Teil dazu
  beitragen
  t...
  teils
  größtenteils
  meistenteils
  zuteilwerden
  Teilaspekt *der*
  Teilaufgabe *die*
  teilbar
  Teilbarkeit *die*
  Teilbetrag *der*
  Teilchen *das*
  teilen
  sich teilen
  Teilerfolg *der*
  teilhaben
  hat teil, hatte teil,
  hat teilgehabt
  Teilhaber/in
  teilhaftig
  Teilkaskoversicherung *die*
  Teilnahme *die*
  teilnahmeberechtigt
  teilnahmslos
  teilnehmen
  nimmt teil, nahm teil,
  hat teilgenommen
  Teilnehmer/in
  Teilsatz *der*
  Teilung *die*
  teilweise
  Teilzahlung *die*
  Teilzeitarbeit *die*
  Teilzeit arbeiten
  ich arbeite Teilzeit
Teint *der* (Gesichtsfarbe)
Tek|to|nik *die*
  (Bau der Erdkruste)
  tektonisch

tel

Te|le|fax *das*
  telefaxen / faxen
  Telefaxnummer *die*
Te|le|fon *das*
  Telefonanruf *der*
  Telefonanschluss *der*
  Telefonapparat *der*
  Telefonat *das*
  Telefonbuch *das*
  Telefongespräch *das*
  telefonieren
  telefonisch
  Telefonnummer *die*
  Telefonrechnung *die*
  Telefonzelle *die*

te|le|gen (für das
Fernsehen geeignet)
**Te|le|graf/
Te|le|graph** *der*
(Fernschreiber)
Telegrafenmast *der*
Te|le|gramm *das*
Telegrammstil *der*
Te|le|kom *die*
Telekommunikation *die*
Te|le|ob|jek|tiv *das*
Te|le|pa|thie *die*
(Gedankenübertragung)
telepathisch
Te|les|kop *das*
auch: Te|le|skop
(Fernrohr)
Teleskopantenne *die*
Te|le|spiel *das*
Te|le|vi|si|on *die*
Te|lex *das/der*
(teleprinter exchange)
Tel|ler *der*
Tellerrand *der*
Tellerwäscher/in
Tel|lur *das* (Te)
(chem. Element)

tem

Tem|pel *der*
Tempelherr *der*
Tem|pe|ra|far|be *die*
Temperamalerei *die*
Tem|pe|ra|ment *das*
temperamentlos
temperamentvoll
Tem|pe|ra|tur *die*
temperaturabhängig
Temperaturanstieg *der*
Temperatur-
rückgang *der*
Temperatur-
schwankungen
Temperatur-
unterschied *der*
temperieren
Tem|po *das*
Tempolimit *das*
tem|po|ral
Temporalsatz *der*
temporär
Tempus *das*
(Zeitform des Verbs)
die Tempora

ten

Ten|denz *die*
(Entwicklung)
tendenziell
tendenziös
Tendenzwende *die*
tendieren
Ten|der *der*
(Kohlenwagen)
Ten|ne *die*
(Teil der Scheune)
Ten|nis *das*
Tennis spielen
Tennisball *der*
Tennismatch *das*
Tennisschläger *der*
Tennisspiel *das*
Tennisspieler/in
Tennisturnier *das*
Ten|no *der*
(japanischer Kaiser)
Te|nor *der* (Singstimme)
Tenorschlüssel *der*
Ten|ta|kel *der/das*
(Fangarm)
Tep|pich *der*
den Teppich klopfen
Teppichboden *der*
Teppichfliese *die*
Teppichklopfer *der*
Teppichstange *die*

Term *der*
(Glied einer Formel)
Ter|min *der*
termingemäß
termingerecht
Termingeschäft *das*
terminieren
Terminkalender *der*
terminlich
Ter|mi|nal *der/das*
(Zielbahnhof)
Ter|mi|no|lo|gie *die*
(Fachwortschatz)
terminologisch
Terminus *der*
Ter|mi|te *die*
(eine Ameise)
Termitenhügel *der*
Ter|pen|tin *das/der*
(Lösungsmittel)
Ter|rain *das* (Gelände)
Ter|ra|kot|ta *die*
(gebrannter Ton)
Ter|ra|ri|um *das*
(Behälter für Kleintiere)
die Terrarien
Ter|ras|se *die*
terrassenförmig
Ter|rier *der* (ein Hund)
Ter|ri|ne *die* (Schüssel)
ter|ri|to|ri|al
(Gebiets...)
Territorium *das*
Ter|ror *der*
Terroranschlag *der*
terrorisieren
Terrorismus *der*
Terrorist/in
terroristisch
Terrororganisation *die*
ter|ti|är
(an dritter Stelle)
Terz *die* (dritter Ton)
Terzett *das*

tes

Te|sa|film® der
Test der
  Testbild das
  testen
  Testkandidat/in
  Testperson die
  Testpilot/in
  Testserie die
  Teststrecke die
  Testverfahren das
Tes|ta|ment das
  testamentarisch
  Testaments-
  eröffnung die
  Testaments-
  vollstrecker der
Tes|tat das
  (Bescheinigung)
  testieren
Tes|tos|te|ron das
  auch: Tes|to|ste|ron
  (ein Hormon)

tet

Te|ta|nus der
  (Wundstarrkrampf)
  Tetanusimpfung die
Te|tra|eder das
  auch: Tet|ra|eder
  (dreiseitige Pyramide)
Te|tra|lo|gie die
  auch: Tet|ra|lo|gie
  (vier Stücke)
teu|er
  teuer zu stehen kommen
  Teuerung die
  Teuerungsrate die
Teu|fel der
  zum Teufel jagen
  auf Teufel komm raus
  teuflisch

Text der
  Textanalyse die
  Textaufgabe die
  Textbuch das
  texten
  Texter/in
  Texterfassung die
  Textinterpretation die
  Textkritik die
  Textsorte die
  Textstelle die
  Textverarbeitung die
tex|til
  Textilfabrik die
  Textilien
  Textilindustrie die
T-för|mig

th

TH die (Technische
  Hochschule)
Tha|les (Mathematiker)
  Satz des Thales
Thal|li|um das (Tl)
  (chem. Element)
The|a|ter das
  Theater-
  abonnement das
  Theateraufführung die
  Theaterbesucher/in
  Theaterkasse die
  Theaterkritiker/in
  Theaterprogramm das
  Theaterstück das
  Theatralik die
  theatralisch
The|is|mus der
  (Lehre von Gott)
  theistisch
The|ke die
The|ma das
  die Themen
  Thematik die

  thematisch
  thematisieren
  Themenkreis der
  Themenstellung die
  Themenwechsel der
Theo|di|zee die
  (Rechtfertigung Gottes
  für das Leid)
Theo|kra|tie die
  (Gottesherrschaft)
Theo|lo|ge der (Reli-
  gionswissenschaftler)
  Theologin die
  Theologie die
  theologisch
The|o|rem das
  (Lehrsatz)
The|o|re|ti|ker der
  Theoretikerin die
  theoretisch
  Theorie die
The|ra|peut der
  der Psychotherapeut
  Therapeutin die
  therapeutisch
  Therapie die
ther|mal (Wärme...)
  Thermalbad das
  Therme die
  Thermik die
  thermisch
Ther|mo|me|ter das
Ther|mos|fla|sche die
Ther|mos|tat der
  auch: Ther|mo|stat
the|sau|rie|ren
  (anhäufen)
The|se die
  thesenhaft
  Thesenpapier das
Tho|ra die
  (fünf Bücher Mosis)
  Thorarolle die
Tho|rax der (Brustkorb)

Thril|ler *der*
(spannender Film)
Throm|bo|se *die* (Verstopfung von Adern)
Thron *der*
Thronfolger/in
Thronsaal *der*
**Thun|fisch/
Tun|fisch** *der*
THW
(Technisches Hilfswerk)
Thy|mi|an *der*
(ein Gewürz)
Thy|mus *der*
(Wachstumsdrüse)
Thymusdrüse *die*

ti

Tick *der*
ti|cken
Ticker *der*
Ti|cket *das*
Ti|de *die* (Ebbe und Flut)
Tidehub/Tidenhub *der*
**Tie|break/
Tie-Break** *der/das*
(Satzverkürzung beim Tennis)
tief
t…
tief erschütterte/tieferschütterte Augenzeugen
tief gehend/tiefgehend
tief graben
*tief greifend/
tiefgreifend*
zutiefst
T…
das Tief
t…/T…
auf das Tiefste/tiefste
Tiefbau *der*
tiefblau

Tiefdruckgebiet *das*
Tiefe *die*
Tiefebene *die*
Tiefenschärfe *die*
Tiefflug *der*
Tiefgang *der*
Tiefgarage *die*
tiefgefroren
tiefgekühlt
tiefgründig
Tiefkühltruhe *die*
Tiefsee *die*
tiefsinnig
tiefstapeln
Tie|gel *der*
Tier *das*
Tierart *die*
Tierarzt *der*
Tierärztin *die*
 tierärztlich
Tierfreund/in
Tiergarten *der*
Tierhaltung *die*
Tierhandlung *die*
Tierheim *das*
tierisch
Tierkreiszeichen *das*
tierlieb
Tierliebe *die*
Tierquälerei *die*
Tierschutz *der*
Tierschutzverein *der*
Tierversuch *der*
Tierwelt *die*
Tierzüchter/in
Ti|ger *der*
Tigerfell *das*
Til|de *die* (~)
(Wiederholungszeichen)
til|gen (löschen)
Tilgung *die*
Tim|bre *das*
auch: Timb|re
(Klangfarbe)

Ti|ming *das*
(Zeiteinteilung)

tin

tin|geln
Tingeltangel *der/das*
Tink|tur *die*
(eine Arznei)
Tin|nef *der*
(wertloses Zeug)
Tin|te *die*
Tintenfisch *der*
Tintenfleck *der*
Tintenkuli *der*
Tintenstrahldrucker *der*
Tipp *der*
tippen
Tipp-Ex® *das*
Tippfehler *der*
Tippzettel *der*
Tip|pel|bru|der *der*
tippeln
Ti|ra|de *die*
(Wortschwall)
Tisch *der*
bei Tisch
zu Tisch
Tischdecke *die*
Tischgespräch *das*
Tischkarte *die*
Tischler/in
Tischlerei *die*
Tischtennis *das*
Tischtuch *das*
Ti|tan *das* (Ti)
(chem. Element);
der (Riese)
titanenhaft
Ti|tel *der*
Titelbild *das*
Titelblatt *das*
Titelgeschichte *die*
titeln

Titelrolle *die*
Titelverteidiger/in
titulieren

to

Toast *der*
Toastbrot *das*
toasten
Toaster *der*
to|ben
am Toben sein
Tobsucht *die*
tobsüchtig
Tobsuchtsanfall *der*
Toch|ter *die*
die Töchter
Tochterfirma *die*
Tod *der*
todernst (sehr ernst)
Todesangst *die*
Todesfall *der*
Todeskampf *der*
todesmutig
Todesstrafe *die*
Todesursache *die*
Todesurteil *das*
Todfeind/in
todkrank (sehr krank)
todlangweilig (sehr
langweilig)
tödlich
todmüde (sehr müde)
todsicher (ganz sicher)
Todsünde *die*
todunglücklich (sehr
unglücklich)
(siehe auch: tot)
Toe|loop *der*
(Eislaufen: Drehsprung)
To|ga *die*
(röm. Obergewand)
To|hu|wa|bo|hu *das*
(Wirrwarr)

To|i|let|te *die*
Toilettenpapier *das*
Tok|ka|ta *die*
(ein Musikstück)
to|le|rant (duldsam)
Toleranz *die*
Toleranzbereich *der*
Toleranzgrenze *die*
tolerieren
toll
tollkühn
Tollwut *die*
tollwütig
Toll|patsch *der*
tollpatschig
Töl|pel *der*
tölpelhaft
To|ma|hawk *der*
To|ma|te *die*
Tomatenketschup / Tomatenketchup *der/das*
Tomatenmark *das*
Tomatensalat *der*
Tomatensoße /
Tomatensauce *die*
Tom|bo|la *die*
(Verlosung)
To|mo|gra|fie/
To|mo|gra|phie *die*
(Röntgenverfahren)
Ton *der* (Klang)
Tonabnehmer *der*
Tonalität *die*
Tonart *die*
Tonband *das*
tönen
Tonfall *der*
Tonfrequenz *die*
Tonhöhe *die*
Tonleiter *die*
tonlos
Tonqualität *die*
Tontechniker/in
Tonträger *der*

Ton *der* (Mineral)
Tonerde *die*
tönern
Tonpfeife *die*
Tontaube *die*
Tontaubenschießen *das*
To|nic|wa|ter/
To|nic Wa|ter *das*
To|ni|ka *die* (Grundton)
To|ni|kum *das*
(stärkendes Mittel)
die Tonika
Ton|ne *die*
Tonnage *die*
Tonnengewölbe *das*
tonnenweise
Ton|sur *die*
(kahl geschorene Stelle
auf dem Kopf)
Tö|nung *die*

top

Top *das* (Oberteil; Spitze)
topfit
Topform *die*
topless
Topmanager/in
topsecret
Topstar *der*
Top Ten *die*
TOP *der*
(Tagesordnungspunkt)
To|pas *der*
(ein Schmuckstein)
Topf *der*
die Töpfe
Töpfer/in
Töpferei *die*
töpfern
Töpferscheibe *die*
Topfkuchen *der*
Topflappen *der*
Topfpflanze *die*

Top|fen *der* (Quark)
Topfenpalatschinke *die*
**To|po|gra|fie /
To|po|gra|phie** *die*
(Ortsbeschreibung)
topografisch/
topographisch
To|pos *der*
(fester Ausdruck)
die Topoi
Tor *das*
das Brandenburger Tor
Torbogen *der*
Torfrau *die*
Torhüter/in
torlos
Torwart *der*
Tor *der* (Dummkopf)
Torheit *die*
töricht
törichterweise
To|re|ro *der*
Torf *der*
torfig
Torfmull *der*
tor|keln
Tor|na|do *der*
Tor|nis|ter *der*
Tor|pe|do *der*
Torpedoboot *das*
Tor|so *der*

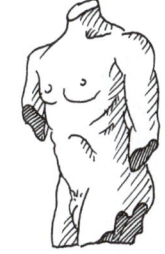

Tor|te *die*
Törtchen *das*
Tortelett *das*

Tortenboden *der*
Tortenguss *der*
Tortenheber *der*
Tor|til|la *die*
Tor|tur *die* (Qual)
to|sen
tosender Applaus

tot

tot
t...
tot sein
der tote Punkt
toter Mann
*tot geborene/
totgeborene Welpen*
T...
der/die Tote
das Tote Meer
etwas Totes
totarbeiten
sich totarbeiten
töten
Totenbett *das*
totenblass
Totengräber *der*
Totenkopf *der*
Totenmaske *die*
Totenmesse *die*
Totensonntag *der*
totenstill
tot fahren/totfahren
*fährt tot, fuhr tot,
hat tot gefahren/
totgefahren*
totlachen
sich totlachen
das ist zum Totlachen
tot schießen/
totschießen
*schießt tot, schoss tot,
hat tot geschossen/
totgeschossen*

Totschlag *der*
tot schlagen/
totschlagen
*schlägt tot, schlug tot,
hat tot geschlagen/
totgeschlagen*
tot trampeln/
tottrampeln
Tötung *die*
(siehe auch: Tod)
to|tal
Totale *die*
totalitär
Totalitarismus *der*
Totalschaden *der*
To|tem *das*
Totempfahl *der*
tö|ten
Tötung *die*
Tötungsabsicht *die*
Tötungsversuch *der*
To|to *das/der*
Totogewinn *der*
Totoschein *der*
Touch *der* (Anstrich)
touchieren
Tou|pet *das*
(Halbperücke)
toupieren
Tour *die*
Tour de France
Tour d'Horizon
Tourismus *der*
Tourist/in
Touristik *die*
touristisch
Tournee *die*
To|wer *der*
auch: Tow|er
(Kontrollturm)
To|xi|ko|lo|gie *die*
(Lehre von den Giften)
toxikologisch
toxisch

tr

Trab der
Trab reiten
traben
Traber der
Trabrennbahn die
Trabrennen das
Tra|bant der (Begleiter)
Trabantenstadt die
Tracht die
Trachtenanzug der
Trachtenjacke die
trach|ten
nach etwas trachten
träch|tig (schwanger)
Tra|di|ti|on die
traditionell
traditionsbewusst
traditionsgemäß
traf (→ treffen)
Tra|fo der
träg/trä|ge
träge herumliegen
Trägheit die
tra|gen
*trägt, trug,
hat getragen*
tragbar
Trage die
Träger/in
trägerlos
Tragetasche die
tragfähig
Tragfähigkeit die
Tragfläche die
Tragweite die
Träg|heit die
Tra|gik die
Tragikomödie die
tragisch
Tragödie die
Trai|ler der (Vorfilm; Anhänger)

Trai|nee der/die
(jemand, der eingearbeitet wird)
Trai|ner der
Trainerin die
Trainerlizenz die
trainieren
Training das
Trainingsanzug der
Trainingslager das
Trakt der
Trak|tat das
(Abhandlung)
traktieren
Trak|tor der
träl|lern
Tram die (Straßenbahn)
Trambahn die
Tramway die
Tramp der
(Landstreicher)
trampen
Tramper/in
tram|peln
Tram|po|lin das
Trampolinsprung der

tran

Tran der
der Lebertran
tranig
Tran|ce die (in Hypnose)
Trancezustand der
Tranche die (Abschnitt)
tran|chie|ren
(zerlegen)
Tranchiermesser das
Trä|ne die
tränen
Tränendrüse die
Tränengas das
tränenreich
tra|nig

trank (→ trinken)
Trank der
Tränke die
tränken
Tran|qui|li|zer der
(Beruhigungsmittel)
Trans|ak|ti|on die (finanzielles Unternehmen)
trans|at|lan|tisch
Trans|fer der
(Übertragung)
transferieren
Trans|for|ma|ti|on die
(Umwandlung)
Transformator der
(Trafo)
Trans|fu|si|on die
(Übertragung)
Tran|sis|tor der
(Halbleiterelement)
Transistorgerät das
Tran|sit der
(Durchreise)
Transitreisende der/die
Transitverkehr der
tran|si|tiv (ein
Akk.-Obj. fordernd)
transitives Verb
trans|kri|bie|ren
auch: tran|skri|bie|ren
(umschreiben)
Transkription die
trans|pa|rent
(durchsichtig)
Transparentpapier das
Transparenz die
Trans|pi|ra|ti|on die
auch: Tran|spi|ra|ti|on
(das Schwitzen)
transpirieren
Trans|plan|ta|ti|on
die (Verpflanzung)
die Herztransplantation
transplantieren

trans|po|nie|ren
(in eine andere Tonart überführen)
Trans|port *der*
transportabel
Transporter *der*
Transporteur *der*
transportfähig
transportieren
Transportkosten
Trans|ver|sa|le *die*
(eine Gerade durch eine geometrische Figur)
Trans|ves|tit *der*
(jemand, der Kleider des anderen Geschlechts anzieht)
trans|zen|dent
auch: tran|szen|dent
(übernatürlich)
Transzendenz *die*
Tra|pez *das*
trapezförmig
Trapezoid *das*
Trap|pe *die*
(ein großer Vogel)
Trap|per *der*
trap|sen
Tras|se *die*
(Verlauf einer Straße)
trassieren
trat (→ treten)
Tratsch *der* (Geschwätz)
tratschen

trau

Trau|be *die*
Traubensaft *der*
Traubenzucker *der*
trau|en
sich trauen
getraut werden
Trauring *der*
Trauschein *der*
Trauung *die*
Trauzeuge *der*
Trau|er *die*
Trauerfall *der*
Trauerfeier *die*
Trauerflor *der*
Trauerkleidung *die*
Trauermarsch *der*
trauern
Trauerrand *der*
Trauerspiel *das*
traurig
Traurigkeit *die*
Trau|fe *die* (Regenrinne)
träufeln
trau|lich
(ungezwungen)
Traum *der*
die Träume
Traumdeuter/in
träumen
Träumer/in
Träumerei *die*
träumerisch
traumhaft
Trau|ma *das* (seelische Erschütterung)
die Traumata
traumatisch
trau|rig
Traurigkeit *die*
traut (intim)
das traute Heim
Trau|ung *die*
Tra|vel|ler|scheck *der*
(Reisescheck)
tra|vers (quer, schief)
Traverse *die*
Tra|ves|tie *die*
(Umgestaltung)
Travestieshow *die*
Traw|ler *der*
(Fischfangschiff)

tre

Treck *der*
Trecker *der* (Traktor)
tref|fen
trifft, traf, hat getroffen
Treff *der*
Treffen *das*
treffend
Treffer *der*
Trefferquote *die*
trefflich
Treffpunkt *der*
Treffsicherheit *die*
trei|ben
treibt, trieb,
ist/hat getrieben
Treibeis *das*
Treiber *der*
Treibhaus *das*
Treibhauseffekt *der*
Treibholz *das*
Treibstoff *der*
Trei|del|pfad *der*
treideln
Trek|king/Tre|cking
das (Wanderung)
Tre|ma *das* (zwei Punkte: z. B. Änëis)
Tre|mo|lo *das*
(zitternde Stimme)
Trench|coat *der*
(ein Mantel)
Trend *der*
der aktuelle Trend
Trendsetter *der*
Trendwende *die*
tren|nen
sich trennen
trennbar
Trennschärfe *die*
Trennung *die*
Trennungsstrich *der*
Trennwand *die*

Tren|se *die*
(Pferdezaum)
Trep|pe *die*
   treppauf, treppab
   Treppenabsatz *der*
   Treppengeländer *das*
   Treppenhaus *das*
Tre|sen *der* (Ladentisch)
Tre|sor *der*
   Tresorraum *der*
   Tresorschlüssel *der*
Tres|se *die* (Borte)
tre|ten
   tritt, trat,
   ist/hat getreten
   Tretboot *das*
   Tretmine *die*
   Tritt *der*
treu
   treu bleiben
   ein treu ergebener/
   treuergebener Fan
   treu sein
   treu sorgende/
   treusorgende Eltern
   treudoof
   Treue *die*
   Treueid *der*
   Treuegelöbnis *das*
   Treuepflicht *die*
   Treueschwur *der*
   Treuhand *die*
   Treuhänder *der*
   treuhänderisch
   treuherzig
   treulos
Tre|vi|ra *das*
(Fasergewebe)

tri

Tri|a|de *die* (Dreizahl)
Tri|an|gel *der/das*
(Schlaginstrument)
Tri|as *die*
(ein Erdzeitalter)
Tri|ath|let *der*
(Mehrkämpfer)
   Triathlon *das/der*
Tri|bu|nal *das*
(Gerichtshof)
Tri|bü|ne *die*
Tri|but *der* (Abgabe)
Tri|chi|ne *die*
(Fadenwurm)
   Trichinose *die*
Trich|ter *der*
   trichterförmig
Trick *der*
   Trickaufnahme *die*
   Trickbetrüger/in
   Trickfilm *der*
   Trickkiste *die*
   trickreich
   tricky
trieb (→ treiben)
Trieb *der*
   Triebfeder *die*
   triebhaft
   Triebwagen *der*
   Triebwerk *das*
trie|fen
   triefend
trif|tig (überzeugend)
   ein triftiger Grund
trifft (→ treffen)

trig

Tri|go|no|me|trie *die*
   auch: Tri|go|no|met|rie
   (Dreiecksmessung)
Tri|ko|lo|re *die*
(dreifarbige Fahne)
Tri|kot *das*
Tril|ler *der*
   trillern
   Trillerpfeife *die*
Tril|li|ar|de *die*
Tril|li|on *die*
(eine Million Billionen)
Tri|lo|gie *die*
(Folge von drei Werken)
Tri|mes|ter *das* (Drittel
eines Studienjahres)
trim|men
   sich trimmen
   Trimm-dich-Pfad *der*
Tri|ni|tät *die*
(Dreifaltigkeit)
trin|ken
   trinkt, trank,
   hat getrunken
   trinkbar
   Trinker/in
   trinkfest
   trinkfreudig
   Trinkgeld *das*
   Trinkspruch *der*
   Trinkwasser *das*
   (siehe auch: Drink)
Trio *das*
Tri|o|le *die* (drei Töne
hintereinander)
Trip *der* (Ausflug;
Rauschzustand)
trip|peln
   Trippelschritt *der*
Trip|per *der* (eine
Geschlechtskrankheit)
Trip|ty|chon *das*
   auch: Tri|pty|chon
   (dreiteiliger Altar-
   aufsatz)
trist
   ein trister Tag
   Tristesse *die*
Tritt *der*
   Trittbrett *das*
   trittfest
   Trittleiter *die*
   trittsicher

Tri|umph der
(großer Erfolg)
triumphal
Triumphbogen der
triumphieren
Triumphzug der
tri|vi|al (nicht originell)
Trivialität die
Trivialliteratur die
Trivialroman der
Tro|chä|us der
(ein Versfuß)
tro|cken
t...
trocken bleiben
trocken sein
T...
ins Trock(e)ne bringen
auf dem Trock(e)nen sitzen
seine Schäfchen im Trockenen haben
Trockenheit die
trockenlegen
Trockenrasierer der
trocken reiben/
trockenreiben
(trocknen)
reibt trocken,
rieb trocken,
hat trocken gerieben/
trockengerieben
trockenschleudern
(trocknen)
Trockenzeit die
trocknen

trod

Trod|del die (Quaste)
Trö|del der
Trödelmarkt der
trödeln
Trödler der

trog (→ trügen)
Trog der
die Tröge
Troi|ka die
(Dreigespann)
tro|ja|nisch
der Trojanische Krieg
das Trojanische Pferd
Troll der (Kobold)
trol|len
sich trollen
Trol|ley der (Rollkoffer)
Trolleybus der
die Trolleybusse

trom

Trom|mel die
Trommelbremse die
Trommelfell das
Trommelfeuer das
trommeln
Trommelschlag der
Trommelwirbel der
Trommler/in
Trom|pe|te die
trompeten
Trompeter/in
Tro|pen
Tropeninstitut das
Tropenkrankheit die
tropentauglich
tropisch
tröp|feln
trop|fen
Tropfen der
Tröpfchen das
tropfnass
Tropfsteinhöhle die
Tro|phäe die
(Siegeszeichen)
Tro|po|sphä|re die
auch: Tro|pos|phä|re
(untere Erdatmosphäre)

Tross der (Gefolge)
Tros|se die (Drahtseil)
Trost der
trösten
tröstlich
trostlos
Trostpreis der
Tröstung die
Trot|tel der
(Dummkopf)
trot|ten
Trott der
Trot|toir das
(Bürgersteig)
trotz
trotz der Schwierigkeiten
trotz allem
trotzdem
Trotz der
zum Trotz
trotzen
trotzig
Trotzkopf der
Trotzreaktion die
Trou|ba|dour der
(Minnesanger)

tru

trüb/trü|be
im Trüben fischen
trüben
Trübsal die
trübselig
Trübsinn der
trübsinnig
Trübung die
Tru|bel der
Truck der (Lkw)
tru|deln
ins Trudeln geraten
Trüf|fel die/der
Trüffelpastete die

trug (→ tragen)
Trug *der*
  Lug und Trug
  Trugbild *das*
  trügen
  trügt, trog, hat getrogen
  der Schein trügt
  trügerisch
  Trugschluss *der*
Tru|he *die*
Trüm|mer
  Trümmerfeld *das*
  Trümmerhaufen *der*
Trumpf *der*
  die Trümpfe
  Trumpfass *das*
  Trumpfkarte *die*
Trunk *der*
  trunken
  trunken sein
  Trunkenbold *der*
  Trunksucht *die*
  trunksüchtig
Trupp *der*
  Truppe *die*
  Truppeneinheit *die*
  Truppenführer *der*
  Truppenstärke *die*
  Truppenteil *der*
  Truppentransport *der*
  Truppenunterkunft *die*
  truppweise
Trust *der* (Konzern)
Trut|hahn *der*
  die Truthähne
  Truthenne *die*
tschau!
Tsche|chi|en
  Tscheche *der*
  Tschechin *die*
  tschechisch
tschüs! / tschüss!
Tse|tse|flie|ge *die*
T-Shirt *das*

Tsu|na|mi *der*
  (Flutwelle nach einem
  Seebeben)
T-Trä|ger *der*

tu

TU
  (Technische Universität)
Tu|ba *die*
  (Blasinstrument)
Tu|be *die*
  die Zahnpastatube
Tu|ber|kel *der/die*
  (Knötchen)
Tu|ber|ku|lo|se *die*
  (Tb, Tbc)
  tuberkulosekrank
Tu|bus *der* (Röhre)
  die Tuben / Tubusse
Tuch *das*
  die Tücher
  Tuchfühlung *die*
tüch|tig
  Tüchtigkeit *die*
Tü|cke *die*
  tückisch
tu|ckern
Tuff *der*
  Tuffstein *der*
tüf|teln
  Tüftler *der*
Tu|gend *die*
  tugendhaft
Tu|kan *der*

Tüll *der*
  Tüllbluse *die*
  Tüllgardine *die*
Tül|le *die*
  (kurzes Rohrstück)
Tul|pe *die*
  Tulpenzwiebel *die*
tum|meln
  sich tummeln
  Tummelplatz *der*
Tümm|ler *der* (Delfin)
Tu|mor *der*
  die Tumore(n)
  Tumorzelle *die*
Tüm|pel *der*
Tu|mult *der*
  tumultuarisch
Tu|mu|lus *der*
  (Hügelgrab)
tun
  er tut, wir tun,
  tat, hat getan
  dick(e)tun
  guttun
  wohltun
  wohltuend
  Tun *das*
  das Tun und Lassen
Tün|che *die*
  tünchen
Tun|dra *die*
  (Kältesteppe)
tu|nen
  (Leistung steigern)
  ein getunter Motor
  Tuner *der*
  Tuning *das*
Tun|fisch / Thun|fisch *der*
Tu|ni|ka *die*
  (röm. Untergewand)
  die Tuniken
Tun|ke *die*
  tunken

tun|lichst (ratsam)
Tun|nel der
Tüp|fel|chen das
  das Tüpfelchen
  auf dem i
tup|fen
  Tupfer der

tur _____

Tür die
  Türdrücker der
  Türfüllung die
  Türklinke die
  Türrahmen der
  Türschwelle die
  Türspalt der
Tur|ban der
Tur|bi|ne die
  Turbo der
  Turbolader der
  Turbo-Prop-Flugzeug das
tur|bu|lent (stürmisch)
  Turbulenz die
Tür|kei die
  Türke der
  Türkin die
  türkisch
  türkisches Lira (TRY)
tür|kis
  Türkis das (Farbe);
  der (Stein)
  türkisfarben

Turm der
  die Türme
  türmen
  turmhoch
  Turmspringen das
  Turmuhr die
Tur|ma|lin der
  (ein Schmuckstein)
tur|nen
  Turnen das
  Turner/in
  turnerisch
  Turnfest das
  Turnhalle die
  Turnhose die
  Turnschuh der
  Turnstunde die
  Turnverein der (TV)
Tur|nier das
  Turnierpferd das
  Turniertänzer/in
Tur|nus der
  (Reihenfolge)
  turnusgemäß
tur|teln
  Turteltaube die
TuS
  (Turn- und Sportverein)
Tusch der
  einen Tusch blasen
Tu|sche die
  tuschen
  Tuschfarbe die
  Tuschkasten der

tu|scheln
Tu|te die
  tuten
Tü|te die
Tu|tor der (Betreuer)
TÜV der (Technischer Überwachungs-Verein)
  TÜV-geprüft
Tu|wort das (Verb)
  die Tuwörter
Twen der
  (Mann oder Frau zwischen 20 und 30)
Twin|set das/der
  (Pulli und Jacke)
Twist der (ein Tanz)
Typ der
  Type die
  typisch
  Typisierung die
  Typologie die
  Typus der
Ty|phus der
  Typhusepidemie die
**Ty|po|gra|fie/
Ty|po|gra|phie** die
  (Buchdruckerkunst)
  typografisch/
  typographisch
Ty|rann der
  Tyrannin die
  Tyrannei die
  tyrannisch
  tyrannisieren

U

u. a. (und anderes)
u. Ä. (und Ähnliches)
u. A. w. g. (um Antwort wird gebeten)
UB (Universitätsbibliothek)
U-Bahn *die*
  U-Bahnhof *der*
  U-Bahn-Netz *das*
  U-Bahn-Station *die*
übel
  ü…
  übel beraten/ übelberaten
  übel gelaunt/ übelgelaunt
  übel nehmen/ übelnehmen
  übel riechen
  übel werden
  übel sein
  mir ist übel
  Ü…
  das Übel
  von Übel sein
  Übelkeit *die*
  Übeltäter/in
  übelwollen
  will übel, wollte übel, hat übelgewollt
  jemandem übelwollen
  er hat ihm übelgewollt
üben
  Übung *die*

über

über
  über alles
  über kurz oder lang
  über die Stadt fliegen

über|all
  überall hingehen
  aber: überallhin
Über|an|ge|bot *das*
über|ängst|lich
über|an|stren|gen
  sich überanstrengen
  Überanstrengung *die*
über|ant|wor|ten (anvertrauen)
über|ar|bei|ten
  den Text überarbeiten
  sich überarbeiten
  hat sich überarbeitet
  Überarbeitung *die*
über|aus (sehr)
über|ba|cken
  überbackt, überbackte, hat überbacken
über|be|an|spru|chen
  Überbeanspruchung *die*
über|be|lich|ten
  Überbelichtung *die*
über|be|trieb|lich
  überbetriebliche Mitbestimmung
über|be|wer|ten
  Überbewertung *die*
über|bie|ten
  überbietet, überbot, hat überboten
Über|bleib|sel *das* (Rest)
Über|blen|dung *die*
Über|blick *der*
  überblicken
Über|brei|te *die*
Über|brin|ger *der*
über|brü|cken
  Überbrückung *die*
  Überbrückungskredit *der*

überd

über|da|chen
  Überdachung *die*
über|dau|ern
über|de|cken
über|den|ken
  überdenkt, überdachte, hat überdacht
über|deut|lich
über|dies (ferner)
über|di|men|si|o|nal (überaus groß)
Über|do|sis *die*
Über|druss *der*
  überdrüssig
Über|dün|gung *die*
über|durch|schnitt|lich
Über|ei|fer *der*
  übereifrig
über|eig|nen
  ein Gebäude übereignen
  Übereignung *die*
über|ei|len
  übereilt
über|ei|nan|der
  auch: über|ein|an|der
  (2 Betonungen:)
  übereinander lachen
  (1 Betonung:)
  übereinanderlegen
  übereinanderliegen
  liegt übereinander, lag übereinander, hat übereinandergelegen
  übereinanderschichten
über|ein|kom|men
  kommt überein, kam überein, ist übereingekommen
  Übereinkommen *das*
Über|ein|kunft *die*

über|ein|stim|men
Übereinstimmung *die*
über|emp|find|lich
Überempfindlichkeit *die*
über|es|sen
sich überessen

überf

über|fah|ren
überfährt, überfuhr,
hat überfahren
Überfahrt *die*
Über|fall *der*
die Überfälle
überfallen
überfällt, überfiel,
hat überfallen
überfällig
über|flie|gen
überfliegt, überflog,
hat überflogen
Überflieger *der*
über|flie|ßen
fließt über, floss über,
ist übergeflossen
über|flü|geln
Über|fluss *der*
überflüssig
überflüssigerweise
über|flu|ten
über|for|dern
überfordert
Überforderung *die*
über|frach|ten
über|fragt
über|frie|ren
überfriert, überfror,
ist überfroren
über|füh|ren
Überführung *die*
über|fül|len
Überfüllung *die*

überg

Über|ga|be *die*
übergeben
übergibt, übergab,
hat übergeben
sich übergeben
Über|gang *der*
die Übergänge
über|ge|hen
übergeht, überging,
hat übergangen
über|ge|ord|net
Über|ge|päck *das*
Über|ge|wicht *das*
über|gie|ßen
übergießt, übergoss,
hat übergossen
über|glück|lich
über|grei|fen
greift über, griff über,
hat übergegriffen
Übergriff *der*
Über|grö|ße *die*
über|hand|neh|men
nimmt überhand,
nahm überhand,
hat überhandgenommen
Über|hang *der*
überhängen (z. B. Felsen)
hängt über, hing über,
hat übergehangen
sich etw. überhängen
(z. B. Jacke)
hängt sich über, hängte
sich über, hat sich übergehängt
Überhangmandat *das*
über|häu|fen
über|haupt
überhaupt nicht
über|heb|lich
Überheblichkeit *die*

über|ho|len
Überholen *das*
Überholspur *die*
überholt
überholungsbedürftig
Überholverbot *das*
über|hö|ren
über|ir|disch
Über|ka|pa|zi|tät *die*
über|kle|ben
über|ko|chen
über|kreu|zen

überl

über|la|den
überlädt, überlud,
hat überladen
über|la|gern
Über|land|lei|tung *die*
über|lang
Überlänge *die*
über|lap|pen
über|las|sen
überlässt, überließ,
hat überlassen
Überlassung *die*
Über|las|tung *die*
über|lau|fen
läuft über, lief über,
ist übergelaufen
Überläufer/in
über|le|ben
Überlebende *der/die*
Überlebenstraining *das*
über|le|gen
sich etwas überlegen
Überlegenheit *die*
Überlegung *die*
über|lei|ten
leitet über, leitete über,
hat übergeleitet
Überleitung *die*

über|le|sen
überliest, überlas,
hat überlesen
über|lie|fern
Überlieferung die
über|lis|ten
Über|macht *die*
übermächtig
über|ma|len
über|man|nen
Über|maß *das*
übermäßig
über|mensch|lich
über|mit|teln
Übermittlung die
über|mor|gen
übermorgen früh / Früh
übermorgen Abend
über|mü|det
Übermüdung die
Über|mut *der*
übermütig
über|nächs|te
am übernächsten
Sonntag
der Übernächste
über|nach|ten
übernächtigt
Übernachtung die
Über|nah|me *die*
übernehmen
übernimmt, übernahm,
hat übernommen
über|na|tür|lich
über|ord|nen
ist übergeordnet
über|par|tei|lich
über|pro|por|ti|o|nal
(mehr als angebracht)
über|prü|fen
Überprüfung die
über|que|ren
über|ra|gen
überragend

über|ra|schen
überraschend
Überraschung die
böse Überraschungen
erleben
über|re|a|gie|ren
Überreaktion die
über|re|den
sich überreden lassen
Überredungskunst die
über|re|gi|o|nal
über|reich
über|rei|chen
Überreichung die
über|ren|nen
überrennt, überrannte,
hat überrannt
Über|rest *der*
Über|roll|bü|gel *der*
über|rum|peln
über|run|den

übers

übers (über das)
über|sät
Über|schall *der*
über|schat|ten
über|schät|zen
sich überschätzen
über|schau|bar
Überschaubarkeit die
überschauen
über|schla|fen
überschläft, überschlief,
hat überschlafen
Über|schlag *der*
die Überschläge
überschlagen
überschlägt, überschlug,
hat überschlagen
sich überschlagen
überschlägig (etwa)
über|schnap|pen

über|schnei|den
überschneidet,
überschnitt,
hat überschnitten
sich überschneiden
Überschneidung die
über|schrei|ben
überschreibt,
überschrieb,
hat überschrieben
über|schrei|en
überschreit, überschrie,
hat überschrien
über|schrei|ten
überschreitet,
überschritt,
hat überschritten
Überschreitung die
Über|schrift *die*
Über|schuss *der*
die Überschüsse
überschüssig
Überschussproduktion
die
über|schüt|ten
Über|schwang *der*
überschwänglich
über|schwem|men
(über|schweng|lich
→ überschwänglich)

überse

Über|see *die*
Waren aus Übersee
Überseehafen der
überseeisch
über|se|hen
übersieht, übersah,
hat übersehen
Übersicht die
über|sen|den
übersendet, übersandte,
hat übersandt

über|set|zen
(über den Fluss:)
setzt über, setzte über,
hat übergesetzt
(ins Französische:)
übersetzt, übersetzte,
hat übersetzt
Übersetzer/in
Übersetzung *die*
Übersetzungsfehler *der*
Über|sicht *die*
übersichtlich
Übersichtlichkeit *die*
über|sie|deln
Übersiedler/in
Übersiedlung *die*
über|sinn|lich
über|spannt
Überspanntheit *die*
über|spie|len
Überspielung *die*
über|spitzt
über|sprin|gen
überspringt,
übersprang,
hat übersprungen
über|ste|hen
übersteht, überstand,
hat überstanden
über|stei|gen
übersteigt, überstieg,
hat überstiegen
Über|stel|lung *die*
über|stim|men
über|stra|pa|zie|ren
Über|stun|de *die*
über|stür|zen
überstürzt
Überstürzung *die*

übert

über|ta|rif|lich
über|teu|ert

über|töl|peln
über|tö|nen
Über|topf *der*
   die Übertöpfe
Über|trag *der*
   übertragbar
   Übertragbarkeit *die*
   übertragen
   überträgt, übertrug,
   hat übertragen
   Daten übertragen
   Übertragung *die*
über|tref|fen
   übertrifft, übertraf,
   hat übertroffen
über|trei|ben
   übertreibt, übertrieb,
   hat übertrieben
   Übertreibung *die*
   übertrieben
über|tre|ten
   (beim Springen:)
   tritt über, trat über,
   ist übergetreten
   zu einem Glauben
   übertreten
   (ein Gesetz übertreten:)
   übertritt, übertrat,
   hat übertreten
   Übertritt *der*
über|trump|fen
   (übertreffen)
über|wa|chen
   jemanden überwachen
   Überwachung *die*
   Überwachungssystem
   das
über|wäl|ti|gen
   überwältigend
   Überwältigung *die*
über|wech|seln
   wechselt über,
   wechselte über,
   ist übergewechselt

über|wei|sen
   überweist, überwies,
   hat überwiesen
   Überweisung *die*
über|wie|gen
   überwiegt, überwog,
   hat überwogen
   überwiegend
über|win|den
   überwindet, überwand,
   hat überwunden
   sich überwinden
   Überwindung *die*
über|win|tern
über|wu|chern

überz

Über|zahl *die*
   in der Überzahl sein
   überzählig
über|zeu|gen
   überzeugend
   Überzeugung *die*
   Überzeugungskraft *die*
über|zie|hen (Konto ...)
   überzieht, überzog,
   hat überzogen
   (Mantel ...)
   zieht über, zog über,
   hat übergezogen
   Überziehungskredit *der*
Über|zug *der*
   die Überzüge
üb|lich
   ü...
   wie üblich
   die übliche Arbeit
   Ü...
   immer das Übliche
   im Rahmen des
   Üblichen
   üblicherweise
U-Boot *das*

üb|rig
ü ...
Geld übrig haben
die übrige Zeit
übrig behalten
es ist viel Kuchen übrig geblieben
mir ist nichts anderes übrig geblieben /
übriggeblieben
noch einen Rest übrig lassen
Ü ...
alles Übrige
das Übrige
die Übrigen
im Übrigen
ein Übriges tun
übrigens
übrighaben
etwas für jemanden übrighaben
Übung *die*
Übungssache *die*
UEFA *die* (Union Européenne de Football Association)
UEFA-Pokal *der*
Ufer *das*
Uferböschung *die*
uferlos
Uferpromenade *die*
UFO / Ufo *das* (unidentified flying object)
u-för|mig / U-för|mig

uh

U-Haft *die* (Untersuchungshaft)
Uhr *die*
acht Uhr
acht Uhr dreißig (8.30 Uhr)
ein Uhr
zwei Uhr nachts
Uhrenindustrie *die*
Uhrmacher *der*
Uhrwerk *das*
Uhrzeiger *der*
im Uhrzeigersinn
Uhrzeit *die*
Uhu *der*
Uk|rai|ne *die*
auch: Uk|ra|i|ne
Ukrainer/in
ukrainisch
UKW (Ultrakurzwelle)
auf UKW
UKW-Sender *der*
Ulk *der*
ulkig
Ul|me *die*
Ulmenblatt *das*
ul|ti|ma|tiv
Ultimatum *das* (letzte Aufforderung)
Ultima Ratio *die*
Ultimo *der*
Ul|tra|kurz|wel|le *die*
auch: Ult|ra|kurz|wel|le (UKW)
Ul|tra|schall *der*
auch: Ult|ra|schall
ul|tra|vi|o|lett
auch: ult|ra|vi|o|lett

um

um
um ... willen
um 10 Uhr
um zu
umso mehr
umso weniger
um|än|dern
ändert um, änderte um, hat umgeändert
um|ar|bei|ten
Umarbeitung *die*
um|ar|men
umarmt, umarmte, hat umarmt
Umarmung *die*
Um|bau *der*
die Umbauten
umbauen
um|be|nen|nen
benennt um, benannte um, hat umbenannt
Umbenennung *die*
um|bie|gen
biegt um, bog um, ist / hat umgebogen
um|bil|den
Umbildung *die*
um|bin|den
bindet um, band um, hat umgebunden
um|blät|tern
um|bli|cken
sich umblicken
Um|bra *die*
auch: Umb|ra
(ein brauner Farbstoff)
um|brin|gen
bringt um, brachte um, hat umgebracht
sich umbringen
Um|bruch *der*
die Umbrüche
um|bu|chen
um|den|ken
denkt um, dachte um, hat umgedacht
um|dis|po|nie|ren
(den Plan ändern)
um|dre|hen
sich umdrehen
Umdrehung *die*
Umdrehungszahl *die*

um|ei|nan|der
  auch: um|ein|an|der
  sich umeinander sorgen
  umeinanderlaufen
  läuft umeinander,
  lief umeinander,
  ist umeinandergelaufen
um|fah|ren
  (Umweg machen:)
  umfährt, umfuhr,
  hat umfahren
  (überfahren:)
  fährt um, fuhr um,
  hat umgefahren
um|fal|len
  fällt um, fiel um,
  ist umgefallen
Um|fang *der*
  die Umfänge
  umfänglich
  umfangreich
um|fas|sen
  umfassend informiert
Um|feld *das*
um|for|men
  Umformung *die*
um|for|mu|lie|ren
  Umformulierung *die*
Um|fra|ge *die*
um|fül|len
um|funk|ti|o|nie|ren

umg

Um|gang *der*
  umgänglich
  Umgangsformen
  Umgangssprache *die*
  umgangssprachlich
um|gar|nen
um|ge|ben
  umgibt, umgab,
  hat umgeben
  Umgebung *die*

um|ge|hen
  (Umweg gehen:)
  umgeht, umging,
  hat umgangen
  (sonst:)
  geht um, ging um,
  ist umgegangen
  umgehend (sofort)
  Umgehung *die*
  Umgehungsstraße *die*
um|ge|kehrt
  im umgekehrten Fall
um|ge|rech|net
um|ge|stal|ten
  Umgestaltung *die*
um|gra|ben
  gräbt um, grub um,
  hat umgegraben
um|grup|pie|ren

umh

Um|hang *der*
  die Umhänge
  umhängen
  hängt um, hing um,
  hat umgehängt
  Umhängetasche *die*
um|hau|en
um|her
  umhergehen
  geht umher, ging umher,
  ist umhergegangen
  umherirren
  umherlaufen
  läuft umher, lief umher,
  ist umhergelaufen
  umherliegen
  liegt umher, lag umher,
  hat/ist umhergelegen
um|hin|kom|men
  nicht umhinkommen
um|hin|kön|nen
  nicht umhinkönnen

um|hö|ren
  sich umhören
U/min (Umdrehungen
  pro Minute)
um|kämp|fen
Um|kehr *die*
  umkehrbar
  umkehren
um|kip|pen
um|klam|mern
um|klap|pen
um|klei|den
  sich umkleiden
  Umkleideraum *der*
um|kni|cken
um|kom|men
  (sterben)
  kommt um, kam um,
  ist umgekommen
Um|kreis *der*
um|krem|peln
um|la|den
  lädt um, lud um,
  hat umgeladen
Um|la|ge *die*
  (Beitrag, Steuer)
um|la|gern
  einen Star umlagern
Um|land *das*
Um|lauf *der*
  in Umlauf bringen
  in Umlauf sein
  Umlaufbahn *die*
  umlaufend
Um|laut *der*
um|le|gen
um|lei|ten
  Umleitung *die*
um|ler|nen
um|lie|gend
um|mo|deln (ändern)
um|nach|tet (verwirrt)
  Umnachtung *die*
um|or|ga|ni|sie|ren

um|pflan|zen
um|pflü|gen
um|po|len
um|quar|tie|ren
um|rah|men
um|ran|den
  Umrandung *die*
um|räu|men
um|rech|nen
  Umrechnung *die*
  Umrechnungskurs *der*
  Umrechnungszahl *die*
um|rei|ßen
  (umwerfen, einreißen:)
  reißt um, riss um,
  hat umgerissen
  jemanden umreißen
  (andeuten:)
  umreißt, umriss,
  hat umrissen
  eine Situation umreißen
  Umriss *der*
um|rin|gen
um|rüh|ren
um|rüs|ten

ums

ums (um das)
um|sat|teln
Um|satz *der*
  die Umsätze
  Umsatzrückgang *der*
  Umsatzsteigerung *die*
  Umsatzsteuer *die*
um|schal|ten
Um|schau *die*
  umschauen
um|schich|ten
Um|schlag *der*
  die Umschläge
  umschlagen
  schlägt um, schlug um,
  hat/ist umgeschlagen

um|schrei|ben
  (mit anderen Worten:)
  umschreibt, umschrieb,
  hat umschrieben
  (neu schreiben:)
  schreibt um,
  schrieb um,
  hat umgeschrieben
  Umschreibung *die*
Um|schul|dung *die*
um|schu|len
  Umschulung *die*
um|schwär|men
Um|schwei|fe
  ohne Umschweife
Um|schwung *der*
  die Umschwünge
um|se|geln
um|se|hen
  sieht um, sah um,
  hat umgesehen
  sich umsehen nach
um|sei|tig
um|set|zen
  Umsetzung *die*
um|sich|tig
um|sie|deln
um|so
  umso größer
  umso mehr
  umso weniger
um|sonst
um|sor|gen
Um|stand *der*
  die Umstände
  keine Umstände machen
  in anderen Umständen
  sein
  unter Umständen
  umständehalber
  umständlich
  umstandshalber
  Umstandskleidung *die*
  Umstandswort *das*

um|ste|hen
  umsteht, umstand,
  hat umstanden
  umstehend
  die Umstehenden
  im Umstehenden
um|stei|gen
  steigt um, stieg um,
  ist umgestiegen
um|stel|len
  (ändern:)
  stellt um, stellte um,
  hat umgestellt
  die Uhr auf Sommerzeit
  umstellen
  sich umstellen
  (umgeben:)
  umstellt, umstellte,
  hat umstellt
  das Haus umstellen
  Umstellprobe *die*
  Umstellung *die*
  Umstellungsprozess *der*
um|stim|men
um|sto|ßen
  stößt um, stieß um,
  hat umgestoßen
um|strit|ten
  ein umstrittener
  Künstler
um|struk|tu|rie|ren
  Umstrukturierung *die*
Um|sturz *der*
  die Umstürze
  umstürzen
  Umsturzversuch *der*
Um|tausch *der*
  umtauschen
Um|trunk *der*
  (gemeinsames Trinken)
um|tun
  sich umtun
  tut sich um, tat sich um,
  hat sich umgetan

um|ver|tei|len
Umverteilung *die*

umw

um|wäl|zen
um|wan|deln
Umwandlung *die*
um|wech|seln
Um|weg *der*
Um|welt *die*
umweltbedingt
Umweltbelastung *die*
Umweltbewusstsein *das*
Umweltfaktor *der*
umweltfeindlich
umweltfreundlich
umweltschädlich
Umweltschutz *der*
Umweltschützer/in
Umweltsünder *der*
Umweltverschmutzung *die*
umweltverträglich
um|wen|den
wendet um,
wandte / wendete um,
hat umgewandt /
umgewendet
sich umwenden
um|wer|fen
wirft um, warf um,
hat umgeworfen
umwerfend
Um|zäu|nung *die*
um|zie|hen
zieht um, zog um,
hat / ist umgezogen
sich umziehen
Umzug *der*
umzugshalber
Umzugskosten
um|zin|geln
um zu

un

UN (United Nations)
un|ab|än|der|lich
un|ab|ding|bar
(notwendig)
un|ab|hän|gig
Unabhängigkeit *die*
un|ab|kömm|lich
(unentbehrlich)
un|ab|läs|sig
(immerzu)
un|ab|seh|bar
un|ab|sicht|lich
un|ab|wend|bar
un|acht|sam
(gedankenlos)
Unachtsamkeit *die*
un|an|fecht|bar
un|an|ge|bracht
un|an|ge|mel|det
un|an|ge|mes|sen
un|an|ge|nehm
un|an|greif|bar
un|an|nehm|bar
Un|an|nehm|lich|kei-
ten
un|an|sehn|lich
un|an|stän|dig
Unanständigkeit *die*
un|an|tast|bar
Unantastbarkeit *die*
un|ap|pe|tit|lich
Un|art *die*
unartig
un|auf|dring|lich
Unaufdringlichkeit *die*
un|auf|fäl|lig
Unauffälligkeit *die*
un|auf|find|bar
un|auf|ge|for|dert
un|auf|halt|bar
unaufhaltsam
un|auf|hör|lich

un|auf|merk|sam
Unaufmerksamkeit *die*
un|auf|rich|tig
Unaufrichtigkeit *die*
un|aus|bleib|lich
un|aus|führ|bar
un|aus|ge|bil|det
un|aus|ge|gli|chen
Unausgeglichenheit *die*
un|aus|ge|go|ren
un|aus|ge|spro|chen
un|aus|rott|bar
un|aus|sprech|lich
un|aus|steh|lich
un|aus|weich|lich

unb

un|bän|dig
un|barm|her|zig
un|be|ab|sich|tigt
un|be|ach|tet
un|be|an|stan|det
un|be|dacht
un|be|darft (naiv)
un|be|denk|lich
Unbedenklichkeit *die*
un|be|deu|tend
un|be|dingt
unbedingt notwendig
un|be|ein|druckt
un|be|ein|fluss|bar
unbeeinflusst
un|be|fahr|bar
un|be|fan|gen
Unbefangenheit *die*
un|be|fleckt
un|be|frie|di|gend
unbefriedigt
un|be|fris|tet
un|be|fugt
(ohne Erlaubnis)
für Unbefugte verboten
un|be|gabt

un|be|greif|lich
unbegreiflicherweise
un|be|grenzt
un|be|grün|det
Un|be|ha|gen *das*
unbehaglich
un|be|hel|ligt
(ohne Schwierigkeiten)
un|be|herrscht
un|be|hin|dert
un|be|hol|fen
un|be|irr|bar
Unbeirrbarkeit *die*
unbeirrt
un|be|kannt
u…
Anzeige gegen unbekannt
der Name ist mir unbekannt
nach unbekannt verzogen
U…
der große Unbekannte
eine Gleichung mit vielen Unbekannten
un|be|küm|mert
(sorglos)
un|be|las|tet
un|be|lehr|bar
Unbelehrbarkeit *die*
un|be|leuch|tet
un|be|liebt
Unbeliebtheit *die*
un|be|merkt
un|be|nom|men
unbenommen bleiben
un|be|nutzt
un|be|o|bach|tet
auch: un|be|ob|ach|tet
un|be|quem
Unbequemlichkeit *die*
un|be|re|chen|bar
Unberechenbarkeit *die*

un|be|rech|tigt
unberechtigterweise
un|be|rück|sich|tigt
un|be|ru|fen
un|be|rührt

unbes

un|be|scha|det
unbeschädigt
un|be|schei|den
Unbescheidenheit *die*
un|be|schol|ten
ein unbescholtener Bürger
Unbescholtenheit *die*
un|be|schrankt
der unbeschrankte Bahnübergang
un|be|schränkt
un|be|schreib|lich
un|be|schwert
Unbeschwertheit *die*
un|be|se|hen
un|be|setzt
un|be|sieg|bar
unbesiegt
un|be|son|nen
Unbesonnenheit *die*
un|be|sorgt
un|be|stän|dig
Unbeständigkeit *die*
un|be|stä|tigt
unbestätigte Gerüchte
un|be|stech|lich
Unbestechlichkeit *die*
un|be|stimmt
unbestimmter Artikel
unbestimmtes Fürwort
unbestimmtes Zahlwort
Unbestimmtheit *die*
un|be|streit|bar
un|be|strit|ten
(anerkannt)

un|be|tei|ligt
un|be|tont
un|be|träcḥt|lich
nicht unbeträchtlich
un|beug|sam
un|be|wacht
un|be|waff|net
un|be|wäl|tigt
un|be|weg|lich
un|be|wie|sen
eine unbewiesene Behauptung
un|be|wohn|bar
unbewohnt
un|be|wusst
Unbewusste *das*
un|be|zahl|bar
unbezahlt
un|be|zwei|fel|bar
un|be|zwing|lich
Un|bil|den
(Unannehmlichkeiten)
die Unbilden der Witterung
Un|bil|lig|keit *die*
un|brauch|bar
Unbrauchbarkeit *die*
un|bü|ro|kra|tisch
unbürokratische Hilfe
un|christ|lich
un|cool

und

und
und Ähnliches (u. Ä.)
und anderes (u. a.)
und dergleichen (u. dgl.)
und so fort (usf.)
und so weiter (usw.)
und zwar (u. zw.)
Un|dank *der*
undankbar
Undankbarkeit *die*

un|de|fi|nier|bar
un|de|mo|kra|tisch
un|denk|bar
Un|der|state|ment *das* (Untertreibung)
un|deut|lich
   Undeutlichkeit *die*
un|dicht
un|dif|fe|ren|ziert
Un|ding *das*
   das ist ein Unding
un|di|plo|ma|tisch
   auch: un|dip|lo|ma|tisch
un|dis|zi|pli|niert
   auch: un|dis|zip|li|niert
un|dog|ma|tisch
un|duld|sam
   Unduldsamkeit *die*
un|durch|dring|lich
un|durch|führ|bar
   Undurchführbarkeit *die*
un|durch|läs|sig
un|durch|schau|bar
   Undurchschaubarkeit *die*
un|durch|sich|tig

une

un|eben
   Unebenheit *die*
un|echt
un|ehe|lich
un|ehr|lich
un|ei|gen|nüt|zig (selbstlos)
   Uneigennützigkeit *die*
un|ein|ge|schränkt
   uneingeschränktes Vertrauen haben
un|ein|heit|lich
un|ei|nig
   Uneinigkeit *die*
un|ein|nehm|bar

un|eins (uneinig)
un|ein|sich|tig
   Uneinsichtigkeit *die*
un|emp|find|lich
   Unempfindlichkeit *die*
un|end|lich (∞)
   u…
   der unendliche Raum
   die unendliche Weite
   U…
   das Unendliche
   bis ins Unendliche
   Unendlichkeit *die*
un|ent|behr|lich (notwendig)
   Unentbehrlichkeit *die*
un|ent|gelt|lich (kostenlos)
un|ent|rinn|bar
un|ent|schie|den
   Unentschiedenheit *die*
un|ent|schlos|sen
   Unentschlossenheit *die*
un|ent|schul|digt
un|ent|wegt (ständig)
un|er|bitt|lich (ohne Nachsicht)
un|er|fah|ren
   Unerfahrenheit *die*
un|er|find|lich (unerklärlich)
un|er|freu|lich
un|er|füll|bar
un|er|gie|big
   Unergiebigkeit *die*
un|er|gründ|lich
un|er|heb|lich
un|er|hört
un|er|kannt
un|er|klär|lich
un|er|läss|lich
un|er|laubt
   etwas Unerlaubtes tun
un|er|le|digt

un|er|mess|lich (unendlich)
   ins Unermessliche
un|er|müd|lich (beharrlich)
   unermüdlich arbeiten
un|er|reich|bar
   Unerreichbarkeit *die*
un|er|sätt|lich
un|er|schlos|sen
un|er|schöpf|lich
un|er|schro|cken
   Unerschrockenheit *die*
un|er|schüt|ter|lich
un|er|schwing|lich
   unerschwingliche Preise
un|er|setz|lich
un|er|träg|lich
un|er|war|tet
   unerwartete Schwierigkeiten
un|er|widert
un|er|wünscht
un|er|zo|gen
UNESCO *die* (United Nations Educational, Scientific and Cultural Organization)

unf

un|fä|hig
   Unfähigkeit *die*
un|fair
   unfaires Verhalten
Un|fall *der*
   die Unfälle
   Unfallarzt *der*
   Unfallbeteiligte *der/die*
   Unfallflucht *die*
   unfallfrei
   Unfallgefahr *die*
   unfallgeschädigt
   Unfallopfer *das*

Unfallstelle *die*
Unfallursache *die*
Unfallzeuge *der*
un|fass|bar
unfasslich
un|fehl|bar
Unfehlbarkeit *die*
un|fein
un|fer|tig
un|flä|tig (widerlich)
un|för|mig
un|fran|kiert
(ohne Briefmarke)
un|frei
un|frei|wil|lig
un|freund|lich
Unfreundlichkeit *die*
Un|frie|den *der*
in Unfrieden leben
un|frucht|bar
Unfruchtbarkeit *die*
Un|fug *der*
Unfug treiben

ung

Un|garn
Ungar/in
ungarisch
un|ge|ach|tet
dessen ungeachtet
un|ge|ahnt
un|ge|be|ten
ungebetene Gäste
un|ge|bil|det
un|ge|bo|ren
un|ge|bräuch|lich
ungebraucht
un|ge|bro|chen
un|ge|bühr|lich
(ohne Respekt)
un|ge|bun|den
Un|ge|duld *die*
ungeduldig

un|ge|eig|net
un|ge|fähr
ungefähre Preise
es kommt nicht von
ungefähr
un|ge|fähr|lich
Ungefährlichkeit *die*
un|ge|fäl|lig
un|ge|fes|tigt
un|ge|fragt
un|ge|hal|ten
(ärgerlich)
ungehalten reagieren
un|ge|heizt
un|ge|hemmt
un|ge|heu|er
u ...
ungeheuer wichtig
die ungeheure
Verschwendung
U ...
das Ungeheure
ins Ungeheure steigern
Ungeheuer *das*
ungeheuerlich
Ungeheuerlichkeit *die*
un|ge|hin|dert
un|ge|hö|rig
ein ungehöriges
Benehmen
Ungehörigkeit *die*
un|ge|hor|sam
Ungehorsam *der*
un|ge|klärt
un|ge|kürzt
un|ge|le|gen
Ungelegenheiten
un|ge|lernt
Ungelernte *der / die*
un|ge|liebt
un|ge|löst
un|ge|mein (sehr)
ungemein genau
un|ge|müt|lich

un|ge|nau
Ungenauigkeit *die*
un|ge|niert
un|ge|nieß|bar
Ungenießbarkeit *die*
un|ge|nü|gend
un|ge|ord|net
un|ge|pflegt
Ungepflegtheit *die*
un|ge|prüft
un|ge|ra|de
un|ge|recht
Ungerechtigkeit *die*
un|ge|recht|fer|tigt
un|ge|reimt
(verworren)
Ungereimtheiten
un|gern
un|ge|rührt

unges

un|ge|sagt
un|ge|sal|zen
un|ge|schält
un|ge|sche|hen
etwas ungeschehen
machen wollen
un|ge|schickt
Ungeschicktheit *die*
un|ge|schla|gen
un|ge|schlecht|lich
un|ge|schmä|lert
un|ge|schminkt
die ungeschminkte
Wahrheit
un|ge|scho|ren
ungeschoren davon-
kommen
un|ge|schrie|ben
ein ungeschriebenes
Gesetz
un|ge|schützt
un|ge|setz|lich

un|ge|stem|pelt
un|ge|stillt
un|ge|stört
un|ge|straft
un|ge|stüm (wild)
Ungestüm *das*
un|ge|sühnt
un|ge|sund
un|ge|teilt
un|ge|trübt
ungetrübte Stimmung
Un|ge|tüm *das*
(Ungeheuer)
un|ge|übt
un|ge|wandt
(ungeschickt)
un|ge|wa|schen
un|ge|wiss
u…
der Erfolg ist ungewiss
U…
im Ungewissen lassen
eine Fahrt ins
Ungewisse
Ungewissheit *die*
un|ge|wöhn|lich
un|ge|wohnt
un|ge|wollt
un|ge|zählt
Ungezählte kamen
Un|ge|zie|fer *das*
Ungezieferbekämpfung *die*
un|ge|zo|gen
Ungezogenheit *die*
un|ge|zu|ckert
un|ge|zü|gelt
un|ge|zwun|gen
Ungezwungenheit *die*
un|gif|tig
un|gläu|big
Ungläubige *der/die*
un|glaub|lich
unglaubwürdig

un|gleich
ungleichartig
Ungleichheit *die*
ungleichmäßig
Ungleichung *die*
Un|glück *das*
unglücklich
Unglückliche *der/die*
unglücklicherweise
Unglücksfall *der*
Un|gna|de *die*
in Ungnade fallen
ungnädig
un|gül|tig
un|güns|tig
zu Ungunsten/
zuungunsten
un|gut
ein ungutes Gefühl

unh

un|halt|bar
Unhaltbarkeit *die*
un|hand|lich
un|har|mo|nisch
Un|heil *das*
Unheil bringend/
unheilbringend
Unheil verkündend/
unheilverkündend
unheilbar
Unheilbarkeit *die*
unheildrohend
unheilvoll
un|heim|lich
Unheimlichkeit *die*
un|höf|lich
Unhöflichkeit *die*
Un|hold *der*
(ein böser Mensch)
un|hör|bar
un|hy|gi|e|nisch
(unsauber)

uni (einfarbig)
ein uni Rock
Uni *die* (Universität)
UNICEF *die* (United Nations International Children's Emergency Fund)
unie|ren (vereinigen)
uni|far|ben
uni|form (einheitlich)
Uniform *die*
die Polizeiuniform
uniformieren
Uni|kat *das*
(einzige Ausfertigung)
Uni|kum *das*
(Sonderling)
un|in|te|res|sant
auch: un|in|ter|es|sant
uninteressiert
Uninteressiertheit *die*
Uni|on *die*
uni|so|no
(mit einer Stimme)
uni|ver|sal
Universalität *die*
universell
Uni|ver|sum *das*
Uni|ver|si|tät *die*
Universitäts-
bibliothek *die* (UB)
Universitätsinstitut *das*
Universitätsklinik *die*
Universitäts-
professor/in

unk

un|ka|me|rad-
schaft|lich
Un|ke *die* (eine Kröte)
unken
Unkenruf *der*
un|kennt|lich
Unkenntlichkeit *die*

Un|kennt|nis *die*
un|kind|lich
un|klar
  im Unklaren
  Unklarheit *die*
un|klug
un|kol|le|gi|al
  unkollegiales Verhalten
un|kom|pli|ziert
  auch: un|komp|li|ziert
un|kon|trol|lier|bar
un|kon|ven|ti|o|nell
  (ungewöhnlich)
un|kon|zen|triert
  auch: un|kon|zent|riert
un|kor|rekt
Un|kos|ten
  Unkostenbeitrag *der*
Un|kraut *das*
  Unkrautvernichtung *die*
un|kri|tisch
un|kul|ti|viert
un|künd|bar
un|kun|dig
un|längst (kürzlich)
un|lau|ter (unehrlich)
  unlauterer Wettbewerb
un|leid|lich
un|le|ser|lich
  Unleserlichkeit *die*
un|lieb|sam
un|lo|gisch
un|lös|bar
Un|lust *die*
  Unlustgefühl *das*
un|maß|geb|lich
un|mä|ßig
Un|men|ge *die*
un|mensch|lich
  Unmenschlichkeit *die*
un|merk|lich
  unmerkliche Veränderungen

un|miss|ver|ständ|lich
un|mit|tel|bar
  Unmittelbarkeit *die*
un|mo|dern
un|mög|lich
  u …
  das ist unmöglich
  U …
  Unmögliches verlangen
  etwas Unmögliches
  Unmöglichkeit *die*
un|mo|ra|lisch
un|mo|ti|viert
un|mün|dig
un|mu|si|ka|lisch
Un|mut *der*
  seinem Unmut Luft machen
  unmutsvoll
un|nach|ahm|lich
un|nach|gie|big
  Unnachgiebigkeit *die*
un|nach|sich|tig
un|nah|bar
un|na|tür|lich
  Unnatürlichkeit *die*
un|nö|tig
  unnötigerweise
un|nütz
  unnützerweise
UNO/Uno *die* (United Nations Organization)
  UNO-Sicherheitsrat *der*
un|öko|no|misch
un|or|dent|lich
  Unordnung *die*

unp

un|par|tei|isch
  der/die Unparteiische
  unparteilich
  Unparteilichkeit *die*

un|pas|send
un|pas|sier|bar
un|päss|lich
  (leicht krank)
un|per|sön|lich
un|po|pu|lär
un|prak|tisch
un|prä|zi|se
un|pro|ble|ma|tisch
  auch: un|prob|le|ma|tisch
un|pro|duk|tiv
un|pünkt|lich
  Unpünktlichkeit *die*
un|qua|li|fi|ziert
  eine unqualifizierte Bemerkung

unr

Un|rast *die*
Un|rat *der* (Müll)
un|re|a|lis|tisch
un|recht
  u …
  der unrechte Platz
  das war unrecht von dir
  du hast unrecht daran getan
  u …/U …
  unrecht/Unrecht bekommen
  unrecht/Unrecht haben
  jemandem unrecht/Unrecht tun
  U …
  das Unrecht
  ein Unrecht tun
  im Unrecht sein
  unrechtmäßig
un|re|gel|mä|ßig
  Unregelmäßigkeit *die*

un|ren|ta|bel
unrentabler Betrieb
un|rich|tig
Un|ru|he *die*
unruhig
uns
uns alle
wir kennen uns
un|sach|ge|mäß
un|sach|lich
un|sag|bar
unsäglich
un|sanft
un|sau|ber
Unsauberkeit *die*
un|schäd|lich
Unschädlichkeit *die*
un|scharf
Unschärfe *die*
un|schätz|bar
un|schein|bar
un|schlag|bar
un|schlüs|sig
Unschlüssigkeit *die*
un|schön
Un|schuld *die*
unschuldig
Unschuldige *der/die*
Unschuldsmiene *die*
un|schwer (mühelos)
**un|selbst|stän|dig/
un|selb|stän|dig**
Unselbstständigkeit/
Unselbständigkeit *die*
un|se|lig
un|ser
u …
unser Vater
das ist unser Haus
U …
das Unsere/unsere
die Unsern/unsern
unsereiner/unsereins
unsererseits

un|se|ri|ös
(nicht ernst zu nehmen)
un|si|cher
Unsicherheit *die*
Unsicherheitsfaktor *der*
un|sicht|bar
etwas Unsichtbares
Un|sinn *der*
unsinnig
unsinnigerweise
Unsinnigkeit *die*
Un|sit|te *die*
un|so|lid/un|so|li|de
Unsolidität *die*
un|so|zi|al
un|spek|ta|ku|lär
un|sport|lich
Unsportlichkeit *die*
uns|re/un|se|re
un|sta|bil
Unstabilität *die*
un|statt|haft
un|sterb|lich
Unsterblichkeit *die*
un|stet (ruhelos)
un|still|bar
un|stim|mig
Unstimmigkeiten *die*
un|strei|tig
un|strit|tig
Un|sum|me *die*
(sehr große Summe)
un|sym|met|risch
auch: un|sym|me|trisch
un|sym|pa|thisch
sie ist mir unsympathisch
un|sys|te|ma|tisch

unt

**un|ta|de|lig/
un|tad|lig**
Un|tat *die* (Verbrechen)

un|tä|tig
Untätigkeit *die*
un|taug|lich
Untauglichkeit *die*
un|teil|bar
Unteilbarkeit *die*
un|ten
nach unten
von unten
weiter unten
unten liegen
*unten liegend/
untenliegend*
unten sein
unten stehen
*das unten Stehende/
Untenstehende*
untendurch

unter

un|ter
unter anderem (u. a.)
*unter Berücksichtigung
von*
unter der Hand
unter Umständen (u. U.)
Un|ter|ab|tei|lung *die*
Un|ter|arm *der*
Un|ter|bau *der*
Un|ter|be|klei|dung
die
un|ter|be|lich|ten
eine Aufnahme unterbelichten
Unterbelichtung *die*
Un|ter|bett *das*
un|ter|be|wusst
Unterbewusstsein *das*
Un|ter|be|zah|lung
die
un|ter|bie|ten
*unterbietet, unterbot,
hat unterboten*

un|ter|bin|den
unterbindet, unterband,
hat unterbunden
Unterbindung *die*
un|ter|blei|ben
unterbleibt, unterblieb,
ist unterblieben
Un|ter|bo|den|schutz
der
un|ter|bre|chen
unterbricht, unterbrach,
hat unterbrochen
Unterbrechung *die*
un|ter|brei|ten
Angebote unterbreiten
un|ter|brin|gen
bringt unter,
brachte unter,
hat untergebracht
Unterbringung *die*
Un|ter|de|ckung *die*
(Defizit)
un|ter|des|sen
(inzwischen)
un|ter|drü|cken
Unterdrücker/in
Unterdrückung *die*
**un|ter|durch-
schnitt|lich**
un|te|re
un|ter|ei|nan|der
auch: un|ter|ein|an|der
untereinanderlegen
untereinanderschreiben
schreibt untereinander,
schrieb untereinander,
hat untereinander-
geschrieben
untereinanderstellen
un|ter|ent|wi|ckelt
un|ter|er|nährt
un|ter|for|dern
Unterforderung *die*
Un|ter|füh|rung *die*

Un|ter|gang *der*
untergehen
geht unter, ging unter,
ist untergegangen
Un|ter|ge|be|ne
der/die
un|ter|ge|ord|net
eine untergeordnete
Rolle spielen
un|ter|glie|dern
un|ter|gra|ben
untergräbt, untergrub,
hat untergraben
Un|ter|gren|ze *die*
Un|ter|grund *der*
die Untergründe
Untergrundbahn *die*
(U-Bahn)
Untergrundkämpfer/in

unterh

un|ter|halb
unterhalb des Fensters
Un|ter|halt *der*
unterhalten
unterhält, unterhielt,
hat unterhalten
sich unterhalten
unterhaltsam
Unterhaltspflicht *die*
unterhaltspflichtig
Unterhaltszahlung *die*
Unterhaltung *die*
Unterhaltungs-
elektronik *die*
Unterhaltungs-
literatur *die*
Un|ter|händ|ler *der*
(Verhandlungs-
beauftragter)
Un|ter|haus *das*
das britische Unterhaus
Un|ter|hemd *das*

Un|ter|hit|ze *die*
un|ter|höh|len
Un|ter|holz *das*
Un|ter|ho|se *die*
un|ter|ir|disch
un|ter|jo|chen
ein Volk unterjochen
Unterjochung *die*
un|ter|kel|lern
Un|ter|kie|fer *der*
un|ter|kom|men
kommt unter, kam unter,
ist untergekommen
Un|ter|kör|per *der*
un|ter|krie|gen
un|ter|küh|len
Unterkühlung *die*
Un|ter|kunft *die*
die Unterkünfte

unterl

Un|ter|la|ge *die*
alle Unterlagen mit-
bringen
Un|ter|lass *der*
ohne Unterlass
unterlassen
unterlässt, unterließ,
hat unterlassen
Unterlassungsklage *die*
Un|ter|lauf *der*
die Unterläufe
unterlaufen
unterläuft, unterlief,
hat/ist unterlaufen
un|ter|le|gen
Unterlegenheit *die*
Un|ter|leib *der*
Unterleibsoperation *die*
un|ter|lie|gen
unterliegt, unterlag,
ist/hat unterlegen
Un|ter|lip|pe *die*

un|term (unter dem)
un|ter|ma|len
Untermalung *die*
un|ter|mau|ern
Un|ter|mie|ter *der*
Untermieterin *die*
un|tern (unter den)
un|ter|neh|men
unternimmt, unternahm,
hat unternommen
Unternehmen *das*
Unternehmens-
berater/in
Unternehmer/in
unternehmerisch
Unternehmung *die*
Unternehmungslust *die*
unternehmungslustig
Un|ter|of|fi|zier *der*
un|ter|ord|nen
sich unterordnen
unterordnend
Unterordnung *die*
un|ter|pri|vi|le|giert
Unterprivilegierte
der / die
Un|ter|re|dung *die*
un|ter|re|prä|sen-
tiert
Un|ter|richt *der*
unterrichten
unterrichtsfrei
Unterrichtsmethode *die*
Unterrichtsstunde *die*
Unterrichtsziel *das*
Unterrichtung *die*
Un|ter|rock *der*
die Unterröcke

unters

un|ters (unter das)
un|ter|sa|gen
(verbieten)

Un|ter|satz *der*
fahrbarer Untersatz
(Auto)
un|ter|schät|zen
un|ter|schei|den
unterscheidet,
unterschied,
hat unterschieden
Unterscheidung *die*
Unterscheidungs-
merkmal *das*
Unterschied *der*
Un|ter|schen|kel *der*
un|ter|schie|ben
schiebt unter,
schob unter,
hat untergeschoben
Un|ter|schied *der*
im Unterschied zu
unterschiedlich
unterschiedslos
un|ter|schla|gen
unterschlägt,
unterschlug,
hat unterschlagen
Geld unterschlagen
Unterschlagung *die*
Un|ter|schleif *der*
(Betrug)
Un|ter|schlupf *der*
Unterschlupf gewähren
unterschlüpfen
un|ter|schrei|ben
unterschreibt,
unterschrieb,
hat unterschrieben
Unterschrift *die*
Unterschriften-
aktion *die*
Unterschriften-
mappe *die*
Unterschrifts-
bestätigung *die*
unterschriftsreif

un|ter|schrei|ten
unterschreitet,
unterschritt,
hat unterschritten
Un|ter|schrift *die*
(→ unterschreiben)
un|ter|schwel|lig
(unbewusst)
Un|ter|see|boot *das*
(U-Boot)
Un|ter|sei|te *die*
un|ter|setzt
ein untersetzter Mann
Untersetzer *der*
un|ter|spü|len
Un|ter|stand *der*
die Unterstände
un|ters|te
u...
die unterste Schicht
U...
das Unterste zuoberst
kehren
un|ter|ste|hen
untersteht, unterstand,
hat unterstanden
jemandem unterstehen
sich unterstehen
un|ter|stel|len
(unter ein Dach:)
stellt unter, stellte unter,
hat untergestellt
das Fahrrad unterstellen
(unberechtigt vorwer-
fen:)
unterstellt, unterstellte,
hat unterstellt
jemandem einen Betrug
unterstellen
Unterstellung *die*
un|ter|strei|chen
unterstreicht, unter-
strich, hat unterstrichen
Unterstreichung *die*

Un|ter|stu|fe *die*
Unterstufenparty *die*
un|ter|stüt|zen
unterstützt werden
Unterstützung *die*
unterstützungs-
bedürftig
un|ter|su|chen
Untersuchung *die*
Untersuchungs-
ausschuss *der*
Untersuchungs-
ergebnis *das*
Untersuchungs-
gefangene *der/die*
Untersuchungs-
gefängnis *das*
Untersuchungshaft *die*
(U-Haft)

untert

Un|ter|ta|ge|bau *der*
un|ter|tan
Untertan *der*
Untertanengeist *der*
untertänig
Un|ter|tas|se *die*
un|ter|tau|chen
Un|ter|teil *das*
un|ter|tei|len
Unterteilung *die*
Un|ter|ti|tel *der*
untertiteln
un|ter|tou|rig
untertourig fahren
un|ter|ver|mie|ten
un|ter|wan|dern
*eine Partei unterwan-
dern*
Unterwanderung *die*
Un|ter|wä|sche *die*
**Un|ter|was|ser-
ar|chäo|lo|gie** *die*

Unterwasseraufnahme
die
Unterwasserkamera *die*
un|ter|wegs
er ist unterwegs
un|ter|wei|sen
(anleiten)
*unterweist, unterwies,
hat unterwiesen*
Unterweisung *die*
Un|ter|welt *die*
un|ter|wer|fen
*unterwirft, unterwarf,
hat unterworfen
sich unterwerfen*
Unterwerfung *die*
unterwürfig
Unterwürfigkeit *die*
un|ter|zeich|nen
Unterzeichnete *der/die*
un|ter|zie|hen
*unterzieht, unterzog,
hat unterzogen
sich unterziehen*
Un|tie|fe *die*
(seichte Stelle)
un|trag|bar
Untragbarkeit *die*
un|trenn|bar
un|treu
Untreue *die*
un|tröst|lich
un|trüg|lich (sicher)
ein untrügliches Zeichen
Un|tu|gend *die*
un|ty|pisch

unu

un|über|biet|bar
un|über|brück|bar
un|über|hör|bar
un|über|legt
Unüberlegtheit *die*

un|über|schau|bar
Unüberschaubarkeit *die*
un|über|seh|bar
un|über|setz|bar
un|über|sicht|lich
Unübersichtlichkeit *die*
un|über|trag|bar
un|über|treff|lich
unübertroffen
un|über|wind|bar
unüberwindlich
un|üb|lich
un|um|gäng|lich
(notwendig)
un|um|schränkt
*unumschränkt herr-
schen*
un|um|stöß|lich
(endgültig)
un|um|strit|ten
un|um|wun|den
*etwas unumwunden
zugeben*
un|un|ter|bro|chen
ununterbrochen reden

unv

un|ver|än|der|lich
Unveränderlichkeit *die*
unverändert
un|ver|ant|wort|lich
Unverantwortlichkeit
die
un|ver|bau|bar
*ein unverbaubarer
Fernblick*
un|ver|bes|ser|lich
Unverbesserlichkeit *die*
un|ver|bind|lich
Unverbindlichkeit *die*
un|ver|bleit
*unverbleites Benzin
tanken*

un|ver|blümt (offen)
eine Wahrheit unverblümt sagen
un|ver|braucht
un|ver|bürgt
(unbestätigt)
un|ver|däch|tig
un|ver|dau|lich
unverdaut
un|ver|dient
unverdientermaßen
un|ver|dros|sen
(beharrlich)
Unverdrossenheit *die*
un|ver|dünnt
un|ver|ein|bar
Unvereinbarkeit *die*
un|ver|fälscht
un|ver|fäng|lich
(harmlos)
un|ver|fro|ren (dreist)
Unverfrorenheit *die*
un|ver|gäng|lich
Unvergänglichkeit *die*
un|ver|ges|sen
unvergesslich
un|ver|gleich|lich
**un|ver|hält|nis|mä-
ßig**
un|ver|hei|ra|tet
un|ver|hofft
un|ver|hoh|len (offen)
un|ver|hüllt
un|ver|käuf|lich
un|ver|kenn|bar
un|ver|langt
un|ver|letz|bar
unverletzt
un|ver|meid|bar
unvermeidlich
un|ver|min|dert
un|ver|mit|telt
(plötzlich)
Un|ver|mö|gen *das*

un|ver|mu|tet
Un|ver|nunft *die*
unvernünftig
etwas Unvernünftiges
un|ver|öf|fent|licht
un|ver|packt
un|ver|rich|tet
unverrichteter Dinge
un|ver|schämt
Unverschämtheit *die*
un|ver|schlos|sen
un|ver|schul|det
unverschuldetermaßen
un|ver|se|hens
(unerwartet)
un|ver|sehrt
(unbeschädigt)
Unversehrtheit *die*
un|ver|söhn|lich
un|ver|ständ|lich
Unverständlichkeit *die*
Unverständnis *das*
un|ver|steu|ert
un|ver|sucht
nichts unversucht lassen
un|ver|träg|lich
Unverträglichkeit *die*
un|ver|wandt
jemanden unverwandt ansehen
un|ver|wech|sel|bar
un|ver|wüst|lich
un|ver|zagt
un|ver|zeih|lich
un|ver|zicht|bar
un|ver|zollt
un|ver|züg|lich
(sofort)
un|voll|en|det
un|voll|kom|men
Unvollkommenheit *die*
un|voll|stän|dig
Unvollständigkeit *die*

unvor

un|vor|be|rei|tet
**un|vor|ein|ge|nom-
men**
Unvoreingenommenheit *die*
un|vor|her|ge|se|hen
etwas Unvorhergesehenes
unvorhersehbar
**un|vor|schrifts|mä-
ßig**
un|vor|sich|tig
unvorsichtigerweise
Unvorsichtigkeit *die*
un|vor|stell|bar
un|vor|teil|haft
unvorteilhafte Kleidung

unw

un|wäg|bar
unwägbare Risiken
Unwägbarkeiten
un|wahr
unwahrhaftig
Unwahrheit *die*
un|wahr|schein|lich
Unwahrscheinlichkeit *die*
un|weg|sam
unwegsames Gelände
un|wei|ger|lich
un|weit (nahe)
unweit des Hotels
Un|we|sen *das*
die Bande trieb dort ihr Unwesen
un|we|sent|lich
Un|wet|ter *das*
un|wich|tig
*das Unwichtige
nichts Unwichtiges*

un|wi|der|leg|bar
un|wi|der|ruf|lich
un|wi|der|spro|chen
un|wi|der|steh|lich
  Unwiderstehlichkeit *die*
**un|wie|der|bring-
  lich**
Un|wil|le *der*
  unwillig
un|will|kom|men
un|will|kür|lich
un|wirk|lich
un|wirk|sam
  Unwirksamkeit *die*
un|wirsch (ärgerlich)
un|wirt|schaft|lich
  Unwirtschaftlichkeit
  die
un|wis|send
  Unwissenheit *die*
  unwissentlich
**un|wis|sen|schaft-
  lich**
un|wohl
  Unwohlsein *das*
un|wohn|lich
Un|wort *das*
  das Unwort des Jahres
un|wür|dig
un|zähl|bar
  unzählig
  Unzählige kamen
  unzählige Mal(e)
Un|ze *die*
  (eine Gewichtseinheit)
Un|zeit *die*
  zur Unzeit
  unzeitgemäß
un|zer|brech|lich
un|zer|stör|bar
un|zer|trenn|lich
  Unzertrennlichkeit *die*
un|ziem|lich
un|zi|vi|li|siert

Un|zucht *die*
  (unsittliches Handeln)
  unzüchtig
un|zu|frie|den
  Unzufriedenheit *die*
un|zu|gäng|lich
un|zu|läng|lich
  Unzulänglichkeit *die*
un|zu|läs|sig
  Unzulässigkeit *die*
un|zu|mut|bar
  Unzumutbarkeit *die*
**un|zu|rech|nungs-
  fä|hig**
  Unzurechnungsfähig-
  keit *die*
un|zu|rei|chend
**un|zu|sam|men|hän-
  gend**
un|zu|stell|bar
un|zu|träg|lich
un|zu|tref|fend
un|zu|ver|läs|sig
  Unzuverlässigkeit *die*
un|zweck|mä|ßig
  Unzweckmäßigkeit *die*
un|zwei|deu|tig
  Unzweideutigkeit *die*
un|zwei|fel|haft
Up|date *das*
üp|pig
  Üppigkeit *die*
up to date (zeitgemäß)

ur

Ur|ab|stim|mung *die*
Ur|ahn/Ur|ah|ne *der*
  Urahne *die*
ur|alt
Uran *das* (U)
  (radioaktives Metall)
  Uranbergwerk *das*
  uranhaltig

Ura|nus *der*
Ur|auf|füh|rung *die*
ur|ban (städtisch)
  Urbanität *die*
ur|bar (nutzbar)
  urbar machen/
  urbarmachen
  Urbarmachung *die*
Ur|be|völ|ke|rung *die*
ur|ei|gen
  mein ureigenes
  Interesse ist ...
Ur|ein|woh|ner *der*
  Ureinwohnerin *die*
Ur|en|kel *der*
  Urenkelin *die*
Ur|fas|sung *die*
ur|ge|müt|lich
Ur|ge|schich|te *die*
  urgeschichtlich
Ur|ge|stein *das*
Ur|groß|el|tern
  Urgroßmutter *die*
  Urgroßvater *der*
Ur|he|ber *der*
  Urheberin *die*
  Urheberrecht *das*
  urheberrechtlich
  Urheberschutz *der*
urig (urwüchsig)
Urin *der*
  urinieren
Ur|knall *der*
  Urknalltheorie *die*
Ur|kun|de *die*
  Urkundenfälschung *die*
  urkundlich
Ur|laub *der*
  in Urlaub sein
  Urlauber/in
  Urlaubsbekannt-
  schaft *die*
  Urlaubsgeld *das*
  urlaubsreif

Urlaubsreise *die*
Urlaubstag *der*
Urlaubsvertretung *die*
Urlaubszeit *die*

urn

Ur|ne *die*
  zur Urne gehen (wählen)
  Urnengrab *das*
Uro|lo|ge *der*
  (Arzt für Harnorgane)
  Urologin *die*
Ur|quell *der* /
Ur|quel|le *die*
Ur|sa|che *die*
  ursächlich
Ur|schrift *die* (Original)
  urschriftlich
Ur|sprung *der*
  die Ursprünge
  ursprünglich
  Ursprungsland *das*
Ur|strom|tal *das*
  die Urstromtäler
Ur|teil *das*
  urteilen
  Urteilsbegründung *die*
  Urteilskraft *die*
  Urteilsspruch *der*
  Urteilsvermögen *das*
Ur|text *der*
Ur|tier|chen *das*
ur|tüm|lich
  Urtümlichkeit *die*
Ur|typ *der*
Ur|ver|trau|en *das*
Ur|vo|gel *der*
Ur|wald *der*
  die Urwälder
  Urwaldgebiet *das*
ur|wüch|sig
Ur|zeit *die* (frühe Zeit)
  seit Urzeiten
  urzeitlich
Ur|zu|stand *der*
  die Urzustände
USA (United States of America)
  in die USA reisen
  US-amerikanisch
  US-Dollar *der*
Usam|ba|ra-veil|chen *das*
USB *der*
  (Universal Serial Bus, Datenschnittstelle)
  USB-Anschluss *der*
  USB-Stick *der*
User *der* (Anwender)
Usur|pa|tor *der*
  (jemand, der die Macht an sich reißt)
  usurpieren
Usus *der* (Brauch)
  das ist hier so Usus
usw. (und so weiter)

ut

Uten|sil *das*
  (Gebrauchsgegenstand)
  die Utensilien
Ute|rus *der*
  (Gebärmutter)
uti|li|tär (nützlich)
  Utilitarismus *der*
  Utilitarist *der*
Uto|pie *die*
  (Zukunftstraum)
  utopisch
  Utopist/in
u. U. (unter Umständen)
UV (ultraviolett)
  UV-bestrahlt
  UV-Filter *der*
  UV-Strahlen
u. v. a. m. (und vieles andere mehr)
Ü-Wa|gen *der*
  (Übertragungswagen)
u. Z. (nach unserer Zeitrechnung)

Va|banque|spiel *das*
(alles auf eine Karte setzen)
Vabanque spielen
Va|ga|bund *der*
(Landstreicher)
vagabundieren
Va|gant *der*
(„fahrender" Student)
Vagantendichtung *die*
va|ge (ungenau)
Vagheit *die*
Va|gi|na *die*
(weibliche Scheide)
vaginal
va|kant (frei)
Vakanz *die*
Va|ku|um *das*
(luftleerer Raum)
Vakuumverpackung *die*
Va|len|tins|tag *der*
Va|lenz *die* (Wertigkeit)
Validität *die*
Va|lu|ta *die* (Gegenwert)
Vamp *der*
(verführerische Frau)
Vam|pir *der*

**Van|da|le/
Wan|da|le** *der*
Vandalismus *der*
Va|nil|le *die*
Vanilleeis *das*
Vanillepudding *der*
Vanillesoße *die*
Vanillezucker *der*
va|po|ri|sie|ren
(verdampfen lassen)

var

va|ri|a|bel
Variabilität *die*
Variable *die*
Gleichung mit Variablen
Variante *die*
variantenreich
Variation *die*
Variations-
möglichkeit *die*
variieren
Va|ri|e|té *das*
Varietékünstler *der*
Varietétheater *das*
Va|sall *der* (Abhängiger)
Vasallenstaat *der*
Vasallentum *das*
Va|se *die*
Vasenmalerei *die*
Va|se|lin *das/*
Va|se|li|ne *die*
Va|ter *der*
die Väter
Vaterland *das*
vaterländisch
Vaterlandsliebe *die*
väterlich
vaterlos
Vaterschaft *die*
Vatertag *der*
Vaterunser *das*
Va|ti|kan *der*
(Residenz des Papstes)
vatikanisch
Vatikanstaat *der*
Vatikanstadt *die*
V-Aus|schnitt *der*
v. Chr. (vor Christus)

ve

Ve|ge|ta|ri|er *der*
(jemand, der kein Fleisch isst)
Vegetarierin *die*
vegetarisch
Vegetation *die*
vegetativ
vegetieren
ve|he|ment (heftig)
Vehemenz *die*
Ve|hi|kel *das* (Fahrzeug)
Veil|chen *das*
veilchenblau
Veilchenstrauß *der*
Vek|tor *der*
(physikalische Größe)
Vektorgleichung *die*
vektoriell
Ve|lo *das* (Fahrrad)
Velo fahren
Ve|lours *der/das*
Veloursleder *das*
Ve|ne *die*
Venenentzündung *die*
venös
ve|ne|risch
venerische Krankheiten
(Geschlechtskrankheiten)
Ven|til *das*
Ventilation *die*
Ventilator *der*
ventilieren
Ve|nus *die*
ver|ab|re|den
sich verabreden
Verabredung *die*
ver|ab|scheu|en
Verabscheuung *die*
verabscheuungswürdig
ver|ab|schie|den
Verabschiedung *die*
verabschiedungsreif

ver|ab|so|lu|tie|ren
einen Sachverhalt verabsolutieren
ver|ach|ten
verächtlich
Verachtung *die*
ver|all|ge|mei|nern
Verallgemeinerung *die*
ver|al|ten
Ve|ran|da *die*
ver|än|der|lich
Veränderlichkeit *die*
verändern
sich verändern
Veränderung *die*
ver|ängs|ti|gen
verängstigt sein
ver|an|kern
Ver|an|la|gung *die*
ver|an|las|sen
Veranlassung *die*
ver|an|schau|li|chen
Veranschaulichung *die*
ver|an|schla|gen
Kosten veranschlagen
ver|an|stal|ten
Veranstalter/in
Veranstaltung *die*
Veranstaltungs-
kalender *der*
ver|ant|wor|ten
sich verantworten
verantwortlich
Verantwortliche *der/die*
Verantwortlichkeit *die*
Verantwortung *die*
verantwortungs-
bewusst
Verantwortungs-
bewusstsein *das*
verantwortungslos
Verantwortungs-
losigkeit *die*
verantwortungsvoll

ver|äp|peln
ver|ar|bei|ten
Informationen verarbeiten
Verarbeitung *die*
ver|är|gern
verärgert sein
Verärgerung *die*
ver|ar|men
Verarmung *die*
Ver|äs|te|lung *die*
ver|ät|zen
Verätzung *die*
ver|äu|ßern
ein Grundstück veräußern

verb

Verb *das*
die Verben
verbal
verbalisieren
Verbalstil *der*
Ver|band *der*
die Verbände
Verbandskasten *der*
Verbandszeug *das*
ver|ban|nen
Verbannung *die*
ver|bar|ri|ka|die|ren
das Tor verbarrikadieren
sich verbarrikadieren
ver|bau|en
Ver|be|am|tung *die*
ver|ber|gen
verbirgt, verbarg,
hat verborgen
ver|bes|sern
Verbesserung *die*
verbesserungsbedürftig
Verbesserungs-
vorschlag *der*

ver|beu|gen
sich verbeugen
Verbeugung *die*
ver|beu|len
ver|bie|gen
verbiegt, verbog,
hat verbogen
Verbiegung *die*
ver|bie|ten
verbietet, verbot,
hat verboten
Verbot *das*
ver|bin|den
verbindet, verband,
hat verbunden
verbindlich
eine verbindliche Zusage
Verbindung *die*
Verbindungslinie *die*
ver|bis|sen
Verbissenheit *die*
ver|bit|ten
verbittet, verbat,
hat verbeten
sich etwas verbitten
ver|bit|tern
verbittert sein
Verbitterung *die*

verbl

ver|blas|sen
die Farbe verblasst
ver|bläu|en
(verprügeln)
Ver|bleib *der*
verbleiben
verbleibt, verblieb,
ist verblieben
Ver|blen|dung *die*
(**verbleuen**
→ verbläuen)
ver|bli|chen

ver|blüf|fen
verblüffend
verblüffend einfach
Verblüffung *die*
ver|blü|hen
verblüht
ver|blu|ten
ver|bohrt (starrköpfig)
Verbohrtheit *die*
ver|bor|gen
im Verborgenen
Verborgenheit *die*
Ver|bot *das*
verboten
Verbotsschild *das*
verbotswidrig
ver|brä|men
(verschleiern)
Ver|brauch *der*
verbrauchen
Verbraucher/in
Verbraucher-
beratung *die*
Verbrauchermarkt *der*
Verbrauchsgüter
verbraucht
ver|bre|chen
verbricht, verbrach,
hat verbrochen
Verbrechen *das*
Verbrecher/in
verbrecherisch
ver|brei|ten
Verbreitung *die*
ver|brei|tern
Verbreiterung *die*
ver|bren|nen
verbrennt, verbrannte,
hat/ist verbrannt
sich verbrennen
Verbrennung *die*
ver|brin|gen
verbringt, verbrachte,
hat verbracht

Ver|brü|de|rung *die*
sich verbrüdern
ver|brü|hen
sich verbrühen
Verbrühung *die*

verbu_____

ver|bu|chen
einen Erfolg verbuchen
Verbuchung *die*
ver|bud|deln
ver|bum|meln
Ver|bund *der*
Verbundenheit *die*
ver|bün|den
sich verbünden
Verbündete *der/die*
ver|bür|gen
sich für etwas verbürgen
ver|bü|ßen
Verbüßung *die*

verd_____

Ver|dacht *der*
Verdacht schöpfen
verdächtig
Verdächtige *der/die*
verdächtigen
Verdächtigung *die*
ver|dam|men
Verdammnis *die*
verdammt
verdammt schnell
ver|damp|fen
ver|dan|ken
ver|dat|tert (verwirrt)
ver|dau|en
verdaulich
leicht verdauliche/
leichtverdauliche
Nahrung
Verdauung *die*

Verdauungs-
beschwerden
Ver|deck *das*
verdecken
ver|den|ken
(übel nehmen)
das kann dir niemand
verdenken
ver|der|ben
verdirbt, verdarb,
ist/hat verdorben
Verderben *das*
eine Verderben
bringende/verderben-
bringende Politik
auf Gedeih und Verderb
verderblich
verderbt
Verderbtheit *die*
ver|deut|li|chen
Verdeutlichung *die*
ver|dich|ten
Verdichtung *die*
ver|di|cken
ver|die|nen
Verdienst *der* (Geld);
das (Anerkennung)
Verdienstausfall *der*
Verdienst-
bescheinigung *die*
verdienstvoll
verdient
verdientermaßen
Ver|dikt *das* (Urteil)
ver|din|gen
verdingt, verdingte,
hat verdungen
sich verdingen
ver|don|nern
ver|dop|peln
Verdopp(e)lung *die*
ver|dor|ben
Verdorbenheit *die*
ver|dor|ren

ver|drän|gen
Verdrängung *die*
ver|dre|hen
verdreht
ver|drei|fa|chen
ver|dre|schen
(verprügeln)
verdrischt, verdrosch,
hat verdroschen
ver|drie|ßen
verdrießt, verdross,
hat verdrossen
verdrießlich
Verdrießlichkeit *die*
Verdrossenheit *die*
Verdruss *der*
Ver|dum|mung *die*
ver|dun|keln
Verdunkelung *die*
Verdunkelungsgefahr *die*
ver|dün|nen
Verdünnung *die*
ver|duns|ten
Verdunstung *die*
ver|durs|ten
ver|dutzt

vere

ver|edeln
Veredelung *die*
ver|eh|ren
Verehrer/in
Verehrung *die*
verehrungswürdig
ver|ei|di|gen
Vereidigung *die*
Ver|ein *der*
vereinen
sich vereinen
Vereinshaus *das*
Vereinslokal *das*
vereint

ver|ein|ba|ren
Vereinbarung *die*
vereinbarungsgemäß
ver|ei|nen
ver|ein|fa|chen
Vereinfachung *die*
ver|ein|heit|li|chen
Vereinheitlichung *die*
ver|ei|ni|gen
sich vereinigen
Vereinigung *die*
ver|ein|nah|men
Vereinnahmung *die*
ver|ein|sa|men
Vereinsamung *die*
ver|eint
mit vereinten Kräften
die Vereinten Nationen
(UN)
ver|ein|zelt
Vereinzelte kamen
ver|ei|sen
ver|ei|teln
(verhindern)
Vereit(e)lung *die*
Ver|ei|te|rung *die*
ver|elen|den
Verelendung *die*
ver|en|den (sterben)
ein Tier verendet
ver|en|gen
sich verengen
Verengung *die*
ver|er|ben
Vererbung *die*
Vererbungslehre *die*
ver|ewi|gen

verf

ver|fah|ren
verfährt, verfuhr,
ist verfahren
sich verfahren

Verfahren *das*
Verfahrensweise *die*
Ver|fall *der*
verfallen
verfällt, verfiel,
ist verfallen
Verfallsdatum *das*
ver|fäl|schen
Verfälschung *die*
ver|fäng|lich
(zweideutig)
ver|fär|ben
sich verfärben
Verfärbung *die*
ver|fas|sen
verfasst, verfasste,
hat verfasst
Verfasser/in
Ver|fas|sung *die*
verfassunggebend
Verfassungs-
änderung *die*
verfassungsgemäß
verfassungsmäßig
Verfassungsschutz *der*
verfassungswidrig
ver|fau|len
ver|fech|ten
einen Plan verfechten
Verfechter/in
ver|feh|len
Verfehlung *die*
ver|fein|den
sich mit jemandem
verfeinden
ver|fei|nern
Verfeinerung *die*
Ver|fem|te *der/die*
(Geächtete/r)
ver|fer|ti|gen
ver|fes|ti|gen
sich verfestigen
ver|fil|men
Verfilmung *die*

ver|fil|zen
ver|fins|tern
sich verfinstern
ver|flech|ten
Verflechtung *die*
ver|flie|gen
verfliegt, verflog,
ist verflogen
ver|flixt
So ein verflixter Kerl!
ver|flos|sen
verflossene / verflossne
Tage
ver|flu|chen
verflucht
ver|flüch|ti|gen
sich verflüchtigen
ver|flüs|si|gen
ver|fol|gen
ein Ziel verfolgen
Verfolger/in
Verfolgte *der / die*
Verfolgung *die*
Verfolgungsjagd *die*
Verfolgungswahn *der*
ver|for|men
sich verformen
Verformbarkeit *die*
ver|frach|ten
ver|frem|den
Verfremdung *die*
Verfremdungseffekt *der*
ver|früht
ver|füg|bar
Verfügbarkeit *die*
verfügen
Verfügung *die*
zur Verfügung stellen
verfügungsberechtigt
Verfügungsgewalt *die*
ver|fu|gen
die Kacheln verfugen
ver|füh|ren
Verführer/in

verführerisch
Verführung *die*
Verführungskunst *die*

verg

Ver|ga|be *die*
ver|gäl|len
jemandem die Freude
vergällen
ver|gam|meln
vergammelt
Ver|gan|gen|heit *die*
Vergangenheitsbewältigung *die*
vergänglich
Vergänglichkeit *die*
Ver|ga|ser *der*
ver|gaß (→ vergessen)
ver|ge|ben
vergibt, vergab,
hat vergeben
vergebens
vergeblich
Vergeblichkeit *die*
Vergebung *die*
ver|ge|gen|wär|tigen
sich etwas vergegenwärtigen
ver|ge|hen
vergeht, verging,
ist vergangen
sich vergehen
Vergehen *das*
ver|gel|ten
vergilt, vergalt,
hat vergolten
Vergeltung *die*
Vergeltungsmaßnahme *die*
ver|ges|sen
vergisst, vergaß,
hat vergessen

Vergessenheit *die*
vergesslich
Vergesslichkeit *die*
Vergissmeinnicht *das*
ver|geu|den
Vergeudung *die*
ver|ge|wal|ti|gen
Vergewaltigung *die*
ver|ge|wis|sern
sich vergewissern
ver|gie|ßen
vergießt, vergoss,
hat vergossen
ver|gif|ten
Vergiftung *die*
Vergiftungserscheinungen
Vergiftungsgefahr *die*
ver|gil|ben
vergilbte Blätter
Ver|giss|mein-
nicht *das*
ver|gisst (→ vergessen)
ver|git|tern

vergl

ver|gla|sen
Verglasung *die*
Ver|gleich *der*
im Vergleich mit
kein Vergleich
zum Vergleich
vergleichbar
vergleichen
vergleicht, verglich,
hat verglichen
Vergleichsmöglichkeiten
vergleichsweise
ver|glim|men
verglimmt, verglomm /
verglimmte, ist ver-
glommen / verglimmt

ver|gnü|gen
sich vergnügen
Vergnügen *das*
vergnügt
Vergnügung *die*
Vergnügungsfahrt *die*
ver|gol|den
Vergoldung *die*
ver|gön|nen
ver|göt|tern
ver|gra|ben
vergräbt, vergrub,
hat vergraben
ver|grä|men
vergrämt aussehen
ver|grei|fen
vergreift, vergriff,
hat vergriffen
ver|grei|sen
Vergreisung *die*
ver|grif|fen
das Buch ist vergriffen
ver|grö|bern
Vergröberung *die*
ver|grö|ßern
Vergrößerung *die*
Vergrößerungsglas *das*
Ver|güns|ti|gung *die*
ver|gü|ten
Ausgaben vergüten
Vergütung *die*

verh

verh. (verheiratet)
ver|haf|ten
Verhaftung *die*
ver|hal|ten
verhält, verhielt,
hat verhalten
sich verhalten
Verhalten *das*
verhaltensgestört
Verhaltensmaßregel *die*
Verhaltensweise *die*
Ver|hält|nis *das*
die Verhältnisse
verhältnismäßig
Verhältnismäßigkeit *die*
Verhältniswahl *die*
Verhältniswort *das*
ver|han|deln
Verhandlung *die*
verhandlungsbereit
Verhandlungs-
partner/in
ver|hän|gen
ein Verbot verhängen
Ver|häng|nis *das*
die Verhängnisse
verhängnisvoll
ver|harm|lo|sen
Verharmlosung *die*
ver|här|ten
Verhärtung *die*
ver|hasst
ver|hau|en
ver|he|ben
verhebt, verhob,
hat verhoben
sich verheben
ver|hee|rend
ver|heh|len
ich kann nicht
verhehlen, dass ...
ver|hei|len
ver|heim|li|chen
Verheimlichung *die*
ver|hei|ra|ten
sich verheiraten
verheiratet (verh.)
Verheiratete *der/die*
Verheiratung *die*
ver|hei|ßen
verheißt, verhieß,
hat verheißen
Verheißung *die*
verheißungsvoll

ver|hei|zen
ver|hel|fen
verhilft, verhalf,
hat verholfen
ver|herr|li|chen
Verherrlichung *die*
Ver|het|zung *die*
ver|he|xen
wie verhext sein
ver|hin|dern
Verhinderung *die*
ver|höh|nen
Verhöhnung *die*
ver|hö|kern
(billig verkaufen)
Ver|hör *das*
verhören
ver|hül|len
Verhüllung *die*
ver|hun|gern
ver|hun|zen
(verderben)
die Sache ist verhunzt
ver|hü|ten
Verhütung *die*
Verhütungsmittel *das*
ver|hüt|ten
(zu Metall verarbeiten)
Verhüttung *die*

veri

Ve|ri|fi|ka|ti|on *die*
(Überprüfung)
verifizieren
ver|in|ner|li|chen
Verinnerlichung *die*
ver|ir|ren
sich verirren
Verirrung *die*
ver|ja|gen
ver|jäh|ren
Verjährung *die*
Verjährungsfrist *die*

ver|ju|beln
sein Geld verjubeln
ver|jün|gen
Verjüngung *die*
Verjüngungskur *die*

verk

ver|ka|beln
Verkabelung *die*
ver|kal|ken
ver|kal|ku|lie|ren
sich verkalkulieren
ver|kannt
ver|kappt
(unkenntlich)
ein verkappter Spion
ver|kars|ten
(steinig werden)
Verkarstung *die*
Ver|kauf *der*
die Verkäufe
verkaufen
Verkäufer/in
verkäuflich
Verkaufsfläche *die*
verkaufsfördernd
Verkaufsgespräch *das*
verkaufsoffen
Verkaufspreis *der*
Ver|kehr *der*
verkehren
Verkehrsampel *die*
Verkehrsamt *das*
verkehrsberuhigt
Verkehrschaos *das*
Verkehrserziehung *die*
verkehrsgünstig
Verkehrshindernis *das*
Verkehrsmittel *das*
Verkehrsnetz *das*
Verkehrsregelung *die*
verkehrsreich
Verkehrsschild *das*
Verkehrssicherheit *die*
Verkehrsstau *der*
Verkehrsstörung *die*
Verkehrssünder/in
Verkehrsteilnehmer/in
Verkehrsunfall *der*
verkehrswidrig
Verkehrszeichen *das*
ver|kehrt
verkehrt herum
Verkehrtheit *die*
ver|ken|nen
verkennt, verkannte,
hat verkannt
Verkennung *die*
Ver|ket|tung *die*
ver|ket|zern
ver|kla|gen
Ver|klam|me|rung *die*
ver|klap|pen
(im Meer versenken)
Verklappung *die*
Ver|klä|rung *die*
ver|klau|su|lie|ren
(unverständlich formulieren)
Verklausulierung *die*
ver|kle|ben
ver|klei|den
sich verkleiden
Verkleidung *die*
ver|klei|nern
Verkleinerung *die*
Verkleinerungsform *die*
ver|klemmt
Verklemmtheit *die*
ver|knap|pen
ver|knei|fen
sich etwas verkneifen
verkniffen
Verkniffenheit *die*
ver|knit|tert
ver|knö|chert
ver|kno|ten
ver|knüp|fen
Verknüpfung *die*
ver|kom|men
verkommt, verkam,
ist verkommen
Verkommenheit *die*
ver|korkst
ver|kör|pern
Verkörperung *die*
ver|kos|ten (probieren)
ver|kracht
ver|kraf|ten
ver|kramp|fen
sich verkrampfen
Verkrampfung *die*
ver|krie|chen
sich verkriechen
Ver|krüm|mung *die*
ver|krüp|peln
Verkrüpp(e)lung *die*
ver|küm|mern
ver|kün|den
verkündigen
Verkündigung *die*
Verkündung *die*
ver|kup|peln
ver|kür|zen
Verkürzung *die*

verl

ver|la|den
verlädt, verlud,
hat verladen
Verladung *die*
Ver|lag *der*
Verlagsbuchhändler/in
Verlagshaus *das*
Verlagskatalog *der*
Verlagsprogramm *das*
Verlagswesen *das*
Verleger/in
verlegerisch

ver|la|gern
Verlagerung *die*
ver|lan|gen
Verlangen *das*
ver|län|gern
Verlängerung *die*
Verlängerungs-
kabel *das*
Verlängerungs-
schnur *die*
ver|lang|sa|men
Verlangsamung *die*
Ver|lass *der*
es ist kein Verlass auf ...
ver|las|sen
verlässt, verließ,
hat verlassen
das Verlassen des
Raumes
sich verlassen auf
Verlassenheit *die*
verlässlich
Verlässlichkeit *die*
Ver|laub *der* (Erlaubnis)
mit Verlaub
Ver|lauf *der*
verlaufen
verläuft, verlief,
ist verlaufen
sich verlaufen
hat sich verlaufen
Verlaufsform *die*
Verlaufsprotokoll *das*
ver|laut|ba|ren
Verlautbarung *die*
verlauten

verle

ver|le|ben
ver|le|gen
verlegen sein
Verlegenheit *die*
Verlegung *die*
Ver|le|ger *der*
Verlegerin *die*
verlegerisch
Ver|leih *der*
verleihen
verleiht, verlieh,
hat verliehen
Verleiher *der*
Verleihung *die*
ver|lei|ten
sich verleiten lassen
ver|ler|nen
ver|le|sen
sich verlesen
ver|let|zen
verletzend
verletzlich
verletzt
Verletzte *der/die*
Verletzung *die*
Verletzungsgefahr *die*
ver|leug|nen
sich verleugnen lassen
Verleugnung *die*
ver|leum|den
(Schlechtes nachsagen)
Verleumder/in
verleumderisch
Verleumdung *die*
Verleumdungs-
kampagne *die*
ver|lie|ben
sich verlieben
verliebt
Verliebte *der/die*
Verliebtheit *die*
ver|lie|ren
verliert, verlor,
hat verloren
Verlierer/in
Ver|lies *das* (Kerker)
ver|ließ (→ verlassen)
ver|lo|ben
sich verloben
Verlobte *der/die*
Verlobung *die*
Verlobungsring *der*
ver|lo|cken
verlockend
Verlockung *die*
ver|lo|gen
Verlogenheit *die*
ver|lo|ren
verloren sein
verloren geben/
verlorengeben
verloren gehen/
verlorengehen
auf verlorenem Posten
(siehe auch: verlieren)
Verlorenheit *die*
ver|lo|sen
Verlosung *die*
ver|lot|tern
(verwahrlosen)
verlottert aussehen
Ver|lust *der*
Verlustgeschäft *das*
Verlustliste *die*
verlustreich

verm

ver|ma|chen
jemandem ein Haus
vermachen
Vermächtnis *das*
ver|mäh|len (heiraten)
sich vermählen
Vermählte *der/die*
Vermählung *die*
ver|mark|ten
Vermarktung *die*
ver|mas|seln
ich vermass(e)le
ver|meh|ren
sich vermehren
Vermehrung *die*

ver|meid|bar
vermeiden
vermeidet, vermied,
hat vermieden
Vermeidung *die*
ver|meint|lich (irr-
tümlich angenommen)
ein vermeintlicher
Vorteil
Ver|merk *der*
vermerken
ver|mes|sen
vermisst, vermaß,
hat vermessen
vermessen sein
sich vermessen
Vermessenheit *die*
Vermessung *die*
ver|mie|ten
Vermieter/in
Vermietung *die*
ver|min|dern
vermindert
Verminderung *die*
ver|mi|nen
Verminung *die*
ver|mi|schen
vermischt
ver|mis|sen
als vermisst gemeldet
Vermisste *der / die*
ver|mit|teln
vermittels
Vermittler/in
Vermittlung *die*
Vermittlungsversuch
der
ver|mo|dern
ver|mö|gen (können)
vermag, vermochte,
hat vermocht
Ver|mö|gen *das*
vermögend
Vermögenssteuer *die*

vermögenswirksam
vermögenswirksame
Leistungen
ver|mum|men
sich vermummen
Vermummung *die*
ver|mu|ten
vermutlich
Vermutung *die*

vern _____

ver|nach|läs|si|gen
Vernachlässigung *die*
ver|nar|ben
Vernarbung *die*
ver|narrt
ver|neh|men
vernimmt, vernahm,
hat vernommen
dem Vernehmen nach
vernehmlich
Vernehmung *die*
vernehmungsfähig
ver|nei|gen
sich verneigen
ver|nei|nen
Verneinung *die*
ver|net|zen
Vernetzung *die*
ver|nich|ten
Vernichtung *die*
Vernichtungskrieg *der*
ver|nied|li|chen
Verniedlichung *die*
Ver|nis|sa|ge *die*
(Ausstellungseröffnung)
Ver|nunft *die*
vernunftgemäß
vernünftig
vernünftigerweise
ver|öden
eine verödete Ortschaft
Verödung *die*

ver|öf|fent|li|chen
Veröffentlichung *die*
ver|ord|nen
Verordnung *die*

verp _____

ver|pach|ten
Verpachtung *die*
ver|pa|cken
Verpackung *die*
ver|pas|sen
verpasst, verpasste,
hat verpasst
ver|pes|ten
Verpestung *die*
ver|pet|zen
ver|pfän|den
Verpfändung *die*
ver|pflan|zen
Verpflanzung *die*
ver|pfle|gen
Verpflegung *die*
ver|pflich|ten
sich verpflichten
Verpflichtung *die*
ver|pfu|schen
ver|pla|nen
ver|plom|ben
ver|pönt
(nicht statthaft)
ver|pras|sen
ver|prü|geln
ver|puf|fen
ver|pul|vern
ver|quer
verquergehen
(misslingen)
geht verquer,
ging verquer,
ist verquergegangen
ver|qui|cken
(verbinden)
ver|ram|schen

Ver|rat der
verraten
verrät, verriet,
hat verraten
Verräter/in
verräterisch
ver|rech|nen
sich verrechnen
Verrechnung *die*
ver|re|cken
ver|reg|nen
ver|rei|ben
ver|rei|sen
(eine Reise machen)
ver|rei|ßen
(übel kritisieren)
verreißt, verriss,
hat verrissen
Verriss *der*
ver|ren|ken
sich den Fuß verrenken
Verrenkung *die*
Ver|ren|tung *die*
ver|rich|ten
Hilfsarbeiten verrichten
ver|rie|geln
ver|rin|gern
Verringerung *die*
Ver|riss *der*
(schlechte Kritik)
ver|ro|hen
Verrohung *die*
ver|ros|ten
ver|rot|ten
Verrottung *die*
ver|rucht (schändlich)
ver|rückt
Verrückte *der/die*
Verrücktheit *die*
zum Verrücktwerden
Ver|ruf *der*
in Verruf bringen
ver|rüh|ren
ver|rut|schen

vers

Vers *der*
Versbau *der*
Versepos *das*
die Versepen
Versform *die*
Versfuß *der*
Versmaß *das*
ver|sach|li|chen
Versachlichung *die*
ver|sa|gen
Versagen *das*
Versager/in
ver|sal|zen
ver|sam|meln
sich versammeln
Versammlung *die*
Ver|sand *der*
versandbereit
Versandhandel *der*
Versandhaus *das*
Versandkosten
zuzüglich Versand-
kosten
versandt (→ versenden)
ver|san|den
Versandung *die*
ver|sau|ern
ver|säu|men
Versäumnis *das*

versch

ver|schaf|fen
ver|schan|deln
Verschand(e)lung *die*
ver|schan|zen
sich verschanzen
ver|schär|fen
Verschärfung *die*
ver|scha|ren
ver|schät|zen
sich verschätzen
ver|schen|ken
ver|scher|beln
(billig verkaufen)
ver|scher|zen
es sich mit jemandem
verscherzen
ver|scheu|chen
ver|schi|cken
Verschickung *die*
ver|schie|ben
verschiebt, verschob,
hat verschoben
Verschiebung *die*
Verschiebeprobe *die*
ver|schie|den
ich habe mit Verschie-
denen gesprochen
verschiedene Mal(e)
verschiedenartig
Verschiedenheit *die*
verschiedentlich
ver|schif|fen
Verschiffung *die*
ver|schim|meln
ver|schla|fen
verschläft, verschlief,
hat verschlafen
Ver|schlag *der*
die Verschläge
ver|schla|gen
verschlagen sein
Verschlagenheit *die*
ver|schlech|tern
sich verschlechtern
Verschlechterung *die*
ver|schlei|ern
Verschleierung *die*
ver|schleimt
Verschleimung *die*
Ver|schleiß *der*
(Abnutzung)
verschleißen
verschleißt, verschliss,
hat verschlissen

Verschleiß-
erscheinung *die*
Verschleißteil *das*
verschlissen
ver|schlep|pen
Verschleppungs-
taktik *die*
ver|schleu|dern
ver|schlie|ßen
verschließt, verschloss,
hat verschlossen
ver|schlim|mern
Verschlimmerung *die*
ver|schlin|gen
verschlingt, verschlang,
hat verschlungen
ver|schlis|sen
(schadhaft, kaputt)
ver|schlos|sen
Verschlossenheit *die*
ver|schlu|cken
sich verschlucken
ver|schlu|dern
ver|schlun|gen
(→ verschlingen)
Ver|schluss *der*
die Verschlüsse
verschlüsseln
Verschlusslaut *der*
Verschlusssache/
Verschluss-Sache *die*

verschm

ver|schmä|hen
(nicht haben wollen)
ver|schmel|zen
verschmilzt,
verschmolz,
ist verschmolzen
Verschmelzung *die*
ver|schmer|zen
ver|schmitzt (schlau)
verschmitzt lächeln

ver|schmut|zen
verschmutzt
Verschmutzung *die*
ver|schnau|fen
Verschnaufpause *die*
ver|schneit
Ver|schnitt *der*
Rumverschnitt
ver|schnör|keln
ver|schnupft
ver|schol|len
ver|scho|nen
ver|schö|nern
Verschönerung *die*
ver|schrän|ken
die Arme verschränken
ver|schrau|ben
ver|schre|cken
verschreckt
ver|schrei|ben
verschreibt, verschrieb,
hat verschrieben
sich verschreiben
Verschreibung *die*
verschreibungspflichtig
ver|schro|ben
(wunderlich)
ver|schrot|ten
ver|schrum|peln
ver|schüch|tert
ver|schul|den
Verschulden *das*
verschuldet
Verschuldung *die*
ver|schüt|ten
verschüttet sein
ver|schwä|gert
ver|schwei|gen
verschweigt,
verschwieg,
hat verschwiegen
ver|schwen|den
Zeit verschwenden
Verschwender/in

verschwenderisch
Verschwendung *die*
Verschwendungs-
sucht *die*
ver|schwie|gen
Verschwiegenheit *die*
ver|schwin|den
verschwindet,
verschwand,
ist verschwunden
Verschwinden *das*
ver|schwit|zen
ver|schwom|men
(unklar)
Verschwommenheit *die*
ver|schwö|ren
sich verschwören
Verschwörer/in
Verschwörung *die*

verse

ver|se|hen
versieht, versah,
hat versehen
einen Dienst versehen
sich versehen (irren)
Versehen *das*
aus Versehen
versehentlich
ver|sehrt (verletzt)
Versehrte *der/die*
ver|selbst|stän|di-
gen/ver|selb-
stän|di|gen
ver|sen|den
versendet, versandte/
versendete, hat ver-
sendet/versandt
Versendung *die*
ver|sen|gen
(leicht anbrennen)
ver|sen|ken
Versenkung *die*

ver|ses|sen
ver|set|zen
  versetzt werden
  Versetzung *die*
  Versetzungszeichen *das*
ver|seu|chen
  Verseuchung *die*
ver|si|chern
  sich der Unterstützung
  versichern
  Versicherte *der / die*
  Versicherung *die*
  Versicherungsfall *der*
  Versicherungs-
  gesellschaft *die*
  Versicherungs-
  leistung *die*
  Versicherungs-
  pflicht *die*
  versicherungspflichtig
  Versicherungspolice *die*
  Versicherungs-
  prämie *die*
  Versicherungs-
  schein *der*
  Versicherungs-
  schutz *der*
  Versicherungs-
  vertreter/in
ver|si|ckern
ver|sie|geln
  Versiegelung *die*
ver|sie|gen
  die versiegte Quelle
ver|siert (erfahren)
  Versiertheit *die*
ver|sil|bern
ver|sin|ken
  versinkt, versank,
  ist versunken
ver|sinn|bild|li|chen
Ver|si|on *die* (Fassung)
ver|skla|ven
  Versklavung *die*

ver|söh|nen
  sich versöhnen
  versöhnlich
  Versöhnung *die*
ver|sor|gen
  Versorgung *die*
  Versorgungs-
  schwierigkeiten

versp

ver|span|nen
  Verspannung *die*
ver|spä|ten
  sich verspäten
  Verspätung *die*
ver|spe|ku|lie|ren
  sich verspekulieren
ver|sper|ren
  Versperrung *die*
ver|spie|len
  verspielt
  Verspieltheit *die*
ver|spon|nen
ver|spot|ten
  Verspottung *die*
ver|spre|chen
  verspricht, versprach,
  hat versprochen
  Versprechen *das*
  Versprecher *der*
  Versprechung *die*
  versprochenermaßen
ver|sprü|hen
ver|spü|ren

verst

verst. (verstorben)
ver|staat|li|chen
  Verstaatlichung *die*
Ver|stand *der*
  verständig
  Verständigkeit *die*

ver|stan|den
  (→ verstehen)
ver|stän|di|gen
  sich verständigen
  Verständigung *die*
  Verständigungs-
  schwierigkeiten
  verständlich
  verständlich reden
  gut verständliche /
  gutverständliche
  Erklärungen
  Verständlichkeit *die*
  Verständnis *das*
  verständnislos
  verständnisvoll
ver|stär|ken
  Verstärker *der*
  Verstärkung *die*
ver|stau|ben
  verstaubt
ver|stau|chen
  Verstauchung *die*
ver|stau|en
Ver|steck *das*
  Versteck(en) spielen
  verstecken
  Versteckspiel *das*
ver|ste|hen
  versteht, verstand,
  hat verstanden
  Verstehen *das*
ver|stei|fen
  sich versteifen auf
ver|stei|gern
  Versteigerung *die*
ver|stei|nern
  Versteinerung *die*
ver|stel|len
  sich verstellen
  Verstellung *die*
ver|ster|ben
  verstarb,
  ist verstorben

ver|steu|ern
ver|stimmt
  Verstimmung *die*
ver|stockt
  Verstocktheit *die*
ver|stoh|len (heimlich)
  verstohlen hinsehen
ver|stop|fen
  Verstopfung *die*
ver|stört
Ver|stoß *der*
  die Verstöße
  verstoßen
  verstößt, verstieß,
  hat verstoßen
ver|strei|chen
  verstreicht, verstrich,
  hat / ist verstrichen
ver|streu|en
ver|stri|cken
  sich in Widersprüche
  verstricken
  Verstrickung *die*
ver|stüm|meln
  Verstümmelung *die*
ver|stum|men
Ver|such *der*
  versuchen
  Versucher/in
  Versuchsballon *der*
  Versuchskaninchen *das*
  Versuchsperson *die*
  versuchsweise
  Versuchung *die*
ver|sün|di|gen
  sich versündigen
ver|sun|ken
  Versunkenheit *die*
ver|sü|ßen

vert _____

ver|tä|feln
  mit Holz vertäfeln
Vertäfelung *die*
ver|tan (→ vertun)
  eine vertane Chance
ver|ta|gen
  sich vertagen
ver|tau|schen
  Vertauschung *die*
ver|tei|di|gen
  sich verteidigen
  Verteidiger/in
  Verteidigung *die*
  Verteidigungs-
  bereitschaft *die*
  Verteidigungs-
  minister/in
ver|tei|len
  Verteiler *der*
  Verteilung *die*
ver|teu|ern
ver|teu|feln
ver|tie|fen
  Vertiefung *die*
ver|ti|kal (senkrecht)
  Vertikale *die*
ver|ti|ku|tie|ren
  (Rasen belüften)
  Vertikutiergerät *das*
ver|til|gen
  Vertilgung *die*
  Vertilgungsmittel *das*
ver|tip|pen
  sich vertippen
ver|to|nen
  Vertonung *die*
ver|trackt
  eine vertrackte Situation
Ver|trag *der*
  die Verträge
  vertraglich
  Vertragsabschluss *der*
  vertragsbrüchig
  vertragsgemäß
  Vertragspartner/in
  vertragswidrig
ver|tra|gen
  verträgt, vertrug,
  hat vertragen
  sich vertragen
  verträglich
  Verträglichkeit *die*
ver|trau|en
  jemandem vertrauen
  Vertrauen *das*
  Vertrauen schenken
  Vertrauen erweckend /
  vertrauenerweckend
  Vertrauensbasis *die*
  vertrauensbildend
  Vertrauensbruch *der*
  Vertrauenskrise *die*
  Vertrauensmann *der*
  Vertrauenssache *die*
  vertrauensselig
  vertrauensvoll
  vertrauenswürdig
ver|trau|lich
  streng vertraulich /
  strengvertraulich
  Vertraulichkeit *die*
ver|träumt
ver|traut
  mit etwas vertraut
  sein
  Vertraute *der / die*
  Vertrautheit *die*
ver|trei|ben
  vertreibt, vertrieb,
  hat vertrieben
  Vertreibung *die*
ver|tret|bar
  Vertretbarkeit *die*
ver|tre|ten
  vertritt, vertrat,
  hat vertreten
  Vertreter/in
  Vertretung *die*
  Vertretungsstunde *die*
  vertretungsweise

Ver|trieb *der*
Vertriebskosten
Vertriebsleiter/in
ver|trock|nen
ver|trö|deln
ver|trös|ten
Vertröstung *die*
ver|tun
vertut, vertat, hat vertan
sich vertun
ver|tu|schen

veru

ver|übeln
ver|üben
ein Verbrechen verüben
ver|un|glimp|fen
(beleidigen)
Verunglimpfung *die*
ver|un|glü|cken
Verunglückte *der/die*
ver|un|rei|ni|gen
Verunreinigung *die*
ver|un|si|chern
verunsichert sein
ver|un|stal|ten
(hässlich machen)
völlig verunstaltet
ver|un|treu|en
Veruntreuung *die*
ver|ur|sa|chen
Verursacher/in
Verursacherprinzip *das*
ver|ur|tei|len
Verurteilung *die*

verv

ver|viel|fa|chen
ver|viel|fäl|ti|gen
Vervielfältigung *die*
ver|voll|komm|nen
Vervollkommnung *die*
ver|voll|stän|di|gen
Vervollständigung *die*

verw

verw. (verwitwet)
ver|wach|sen
verwächst, verwuchs,
ist verwachsen
ver|wa|ckeln
ver|wah|ren
Wertsachen verwahren
Verwahrung *die*
ver|wahr|lo|sen
Verwahrlosung *die*
ver|waist
ver|wal|ten
Verwalter/in
Verwaltung *die*
Verwaltungs-
angestellte *der/die*
Verwaltungs-
gebäude *das*
Verwaltungsgericht *das*
verwaltungstechnisch
Verwaltungs-
vorschrift *die*
ver|wan|deln
Verwandlung *die*
ver|wandt
Verwandte *der/die*
Verwandtschaft *die*
verwandtschaftlich
Verwandtschafts-
grad *der*
Verwandtschafts-
verhältnis *das*
ver|war|nen
Verwarnung *die*
ver|wech|seln
Verwechslung *die*
ver|we|gen
verwegen sein
Verwegenheit *die*
ver|we|hen
ver|weh|ren
(verbieten)
ver|weich|li|chen
ver|wei|gern
Verweigerung *die*
ver|wei|len
Ver|weis *der*
die Verweise
verweisen
verweist, verwies,
hat verwiesen
ver|wel|ken
ver|wend|bar
Verwendbarkeit *die*
verwenden
verwendet,
verwandte/verwendete,
hat verwandt/
verwendet
Verwendung *die*
Verwendungs-
möglichkeit *die*
Verwendungszweck *der*
ver|wer|fen
verwirft, verwarf,
hat verworfen
verwerflich
ver|wer|ten
Verwertung *die*
ver|we|sen
verweslich
Verwesung *die*
Verwesungsgeruch *der*
ver|wi|ckeln
sich in Widersprüche
verwickeln
verwickelt
Verwicklung *die*
ver|wil|dern
ver|wir|ken
sein Leben verwirken
ver|wirk|li|chen
Verwirklichung *die*

ver|wir|ren
verwirrend
Verwirrspiel *das*
Verwirrtheit *die*
Verwirrung *die*
verworren
ver|wi|schen
ver|wit|tern
ver|wit|wet (verw.)
ver|wo|ben
(eng verknüpft)
ver|wöh|nen
verwöhnt sein
verwöhnt werden
ver|wor|ren
Verworrenheit *die*
ver|wun|den
verwundet
Verwundete *der/die*
Verwundung *die*
ver|wun|der|lich
verwundern
Verwunderung *die*
ver|wün|schen
Verwünschung *die*
ver|wur|zelt
ver|wüs|ten
Verwüstung *die*

verz

ver|za|gen
verzagt
Verzagtheit *die*
ver|zäh|len
sich verzählen
Ver|zah|nung *die*
ver|zap|fen
Unsinn verzapfen
ver|zär|teln
ver|zau|bern
Verzauberung *die*
Ver|zehr *der*
Verzehrbon *der*

verzehren
ver|zeich|nen
Verzeichnis *das*
ver|zei|hen
verzeiht, verzieh,
hat verziehen
verzeihlich
Verzeihung *die*
ver|zer|ren
ver|zet|teln
sich verzetteln
Ver|zicht *der*
verzichten
Verzichtserklärung *die*
ver|zie|hen
verzieht, verzog,
hat/ist verzogen
sich verziehen
ver|zie|ren
Verzierung *die*
ver|zin|ken
Eisen verzinken
ver|zin|sen
verzinslich
Verzinsung *die*
ver|zö|gern
Verzögerung *die*
Verzögerungstaktik *die*
ver|zol|len
ver|zückt
Verzückung *die*
Ver|zug *der*
im Verzug sein
Verzugszinsen
ver|zwei|feln
zum Verzweifeln
verzweifelt
Verzweiflung *die*
ver|zwei|gen
Verzweigung *die*
ver|zwickt
Ves|per *die*
(Abendgottesdienst;
Nachmittagsmahlzeit)

Vesperbrot *das*
vespern
Ve|te|ran *der*
(alter Soldat)
ve|te|ri|när (Tier...)
Veterinär/in
Veterinärmedizin *die*
Ve|to *das*
sein Veto einlegen
Vetorecht *das*
Vet|ter *der*
Vetternwirtschaft *die*
Ve|xier|bild *das*
(Suchbild)
v-för|mig / V-för|mig
vgl. (vergleiche)
VHS *die*
(Volkshochschule)

vi

via (über)
via Rom
Vi|bra|ti|on *die*
auch: Vib|ra|ti|on
(Zittern)
vibrieren
Vi|deo *das*
Videoaufzeichnung *die*
Videoband *das*
Videoclip *der*
Videofilm *der*
Videokamera *die*
Videokassette *die*
Videorekorder /
Videorecorder *der*
Videotext *der*
Videothek *die*

vie

Vieh *das*
Viehfutter *das*
Viehhandel *der*

Viehhändler/in
Viehherde *die*
viehisch
Viehstall *der*
Viehweide *die*
Viehzucht *die*
viel
(s. auch Kasten)
mehr, meiste
viel Schönes
viel zu viel
viel zu viele Fehler
viel zu teuer
viel zu wenig
allzu viel
so viel
wie viel
zu viel
das viele
zu viele
zu viele Fehler
in vielem
mit vielem
die vielen
um vieles
vieles, was ...

*eine viel befahrene /
vielbefahrene Straße
viel beschäftigt /
vielbeschäftigt
viel gelesen / vielgelesen
viel sagend / vielsagend
viel versprechend /
vielversprechend*
vieldeutig
Vieldeutigkeit *die*
Vieleck *das*
vielerorts
vielfach
um ein Vielfaches
Vielfalt *die*
vielfältig
Vielfältigkeit *die*
Vielheit *die*
vielmals
vielmehr (im Gegensatz)
vielschichtig
Vielschichtigkeit *die*
vielseitig
Vielseitigkeit *die*
Vielvölkerstaat *der*
Vielzahl *die*

viel|leicht
vier
v ...
wir vier
die vier Jahreszeiten
die vier Wände
unter vier Augen
*alle viere von sich
strecken*
auf allen vieren
wir sind zu viert
V ...
die Vier
eine Vier schreiben
eine Vier würfeln
vierbeinig
vierblätt(e)rig
vierdimensional
Viereck *das*
viereckig
viereinhalb
Viererbob *der*
vierfach (4-fach / 4fach)
Vierfache *das*
(4-Fache / 4fache)
vierhändig spielen
viermal (4-mal)
Vierradantrieb *der*
viersilbig (4-silbig)
Viersitzer *der*
vierspurig
vierstellig
vierstimmig
viertausend
viertel
um viertel acht
um Viertel vor acht
Viertel *das*
Viertelfinale *das*
Vierteljahr *das*
Viertelkilo *das*
ein viertel Kilo
*eine Viertelstunde / eine
viertel Stunde*

---

viele

Wenn *viele* wie ein Nomen (Substantiv) verwendet wird, **kann** es **groß**geschrieben werden:

*das viele / Viele, was wir noch erledigen müssen
die vielen / Vielen, die auf ein WM-Ticket hofften ...*

Sonst wird *viele* immer **klein**geschrieben.

*das viele Ketschup, die vielen Nudeln,
viele liebe Grüße ...*

**Faustregel:
Kleinschreibung ist immer richtig.**

viertelstündig
viertelstündlich
viertens
vierundzwanzig
Vierung *die*
vierzehn
vierzehntägig
Vierzeiler *der*
vierzeilig
vierzig
Vi|gnet|te *die*
 auch: Vig|net|te
 (Aufkleber)

vik

Vi|kar *der*
 (junger Pfarrer)
 Vikarin *die*
 Vikariat *das*
Vik|tu|a|li|en
 (Lebensmittel)
 Viktualienmarkt *der*
Vil|la *die*
 die Villen
 Villengegend *die*
Vi|nai|gret|te *die*
 auch: Vi|naig|ret|te
 (saure Soße)
Vi|o|la *die* (Bratsche)
vi|o|lett
Vi|o|li|ne *die*
 Violinkonzert *das*
 Violinschlüssel *der*
Vi|o|lon|cel|lo *das*
VIP/V.I.P. (very important person(s))
 VIP-Lounge *die*
Vi|per *die* (Giftschlange)

vi|ril (männlich)
vir|tu|ell (scheinbar)
 virtuelle Welten
vir|tu|os (meisterhaft)
 Virtuose *der*
 Virtuosität *die*
vi|ru|lent (ansteckend)
 Virulenz *die*
Vir|us *das/der*
 die Viren
 Virusgrippe *die*
 Virusinfektion *die*

vis

Vi|sa|ge *die* (Gesicht)
 Visagist/in
vis-a-vis/vis-à-vis
 (gegenüber)
Vi|sier *das*
 im Visier haben
Vi|si|on *die*
 (Vorstellung)
 visionär
Vi|si|ta|ti|on *die*
 (Besichtigung)
 Visite *die*
 Visitenkarte *die*
 visitieren
Vis|ko|se *die*
 (ein Kunststoff)
vi|su|a|li|sie|ren
 (veranschaulichen)
 Visualisierung *die*
 visuell
Vi|sum *das*
 die Visa/Visen
 Visumantrag *der*
 visumfrei
 Visumzwang *der*
Vi|ta *die* (Lebenslauf)
 vital
 vitale Interessen
 Vitalität *die*

Vi|ta|min *das*
 auch: Vit|amin
 Vitamin C
 vitaminarm
 Vitamin-B-haltig
 vitaminreich
 Vitaminstoß *der*
Vi|tri|ne *die*
 auch: Vit|ri|ne
 (Glasschrank)
vi|vat!
 (er/sie lebe hoch!)
Vi|ze... (stellvertretend)
 Vizekanzler/in
 Vizekönig/in
 Vizemeister/in
Vlies *das*
 (Rohwolle vom Schaf)
 das Goldene Vlies
Vlie|se|li|ne *die*
 (Einlage zum Verstärken von Kragen und Manschetten)
V-Mann *der*
 (Vertrauensmann)

vo

Vo|gel *der*
 die Vögel
 Vogelbauer *das/der*
 Vogelbeere *die*
 Vogelfluglinie *die*
 Vogelfutter *das*
 Vogelhäuschen *das*
 Vogelnest *das*
 Vogelperspektive *die*
 Vogelscheuche *die*
 Vogelschutzgebiet *das*
 Vogel-Strauß-Politik *die*
 Vogelzüchter *der*
Vogt *der* (im Mittelalter: Burgverwalter)
 die Vögte

voi|là (sieh da!)
Voile *der* (ein Gewebe)
Vo|ka|bel *die*
　Vokabelheft *das*
　Vokabular *das*
Vo|kal *der* (Selbstlaut)
　vokalisch
　Vokalmusik *die*
Vo|ka|tiv *der* (Kasus im Lateinischen)

vol

Vo|lant *der/das* (Besatz; Steuerrad)
Vo|li|e|re *die* (Vogelhaus)
Volk *das*
　die Völker
　Völkerball *der*
　Völkerrecht *das*
　völkerrechtlich
　Völkerverständigung *die*
　Volksabstimmung *die*
　Volksbefragung *die*
　Volksentscheid *der*
　Volksfest *das*
　Volkshochschule *die* (VHS)
　Volkslied *das*
　Volksmusik *die*
　volkstümlich
　Volkswirtschaft *die*
　Volkszählung *die*
voll
　v...
　voll und ganz
　voll von Menschen
　voller Angst
　nicht für voll nehmen
　ein voll besetzter/ vollbesetzter Bus
　voll laden/vollladen
　voll laufen lassen/ volllaufen lassen
　voll machen/ vollmachen
　voll schmieren/ vollschmieren
　voll schreiben/ vollschreiben
　voll sein
　voll stopfen/vollstopfen
　voll tanken/volltanken
　V...
　aus dem Vollen schöpfen
　in die Vollen gehen
voll|auf
　vollauf zufrieden
voll|au|to|ma|tisch
Voll|bad *das*
　die Vollbäder
Voll|bart *der*
　die Vollbärte
Voll|be|schäf|ti|gung *die*
Voll|blut *das*
　vollblütig
　Vollblutpferd *das*
Voll|brem|sung *die*
voll|brin|gen
　vollbringt, vollbrachte, hat vollbracht
Voll|dampf *der*
　mit Volldampf voraus
Völ|le|ge|fühl *das*
voll|en|den
　vollendet, vollendete, hat vollendet
　vollendete Gegenwart
　vollendete Vergangenheit
　vollendete Zukunft
　vollends
　Vollendung *die*
Völ|le|rei *die* (übermäßiges Essen)
Vol|ley|ball *der*
　Volleyballturnier *das*
voll es|sen/ voll|es|sen sich
　isst sich voll, aß sich voll, hat sich voll gegessen/vollgegessen
Voll|gas *das*
　Vollgas geben
voll gie|ßen/ voll|gie|ßen
　gießt voll, goss voll, hat voll gegossen/ vollgegossen
völ|lig
　völlig anders
voll|jäh|rig
　Volljährigkeit *die*
Voll|kas|ko *die*
　vollkaskoversichert
　Vollkaskoversicherung *die*
voll|kom|men
　Vollkommenheit *die*
Voll|korn|brot *das*
Voll|macht *die*
Voll|milch *die*
Voll|mond *der*
voll|mun|dig
Voll|nar|ko|se *die*
Voll|pen|si|on *die*
voll|schlank
voll sprit|zen/ voll|sprit|zen
voll|stän|dig
　Vollständigkeit *die*
voll|stre|cken
　hat vollstreckt
　Vollstrecker *der*
　Vollstreckung *die*
Voll|tref|fer *der*
voll|trun|ken
　Volltrunkenheit *die*
Voll|verb *das*

Voll|ver|samm|lung
die
Voll|wai|se *die*
Voll|wasch|mit|tel
das
voll|wer|tig
Vollwertigkeit *die*
Vollwertkost *die*
voll|zäh|lig
Vollzähligkeit *die*
voll|zie|hen
vollzieht, vollzog,
hat vollzogen
Vollzug *der*
Vollzugsanstalt *die*
Vollzugsbeamte *der*
Vo|lon|tär *der*
(Auszubildender)
Volontärin *die*
Volontariat *das*
Volt *das* (V)
Voltmeter *das*
vol|ti|gie|ren
(auf dem Pferd turnen)
Vo|lu|men *das* (V)
(Rauminhalt)
die Volumen/Volumina
voluminös
vom (von dem)

von

von
von heute an
von Nutzen
von Sinnen
von Neuem/von neuem
von vorn(e)
von vornherein
von alters her
von jeher
von Grund auf
von klein auf
von Amts wegen

von Rechts wegen
von wegen!
voneinander
vonnöten
vonseiten/von Seiten
von|stat|ten|ge|hen
geht vonstatten,
ging vonstatten,
ist vonstattengegangen

vor

vor
vor allem
vor Ort
vor|ab
vorab informieren
vorab veröffentlichen
Vor|abend *der*
Vor|ah|nung *die*
vo|ran
auch: vor|an
vo|ran|ge|hen
auch: vor|an|ge|hen
geht voran, ging voran,
ist vorangegangen
das Vorangehende
im Vorangehenden
vo|ran|kom|men
auch: vor|an|kom|men
kommt voran, kam voran, ist vorangekommen
Vor|an|kün|di|gung
die
vor|an|mel|den
Voranmeldung *die*
vo|ran|stel|len
auch: vor|an|stel|len
vo|ran|trei|ben
auch: vor|an|trei|ben
treibt voran, trieb voran,
hat vorangetrieben
Vor|ar|bei|ter *der*
Vorarbeiterin *die*

vo|raus
auch: vor|aus
im Voraus
vo|raus|ah|nen
auch: vor|aus|ah|nen
vo|raus|be|rech|nen
auch: vor|aus-
be|rech|nen
vo|raus|be|stimmt
auch: vor|aus-
be|stimmt
vo|raus|ei|len
auch: vor|aus|ei|len
vo|raus|fah|ren
auch: vor|aus|fah|ren
fährt voraus, fuhr voraus, ist vorausgefahren
vo|raus|ge|hen
auch: vor|aus|ge|hen
geht voraus, ging voraus,
ist vorausgegangen
Vorausgehende *das*
im Vorausgehenden
vo|raus|ge|setzt
auch: vor|aus|ge|setzt
vo|raus|ha|ben
auch: vor|aus|ha|ben
hat voraus, hatte voraus, hat vorausgehabt
vo|raus|lau|fen
auch: vor|aus|lau|fen
läuft voraus, lief voraus,
ist vorausgelaufen
Vo|raus|sa|ge *die*
auch: Vor|aus|sa|ge
voraussagen
vo|raus|schau|end
auch: vor|aus|schau|end
vo|raus|schi|cken
auch: vor|aus|schi|cken
vo|raus|se|hen
auch: vor|aus|se|hen
sieht voraus, sah voraus,
hat vorausgesehen

voraussehbar
vo|raus|set|zen
auch: vor|aus|set|zen
Voraussetzung *die*
voraussetzungslos
Vo|raus|sicht *die*
auch: Vor|aus|sicht
aller Voraussicht nach
voraussichtlich
Vo|raus|zah|lung *die*
auch: Vor|aus|zah|lung

vorb _____

Vor|bau *der*
vorbauen
der kluge Mann baut vor
Vor|be|din|gung *die*
Vor|be|halt *der*
mit Vorbehalt
unter Vorbehalt
vorbehalten
behält vor, behielt vor,
hat vorbehalten
sich vorbehalten
vorbehaltlich
vorbehaltlich der
Zustimmung
vorbehaltlos
vor|be|han|deln
Vorbehandlung *die*
vor|bei
vorbei sein
vor|bei|brin|gen
bringt vorbei,
brachte vorbei,
hat vorbeigebracht
vor|bei|fah|ren
fährt vorbei, fuhr vorbei,
ist vorbeigefahren
vor|bei|ge|hen
geht vorbei, ging vorbei,
ist vorbeigegangen
im Vorbeigehen

vor|bei|kom|men
kommt vorbei,
kam vorbei,
ist vorbeigekommen
Vor|bei|marsch *der*
die Vorbeimärsche
vorbeimarschieren
vor|bei|schau|en
vor|be|las|tet
Vorbelastung *die*
Vor|be|mer|kung *die*
vor|be|rei|ten
vorbereitend
Vorbereitung *die*
Vorbereitungszeit *die*
Vor|be|richt *der*
Vor|be|sit|zer *der*
Vorbesitzerin *die*
vor|be|stel|len
Vorbestellung *die*
vor|be|straft
Vorbestrafte *der/die*
vor|beu|gen
Vorbeugehaft *die*
Vorbeugung *die*
Vorbeugungs-
maßnahme *die*
Vor|bild *das*
vorbildhaft
vorbildlich
Vorbildlichkeit *die*
Vor|bil|dung *die*
Vor|bör|se *die*
vorbörslich
Vor|bo|te *der*
vor|brin|gen
bringt vor, brachte vor,
hat vorgebracht
eine Meinung vorbringen

vord _____

vor|da|tie|ren
Vor|den|ker *der*

Vor|der|ach|se *die*
Vor|der|asi|en
Vor|der|aus|gang *der*
die Vorderausgänge
Vor|der|grund *der*
vordergründig
Vor|der|haus *das*
die Vorderhäuser
Vor|der|mann *der*
Vor|der|rad *das*
die Vorderräder
Vorderradantrieb *der*
Vor|der|rei|fen *der*
Vor|der|satz *der*
vor|ders|te
die vorderste Reihe
Vor|der|sei|te *die*
Vor|der|teil *das/der*
vor|drän|geln
sich vordrängeln
vor|drin|gen
dringt vor, drang vor,
ist vorgedrungen
vordringlich
Vordringlichkeit *die*
Vor|druck *der*

vore _____

vor|ei|lig
vor|ein|an|der
auch: vor|ei|nan|der
vor|ein|ge|nom|men
voreingenommen sein
Voreingenommenheit
die
vor|ent|hal|ten
enthält vor, enthielt vor,
hat vorenthalten
Vorenthaltung *die*
Vor|ent|scheid *der*
Vorentscheidung *die*
vor|erst
Vor|ex|a|men *das*

vorf

Vor|fahr/
Vor|fah|re *der*
vor|fah|ren
fährt vor, fuhr vor,
ist vorgefahren
Vorfahrt *die*
Vorfahrt(s)recht *das*
Vorfahrt(s)regel *die*
Vorfahrt(s)schild *das*
Vorfahrt(s)straße *die*
Vor|fall *der*
die Vorfälle
vorfallen
fällt vor, fiel vor,
ist vorgefallen
Vor|feld *das*
vor|fi|nan|zie|ren
Vorfinanzierung *die*
vor|fin|den
findet vor, fand vor,
hat vorgefunden
Vor|freu|de *die*
Vor|früh|ling *der*
vor|füh|ren
Vorführer/in
Vorführgerät *das*
Vorführung *die*

vorg

Vor|ga|be *die*
Vor|gang *der*
die Vorgänge
Vorgänger/in
Vorgangspassiv *das*
Vor|gar|ten *der*
vor|gau|keln
vor|ge|ben
gibt vor, gab vor,
hat vorgegeben
die vorgegebene Zeit
Vor|ge|bir|ge *das*

vor|ge|fasst
die vorgefasste Meinung
vor|ge|hen
geht vor, ging vor,
ist vorgegangen
Vorgehen *das*
Vorgehensweise *die*
vor|ge|la|gert
vor|ge|nannt
Vor|ge|schich|te *die*
vorgeschichtlich
Vor|ge|schmack *der*
vor|se|hen
sieht vor, sah vor,
hat vorgesehen
sich vorsehen
Vor|ge|setz|te *der/die*
Vor|ge|spräch *das*
vor|ges|tern
vorgestern Abend
vorgestrig
vor|grei|fen
greift vor, griff vor,
hat vorgegriffen
Vorgriff *der*

vorh

vor|ha|ben
hat vor, hatte vor,
hat vorgehabt
Vorhaben *das*
Vor|halt *der*
vor|hal|ten
hält vor, hielt vor,
hat vorgehalten
Vorhaltungen
vor|han|den sein
Vorhandensein *das*
Vor|hang *der*
die Vorhänge
Vorhängeschloss *das*
Vor|haut *die* (Teil des
männl. Geschlechts)

vor|her
vor|her|be|stim|men
Vorherbestimmung *die*
vor|her|ge|hend
im Vorhergehenden
vor|he|rig
nach vorheriger
Absprache
Vor|herr|schaft *die*
vorherrschen
vorherrschend
Vor|her|sa|ge *die*
vorhersagen
(prophezeien)
vorher sagen
(früher sagen)
vor|her|se|hen
sieht vorher, sah vorher,
hat vorhergesehen
vorhersehbar
vor|hin
im Vorhinein
Vor|hut *die*
vo|rig
voriges Jahr
Vor|in|for|ma|ti|on
die
Vor|jahr *das*
im Vorjahr

vork

Vor|kämp|fer *der*
Vorkämpferin *die*
Vor|kaufs|recht *das*
Vor|keh|run|gen
Vorkehrungen treffen
Vor|kennt|nis|se
vor|knöp|fen
sich jmdn. vorknöpfen
vor|kom|men
kommt vor, kam vor,
ist vorgekommen
Vorkommen *das*

Vorkommnis *das*
keine besonderen
Vorkommnisse
Vor|kriegs|zeit *die*

vorl ⎯⎯⎯⎯⎯

vor|la|den
lädt vor, lud vor,
hat vorgeladen
Vorladung *die*
Vor|la|ge *die*
vor|las|sen
lässt vor, ließ vor,
hat vorgelassen
Vor|lauf *der*
die Vorläufe
Vorläufer *der*
vorläufig
vor|laut
ein vorlauter Schüler
Vor|le|ben *das*
vor|le|gen
Vorleger *der*
Vor|leis|tung *die*
vor|le|sen
liest vor, las vor,
hat vorgelesen
Vorlesewettbewerb *der*
Vorlesung *die*
vorlesungsfrei
Vorlesungsver-
zeichnis *das*
vor|letzt
die vorletzte Silbe
Vor|lie|be *die*
vorliebnehmen
nimmt vorlieb,
nahm vorlieb,
hat vorliebgenommen
vor|lie|gen
liegt vor, lag vor,
hat vorgelegen
vorliegend

vor|lü|gen
jemandem etwas
vorlügen

vorm ⎯⎯⎯⎯⎯

vorm (vor dem)
vor|ma|chen
Vor|macht *die*
Vormachtstellung *die*
vor|ma|lig
vormals
Vor|märz *der* (1815/48)
vor|mer|ken
Vormerkung *die*
Vor|mie|ter *der*
Vormieterin *die*
Vor|mit|tag *der*
*heute/gestern/
morgen Vormittag
der Sonntagvormittag*
vormittags
Vor|mund *der*
Vormundschaft *die*
vorn/vor|ne
von vorn beginnen
Vor|na|me *der*
vor|nehm
Vornehmheit *die*
vor|neh|men
nimmt vor, nahm vor,
hat vorgenommen
sich etwas vornehmen
vor|nehm|lich
(besonders)
vor|ne|weg
vorn|he|rein
auch: vorn|her|ein
von vornherein
vorn|über
vornüberkippen
Vor|ort *der*
vor|pla|nen
Vorplanung *die*

Vor|pos|ten *der*
vor|pre|schen
(sich vorwagen)
**vor|pro|gram|mie-
ren**
vorprogrammiert

vorr ⎯⎯⎯⎯⎯

Vor|rang *der*
den Vorrang geben
vorrangig
Vorrangstellung *die*
Vor|rat *der*
die Vorräte
vorrätig
Vorratsraum *der*
Vor|raum *der*
die Vorräume
vor|rech|nen
Vor|recht *das*
Vor|red|ner *der*
Vorrednerin *die*
Vor|rei|ter *der*
Vor|rich|tung *die*
vor|rü|cken
Vor|ru|he|stand *der*
Vorruhestands-
regelung *die*
Vor|run|de *die*
Vorrundenspiel *das*
vors (vor das)
vor|sa|gen
Vorsager/in
Vor|sai|son *die*
Vor|satz *der*
die Vorsätze
vorsätzlich
Vor|schau *die*
Vor|schein *der*
zum Vorschein kommen
vor|schie|ben
schiebt vor, schob vor,
hat vorgeschoben

vor|schie|ßen
schießt vor, schoss vor,
hat vorgeschossen
Vorschuss *der*
Vor|schlag *der*
die Vorschläge
vorschlagen
schlägt vor, schlug vor,
hat vorgeschlagen
Vorschlagsrecht *das*
vor|schnell (voreilig)
vor|schrei|ben
schreibt vor, schrieb vor,
hat vorgeschrieben
jemandem etwas
vorschreiben
Vorschrift *die*
vorschriftsmäßig
vorschriftswidrig
Vor|schub (Hilfe)
Vorschub leisten
Vor|schu|le *die*
Vorschulerziehung *die*
Vor|schuss *der*
die Vorschüsse
vorschussweise
Vorschusszahlung *die*
vor|schüt|zen
(als Vorwand angeben)
eine Krankheit vor-
schützen
vor|schwär|men
vor|schwe|ben
mir schwebt etwas
Bestimmtes vor
vor|se|hen
sieht vor, sah vor,
hat vorgesehen
sich vorsehen
Vorsehung *die*
Vor|sicht *die*
vorsichtig
vorsichtshalber
Vorsichtsmaßnahme *die*

Vor|sil|be *die*
vor|sin|gen
singt vor, sang vor,
hat vorgesungen
vor|sint|flut|lich
Vor|sitz *der*
Vorsitzende *der/die*
Vor|sor|ge *die*
vorsorgen
vorsorglich
Vorsorgeuntersuchung
die
Vor|spann *der*
Vor|spei|se *die*
vor|spie|geln
Vorspieg(e)lung *die*
Vor|spiel *das*
vorspielen
vor|spre|chen
spricht vor, sprach vor,
hat vorgesprochen
Vor|sprung *der*

vorst

Vor|sta|di|um *das*
Vor|stadt *die*
die Vorstädte
Vor|stand *der*
die Vorstände
Vorstandsmitglied *das*
Vorstandsvorsitzende
der/die
vor|ste|hen
steht vor, stand vor,
hat/ist vorgestanden
vorstehend
Vorsteher/in
vor|stel|len
sich vorstellen
vorstellbar
Vorstellung *die*
Vorstellungs-
gespräch *das*

Vorstellungs-
vermögen *das*
Vor|stop|per *der*
Vor|stoß *der*
die Vorstöße
vorstoßen
stößt vor, stieß vor,
ist vorgestoßen
Vor|stra|fe *die*
Vorstrafenregister *das*
vor|stre|cken
Geld vorstrecken
vor|strei|chen
streicht vor, strich vor,
hat vorgestrichen
Vor|stu|fe *die*

vort

Vor|tag *der*
am Vortag
vor|tan|zen
Vortänzer/in
vor|täu|schen
Vortäuschung *die*
Vor|teil *der*
auf seinen Vorteil
bedacht sein
vorteilhaft
Vor|trag *der*
die Vorträge
vortragen
trägt vor, trug vor,
hat vorgetragen
die Ergebnisse vortragen
Vortragende *der/die*
Vortragsreihe *die*
vor|treff|lich
(vorzüglich)
vor|tre|ten
tritt vor, trat vor,
ist vorgetreten
vor|tur|nen
Vorturner/in

voru

vo|rü|ber
auch: vor|über
vorüber sein
vorübergehen
geht vorüber, ging vorüber, ist vorübergegangen
vorübergehend
Vor|über|le|gung *die*
Vor|übung *die*
Vor|ur|teil *das*
vorurteilsfrei
vorurteilslos
Vorurteilslosigkeit *die*
Vor|ver|gan|gen|heit *die*
Vor|ver|kauf *der*
Vorverkaufsstelle *die*
vor|ver|le|gen
Vorverlegung *die*
Vor|ver|trag *der*
die Vorverträge
vor|ver|ur|tei|len
Vorverurteilung *die*

vorw

vor|wa|gen
sich vorwagen
Vor|wahl *die*
Vorwahlnummer/
Vorwählnummer *die*
Vor|wand *der*
die Vorwände
einen Vorwand suchen
vor|war|nen
Vorwarnung *die*
vor|wärts
vorwärtsblicken
vorwärtsgehen
geht vorwärts,
ging vorwärts,
ist vorwärtsgegangen
vorwärtskommen
kommt vorwärts,
kam vorwärts,
ist vorwärtsgekommen
vorwärtsweisend
Vorwärtsgang *der*
vor|wa|schen
wäscht vor, wusch vor,
hat vorgewaschen
Vorwaschgang *der*
Vorwäsche *die*
vor|weg
Vorwegnahme *die*
vorwegnehmen
nimmt vorweg,
nahm vorweg,
hat vorweggenommen
Vor|weih|nachts|zeit *die*
vor|wei|sen
weist vor, wies vor,
hat vorgewiesen
vor|wer|fen
wirft vor, warf vor,
hat vorgeworfen
vor|wie|gend
vor|wit|zig (vorlaut)
Vor|wo|che *die*
Vor|wort *das*
Vor|wurf *der*
die Vorwürfe
vorwurfsvoll

vorz

Vor|zei|chen *das*
vor|zeich|nen
Vorzeichnung *die*
vor|zei|gen
vorzeigbar
Vor|zeit *die*
vorzeiten
vorzeitig
Vorzeitigkeit *die*
vor|zie|hen
zieht vor, zog vor,
hat vorgezogen
Vor|zim|mer *das*
Vorzimmerdame *die*
Vor|zug *der*
die Vorzüge
den Vorzug geben
vorzüglich
Vorzugspreis *der*
Vorzugsstellung *die*
vorzugsweise

vot

vo|tie|ren (abstimmen)
dafür/dagegen votieren
Vo|tiv|bild *das*
(geweihtes Bild)
Votivgabe *die*
Votivtafel *die*
Vo|tum *das*
(Entscheidung, Stimme)
die Voten/Vota
sein Votum abgeben
Vou|cher *der/das*
(Gutschein)
Vo|yeur *der*
(heimlicher Zuschauer)

vu

vul|gär
(gewöhnlich, derb)
Vul|kan *der*
Vulkanausbruch *der*
Vulkangestein *das*
vulkanisch
Vulkanismus *der*
vul|ka|ni|sie|ren
(zu Gummi
verarbeiten)
v. u. Z. (vor unserer Zeitrechnung)

W (Westen / Watt)
Waa|ge *die*
   waag(e)recht
   waag(e)recht stehen
   Waagschale *die*
   wägen
wab|be|lig / wabb|lig
Wa|be *die*

   Wabenhonig *der*
wach
   wach bleiben
   wach rütteln /
   wachrütteln
   (aufwecken)
   wach sein
   wachen
   wachrufen
   ruft wach, rief wach,
   hat wachgerufen
   wachrütteln
   (zur Besinnung
   bringen)
Wach|dienst *der*
   Wache *die*
   Wache halten
   Wache stehen
   wachhabend
   Wachhund *der*
   Wachmann *der*
   die Wachleute /
   Wachmänner
   wachsam
   Wach(t)turm *der*

Wa|chol|der *der*
   Wacholderbeere *die*
Wachs *das*
   Wachsfigur *die*
   Wachskerze *die*
   Wachsmalstift *der*
   wachsweich
wach|sam
   Wachsamkeit *die*
wach|sen
   wächst, wuchs,
   ist gewachsen
   Wachstum *das*
   Wachstumsrate *die*
Wach|tel *die* (ein Vogel)
   Wachtelei *das*
Wäch|ter *der*
   Wachtmeister *der*
   Wach(t)posten *der*
wa|ckeln
   wack(e)lig
wa|cker
Wa|de *die*
   Wadenkrampf *der*
Wa|di *das*
   (trockenes Flussbett)

waf

Waf|fe *die*
   Waffenhandel *der*
   Waffenlager *das*
   Waffenruhe *die*
   Waffenstillstand *der*
Waf|fel *die*
   Waffeleisen *das*
wäg|bar
   wägen
   wägt, wog / wägte,
   hat gewogen
wa|gen
   Wagemut *der*
   waghalsig
   Wagnis *das*

Wa|gen *der*
   Wagenheber *der*
   Wagenpapiere
   Wagenrad *das*
Wag|gon / Wa|gon *der*
   waggonweise / wagon-
   weise

wah

Wahl *die*
   die Wahl haben
   vor der Wahl stehen
   die zweite Wahl
   Wahlausschuss *der*
   wählbar
   Wahlbenachrich-
   tigung *die*
   wahlberechtigt
   Wahlberechtigte
   der / die
   Wahlbeteiligung *die*
   wählen
   Wähler/in
   Wahlerfolg *der*
   Wahlergebnis *das*
   wahlfrei
   Wahlgeheimnis *das*
   Wahlheimat *die*
   Wahlkabine *die*
   Wahlkampf *der*
   Wahllokal *das*
   wahllos
   Wahlpflicht *die*
   Wahlplakat *das*
   Wahlpropaganda *die*
   Wahlrecht *das*
   Wahlsieg *der*
   Wahlurne *die*
   wahlverwandt
   wahlweise
Wahn *der*
   wähnen
   Wahnsinn *der*

wahnsinnig
zum Wahnsinnigwerden
Wahnsinnsarbeit die
Wahnvorstellung die
wahr (den Tatsachen
entsprechend)
nicht wahr?
wahr machen/
wahrmachen
wahr sein
wahr werden
für wahr halten
wah|ren
wäh|ren (dauern)
das währt schon lange
wäh|rend
während drei Tagen
währenddessen
(inzwischen)
wahr|ha|ben
wahr|haft
wahrhaftig
Wahrhaftigkeit die
Wahr|heit die
wahrheitsgemäß
wahrheitsgetreu
Wahrheitsliebe die
wahr|lich (in der Tat)
wahr|neh|men
nimmt wahr,
nahm wahr,
hat wahrgenommen
Wahrnehmung die
wahr|sa|gen
(prophezeien)
Wahrsager/in
wahr|schein|lich
Wahrscheinlichkeit die
Wahrscheinlichkeits-
rechnung die
Wah|rung die
Wäh|rung die
Währungskrise die
Währungsunion die

Wahr|zei|chen das
(Symbol für)

wai

Wai|se die
(elternloses Kind)
Waisengeld das
Waisenkind das
Waisenknabe der
Waisenrente die

wal

Wal der (Meerestier)
Walfang der
Walfänger der
Walfangschiff das
Walfisch der
Wald der
die Wälder
Waldameise die
Waldbrand der
waldig
Waldmeister der
Waldrand der
waldreich
Waldspaziergang der
Waldsterben das
Waldweg der
Wal|dorf|sa|lat der
Wal|dorf|schu|le die
wal|ken
Wal|kie-Tal|kie das
Walk|man® der
Wal|kü|re die
(germanische Göttin)
Wall der
die Wälle
Wal|lach der (ein Pferd)
wal|len
wall|fah|ren/
wall|fahr|ten
Wallfahrer/in

Wallfahrt die
Wallfahrtskirche die
Wallfahrtsort der
Wall|holz das
(Nudelholz)
Walm|dach das

die Walmdächer
Wal|nuss die
die Walnüsse
Wal|pur|gis|nacht die
(Volksglauben: 1. Mai-
nacht mit Hexentanz
auf dem Blocksberg)
Wal|ross das
die Walrosse
wal|ten
schalten und walten
Wal|ze die
walzen
Walzwerk das
wäl|zen
sich wälzen
Wal|zer der
Walzer tanzen
Walzertakt der
Wäl|zer der
(dickes Buch)
Wams das (Jacke)
die Wämser

wan

wand (→ winden)
Wand die
die Wände
Wandkarte die
Wandmalerei die

Wandschrank *der*
Wandtafel *die*
Wandteppich *der*
Wandverkleidung *die*
Wandzeitung *die*
Wan|da|le / Van|da|le
der (zerstörungswütiger Mensch)
Wandalismus / Vandalismus *der*
Wan|del *der*
wandelbar
wandeln
wan|dern
wir sind gewandert
Wanderer *der*
Wanderin *die*
Wanderkarte *die*
Wanderpokal *der*
Wanderschaft *die*
Wanderschuhe
Wandertag *der*
Wanderung *die*
Wand|lung *die*
wandlungsfähig
wand|te (→ wenden)
Wan|ge *die*
Wangenknochen *der*
Wan|kel|mut *der*
wankelmütig
wanken
wann
bis wann
dann und wann
von wann bis wann
Wan|ne *die*
Wannenbad *das*
Wanst *der* (Bauch)
Wan|ze *die*
Wap|pen *das*
Wappenschild *der/das*
Wappentier *das*
wapp|nen
sich wappnen

war

war (→ sein)
es war schön
das war ungerecht
warb (→ werben)
Wa|re *die*
Warenannahme *die*
Warenbestand *der*
Warenhaus *das*
Warenlager *das*
Warentest *der*
Warenzeichen *das*
wä|re (→ sein)
wir wären gerettet
das wäre mir lieber
warf (→ werfen)
warm
wärmer, wärmste
wärmstens
Essen warm halten
sich warm laufen / warmlaufen
warm machen / warmmachen
warm stellen / warmstellen
warme Würstchen
Warmblüter *der*
warmblütig
Wärme *die*
wärmedämmend
Wärmeeinheit *die*
Wärmegewitter *das*
wärmeisolierend
Wärmelehre *die*
wärmen
sich wärmen
Wärmepumpe *die*
Wärmequelle *die*
Wärmflasche *die*
Warmhalteplatte *die*
warmherzig
Warmwasser *das*

war|nen
Warndreieck *das*
Warnstreik *der*
Warnung *die*
War|te *die*
von seiner Warte aus
war|ten
Warteraum *der*
Wartesaal *der*
Wartezimmer *das*
War|tung *die*
wartungsfreundlich
wa|rum
auch: war|um
warum nicht?
nach dem Warum fragen
War|ze *die*

was

was
was anderes / Anderes
was für ein
was ist los?
irgendwas
wa|schen
wäscht, wusch,
hat gewaschen
sich waschen
Waschautomat *der*
waschbar
Waschbecken *das*
Wäsche *die*
waschecht
Wäscheklammer *die*
Wäscherei *die*
Wäscheschleuder *die*
Wäscheschrank *der*
Wäschetrockner *der*
Waschgelegenheit *die*
Waschkorb *der*
Waschlappen *der*
Waschmaschine *die*
Waschmittel *das*

Waschpulver *das*
Waschschüssel *die*
Was|ser *das*
 kaltes Wasser
 Wasser abweisend /
 wasserabweisend
 wasserarm
 Wasserball *der*
 Wasserdampf *der*
 wasserdicht
 Wasserfall *der*
 Wasserfarbe *die*
 wasserfest
 wassergekühlt
 Wasserhahn *der*
 Wasserklosett *das* (WC)
 Wasserlache *die*
 Wasserleitung *die*
 wasserlöslich
 wässern
 Wasserschaden *der*
 wasserscheu
 Wasserski /
 Wasserschi *der*
 Wassersport *der*
 Wasserstoff *der*
 Wassertemperatur *die*
 Wassertropfen *der*
 Wasserturm *der*
 Wasser-
 verschmutzung *die*
 Wasserwerfer *der*
 Wasserzeichen *das*
 wässrig
wa|ten
Wa|ter|kant *die*
 (norddt. Küstengebiet)
Wat|sche(n) *die*
 (Ohrfeige)
wat|scheln
Watt *das*
 Wattenmeer *das*
 Wattlaufen *das*
 Wattwanderung *die*

Watt *das* (W)
 Wattmeter *das*
 (elektr. Messgerät)
Wat|te *die*
 Wattebausch *der*
 wattieren
 wattig
WC *das* (water closet)

we

we|ben
 webt, webte / wob,
 hat gewebt / gewoben
 Weber/in
 Weberei *die*
 Webfehler *der*
 Webstuhl *der*
Wech|sel *der*
 wechselhaft
 Wechseljahre
 Wechselkurs *der*
 wechseln
 Wechselrahmen *der*
 wechselseitig
 Wechselstrom *der*
 wechselwarm
 wechselweise
Weck *der* (Brötchen)
 Wecke *die*
we|cken
 Wecker *der*
Weck|glas *das*
 die Weckgläser
we|deln
we|der
 weder ... noch
Week|end *das*
 (Wochenende)

weg

weg
 weg da!

 weg sein
Weg *der*
 zu Wege / zuwege
 bringen
 Wegbereiter/in
 Wegebau *der*
 Wegstrecke *die*
 Wegweiser *der*
weg|blei|ben
 bleibt weg, blieb weg,
 ist weggeblieben
weg|bli|cken
weg|brin|gen
 bringt weg, brachte weg,
 hat weggebracht
weg|dür|fen
 darf weg, durfte weg,
 hat weggedurft
we|gen
 wegen der hohen Preise
 wegen Umbau
 wegen etwas anderem /
 Anderem
 deinetwegen
 euretwegen
 ihretwegen
 meinetwegen
 seinetwegen
 unseretwegen
 von Rechts wegen
 von wegen!
weg|fah|ren
 fährt weg, fuhr weg,
 ist weggefahren
weg|fal|len
 fällt weg, fiel weg,
 ist weggefallen
weg|ge|hen
 geht weg, ging weg,
 ist weggegangen
weg|hö|ren
weg|kom|men
 kommt weg, kam weg,
 ist weggekommen

weg|las|sen
lässt weg, ließ weg,
hat weggelassen
weg|lau|fen
läuft weg, lief weg,
ist weggelaufen
weg|le|gen
weg|müs|sen
muss weg, musste weg,
hat weggemusst
weg|neh|men
nimmt weg, nahm weg,
hat weggenommen
weg|pa|cken
weg|ra|ti|o|na|li-
sie|ren
weg|räu|men
weg|rei|ßen
reißt weg, riss weg,
hat weggerissen
weg|ren|nen
rennt weg, rannte weg,
ist weggerannt
weg|schi|cken
weg|schmei|ßen
schmeißt weg,
schmiss weg,
hat weggeschmissen
weg|se|hen
sieht weg, sah weg,
hat weggesehen
weg|stel|len
weg|tra|gen
trägt weg, trug weg,
hat weggetragen
weg|tre|ten
tritt weg, trat weg,
ist weggetreten
weg|wer|fen
wirft weg, warf weg,
hat weggeworfen
weg|zie|hen
zieht weg, zog weg,
hat / ist weggezogen

412

weh

weh!
mit Ach und Weh
der wehe Finger
weh tun / wehtun
We|he *die*
in den Wehen liegen
we|hen
Weh|kla|gen *das*
wehleidig
Weh|mut *die*
(Traurigkeit)
wehmütig
Wehr *die* (Verteidigung);
das (Stauwerk)
sich zur Wehr setzen
Wehrdienst *der*
wehren
sich wehren
wehrhaft
wehrlos
Wehrlosigkeit *die*
Wehrpflicht *die*
wehrpflichtig
Wehrpflichtige *der*
weh tun / weh|tun
tut weh, tat weh, hat
weh getan / wehgetan
sich weh tun / wehtun

wei

Weib *das*
Weiberfas(t)nacht *die*
weibisch
weiblich
Weiblichkeit *die*
weich
Fleisch weich klopfen /
weichklopfen
aber: jemanden
weichklopfen
(überreden)

Eier *weich kochen /*
weichkochen
aber: jemanden
weichkochen
(zum Nachgeben
bringen)
weich machen /
weichmachen
Weichheit *die*
weichherzig
Weichkäse *der*
weichlich
Weichling *der*
Weichmacher *der*
Weichspüler *der*
Weich|bild *das*
Wei|che *die*
die Weichen stellen
Weichensteller *der*
wei|chen
(weich werden:)
weicht, weichte,
hat geweicht
(zurückgehen:)
weicht, wich,
ist gewichen
Wei|de *die*
weiden
Weidenbaum *der*
Weidenkätzchen *das*
weid|lich
(ausgiebig)
Weid|mann *der* (Jäger)
die Weidmänner
Weidmannsheil!
Weidwerk *das*
wei|gern
sich weigern
Weigerung *die*
Wei|he *die*
Weihbischof *der*
weihen
weihevoll
Weihwasser *das*

Wei|her der (Teich)
Weih|nacht die
Weihnachten *das*
weihnachtlich
Weihnachtsabend *der*
Weihnachtsbaum *der*
Weihnachtsfeier *die*
Weihnachtsferien
Weihnachtsfest *das*
Weihnachtsgeschäft *das*
Weihnachts-
geschenk *das*
Weihnachts-
geschichte *die*
Weihnachtslied *das*
Weihnachtsmann *der*
Weihnachtsmarkt *der*
Weihnachtsstern *der*
Weihnachtszeit *die*
Weih|rauch der
Weih|was|ser das
weil
weil ich zu spät war ...
Wei|le die
Weilchen *das*
ein Weilchen
weilen
Wei|ler der
(kleines Dorf)

wein

Wein der
Weinbau *der*
Weinbauer *der*
Weinberg *der*
Weinbergschnecke *die*
Weinbrand *der*
Weinfass *das*
Weinflasche *die*
Weingut *das*
Weinkeller *der*
Weinkönigin *die*
Weinlese *die*
weinrot
Weinsäure *die*
Weinstock *der*
Weintraube *die*
wei|nen
zum Weinen bringen
weinerlich
Weinkrampf *der*

weis

wei|se (klug)
Weise *der*
Weisheit *die*
Weisheitszahn *der*

Wei|se die
die Art und Weise
normalerweise
seltsamerweise
unvorsichtigerweise
wei|sen
weist, wies,
hat gewiesen
Weisung *die*
Weisungsbefugnis *die*
weisungsgemäß
Weis|heit die
Weisheitszahn *der*
weis|ma|chen
er wollte mir weis-
machen, dass ...
weiß (→ wissen)
weiß
w ...
schwarz auf weiß
weiße Mäuse
eine weiße Weste haben
ein weißer Fleck
W ...
die Farbe Weiß
das Weiße Haus
eine Berliner Weiße
ein Weißer
in Weiß

---

wissen

*Ich **weiß** es.*
***Weißt** du es auch?*
*Jeder **weiß** es.*

ß

weiß

*die Farbe **Weiß***
*schwarz auf **weiß***
*Das Tischtuch ist **weiß**.*

---

weisen, beweisen

*Er **weis**t darauf hin.*
*der Hin**weis***
*der Ver**weis***
*Das be**weis**t seine Schuld.*

s

weise

*die **Weis**heit*
***weis**e sein*
*jemandem etwas **weis**machen*
*die **Weis**en*

Weißbier *das*
Weißbrot *das*
weißen
Weißglut *die*
Weißgold *das*
weißhaarig
Weißkohl *der*
Weißkraut *das*
weißlich
Weißwein *der*
Weißwurst *die*
Weiß|russ|land
Weißrusse *der*
Weißrussin *die*
weißrussisch
weis|sa|gen
weissagt, weissagte,
hat geweissagt
Weissager/in
Weissagung *die*

weit

weit
w…
weit fahren
weit mehr
am weitesten
W…
das Weite suchen
alles Weitere
des Weiteren
im Weiteren
als Weiteres
ein Weiteres
W…/w…
bei Weitem/bei weitem
ohne Weiteres/ohne
weiteres
von Weitem/von weitem
bis auf Weiteres/
bis auf weiteres
weitab
aber: weit ab von

weitaus
weitblickend/
weit blickend
Weite *die*
weiten
weiter
weiterhin
wei|ter|ar|bei|ten
wei|ter|be|schäf-
ti|gen
wei|ter|bil|den
Weiterbildung *die*
wei|ter|brin|gen
bringt weiter,
brachte weiter,
hat weitergebracht
wei|ter|den|ken
denkt weiter,
dachte weiter,
hat weitergedacht
wei|ter|emp|feh|len
empfiehlt weiter,
empfahl weiter,
hat weiterempfohlen
wei|ter|ent|wi|ckeln
wei|ter|er|zäh|len
wei|ter|fah|ren
fährt weiter, fuhr weiter,
ist weitergefahren
Weiterfahrt *die*
wei|ter|füh|ren
Wei|ter|ga|be *die*
wei|ter|ge|hen
(fortgehen)
geht weiter, ging weiter,
ist weitergegangen
weitergehend
aber: weiter gehen
(noch weiter gehen)
der noch weiter
gehende Antrag
wei|ter|hel|fen
hilft weiter, half weiter,
hat weitergeholfen

wei|ter|hin
wei|ter|kom|men
kommt weiter,
kam weiter,
ist weitergekommen
wei|ter|le|ben
Wei|ter|rei|se *die*
weiterreisen
wei|ter|sa|gen
wei|ter|schla|fen
schläft weiter,
schlief weiter,
hat weitergeschlafen
wei|ter|spie|len
Wei|ter|ver|brei-
tung *die*
Wei|ter|ver|kauf *der*
weiterverkaufen
wei|ter|ver|mie|ten
wei|ter|ver|wen|den
Weiterverwendung *die*

weiterw

wei|ter|wis|sen
weiß weiter,
wusste weiter,
hat weitergewusst
nicht weiterwissen
wei|ter|wol|len
will weiter, wollte weiter,
hat weitergewollt
wei|ter|zah|len
weit ge|hend/
weit|ge|hend
eine weit gehende,
weiter gehende, weitest-
gehende Einigung
eine weitgehende, weit-
gehendere Einigung
weit|her
aber: von weit her
weit|hin
weithin sichtbar

weit|läu|fig
weitläufig verwandt sein
Weitläufigkeit *die*
**weit rei|chend /
weit|rei|chend**
*weit reichende / weit-
reichende Vollmachten*
weit|schwei|fig
Weit|sicht *die*
weitsichtig
Weitsichtigkeit *die*
Weit|sprung *der*
die Weitsprünge
**weit ver|brei|tet /
weit|ver|brei|tet**
*eine weit verbreitete /
weitverbreitete Meinung*
**weit ver|zweigt /
weit|ver|zweigt**
*weit verzweigte /
weitverzweigte
Bewässerungskanäle*
**Weit|win|kel-
ob|jek|tiv** *das*
Wei|zen *der*
Weizenbrot *das*
Weizenfeld *das*
Weizenkeimöl *das*
Weizenkleie *die*
Weizenmehl *das*

wel

welch
*welche / welcher /
welches*
welk
welken
Well|blech *das*
Wellblechdach *das*
Wel|le *die*
Wellenbad *das*
Wellenbrecher *der*
Wellengang *der*
Wellenlänge *die*
Wellenreiter/in
wellig
Wel|len|sit|tich *der*
Well|fleisch *das*
(Schweinefleisch)
Well|pap|pe *die*
Wel|pe *der*
(junger Hund)
Wels *der* (ein Fisch)
welsch (französisch)
Welt *die*
die Dritte Welt
Weltall *das*
Weltanschauung *die*
Weltausstellung *die*
Weltbank *die*
weltbekannt
weltberühmt
Weltbestleistung *die*
weltbewegend
Weltbild *das*
weltumspannend
Welterfolg *der*
weltfremd
Weltgeschichte *die*
Welthandel *der*
Weltkarte *die*
Weltkrieg *der*
der Erste Weltkrieg
der Zweite Weltkrieg
weltlich
Weltliteratur *die*
Weltmacht *die*
Weltmarkt *der*
Weltmeister/in
Weltpolitik *die*
Weltraum *der*
Weltreise *die*
Weltrekord *der*
Weltschmerz *der*
Weltstadt *die*
Weltuntergang *der*
weltweit
Weltwirtschaft *die*
wem
von wem
mit wem

---

wenig

Wenn *wenige* wie ein Nomen (Substantiv) verwendet wird, **kann** es **groß**geschrieben werden:

*das wenige / Wenige, was in der Pyramide
gefunden wurde, ...*
*die wenigen / Wenigen, die zu Hause geblieben
waren, ...*

Sonst wird *wenig* immer kleingeschrieben.

ein wenig   *zu wenig Arbeit*
wenig Neues   *die wenigen Tage*

**Faustregel:
Kleinschreibung ist immer richtig.**

wen

wen
 für wen
Wen|de *die*
 Wendehals *der*
 Wendekreis *der*
 Wendeltreppe *die*
 Wendemanöver *das*
 wenden
 wendet,
 wandte/wendete,
 hat gewandt/gewendet
 sich wenden an
 Wendepunkt *der*
 wendig
 Wendigkeit *die*
 Wendung *die*
 eine Wendung zum
 Besseren
we|nig
 (s. auch Kasten S. 415)
 wenig Erfreuliches
 wenig Neues
 ein wenig
 mit wenig
 zu wenig
 das wenige
 einiges wenige
 nichts weniger als
 umso weniger
 ein weniges
 das wenigste
 am wenigsten
 die wenigsten
 nichtsdestoweniger
 wenigstens
wenn
 wenn du willst ...
 ohne Wenn und Aber
 wenngleich (obwohl)
 wennschon
 wennschon, dennschon

wer

wer
 wer von beiden?
 wer auch immer
wer|ben
 wirbt, warb,
 hat geworben
 Werbeagentur *die*
 Werbefernsehen *das*
 Werbekampagne *die*
 Werbeslogan *der*
 Werbespot *der*
 Werbetext *der*
 werbewirksam
 Werbung *die*
 Werbungskosten
wer|den
 wird, wurde,
 ist geworden
 Werdegang *der*
 der berufliche
 Werdegang
 werdend
wer|fen
 wirft, warf,
 hat geworfen
Werft *die*
 Werftarbeiter *der*
Werk *das*
 ans Werk gehen
 sich ans Werk machen
 Werk(s)angehörige
 der/die
 werk(s)eigen
 Werken *das*
 Werkmeister *der*
 Werkstatt *die*
 Werkstätte *die*
 Werkstoff *der*
 Werktag *der*
 werktags
 Werktätige *der/die*
 Werkzeug *das*
 Werkzeugkasten *der*
Wer|mut *der*
 (eine Pflanze)
 Wermut(s)tropfen *der*
Wert *der*
 w...
 wert sein
 10 000 Euro wert sein
 nicht der Rede wert
 W...
 der Wert
 auf etwas Wert legen
 von Wert sein
 Wertarbeit *die*

Wert/wert

Nomen/Substantiv:	Adjektiv:
*Der **Wert** des Geldes.* *von großem **Wert** sein* *darauf **Wert** legen*	*Die Briefmarke ist 1000 $ **wert**.* *die **wert**volle Briefmarke* *Das ist nicht der Rede **wert**.*

wertbeständig
werten
Wertgegenstand *der*
Wertigkeit *die*
wertlos
Wertlosigkeit *die*
Wertminderung *die*
Wertpapier *das*
Wertsachen
wertschätzen
Wertsteigerung *die*
Wertstoff *der*
Wertung *die*
Werturteil *das*
wertvoll
Wertzuwachs *der*

wes

We|sen *das*
Wesensart *die*
wesensfremd
wesensgemäß
wesensverwandt
Wesenszug *der*
we|sent|lich
w...
*die wesentlichen
Gründe*
der wesentliche Teil
W...
das Wesentliche
alles Wesentliche
etwas Wesentliches
im Wesentlichen
nichts Wesentliches
wes|halb
Wes|pe *die*
Wespennest *das*
Wespentaille *die*
wes|sen
wessen Schuld ist das?
West (W)
Westafrika

westdeutsch
Westen *der*
Westeuropa
westfälisch
*der westfälische
Schinken*
*der Westfälische
Friede(n)*
westlich
westwärts
Westwind *der*
Wes|te *die*
Westentasche *die*
Wes|tern *der*
wes|we|gen (warum)

wet

wet|ten
Wettbewerb *der*
Wette *die*
Wetteifer *der*
wetteifern
*wetteifert, wetteiferte,
hat gewetteifert*
Wettkampf *der*
Wettlauf *der*
Wettrennen *das*
Wettstreit *der*
Wettturnen *das*
Wet|ter *das*
wetterabhängig
Wetteraussichten
Wetterbericht *der*
Wetterdienst *der*
wetterfest
wetterfühlig
Wetterkarte *die*
Wetterlage *die*
Wetterleuchten *das*
Wettersatellit *der*
Wettervorhersage *die*
Wetterwechsel *der*
wet|tern (schimpfen)

wett|ma|chen
*macht wett,
machte wett,
hat wettgemacht*
wet|zen

wh

Whirl|pool *der*
(Sprudelbecken)
**Whis|ky /
Whis|key** *der*
wich (→ weichen)
Wicht *der*
Wichtelmännchen *das*
wich|tig
w...
*am wichtigsten
sich wichtigmachen
wichtig nehmen
wichtig sein
wichtigtun
W...*
*alles Wichtige
das Wichtigste
etwas Wichtiges
nichts Wichtiges*
Wichtigkeit *die*
Wichtigtuerei *die*
wichtigtuerisch
Wi|cke *die* (eine Pflanze)
Wi|ckel *der*
Wickelkind *das*
wickeln
Wickelkommode *die*
Wickelrock *der*
Wickeltisch *der*
Wick(e)lung *die*
Wid|der *der*

wi|der (gegen)
w ...
wider den Befehl
wider Erwarten
wider besseres Wissen
W ...
das Für und Wider
wi|der|bors|tig
(sich sträubend)
wi|der|fah|ren
widerfährt, widerfuhr,
ist widerfahren
Wi|der|ha|ken *der*
Wi|der|hall *der*
widerhallen
hallt wider, hallte wider,
hat widergehallt
wi|der|le|gen
das Argument wider-
legen
Widerlegung *die*
wi|der|lich
(Ekel erregend)
Widerlichkeit *die*

wi|der|na|tür|lich
(unnatürlich)
Wi|der|part *der*
Widerpart bieten
wi|der|recht|lich
Wi|der|re|de *die*
keine Widerrede!
Wi|der|ruf *der*
widerrufen
widerruft, widerrief,
hat widerrufen
Widerrufung *die*
Wi|der|sa|cher *der*
(Gegner)
Widersacherin *die*
Wi|der|schein *der*
wi|der|set|zen
sich widersetzen
widersetzlich
Widersetzlichkeit *die*
wi|der|sin|nig
(absurd)
wi|der|spens|tig
Widerspenstigkeit *die*

wi|der|spie|geln
Widerspieg(e)lung *die*
wi|der|spre|chen
widerspricht,
widersprach,
hat widersprochen
Widerspruch *der*
Widerspruch einlegen
widersprüchlich
Widersprüchlichkeit *die*
widerspruchsfrei
widerspruchslos
widerspruchsvoll
Wi|der|stand *der*
die Widerstände
Widerstand leisten
widerstandsfähig
Widerstands-
kämpfer/in
widerstandslos
Widerstandsrecht *das*
widerstehen
widersteht, widerstand,
hat widerstanden
wi|der|stre|ben
Widerstreben *das*
widerstrebend
Wi|der|streit *der*
im Widerstreit der
Meinungen
wi|der|wär|tig
(abstoßend)
Widerwärtigkeit *die*
Wi|der|wil|le *der* (Ekel)
widerwillig
Wi|der|wor|te
Widerworte geben
wid|men
sich widmen
Widmung *die*
wid|rig
widrige Umstände
widrigenfalls
Widrigkeit *die*

---

wider = gegen	**wieder** = erneut, noch einmal, zurück ...
wider Erwarten	*hin und wieder*
Wider*haken*	Wiede*raufbau*
*wider*legen	*wieder*bekommen
*wider*lich	Wiede*rbelebungsversuch*
*wider*rechtlich	*wieder*erkennen
*keine Wider*rede	Wiede*rgabe*
Wider*ruf*	Wiede*rgutmachung*
Wider*sacher*	*wieder*holen
*wider*spenstig	Wiede*rkäuer*
*wider*spiegeln	*wieder*kommen
*wider*sprechen	*wieder*sehen
Wider*stand*	*Auf Wiedersehen!*
er*wider*n	*unwieder*bringlich

wie

wie
w...
wie lange
wie oft
wie viel
wie weit
W...
es kommt auf das Wie an
Wie|de|hopf *der*
(ein Vogel)
wie|der (nochmals)
hin und wieder
schon wieder
wieder einmal
Wie|der|auf|bau *der*
wieder aufbauen /
wiederaufbauen
Wie|der|auf|be|rei|tung *die*
Wiederaufbereitungs-
anlage *die*
wiederaufbereiten
Wie|der|be|ginn *der*
wie|der|be|kom|men
(zurückbekommen)
bekommt wieder,
bekam wieder,
hat wiederbekommen
wie|der be|le|ben /
wie|der|be|le|ben
Wiederbelebung *die*
wie|der|be|schaf|fen
(zurück)
wieder beschaffen
(erneut)

wie|der|brin|gen
(zurück)
bringt wieder,
brachte wieder,
hat wiedergebracht
wie|der|ent|de|cken
Wiederentdeckung *die*
wie|der|er|ken|nen
erkennt wieder,
erkannte wieder,
hat wiedererkannt
sie haben sich nicht
wiedererkannt
wieder erkennen
(noch einmal)
wie|der|er|lan|gen
(zurückbekommen)
wie|der|fin|den
findet wieder,
fand wieder,
hat wiedergefunden
gestern habe ich die
Fotos wiedergefunden
wieder finden
(noch einmal)
Wie|der|ga|be *die*
wiedergeben
gibt wieder, gab wieder,
hat wiedergegeben
Wie|der|ge|burt *die*
wie|der|ge|win|nen
(zurück)
gewinnt wieder,
gewann wieder,
hat wiedergewonnen
wieder gewinnen
(erneut)

wie|der gut|ma|chen /
wie|der|gut|ma|chen
Wiedergutmachung *die*
wie|der|ha|ben
hat wieder, hatte wieder,
hat wiedergehabt
wie|der|her|stel|len
(reparieren, heilen)
wieder herstellen
(erneut produzieren)
Wiederherstellung *die*
wie|der|ho|len
(zurückholen;
repetieren)
wiederholt, wiederholte,
hat wiederholt
wieder holen (erneut)
holt wieder,
holte wieder,
hat wieder geholt
wiederholbar
Wiederholung *die*
Wie|der|käu|er *der*
Wie|der|kehr *die*
wiederkehren
regelmäßig wieder-
kehrende Träume
wie|der|kom|men
(zurück)
kommt wieder,
kam wieder,
ist wiedergekommen
wieder kommen
(erneut)
wie|der|se|hen
(zusammentreffen,
Wiedersehen feiern)
sieht wieder,
sah wieder,
hat wiedergesehen
morgen werden wir uns
endlich wiedersehen

wie // viel	Wie viel Geld brauchst du?
	wie viel auch immer
wie // sehr	Wie sehr mich das freut!
wie // lange	Wie lange brauchst du?

wieder sehen (erneut)
Wiedersehen *das*
auf Wiedersehen!
Auf / auf Wiedersehen
sagen
Wiedersehensfeier *die*
Wiedersehensfreude *die*
Wie|der|täu|fer *der*
wie|de|rum
auch: wie|der|um
wie|der ver|ei|ni|gen / wie|der|ver|ei|ni|gen
Wiedervereinigung *die*
wie|der ver|wend|bar / wie|der|ver|wend|bar
wieder verwenden / wiederverwenden
Wie|der|ver|wer|tung *die*
Wie|der|vor|la|ge *die*
auf Wiedervorlage
Wie|der|wahl *die*
wieder wählen / wiederwählen

wieg

Wie|ge *die*
wiegen
(schaukeln:)
wiegt, wiegte,
hat gewiegt
(Gewicht feststellen:)
wiegt, wog,
hat gewogen
Wiegenfest *das*
Wiegenlied *das*
wie|hern
wie lan|ge
wie lange ist das her?
wie oben

wie oft
wie sehr
wies ($\rightarrow$ weisen)
Wie|se *die*
Wiesenblume *die*
Wiesenchampignon *der*
Wiesenkraut *das*
Wie|sel *das*
wieselflink
wie|so
wie viel
wie viele Mal(e)?
wie viel(e) Personen?
der Wievielte ist heute?
wie weit
wie weit ist es bis ...?
wie|weit (inwieweit)
ich weiß nicht, wieweit
das möglich ist
wie we|nig
Wie|wort *das*
(Adjektiv)
die Wiewörter
Wig|wam *der*
(Indianerzelt)
Wi|kin|ger *der*
Wikingersage *die*
Wikingerschiff *das*

wil

wild
w...
wildes Tier
wild lebend / wildlebend
wild wachsend / wildwachsend
W...
der Wilde Westen
Wild *das*
Wildbach *der*
Wildbret *das*
(Fleisch des geschossenen Wildes)

Wildente *die*
Wilderei *die*
Wilderer *der*
wildfremd
Wildheit *die*
Wildhüter *der*
Wildkaninchen *das*
Wildnis *die*
Wildpark *der*
Wildschwein *das*
Wildwasser *das*
Wildwechsel *der*
Wildwestfilm *der*
Wildwuchs *der*
Wil|le *der*
W...
der letzte / Letzte Wille
guten Willen zeigen
wider Willen
zu Willen sein
w...
willens sein
um Gottes willen
um seinetwillen
willenlos
Willensäußerung *die*
Willensbildung *die*
Willensfreiheit *die*
Willenskraft *die*
willensschwach
willensstark
Willensstärke *die*
willentlich
willfährig
willig
Will|kom|men *das*
W...
ein herzliches
Willkommen
w...
willkommen heißen
willkommen sein
herzlich willkommen!
Willkommensgruß *der*

Will|kür *die*
Willkürakt *der*
willkürlich
Willkürmaßnahme *die*
wim|meln
es wimmelt von Ameisen
wim|mern
Wim|pel *der*
(kleine Flagge)
Wim|per *die*
Wimperntusche *die*

win

Wind *der*
Windbeutel *der*
Windbö / Windböe *die*
winden
es windet
Windenergie *die*
Windeseile
in Windeseile
windgeschützt
Windhose *die*
(Wirbelsturm)
Windhund *der*
windig
Windjacke *die*
Windjammer *der*
(großes Segelschiff)
Windkanal *der*
Windkraft *die*
Windmaschine *die*
Windmühle *die*
Windpocken
Windrichtung *die*
Windrose *die*
Windschatten *der*
windschief
windschnittig
Windschutzscheibe *die*
Windstärke *die*
windstill
Windstille *die*
Windstoß *der*
windsurfen
Windsurfer/in
Windsurfing *das*
Win|de *die*
winden
schon wieder
wieder einmal
Win|del *die*
windelweich
win|den
windet, wand,
hat gewunden
Win|dows®
(PC-Betriebssystem)
Wink *der*
winken
Win|kel *der*
der Außenwinkel
der Innenwinkel
der Scheitel des Winkels
der Schenkel des Winkels
Winkeladvokat *der*
Winkeleisen *das*
Winkelhalbierende *die*
Winkelmesser *der*
Winkelpaar *das*
wink(e)lig
win|ken
Wink *der*
win|seln
Win|ter *der*
Winteranfang *der*
winterfest
Wintergarten *der*
Wintergetreide *das*
Winterhalbjahr *das*
winterlich
Wintermantel *der*
Winterreifen *der*
winters
Winterschlaf *der*
Winterschlussverkauf *der*
Wintersemester *das*
Wintersport *der*
Win|zer *der*
Winzerin *die*
Winzergenossenschaft *die*
win|zig
winzig klein
Winzigkeit *die*
Winzling *der*
Wip|fel *der*
(Baumkrone)
Wip|pe *die*
wippen

wir

wir
wir beide
wir Deutsche(n)
das Wir-Gefühl
Wir|bel *der*
wirbellos
wirbeln
Wirbelsäule *die*
Wirbelsturm *der*
Wirbeltier *das*
wirbt (→ werben)
wird (→ werden)
wirft (→ werfen)
wir|ken
wirksam
Wirkung *die*
wirk|lich
Wirklichkeit *die*
wirklichkeitsfern
Wirklichkeitsform *die*
(Indikativ)
wirklichkeitsfremd
wirklichkeitsgetreu
wirklichkeitsnah
Wirklichkeitssinn *der*

wirk|sam
  Wirksamkeit *die*
Wir|kung *die*
  Wirkungsgrad *der*
  wirkungslos
  wirkungsvoll
wirr
  Wirren
  Wirrkopf *der*
  Wirrung *die*
  Wirrwarr *der*
Wir|sing *der*
  Wirsingkohl *der*
Wirt *der*
  Wirtin *die*
  Wirtshaus *das*
Wirt|schaft *die*
  wirtschaften
  wirtschaftlich
  Wirtschaftlichkeit *die*
  Wirtschafts-
  beziehungen
  Wirtschaftsgeld *das*
  Wirtschafts-
  gemeinschaft *die*
  Wirtschaftshilfe *die*
  Wirtschaftskrise *die*
  Wirtschaftsleben *das*
  Wirtschaftsminister/in
  wirtschaftspolitisch
  Wirtschafts-
  wissenschaft *die*
  Wirtschaftswunder *das*

wis

wi|schen
  Wischer *der*
  Wischerblatt *das*
  wischfest
  Wischiwaschi *das*
Wi|sent *der*
  (ein Wildrind)
wis|pern (flüstern)
wis|sen
  weiß, wusste,
  hat gewusst
  wissbegierig
  Wissen *das*
  meines Wissens
  Wissenschaft *die*
  Wissenschaftler/in
  wissenschaftlich
  Wissensdurst *der*
  Wissensgebiet *das*
  Wissenslücke *die*
  wissenswert
  wissentlich
wit|tern
  Witterung *die*
  witterungsbedingt
  witterungsbeständig
  Witterungs-
  umschlag *der*
  Witterungs-
  verhältnisse
Wit|wer *der*
  Witwe *die*
  Witwenrente *die*
Witz *der*
  Witzblatt *das*
  Witzbold *der*
  Witzfigur *die*
  witzig
  witzlos
WM (Weltmeisterschaft)

wo

wo
  wo immer
  woanders
  ganz woanders
  woandershin
  wobei
  wodurch
  wofür
  wogegen
  woher
  wohin
  wohinaus
  wohingegen
  wohinter
  womit
  wonach
  woran
  worauf
  woraufhin
  woraus
  wovon
  wovor
Wo|che *die*
  die 30-Stunden-Woche
  Wochenarbeitszeit *die*
  Wochenbett *das*
  Wochenende *das*
  Wochenendhaus *das*
  wochenlang
  Wochenmarkt *der*
  Wochenschau *die*
  Wochentag *der*
  wochentags
  wöchentlich
  dreiwöchentlich /
  3-wöchentlich
  Wochenzeitung *die*
  Wöchnerin *die*
Wod|ka *der*
wog (→ wiegen)
Wo|ge *die*
  wogen

---

*Diese Gaststätte **wird**
geschlossen.
Es **wird** bereits dunkel.*

*der Gas**wirt**
Diplomvolks**wirt**
die Gäste be**wirt**en*

woh

wohl
w…
wohl sein
wohltun
sich wohl fühlen /
wohlfühlen
W…
Zum Wohle!
wohlauf
**wohl be|dacht /
wohl|be|dacht**
*ein wohl bedachter /
wohlbedachter Plan*
Wohl|be|fin|den *das*
wohl|be|hal|ten
**wohl be|hü|tet /
wohl|be|hü|tet**
**wohl be|kannt /
wohl|be|kannt**
**wohl durch|dacht /
wohl|durch|dacht**
Wohl|er|ge|hen *das*
Wohl|fahrt *die*
**wohl füh|len /
wohl|füh|len**
wir fühlen uns wohl
Wohl|ge|fal|len *das*
wohlgefällig
**wohl ge|meint /
wohl|ge|meint**
wohl|ge|merkt
**wohl ge|nährt /
wohl|ge|nährt**
Wohl|ge|ruch *der*
die Wohlgerüche
wohl|ha|bend (reich)
woh|lig
Wohl|klang *der*
die Wohlklänge
*wohl klingend /
wohlklingend*
Wohl|laut *der*

wohl|mei|nend
**wohl pro|por|ti|o-
niert / wohl|pro-
por|ti|o|niert**
**wohl rie|chend /
wohl|rie|chend**
wohl sein
Wohlsein *das*
**wohl schme|ckend /
wohl|schme|ckend**
Wohl|stand *der*
Wohlstands-
gesellschaft *die*
Wohlstands-
kriminalität *die*
Wohlstandsmüll *der*
Wohl|tat *die*
Wohltäter/in
wohltätig
Wohltätigkeit *die*
Wohltätigkeits-
veranstaltung *die*
wohl|tun
*tut wohl, tat wohl,
hat wohlgetan*
wohltuend
**wohl über|legt /
wohl|über|legt**
**wohl un|ter|rich|tet /
wohl|un|ter|rich|tet**
wohl ver|dient
Wohl|ver|hal|ten *das*
wohl|weis|lich
wohl|wol|len
*will wohl, wollte wohl,
hat wohlgewollt
jemandem wohlwollen*
Wohlwollen *das*
wohlwollend
woh|nen
Wohnfläche *die*
Wohngebäude *das*
Wohngeld *das*
Wohngemeinschaft *die*

wohnhaft
Wohnhaus *das*
wohnlich
Wohnort *der*
Wohnraum *der*
Wohnsitz *der*
Wohnung *die*
Wohnungs-
eigentümer/in
Wohnungs-
einrichtung *die*
wohnungslos
Wohnungssuche *die*
Wohnwagen *der*
Wohnzimmer *das*
Wok *der* (chin. Kochtopf)

wol

wöl|ben
sich wölben
Wölbung *die*
Wolf *der*
die Wölfe
wölfisch
Wolfshunger *der*
Wolfsmilch *die*
(eine Pflanze)
Wolf|ram *das* (W)
(chem. Element)
Wol|ke *die*
Wolkenbruch *der*
Wolkendecke *die*
Wolkenkratzer *der*
wolkenlos
wolkig
Wol|le *die*
wollen (aus Wolle)
der wollene Schal
Wollfaden *der*
wollig
Wolllappen *der*
Wollsiegel *das*
Wollwaren

423

wol|len
will, wollte, hat gewollt
Wol|lust *die*
wollüstig
wo|mit
wo|mög|lich
(vielleicht)
wo|nach
wo nicht
Won|ne *die*
wonnig
Wonneproppen *der*

wor _____

wo|ran
auch: wor|an
wo|rauf
auch: wor|auf
woraufhin
wo|raus
auch: wor|aus
Worces|ter|so|ße *die*
wo|rein
auch: wor|ein
wo|rin
auch: wor|in
Wor|ka|ho|lic *der*
auch: Work|aho|lic
(der zwanghaft
Arbeitende)
Work|shop *der*
(Seminar)
World|cup *der*
(Weltmeisterschaft)
World Wide Web *das*
WWW *das*
Wort *das*
die Wörter / die Worte
zwei Wörter getrennt
schreiben
nicht viele Worte
machen
zu Worte kommen

Wortart *die*
Wortbedeutung *die*
Wortbildung *die*
Wortbruch *der*
wortbrüchig
Wörterbuch *das*
Wortfamilie *die*
Wortfeld *das*
Wortführer/in
wortgetreu
wortgewandt
wortkarg
Wortklauberei *die*
Wortlaut *der*
Wortlehre *die*
wörtlich
wörtliche Rede
wortlos
Wortmeldung *die*
wortreich
Wortschatz *der*
Wortschwall *der*
Wortspiel *das*
Wortstamm *der*
Wortstellung *die*
Wortwahl *die*
Wortwechsel *der*
wortwörtlich
wo|rü|ber
auch: wor|über
wo|rum
auch: wor|um
wo|run|ter
auch: wor|un|ter
wo|von
wo|vor
wo|zu
Wrack *das*
(kaputtes Schiff)
Wra|sen *der*
(fettiger Dampf)
wrin|gen
*wringt, wrang,
hat gewrungen*

Wu|cher *der*
wuchern
Wucherpreis *der*
Wucherung *die*
Wucherzinsen
wuchs (→ wachsen)
Wuchs *der*
Wucht *die*
mit voller Wucht
wuchtig
wüh|len
Wühlerei *die*
Wühlmaus *die*
Wühltisch *der*
Wulst *der/die*
wulstig
wum|mern
wummernde Bässe

wun _____

wund
*wund liegen /
wundliegen
wund sein
wund werden
sich die Füße wund
laufen / wundlaufen
sich die Finger
wund schreiben /
wundschreiben*
Wunde *die*
*die offene Wunde
die eitrige Wunde*
Wundinfektion *die*
Wundsalbe *die*
Wundstarrkrampf *der*
Wundverband *der*
Wun|der *das*
*Wunder was tun
Wunder wie gut
das blaue Wunder
erleben*
wunderbar

wunderbarerweise
wunderhübsch
Wunderkerze *die*
Wunderkind *das*
wunderlich
wunders wie
wundersam
wunderschön
Wundertat *die*
wundertätig
wundervoll
Wunderwerk *das*
Wunsch *der*
die Wünsche
Wunschbild *das*
Wunschdenken *das*
wünschen
wünschenswert
*das wäre wünschens-
wert*
wunschgemäß
Wunschkind *das*
Wunschkonzert *das*
Wunschliste *die*
wunschlos
Wunschvorstellung *die*
Wunschzettel *der*
Wün|schel|ru|te *die*
wün|schen

wur

wur|de (→ werden)
wür|de
das würde schon gehen
ich würde zustimmen

Wür|de *die*
würdelos
Würdenträger *der*
würdevoll
würdig
würdigen
Würdigung *die*
Wurf *der*
die Würfe
Wür|fel *der*
Würfelbecher *der*
würfelförmig
würfeln
Würfelspiel *das*
Würfelzucker *der*
wür|gen
Würgemal *das*
Wurm *der*
die Würmer
Würmchen *das*
wurmen
es wurmt mich, dass …
Wurmfortsatz *der*
wurmstichig
wurscht/wurst
*das ist mir wurscht/
wurst (egal)*
Wurst *die*
die Würste
es geht um die Wurst
Würstchen *das*
wursteln
Wurstzipfel *der*
Würt|tem|berg
Württemberger *der*
württembergisch

Wür|ze *die*
würzen
gewürzt
würzig
Wur|zel *die*
Wurzelballen *der*
Wurzelbehandlung *die*
Wurzelknolle *die*
wurzeln
Wurzelstock *der*
Wurzelwerk *das*
Wurzelziehen *das*

wus

wusch (→ waschen)
Wu|schel|haar *das*
wuschelig
Wuschelkopf *der*
Wust *der* (Haufen)
wüst
Wüste *die*
Wüstenei *die*
Wüstenklima *das*
Wüstensand *der*
Wüst|ling *der*
Wut *die*
Wutanfall *der*
Wutausbruch *der*
wüten
wütend
wutentbrannt
Wüterich *der*
wutschäumend
wutschnaubend

x-Ach|se *die*
Xan|thip|pe *die*
(zänkische Frau)
X-Bei|ne
x-beinig/X-beinig
x-be|lie|big
jeder x-Beliebige
X-Chro|mo|som *das*
Xe|non *das* (Xe)
(chem. Element)
x-fach
das x-Fache
x-för|mig
XL (extra large =
extrem groß)
x-mal
das x-te Mal
zum x-ten Mal(e)
X-Strah|len *die*
(Röntgenstrahlen)
**Xy|lo|fon/
Xy|lo|phon** *das*
(ein Musikinstrument)

y-Ach|se *die*
Yacht/Jacht *die*
Yachtklub/
Yachtclub *der*
Yak/Jak *der* (ein Rind)
Yan|kee *der*
(Spitzname für
Bewohner der amerik.
Nordstaaten)
Y-Chro|mo|som *das*
Yen *der* (japan. Geld)
Ye|ti *der*
Yo|ga/Jo|ga *der/das*
Yogaübung *die*
Yogi *der*
Youngs|ter *der*
(junger Sportler)
Yo-Yo/Jo-Jo *das*
Yp|si|lon *das*
Yuc|ca *die*
Yuccapalme *die*
Yup|pie *der*
(junger Erfolgsmensch)

Analyse	*Olympiade*	*Rhythmus*
anonym	*Physik*	*Symbol*
dynamisch	*Pseudonym*	*Sympathie*
Gymnastik	*Psychologie*	*System*
Lyrik	*Pyjama*	*typisch*
Mythos	*Pyramide*	*Tyrann* ...

Z

Za|cken der
zackig
za|gen
mit Zittern und Zagen
zaghaft
Zaghaftigkeit *die*

zah

zäh
zähflüssig
Zähheit *die*
Zähigkeit *die*
Zahl *die*
(un)gerade Zahlen
natürliche Zahlen
Zahladjektiv *das*
zählbar
Zählbarkeit *die*
zählen
Zahlenangabe *die*
Zahlenfolge *die*
Zahlengedächtnis *das*
Zahlenkombination *die*
zahllos
zahllose Besucher
Zahllose waren da
Zahlenlotto *das*
zahlenmäßig
Zähler *der*
zahlreich
Zählung *die*
Zahlwort *das*
zah|len
zahlbar
Zahlkarte *die*
Zahlung *die*
Zahlungsbefehl *der*
zahlungskräftig
Zahlungsmittel *das*
zahlungsunfähig

zahm
zähmen
Zähmung *die*
Zahn *der*
die Zähne
Zahnarzt *der*
Zahnarzthelferin *die*
Zahnärztin *die*
zahnärztlich
Zahnbehandlung *die*
Zahnbelag *der*
Zahnbürste *die*
Zahncreme /
Zahnkrem(e) *die*
zähnefletschend
Zähneklappern *das*
zähneknirschend
Zahnersatz *der*
Zahnfleisch *das*
Zahnfleischbluten *das*
Zahnheilkunde *die*
Zahnlücke *die*
Zahnpasta /
Zahnpaste *die*
Zahnrad *das*
Zahnschmelz *der*
Zahnschmerzen
Zahnseide *die*
Zahnspange *die*
Zahnstein *der*
Zahnstocher *der*
Zahnwal *der*
Zahnwurzel *die*
Zan|der *der* (ein Fisch)
Zan|ge *die*
Zank *der*
Zankapfel *der*
zanken
zänkisch
Zap|fen *der*
Zäpfchen *das*
Zäpfchen-R /-r *das*
Zapfenstreich *der*
Zapfhahn *der*

Zapfsäule *die*
zap|fen
zap|peln
zapp(e)lig
zap|pen (Fernsehprogramme wechseln)
Zar *der*
Zarin *die*
Zarenfamilie *die*
Zarewitsch *der* (Sohn eines russischen Zaren)
Zar|ge *die* (Türeinfassung)
zart
zart besaitet /
zartbesaitet
zartbitter
zart fühlend /
zartfühlend
Zartgefühl *das*
Zartheit *die*
zärtlich
Zärtlichkeit *die*
zartrosa
Zä|si|um /
Cae|si|um *das* (Cs)
Zas|ter *der* (Geld)
Zä|sur *die* (Einschnitt)

zau

Zau|ber *der*
Zauberei *die*
Zaub(e)rer *der*
Zaub(r)erin *die*
Zauberflöte *die*
Zauberformel *die*
zauberhaft
Zauberkünstler/in
Zauberkunststück *das*
Zauberlehrling *der*
zaubern
Zauberspruch *der*
Zauberstab *der*

zau|dern
Zaudern *das*
Zauderer *der*
Zaum *der*
die Zäume
zäumen
Zaumzeug *das*
Zaun *der*
die Zäune
Zaunkönig *der*
zau|sen
z. B. (zum Beispiel)

ze _____

Ze|bra *das*
auch: Zeb|ra
Zebrastreifen *der*
Ze|che *die*
zechen
Zechpreller *der*
Ze|cke *die*
Ze|der *die*
(ein Nadelbaum)
Zedernholz *das*
Zeh *der* / **Ze|he** *die*
Zehennagel *der*
Zehenspitze *die*
auf Zehenspitzen
zehn
z…
zehn Finger
bis zehn zählen
Z…
die Zehn
die Zehn Gebote
Zehncentstück *das*
Zehnerkarte *die*
Zehnerpackung *die*
Zehneuroschein /
10-Euro-Schein *der*
zehnjährig (10-jährig)
Zehnjährige *der* / *die*
(10-Jährige)

Zehnkampf *der*
Zehnkämpfer *der*
zehnmal (10-mal)
Zehnmeterbrett /
10-Meter-Brett *das*
zehntausend
zehnte
zehntel
Zehntel *das*
zehntens
zeh|ren

zei _____

Zei|chen *das*
Zeichenerklärung *die*
Zeichensetzung *die*
Zeichensprache *die*
zeich|nen
Zeichenblock *der*
Zeichensaal *der*
Zeichentrickfilm *der*
Zeichenunterricht *der*
Zeichnen *das*
Zeichner/in
zeichnerisch
Zeichnung *die*
zei|gen
Zeigefinger *der*
Zeigefürwort *das*
Zeiger *der*
Zeigestock *der*
Zei|le *die*
Zeilenabstand *der*
Zeilenlänge *die*
Zeilensprung *der*
zeilenweise
Zei|sig *der*

Zeit *die*
z…
zeit meines Lebens
zeitlebens
beizeiten
derzeit
jederzeit
seinerzeit
vorzeiten
zurzeit (zz., zzt.) (jetzt)
zuzeiten (bisweilen)
Z…
auf Zeit
eine Zeit lang / Zeitlang
von Zeit zu Zeit
zu jeder Zeit
zur Zeit Goethes
zu Zeiten des Kaisers
Zeit haben
Zeitalter *das*
Zeitangabe *die*
Zeitaufwand *der*
zeitaufwändig /
zeitaufwendig
Zeitdruck *der*
Zeiteinheit *die*
Zeiteinteilung *die*
Zeitenfolge *die*
Zeitgefühl *das*
zeitgemäß
Zeitgenosse *der*
zeitgenössisch
zeitgerecht
zeitgleich
zeitig
zeitlich
zeitlos
Zeitlupe *die*
Zeitmangel *der*
Zeitpunkt *der*
Zeitraum *der*
Zeit sparend /
zeitsparend
Zeitstufe *die*

Zeitvertreib *der*
zeitweilig
zeitweise
Zeitwort *das* (Verb)
Zeitzone *die*
Zeitzeuge *der*
Zeitzeugin *die*
Zeit|schrift *die*
Zeitschriftenaufsatz *der*
Zei|tung *die*
Zeitungs-
abonnement *das*
Zeitungsannonce *die*
Zeitungsartikel *der*
Zeitungsbericht *der*
Zeitungsinserat *das*
Zeitungskiosk *der*
Zeitungsleser/in
Zeitungsmeldung *die*
Zeitungspapier *das*
Zeitungsverkäufer/in

zel

ze|le|brie|ren (feiern)
auch: ze|leb|rie|ren
Zel|le *die*
Zellkern *der*
Zellmembran *die*
Zellteilung *die*
zellular/zellulär
Zel|lo|phan/
 Cel|lo|phan *das*
 (glasklare Folie)
Zell|stoff *der*
Zel|lu|loid/
 Cel|lu|loid *das*
Zelt *das*
zelten
Zeltlager *das*
Zeltplane *die*
Ze|ment *der*
Zementboden *der*
zementieren

zen

Ze|nit *der* (Höhepunkt)
zen|sie|ren
Zensierung *die*
Zensur *die*
Zen|sus *der*
 (Volkszählung)
Zen|ti|me|ter *der* (cm)
Zent|ner *der* (50 kg)
zentnerschwer
zentnerweise
zen|tral
auch: zent|ral
Zentralbank *die*
zentralbeheizt
Zentrale *die*
Zentralheizung *die*
zentralisieren
Zentralismus *der*
Zentralperspektive *die*
Zentralverwaltung *die*
zentrieren
Zentrum *das*
die Zentren
zen|tri|fu|gal
auch: zent|ri|fu|gal
(vom Mittelpunkt weg)
Zentrifuge *die*
Zep|pe|lin *der*
 (Luftschiff)
Zep|ter/Szep|ter
 das/der
 (Herrscherstab)
 das Zepter führen

zer

zer|bei|ßen
zerbeißt, zerbiss,
hat zerbissen
zer|bre|chen
zerbricht, zerbrach,
hat zerbrochen

zerbrechlich
Zerbrechlichkeit *die*
zer|drü|cken
Ze|re|mo|nie *die*
 (feierliche Handlung)
zeremoniell
Zer|fall *der*
zerfallen
zerfällt, zerfiel,
ist zerfallen
zer|fet|zen
zer|fled|dern
zer|flei|schen
zer|fres|sen
zerfrisst, zerfraß,
hat zerfressen
zer|furcht
zer|ge|hen
zergeht, zerging,
ist zergangen
zer|glie|dern
zer|kau|en
zer|klei|nern
Zerkleinerung *die*
zer|klüf|tet
zerklüftetes Gestein
zer|knirscht
 (reumütig)
Zerknirschung *die*
zer|knit|tern
zer|knül|len
zer|krat|zen
zer|krü|meln
zer|lau|fen
zerläuft, zerlief,
ist zerlaufen
zer|le|gen
Zerlegung *die*
zer|lumpt
zer|mah|len
zer|mal|men
zer|mür|ben
zermürbt
Zermürbung *die*

Ze|ro *die / das* (Null)
zer|pflü|cken
zer|quet|schen
Zerr|bild *das*
zer|rei|ßen
   zerreißt, zerriss,
   hat zerrissen
   zerreißfest
   Zerreißprobe *die*
   Zerrissenheit *die*
zer|ren
   Zerrung *die*
zer|rüt|tet
   eine zerrüttete Ehe
zer|schel|len
   (zerbrechen)
zer|schla|gen
   zerschlägt, zerschlug,
   hat zerschlagen
   Zerschlagung *die*
zer|schlis|sen
   (durchgescheuert)
zer|schmet|tern
zer|schnei|den
   zerschneidet, zerschnitt,
   hat zerschnitten
zer|set|zen
   Zersetzung *die*
zer|sie|deln
zer|split|tern
   Zersplitterung *die*
zer|stäu|ben
zer|stö|ren
   Zerstörung *die*
   Zerstörungswut *die*
zer|streu|en
   zerstreut
   Zerstreutheit *die*
   Zerstreuung *die*
zer|strit|ten
zer|stü|ckeln
zer|tei|len
Zer|ti|fi|kat *das*
   (Bescheinigung)

zer|tre|ten
   zertritt, zertrat,
   hat zertreten
zer|trüm|mern
Zer|ve|lat|wurst /
  Cer|ve|lat|wurst /
  Ser|ve|lat|wurst *die*
Zer|würf|nis *das*
   die Zerwürfnisse
zer|zau|sen
ze|tern (jammern)
   Zetergeschrei *das*
Zet|tel *der*
   Zettelkartei *die*
   Zettelkasten *der*

zeu

Zeug *das*
   am Zeug flicken
   dummes Zeug
   sich ins Zeug legen
Zeu|ge *der*
   Zeugin *die*
   Zeugenaussage *die*
   Zeugenbefragung *die*
   Zeugenstand *der*
   Zeugenvernehmung *die*
zeu|gen
   Zeugung *die*
   zeugungsfähig
   Zeugungsfähigkeit *die*
Zeug|nis *das*
   die Zeugnisse
   Zeugnisausgabe *die*
   Zeugniskonferenz *die*

zi

Zi|cke *die*
   zickig
Zick|zack|kurs *der*
Zi|der / Ci|dre *der*
   auch: Cid|re (Apfelwein)

Zie|ge *die*
   Ziegenbock *der*
   Ziegenkäse *der*
   Ziegenmilch *die*
   Ziegenpeter *der*
Zie|gel *der*
   Ziegelei *die*
   ziegelrot
   Ziegelstein *der*
zie|hen
   zieht, zog,
   hat gezogen
   Ziehharmonika *die*
   Ziehung *die*
Ziel *das*
   zielbewusst
   Zielgerade *die*
   Zielgebiet *das*
   zielgerichtet
   Zielgruppe *die*
   ziellos
   zielorientiert
   Zielscheibe *die*
   Zielsetzung *die*
   zielstrebig
zie|men
   sich ziemen
ziem|lich
   ziemlich lange
   ziemlich viel
Zier / Zier|de *die*
   zieren
   sich zieren
   Zierfisch *der*
   zierlich
   Zierlichkeit *die*
   Zierrat *der*
Zif|fer *die*
   die Ziffer Null
   Zifferblatt *das*
zig (sehr viele)
   zig Leute
   zigtausend / Zigtausend
   Leute

Zi|ga|ret|te *die*
Zigarettenautomat *der*
Zigarettenetui *das*
Zigarettenkippe *die*
Zigarettenqualm *der*
Zigarettenraucher/in
Zigarettenschachtel *die*
Zi|ga|ril|lo *der/das*
Zi|gar|re *die*
Zigarrenkiste *die*
Zi|ka|de *die* (ein Insekt)
Zim|mer *das*
Zimmerantenne *die*
Zimmerdecke *die*
Zimmerlautstärke *die*
Zimmermann *der*
zimmern
Zimmervermittlung *die*
zim|per|lich
Zimt *der*
Zimtstange *die*
Zimtstern *der*

zin

Zink *das* (Zn)
Zin|ke *die* (Zacke)
Zinn *das* (Sn)
Zinnbecher *der*
Zinnkraut *das*
Zinnkrug *der*
Zinnteller *der*
Zin|ne *die*
Zin|nie *die* (eine Blume)
Zin|no|ber *der*
(ein Mineral)
zinnoberrot
Zins *der*
Zinseinnahme *die*
Zinserhöhung *die*
Zinseszins *der*
zinsgünstig
zinslos
Zinssatz *der*

Zi|o|nis|mus *der* (Bewegung für den jüd. Staat)
Zip|fel *der*
Zipfelmütze *die*
zir|ka/cir|ca (ca.) (etwa)
Zir|kel *der*
Zirkelkasten *der*
zirkeln
Zir|ku|la|ti|on *die* (das Umlaufen)
zirkulieren
Zir|kus/Cir|cus *der*
Zirkusdirektor/in
Zirkuspferd *das*
Zirkuszelt *das*
zir|pen
Zir|rho|se *die* (Wucherung)
Zir|rus|wol|ke *die*
zi|schen
Zischlaut *der*
zi|se|lie|ren (verzieren)
Zis|ter|ne *die* (Regenwasserbehälter)
Zi|ta|del|le *die* (Befestigungsanlage)
Zi|tat *das*
zitieren
Zi|ther *die*

Zitherspiel *das*
zi|tie|ren
Zitiermodus *der*
Zi|tro|ne *die*
auch: Zit|ro|ne
Zitronat *das*
Zitronenfalter *der*
zitronengelb
Zitronenmelisse *die*

Zitronensaft *der*
Zitronensäure *die*
Zitronenschale *die*
Zi|trus|früch|te
auch: Zit|rus|früch|te
zit|tern
mit Zittern und Zagen
Zitterpappel *die*
Zitterpartie *die*
zittrig
Zit|ze *die*
zi|vil
Zivilbevölkerung *die*
Zivilcourage *die*
Zivildienst *der*
Zivilisation *die*
zivilisiert
Zivilist/in
zivilrechtlich

zo

Zo|bel *der* (ein Marder)
Zobelpelz *der*
Zo|cker *der* (Glücksspieler)
Zo|fe *die* (Zimmermädchen)
zog (→ ziehen)
zö|gern
zögerlich
Zögling *der*
Zö|li|bat *das/der* (Ehelosigkeit)
Zoll *der*
Zollabfertigung *die*
zollamtlich
Zollbeamte *der*
Zollbeamtin *die*
Zollerklärung *die*
Zollfahndung *die*
Zollformalitäten
zollfrei
Zollkontrolle *die*

Zöllner der
zollpflichtig
Zoll|stock der
 die Zollstöcke
Zo|ne die
Zoo der
 Zoohandlung die
 Zoologe der
 Zoologin die
 Zoologie die
 zoologisch
Zoom das
 (stufenloses Objektiv)
 zoomen
Zopf der
 die Zöpfe
 Zopfmuster das
Zorn der
 Zornesausbruch der
 zornig
Zo|te die
 (unanständiger Witz)
 zotig
zot|te|lig/zot|tig

zu _____

zu
 zu dritt
 zu Ende
 zu Fuß
 zu Grunde/zugrunde
  gehen
 zu Gunsten/zugunsten
 zu Hause/zuhause
 zu Hilfe kommen
 hier zu Lande/
  hierzulande
 zu Lasten/zulasten von
 etwas zu Leide/
  zuleide tun
 zu Mute/zumute sein
 zu Nutze/zunutze
  machen

 zu Rande/zurande
  kommen
 zu Rate/zurate ziehen
 zu Recht
 zu Schaden kommen
 zu Schanden/
  zuschanden werden
 zu Schulden/zuschul-
  den kommen lassen
 zu sein
 zu spät
 zu Stande/zustande
  bringen
 zu Tage/zutage fördern
 zu viel
 zu Wege/zuwege
  bringen
 zu weit
 zu wenig
 zu zweien
 zum Beispiel (z. B.)
 zur Zeit (z. Z./z. Zt.)
 Karls des Großen
 zurzeit (zz., zzt.) (jetzt)
 zuallererst
 zudem
 zuerst
 zufolge
 zugegen
 zugutekommen
  kommt zugute,
  kam zugute,
  ist zugutegekommen
 zuhauf
 zuliebe
 zumal
 zunächst
 zunichtemachen
 zuoberst
 zuteilwerden
 zutiefst
 zuunterst
 zuwider sein
 zuzeiten

zu|ar|bei|ten
Zu|be|hör das
Zu|ber der (Wanne)
zu|be|rei|ten
 Zubereitung die
Zu|bett|ge|hen das
zu|bil|li|gen
 (zugestehen)
zu|bin|den
 bindet zu, band zu,
 hat zugebunden
Zu|brin|ger der
 Zubringerbus der
 Zubringerdienst der
Zu|brot das
 (Nebenverdienst)
Zuc|chi|ni die
 (ein Gemüse)
Zucht die
 züchten
 Züchter/in
 Zuchthaus das
 züchtig
 züchtigen
 zuchtlos
 Züchtung die
zu|cken
 Zuckung die
zü|cken
 die Waffe zücken
Zu|cker der
 Zuckerbrot das
 Zuckererbse die
 Zuckerguss der
 Zuckerhut der
 zuckerkrank
 Zuckerl das
 Zuckerlecken das
 zuckern
 Zuckerraffinade die
 Zuckerrohr das
 Zuckerrübe die
 zuckersüß
 Zuckerzange die

zud

zu|de|cken
zu|dem
zu|dre|hen
zu|dring|lich
   Zudringlichkeit *die*
zu|eig|nen
zu|ei|nan|der
   auch: zu|ein|an|der
   zueinander finden/
   zueinanderfinden
   zueinander passen/
   zueinanderpassen
zu En|de
zu|er|ken|nen
   Zuerkennung *die*
zu|erst
Zu|fahrt *die*
Zu|fall *der*
   die Zufälle
   zufällig
   zufälligerweise
   Zufallstreffer *der*
Zu|flucht *die*
   Zufluchtsort *der*
Zu|fluss *der*
   die Zuflüsse
zu|flüs|tern
zu|fol|ge (gemäß)
   dem Bericht zufolge
zu|frie|den
   zufriedengeben
   gibt zufrieden,
   gab zufrieden,
   hat zufriedengegeben
   sich zufriedengeben
   zufriedenlassen
   lässt zufrieden,
   ließ zufrieden,
   hat zufriedengelassen
   zufrieden stellen/
   zufriedenstellen
   Zufriedenheit *die*

zu|fü|gen
Zu|fuhr *die*
   zuführen

zug

Zug *der*
   die Züge
   zum Zuge kommen
   Zugbegleiter/in
   Zugführer/in
   zugig
   zugkräftig
   Zugluft *die*
   Zugpferd *das*
   Zugvogel *der*
   Zugzwang *der*
   im Zugzwang sein
Zu|ga|be *die*
Zu|gang *der*
   die Zugänge
   zugange sein
   zugänglich
zu|ge|ben
   gibt zu, gab zu,
   hat zugegeben
   zugegebenermaßen
zu|ge|gen (anwesend)
   zugegen sein
zu|ge|hen
   geht zu, ging zu,
   ist zugegangen
zu|ge|hö|ren
   zugehörig
   Zugehörigkeit *die*
Zü|gel *der*
   zügellos
   Zügellosigkeit *die*
   zügeln
Zu|ge|ständ|nis *das*
   die Zugeständnisse
   zugestehen
   gesteht zu, gestand zu,
   hat zugestanden

zu|ge|tan
   jemandem zugetan sein
Zu|ge|winn *der*
zu|gig (windig)
zü|gig (schnell)
zu|gleich
zu|grei|fen
   greift zu, griff zu,
   hat zugegriffen
   Zugriff *der*
   der schnelle Zugriff auf
zu|grun|de/
zu Grun|de
   zugrunde legen/
   zu Grunde legen
   zugrunde liegend/
   zugrundeliegend/
   zu Grunde liegend
zu|guns|ten/
zu Guns|ten
zu|gu|te|hal|ten
   hält zugute,
   hielt zugute,
   hat zugutegehalten
zu gu|ter Letzt

zuh

zu|ha|ben
   hat zu, hatte zu,
   hat zugehabt
zu|hal|ten
   hält zu, hielt zu,
   hat zugehalten
Zu|häl|ter *der*
zu|hauf
   (in großer Zahl)
zu Hau|se/
zu|hau|se
   zu Hause/zuhause
   bleiben
   zu Hause/zuhause
   sein
   Zuhause *das*

Zu|hil|fe|nah|me *die*
  unter Zuhilfenahme von
zu|hö|ren
  Zuhörer/in
zu|ju|beln
zu|kau|fen
zu|klap|pen
zu|kle|ben
zu|knöp|fen
zu|kom|men
  kommt zu, kam zu,
  ist zugekommen
Zu|kunft *die*
  in Zukunft
  zukünftig
  Zukunftsaussichten
  zukunftsorientiert
  Zukunfts-
  perspektive *die*
  zukunft(s)weisend

zul

zu|lä|cheln
Zu|la|ge *die*
zu|läng|lich
  (genügend)
zu|las|sen
  lässt zu, ließ zu,
  hat zugelassen
  zulässig
  Zulässigkeit *die*
  Zulassung *die*
zu|las|ten/zu Las|ten
zu|lau|fen
  läuft zu, lief zu,
  ist zugelaufen
zu|le|gen
zu|lei|de/
  zu Lei|de
  jemandem etwas
  zuleid(e)/zu Leid(e) tun
zu|letzt
  aber: zu guter Letzt

zu|lie|be
  mir zuliebe
Zu|lie|fe|rer *der*
  Zulieferindustrie *die*
zum (zu dem)
  zum Beispiel (z. B.)
  zum Besten geben
  zum einen ... zum
  anderen
  zum Ersten
  zum Teil (z. T.)
  zum Totlachen
zu|ma|chen
zu|mal (vor allem, weil)
zu|meist
zu|min|dest
  aber: zum Mindesten
zu|mu|te/zu Mu|te
  zumute/zu Mute sein
zu|mu|ten
  zumutbar
  Zumutbarkeit *die*
zu|nächst
zu|na|geln
zu|nä|hen
Zu|nah|me *die*
Zu|na|me *der*
  (Nachname)
zü|nden
  zündend
  Zunder *der*
  Zünder *der*
  Zündholz *das*
  Zündkerze *die*
  Zündschlüssel *der*
  Zündung *die*
zu|neh|men
  nimmt zu, nahm zu,
  hat zugenommen
  zunehmend
Zu|nei|gung *die*
Zunft *die* (Handwerker-
  vereinigung)
  zünftig

Zun|ge *die*
  züngeln
  Zungenbrecher *der*
  Zungen-R/-r *das*
  Zungenspitze *die*
zu|nich|te|ma|chen
  (zerstören)
zu|nut|ze/zu Nut|ze
  zunutze/zu Nutze
  machen
zu|oberst
zu|ord|nen
  Zuordnung *die*
zu|pa|cken
zu|pass|kom|men
  (gelegen kommen)
  kommt zupass,
  kam zupass,
  ist zupassgekommen
zup|fen
  Zupfinstrument *das*

zur

zur (zu der)
  zur Zeit Shakespeares
  aber: zurzeit (jetzt)
zu|ran|de/
  zu Ran|de
  zurande/zu Rande
  kommen
zu|ra|te/zu Ra|te
  zurate/zu Rate ziehen
zu|rech|nungs|fä|hig
zu|recht...
  zurechtmachen
zu Recht
  er besteht zu Recht
  darauf
zu|recht|fin|den
  findet zurecht,
  fand zurecht,
  hat zurechtgefunden
  sich zurechtfinden

zu|recht|kom|men
kommt zurecht,
kam zurecht,
ist zurechtgekommen
zu|recht|le|gen
zu|recht|ma|chen
zu|recht|rü|cken
zu|recht|wei|sen
weist zurecht,
wies zurecht,
hat zurechtgewiesen
Zurechtweisung *die*
zu|re|den
Zureden *das*
trotz allem Zureden
zu|rich|ten
zür|nen (zornig sein)
zur|ren (festbinden)

zurück _____

zu|rück
zurück sein
zurück gewesen
zu|rück|be|kom|men
bekommt zurück,
bekam zurück,
hat zurückbekommen
zu|rück|blei|ben
bleibt zurück,
blieb zurück,
ist zurückgeblieben
zu|rück|bli|cken
zu|rück|brin|gen
bringt zurück,
brachte zurück,
hat zurückgebracht
zu|rück|den|ken
denkt zurück,
dachte zurück,
hat zurückgedacht
zu|rück|drän|gen
zu|rück|er|obern
zu|rück|er|stat|ten

zu|rück|fah|ren
fährt zurück,
fuhr zurück,
ist zurückgefahren
zu|rück|fal|len
fällt zurück, fiel zurück,
ist zurückgefallen
zu|rück|fin|den
findet zurück,
fand zurück,
hat zurückgefunden
zu|rück|for|dern
zu|rück|füh|ren
zu|rück|ge|ben
gibt zurück, gab zurück,
hat zurückgegeben
zu|rück|ge|hen
geht zurück,
ging zurück,
ist zurückgegangen
zu|rück|ge|zo|gen
zu|rück|grei|fen
greift zurück,
griff zurück,
hat zurückgegriffen
auf etwas zurückgreifen
zu|rück|hal|tend
Zurückhaltung *die*
zu|rück|kom|men
kommt zurück,
kam zurück,
ist zurückgekommen
zu|rück|las|sen
lässt zurück,
ließ zurück,
hat zurückgelassen
zu|rück|le|gen
zu|rück|lie|gen
liegt zurück, lag zurück,
hat zurückgelegen
zu|rück|neh|men
nimmt zurück,
nahm zurück,
hat zurückgenommen

zu|rück|ru|fen
ruft zurück, rief zurück,
hat zurückgerufen
zu|rück|schau|en
zu|rück|schi|cken
zu|rück|schre|cken
zu|rück|set|zen
zu|rück|spu|len
zu|rück|stel|len
zu|rück|tre|ten
tritt zurück, trat zurück,
ist zurückgetreten
zu|rück|ver|fol|gen

zurückw _____

zu|rück|wei|chen
weicht zurück,
wich zurück,
ist zurückgewichen
zu|rück|wei|sen
weist zurück,
wies zurück,
hat zurückgewiesen
Zurückweisung *die*
zu|rück|wer|fen
wirft zurück,
warf zurück,
hat zurückgeworfen
zu|rück|zah|len
zu|rück|zieh|en
zieht zurück, zog zurück,
hat zurückgezogen
den Vorschlag
zurückziehen
Zu|ruf *der*
zurufen
ruft zu, rief zu,
hat zugerufen
zur|zeit (zz., zzt.)
zurzeit kein Bedarf
(gerade, jetzt)
zur Zeit (z. Z., z. Zt.)
zur Zeit Goethes

Zu|sa|ge *die*
zusagen
zu|sam|men
*den Tisch zusammen
tragen (gemeinsam)
aber: Informationen
zusammentragen*
Zu|sam|men|ar|beit
die
zusammenarbeiten
zu|sam|men|bal|len
sich zusammenballen
zu|sam|men|bau|en
(Bausatz)
zu|sam|men|bin|den
(Bänder:)
*bindet zusammen,
band zusammen,
hat zusammengebunden*
zu|sam|men|blei|ben
*bleibt zusammen,
blieb zusammen,
ist zusammengeblieben*
zu|sam|men|bre|chen
*bricht zusammen,
brach zusammen,
ist zusammengebrochen*
Zusammenbruch *der*
zu|sam|men|drän|gen
zu|sam|men|drü|cken
zu|sam|men|fal|ten
zu|sam|men|fas|sen
(resümieren:)
*fasst zusammen,
fasste zusammen,
hat zusammengefasst*
zusammenfassend
Zusammenfassung *die*
zu|sam|men|fü|gen

zu|sam|men|ge|hö|ren
zusammengehörig
Zusammengehörigkeitsgefühl *das*
zu|sam|men|ge|setzt
zu|sam|men|ge|wür|felt
Zu|sam|men|halt *der*
zusammenhalten
*hält zusammen,
hielt zusammen,
hat zusammengehalten*
Zu|sam|men|hang *der*
*die Zusammenhänge
in / im Zusammenhang
stehen*
zusammenhängen
*hängt zusammen,
hing zusammen,
hat zusammengehangen*
zusammenhängend
zusammenhang(s)los
zu|sam|men|klap|pen
zu|sam|men|kle|ben
zu|sam|men|knül|len
zu|sam|men|kom|men
(versammeln)
*kommt zusammen,
kam zusammen,
ist zusammengekommen*
zu|sam|men|le|ben
Zusammenleben *das*
zu|sam|men|le|gen
zu|sam|men|neh|men
*nimmt zusammen,
nahm zusammen, hat
zusammengenommen
sich zusammennehmen*
zu|sam|men|pral|len

zu|sam|men|rech|nen
zu|sam|men|schla|gen
*schlägt zusammen,
schlug zusammen,
hat zusammengeschlagen*
zu|sam|men|schlie|ßen
*schließt zusammen,
schloss zusammen,
hat zusammengeschlossen
sich zusammenschließen*
Zusammenschluss *der*
zu|sam|men|schrei|ben
*schreibt zusammen,
schrieb zusammen,
hat zusammengeschrieben*
Zusammenschreibung *die*
zu|sam|men|schrump|fen
zu|sam|men sein
*ist zusammen,
war zusammen,
ist zusammen gewesen*
Zusammensein *das*
zu|sam|men|set|zen
Zusammensetzung *die*
zu|sam|men|spie|len
(aufeinander abgestimmt:)
*spielt zusammen,
spielte zusammen,
hat zusammengespielt*
(gemeinsam:)
zusammen spielen

zu|sam|men|stel|len
Zusammenstellung *die*
Zu|sam|men|stoß *der*
die Zusammenstöße
zusammenstoßen
stößt zusammen,
stieß zusammen,
ist zusammengestoßen
zu|sam|men|su|chen

zusammt

zu|sam|men|tra|gen
trägt zusammen,
trug zusammen,
hat zusammengetragen
zusammen etwas tragen
zu|sam|men|tref|fen
trifft zusammen,
traf zusammen,
ist zusammengetroffen
Zusammentreffen *das*
zu|sam|men|tre|ten
tritt zusammen,
trat zusammen,
ist zusammengetreten
zu|sam|men-
wach|sen
wächst zusammen,
wuchs zusammen,
ist zusammengewachsen
zu|sam|men|wir|ken
Zusammenwirken *das*
zu|sam|men|zäh|len
zu|sam|men|zie|hen
zieht zusammen,
zog zusammen,
hat zusammengezogen
zu|sam|men|zu|cken
Zu|satz *der*
die Zusätze
zusätzlich
Zusatzversicherung *die*
Zusatzzahl *die*

zusch

zu|schan|den/
zu Schan|den
zuschanden/
zu Schanden werden
zu|schau|en
Zuschauer/in
Zuschauerraum *der*
Zuschauerzahl *die*
zu|schi|cken
zu|schie|ben
schiebt zu, schob zu,
hat zugeschoben
Zu|schlag *der*
die Zuschläge
zuschlagpflichtig
zuschlagen
schlägt zu, schlug zu,
hat zugeschlagen
zu|schlie|ßen
schließt zu, schloss zu,
hat zugeschlossen
zu|schnei|den
schneidet zu, schnitt zu,
hat zugeschnitten
Zuschnitt *der*
Zu|schrift *die*
zu|schul|den/
zu Schul|den
sich etwas zuschulden/
zu Schulden kommen
lassen
Zu|schuss *der*
die Zuschüsse
zu|schüt|ten
zu|se|hen
sieht zu, sah zu,
hat zugesehen
zusehends
zu sein
ist zu, war zu,
ist zu gewesen
zu|set|zen

Zu|spiel *das*
zuspielen
zu|spit|zen
Zuspitzung *die*
Zu|spruch *der*
(Aufmunterung)
die Zusprüche

zust

Zu|stand *der*
die Zustände
zustande/zu Stande
bringen
zustande/zu Stande
kommen
das Zustandekommen
zuständig
Zuständigkeit *die*
Zustandspassiv *das*
zu|stat|ten|kom-
men
kommt zustatten,
kam zustatten,
ist zustattengekommen
zu|ste|cken
zu|ste|hen
steht zu, stand zu,
hat zugestanden
zu|stei|gen
steigt zu, stieg zu,
ist zugestiegen
zu|stel|len
Zustellgebühr *die*
Zustellung *die*
zu|stim|men
Zustimmung *die*
zu|sto|ßen
stößt zu, stieß zu,
hat/ist zugestoßen
zu|ta|ge/zu Ta|ge
zutage/zu Tage
fördern
Zu|ta|ten

zu|teil|wer|den
wird zuteil,
wurde zuteil,
ist zuteilgeworden
zu|tei|len
Zuteilung *die*
zu|tiefst
zu|tra|gen
trägt zu, trug zu,
hat zugetragen
sich zutragen
zu|trau|en
sich etwas zutrauen
Zutrauen *das*
zutraulich
zu|tref|fen
trifft zu, traf zu,
hat zugetroffen
zutreffend
Zutreffende *das*
Zu|tritt *der*
Zu|tun *das*
ohne mein Zutun
zu|un|guns|ten/
zu Un|guns|ten
zu|un|terst
zu|ver|läs|sig
Zuverlässigkeit *die*
Zu|ver|sicht *die*
zuversichtlich
zu viel
zu viel des Guten
zu viel wissen
zu viele Besucher
zu viel Geld
viel zu viel(e)
ein Zuviel
zu|vor
zu|vor|kom|men
kommt zuvor,
kam zuvor,
ist zuvorgekommen
zuvorkommend
Zuvorkommenheit *die*

zuw

Zu|wachs *der*
die Zuwächse
zuwachsen
wächst zu, wuchs zu,
ist zugewachsen
zu|wan|dern
zu|we|ge/zu We|ge
etwas zuwege/zu Wege
bringen
zu|we|hen
zu|wei|len (manchmal)
zu|wei|sen
weist zu, wies zu,
hat zugewiesen
Zuweisung *die*
Zu|wen|dung *die*
zu we|nig
viel zu wenig
zu wenig versuchen
zu wenig Zeit
zu|wi|der
zuwider sein
zuwiderhandeln
Zuwiderhandlung *die*
zu|zah|len
Zuzahlung *die*
zu|zei|ten (bisweilen)
zuzeiten ritt er aus
aber: zu Zeiten Goethes
zu|zie|hen
zieht zu, zog zu,
hat/ist zugezogen
Zuzug *der*
zuzüglich
Zuzugsgenehmigung *die*
zu|zwin|kern

zwa

Zwang *der*
die Zwänge
zwängen

zwanglos
Zwangsarbeit *die*
zwangsläufig
Zwangsmaßnahme *die*
Zwangs-
vollstreckung *die*
zwangsweise
zwan|zig
zwanzigjährig
zwanzigste
zwanzigtausend
zwar
und zwar (u. zw.)
Zweck *der*
zweckdienlich
zweckentfremdet
zweckgebunden
zwecklos
zweckmäßig
zweckmäßigerweise
Zweckmäßigkeit *die*
zwecks
Zwe|cke *die*
die Reißzwecke
zwei
z ...
zwei Tage
wir zwei
Z ...
die Zahl Zwei
eine Zwei schreiben
eine Zwei würfeln
Zweibettzimmer *das*
zweideutig
Zweideutigkeit *die*
Zweidrittelmehrheit *die*
zweieiig
zweieinhalb
Zweierbob *der*
zweierlei
zweifach (2-fach/2fach)
zweifarbig
zweigleisig
zweihundert

Zweikampf der
zweimal (2-mal)
zweimalig
zweireihig
zweischneidig
zweiseitig
Zweisprachigkeit die
zweistündig
zweit
zu zweit
zweitausend
zweite
der Zweite Weltkrieg
zweiteilig
zweitens
zweizeilig (2-zeilig)
Zweizimmerwohnung/
2-Zimmer-Wohnung *die*
Zwei|fel *der*
keine Zweifel
aufkommen lassen
zweifelhaft
zweifellos
zweifeln
Zweifelsfall *der*
zweifelsfrei
zweifelsohne
Zweig *der*
Zweigstelle *die*
Zweigwerk *das*
Zwerch|fell *das*
Zwerg *der*
zwergenhaft
**Zwet|sche/
Zwetsch|ge/
Zwetsch|ke** *die*
Zwetschgenkuchen *der*

zwi ─────────

zwi|cken
Zwicker *der*
Zwickmühle *die*
Zwie|back *der*
Zwie|bel *die*
Zwiebelmuster *das*
Zwiebelsuppe *die*
Zwie|ge|spräch *das*
Zwie|licht *das*
zwielichtig
Zwie|spalt *der*
(Konflikt)
zwiespältig
Zwie|tracht *die* (Streit)
Zwil|ling *der*
Zwillingsbruder *der*
Zwillingsschwester *die*
zwin|gen
*zwingt, zwang,
hat gezwungen*
zwingend
Zwinger *der*
zwin|kern
zwir|beln (drehen)
Zwirn *der*
zwi|schen
zwischen allen Stühlen
zwischendurch
zwischenzeitlich
**Zwi|schen-
be|mer|kung** *die*
Zwi|schen|fall *der*
die Zwischenfälle
Zwi|schen|fra|ge *die*
zwi|schen|lan|den
Zwischenlandung *die*
Zwi|schen|raum *der*
die Zwischenräume
Zwi|schen|spiel *das*
zwi|schen|zeit|lich
Zwist *der* (Streit)
Zwistigkeiten
zwit|schern
Zwit|ter *der* (zwei-
geschlechtl. Wesen)
zwölf
*zwölf Minuten
eine Zwölf*
zwölfeinhalb
Zwölffingerdarm *der*
Zwölfkampf *der*
zwölfmal (12-mal)
zwölftausend
zwölfte
zwölftens

zy ─────────

Zy|an|ka|li *das*
(giftiges Salz)
zyk|lisch
auch: zy|klisch
(regelmäßig)
Zyklus *der*
Zyk|lon *die*
auch: Zy|klon
(Wirbelsturm)
Zyklone *die*
(Tiefdruckgebiet)
Zyk|lus *der* (Kreis)
auch: Zy|klus
die Zyklen
Zy|lin|der *der*
ein 4-Zylinder-Motor
zylindrisch
zy|nisch (höhnisch)
Zynismus *der*
Zy|pres|se *die*
auch: Zyp|res|se

Zypressenhain *der*
Zys|te *die* (Geschwulst)
z. Z./z. Zt. (zur Zeit)
z. Z. Goethes
zz./zzt. (zurzeit)
zz. nicht lieferbar

Verzeichnis der Stolpersteine

Adresse	12
andere	19
Angst/angst	21
aus-/auß-	38
bis/Biss/bisschen	58
blühte/Blüte	61
das/dass	74
derselbe/der gleiche	78
deutsch/Deutsch	79
du/ihr in Briefen	86
eine	92
End.../Ent...	101
Rad fahren/das Radfahren	114
Fer.../Ver...	118
fiel/viel	120
Folk.../Volk...	124
gar nicht, gar kein	133
Geld/gelten	138
gib	145
hast/Hast/hasst	156
Herr, Herren	161
hol/hohl	168
im Allgemeinen	173
irgend...	179
leeren/lehren	213
leidtun/leid	214
mal/Mal	223
malen/mahlen	224
man/Mann	225
Schiene/Maschine	227
meiste	230
nämlich/ähnlich	246
Nummer/Numerale	253
paar/Paar	261
ph-/f-Schreibung	269
Präsens/Präsenz	276
r-Schreibung: Deutlich sprechen – richtig schreiben!	284
Rad/Rat	285
Recht/recht	288
sammeln/gesamt/sämtlich	302
Schuld/schuld	316
Seele/Seligkeit	321
so	329
Stadt/statt	336
Stiel/Stil/stylen	341
viele	399
wissen/weiß/weisen/weise	413
wenig	415
Wert/wert	416
wider/wieder	418
wie viel/sehr/lange	419
wird/wirt-	422
y-Schreibung	426

Die wichtigsten Rechtschreib- und Zeichensetzungsregeln

für Hausaufsätze, Diktate, Klassenarbeiten

	Abschnitt
Schreibung der Vokale	1 – 15
Schreibung der Konsonanten	16 – 33
Groß- und Kleinschreibung	34 – 40

Getrennt- und Zusammenschreibung

Verben	41 – 47
Adjektive	48 – 50
Sonstige Wörter	51 – 53
Bindestrich / Ergänzungsstrich	54 – 58

Worttrennung am Zeilenende 59 – 61

Zeichensetzung

Punkt, Fragezeichen, Ausrufezeichen	62 – 65
Komma	66 – 71
Anführungszeichen	72 – 73
Apostroph	74 – 75

Schreibung der Vokale

Lange Vokale a, e, i, o, u

1 aa, ee, oo

In einigen Wörtern werden die langen Vokale verdoppelt.
Aal, Haare, Staat, Beet, Schnee, See, Tee, Kaffee, Idee, Boot, Zoo ...

Unterscheide:

*lee*ren (leer machen)	*lehr*en (unterrichten)
das *Meer* (Ozean)	*mehr* (viel, mehrmals ...)
das *Moor*	der *Mohr* (Afrikaner, Farbiger)
die *Seele, seelisch*	*selig,* die *Seligkeit*
die *Waage* (wiegen)	der *Wagen* (fahren)
das *Haar*	ein *Härchen*
das *Paar*	das *Pärchen*
der *Saal*	die *Säle*

2 ah, eh, oh, uh ...

In vielen Wörtern steht nach einem langen Vokal ein Dehnungs-h.
ahnen, ähnlich, Ehre, Befehl, drohen, ohne, Sohn, fühlen ...

Unterscheide:

blühen, es *blüht*	die *Blüte*
das *Mahl* (Essen)	*Mal* (das erste Mal)
mahlen (Kaffee ...)	*malen* (ein Bild ...)
*Soh*le (Fußsohle)	*Sol*e (Salzwasser)
Uhr (Zeitmesser)	*Ur-* (Urwald ...)
wahr (wahrhaftig)	es *war* schön
die *Wahl* (wählen)	der *Wal* (im Meer)

3 a, e, o, u ...

Oft werden die langen Vokale nicht bezeichnet.
Schule, Name, nämlich, reden, Ton, grüßen ...

4 -ee, -ie + -e, -en, -er, -es, -ell

Man lässt ein *e* weg, wenn an die Wörter auf *-ee* oder *-ie* die Endungen *-e, -en, -er, -es* oder *-ell* angefügt werden.

eine Id**ee**	viele Id**ee**n	(nicht: ~~Ideeen~~)
das Kn**ie**	beide Kn**ie**	(nicht: ~~Kniee~~)
er schr**ie**	alle schr**ie**n	(nicht: ~~schrieen~~)
Industr**ie**	industr**ie**ll	(nicht: ~~industrieell~~)

Sonst bleiben alle Vokale beim Schreiben erhalten.
See-Elefant / Seeelefant

Langes i

5 ie (in deutschen Wörtern)

In den meisten deutschen Wörtern wird das lange *i* geschrieben: *ie*
Liebe, Dieb, verlieren, niemand, hier ...

Ausnahmen:
dir, mir, wir ... Biber, Brise, Igel, Liter ...

Unterscheide:

aus**gie**big, er**gie**big ...	es gibt
F**ie**ber *(Temperatur)*	Fiber *(Faser)*
L**ie**d *(zum Singen)*	Lid *(Augenlid)*
M**ie**ne *(Gesicht)*	Mine *(Kugelschreiber)*
Sch**ie**ne *(Eisenbahn)*	Maschine
St**ie**l *(am Besen ...)*	Stil *(Baustil ...)*
w**ie**der *(noch einmal; zurück)*:	wider *(gegen)*:
W**ie**dergabe	widersprechen
w**ie**der da sein	widerlegen
w**ie**derbringen ...	widerspiegeln ...

6 i (in Fremdwörtern)

In Fremdwörtern wird das lange *i* geschrieben: *i*.
Bibel, Brise, Krise, Idee, Ventil, Tiger, Saphir, Souvenir, Vampir ...

Viele Ausnahmen:
Deponie, Ironie, Offizier, probieren, nummerieren, kontrollieren ...

7 ih

Nur in wenigen Wörtern steht *ih*.
   *ih*m, *ih*n, *ih*r, *ih*nen, *ih*re ...

8 ieh

Nur in wenigen Wörtern steht *ieh*.
   er bef*ieh*lt, fl*ieh*en, es gesch*ieh*t, das V*ieh*, w*ieh*ern, z*ieh*en

Kurze Vokale

9 Kurzer Vokal + **Doppelkonsonant**

Nach kurzen Vokalen werden einzelne Konsonanten verdoppelt.
   A**ff**e, Pa**dd**el, Wa**ss**er, e**ss**en, Ha**ll**e, i**mm**er, Nu**mm**er, wa**nn**, wi**ss**en,
   Karu**ss**ell, Ka**ss**ette, pa**ss**ieren, Porze**ll**an, Konku**rr**enz ...

Viele Ausnahmen:
   Bus (die Busse), Chip, fit, Jet; April, Hotel, Kamera ...
   ab, an, mit, ob, um, was, ich bin, er hat ...

Unterscheide:
ein bi**ss**chen	bis (bis jetzt)
der Ma**nn**, jederma**nn**	man
die Lehreri**nn**en	eine Lehrerin
die Ke**nn**tnisse	zur Kenntnis nehmen

10 Kurzer Vokal + **zwei Konsonanten**

Wenn bereits zwei unterschiedliche Konsonanten folgen,
wird *nicht* verdoppelt.
   E**nd**e, la**ng**e, Mi**lch**, li**nks**, Wo**rt** ...

Unterscheide:
sämtlich	sammeln
insgesamt	die Sammlung

Doppellaute (Diphthonge) au, ei, ai, eu

11 ei/ai

Den Doppellaut [ai] schreibt man meistens *ei*.
   *Fr**ei**heit, m**ei**n, H**ei**de, all**ei**n ...*

Ausnahmen:
   Balalaika, Hai, Kaimauer, Kaiser, Laie, Lakai, Mai, Mais, Taifun ...

Unterscheide:
Bai *(Bucht)*	*bei*
Laib *(Brot)*	*Leib (Körper)*
Laich *(Fischeier)*	*Leiche (Toter)*
Main *(deutscher Fluss)*	*mein*
Saite *(Geige ...)*	*Seite (Buch)*
Waise *(elternlos)*	*weise (klug)*

Umlaute ä, ö, ü, äu

12 ä/e

ä schreibt man, wenn es verwandte Wortformen oder Wörter mit *a* gibt.
Gelände	*(Land, landen ...)*
täglich	*(Tag, tageweise ...)*
Rätsel	*(raten, Rat ...)*
nämlich	*(Name, namentlich ...)*
auffällig	*(auffallen ...)*
grundsätzlich	*(Grundsatz ...)*

Ausnahmen:
Eltern	*(trotz: alt)*
schmecken	*(trotz: Geschmack)*
schwenken	*(trotz: schwanken)*
wecken	*(trotz: wach)*

Zwei richtige Schreibweisen:
aufwendig / aufwändig	*(aufwenden / Aufwand)*
Schenke / Schänke	*(ausschenken / Ausschank)*

13 äu/eu

äu schreibt man, wenn es verwandte Wortformen oder Wörter mit *au* gibt.

H**äu**ser	(H**au**s …)
Geb**äu**de	(b**au**en …)
Ger**äu**sch	(r**au**schen …)
S**äu**gling	(s**au**gen …)
er l**äu**ft	(l**au**fen …)
h**äu**fig	(H**au**fen, h**au**fenweise …)

14 ä, äu (Zusatz)

Einige Wörter schreibt man mit *ä* und *äu*, ohne dass man sie ableiten kann.

ä: allm**ä**hlich, d**ä**mmern, f**ä**hig, g**ä**hnen, Gel**ä**nder, Ger**ä**t, K**ä**fer, K**ä**se, L**ä**rm, M**ä**rz, Sch**ä**rpe, sp**ä**t, Tr**ä**ne, w**ä**hrend, z**ä**h …

äu: Kn**äu**el, r**äu**dig, sich r**äu**spern, die S**äu**le, sich str**äu**ben, t**äu**schen …

Unterscheide:

Ähre (beim Korn)	Ehre (Hochachtung)
Äsche (Fisch)	Esche (Baum)
Fälle (Fall)	Felle (Häute)
es gefällt	das Feld
Färse (junge Kuh)	Ferse (am Fuß)
Lärche (Nadelbaum)	Lerche (Vogel)

Fremdwörter

15 Camping, fair …

Viele Fremdwörter werden so geschrieben, wie das im Ausland üblich ist. (Sieh im Wortverzeichnis nach!)

Camping, fair, Container, Lady, Teenager, Niveau, Milieu, Journalist, Analyse, Chance, Restaurant, Mannequin, retour, Clown, Recycling, Toilette …

Für einige Fremdwörter gibt es auch eine eingedeutschte Schreibweise. Beide Formen sind richtig.

Mayonnaise / Majonäse
Sauce / Soße
Joghurt / Jogurt
Portemonnaie / Portemonee
Spaghetti / Spagetti

Schreibung der Konsonanten

b, ch, d, f, g, h, j, k, l, m, n, p, q, r, s, sch, t, v, w, x, z

Einzelne Konsonanten

16 ck

Statt *kk* steht meistens *ck*.
    Ecke, schmecken, Zucker, trocken ...

Ausnahmen:
    Akkord, Akkusativ, Akku, akkurat, Makkaroni, Marokko, Mokka, Sakko, Schirokko, Sikkativ, Stakkato, Tokkata

17 dt

Einige Wörter werden mit *dt* geschrieben.
    angewandt (anwenden), Bewandtnis,
    er wandte ein (einwenden),
    er versandte (versenden)
    er verwandte (verwenden),
    verwandt sein, die Verwandtschaft, verwandtschaftlich

Unterscheide:
gewandt sein	*das Gewand*
er hat versandt	*der Versand*
er wandte ein	*der Einwand*

18 f/v

Bei den meisten Wörtern wird der f-Laut geschrieben: *f*.
    fallen, fort, rufen, Sofa, kaufen, Schlaf ...

Viele Ausnahmen:
    Larve, Veilchen, Vers, Vieh, vielleicht, vier, Vogel, Volk, voll, von, vorn ...
    und die Vorsilben: ver-, vor-

Unterscheide:
fett, fetter	*der Vetter*
das fiel mir auf	*das war viel besser*

19 s/ss/ß

Den s-Laut sprechen wir scharf (stimmlos) oder weich (stimmhaft) aus.
Scharfes s [s]: *essen, Klasse, viele Grüße, ich weiß ...*
Weiches s [z]: *lesen, Rose, sagen, verreisen ...*

Weiches (stimmhaftes) s:

Der weiche (stimmhafte) s-Laut wird immer *s* geschrieben.
lesen, Rose, Reise ...

Am Wortende wird das weiche s scharf ausgesprochen.
Man schreibt trotzdem -s.

er las	(lesen ...)
der Preis	(die Preise, preisen ...)
das Haus	(die Häuser, hausen ...)
das Eis	(des Eises, vereisen ...)
das Glas	(die Gläser, verglasen ...)

Scharfes (stimmloses) s:

Das scharfe (stimmlose) s schreibt man *ss*, wenn ein kurzer Vokal vorausgeht.
wissen, vermissen, der Kuss, das Wasser, die Kasse ...

Unterscheide:

Ass (Spielkarte)	*Aas* (faules Fleisch)
der Biss (des Hundes)	*bis* (bis jetzt)
er fasst (fassen)	*fast* zu spät (beinahe)
du hasst (hassen)	*du hast* (haben)
er isst (essen)	*er ist* (sein)
sie küsste (küssen)	*die Küste*

Das scharfe (stimmlose) s schreibt man *ß*, wenn ein langer Vokal oder ein Doppellaut (Diphthong) vorausgeht.
Langer Vokal: *groß, grüßen, Straße, Fuß, gießen ...*
Doppellaut: *fleißig, heißen, draußen, Strauß ...*

Unterscheide:

fließen	*der Fluss, er floss*
das Maß	*messen, er misst*
schießen	*der Schuss, er schoss*
ich weiß	*wissen, ich wusste*

20 das/dass

das ist ein **Artikel**, der vor dem Nomen (Substantiv) steht.
    das Kind   (**dieses** Kind)
    das Haus   (**dieses** Haus)
    das neue Auto   (**dieses** neue Auto)

das ist ein **Demonstrativpronomen** (hinweisendes Fürwort).
    Das ist mir klar.   (**Dies** ist mir klar.)
    Lass **das**!   (Lass **dies**!)
    Ich weiß **das** auch.   (Ich weiß **dies** auch.)

das ist ein **Relativpronomen** (bezügliches Fürwort).
    Ein Auto, **das** *mein Vater kaufen wollte ...*
        (*...* **welches** *mein Vater kaufen wollte*)
    Ein Buch, **das** *ich gelesen habe ...*
        (*...* **welches** *ich gelesen habe*)

dass ist eine **Konjunktion**. Sie leitet einen Nebensatz (Gliedsatz) ein.
    Ich wusste, **dass** *Verena heute krank ist.*
    Sie sagte schon gestern, **dass** *sie sich nicht wohl fühle.*

(*dass* kann man nicht durch *dieses* oder *welches* ersetzen.)

21 st, sp

Statt ~~scht, schp~~ schreibt man am Anfang eines Wortstamms: *st...*, *sp...*
    Stunde, **St**elle, be**st**ellen ...
    spielen, **Sp**ort, ver**sp**otten ...

22 x/ks/cks/chs/gs

Der x-Laut [ks] wird im Deutschen geschrieben: *x, ks, cks, chs, gs*.
    x: bo**x**en, He**x**e, Lu**x**us, Pra**x**is ...
    ks: Ke**ks**, lin**ks**, Ko**ks** ...
    cks: zwe**cks**, hinterrü**cks**, Kle**cks** ...
    chs: A**chs**e, Fu**chs**, La**chs**, se**chs**, wa**chs**en, we**chs**eln ...
    gs: flu**gs**, unterwe**gs**, anfan**gs** ...

23 z/tz/zz

z steht am Wortanfang.
    zehn, zeichnen, Zucker ...
z steht nach *l, n, r.*
    Holz, stolz ... ganz, Grenze ... Arzt, Herz ...
z steht nach langem Vokal und Doppellaut (Diphthong).
    Langer Vokal: *Notiz, Indiz, duzen, Kapuze ...*
    Doppellaut: *Heizung, Weizen, Kreuz ...*

tz steht nach kurzem Vokal.
    Aufsatz, Katze, Platz, sitzen, nützlich ...

zz steht nur in einigen Fremdwörtern.
    Jazz, Muezzin, Mezzosopran, Pizza, Pizzikato,
    Razzia, Revoluzzer, Skizze, Terazzo ...

24 Drei Konsonanten

Treffen drei Konsonanten aufeinander, werden alle drei geschrieben.
    Schifffahrt, Schritttempo, Brennnessel, Fußballländerspiel ...
Damit das Wort leichter lesbar ist, kann man auch einen Bindestrich setzen.
    Schiff-Fahrt, Schritt-Tempo, Brenn-Nessel, Fußball-Länderspiel ...
Ausnahmen:
    dennoch, ein Drittel, am Mittag

Endkonsonanten

25 -b/-p

-b steht am Wortende, wenn es erweiterte Wortformen oder verwandte Wörter mit *-b-* gibt.
    das Lob   *(loben, lobenswert ...)*
    der Betrieb   *(die Betriebe, betreiben ...)*
Ebenso – obwohl nicht ableitbar:
    ab, ob, hübsch, das Rebhuhn ...

-p steht am Wortende, wenn es erweiterte Wortformen oder verwandte Wörter mit *-p-* gibt.
    das Camp   *(Camping, campen ...)*
    der Typ   *(Typen, typisch ...)*

26 -d / -t

-*d* steht am Wortende, wenn es erweiterte Wortformen oder verwandte Wörter mit -*d*- gibt.

    der Unterschied   (*die Unterschiede, unterscheiden ...*)
    die Geduld   (*geduldig, sich gedulden ...*)

Ebenso:
    die Jugend, sie sind, und ...

-*t* steht am Wortende, wenn es erweiterte Wortformen oder verwandte Wörter mit -*t*- gibt.

    der Rat   (*raten, beraten ...*)
    weit   (*weiter, die Weite ...*)

Unterscheide:
    das Geld   *das Entgelt, unentgeltlich, gelten*
    ihr seid   *seit gestern, seitdem*
    es wird kalt   *der Gastwirt*

27 -g / -k

-*g* steht am Wortende, wenn es erweiterte Wortformen oder verwandte Wörter mit -*g*- gibt.

    der Betrug   (*ein Betrüger, betrügen ...*)
    eng   (*enger, die Enge ...*)

-*k* steht am Wortende, wenn es erweiterte Wortformen oder verwandte Wörter mit -*k*- gibt.

    vielen Dank   (*danken ...*)
    das Boot sank   (*sinken ...*)

(-*s*: siehe Nummer 19)

Silben

28 end- / ent-

end- hängt mit „Ende" zusammen.
    endlich, Endung, Endspurt, endgültig, endlos ...

ent- ist eine unbetonte Vorsilbe.
    Ent/schluss, ent/gegen, Ent/fernung, unent/schieden ...

29 fer-/ver-

fer- gehört zum Wortstamm.
  fern, **Fer**se, **fer**tig, **Fer**kel ...

ver- ist eine unbetonte Vorsilbe.
  ver/bieten, **ver**/gessen, **ver**/loren, **Ver**/besserung ...

30 -lich/-lig

Bei *-lich* gehört das *-l-* zur Nachsilbe. Wenn man das Wort verlängert, hört man *-ch-*.

endlich	(end/lich)	*endli**ch**e*
möglich	(mög/lich)	*mögli**ch**e*
persönlich	(persön/lich)	*persönli**ch**e*

Bei *-lig* gehört das *-l-* zum Wortstamm. Wenn man das Wort verlängert, hört man *-g-*.

freiwillig	(freiwill-ig)	*freiwilli**g**e*
langweilig	(langweil-ig)	*langweili**g**e*
zufällig	(zufäll-ig)	*zufälli**g**e*

31 -ziell

Zu den Nomen (Substantiven) auf *-anz, -enz, -inz* gehören Adjektive auf *-ziell*.
  Substanz   *substanziell*
  Differenz   *differenziell*
  Potenz   *potenziell*
  Tendenz   *tendenziell*
  Provinz   *provinziell*

Fremdwörter

32 ph, th

In vielen Fremdwörtern schreibt man *ph* und *th*.
  ph: *Physik, Atmosphäre, Metapher, Phänomen ...*
  th: *Mathematik, Theater, Thema, sympathisch ...*

Bei einigen Wörtern ist auch die Schreibung *f* und *t* erlaubt.
Fotografie (Photographie)
Mikrofon (Mikrophon)
Fantasie (Phantasie)
Panter (Panther)
Tunfisch (Thunfisch) ...

33 Weitere Besonderheiten

In vielen Fremdwörtern werden die Konsonanten anders geschrieben, als wir das bei deutschen Wörtern gewohnt sind.
k: *Charakter, christlich, Container, Mannequin* ...
s: *Annonce, City* ...
sch: *Chance, Chef, Shop, Shorts, T-Shirt* ...
sch (weich gesprochen): *Passagier, Genie, Garage, Journalist* ...
w: *Virus, zivil* ...

Groß- und Kleinschreibung

34 Satzanfang

Mit großem Anfangsbuchstaben schreibt man das erste Wort eines Satzes, einer Überschrift ...
Morgen beginnen die Ferien.
Deutsches Wörterbuch
Guten Tag!
Mit freundlichen Grüßen

35 Eigennamen

Mit großem Anfangsbuchstaben schreibt man Eigennamen.
Wolfgang Amadeus Mozart,
Deutschland, Rhein, Berlin ...

Auch Adjektive, die zu Eigennamen gehören, schreibt man mit großem Anfangsbuchstaben.
das Rote Meer
das Kap der Guten Hoffnung
die Rheinisch-Westfälischen Elektrizitätswerke ...

36 Nomen (Substantive)

Mit großem Anfangsbuchstaben schreibt man alle Nomen (Substantive).
*das **B**uch, der **A**ufsatz, die **R**echtschreibung ...*
*am **A**bend, auf **E**nglisch ...*

Wie erkennt man Nomen (Substantive)?

- Vor dem Nomen (Substantiv) stehen:
  der, die, das, des, dem, den ...
  der Kugelschreiber, das Heft
  ein, eine, eines, einem, einen ...
  ein Auto, ein Ergebnis
  am (an dem), im (in dem), zum (zu dem) ...
  am Bahnhof, zur Schule
  dieser, diese, dieses, diesen ...
  dieses Ereignis, diese Freunde
  mein, dein, sein, ihr, unser, euer ...
  meine Freundin, mein Zimmer
  kein, etwas, nichts, alle, einige ...
  kein Problem, alle Möglichkeiten
  ein paar, viel, wenig, jeder ...
  ein paar Apfelsinen
  Adjektive
  neue Schuhe, rote Rosen

- Alle Nomen (Substantive) haben ein grammatisches Geschlecht:
  der Name, die Familie, das Wohnhaus

- Alle Nomen (Substantive) stehen in einem der vier Fälle:
  Nominativ, Genitiv, Dativ, Akkusativ

Unterscheide:

Ich habe Angst.	*Mir **ist** angst.**
Ist das dein Ernst?	***Sei** doch mal ernst!**
Wer hat Schuld?	*Wer **ist** schuld?**
Es hat keinen Wert.	*Das **wäre** es mir wert.**

* In diesen Sätzen wird eine Form des Verbs „sein" verwendet:
  ich bin, du bist, er ist, wir sind ... ich war, du warst ... ich wäre ... sei!/seid! ...

37 Wörter, die als Nomen gebraucht werden

Ebenso schreibt man alle anderen Wörter mit großem Anfangsbuchstaben, wenn sie als Nomen (Substantive) gebraucht werden.
> **der** *Einzelne*, es ist **das** *Beste*, das ist **zum** *Lachen*, **im** *Allgemeinen*,
> **eine** *Zwei* schreiben, **ein** absolutes *Muss*, **das** *Hier* und *Heute* ...

Die unbestimmten Zahlwörter *andere, eine, viele/meiste, wenige* können als Nomen (Substantiv) gebraucht werden. Dann kann man sie großschreiben.
> *die anderen/Anderen kommen heute nicht ...*
> *(aber: die anderen Gäste ...)*
> *die vielen, die meisten/die Vielen, die Meisten ...*
> *(aber: die meisten Leute ...)*

Ein gebeugtes Adjektiv nach einer Präposition kann großgeschrieben werden:
> *seit langem, ohne weiteres, vor kurzem/*
> *seit Langem, ohne Weiteres, vor Kurzem ...*

38 Anrede

Die höfliche Anrede schreibt man groß: *Sie, Ihr, Ihnen ...*
> *Würden Sie mir bitte helfen?*
> *Wie geht es Ihnen?*

Klein schreibt man: *du, dir, dich, dein, euer, euch ...*
In Briefen kann man *du, dir* etc. groß- oder kleinschreiben:
> *Wie geht es dir/Dir? Wie geht es euch/Euch?*
> *Ich hoffe, dass du/Du kommen kannst ...*

39 etwas, alles, nichts ... + Adjektiv

Mit großem Anfangsbuchstaben schreibt man Adjektive, wenn ihnen die Wörter *etwas, alles, viel, wenig, nichts* vorausgehen.
> **alles** *Gute*, **nichts** *Besonderes*, **etwas** *Ungewöhnliches* ...

40 Adjektive auf -er

Mit großem Anfangsbuchstaben schreibt man Adjektive, die von geografischen Namen abgeleitet sind und auf *-er* enden.
> *das Brandenburger Tor, der Kölner Karneval ...*

Getrennt- und Zusammenschreibung

Verben

41 Grundregeln

Untrennbare Verben werden zusammengeschrieben.
wetteifern, wir wetteifern, wir haben gewetteifert ...
wiederholen, ich wiederhole, ich habe wiederholt ...

Trennbare Verben werden nur im Infinitiv und im Partizip II zusammengeschrieben.
abschreiben, abgeschrieben – ich schreibe ab ...
stattfinden, stattgefunden – es findet statt ...

42 Nomen (Substantiv) + Verb

Nomen (Substantiv) und Verb werden getrennt geschrieben.
Auto fahren, Spaß haben, Fußball spielen, Sport treiben ...

1. Ausnahme: Wenn Nomen und Verb als ein Nomen (Substantiv) gebraucht werden, werden sie zusammengeschrieben.
das Autofahren lernen
Das Sporttreiben ist gesund. ...

2. Ausnahme: Zusammensetzungen mit *heim-, irre-, leid-, preis-, stand-, statt-, teil-, wett-, wunder-* werden nur im Infinitiv und im Partizip II zusammengeschrieben.
leidtun, standhalten, stattfinden ...
leidgetan, standgehalten, stattgefunden ...
aber: *es tut mir leid, sie halten stand, es findet statt ...*

43 Verb + Verb (s. auch Nr. 44)

Infinitiv und Verb werden getrennt geschrieben.
baden gehen, schwimmen lernen, spazieren gehen ...

Ausnahme: Wenn Infinitiv und Verb als Nomen (Substantiv) gebraucht werden, werden sie zusammengeschrieben.
beim Schwimmenlernen, das Spazierengehen ...

44 Verb + „bleiben", „lassen"

Das Verb kann mit *lassen* oder *bleiben* zusammengeschrieben werden, wenn eine neue, übertragene Bedeutung entsteht.
in der Schule sitzen bleiben/sitzenbleiben (nicht versetzt werden) ...

Ausnahme: Wenn die Verbindung aus Verb und *lassen* oder *bleiben* als Nomen (Substantiv) gebraucht wird, schreibt man zusammen.
das Sitzenbleiben ...

45 Adjektiv + Verb

Wenn eine neue, übertragene Bedeutung entsteht, wird das Adjektiv mit dem Verb zusammengeschrieben.
schiefgehen, glattgehen, lahmlegen, leichtnehmen ...

Wenn das Adjektiv angibt, was das Ergebnis eines Vorgangs ist, kann man getrennt oder zusammenschreiben.
leer trinken/leertrinken, glatt hobeln/glatthobeln ...

In allen anderen Fällen wird getrennt geschrieben.
schief singen, langsam trinken, leicht humpeln, laut schnarchen ...

Ausnahme: Wenn Adjektiv und Verb als Nomen gebraucht werden, werden sie immer zusammengeschrieben.
das hastige Leertrinken, das sorgfältige Glatthobeln ...

46 Unselbstständiger Wortteil + Verb

Wortteile wie *abhanden-, vorlieb-, anheim-, überhand-*, die nicht frei vorkommen, werden mit dem Verb zusammengeschrieben.
abhandenkommen, vorliebnehmen, anheimstellen ...

47 Irgendein Wort + „sein"

Alle Verbindungen mit dem Hilfsverb *sein* werden getrennt geschrieben.
beisammen sein, fertig sein, zurück sein ...

Ausnahme: Wenn das Wort und das Hilfsverb als Nomen (Substantiv) gebraucht werden, werden sie zusammengeschrieben.
das Beisammensein ...

Adjektive

48 Adjektiv + Adjektiv

Gleichrangige Adjektive, zwischen denen man *und* einfügen kann, werden zusammengeschrieben.
  blaugrau (= blau und grau)
  nasskalt (= nass und kalt) ...

Wenn das erste Adjektiv nur bedeutungsverstärkend ist, wird es mit dem zweiten Adjektiv zusammengeschrieben.
  bitterböse (= sehr böse)
  todlangweilig (= sehr langweilig) ...

Gibt das erste Adjektiv eine Abstufung an und ist es nicht gesteigert oder erweitert, kann man getrennt- oder zusammenschreiben.
  leicht verdaulich / leichtverdaulich (aber: leichter verdaulich)
  schwer krank / schwerkrank ... (aber: sehr schwer krank)

49 Andere Wörter + Adjektiv

Das Adjektiv wird auch mit einem Nomen (Substantiv) zusammengeschrieben, das für eine Wortgruppe steht.
  freudestrahlend (= vor Freude strahlend)
  butterweich (= weich wie Butter) ...

Das Adjektiv wird mit Wörtern zusammengeschrieben, die in dieser Form nicht allein vorkommen.
  redselig (red- gibt es so nicht)
  großspurig (-spurig gibt es so nicht) ...

50 so, wie, zu + Adjektiv/Adverb

so, wie, zu und das folgende Adjektiv/Adverb werden getrennt geschrieben.
  so oft, so lange, genauso gut, ebenso teuer, umso mehr ...
  wie oft, wie sehr ... Wie viele ...?
  zu wenig, allzu weit, viel zu schwer ...

Beachte: *sooft, sobald ...* können auch Konjunktionen sein, die einen Nebensatz einleiten. Dann werden sie zusammengeschrieben.
  Ich werde telefonieren, sobald ich angekommen bin.

Sonstige Wörter

51 irgend-

irgend- und das folgende Fragewort oder Pronomen werden zusammengeschrieben.
  irgendwann, irgendwo, irgendwie ...
  irgendein, irgendetwas, irgendwas, irgendwer, irgendjemand ...

52 gar

gar und das folgende Wort werden getrennt geschrieben.
  gar nicht, gar nichts,
  gar kein,
  gar sehr ...

53 Fügungen

Viele Fügungen kann man zusammen- oder getrennt schreiben.

imstande sein	im Stande sein
instand halten	in Stand halten
zugrunde richten	zu Grunde richten
zuleide tun	zu Leide tun
zumute sein	zu Mute sein
zustande bringen	zu Stande bringen
anstelle	an Stelle
aufgrund	auf Grund
mithilfe	mit Hilfe
zulasten	zu Lasten ...

Bindestrich

54 Zwischen mehreren Wörtern

Der Bindestrich kann zwischen mehreren Wörtern stehen.
  der Erste-Hilfe-Lehrgang
  das Kopf-an-Kopf-Rennen
  eine Ich-Erzählung ...
  eine 2-Zimmer-Wohnung ...

55 Zwischen Namen

Der Bindestrich steht zwischen zusammengesetzten Namen.
Frau Teubner-Nicolai, Baden-Württemberg ...
Der Bindestrich steht zwischen Zusammensetzungen mit mehreren Eigennamen.
Heinrich-Heine-Platz
Georg-Büchner-Preis ...

56 Buchstaben, Abkürzungen

Der Bindestrich steht bei Zusammensetzungen mit einzelnen Buchstaben oder Abkürzungen.
C-Dur, T-Shirt, x-beliebig, y-Achse ...
Kfz-Schlosser, Fußball-WM ...

57 Ziffern

Der Bindestrich steht zwischen Ziffer und Wort.
3-mal, 100-prozentig, 15-jährig, 2-Zimmer-Wohnung ...

Kein Bindestrich steht zwischen Ziffer und Endung.
100%ig, eine 1000stel Sekunde ...

58 Ergänzungsstrich

Wenn bei aufgezählten Wörtern ein gemeinsamer Bestandteil eingespart wird, steht ein Ergänzungsstrich.
die Vor- und Zunamen
ein- und aussteigen
bergauf und -ab

Worttrennung am Zeilenende

59 Zusammengesetzte Wörter

Am Zeilenende kann man zusammengesetzte Wörter trennen.
Kauf- haus, Auto- bahn, Schul- arbeiten ...

460

60 Vorsilben

Vorsilben werden getrennt.
Ent- schluss, Er- gebnis, ver- gessen ...
Nachsilben werden nicht gesondert getrennt.
Entschei- dung, Mei- nungsäuße- rung, kämpfe- risch, vorei- lig ...

61 Sprechsilben

Sonst werden die Wörter nach Sprechsilben getrennt.
Au- to, Meis- ter, Knos- pe, Gip- fel ...

Ausnahmen: Nicht getrennt werden ck, ß und einzelne Vokale am Wortanfang oder -ende, auch nicht in Zusammensetzungen.
Zu- cker, Bä- cker, we- cken ...
grö- ßer, drau- ßen, Stra- ße ...
aber, ölen, neue, Heiz- ofen, Mai- abend ...

Beide Trennungen sind richtig:

hi- nauf	*hin- auf*
in- te- res- sant	*in- ter- es- sant*
da- rauf ...	*dar- auf ...*

Zeichensetzung

Punkt, Fragezeichen, Ausrufezeichen

62 Satzende

Am Satzende steht ein Punkt (Aussagesatz), ein Fragezeichen (Fragesatz) oder ein Ausrufezeichen (Ausrufesatz).
Wie wird das Wetter? Es wird kalt! Wir müssen uns warm anziehen.

63 Überschriften, Grüße ...

Kein Punkt steht nach Überschriften, Buchtiteln, Grüßen, Unterschriften ...
Süddeutsche Zeitung
„Kleider machen Leute" von Gottfried Keller
Mit freundlichen Grüßen

64   1., 2., 3.

Nach Ordnungszahlen steht ein Punkt.
die 1. Bundesliga
die 8. Klasse
am 5. 11. 2006

Bei der Nummerierung verwendet man Punkte.

1.	*1*	*I.*	*A.*
2.	*1.1*	*II.*	*B.*
3.	*1.1.2*	*III.*	*C.*
4.	*1.1.3*	*IV.*	*D.*

Ausnahme:
a) b) c) d)

65   Abkürzungen

Nach vielen Abkürzungen steht ein Punkt.

Dr.	*(Doktor)*	*usw.*	*(und so weiter)*
Nr.	*(Nummer)*	*z. B.*	*(zum Beispiel)*
Str.	*(Straße)*	*...*	

Der Punkt steht auch nach abgekürzten Namen.
G. Keller   *(= Gottfried Keller)*
John F. Kennedy   *(= John Fitzgerald Kennedy)*

Komma

66   Teilsätze

Das Komma steht zwischen den Teilsätzen eines längeren Satzes.
Als der Briefträger kam,   *(1. Teilsatz)*
  hörte ich,   *(2. Teilsatz)*
    dass er auch bei uns Briefe einwarf.   *(3. Teilsatz)*

Ausnahme: Das Komma braucht nicht zwischen Hauptsätzen zu stehen, die mit *und* verbunden sind.
Ich holte die Briefe(,)
  und mein Vater machte sie auf.

67 Eingeschobene Sätze

Ein Komma steht vor und hinter dem eingeschobenen Satz.
Mein Vater las den Brief,
den er bereits erwartet hatte, (eingeschobener Satz)
und war sehr zufrieden.

68 Aufzählungen

Das Komma steht (statt *und*) zwischen aufgezählten Wörtern und Wortgruppen. Nur vor dem letzten Glied steht *und*.
Briefe, Postkarten und Pakete.
Einen Brief schreiben, unterschreiben, in den Umschlag stecken und abschicken.

69 Infinitive

Ein Komma muss gesetzt werden, wenn ein hinweisendes Wort oder ein Nomen (Substantiv) den Infinitiv ankündigt.
*Ich freue mich **darauf**, im Meer zu baden.*
*Hat Paul dir von dem **Plan** erzählt, heute Nacht zu zelten?*

Es muss auch ein Komma gesetzt werden, wenn der Infinitivsatz mit *um, ohne, anstatt, statt, außer, als* eingeleitet wird.
Statt sich in einen Prinzen zu verwandeln, blieb er doch ein Frosch.

70 sondern

Das Komma steht immer vor *sondern*.
Anne und Ben haben nicht nur ihren Freunden geschrieben, sondern auch noch ihren Großeltern.

71 Zusätze, Erläuterungen

Das Komma steht vor Zusätzen, nachträglichen Erläuterungen (besonders wenn sie mit *zum Beispiel, und zwar, das heißt, nämlich, insbesondere* eingeleitet werden).
Die Postkarten wollen sie bald abschicken,
(und zwar) möglichst noch heute.

Anführungszeichen

72 Wörtliche Rede

Die Anführungszeichen stehen vor und hinter der wörtlichen Rede.
„Wo warst du?"
„Im Schwimmbad", antwortete Tim.
„Hat es Spaß gemacht?"
„Es war ganz prima!"

Beachte:
1. Die Reihenfolge der Satzzeichen:
Fragezeichen und Ausrufezeichen stehen vor dem schließenden Anführungszeichen – das Komma steht aber dahinter.
2. Bei der Sprecherangabe können drei Satzzeichen aufeinanderfolgen:
„Wo warst du?", fragte Tims Mutter.
„Im Schwimmbad. Es war ganz prima!", sagte Tim.

73 Zitate ...

Zitate stehen immer zwischen Anführungszeichen.
*In seinem Gedicht „Humorlos" schreibt Erich Fried,
dass Jungen manchmal Tiere quälen. Das tun sie „zum Spaß",
aber die Tiere leiden „im Ernst".*

Apostroph

74 Eigennamen

Eigennamen auf *-s, -ss, -ß, -tz, -z, -x, -ce* bekommen im Genitiv einen Apostroph.
Ines' Schwester   (= die Schwester von Ines)
Heinz' Schultasche   (= die Schultasche von Heinz)

75 Auslassungen im Wortinneren

Wenn innerhalb eines Wortes Buchstaben oder Silben ausgelassen werden, steht ein Apostroph.
D'dorf   (= Düsseldorf)
Ku'damm   (= Kurfürstendamm)

Du hast deinen Aufsatz beendet und möchtest ihn noch einmal auf mögliche Fehler durchlesen?

Verwende ein Lineal. Leg es unter jede Zeile:

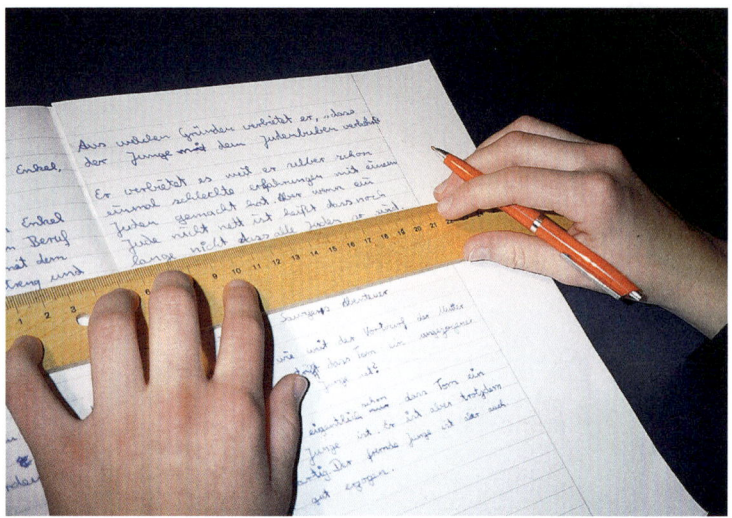

Überprüfe jedes einzelne Wort. Bei allen Zweifelsfällen solltest du im Wörterbuch nachsehen!

Auch wenn du glaubst, dass du wahrscheinlich alles richtig geschrieben hast, solltest du dir ganz fest vornehmen,

spätestens nach jeder 5. Zeile

ein Wort im Wörterbuch nachzusehen. Zu deiner Sicherheit!